DAS Penas
E SEUS Critérios
DE Aplicação

Conselho Editorial

André Luís Callegari
Carlos Alberto Molinaro
César Landa Arroyo
Daniel Francisco Mitidiero
Darci Guimarães Ribeiro
Draiton Gonzaga de Souza
Elaine Harzheim Macedo
Eugênio Facchini Neto
Gabrielle Bezerra Sales Sarlet
Giovani Agostini Saavedra
Ingo Wolfgang Sarlet
José Antonio Montilla Martos
Jose Luiz Bolzan de Morais
José Maria Porras Ramirez
José Maria Rosa Tesheiner
Leandro Paulsen
Lenio Luiz Streck
Miguel Àngel Presno Linera
Paulo Antônio Caliendo Velloso da Silveira
Paulo Mota Pinto

Dados Internacionais de Catalogação na Publicação (CIP)

b742d   Boschi, José Antonio Paganella
       Das penas e seus critérios de aplicação / José Antonio Paganella Boschi.
8. ed., rev. atual. – Porto Alegre: Livraria do Advogado Editora, 2020.
       376 p.; 25 cm.
       ISBN   978-65-86017-01-4

       1. Pena. 2. Crime. 3. Pena privativa de liberdade. 4. Pena restritiva de
direitos.   5. *Sursis*.   6. Sentença condenatória. Título.

CDU   343.8

       Índices para catálogo sistemático:
Pena
Crime
Pena privativa de liberdade
Pena restritiva de direitos
Sursis
Sentença condenatória

(Bibliotecária responsável: Marta Roberto, CRB-10/652)

José Antonio Paganella Boschi

DAS Penas E SEUS Critérios DE Aplicação

**8ª EDIÇÃO
REVISADA E ATUALIZADA**
com as últimas reformas legislativas
(Lei Anticrime nº 13.964/2019)

0316

livraria
DO ADVOGADO
editora

Porto Alegre, 2020

© José Antonio Paganella Boschi, 2020

(edição finalizada em fevereiro/2020)

Capa, projeto gráfico e diagramação
Livraria do Advogado Editora

Revisão
Rosane Marques Borba

Pintura da capa
Óleo sobre tela de
Ana Maria Terra Camargo

Direitos desta edição reservados por
Livraria do Advogado Editora
Rua Riachuelo, 1334 s/104
90010-273 Porto Alegre RS
Fone: (51) 3225-3311
editora@doadvogado.com.br
www.doadvogado.com.br

Impresso no Brasil / Printed in Brazil

Agradeço
à Marlow
ao Marcus Vinícius
e ao José Gabriel,
pela amorosa cumplicidade.

Se é verdade que o direito penal começa onde o terror acaba, é igualmente verdade que o reino do terror não é apenas aquele em que falta uma lei e impera o arbítrio, mas é também aquele onde a lei ultrapassa os limites da proporção, na intenção de deter as mãos do delinqüente.

(BETTIOL, *O Problema Penal*)

Prefácio à primeira edição

Para o cientista do Direito, um dos temas mais difíceis de sistematização é o da teoria do delito; para o juiz, tormento é a aplicação da pena. Impõe-se ao juiz criminal o enfrentamento dessas duas dificuldades, das quais se aproxima, levando consigo suas ideias e ideologias sobre o delito como um fato social e jurídico, e sobre a pena como resposta do Estado. De início, deve ele percorrer o árduo caminho de superação das dificuldades teóricas presentes no processo penal para a formulação do juízo condenatório; ao final, põe-se frente a frente com o réu para definir o seu futuro. Sabendo-se que aquele primeiro juízo deriva de uma investigação criminal com as deficiências conhecidas, e que a sentença será cumprida nos estabelecimentos considerados "verdadeiras sucursais do inferno", espera-se do juiz criminal, ao lado de apurado conhecimento teórico, a compreensão profunda do crime que julga e da pena que aplica. É difícil conciliar aquelas ideias com a realidade que enfrenta. Outro tanto há de se dizer de todos os que participam dessa cena judiciária, sejam autoridades policiais cuja incontestável importância deriva da proximidade dos fatos, sejam advogados e promotores, cada um na especificidade de suas funções, indispensáveis para o contraditório, mas todos comprometidos com o mesmo fenômeno.

Nesse contexto, surge como um sopro saudável de ilustração e esclarecimento o livro de José Antonio Paganella Boschi, "Das penas e seus critérios de aplicação". Na verdade, é mais do que o título indica, pois a exposição abrange detalhada visão dos princípios penais, do crime, das normas penais e das penas. O autor não assumiu o compromisso de resolver essas questões, mas discorreu sobre elas à luz do mais moderno pensamento jurídico, vigente no Brasil e no direito comparado, e assumiu corajosamente posição diante de todos os conflitos.

O autor se coloca ao lado dos que entendem ser "a culpabilidade pelo fato critério fundamentador e limitador da censura, e que, na escolha e quantificação da pena-base, o juiz está impedido de ultrapassar o limite superior indicado pela culpabilidade".

A partir daí, no desenvolvimento do seu trabalho, em que repassa teorias, conceitos e classificações, o autor nos conduz para o ponto central de sua tese, isto é, a necessidade "imperiosa de redefinição do modo como influem as circunstâncias judiciais do art. 59 do Código Penal", cuja apreciação deve ser feita em um mesmo momento, pois o juiz, "após declarar o acusado culpável, no dispositivo, deverá graduar a culpabilidade, o que fará graduando os seus elementos constitutivos, valendo-se, como recurso auxiliar, dos fatores de influência aludidos pelo citado dispositivo legal: os antecedentes, a personalidade, a conduta social, os motivos, as circunstâncias e consequências do crime e o comportamento da vítima". Para isso, propõe a seguinte redação ao art. 59 do CP: "O juiz, atendendo à culpabilidade do agente pelo fato, estabelecerá, conforme seja necessário e suficiente para a reprovação e prevenção do crime: I as penas aplicáveis, dentre as cominadas; II a quantidade de pena aplicável, dentro dos limites previstos, etc.".

Trata-se de uma nova perspectiva, que pode ser praticada ainda com a redação atual da lei, daí a importância da proposição, que exigirá reflexão de todos sobre os termos em que proposta.

Não posso deixar de concordar com o acerto da tese. Sendo a culpabilidade apurada por um juízo de censura sobre o agente, a pena-base será estabelecida considerando-se, em trabalho único, o conjunto de fatores que concorreram para aquela reprovação, nas circunstâncias objetivas e subjetivas do delito. É certo que a explicitação feita no art. 59, enumerando esses elementos, facilita o trabalho judicial e sua fundamentação, permitindo às partes o claro conhecimento das suas razões. Porém, a tese defendida neste livro permite a exata compreensão do conteúdo e do significado da fixação da pena-base, realçando a culpabilidade como o ponto central da atenção do juiz.

Todos nós, seus leitores, encontraremos aqui muitas oportunidades para debater e divergir. Assim, por exemplo, não vejo nenhuma impossibilidade, ao contrário, encontro muitas vantagens na punição da pessoa jurídica. Aplaudo a repressão penal aos pequenos delitos, feita por meio de sanções alternativas, assim como prevista na lei dos juizados especiais, pois a omissão leva à crescente sensação de impunidade. Mas concordo com o equívoco que é a penalização máxima, limites de penas nas alturas, ao mesmo tempo em que a lei, pela outra mão, impede ou dificulta a investigação dos crimes ou retira a eficácia das sanções aplicadas, desmoralizando o sistema.

Finalmente, quero registrar minha satisfação em ter o privilégio de ler antes de sua publicação e de apresentar este livro, produzido com inteligência e apuro acadêmico, substancioso na pesquisa e claro na exposição. Mostra bem a personalidade do seu jovem autor, que conheci na banca de concurso para o Ministério Público, que foi promotor de justiça e hoje enobrece o Tribunal de Justiça do Rio Grande do Sul; professor universitário, diretor da revista "AJURIS" e diretor da escola da magistratura do seu Estado.

Brasília, 24 de março de 2000.

Ruy Rosado de Aguiar Júnior
Ministro do STJ

Notas do autor à oitava edição

Este livro foi quase todo reescrito para poder ser entregue pela Livraria do Advogado devidamente atualizado aos operadores do Direito que atuam na área criminal. Sem abdicar das premissas iniciais, os textos foram enxugados, ampliados ou reposicionados em outros capítulos, para atendermos razões metodológicas.

Com a nova redação, procuramos clarear e melhorar a argumentação desenvolvida em torno dos aspectos mais controversos aos temas tratados e também a corrigir os erros técnicos e de redação, que são detectados de pronto pelos leitores e só tardiamente pelos autores, pois a intensa proximidade com os textos, na fase da elaboração, não enseja ler o que os olhos veem.

Como se impunha, incorporamos e agregamos comentários sobre as últimas reformas legislativas ocorridas no interregno entre a anterior e esta edição, com destaque para as provocadas pela Lei Anticrime nº 13.964/2019, recentemente promulgada e já sendo questionada no Supremo Tribunal Federal neste momento.

É certo que ainda serão encontradas imprecisões gráficas, ortográficas ou técnicas, em que pese nosso esforço para não errar, mas temos a esperança de que os leitores continuarão sendo complacentes para conosco e que com a sua crítica saudável e construtiva persistirão no propósito de nos ajudar a melhorar a obra para as futuras edições.

Começamos a revisão em agosto de 2019 quando, no dia 24, recebemos com impacto e muita tristeza a notícia do falecimento do Ministro Ruy Rosado de Aguiar Jr. – o autor do Prefácio lançado na primeira edição deste livro, preservado nas anteriores, nesta e que será preservado nas edições futuras.

Como a arte de viver é também a arte de agradecer, esta nova edição destina-se a perenizar a nossa gratidão pública a esse cidadão digno, afável, culto, que, mesmo em meio às atribulações do cargo de Ministro do STJ, aceitou o nosso convite para escrever o Prefácio da obra, sem impor condições ou prazos.

A corajosa decisão de associar o seu nome a esta obra e de recomendá-la publicamente foi relevante para que ela tivesse a imediata aceitação da comunidade jurídica até converter-se em fonte de pesquisa nas universidades, na advocacia e no foro criminal em geral.

Esta nova edição que, como as demais, abrirá com o Prefácio do Ministro Ruy, é uma oportunidade que se abre para homenagear a memória desse gaúcho ilustre, digno e intelectualmente brilhante, que engrandeceu todos os cargos que ocupou sem nunca abdicar da simplicidade ou engrandecer-se com eles.

A lacuna deixada no Superior Tribunal de Justiça pelo Ministro afável no trato e de invejável solidez intelectual e jurídica, reconhecida por todos os seus Pares e operadores do direito do País, certamente demorará para ser preenchida.

Porto Alegre, janeiro de 2020.

Sumário

Introdução à primeira edição..17
1. A ordem jurídica:os valores, os princípios e as regras.........................23
  1.1. O ordenamento jurídico e sua estrutura...................................23
  1.2. Valores..24
  1.3. Princípios..26
    1.3.1. Princípios como diretrizes...27
    1.3.2. Princípios como normas..28
    1.3.3. Força dos princípios..30
    1.3.4. Fonte dos princípios...32
  1.4. Regras...34
  1.5. As tensões entre valores, princípios e regras...........................34
  1.6. Princípios aplicáveis às penas...37
    1.6.1. O princípio da legalidade..37
    1.6.2. O princípio da igualdade...42
      1.6.2.1. Igualdade das pessoas.................................42
      1.6.2.2. Igualdade das pessoas perante a lei..............43
      1.6.2.3. A igualdade das pessoas na lei.....................44
    1.6.3. O princípio de humanidade..46
    1.6.4. O princípio da personalidade.......................................48
    1.6.5. O princípio da intervenção mínima do Direito Penal.....49
    1.6.6. O princípio da culpabilidade.......................................52
    1.6.7. O princípio da individualização....................................52
    1.6.8. O princípio da proporcionalidade................................53

2. O crime: perspectivas jusnaturalista e positivista.............................57
  2.1. Generalidades..57
  2.2. Crime: conceito metajurídico..59
  2.3. Crime: conceito formal..62
  2.4. Crime: esquema de interpretação da norma penal....................69

3. Penas: origem e evolução. As penas estatais e seus fins.....................75
  3.1. Generalidades..75
  3.2. A origem e evolução das penas: síntese...................................75
  3.3. As penas estatais: a busca por um sentido...............................80

4. Teorias da pena: razões para a punição...87
  4.1. Generalidades..87
  4.2. Teoria da retribuição (a pena como castigo).............................88
  4.3. Teoria da prevenção (a pena como intimidação e neutralização)....93
  4.4. Teoria da ressocialização (a pena como regeneração)................96
  4.5. Teorias ecléticas (a pena como castigo, intimidação e regeneração)....103
  4.6. A posição adotada pelo direito brasileiro................................105

5. A pena e seus destinatários 107
    5.1. Generalidades 107
    5.2. A pessoa física como destinatária das penas 108
    5.3. A responsabilidade penal da pessoa jurídica: polêmica 109

6. As penas no direito brasileiro: evolução histórica e classificação 115
    6.1. Evolução histórica das penas 115
    6.2. A classificação das penas 122
        6.2.1. Penas proibidas 123
            6.2.1.1. A pena de morte 123
            6.2.1.2. Penas de caráter perpétuo 126
            6.2.1.3. Pena de trabalhos forçados 128
            6.2.1.4. Pena de banimento 129
            6.2.1.5. As penas cruéis 129
        6.2.2. Penas permitidas 130
            6.2.2.1. Penas privativas de liberdade: a reclusão, a detenção e a prisão simples 131
            6.2.2.2. Penas de perda de bens 136
            6.2.2.3. Pena de multa 136
            6.2.2.4. Pena de prestação social alternativa 137
            6.2.2.5. Pena de suspensão ou interdição de direitos 137

7. A individualização das penas: conceito e métodos 139
    7.1. Individualização da pena: conceito 139
    7.2. A individualização das penas no Brasil: síntese evolutiva 142
    7.3. Individualização das penas: fases em que se desenvolve 144
    7.4. A individualização judicial da pena privativa de liberdade: métodos; o método adotado pela reforma penal 146
    7.5. A individualização judicial das penas restritivas de direito e de multa em dias-multa: métodos ...150
    7.6. A fundamentação na individualização judicial das penas: requisito de validade da sentença 150

8. Pena privativa de liberdade: método trifásico – 1ª fase – a pena-base 155
    8.1. A pena-base: conceito 155
    8.2. A pena-base: as circunstâncias judiciais e sua influência 156
    8.3. As circunstâncias judiciais: espécies 157
        8.3.1. A culpabilidade 158
        8.3.2. Os antecedentes 162
        8.3.3. A conduta social 166
        8.3.4. A personalidade 167
        8.3.5. Os motivos do crime 173
        8.3.6. As circunstâncias do crime 174
        8.3.7. As consequências do crime 175
        8.3.8. O comportamento da vítima 176
    8.4. A quantificação da pena-base: regras 177
    8.5. Regras pretorianas: críticas e propostas 188

9. Pena privativa de liberdade: método trifásico – 2ª fase – a pena provisória 195
    9.1. Considerações gerais 195
    9.2. Espécies de agravantes 199
        9.2.1. A reincidência 199
        9.2.2. A motivação fútil ou torpe 205
        9.2.3. A facilitação para assegurar a execução, a ocultação, a impunidade ou vantagem de outro crime 207
        9.2.4. À traição, de emboscada, ou mediante dissimulação ou outro recurso que dificultou ou tornou impossível a defesa do ofendido 208

9.2.5. Veneno, fogo, explosivo, tortura ou outro meio insidioso ou cruel, ou de que podia resultar perigo comum...................210
9.2.6. Contra ascendente, descendente, irmão ou cônjuge...................212
9.2.7. Abuso de autoridade ou prevalecimento de relações domésticas, de coabitação ou de hospitalidade ou com violência contra a mulher...................212
9.2.8. Abuso de poder ou violação de dever inerente a cargo, ofício,ministério ou profissão.....214
9.2.9. Contra criança, maior de 60 anos, enfermo e mulher grávida...................214
9.2.10. Quando o ofendido estava sob a imediata proteção da autoridade...................217
9.2.11. Ocasião de incêndio, naufrágio, inundação ou qualquer calamidade pública, ou de desgraça particular do ofendido...................217
9.2.12. Em estado de embriaguez preordenada...................217
9.2.13. Agravantes no concurso de pessoas...................218
9.3. Espécies de atenuantes...................219
9.3.1. A menoridade de 21 anos, na data do fato, ou maior de 70 anos, na data da sentença.....219
9.3.2. O desconhecimento da lei...................222
9.3.3. O motivo de relevante valor social ou moral...................224
9.3.4. Evitação das consequências e reparação do dano...................225
9.3.5. Cometimento de crime sob coação resistível, ou em cumprimento de ordem de autoridade superior, ou sob a influência de violenta emoção...................228
9.3.6. Confissão espontânea perante a autoridade da autoria do crime...................229
9.3.7. Cometimento de crime sob a influência de multidão em tumulto, se não o provocou.....233
9.4. Atenuantes inominadas: espécies...................234
9.5. Agravantes e atenuantes preponderantes: espécies...................235
9.6. Mensuração da pena provisória: regras...................236

10. Pena privativa de liberdade: método trifásico – 3ª fase – a pena definitiva.........245
10.1. Considerações gerais...................245
10.2. Causas especiais de aumento e qualificadoras: distinções...................246
10.3. Pena definitiva: base de cálculo e ordem de incidência das causas especiais de aumento ou diminuição...................247
10.4. Causas especiais de aumento ou diminuição: espécies...................250
10.4.1. Majorantes ou minorantes em quantidades fixas: a conduta do aplicador da pena.......250
10.4.2. Majorantes e minorantes em quantidade variável: a conduta do aplicador da pena.......250
10.4.2.1. A minorante da tentativa: o critério do "iter criminis"...................251
10.4.2.2. Concurso de crimes: a majorante do concurso formal e o critério do número de crimes ou de vítimas...................254
10.4.2.3. O concurso de crimes: a majorante da continuidade delitiva e o critério do número de crimes...................255
10.4.2.4. Concurso formal e continuidade delitiva "versus" concurso material mais benéfico: a técnica da sentença...................260
10.4.2.5. Observações críticas sobre os critérios do "iter criminis" e do número de crimes ou de vítimas...................262
10.4.2.6. A mensuração das demais majorantes e minorantes em quantidades variáveis..263
10.5. Concurso entre causas especiais de aumento ou diminuição (parágrafo único do art. 68).......265
10.6. Limites das penas: para a quantificação e para a execução...................269

11. Pena de multa em dias-multa: método...................273
11.1. Generalidades...................273
11.2. Cabimento da multa...................274
11.3. A individualização da multa: método...................276
11.3.1. A quantificação do número de dias: critério...................276
11.3.2. A quantificação do valor do dia-multa...................278
11.3.3. Dia-multa: causa especial de aumento do valor...................280
11.4. A multa no concurso de crimes: regra...................280

11.5. A detração. 281
11.6. Vantagens e desvantagens da pena de multa. 281

12. Penas restritivas de direito: espécies e requisitos para substituição. 283
12.1. As penas restritivas de direito: generalidades. 283
12.2. Espécies de penas restritivas de direito. 285
    12.2.1. Prestação pecuniária. 286
    12.2.2. Perda de bens e valores. 287
    12.2.3. Prestação de serviço à comunidade ou a entidades públicas. 288
    12.2.4. Interdição temporária de direitos. 290
    12.2.5. A limitação de fim de semana. 291
12.3. Natureza jurídica das penas restritivas de direito. 293
12.4. Requisitos para a substituição. 294

13. O *sursis*. 299
13.1. Generalidades. 299
13.2. O *sursis*: direito subjetivo. 300
13.3. *Sursis*: espécies. 301
13.4. Requisitos para a concessão do *sursis*. 302
13.5. Períodos de prova. 304
13.6. Condições do *sursis*. 305
13.7. Revogação do *sursis*: hipóteses. 306

14. A sentença criminal. 307
14.1. Generalidades. 307
14.2. Processo e procedimento: distinções. 307
14.3. A sentença: definição – os atos do juiz. 309
14.4. A sentença: classificação. 312
14.5. Sentença: requisitos formais. 314
14.6. Sentença: estrutura. 315
    14.6.1. O relatório. 316
    14.6.2. A fundamentação. 317
    14.6.3. O dispositivo. 322
14.7. A sentença absolutória. 323
14.8. A sentença condenatória. 327
14.9. A sentença absolutória ou condenatória: o princípio da identidade física. 331
14.10. A sentença criminal: intimação e recurso. 333

15. A execução das penas 337
15.1. Generalidades. 337
15.2. A execução das penas privativas de liberdade. 340
    15.2.1. Os regimes de execução. 340
        15.2.1.1. O regime inicial fechado 341
        15.2.1.2. O regime semi-aberto. 342
        15.2.1.3. O regime aberto. 345
        15.2.1.4. O Regime Disciplinar Diferenciado (RDD). 346
15.3. A progressão nos regimes. 349
15.4. A regressão nos regimes. 356
15.5. A execução das penas restritivas de direito. 358
15.6. A execução da multa em dias-multa. 361
15.7. As conversões das penas em prisão. 364
15.8. A prescrição. 365

Bibliografia 369

Introdução à primeira edição

Esta dissertação foi escrita nos últimos dois anos, nos poucos intervalos das atividades na magistratura e no ensino superior, como trabalho final ao curso de Mestrado em Ciências Criminais, da Pontifícia Universidade Católica do RS. Ela é o resultado de pesquisa na doutrina e na jurisprudência e da nossa experiência como membro do Ministério Público, professor universitário e, nos últimos anos, como magistrado criminal.

O cumprimento de todas as etapas do cronograma, passados os meses, não eliminou a sensação incômoda de que, embora o longo caminho percorrido, foi pouco o distanciamento do ponto de partida, haja vista a quantidade de questões conexas que talvez devessem ser enfrentadas, bem como as muitas perguntas que a nossa condição humana não permitiu perceber ou responder.

Afora as limitações, pensamos que o problema tem muito a ver, também, com a atitude dos doutrinadores de privilegiar temas aparentemente mais relevantes que o abordado neste trabalho, na esfera da teoria geral do delito e, ainda, ao aspecto de que a análise das penas, de seus fundamentos, de fins e dos respectivos critérios de aplicação, termina por conduzir ao tormentoso questionamento do destino do próprio direito penal.

Nosso discurso iniciou pelos princípios gerais sobre as penas, com outorga de ênfase especial ao princípio da igualdade das pessoas perante a lei, porque foi precisamente a partir dele que pretendemos edificar a tese de que o julgador, ao aplicar a pena, transcende a sua função, pois, guiado pelo critério da culpabilidade do agente pelo fato, consegue harmonizar os extremos: o da igualdade de tratamento perante a lei com o dado que caracteriza a natureza, as sociedades humanas e seus componentes: a diferença.

A tese, pretensamente conciliatória dos dois extremos, base em que se assenta, aliás, a Justiça Distributiva de Aristóteles,[1] pode ser validamente transformada, por isso, em mais um esforço de realimentação da legitimidade do paradigma da igualdade, em que se apoia o direito penal iluminista, contratualista e moderno.

Na busca da melhor compreensão do sentido da garantia constitucional da individualização da pena, reportamo-nos ao processo de evolução das sociedades do

---

[1] "Uma das espécies de justiça, em sentido estrito e do que é justo na acepção que lhe corresponde" – dizia ARISTÓTELES – "é a que se manifesta na distribuição de funções elevadas de governo, ou de dinheiro, ou das outras coisas que devem ser divididas entre os cidadãos que compartilham dos benefícios outorgados pela Constituição da cidade, pois em tais coisas uma pessoa pode ter uma participação desigual ou igual à de outra pessoa (...)". E, em outra passagem, arrematava que o juiz "tenta igualizar as coisas por meio da penalidade, subtraindo do ofensor o excesso do ganho (o termo 'ganho' se aplica geralmente a tais casos, ainda que ele não seja um termo apropriado em certos casos – por exemplo, no caso da pessoa que fere – e a 'perda' se aplica à vítima (*Ética a Nicômacos*, 3. ed. Brasília, UNB, 1999.

holismo ao individualismo, implicando o deslocamento do valor absoluto do todo para a parte: o homem individual e particular, com sua biografia, sua história, enfim, com sua singularidade.

Eis por que incumbe ao magistrado, no caso concreto, e não ao legislador, genérica e aprioristicamente, considerar tudo o que disser respeito ao imputado e o fato que lhe foi atribuído, com o que o estudo da culpabilidade, como fundamento e limite para a reação da sociedade e do Estado diante do crime passa a ser mera consequência.

Igualdade e diferença, indivíduo e individualização da pena conforme a culpabilidade constituem, então, instrumentos com os quais o julgador criminal opera, num sistema de penas com limites variáveis como o nosso, para concretizar o ideal de pena necessária e suficiente, ou seja, de pena proporcional à culpabilidade, por fato certo e explícito.

Em seguida, feitas as considerações pertinentes sobre o direito natural, sediamos na positividade jurídica o conteúdo material de crime. O crime, com efeito, é fenômeno puramente normativo. Desse modo, crime e criminalidade ou desvio social passam a ser só aquilo que o legislador, em um determinado momento histórico, decidiu "etiquetar", como bem o demonstram os partidários do interacionismo norte-americano, sendo indispensável conhecer os critérios da "criminalização" usados pelos titulares do poder ("o legislador") para considerar o desvio.

Como desdobramento dessa análise, apontamos o destinatário da norma penal e recusamos, desde logo, a ideia, consubstanciada, atualmente, em lei brasileira, de responsabilização criminal da pessoa jurídica, sob o argumento, dentre outros, de que ela é, em realidade, merecedora de proteção, e não de punição, por ser vítima, isto sim, da má gerência de seus prepostos ou administradores.

Conceituado o crime, dissertamos, depois, sobre as penas constitucionalmente proibidas e permitidas e, sob a perspectiva criminológica, apreciamos e criticamos as teorias que as justificam ou pretendem sua abolição. Como não poderia deixar de ser, concentramos o interesse nas penas privativas de liberdade e terminamos por criticar e redirecionar o sentido da palavra "ressocialização", considerada a peculiaridade dos ambientes em que elas são executadas: as penitenciárias, instituições totais, regidas por valores que nada têm a ver com os que presidem a vida no mundo livre.

Sobre o incremento da incidência das penas restritivas de direito como alternativa aos pesados investimentos que precisam ser realizados na formação e aperfeiçoamento e técnicos e nas reformas dos estabelecimentos prisionais, em nome de um "direito penal mínimo", como foi anunciada em nosso meio, recentemente, por autoridade do governo, a proposta não escapou, ainda que de passagem, à nossa crítica, haja vista a incompreensão da longitude, da latitude e da profundidade dessa expressão. Com efeito, o minimalismo penal advoga a redução do Estado Penal necessariamente *acompanhada* da maximização do Estado Social. Substituir simplesmente elevadas penas privativas de liberdade por restritivas de direitos sem ataque às causas da criminalidade e da violência implica agravar, ainda mais, o quadro de insegurança e de medo que toma conta das pessoas na atualidade.

Na tentativa de expor, construtivamente, o sistema legal brasileiro relativo à fase judicial de individualização da pena, preocupamo-nos, desde logo, em rejeitar a ideia de que "tudo está relacionado à arte de julgar"[2] porque, em verdade, a opção qualita-

---

[2] Nesse sentido: RODRIGUES, Anabela Miranda. *A Determinação da Medida da Pena Privativa de Liberdade*, Coimbra: Coimbra Editora, 1995, p. 147.

tiva e quantitativa da pena deve refletir a técnica adotada no julgamento, no sentido do respeito ao conjunto de princípios e regras conhecidas de todos os operadores do direito, única forma que assegura aos interessados a fiscalização e o controle pela via do recurso.

O juiz, pois, não é livre para escolher *qualquer* pena, ou para mensurá-la na *quantidade* que bem entender, subordinado só aos limites cominados em abstrato... Sendo o processo uma relação jurídica informada por direitos e deveres entre os sujeitos que nela intervêm, a opção qualitativa e quantitativa das penas é atividade regrada e, por isso, não dispensa fundamentação minuciosamente transmitida aos interessados. Noutras palavras, o juiz só está autorizado a se mover dentro dos espaços autorizados pela lei, de modo a evitar que o processo, em que se desdobra a relação jurídica, com vista à composição do conflito, acabe transformando-se, na expressão feliz de Roberto Lyra,[3] em fonte de projeção de seus tumultos interiores.

Eis por que, para além da análise dos princípios penais, das espécies de penas e de suas teorias, bem como para além da decomposição dos significados e das funções das denominadas circunstâncias judiciais, legais, qualificadoras, majorantes ou minorantes, procuramos examinar a matéria sempre sob a perspectiva do *sistema,* ou seja, sob a perspectiva da totalidade em que as diversas partes aparecem coordenadas ou vinculadas e que assim precisam ser consideradas.

Depois de analisarmos as circunstâncias judiciais e legais e de procedermos às indispensáveis distinções, comentamos as regras jurisprudenciais que juízes e tribunais adotam para a transformação em realidade concreta do ideal de pena necessária e suficiente: circunstâncias judiciais favoráveis: pena no mínimo; algumas desfavoráveis: pena um pouco acima e conjunto desfavorável: pena na direção do termo médio.

A partir desses comentários, seguimos caminho inverso, desconstrutivamente, sugerindo, inclusive, nova leitura ao artigo 59 do CP, de modo a reordenar-se o *caos* e melhor compreender-se a ideia central de que a culpabilidade fundamenta, indica o grau e limita a censura; uma releitura, enfim, que propicie, a nosso ver, um ambiente mais favorável à eliminação do inconveniente da exacerbação da pena pela valoração repetida das mesmas circunstâncias, em ofensa à conhecida regra do *ne bis in idem,* que a aplicação das citadas regras pretorianas relativas ao método trifásico parece que enseja.

Na base desse pensamento reconstrutivo está a afirmação de que a concretização do ideal de pena necessária e suficiente pressupõe a identificação do grau de censura inicial a partir do exame aprofundado e qualitativo das questões que dizem com os elementos integrativos da culpabilidade (imputabilidade, potencial consciência da ilicitude e inexigibilidade de outra conduta), e não propriamente como se extrai da *praxis* dos tribunais de *singela contagem e percentualização valiosa ou desvaliosa* do conjunto das circunstâncias judiciais. Estas, em verdade, atuam como indicadores ou critérios auxiliares para a compreensão dos elementos da culpabilidade e a graduação propriamente dita da reprovação, em vez de concorrerem, em igualdade de condições (peso e valor), com a culpabilidade.

Nossa intenção foi tentar demonstrar que essa *praxis,* no contexto do método trifásico, não considera que as questões suscitáveis em nível de circunstâncias judiciais pertencem, em realidade, ao mesmo universo em que se situam as questões inerentes aos elementos da culpabilidade. Por isso, as recomendações pretorianas ensejam, fre-

---

[3] LYRA, Roberto. *Comentários ao Código Penal.* Rio de Janeiro: RT, 1942, p. 169.

das PENAS e seus CRITÉRIOS de APLICAÇÃO

quentemente, violação da regra básica em matéria de aplicação da pena: a que proíbe o excesso pela dupla valoração da mesma circunstância. A atitude da vítima de desafiar o criminoso pode, por exemplo, ser apontada como fator de redução da exigibilidade de outra conduta, e não, propriamente, como fator dela independente, nos moldes como juízes e tribunais consideram as operadoras do artigo 59 do Estatuto Repressivo.

Aceita a ideia de que individualizar a pena-base é determinar o grau inicial de reprovação segundo a culpabilidade do agente pelo fato concreto e considerando-se que este se faz presente em todas as fases do método trifásico, avançamos no raciocínio, depois de analisarmos as circunstâncias legais agravantes e atenuantes e de explicitarmos o nosso entendimento sobre suas regras de mensuração e de compensação (art. 67 do CP), para sugerirmos a revisão da importância que a jurisprudência confere ao *iter criminis,* ao número de crimes, ao número de vítimas, ao da espécie de armamento, ao do número de participantes, no roubo, dentre outros.

Para nós, na derradeira fase do método trifásico, a modificação da pena deveria atentar menos para esses aspectos meramente objetivos que ou já integram o injusto típico ou compõem o quadro da culpabilidade e mais para o grau de censura determinado por ocasião do apenamento básico. O juiz, com efeito, tem o dever de buscar a pena *final* necessária e suficiente, ou seja, *proporcional* ao grau da culpabilidade para a consecução das finalidades retributivas e preventivas, conforme deflui do artigo 59 do CP. Se a análise dos elementos da culpabilidade produzir um quadro de reprovação mínima (com a pena no mínimo legal ou próximo dele), a quantificação da majorante precisará, em nome da coerência, corresponder a essa reprovação.

Para nós, assim, a graduação da culpabilidade apontada na primeira fase, concebida esta como fundamento e limite na imposição da pena, constitui o ponto de partida e o ponto de chegada no processo de determinação da espécie de pena, de sua medida, substituição, suspensão da execução mediante condições e execução em regime certo e progressível.

Não desprezamos o pensamento crítico de cunho exclusivamente prevencionista que nega à culpabilidade conteúdo fundamentador da punição, sob o argumento de que o Estado democrático de direito não tem o direito de castigar seus cidadãos. Perfilhamos, todavia, tese oposta, seguindo, nesse ponto, os passos de Anabela M. Rodrigues, para quem "as finalidades exclusivamente preventivas da pena só o são – só o podem ser legitimamente – se e na medida em que do mesmo passo se chame a debate, para cabal *legitimação da intervenção penal*, o princípio da culpa enquanto elemento limitador do poder e do intervencionismo estatais".[4] A finalidade retributiva da pena, consagrada no artigo 59 do CP, não é afrontosa ao Estado de direito ou à democracia, como nos parece ter demonstrado com muita clareza o magistrado italiano Ferrajoli, pois que, através da pena, se castiga o criminoso para que a sociedade não tenha que o fazer diretamente, como ao tempo da "justiça" desproporcional e injusta do período da barbárie.

No atual quadro do desenvolvimento social dos povos, com efeito, seria volvermos ao absolutismo e aceitarmos a responsabilidade objetiva se falássemos em punibilidade (ou seja, em exercício do poder-dever-de-punir, em intervenção do Estado, para a segregação da liberdade humana), sem culpabilidade ou além do limite superior por ela indicado ao agente pelo fato certo e determinado.

---

[4] RODRIGUES, Anabela Miranda. *A Determinação da Medida da Pena Privativa de Liberdade.* Coimbra: Coimbra Editora, 1995, p. 392.

Na organização do texto, buscamos suporte em precedentes jurisprudenciais, predominantemente do Tribunal de Justiça do Rio Grande do Sul e de tribunais federais. Lançamos mão desse recurso ante a necessidade de explicitar as bases com que iríamos operar e, naturalmente, de organizar as regras que deles decorrem e que fortemente disciplinam a matéria. Do contrário, poderíamos correr o risco de gerar insegurança ao transmitir aos que estão se iniciando na matéria a sensação de que a tese é mera criação mental do autor.

Embora preocupados em acertar, é absolutamente evidente que nossas premissas podem ser contestadas e que as conclusões a que chegamos não são definitivas, mesmo porque, a agravar a contingência humana, a época em que vivemos é de profunda incerteza em todos os ramos do conhecimento, a ponto de já não mais serem aceitas como definitivas sequer as "imutáveis" leis da física.[5]

Marshal Berman, em livro cujo título repete a famosa frase de Marx de que *"tudo o que é sólido desmancha no ar"*,[6] sugere que a vida escorre inexorável, numa sucessão de acontecimentos que apagam até as melhores lembranças, mesmo aquelas guardadas com extremo cuidado no melhor recôndito da alma. O dia seguinte parece que sempre supera a verdade de ontem...

Consideramos, então, que as premissas com que trabalhamos propiciaram conclusões corretas, mas não nos surpreenderemos se, com base nelas, outros chegarem a resultados diferentes. Não ignoramos, nesse ponto, a lição de Descartes, de que o bom-senso ou a razão é, por natureza, igual em todos os homens, e que a diversidade de opiniões não decorre de uns serem mais razoáveis que os outros, mas somente de que costumamos conduzir nossos pensamentos por diversas vias sem considerarmos sempre as mesmas coisas.[7]

Por isso, desde já, queremos agradecer a todos os que, com a boa crítica, estiverem dispostos a oferecer ideias que arredem as deficiências do nosso projeto e que criem as condições para podermos prontamente reconstruir os próprios pensamentos.

Por indeclinável dever de justiça, queremos agradecer, também, publicamente, ao professor, ao mestre de todos nós, Ruy Rosado de Aguiar Jr., pela pronta e corajosa disposição de apresentar este trabalho, mesmo com o sacrifício de suas pesadas responsabilidades como Ministro do Superior Tribunal de Justiça. Poder relacionar mesmo indiretamente este trabalho – que de nós exige meditação ainda mais intensa – à personalidade da envergadura moral, intelectual e profissional desse grande magistrado e homem público sul-rio-grandense é, para nós, motivo de grande honra e de indisfarçável contentamento.

Agradecemos, ainda, a todos os professores e colegas do Mestrado em Ciências Criminais, da PUC, pela colaboração e incentivo na preparação e execução do projeto.

Agradecemos, por fim, às bacharéis Marisol Teixeira de Brito, Fabiola Lecey, Angela Machado Farah, Mauren Raimundy e Esther Motta Vivian, pelo apoio dispensado, mesmo com o sacrifício das horas de lazer, na pesquisa, na preparação dos originais e na revisão ortográfica.

Porto Alegre, junho de 2000.

José Antonio Paganella Boschi

---

[5] PRIGOGINE, Ilya. *O Fim das Certezas*. São Paulo: Unespe, 1996, p. 60.

[6] BERMAN, Marshal. *Tudo o que é Sólido desmancha no Ar*. São Paulo: Cia. das Letras, 1987.

[7] DESCARTES, René. *Discurso do Método*. São Paulo: Martins Fontes, 1989, p. 5.

A ordem jurídica:
os valores, os princípios e as regras

Os princípios jurídicos são a arma preferida dos juristas. Graças a eles, estes prudentes exercem seu magistério, tanto em favor da jurisprudência, como em favor da lei.
Hauriou

Sumário: 1.1. O ordenamento jurídico e sua estrutura; 1.2. Valores; 1.3. Princípios; 1.3.1. Princípios como diretrizes; 1.3.2. Princípios como normas; 1.3.3. Força dos princípios; 1.3.4. Fonte dos princípios; 1.4. Regras; 1.5. As tensões entre valores, princípios e regras; 1.6. Princípios aplicáveis às penas; 1.6.1. O princípio da legalidade; 1.6.2. O princípio da igualdade; 1.6.2.1. Igualdade das pessoas; 1.6.2.2. Igualdade das pessoas perante a lei; 1.6.2.3. A igualdade das pessoas na lei; 1.6.3. O princípio de humanidade; 1.6.4. O princípio da personalidade; 1.6.5. O princípio da intervenção mínima do Direito Penal; 1.6.6. O princípio da culpabilidade; 1.6.7. O princípio da individualização; 1.6.8. O princípio da proporcionalidade.

1.1. O ordenamento jurídico e sua estrutura

O ordenamento jurídico é uma estrutura complexa, constituída de valores, princípios e regras, ou seja, de categorias, axiológicas e deontológicas, que formam uma totalidade naquele sentido proposto por Husserl, de partes entre si ordenadas e vinculadas (embora sob tensões), à feição "dos capítulos de um livro ou das notas de uma melodia".[1]

É insuficiente, portanto, a concentração do esforço só nas regras positivadas se o objetivo for a ampla e completa visualização do sistema ou microssistema jurídico com o qual o intérprete pretende operar. A metáfora de Bobbio é bastante elucidativa: para conhecer as árvores, é necessário conhecer toda a floresta![2]

---

[1] AFTALION, Enrique R.; OLANO Fernando Garcia; VILANOVA, José. *Introducción al Derecho*. 7. ed. Buenos Aires, 1964, p. 193.

[2] BOBBIO, Norberto. *Teoria do Ordenamento Jurídico*. 9. ed. Brasília: UNB, 1997, p. 19.

Não podendo o ordenamento jurídico ser reduzido a juízos meramente lógico-formais, como queria Kelsen, em seu esforço de conceber o direito como sistema em que a validade de uma norma decorre da validade de outra,[3] o intérprete e o aplicador da lei com muita frequência precisarão se socorrer por isso dos valores e dos princípios para poderem encontrar a solução da questão concreta e específica posta diante de si.

O ordenamento jurídico de direito positivo nem sempre contempla explicitamente a solução reclamada pelo caso, sendo necessário o apelo aos princípios para a colmatação dos vazios existentes.

Outrossim, a regra (lei, direito escrito, positivado) não raro entra em conflito com o valor Justiça ou com princípio geral explícito ou implícito de hierarquia constitucional e desse modo precisa ser reinterpretada pelo julgador, em nova conferência de sentido, mesmo remanescendo sua força normativa, de modo a poder conciliarem-se o normativo e o justo. Nem sempre há praz entre o direito escrito e a Justiça ou entre as regras ou princípios em seu complexo mundo de relações.

Essa será a perspectiva desta abordagem, com a intenção de ampliarmos a extensão do objeto da *ordem jurídica* e também de reduzirmos os inconvenientes da pedagogia que aposta na suficiência do direito positivo, que associa o direito e a justiça só aos textos e que reserva ao jurista a função de mero intermediário entre o fato e a imaginária vontade da lei.

1.2. Valores

Os valores não existem, empiricamente. Eles não são coisas em si, mas, sim, categorias culturais, ideais, que valem, dispostos que estão em escala hierárquica.[4]

Os valores são polares, isto é, se nos apresentam "em uma estrutura na qual o ponto de indiferença corresponderia, simbolicamente, ao grau zero, do qual partiriam em direções diferentes tanto o valor com sinal positivo, como o correspondente desvalor com sinal negativo. Assim, o bom se contrapõe ao mau, o belo ao feio, o justo ao injusto".[5]

Como categorias abstratas, os valores, portanto, *valem,* e também por isso não são suscetíveis de definição precisa, comportando, apenas, no dizer de Adalberto Narciso Hommerding, apoiado em Hessen, "uma clarificação ou mostração do seu conteúdo",[6] como fenômenos de tríplice dimensão: os valores "podem ser objeto de uma experiência ou de uma vivência; podem dizer respeito à qualidade valiosa de algum objeto e também podem ser vistos simplesmente como ideia de valor".[7]

A valoração – como vivência – é atitude humana tão natural como são as de dormir ou de respirar. Nós a exercitamos desde o momento em que acordamos até a hora em que voltamos para a cama.

---

[3] KELSEN, Hans. *Teoria Pura do Direito.* São Paulo: Martins Fontes, 2000, p. 215.

[4] Os valores são tanto mais altos quanto maior for sua duração ... são tanto mais altos quanto menos divisíveis forem .. o valor que serve de fundamento aos outros é mais alto que os que nele se fundam ... os valores são tanto mais altos quanto mais profunda é a satisfação que a sua realização produz (HOMMERDING, Adalberto Narciso. *Valores, Processo e Sentença.* São Paulo: LTr, 2003, p. 20).

[5] AFTALIÓN, op. cit., p. 25.

[6] HOMMERDING, op. cit., p. 20.

[7] Idem, ibidem.

Ela não é outra coisa no plano empírico senão a conduta diária de escolher, de preferir, de eleger prioridades. Como disseram Aftalión, Olano e Vilanova, a vida humana não segue um "itinerário pré-fixado como a órbita do astro", já que "consiste em um incessante fazer-se a si mesma, em um andar entre coisas, (...) uma tarefa que temos que realizar a cada instante, e que realizamos no presente, mas orientados para o futuro (...)".[8] Desse modo, é graças ao homem, valorando e determinando preferências, que a realidade axiológica se torna possível.[9]

Sobre o valor como qualidade, diz-se que ele está nos objetos reais e concretos. Assim, a obra de arte pode ser feia ou bela; o objeto pode ser útil ou inútil, valioso ou sem valor, etc. A relação entre o sujeito e o objeto é direta e intensa.

Por último, sobre o valor na perspectiva de ideia, ainda na lição de Hommerding, fala-se no "gênero sob o qual subsumimos o conteúdo de todas as nossas vivências da mesma espécie. São estes conceitos os de bem, belo e santo. Neste caso, é frequente também designar os próprios conceitos como valores e falar de valores éticos, estéticos e religiosos. Seria, contudo, mais rigoroso falar aqui de ideias de valor".[10]

Ora, os ordenamentos jurídicos de todos os Estados estão impregnados também de valores (que se expressam por meio das regras ou dos princípios jurídicos), porque disciplinam a vida do povo em sua cultura, não estando o jurista autorizado a ignorá--los, como demonstrou Carlos Côssio,[11] ao chamar a atenção para a tríplice dimensionalidade do direito – o fato, o valor e a norma – que Miguel Reale aprofundaria em livro famoso, destacando que essa tridimensionalidade está sempre correlacionada em qualquer expressão da vida jurídica, "seja ela estudada pelo filósofo ou o sociólogo do direito, ou pelo jurista como tal".[12]

Na monumental obra destinada a erradicar da positividade jurídica os "elementos estranhos", Kelsen, deliberadamente ou não, como no-lo diz Alberto Delgado Neto, não considerou esse dado, ou seja, o de que o legislador da norma fundamental "já nasce carregado de uma pressão jurídica, a qual ele vai externar. Já existe, portanto, uma forma determinada mediante a qual a norma fundamental vai atuar sobre o poder constituinte, responsável pela positivação em sentido estrito do sistema. Desse modo, embora a necessidade sistêmica de que a norma fundamental seja simplesmente pensada e purificada de elementos axiológicos, ela deriva ou nasce de uma realidade social composta de procedimentos individuais e sociais, até então no plano consuetudinário e, por consequência, constituídos de valores, crenças, sentimentos de justiça e equidade que justificam as ações, sejam eles quais forem".[13]

O tema mereceu a atenção de Robert Alexy,[14] ao lembrar que, desde o advento da Constituição de Weimar, o jurista Rudolf Smend já vinha afirmando, em desenvolvimento de teoria sobre direitos fundamentais, que o sentido concreto de um determi-

---

[8] AFTALIÓN; OLANO; VILANOVA, op. cit., p. 21-22.

[9] VITA, Luiz Washington. *Introdução à Filosofia*. 2. ed. São Paulo: Melhoramentos, 1965, p. 197.

[10] HOMMERDING, op. cit., p. 21.

[11] CÔSSIO, Carlos. *La Teoría Egológica del Derecho y el Concepto Jurídico de Libertad*. 2. ed. Buenos Aires: Abeledo-Perrot, 1964, p. 51. Côssio foi um importante jusfilósofo argentino, que travou com Kelsen empolgantes debates, quando este proferiu conferências na Universidade de Buenos Aires.

[12] REALE, Miguel. *A Teoria Tridimensional do Direito*. São Paulo: Saraiva, 1968, p. 73.

[13] DELGADO NETO, Alberto. "Paper" ao Mestrado em Direito da UNISINOS, ministrado em convênio com a ESM da Ajuris.

[14] ALEXY, Robert. *Teoria de Los Derechos Fundamentales*. Madrid: Centro de Estudios Constitucionales, 1997, p. 148.

nado catálogo de direitos fundamentais corresponderia à pretensão de normatizar, em verdade, uma série concreta de um sistema de valores ou de bens.

De fato, no processo de construção do texto da Constituição, o legislador constituinte age sob o influxo dos valores que compõem o plexo de valores da sociedade e que presidem as relações entre as pessoas, os grupos, as instituições, as corporações e os governos. Como acentuou Ferdinand Lassalle, a essência da Constituição reside não na circunstância de ser um Livro, mas, para além disso, na circunstância de ser a soma de todos os "fatores reais do poder que regem uma nação",[15] posteriormente "formalizados no papel", no dizer de Konrad Hesse.[16]

Dizendo de outro modo: o documento denominado Constituição, conforme assinalou o ex-presidente da Suprema Corte da Alemanha, "não passa de um pedaço de papel (*ein Stück Papier*). Sua capacidade de regular e de motivar está limitada à sua compatibilidade com a Constituição real. Do contrário, torna-se inevitável o conflito, cujo desfecho há de se verificar contra a Constituição escrita, esse pedaço de papel que terá que sucumbir diante dos fatores reais de poder dominantes no país".[17]

É o próprio Lassale quem fornece exemplo sobre a natureza e a força da Constituição: "Suponhamos – diz ele – que o governo intentasse promulgar uma lei penal semelhante à que prevaleceu durante algum tempo na China, punindo na pessoa dos pais os roubos cometidos pelos filhos. Essa lei não poderia viger, pois contra ela se levantaria o protesto, com toda a energia possível, da cultura coletiva e da consciência social do país. Todos os funcionários, burocratas e conselheiros do Estado ergueriam as mãos para o céu e até os sisudos senadores teriam que discordar de tamanho absurdo. É que, dentro de certos limites, também a consciência coletiva e a cultura geral da nação são partículas, e não pequenas, da Constituição".[18]

Do mesmo modo, se não houvesse proibição legal à tortura em nosso País (art. 5º, XLIII, e Lei 9.455/97), ainda assim seria impensável o uso dessa prática abominável em qualquer situação, porque contrária à dignidade da pessoa humana – que é um dos valores fundantes da sociedade – insculpido e veiculado por meio do princípio reitor positivado no artigo 1º, inciso III, de nossa Lei Fundamental, mas, bem antes, no espírito, ou se quisermos, no inconsciente coletivo da Nação brasileira.

1.3. Princípios

Em sentido profano, "princípio" é o que se mostra na origem ("No princípio, Deus criou o céu e a terra"),[19] no começo de qualquer coisa,[20] no início de algo.[21]

---

[15] LASSALE, Ferdinand. *A Essência da Constituição*. Rio de Janeiro: Lumem Juris, 2001, p. 17.

[16] HESSE, Konrad. *A Força Normativa da Constituição*. Porto Alegre: Fabris,1991, p. 9.

[17] Idem, ibidem.

[18] LASSALE, op. cit., p. 16.

[19] Gênesis, capítulo I, versículo l.

[20] TUCCI, Rogério Lauria. *Princípios e Regras Orientadoras do Novo Código de Processo Penal Brasileiro*. Rio de Janeiro: Forense, 1986, p. 4.

[21] FERREIRA, Aurélio Buarque de Hollanda. *Pequeno Dicionário Brasileiro da Língua Portuguesa*. 11. ed. São Paulo, 1972.

Em direito, contudo, há especificidade de sentidos: o princípio é o elemento que atua como a causa primeira ou primária, que "predomina" na constituição de um corpo orgânico, que orienta ou que pode ser identificado como preceito.[22]

Os princípios, dizia Paulo Tovo, estão por detrás das leis e formam um "mundo invisível", regendo-as, tocando ao jurista decifrá-los, como enunciações normativas de valor genérico que condicionam e orientam a compreensão do ordenamento jurídico, quer para a sua aplicação e integração, quer para a elaboração de novas normas.[23]

Carnelutti, com outras palavras, reproduzidas por Flávio Meirelles Medeiros, afirmava que os princípios estão contidos no ordenamento do mesmo modo como o álcool está contido no vinho,[24] convivendo em estreita dependência ou complementaridade na produção, na interpretação ou na integração do direito.[25]

Os princípios cumprem dúplice função: ajudam o operador do direito a extrair os sentidos das regras para que ele possa identificar a solução legal ou jurídica reclamada para o caso ou, para além dessa função de *ratio legis,* cumprem, na função de *lex,* a função de preencher os *vazios* legislativos dos quais não escapam as leis e os Códigos.

Expliquemos melhor, nos itens a seguir.

1.3.1. Princípios como diretrizes

Consoante a hermenêutica tradicional, os princípios na função de *ratio legis,* atuam como excelentes ferramentas que ajudam o intérprete a extrair os significados das normas que compõem o ordenamento jurídico.

De fato, as regras positivadas, enquanto textos, nada dizem, pois, nas palavras de Lenio Streck, são meros "sítios de significância",[26] corpos sem alma, ou, diríamos nós, objetos culturais, que só ficarão prenhes de significados após o esgotamento da atividade interpretativa.

Toda norma é "(...) muda enquanto não for interrogada, reclamada e trazida a um presente espaço-temporal, de onde há de mostrar as suas potencialidades. Somente então será compreendida em seu sentido".[27] Daí o equívoco do aforisma *latino in claris non fit interpretatio*, porque, mesmo quando a normatividade jurídica aparecer em textos aparentemente precisos, nem assim deixará de haver interpretação, pois a leitura em si já constitui atividade tipicamente hermenêutica.

Destarte, se aplicar o Direito é apreender ou conferir sentidos, é indiscutível – lembra-nos Streck – que todo processo hermenêutico começa com a leitura e gramatical interpretação dos textos,[28] desenvolve-se e se esgota com a utilização de outros

---

[22] TUCCI, op. cit., 1986, p. 4.

[23] TOVO, Paulo Cláudio (org.). Introdução à Principiologia do Processo Penal Brasileiro. In: *Estudos de Direito Processual Penal*. Porto Alegre: Livraria do Advogado, 1995, p. 12.

[24] MEDEIROS, Flávio Meirelles. *Princípios de Direito Processual Penal*. Porto Alegre: Ciências Jurídicas, 1984, p. 4.

[25] GUASTINI, Riccardo. *Led Fonti del Diritto e L'Interpretazione*. Trattato di Diritto Privato. Milão: Giuffrè, 1993, p. 458-459.

[26] STRECK, Lenio. *Hermenêutica Jurídica e(m) Crise*. Porto Alegre: Livraria do Advogado, 2000, p. 218, citando Eni Puccinelli Orlandi e seu *O Discurso Fundador*. Campinas: Editora Pontes, 1993.

[27] STRECK, op. cit., p. 218, citando outros autores.

[28] STRECK, op. cit., p. 85, com referência a texto de Tércio Ferraz Jr., extraído da obra *A Ciência do Direito*, São Paulo: Atlas, 1980, p. 76.

das PENAS e seus CRITÉRIOS de APLICAÇÃO

critérios, dentre eles o histórico, o teleológico, o sistemático, etc., que não raro exigem a intervenção de especialistas, até a solução almejada.

Nesse cenário, os princípios cumpririam papéis como as "... diretivas ideias da hermenêutica, os pressupostos científicos da ordem jurídica. Se é deficiente o repositório de normas, se não oferece, explícita ou implicitamente, e nem sequer por analogia, o meio de regular ou resolver um caso concreto, o estudioso, o magistrado ou o funcionário administrativo como que renova, em sentido inverso, o trabalho do legislador: este procede de cima para baixo, do geral ao particular; sobe aquele gradativamente, por indução, da ideia em foco para outra mais elevada, prossegue em generalizações sucessivas e cada vez mais amplas, até encontrar a solução colimada",[29] de que seriam exemplos, na valoração da prova, o princípio do *in dubio pro reo*, em matéria penal, e os da moralidade dos atos jurídicos e da interpretação restritiva das cláusulas contratuais, em matéria civil.[30]

Sintetizando: consoante a hermenêutica tradicional, os princípios, na função de *ratio legis*, seriam enunciados gerais, parâmetros ou diretrizes, destinados a orientar o intérprete ou o aplicador da lei na determinação do sentido dos textos legislativos.

Por exercerem funções diretivas, os princípios iluminam o operador do direito, quando da leitura dos textos, na aferição dos sentidos, em seu trabalho de apuração da efetividade do sistema, no interior do processo de "interpretação sistemática das normas processuais nos vários escalões, sobrepujando-as em importância hierárquica e força cogente, numa hermenêutica autoconsciente de suas funções (...)".[31]

Assim, no dizer de Figueiredo Dias, os princípios jurídicos "exprimem os valores preferenciais e os bens prevalentes, em dado momento, numa certa comunidade", dando "sentido à multidão de normas" e permitindo à dogmática "explicar" e "compreender" os problemas do Direito, caminhando com segurança "ao encontro de sua solução".[32]

Sob a perspectiva em tela, os princípios atuam como importantes ferramentas a serviço da interpretação, a qual, nas palavras de Carlos Maximiliano, corresponderia à aplicação prática da hermenêutica. Como é a hermenêutica que descobre e fixa os princípios que regem a interpretação, segue-se que, para esse eminente jurista brasileiro, a "hermenêutica é a teoria científica da arte de interpretar".[33]

1.3.2. Princípios como normas

Já de acordo com a moderna hermenêutica, os princípios, muito mais do que meras ferramentas auxiliares do processo interpretativo (*ratio legis*), sendo espécies de normas, revestidas de força normativa (atuando no papel de *lex*), solvem os conflitos entre as regras ou colmatam (suprem as deficiências) do ordenamento jurídico. Em sintética frase, Hermann Kantorowicz, expoente da Escola do Direito Livre, foi

---

[29] STRECK, op. cit., p. 85, com referência a texto de Tércio Ferraz Jr., extraído da obra *A Ciência do Direito*, São Paulo: Atlas, 1980, p. 295.

[30] MAXIMILIANO, Carlos. *Hermenêutica e Aplicação do Direito*. Rio de Janeiro: Forense, 1980, p. 355.

[31] FREITAS, Juarez. *A Interpretação Sistemática do Direito*. São Paulo: Malheiros, 1995, p. 164.

[32] DIAS, Jorge Figueiredo. *Direito Processual Penal*. Coimbra, 1974, vol. 1, p. 113 e ss. *apud* Tucci, cit.

[33] MAXIMILIANO, op. cit., p. 1.

absolutamente preciso: as regras positivadas não são único *genus proximum* utilizado para definir o direito.[34]

Efetivamente, não existe, em nenhum lugar do mundo, conforme registra Novoa Monreal, aquele "(...) legislador atento às transformações, e ágil em sua elaboração preceptiva",[35] decidido a evitar os desequilíbrios, "elaborando novas normas que tivessem por finalidade por em dia as regras ultrapassadas, para manter sempre um direito viçoso e atualizado".[36]

É mais do que sabido: o legislador não é capaz de se antecipar às demandas sociais para contemplar todas as soluções. Em geral, o ordenamento jurídico apresenta déficits normativos ou contém regras antinômicas. É nesse espaço que, para a boa exegese e aplicação do direito positivado, o intérprete ou operador do direito precisa situar os valores e os princípios.[37]

Graças aos princípios, enfim, o jurista retira o sistema jurídico de direito positivo da clausura lógico-analítica[38] e o põe em "(...) contato com a móvel e movente multiplicidade do mundo da vida",[39] o que representa, no processo hermenêutico, atitude superior em relação à dos exegetas que, segundo adiantamos linhas acima, subservientes e ao mesmo tempo maravilhados com as grandes codificações, como a francesa, de 1804, e a alemã, de 1900, entendiam que as soluções para os problemas jurídicos defluiriam da simples leitura dos textos legais, naquilo que Norberto Bobbio qualificou de fetichismo da lei.[40]

Como o juiz está autorizado/obrigado a julgar, haja vista os termos dos arts. 4º da LICC e 126 do CPC (isto é, que ele deve sempre proferir uma decisão mesmo que não exista lei para o caso ou que o considere demasiadamente complexo), disso resulta, ainda segundo Streck, que o ordenamento é, dinamicamente, completável por meio de uma autorreferência ao próprio sistema jurídico, aos princípios ou aos sistemas estrangeiros, no contexto da heterointegração das normas, premissa que serve para a desmistificação do próprio dogma baseado no modelo napoleônico,[41] que confinava os juízes no papel de meros intermediários entre o fato e a (suposta vontade da) lei.

Numa palavra: os Códigos não contêm soluções para todos os casos e nessa ausência de regulação explícita que os princípios, como soldados de reserva, são chamados e entram e ação para resolverem o problema concreto e assegurarem a supremacia do direito.

Revestidos da mesma força normativa das regras, os princípios, socorrendo a ordem jurídica de direito positivo e propiciando no vazio legislativo a solução reclamada, "comandam" para que tudo seja resolvido do melhor modo possível e dentro das possibilidades jurídicas e reais existentes.[42]

---

[34] KANTOROWICZ, Hermann. *La Definicion del Derecho*. Madrid: Revista do Occidente, 1964.

[35] MONREAL, Eduardo Novoa. *O Direito como Obstáculo à Transformação Social*. Porto Alegre: Sergio Fabris, 1998, p. 30.

[36] Idem, p. 30-31.

[37] FREITAS, op. cit., 1998, p. 47.

[38] PASQUALINI, Alexandre. *Hermenêutica e Sistema Jurídico*. Porto Alegre: Livraria do Advogado, 1999, p. 77.

[39] Idem, ibidem.

[40] BOBBIO, Norberto. *Teoria do Ordenamento Jurídico*. 9. ed. Brasília: UNB, 1997, p. 121.

[41] STRECK, op. cit., p. 91.

[42] ALEXY, Robert. *Teoria de Los Derechos Fundamentales*. Madrid: Centro de Estudios Constitucionales, 1997, p. 83.

1.3.3. Força dos princípios

Como pensamos ter deixado claro, para além da restrita configuração de diretrizes à integração ou à interpretação dos sistemas jurídicos, os princípios, em nova concepção hermenêutica, são considerados como espécies de normas, que ao veicularem valores dizem, deontologicamente, o que *deve ser,* tudo como "consequência direta da função construtiva que os caracteriza dinamicamente entre as normas do sistema".[43]

Declarando ser a normatividade, indiscutivelmente, o "traço mais largo" dos princípios, Paulo Bonavides,[44] aludindo às investigações de Ricardo Guastini, explicou que a concepção não nasceu pronta e acabada, pois, da fase jusnaturalista, em que esse traço era "basicamente nulo e duvidoso", sob o argumento de que os princípios seriam meras pautas programáticas ou supralegais, se passou, ato contínuo, à fase juspositivista, quando então eles adentraram nos códigos como fontes normativas subsidiárias, ou, segundo Gordilo Canas, como "válvulas de segurança" asseguradoras do reinado absoluto da lei.[45]

Dessa fase foi que se evoluiu à atual e última, denominada pós-positivista, correspondente "aos grandes momentos constituintes das últimas décadas deste século", com as constituições promulgadas "acentuando a hegemonia axiológica dos princípios, convertidos em pedestal normativo sobre o qual assenta todo o edifício jurídico dos novos sistemas constitucionais".[46]

Tal é a força normativa dos princípios, que, conforme a hierarquia, podem afastar, alterar ou produzir novo sentido às regras positivadas. Se o Congresso, por exemplo, aprovasse uma lei permitindo a tortura nas investigações por crimes de terrorismo ou hediondos – essa lei seria inevitavelmente dada pelo Supremo Tribunal Federal como inconstitucional por esbarrar na força normativa (hierarquicamente superior) do princípio da dignidade da pessoa humana, previsto no artigo 1º, inciso III, da Lei Maior.

O saudoso professor gaúcho Ovídio Baptista, em recurso extraordinário, discutiu sob essa perspectiva certa questão dando como prevalente à violação do princípio constitucional do direito adquirido, mas o Supremo Tribunal Federal, saindo pela tangente, sob o argumento de que o problema configuraria unicamente inconstitucionalidade reflexa, que, como sabemos, é estranha ao recurso extraordinário, que exige ofensa direta à Constituição Federal, não acolheu a pretensão.[47]

A revelar essa extraordinária força, disse Lenio Streck, citando Bandeira de Mello, que a preponderância de um princípio pode conduzir, até mesmo, à "ruptura da própria Constituição".[48]

---

[43] CRISAFULLI, Vezio. Citado por BONAVIDES, *in: Curso de Direito Constitucional.* São Paulo: Malheiros, 2000, p. 245.

[44] BONAVIDES, Paulo. *Curso de Direito Constitucional.* São Paulo: Malheiros, 2000, p. 230.

[45] Idem, p. 235. A afirmação, como lembrou Eugênio Facchini Neto, em palestra na Escola Superior da Magistratura, é extremamente contundente, pois olvida a função de um "jusnaturalismo de combate", na esteira do pensamento de Roberto Lyra Filho, do qual se poderia, até mesmo, derivar para um direito de resistência a uma ordem positiva injusta. Salo de Carvalho, dissertando sobre a triste realidade das prisões, lembra que a supremacia dos direitos fundamentais autoriza a resistência ante práticas jurídico-políticas arbitrárias. "Enquanto a dogmática jurídica não potencializa instrumentos (...) para obrigar o Estado ao cumprimento de seu dever em sede de execução penal, cremos que a única alternativa admissível para o resgate dos direitos dos apenados é a inclusão do direito de resistência entre as causas supralegais de exclusão do delito (...)" (*Pena e Garantias...,* p. 255).

[46] BONAVIDES, op. cit., p. 237.

[47] STRECK, op. cit., 2000, p. 218, nota de rodapé 422.

[48] Idem, p. 226.

Embora a fluida *ratio* dos princípios possibilite a solução dos mais variados casos concretos, isso não significa, entretanto, que a *praxis* hermenêutica e/ou judiciária possa ser exercitada em sua amplitude sempre ou independentemente de regras expressas ou explícitas dos sistemas normativos de direito positivo.

Um Estado que privilegiasse só os princípios potencializaria resultados inaceitáveis, pois, como lembra Canotilho, a indeterminação e a inexistência de regras precisas, a coexistência de princípios opostos, a sujeição ao "possível" jurídico, conduziriam à insegurança jurídica e à incapacidade de redução da complexidade do próprio sistema.[49]

Sequer nos sistemas abertos, em que novas regras são continuamente reveladas, como é o inglês, os princípios reinam absolutos, haja vista a força normativa dos precedentes. "Uma decisão que se tenha constituído em regra importante, em torno da qual outras decisões gravitam (com especificações, exceções interpretativas, extensões de aplicação), se denomina um *leading case* que passa a ser determinante para o estudante e o advogado como primeiro *approach* na solução de uma questão prática",[50] tornando secundária, inclusive, a participação das Universidades e da própria doutrina na determinação do que é direito.[51]

Pelo outro lado, ensina o eminente professor, um Estado que desprezasse os princípios e privilegiasse, mesmo em grandes codificações, só as regras, não prescindiria de racionalidade prática, própria de "(...) disciplina legislativa exaustiva e completa",[52] sem que isso eliminasse as lacunas e as imprevisões decorrentes da fecunda realidade da vida, como demonstraram as inexitosas experiências realizadas nesse sentido, em 1794, por Frederico, o Grande, ao codificar, com 19.000 artigos, o conjunto do direito[53] e, em 1833, por Nicolau I, Czar da Rússia, ao editar com 60.000 artigos o Corpo de Leis do Império.[54]

Sendo certo que os códigos são necessários para que as leis possam ser conhecidas por todos, não é menos certo que nenhum sistema de direito positivo sobrevive por tempo razoável em sua própria clausura. A intensidade dos relacionamentos humanos e a velocidade das mudanças nas sociedades fizeram com que apenas ficasse na história a frase atribuída a Bonaparte, no exílio de Santa Helena, de que sua glória havia sido não a vitória em quarenta batalhas, mas a criação do Código Civil, que nada apagaria, que viveria eternamente...[55]

Em suma: afastada a crença de que o ordenamento jurídico pode prever soluções para todos os conflitos futuros, resulta, portanto, que é graças também aos princípios que os operadores do direito conseguem neutralizar ou atenuar os efeitos do envelhecimento dos códigos e superar as crises de legalidade.[56]

Eis por que, na compreensão do sistema ou microssistema normativo, consoante asseverou Juarez Freitas, em sentença lapidar, o "jurista" é precisamente aquele que, para além das regras, "sabe manejar princípios", reforçando a lição de que pela natu-

---

[49] CANOTILHO, José Joaquim Gomes. *Direito Constitucional*. 6. ed. Coimbra: Almedina, 1993, p. 169.

[50] SOARES, Guido Fernando Silva. *Common Law*. São Paulo: RT, 1999, p. 40.

[51] Idem, ibidem.

[52] CANOTILHO, op. cit., p. 169.

[53] Idem, p. 450.

[54] LOSANO, Mário G. *I Grandi Sistemi Giuridici*. Torino: Giulio Einaudi Editores, 1978, p. 139.

[55] GILISSEN, John. *Introdução Histórica ao Direito*. Lisboa: Fund. Calouste Gulbenkian, 1979, p. 456.

[56] CARVALHO, Amilton Bueno de. *Lei Para Quem?* Doutrina. Instituto de Direito, vol. 11, p. 303.

reza e função que exercem, eles constituem diretrizes supremas e ao mesmo tempo "compõem a tábua de critérios que preside todo e qualquer trabalho de aplicação do direito".[57]

A frase é exata e pertinente ao caso brasileiro. A ordem jurídica (constituída por grande quantidade de leis) é frequentemente atingida ou modificada por novas leis, que afora as imprecisões técnicas, deixam muitos espaços em aberto ou ainda geram conflitos com outras disposições normativas, a exigir, pois, do intérprete ou operador da lei, apelos sistemáticos aos princípios (geralmente de hierarquia constitucional) não só para a interpretação e a extração dos sentidos como também para solução dos conflitos entre as regras e até mesmo a colmatação (preenchimento dos vazios) do ordenamento jurídico de direito positivo.

1.3.4. Fonte dos princípios

Os princípios estão contidos no sistema jurídico de direito positivo.

Eles não são, portanto, estranhos ao direito legislado, porque mesmo as enunciações principiológicas que formam o arcabouço do direito natural, voltado à proteção dos direitos e das liberdades fundamentais, encontram correspondentes previsões normativas na Constituição ou nas leis, explícita ou implicitamente.

Os princípios explícitos são aqueles visualizados na positividade jurídica com facilidade e nenhuma dificuldade de apreensão, como ocorre com qualquer outra norma.[58]

Como exemplos, podemos considerar, nos incisos do art. 5º da CF, os princípios da individualização das penas (LXVI); da irretroatividade da lei penal, salvo a mais benigna (XL); da ampla defesa e do contraditório (LV); da presunção de inocência (LVII), da liberdade de pensamento (IV), do livre exercício de cultos (inciso VI), da inviolabilidade de correspondência (XII), da legalidade dos crimes e das penas (XXXIX), e, em outros dispositivos, da publicidade dos atos do processo (art. 93, IX), da legalidade tributária (art. 150, inciso I), da vulnerabilidade do consumidor (artigo 4º, inciso I, da Lei 8.078/90), da oficialidade da ação penal pública (art. 129, inciso I), da pessoalidade da pena e intranscendência da ação (art. 5º, inciso XLV), dentre muitos outros.

São implícitos, outrossim, aqueles elaborados e construídos no contexto do processo de interpretação, como explica Guastini.[59] Aliás, por constituírem enunciados gerais, denominados por Bobbio de "espírito do sistema",[60] seria bastante curioso, conforme disse o eminente pensador, que existisse alguma norma prevendo o princípio ou autorizando sua aplicação, pois, nesse caso, o princípio, simplesmente, deixaria de ser implícito...

Ao dissertar sobre o princípio-garantia constitucional da dignidade da pessoa humana (art. 1º, inciso III, da CF) e explicar que é dele que provém (implicitamente, portanto) a proibição de tratamento da pessoa humana como coisa, como mero instrumento, Ingo Sarlet o identificou como a fonte do dever de proteção à "(...) integridade

---

[57] FREITAS, Juarez. Tendências Atuais e Perspectivas da Hermenêutica Constitucional. In: *Revista da Ajuris*. Porto Alegre, v. 76, p. 308.

[58] GUASTINI, Riccardo. *La Regola Del Caso*. Milão: Cedam, 1995, p. 126.

[59] GUASTINI, op. cit., p. 127.

[60] Idem, p. 159.

física e corporal do indivíduo, do que decorrem, por exemplo, a proibição da pena de morte, da tortura, das penas de natureza corporal, da utilização da pessoa humana como experiências científicas, limitações aos meios de prova (utilização de detector de mentiras), regras relativas aos transplantes de órgãos".[61]

É implícito o princípio de que o interesse público propondera sobre o interesse privado. Esse princípio, no dizer de Celso Antonio Bandeira de Mello, é "inerente a qualquer sociedade. É a própria condição de sua existência. Assim, não se radica em dispositivo específico algum da Constituição, ainda que inúmeros aludam ou impliquem manifestações concretas dele, como, por exemplo, os princípios da função social da propriedade, da defesa do consumidor ou do meio ambiente, ou tantos outros".[62]

Ainda no mesmo diapasão, poderíamos apontar como paradigma de princípio implícito na Constituição o da proporcionalidade, objeto dos comentários no item 6.8 deste capítulo, para onde enviamos o leitor, a fim de evitarmos redundâncias.

Os princípios são aferíveis explicitamente também na ordem normativa infraconstitucional, como, por exemplo, o da obrigatoriedade da ação penal pública, identificável nos artigos 24, 28 e 29 do CPP; o da liberdade de apreciação da prova, no artigo 157; o da concretude da acusação, no artigo 41; o da congruência entre acusação e sentença, no artigo 383; o da presunção de inocência, no art. 186; o da supremacia do fundo em detrimento da forma do ato processual, no art. 563; do interesse como pressuposto de admissibilidade do recurso, no parágrafo único do art. 577, etc.

Exemplos de princípios implícitos, em escala infraconstitucional, são o do *in dubio pro reo* (art. 386, VII) e o da confiança, que regula as relações no tráfego viário e segundo o qual quem realiza uma atividade arriscada, como a de dirigir veículos nas vias urbanas, "pode confiar que quem participa junto com ele na mesma atividade se comportará corretamente, de acordo com as regras existentes".[63]

Em outras áreas do direito, Judith Martins-Costa aponta como implícitos os da razoabilidade da ação administrativa, da vedação ao enriquecimento sem causa, da realidade nas relações de emprego, da autonomia da vontade nos contratos privados e o da boa-fé objetiva,[64] este amplamente dissecado, por ela, em obra de fôlego.[65]

A essas duas classes de princípios (explícitos e implícitos) reclama-se uma outra, que Edilson Farias denomina de extrassistêmico. "Comumente respaldados numa ordem fora do ordenamento jurídico: no Direito Natural, na Constituição Material, etc. Conforme observa Luis P. Sanchís, constitui mais elaboração teórica do que prática (jurisprudencial) porque decorre de uma argumentação política ou moral assaz complexa que frequentemente não se encontra nas motivações de sentenças judiciais. Com efeito, esta concepção de princípios extrassistêmicos parece próxima da expendida

---

[61] SARLET, Ingo Wolfgang. *Dignidade da Pessoa Humana e Direitos Fundamentais.* Porto Alegre: Livraria do Advogado, 2001, p. 109.

[62] BANDEIRA DE MELLO, Celso Antonio. *Curso de Direito Administrativo.* 17. ed. São Paulo: Malheiros, 2004, p. 87.

[63] CALLEGARI, André Luís. O Princípio da Confiança no Direito Penal. In: *Revista da Ajuris*, Porto Alegre, v. 75, p. 159 e segs. Callegari escreveu a monografia *"Imputação Objetiva"*, publicada pela Livraria do Advogado e traduziu para o português a obra de idêntico título do alemão Günther Jakobs, publicada pela *Revista dos Tribunais*, nas quais o princípio da confiança é apontada como um dos pilares em que se assenta a denominada teoria da imputação objetiva.

[64] MARTINS-COSTA, Judith. *Os Princípios Penais.* Artigo em xerox gentilmente cedido ao autor, p. 34. O princípio da boa-fé foi incorporado pelo Projeto do Código Civil, no art. 422, relativamente aos contratos. Consta, também, expressamente, no Código de Defesa do Consumidor (art. 4º, III).

[65] MARTINS-COSTA, Judith. *A Boa-Fé no Direito Privado.* São Paulo: RT, 1999.

por K. Larenz, ao considerar os princípios jurídicos como pautas gerais de valoração ou preferências valorativas referentes à ideia de direito".[66]

1.4. Regras

As regras de direito positivo (identificadas como sendo as antigas "normas") contemplam direitos e deveres, isto é, condutas paradigmáticas a serem seguidas pelos indivíduos, como condição para o progresso civilizatório. Elas integram o universo da positividade jurídica e dispõem sobre o permitido e o proibido e, nessa função de dever-ser, funcionam como paradigmas comportamentais indispensáveis à estabilidade do corpo social e à segurança jurídica nas relações interpessoais ou do Estado com as instituições e os cidadãos individualmente considerados.

Ao contrário dos princípios, que são gerais, abstratos, fluidos, ou, como ensina Bobbio, citando Crisafulli, categorias deontológicas generalíssimas,[67] as regras são categorias mais restritas, de aplicação direta,[68] de baixa densidade, que carecem de imediações concretizadoras, por estarem voltadas à *fattispecie* certa.

Em seu conjunto, as regras *gerais,* hierarquicamente dispostas no ordenamento jurídico, conferem a este unidade e sentido de totalidade e, junto com a sentença, que é *regra específica para o caso concreto,* fornecem a (ilusória) sensação de completude do ordenamento jurídico.

1.5. As tensões entre valores, princípios e regras

Os valores, os princípios e as regras podem colidir entre si na situação em concreto.

Quando isso ocorrer, os valores em conflito tenderão à harmonização, ou seja, permanecerão intactos, sem que um "elimine" ou "revogue" o outro. Na compra de um bem de uso pessoal, posso preferir, por exemplo, o mais feio e seguro, em detrimento do mais belo, sem que isso implique qualquer alteração na escala pessoal de valores, pois o feio continuará sendo feio, e o belo continuará sendo esteticamente belo...

Assim também sucede quando no caso concreto concorrerem dois ou mais princípios de idênticas ou distintas hierarquias (por emanarem do mesmo sistema normativo constitucional ou infraconstitucional ou de sistemas diferentes).

Como explica Bonavides, amparado em Alexy, verificada essa tensão, "um dos princípios deve recuar. Isso, porém não significa que o princípio do qual se abdique seja declarado nulo, nem que uma cláusula de exceção nele se introduza. Antes quer dizer que em determinadas circunstâncias um princípio cede ao outro ou que, em situações distintas, a questão de prevalência se pode resolver de forma contrária".[69]

Posição idêntica nós a encontramos em Dworkin, para quem a solução relativa ao problema do intercruzamento dos princípios não dispensa a pergunta sobre "que

---

[66] FARIAS, Edilson Pereira. *Colisão de Direitos, a Honra, a Intimidade, a Vida Privada e a Imagem versus a Liberdade de Expressão e Informação.* Porto Alegre: Sergio Fabris, 1996, p. 40.

[67] BOBBIO, Norberto. *Teoria do Ordenamento Jurídico.* 9. ed. Brasília: UNB, 1997, p. 121.

[68] CANOTILHO, op. cit., p. 167.

[69] BONAVIDES, op. cit., p. 251. No mesmo sentido: MARTINS-COSTA, Judith, artigo citado, p. 43.

peso ele tem ou quão importante ele é",[70] de modo que "em outro caso, quando essas considerações em contrário estiverem ausentes ou tiverem menor força, o princípio poderá ser decisivo".

É que, na lição de Alexy, aqui reiterada, enquanto "os conflitos de regras se definem na dimensão da validez; a colisão dos princípios – como só podem entrar em colisão princípios válidos – tem lugar mais adiante na dimensão da validez, ou seja, na dimensão do peso do princípio",[71] caso em que, para a solução do conflito, há que se levar em conta o critério de "ponderação dos interesses opostos" voltada para a preservação da ideia de proporcionalidade.[72]

Por isso, a correta advertência de Ingo Sarlet, perfilhando a mesma lição: todos os princípios são relativos,[73] não sendo possível a determinação *a priori* do peso do princípio quando em conflito com outro de igual hierarquia, mas, apenas, diante do caso específico e concreto, quando o intérprete ou aplicador da lei considerará como preponderante aquele com *maior peso.*

Um exemplo com amparo nessa concepção teórica, apreciado em comarca do interior do RS: um cidadão, vítima de assalto à mão armada, para preservar a imagem e a segurança pessoal e da família, ajuizou mandado de segurança com o fim de impedir a divulgação do fato pela mídia escrita. Embora a reação do veículo jornalístico, pretextando "censura", a decisão foi proferida em favor do impetrante fundada na preponderância, em concreto, do valor dignidade da pessoa humana (em que se há de incluir a intimidade e a segurança) sobre o valor liberdade de informação invocado pelo jornal. Ou seja, a magistrada prolatora da sentença reconheceu a tensão entre dois princípios (o da dignidade da pessoa humana e o da liberdade de informação), ambos com sedes constitucionais, mas, em concreto, entendeu de assegurar a preponderância do primeiro em detrimento do segundo, sem estar, com isso, "eliminando" ou "revogando" o princípio da liberdade de informação, cuja força normativa foi por ela afastado.

Outro exemplo: "... se uma empresa jornalística, com o intento de publicar matéria referente a câncer de pele, resolver estampá-la com foto rara de um portador dessa enfermidade, contra a vontade deste, que retrata com detalhes as lesões provocadas como nenhuma outra, infere-se, com facilidade, que o direito à imagem corre perigo de lesão muito mais grave do que o direito à liberdade de imprensa e o direito à informação, pois a fotografia pode ser substituída por um desenho – não daquela pessoa, obviamente – ou pela foto autorizada de outro portador da mesma moléstia, ainda que não tanto marcante. Neste caso, ao juiz cabe afastar o direito à liberdade de imprensa e à informação, resguardando o direito à imagem. Entretanto, se a matéria pretende revelar a beleza de uma determinada praia, e a empresa jornalística procura ilustrá-la com uma fotografia panorâmica da paisagem, na qual aparecem várias pessoas, dificilmente identificáveis, não há como ser acolhido o pedido de tutela inibitória, por uma delas, visando obstar a publicação da foto, com fulcro no direito à imagem, pois, do contrário, o direito à liberdade de imprensa e o direito à informação sofreriam sérios danos, restando indevidamente coarctados, quando, *in casu,* não se vislumbra ofensa

---

[70] DWORKIN, Ronald. *Levando os Direitos a Sério.* São Paulo: Martins Fontes, 2003, p. 43.

[71] ALEXY, Robert. *Teoria de Los Derechos Fundamentales.* Madrid: Centro de Estudios Constitucionales, 1997, p. 89.

[72] Idem, p. 90.

[73] SARLET, op. cit., p. 76 e 122.

grave à imagem, causadora de maiores constrangimentos. Agora, é o direito à imagem que cede lugar à liberdade de imprensa e ao direito à informação".[74]

Dizendo de outro modo: quando colidentes, o princípio predominante não excluirá o outro, revelando-se esse aspecto como um "vetor preciosíssimo da moderna interpretação constitucional".[75]

Distinta é a solução preconizada para dissipar ou afastar os conflitos entre as regras.

Como anota Dworkin, "se duas regras entram em conflito, uma delas não pode ser válida. A decisão de saber qual delas é válida e qual deve ser abandonada ou reformulada deve ser tomada recorrendo-se a considerações que estão além das próprias regras. Um sistema jurídico pode regular esses conflitos por meio de outras regras, que dão procedência à regra promulgada pela autoridade de grau superior, à regra promulgada mais recentemente, à regra mais específica ou outra coisa desse gênero".[76]

A doutrina, consoante lição de Norberto Bobbio, segue três critérios básicos: o *cronológico,* o *hierárquico* e o da *especialidade,* para regerem a solução de conflito entre regras. Com base no primeiro critério, "a norma posterior prevalece sobre a norma precedente (*lex posterior derogat priori*)". Com base no critério hierárquico, "a norma de grau superior (isto é, estabelecida por uma fonte de grau superior) prevalece sobre aquela de grau inferior (*lex superior derogat inferiori*)". Por fim, com base no critério da especialidade, "a norma especial prevalece sobre a geral (*lex specialis derogat generali*)".[77]

Não é rara a notícia de que o Supremo Tribunal Federal, diante de antinomias, afirmou a inconstitucionalidade de certa lei por estar em frontal colisão com o texto hierarquicamente superior previsto na Lei Fundamental do país. Na jurisprudência, são inúmeras as colidências entre regras penais da mesma hierarquia, resolvidas com base no conhecido princípio da especialidade, que conduz à absorção[78] de uma regra por outra, como forma de evitar-se o *bis in idem.*

A ponderação do peso foi questionada por Umberto Ávila.[79]

Consoante esse jurista, a ponderação atua, em verdade, como qualidade geral de aplicação de todas as normas. Como exemplo, cita a regra que proíbe a concessão de liminar contra a Fazenda Pública (art. 1º da Lei 9.494) mas que, em razão da especialidade, continuará convivendo com a regra constante de outro dispositivo, qual seja, o art. 1º da Lei 9.908/1993, que obriga o juiz a determinar liminarmente o fornecimento pelo Estado de remédios às pessoas necessitadas.

Nas suas palavras: "Ora, quando o aplicador atribui uma dimensão de peso maior a um dos princípios, ele se decide pela existência de razões maiores para a aplicação de um princípio em detrimento do outro, que, então, pode deixar de irradiar efeitos sobre o caso objeto da decisão. O mesmo ocorre no caso da exceção à regra: o aplicador

---

[74] ROLIM, Luciano Sampaio Gomes. *Colisão de Direitos Fundamentais e Princípio da Proporcionalidade*. Disponível em: <http://jus2.uol.com.br/doutrina/texto.asp?id=2855>.

[75] FREITAS, Juarez, artigo citado, p. 406.

[76] DWORKIN, Ronald. *Levando os Direitos a Sério*. São Paulo: Martins Fontes, 2003, p. 43.

[77] BOBBIO, Norberto. *O Positivismo Jurídico*. São Paulo: Icone, 1999, p. 205.

[78] Apelação-Crime nº 70009659947, Sétima Câmara Criminal, Tribunal de Justiça do RS, Relator: Sylvio Baptista Neto, Julgado em 14/10/2004.

[79] ÁVILA, Humbert. *Teoria dos Princípios. Da definição à Aplicação dos Princípios Jurídicos*. São Paulo: Malheiros, 2003, p. 45.

decide haver maiores razões para a aplicação da exceção em detrimento da regra. Isso indica que, no caso de conflito entre princípios, o princípio ao qual se atribui um peso menor pode deixar, na verdade, de ser aplicado, do mesmo modo que na relação entre a regra e a exceção, uma vez que a regra ou a exceção não será aplicada. Modos de explicação à parte, o que interessa é que, tanto num quanto noutro caso, há sopesamento de razões e de contra-razões".

Em conclusão: para Umberto Ávila, "a ponderação diz respeito tanto aos princípios quanto às regras, na medida em que qualquer norma possui um caráter provisório que poderá ser ultrapassado por razões havidas como mais relevantes pelo aplicador diante do caso concreto",[80] o que representa, no interior da construção de Alexy e de Dworkin, uma importante crítica quanto ao modo como são solvidos os conflitos entre princípios e regras sem, entretanto, comprometer a importância teórico-prática da referida construção.

1.6. Princípios aplicáveis às penas

Os princípios a seguir alinhados, revestidos de força normativa, guardam plena pertinência com o objeto central deste trabalho e balizam o intérprete e o aplicador da lei no processo de individualização judicial das penas. Ao longo deste texto, nós nos socorreremos e por isso convidamos o leitor a meditar sobre cada qual isoladamente, para, a final, poder extrair a sua compreensão sob perspectiva ampla, total, abrangente.

1.6.1. O princípio da legalidade

Definido por Ferrajoli[81] como o primeiro postulado do positivismo jurídico, porque, por meio dele, identificamos o direito vigente como objeto exaustivo e exclusivo da ciência penal, estabelecendo que só as leis – e não a moral ou outras fontes externas – podem dizer o que é o delito, o princípio da legalidade tornou-se conhecido desde 1813, a partir do enunciado de Anselm Von Fuerbach, o fundador da escola alemã moderna, segundo o qual "não há crime sem lei anterior que o defina", nem "pena, sem prévia cominação legal".

Totalmente ignorado até então pelos direitos medieval e germânico, assentados no costume, o princípio da legalidade afirmou-se somente na Magna Carta inglesa (art. 39), com a proibição de prisão do indivíduo ou de privação de seus bens, a não ser por um juízo legal de seus iguais ou pela lei do país. Sua difusão só ocorreu com o Iluminismo, para ingressar no *Petition of Rights*, de 1774, no Código austríaco de 1787, na Declaração Francesa de Direitos, de 1789, na Constituição de 1793, no Código da Prússia de 1794 e, em nosso meio, em todas as constituições, tendo sido repetido no art. 5º, inciso XXXIX, da atual Constituição, bem como no artigo 1º do Código Penal, traduzindo, como dissemos antes, a verdade de que a lei é a única fonte do direito de punir, não podendo suas falhas, suas lacunas, ser supridas, contra o réu, por quaisquer outras fontes, como os costumes ou a analogia.

---

[80] ÁVILA, op. cit., p. 50.

[81] FERRAJOLI, Luigi. *Derecho y Razón, Teoría Del Garantismo Penal*. Prólogo de Norberto Bobbio. Madrid: Trotta, 1997, p. 374.

das PENAS e seus CRITÉRIOS de APLICAÇÃO

A concepção original do princípio da legalidade acabou sendo modificada para, como gênero, desdobrar-se em três outros princípios: o da reserva legal, o da irretroatividade e o da enunciação taxativa.

A reserva legal expressa ideia de confinamento do crime e da criminalidade aos tipos penais, ou seja, ao enunciado do preceito primário da norma incriminadora, sem o que não haverá o que a doutrina denomina de possibilidade jurídica do pedido prevista no art. 43, I, do CPP.[82]

Essa condição da ação figura atualmente no inciso II do artigo 395 do CPP, com a redação dada pela Lei 11.719/2008.

Além dessa função política de garantia, os tipos penais cumprem ainda o que a doutrina denomina de função *seletiva de condutas negativas*[83] que precisam ser "punidas com a mais eficaz das sanções jurídicas".[84]

No mundo em geral e em nosso país em particular, é cada vez mais intensa a expansão do direito penal – pelas mais variadas razões, desde as relacionadas ao combate ao terrorismo até as destinadas a otimizar a arrecadação dos tributos.

Já não mais são consideradas criminosas as condutas causadoras de *dano concreto*, mas, também, vêm sendo insistentemente incluídas na órbita do direito repressivo condutas geradoras de mero *perigo abstrato* ou que mereceriam permanecer no plano estritamente ético, como é o caso do tipo penal do artigo 306 do Código de Trânsito que pune a conduta do motorista que se afasta do local do acidente para evitar a indenização pelos danos causados à vítima.

Os crimes de perigo vêm sendo insistentemente questionados sob a perspectiva constitucional (por ofensiva aos princípios da lesividade e da intervenção mínima do direito penal) de que é exemplo a orientação pretoriana que admite a punição pelo porte de arma de fogo desmuniciada,[85] embora haja entendimento em prol da atipicidade da conduta no Supremo Tribunal Federal.[86]

A criminalização (ou etiquetamento de condutas humanas, na concepção do *labelling approach*), deve ser precedida, sempre, de muita reflexão, evitando-se o risco

---

[82] Em texto escrito sobre a ação penal, afirmamos: "Em matéria penal, de qualquer modo, a perspectiva em que se situa a possibilidade jurídica do pedido (art. 43, I, do CPP), é bem mais restrita porque, confundindo-se com a tipicidade, ela pressupõe assento em norma de direito substantivo. Nas palavras de Ada Grinover, 'enquanto no processo civil é possível pedir o provimento que a lei expressamente não proíba, no processo penal somente é viável o provimento condenatório que seja expressamente permitido' (*As Condições da Ação*, São Paulo: Símbolo, p. 66). Ou seja: no direito público, a referida condição da ação só pode ser examinada sob o seu aspecto positivo, tanto assim que, a teor do art. 41 do CPP, o acusador deve descrever na denúncia ou queixa o fato com todas as suas circunstâncias, em conformidade plena com o preceito primário da norma penal incriminadora" (*Ação Penal, Denúncia, Queixa e Aditamento*. Rio de Janeiro: Aide, 1997, p. 78).

[83] MELIM FILHO, Oscar. *Criminalização e Seleção no Sistema Judiciário Penal*. São Paulo: IBCCrim, 2010, p. 249 e segs.

[84] CERNICCHIARO, Luiz Vicente, COSTA JR., Paulo José da. *Direito Penal na Constituição*. São Paulo: RT, 1990, p. 19.

[85] "I – Na linha de precedentes desta Corte, pouco importa para a configuração dos delitos tipificados nos arts. 14 e 16, da Lei n° 10.826/03 que a arma esteja desmuniciada, sendo suficiente o porte de arma de fogo, de uso permitido ou restrito, sem autorização ou em desacordo com determinação legal ou regulamentar. (Precedentes desta Corte)" (HC 165661 / SP, 5ª T. STJ., rel. Min. Félix Fischer, DJe 13/09/2010).

[86] "AÇÃO PENAL. Crime. Arma de fogo. Porte ilegal. Arma desmuniciada, sem disponibilidade imediata de munição. Fato atípico. Falta de ofensividade. Atipicidade reconhecida. Absolvição. HC concedido para esse fim. Inteligência do art. 10 da Lei n° 9.437/97. Voto vencido. Porte ilegal de arma de fogo desmuniciada, sem que o portador tenha disponibilidade imediata de munição, não configura o tipo previsto no art. 10 da Lei n° 9.437/97" (HC 99449/MG – MINAS GERAIS, rel. para o acórdão Min. Cezar Peluzzo, 2ª Turma do STF, julgado em 25/08/2009).

de que a expansão do direito penal com criminalizações a torto e a direito comprometa ainda mais o princípio clássico de mínima intervenção do direito penal.

A outra face do princípio da legalidade encontra identificação na proibição da retroação das leis penais, salvo as mais benignas.

Com efeito, ao desencadear o processo legislativo, o Parlamento age com os olhos voltados para o futuro. Daí dizermos que as leis penais em regra não projetam seus efeitos relativamente aos fatos cometidos antes da data em que entrarem em vigor. Do contrário, a segurança jurídica[87] não seria nunca alcançada, preocupação que justifica a extensão do princípio também às leis processuais penais, regidas pelo aforisma *tempus regit actum*.

Dissemos acima que a irretroatividade é a regra porque, quando forem mais benignas em relação às que vigiam ao tempo do fato, as leis penais têm efeito retroativo, mesmo no período da *vacatio legis*,[88] capazes de desconstituir, até mesmo, a sentença condenatória não mais suscetível de recurso (inc. XL, art. 5º, CF[89] e Súmula 611 do STF[90]).

Questão pouco discutida em nosso meio e de extraordinária repercussão prática diz com a possibilidade ou não de reconhecer-se efeito retroativo ao novo entendimento jurisprudencial sobre a lei penal. Como sabemos, os tribunais, apreciando as questões concretas, conferem aos textos legislativos *sentidos* que, não raro, em razão do decurso do tempo e da intensidade dos debates, acabam sendo *alterados*. Daí a questão teórica de enorme repercussão prática: é possível que a mudança de sentido conferido ao texto legislativo possa retroagir para alcançar *antes* ou *depois do julgamento* os fatos cometidos no passado?

Em relação ao primeiro aspecto, ou seja, o da mudança de entendimento na jurisprudência *antes do julgamento,* Odone Sanguiné, apoiado em farta doutrina, diz ser dominante a orientação que a admite, mesmo quando este *for mais gravoso*, pois, no seu dizer, se isso não fosse possível, "uma falsa interpretação não poderia ser corrigida, impedindo a evolução do Direito, o que levaria a estagnar a jurisprudência e impediria a melhoria da interpretação da lei".[91]

---

[87] O STF, por exemplo, pacificou sua jurisprudência no sentido da impossibilidade de aplicar-se a suspensão do processo, quando se tratar de réu revel, conforme o previsto no art. 366 do CPP, com a redação da Lei 9.271/96, deixando-se de aplicar a regra da suspensão do curso prescricional, também prevista no mesmo dispositivo legal, porque, não sendo fraturável a citada lei, isso implicaria conferir caráter retroativo mais severo à citada lei, em caso de réu acusado por fato cometido antes da sua entrada em vigor, quando a prescritibilidade era a regra (HC 74695-1, SP, Rel. Min. Carlos Velloso, 2ª T., j. 11.03.97). É apenas sob essa perspectiva que falamos em "segurança jurídica", e não sob a perspectiva da perfeição, presivisibilidade ou completude do ordenamento jurídico, dogma do positivismo jurídico napoleônico.

[88] FRANCO, Alberto. *Código Penal Interpretado*. São Paulo: RT, 1995, p. 49, transcrevendo lição de Nelson Hungria, Paulo José da Costa Jr. e Luiz Vicente Cernicchiaro, afirma que "a lei em período de *vacatio* não deixa de ser *lei posterior,* devendo, pois, ser aplicada, desde logo, se mais favorável ao réu".

[89] Criticável, portanto, *data venia*, a jurisprudência do colendo STF admitindo a retroação dos institutos despenalizadores da Lei 9.099/95, dentre eles a suspensão condicional do processo, enquanto não realizado o julgamento do processo, por ter, com a sentença, ficado "comprometido o fim precípuo para o qual o instituto do sursis processual foi concebido, vale dizer, o de evitar a imposição da pena privativa de liberdade" (HC 74.463-0, SP, Rel. Min. Celso de Mello, 1ª T., j. 10.12.96). A orientação, ao nosso sentir, tem por finalidade evitar o caos no sistema judicial de justiça com a reabertura dos casos julgados, se outro fosse o entendimento.

[90] "Transitada em julgado a sentença condenatória, compete ao Juízo das execuções a aplicação de lei mais benigna" (Enunciado 611 da Súmula do STF).

[91] SANGUINÉ, Odone. Irretroatividade e Retroatividade das Variações da Jurisprudência Penal. *Fascículos de Ciências Penais*. ano 5, v. 5, n. 1, p. 3 a 16, 1992.

das PENAS e seus CRITÉRIOS de APLICAÇÃO

É claro que, tendo sido o fato alcançado pela sentença condenatória definitiva, *o novo entendimento jurisprudencial mais gravoso* será irretroativo, pela mesma razão jurídica que proíbe a retroatividade da lei penal mais gravosa.

Não há fartura, na doutrina, quanto ao segundo aspecto do problema, mas, a despeito disso, identifica-se a tendência de se aceitar, pela mesma razão jurídica que sustenta a retroatividade da lei penal mais benigna, a incidência, sobre sentença condenatória definitiva da alteração de sentido de texto legal promovida pelos Tribunais.

Esclareça-se que não estamos sustentando que a publicação de alguns acórdãos baste para justificar o pleito de reconhecimento *in mellius* do novo entendimento pretoriano. Será preciso, para resguardo da estabilidade das decisões judiciais, que a nova concepção seja massivamente uniforme na jurisprudência do país e nela se vislumbre uma certa estabilidade como é inerente à sempre desejada segurança jurídica.

Esse tema foi objeto de decisão do 4º Grupo Criminal do TJ gaúcho, contando com nosso voto favorável, pois à época integrávamos esse colegiado como desembargador.

Por maioria, os membros do Grupo entenderam que a orientação uniforme dos tribunais do País que, na época, afastava o estupro simples (o revogado art. 213 do CP) do rol dos crimes hediondos e implicava exclusão da sentença condenatória da cláusula de cumprimento da pena em regime inteiramente fechado[92] deveria ser admitida na ação de revisão criminal em julgamento para beneficiar condenado por crime de estupro simples em relação ao qual o juízo das execuções havia negado o direito à progressão do fechado para o regime semi-aberto.[93]

A decisão provocou forte reação nos meios mais conservadores da sociedade gaúcha e acabou sendo reexaminada e cassada pelo Supremo Tribunal Federal *menos por causa da tese da retroatividade do entendimento mais benigno* e mais sob o fundamento de que o crime de estupro, mesmo na modalidade simples, é de natureza hedionda e, como tal, a execução da pena correspondente deve ser em regime inteiramente fechado.[94]

A decisão em tela foi invocada por Marcus Vinicius Boschi como paradigma em livro escrito sobre o tema, recomendando a solução adotada. O referencial utilizado foi precisamente o princípio da igualdade e a sua compreensão pela Escola do Realismo Norte-Americano (*Leal Realism*), surgida no seio da Suprema Corte e capitaneada por Oliver Wendell Holmes, segundo a qual o direito não é constituído pelo conjunto dos Códigos ou pelos princípios de direito natural, mas, isto sim, por aquilo que os Tribunais proclamam como direito.[95]

---

[92] Revisão Criminal 70002052959, Rel. Des. Tupinambá Pinto de Azevedo.

[93] Escrevemos *semi-aberto* porque é assim que ainda consta no Código Penal) – e não "semiaberto" como seria a forma correta segundo a Reforma da língua portuguesa oficializada em 29 de setembro de 2008 por meio do Decreto n. 6.583.

[94] "Os delitos de estupro e de atentado violento ao pudor, ainda que em sua forma simples, configuram modalidades de crime hediondo, sendo irrelevante – para efeito de incidência das restrições fundadas na Constituição da República (art. 5º, XLIII) e na Lei 8.072/90 (art. 2º) – que a prática de qualquer desses ilícitos penais tenha causado, ou não, lesões corporais de natureza grave ou morte, que traduzem, nesse contexto, resultados qualificadores do tipo penal, não constituindo, por isso mesmo, elementos essenciais e necessários ao reconhecimento do caráter hediondo de tais infrações delituosas." (HC 82.235, Rel. Min. Celso de Mello, julg. em 24.9.02, 2ª Turma, *DJ* de 28.2.03). No mesmo sentido: HC 97.778, Rel. Min. Cármen Lúcia, julg. em 23.6.09, 1ª Turma, *DJE* de 2.10.09; HC 95.705, Rel. Min. Joaquim Barbosa, julg. em 31.3.09, 2ª Turma, *DJE* de 24.4.09; HC 81.408, Rel. Min. Maurício Corrêa, julg. em 5.2.02, 2ª Turma, *DJ* de 3.5.02; HC 81.288, 54 Rel. p/ o ac. Min. Carlos Velloso, julg. em 17.12.01, 2ª Turma, *DJ* de 25.4.03.

[95] BOSCHI, Marcus Vinicius. *Da Irretroatividade da Jurisprudência Penal Mais Benigna.* Porto Alegre: Verbo Jurídico, 2004, p. 52 e 99.

O tema continua em aberto e desafiando a criatividade dos penalistas, para aqueles que aceitam a hipótese inclusive no tocante aos meios processuais a serem utilizados, se o *habeas corpus*, a revisão criminal ou mesmo a revisão do julgado, de ofício pelo juízo das execuções.

A terceira vertente do princípio da legalidade é a da *enunciação taxativa*.

No contexto da legalidade estrita, essa vertente "expressa a exigência de que as leis penais, especialmente as de natureza incriminadora, sejam claras e o mais possível certas e precisas. Trata-se de um postulado dirigido ao legislador vetando ao mesmo tempo a elaboração de tipos penais com a utilização de expressões ambíguas, equívocas e vagas de modo a ensejar diferentes e mesmo contrastantes entendimentos".[96]

Com esse princípio, disse Cláudio do Prado Amaral que o que se quer é "... assegurar ao princípio da legalidade toda a sua forma garantista, na clareza elaborativa máxima, a fim de excluir toda e qualquer decisão subjetiva e arbitrária. Esse é o imperativo que dá ao princípio da legalidade a dimensão material que necessita para alcançar seu objetivo. De nada valeriam a reserva e a maioridade da lei, a proibição da analogia e dos costumes *pro societate,* se a lei não estivesse cunhada de clareza e certeza semântica, como via para se evitarem formas diferenciadas de sua aplicação, reduzindo, assim, o coeficiente de variabilidade subjetiva na aplicação da lei".[97]

Um bom exemplo de tipo penal em desalinho com a enunciação taxativa é o do artigo 280 do Código do Império, cominando como crime o ato de "praticar qualquer ação que na opinião pública seja considerada como evidentemente ofensiva da moral e bons costumes, sendo em lugar público".

Sempre atual, pois, o alerta do saudoso Luiz Luisi ao legislador, para que "não abuse do emprego de elementos normativos na elaboração da tipologia penal. Aconselhável, e mesmo necessário, é limitar a órbita de 'valoração' do intérprete e do aplicador da lei, condicionando essas valorações a certas diretrizes impostas pelos valores maiores, e fundantes, do ordenamento jurídico-penal".[98]

Sem embargo dela, o legislador brasileiro continua abusando dos tipos abertos. O Código de Trânsito, por exemplo, contempla como crimes, no artigo 306, a condução de veículo "sob a influência do álcool" e, no artigo 311, a condução de veículo em "velocidade incompatível", desde que próximo a escolas, hospitais, estações de embarque e desembarque...

Ora, no primeiro caso, a jurisprudência, provavelmente, terá que preencher o tipo, lançando mão do artigo 165 do mesmo Código, que, para os efeitos administrativos, considera embriagado quem conduz automóvel apresentando nível de álcool superior a seis decigramas por litro de sangue.

Já na outra situação, não haverá a menor dúvida de que o significado da expressão "velocidade incompatível" passará por variações na jurisprudência, dependendo das condições do terreno, da luminosidade, do estado do veículo, a bem denotar as inconveniências (para não precisarmos falar em inconstitucionalidade) dos tipos abertos.

---

[96] LUISI, Luiz. *Os Princípios Constitucionais Penais*. Porto Alegre: Sergio Fabris, 1991, p. 18.

[97] AMARAL, Cláudio do Prado. *Princípios Penais. Da Legalidade à Culpabilidade*. São Paulo: IBCCRIM, 2003, p. 54 e 55.

[98] LUISI, op. cit., p. 59.

1.6.2. O princípio da igualdade

A igualdade, questão antiga e sempre atual, compreende várias acepções. É preciso aferir os significados para podermos transladá-los para o campo penal.

Assim, fala-se em igualdade *das* pessoas (no sentido proibitivo das diferenças entre elas); em igualdade das pessoas *perante* a lei (no sentido de que ninguém está acima da lei e imune às suas determinações) e, por último, em igualdade das pessoas *na* lei (no sentido de que o legislador não pode, *na lei*, consagrar desigualdades entre as pessoas).

1.6.2.1. Igualdade das pessoas

A pergunta é: as pessoas são iguais? A resposta negativa é óbvia, sendo suficiente lembrar que todos os indivíduos pensam, valoram, têm expectativas e se comportam no dia a dia ao seu modo próprio. São genética, física e esteticamente singulares, crescem e se desenvolvem em ambientes culturais bem específicos, estão mais ou menos abertos ao mundo, etc., de modo que cada um é um, não havendo dois iguais.

Aliás, nem mesmo Rousseau, o campeão do igualitarismo, exigia, como bem adverte Bobbio, que, como condição para a instauração do reino da igualdade, os homens devessem ser considerados como iguais em tudo: "No início do Discurso sobre a Origem da Desigualdade entre os Homens, ele faz uma distinção entre desigualdades naturais e desigualdades sociais, ou seja, entre as desigualdades produzidas pela natureza (e, como tais, benéficas, ou, pelo menos, moralmente indiferentes) e as desigualdades sociais, produzidas por aquela mescla de relações de domínio econômico, espiritual e político que forma a civilização humana. O que Rousseau tem como meta é a eliminação das segundas, não das primeiras".[99]

A discussão justificadora da igualdade das pessoas sob a perspectiva proposta por Hobbes, Locke e Rousseau perde consistência diante da constatação, reiterada por Ruth Gauer, de que o direito natural não conseguiu (e nem mesmo conseguiria) conciliar realidades opostas, quais sejam, a igualdade e a diferença, sendo esta, e não aquela, o dado presente na natureza, nas formações sociais e nas pessoas individualmente consideradas.

A desconsideração das singularidades pessoais e regionais, do relativismo cultural, enfim, do tribalismo referido por Mafessoli,[100] faz com que a teoria do Contrato Social e o paradigma da igualdade se fragilizem como o cristal, pondo a nu o grande paradoxo com que depara a pós-modernidade: o da não superação real das diferenças, pois a cada dia mais aumenta a legião de desempregados, de famintos, de sem-tetos, de doentes, vítimas das políticas protetoras dos interesses dos grandes capitais...

Tais singularidades são de intensidade tão acentuada que extrapolam o plano das pessoas e desestabilizam economias e governos regionais... Aliás, o mais marcante exemplo de desigualdade entre as pessoas e as sociedades do mundo globalizado decorre, segundo Celso Lafer,[101] da condição dos apátridas (termo que indica não só os que não estão "ligados" a um Estado (a uma "Pátria"), mas aqueles que vivem no terri-

---

[99] BOBBIO, Norberto. *Igualdade e Liberdade*. Rio de Janeiro: Ediouro, 1997. p. 25.

[100] MAFESSOLI, Michel. *O Tempo das Tribos, O Declínio do Individualismo nas Sociedades de Massa*. Rio de Janeiro: Forense Universitária, 1987, p. 17 e segs.

[101] LAFER, Celso. *A Reconstrução dos Direitos Humanos*. São Paulo: Cia. das Letras, 1998, p. 148.

tório do seu próprio País na condição de *excluídos*), cuja situação angustiante "não resulta do fato de não serem iguais perante a lei, mas, sim, de não existirem mais leis para eles, já que estão privados de uma comunidade política que os contemple como sujeitos de direitos e em relação à qual tenham direitos e deveres. Os apátridas, ao deixarem de pertencer a qualquer comunidade política, tornam-se supérfluos", só conseguindo, paradoxalmente, alguma proteção legal, como transgressores da lei. "Enquanto durar o julgamento e o pronunciamento de sua sentença, estarão a salvo daquele domínio arbitrário da polícia, contra a qual não existem advogados nem apelações".[102]

No livro *Sociedade Quântica,* a cientista norte-americana Danah Zohar[103] escreveu sobre o que considerou ser o *desafio da pluralidade,* ou seja, para a "justaposição de pessoas, culturas, tradições, diferenças políticas, religiosas e de estilos de vida que caracterizam a sociedade de hoje como nunca no passado", porque, "enquanto enxergarmos o outro como uma ameaça, o conflito e a intolerância serão o resultado inevitável", O alerta é exato e atual, haja vista as políticas xenófobas adotadas em muitos países direcionadas à exclusão dos ciganos, dos imigrantes, dos negros, dos *gays*, dos latinos, etc.

Essa realidade crua demonstra, por isso, o quão temerário é falar-se hoje em pós--modernidade – expressão cunhada por Jean-François Lyotard – porque a modernidade ficou muito longe daquilo que a sociedade humana – integralmente considerada – dela esperava, sem embargo da necessidade de emprego de esforços para implementá-la completamente, como bem explicou Geraldo Prado.[104]

De todo o exposto, exsurge a segura conclusão: é a *diferença*, e não a *igualdade* das pessoas, a regra geral (não só nas sociedades humanas, mas também na natureza) e ao Estado incumbe o dever de respeitar e proteger *os diferentes*. Não é democrático e negará sua razão de ser um Estado que pretenda tornar *todos iguais* (no modo de ser, de viver, de vestir, de comer, de se relacionar sexualmente, etc.), cumprindo-lhe, isso sim, o dever de dar *oportunidades iguais* a todos para que todos tenham *as mesmas chances* de crescimento moral, social, econômico, etc.

É nessa linha o pensar de Roxin, "quando o ordenamento jurídico parte da ideia de igualdade de todas as pessoas, não pretende propor a máxima absurda de que todas as pessoas sejam realmente iguais, senão que ordena que os homens devam receber da lei um tratamento igual",[105] o que implica a necessidade de bem determinar-se nesse contexto o exato papel do Estado no mundo contemporâneo.

O tema é relevante e, como mostraremos mais adiante, é momento em que o juiz criminal efetiva na prática ao ideal constitucional da individualização da pena que ele realiza a conciliação entre a igualdade e a diferença e reafirma a legitimidade do direito penal assentado no paradigma da igualdade.Todas as regras legais inerentes ao método trifásico (art. 68, c.c. o art. 59 do CP) são nesse sentido.

1.6.2.2. Igualdade das pessoas perante a lei

Embora sejam diferentes, as pessoas, *perante* a lei, são consideradas sempre e necessariamente iguais. É esse o enunciado do artigo 5º da Constituição Federal.

---

[102] LAFER, op. cit., p. 147 e 148.

[103] ZOHAR. Danah. *Sociedade Quântica. A Promessa Revolucionária de uma Liberdade Verdadeira.* 3. ed. Rio de Janeiro: BestSeller, 2008, p. 215-217.

[104] PRADO, Geraldo. *Sistema Acusatório.* Rio de Janeiro: Lumem Juris, 1999, p. 13.

[105] ROXIN, Claus. *Derecho Penal.* 2. ed. Madrid: Civitas, 1997, p. 808.

Assim, elas não podem eximir-se das consequências civis, administrativas, eleitorais, militares, penais, etc., pelos atos que cometerem em ofensa aos correspondentes dispositivos legais.

Segue-se, então, que o princípio da igualdade perante a lei tem conteúdo formal. Não fosse assim, não haveria como compreender-se o princípio da igualdade, sobre o qual se assentam os sistemas jurídico-penais modernos.

Esta é, precisamente, a lição a ser extraída dos artigos 29 e 59 do Código Penal, base de apoio desta obra, conforme o leitor perceberá com nitidez nos capítulos seguintes.

O primeiro deles enuncia que: "Quem, de qualquer modo, concorre para o crime incide nas penas a este cominadas, na medida de sua culpabilidade".

O segundo, regulando a culpabilidade, no pórtico da individualização judicial da pena, obriga o juiz a considerar, para esse efeito, também os "antecedentes, a conduta social, a personalidade do agente, os motivos, as circunstâncias e consequências do crime, bem como o comportamento da vítima".

O sistema normativo penal, portanto, aponta nesses e naqueles dispositivos que autorizam, na dinâmica do denominado método trifásico (art. 68 do CP), reconhecimento de agravantes, atenuantes e causas especiais de aumento de pena, o caminho para a realimentação, na fase da individualização da pena, da sua própria *legitimidade*, ao propiciar ao juiz as condições necessárias para *conciliar igualdade e diferença* e superar, assim, o que, no plano teórico, propõem essas duas categorias conceitual e ontologicamente contraditórias.

Eis mais uma vez aqui por que igualdade (e diferença), culpabilidade e individualização da pena se entrelaçam e, como princípios que permeiam o sistema, presidem e fundamentam o processo de opção qualitativa e quantitativa da pena, conforme demonstraremos nos capítulos seguintes.

Então, qualquer dispositivo legal ou interpretação pretoriana voltada à eliminação desse esforço conciliador esbarra nessa garantia, pois "o tratamento dos casos desiguais, na medida em que se desigualam, é exigência do próprio conceito de Justiça".[106]

Será precisamente com base nessa perspectiva (que privilegia a *diferença*) que estudaremos, neste livro, a garantia da *individualização da pena* (inc. XLVI do art. 5º da CF). Essa atitude implicará a necessidade de (re)posicionamento do intérprete e do aplicador da lei penal diante do caso concreto e de respectivo autor.

Individualizar a pena, como pretenderemos demonstrar, é, pois, conduta incompatível com o tratamento de massa, por ser cada fato um fato e por ser todo acusado diferente de outro, sob os múltiplos aspectos, o que bem explica e justifica a possibilidade de sentenças dando respostas (em espécie, quantidade ou execução de penas) diferentes para distintos acusados de prática de fatos ilícitos definidos no mesmo tipo penal.

1.6.2.3. A igualdade das pessoas na lei

As pessoas são diferentes, mas nem por isso a lei pode contemplar privilégios a algumas em detrimento das outras.

---

[106] MORAES, Alexandre. *Direitos Humanos Fundamentais. In:* GOMES, Luiz Flávio. *Penas e Medidas Alternativas à Prisão.* São Paulo: ABDR, 1999, p. 65.

Essa concepção, segundo João Baptista Herkenhoff, não é respeitada, pois, no seu entender, "a lei está a serviço da exploração do homem pelo homem. A lei está aí para legitimar a injustiça, a injustiça básica, que é a apropriação do fruto do trabalho humano por aqueles que não produzem (...)".[107]

Sem ir ao extremo proposto pelo ilustre professor, a verdade é que, em nosso direito, se viam e ainda é possível ver-se dispositivos visivelmente ofensivos ao princípio da igualdade na lei. A título de exemplo, poderíamos apontar: a) o dispositivo da anterior lei falimentar que condicionava a validade do processo instaurado contra autor de crime nela previsto à fundamentação minudente da decisão judicial de recebimento da denúncia, condicionamento que não é exigido em relação a qualquer outra pessoa, não comerciante, que venha a praticar crime comum de natureza não falimentar...;[108] b) o dispositivo que previa o recurso contra a decisão de recebimento da denúncia ou queixa nas ações por crimes contra a honra cometidos pela imprensa, ensejando maior vantagem aos proprietários ou editores dos meios de comunicação quando demandados pelos ofendidos (art. 44, § 2º, da Lei 5.250/67) em relação aos demais cidadãos acusados de crimes contra a honra então previstos no Código Penal[109] e c) o dispositivo da Lei 9.249/95, que prevê a extinção da punibilidade por crime de sonegação fiscal, se o agente efetuar o pagamento do débito antes da ação penal, previsão que não é estendida aos autores de outros delitos patrimoniais (p. ex.: o furto – cujo bem jurídico protegido é o mesmo), ainda quando devolverem a *res* à vítima ou a indenizarem por qualquer outro modo.

Por isso, toda vez que o intérprete ou aplicador da lei concluir em concreto que situações iguais são em lei tratadas diferentemente seu esforço deverá ser direcionado à reconferência de sentido aos textos, visando à reconstrução superadora. Em matéria recursal há, aliás, dispositivo específico sobre esse procedimento: o artigo 580 do CPP.

Situação peculiar em que há desigualdade na lei sem o vício da ilegalidade ou inconstitucionalidade é a que diz com as ações afirmativas[110] do Estado destinadas a promover a redução ou a eliminação das desigualdades materiais e de oportunidades,

---

[107] HERKENHOFF, João Baptista. *Direito e Utopia*. Porto Alegre: Livraria do Advogado, 1999. p. 65.

[108] "A denúncia, não obstante o disposto no art. 93, da Constituição da República, por sua natureza, não precisa ser fundamentada. O Juiz não pode antecipar o seu julgamento. Tal fundamentação restringir-se-ia a declarar a tipicidade, ilicitude, culpabilidade, punibilidade. Cumpre repelir decisões meramente formais. A Lei de Falência, entretanto, é diferente. A denúncia resulta do – inquérito judicial – inconfundível com o inquérito policial. Assemelha-se, por isso, à sentença de pronúncia, necessariamente fundamentada" (Recurso em *Habeas Corpus* nº 7.802/SP, 6ª Turma do STJ, Rel. Min. Luiz Vicente Cernicchiaro, j. 01.10.98, un., DJU 26.10.98, p. 158). Nossa posição, já externada em outro escrito, é o de que o recebimento da denúncia ou queixa deveria ser necessariamente fundamentado ante o que determina o inciso IX do artigo 93 da CF (*Ação Penal, Denúncia, Queixa e Aditamento*, 2. ed. Rio de Janeiro, Aide, 1997, p. 204).

[109] A Lei 5.250/67 foi dada como inconstitucional pelo STF. Os crimes contra a honra atualmente são os previstos no Código Penal e estão submetidos ao procedimento sumário (art. 394, III, do CPP) da competência do Juizado Especial Criminal, em face das penas cominadas.

[110] "De uma forma geral e breve as ações afirmativas pretendem: concretizar a igualdade de oportunidades; transformar cultural, psicológica e pedagogicamente; implantar o pluralismo e a diversidade de representatividade dos grupos minoritários"; eliminar barreiras artificiais e invisíveis que emperram os avanços dos negros, das mulheres e de outras minorias; criar as personalidades emblemáticas, exemplos vivos da mobilidade social ascendentes para as gerações mais jovens; aumentar a qualificação; promover melhoria de acesso ao mercado de trabalho; apoiar empresas e outros atores sociais que promovam a diversidade; garantir visibilidade e participação nos distintos meios de comunicação. Ou seja, há uma relação de afinidade muito grande entre os objetivos a serem alcançados pelas ações afirmativas e o pluralismo democrático vigente como a mais preponderante forma de exercício dos governos (Marlise Mirian de Matos Almeida, in Ações Afirmativas: Dinâmicas e Dilemas Teóricos. Redistribuição e o Reconhecimento", disponível em: <www.sociologia.ufsc.br/npms>).

---

das PENAS e seus CRITÉRIOS de APLICAÇÃO

no exemplo da Lei 8.112/90, que assegura, nos concursos públicos, 20% das vagas aos portadores de deficiência física.

De fato, a referida lei não contém "privilégio", nem agride a Lei Maior, por defluir desta última o dever de apoio a esses indivíduos (inciso III do artigo 37). Aliás, na Constituição há outras disposições fundando ações afirmativas para os fins já citados, *v. g.*, as do artigo 7º, inciso XX, cogitando a proteção de mercado à mulher; a do artigo 170, dispondo sobre tratamento preferencial para empresas de pequeno porte, a do artigo 227, dispondo sobre tratamento preferencial à criança e ao adolescente, etc.

Em suma, convém reafirmar: longe de se pensar que o Estado tem o direito de equalizar as pessoas, incumbe-lhe, isto sim, proteger as diferenças e assegurar condições para o justo crescimento moral e individual na sociedade, promovendo a inclusão e a Justiça social das pessoas marginalizadas, isto é, que vivem à margem da saúde, do consumo, sem o respeito aos seus direitos fundamentais.

Essa é a base teórica da denominada Justiça retributiva de que falava Aristóteles,[111] orientada pelo equilíbrio, pela proporcionalidade na repartição e distribuição dos bens entre os homens, segundo a própria necessidade.

1.6.3. O princípio de humanidade

Em contraste com o que Ruiz Funes chamou de direito penal de cólera, que "ataca às cegas",[112] o direito penal moderno, de origem iluminista, se orienta pela máxima oposição às penas de morte, às penas cruéis, à barbárie das fogueiras, das acusações infundadas, das provas legais, enfim, da caça às bruxas, do sacrifício de inocentes.

Não poderia ser diferente. Se as pessoas, erigidas pelo contratualismo à condição de indivíduos-no-mundo, decidiram repelir, com veemência, por intermédio do "homem artificial", os padecimentos físicos ou morais que lhes eram infligidos com as penas cruéis, degradantes, desproporcionais, não haveria sentido ético ou jurídico retornar-se à sua cominação ou aplicação, pois isso implicaria frontal violação dos deveres assumidos quando da celebração do Contrato Social, deslegitimando-se o poder e viabilizando-se, com isso, a volta aos padrões de conduta que mancharam o solo do planeta com o sangue de milhares de inocentes.

Mais uma vez é imperioso lembrar o famoso livro *Dos Delitos e das Penas,* publicado em 1764, por Cesare Beccaria, como o marco da nova filosofia em favor da moderação e da humanidade das penas, cuja imposição teria a "finalidade única de obstar o culpado de tornar-se futuramente prejudicial à sociedade e afastar os seus patrícios do caminho do crime", de modo que "qualquer excesso de severidade" tornaria a pena supérflua "e por isso mesmo tirânica".[113]

Como uma reação humanitária e útil, em sua época, à excessiva crueldade das punições arbitrárias e bárbaras que dominaram a Idade Média, ele sustentou a necessidade da doçura das penas, asseverando que "não é pelo rigor dos suplícios que se previnem mais seguramente os crimes, porém pela certeza das punições".[114]

---

[111] ARISTÓTELES. *Ética a Nicômacos*. 3. ed., Brasília: UNB, 1999.

[112] FUNES, Mariano Ruiz. *A Crise nas Prisões*. São Paulo: Saraiva, 1953, p. 59.

[113] BECCARIA, Cesare. *Dos Delitos e das Penas*. São Paulo: Hemus, 1974, p. 44.

[114] ARAGÃO, Antonio Moniz Sodré. *As Três Escolas Penais*. Bahia: Ribeiro Gouyveia, 1907, p. 6.

A concepção iluminista de Beccaria difundiu-se no mundo e materializou-se em textos normativos bem conhecidos.

A Declaração de Direitos da Virgínia, de 16 de junho de 1776, na secção IX, por exemplo, veio proibir "cauções demasiado elevadas", "multas excessivas" ou infligência de "penas cruéis ou aberrantes".

A Emenda VIII à Constituição de Filadélfia, ratificada em 1791, ainda no calor do movimento libertário da Revolução Francesa, seguiu na mesma direção, repudiando as penas cruéis e incomuns.

Com maior ênfase, a Declaração dos Direitos do Homem, aprovada na Assembleia Geral da ONU, em seu artigo 5º, veio estabelecer que "ninguém será submetido à tortura, nem a tratamento ou castigo cruel, desumano ou degradante", apesar da desumanidade das penitenciárias em cujo interior são executadas as penas privativas de liberdade, que foram, no passado, importante veículo de mitigação e de racionalização das penas e hoje não mais atendem às expectativas para as quais foram criadas.

De lá para cá, os textos se multiplicaram.

Em nosso meio, a Constituição Federal de 1988, em vários dispositivos, consagrou o princípio da humanidade das penas, como se pode extrair dos incisos XLIX e L do art. 5º, assegurando respeito à integridade física e moral dos presos e garantindo às mulheres condenadas condições para que possam permanecer com seus filhos durante o período de amamentação. É, entretanto, no inciso XLVII do citado artigo que se visualiza, com maior ênfase, o supramencionado princípio, com a proibição das penas cruéis, de morte, salvo em caso de guerra declarada, de caráter perpétuo, de trabalhos forçados e de banimento.

Essa nova visão ideológica do constituinte brasileiro foi reafirmada pelo Brasil por meio do Decreto Legislativo nº 27, de 1992, que aprovou a Convenção Americana sobre Direitos celebrada em San José da Costa Rica, em 22 de novembro de 1969.[115]

E não nos esqueçamos de que, a teor do § 2º do art. 5º, os textos dos tratados aprovados pelo país passam a integrar o conjunto de direitos e garantias expressos na Constituição Federal. Por isso – acaso não existissem razões socialmente relevantes a apontar – o princípio ora em tela não pode continuar sendo apenas uma proposta de trabalho – especialmente na fase da execução das penas.

A sede constitucional e a força normativa do princípio determinam a elaboração de políticas públicas urgentes voltadas à melhoria das condições das penitenciárias brasileiras, onde vivem quase 500 mil pessoas amontoadas e em condições subumanas.

A sociedade não pode mais continuar ignorando essa triste realidade. É proibido falar em função ressocializadora da pena nessas condições, a bem denotar a gravíssima crise do sistema penal e o elevado nível do conflito psicológico dos juízes responsáveis pelas condenações.

Nesse cenário, é agressiva ao princípio da humanidade das penas, *data venia*, a orientação pretoriana consubstanciada na Súmula 715 do STF, que elege a soma das

---

[115] Dispõe o artigo 5º, nº 2, da citada Convenção: "Ninguém deve ser submetido a torturas, nem a penas ou tratos cruéis, desumanos ou degradantes. Toda pessoa privada da liberdade deve ser tratada com o respeito devido à dignidade inerente ao ser humano". Sem embargo dela, o Congresso Nacional aprovou recentemente a Lei 9.614, de 5 de março de 1998, sancionada pelo Presidente da República, permitindo a destruição pura e simples de "aeronave classificada como hostil" que estiver sobrevoando o território brasileiro e não obedecer à ordem de pouso, dentre outros motivos... Ou seja, a Constituição Federal proíbe a pena de morte, mas a Lei 9.614 autoriza, sem processo, defesa, contraditório etc., a execução sumária da medida citada, ainda que redunde no sacrifício de inocentes...

penas impostas como base de cálculo para a concessão dos benefícios executórios. Em termos práticos, muitos condenados acabam cumprindo penas perpétuas.

Felizmente, a jurisprudência, depois de muita luta, coerente com a solução preconizada nas condenações por crimes de tortura, passou a admitir a progressão nas condenações por crimes hediondos, antes vedada pela Lei 8.072/90.[116] Punia-se a tortura com a tortura do total confinamento em instituição total...

Inspirado no princípio da humanidade das penas e tendo bem presente os efeitos deletérios das prisões, Luigi Ferrajoli sustenta que o tempo de privação da liberdade jamais poderia exceder a 10 anos. De acordo com o festejado professor italiano, "(...) acima de qualquer argumento utilitário, impõe uma limitação fundamental à qualidade e à quantidade da pena. É este o valor sobre o que se funda, irredutivelmente, a recusa à pena de morte, às penas corporais, às penas infamantes e por outro lado à de prisão perpétua e às penas privativas de liberdade excessivamente longas".[117]

O juiz criminal, ao individualizar as penas na sentença e, depois, ao presidir o processo de execução, deve fazê-lo, portanto, orientado e imbuído, sempre, desse sentido de humanidade. Sem ele, as penas voltarão a ser o "mal" contra o crime, como propunham os clássicos, desprovidas de finalidades construtivas ou integradoras, negando os avanços da civilização e reaviventando o estado de barbárie.

1.6.4. O princípio da personalidade

Há um liame profundo entre o princípio da personalidade, o da proporcionalidade e o da individualização da pena, porque, em conjunto, os três direcionam a imposição da pena certa e nos limites do necessário à retribuição e à prevenção dos ilícitos penais só ao autor do fato (arts. 5º, inc. XLVI, 29 e 59 do CP).

O princípio da pessoalidade propõe compreender, então, que a responsabilidade não pode ser transferida a terceiro, isto é, a qualquer pessoa não vinculada culposamente ao fato delituoso ou ao seu autor principal.

Ele é expressão da lenta evolução dos povos, constou da Declaração dos Direitos do Homem, de 1789, foi reeditado na Declaração dos Direitos Humanos, de 1948, e tem, em nosso meio, base constitucional. "Nenhuma pena passará da pessoa do condenado", diz o artigo XLV do artigo 5º da Lei Maior, pondo, desse modo, a salvo, toda

---

[116] Nesse sentido: Rec. Esp. 140.617-GO, Rel. Min. Vicente Cernicchiaro, 6ª T., julg. em 12.09.97. "7. Diante da declaração de inconstitucionalidade pelo Supremo Tribunal Federal do § 1º do art. 2º da Lei 8.072/90, e após a publicação da Lei n.º 11.464/07, afastou-se do ordenamento jurídico o regime integralmente fechado, antes imposto aos condenados por crimes hediondos, assegurando-lhes a progressividade do regime prisional de cumprimento de pena" (STJ, HC 82335 / MS, 5ª T., relatora Min. Laurita Vaz, DJe 11/10/2010. "... 4. O Plenário do colendo Supremo Tribunal Federal, quando do julgamento do HC 82.959-7/SP, decidiu ser inconstitucional o § 1º do art. 2º da Lei 8.072/90, que vedava a progressão de regime aos condenados por crimes hediondos. Sob a inspiração dessa decisão, foi editada a Lei 11.464/2007, que alterou o art. 2o. da Lei de Crimes Hediondos (Lei 8.072/90), suprimindo a referida vedação, já declarada inconstitucional, ao fixar o regime inicialmente fechado aos condenados pelo cometimento de tal espécie de crime. 5. Dessa forma, fixado o regime integralmente fechado pelo Tribunal *a quo*, deve ser concedida a ordem para adequá-lo ao novo regramento legal..." (HC 147147 / SP, STJ, 5ª T., rel. Min. Napoleão Nunes Maia Filho, DJe 08/03/2010. Ainda: MARQUES, Oswaldo Henrique Duek. Considerações Sobre a Criminalização da Tortura. *Revista Brasileira de Ciências Criminais, IBCCrim*, 56, p. 6, e AZEVEDO, Tupinambá. Crimes de Tortura. *Revista da Ajuris*, Porto Alegre, v. 71, p.224, muito embora precedentes em sentido contrário: TJSP, Rec. crim. 229.087-3/7, 2ª Ccrim., Rel. Des. Silva Pinto, *in* Revista Brasileira de Ciências Criminais, IBCCrim, v. 64, p. 241 e STF, HC 76.371, *in* Boletim citado, v. 645, p. 244.

[117] FERRAJOLI, Luigi. *Derecho y Razón, Teoría Del Garantismo Penal*. Prólogo de Norberto Bobbio. Madrid: Editorial Trotta, 1997, p. 395.

e qualquer pessoa sem vínculo com o fato, do dever de cumprir qualquer espécie de pena.

Nem sempre foi assim.

Na fase pré-clássica, a punição divina alcançava a todos e, depois, com a vingança privada, o ofendido dizimava a tribo ou o clã. Segundo o dito popular: os inocentes acabavam pagando pelos "pecadores". No Brasil Império, ao que previa o Decreto de 17 de junho de 1759, as penas podiam atingir os filhos e seus descendentes, de que é exemplo histórico a condenação de Tiradentes.[118]

A despeito do princípio que rege o direito penal contemporâneo, é inegável que em muitos casos os efeitos da condenação se projetam sobre terceiros inocentes, v. g. quando, por exemplo, os pais efetuam o pagamento das multas impostas aos filhos... ou então quando a empresa – e seus sócios – recolhem as sanções impostas aos seus diretores, gerentes ou administradores, por condenações em crimes econômicos, financeiros, ambientais, etc.

Nesse último exemplo, é inegável que os quotistas ou acionistas da pessoa jurídica acabam – às vezes sem saber – sofrendo graves prejuízos patrimoniais ou financeiros decorrentes das condutas ofensivas à lei, imputáveis não a eles, mas aos administradores relapsos da pessoa jurídica.

Outra é a solução relacionada aos efeitos cíveis da sentença penal condenatória consistentes no dever de reparação dos danos causados pela infração. Esse dever é do condenado, mas, em caso de morte, passa aos seus descendentes, até os "limites do valor do patrimônio transferido" (inc. XLV do art. 5º).

Do mesmo modo há falar-se em violação ao princípio da pessoalidade o dever que têm os descendentes do condenado de entregar todos os bens cujo perdimento foi declarado na sentença condenatória (art. 92, II, *a* e *b*, do CP).

Discorrendo sobre as penas tipificadas no Código de Trânsito, Luiz Flávio Gomes e Maurício Ribeiro Lopes sustentam que a multa reparatória (CTB) e a prestação pecuniária (art. 43, I), por terem essa *natureza indenizatória*, também podem ser cobradas dos sucessores do condenado, até o limite do patrimônio transferido,[119] posição da qual discordamos, pois, em razão do *conteúdo penal*, essas sanções se extinguem com a morte do condenado, pois são alcançadas pelo princípio da personalidade.

O referido princípio, por fim, guarda relação de intensa proximidade com o princípio processual da *intranscendência*, apontado por Tourinho Filho,[120] que proíbe denúncia ou queixa contra quem não figure na condição de autor, coautor ou participante, haja vista a cominação de nulidade absoluta do processo intentado contra parte *ilegítima* (arts. 395, II, e 564, II, do CPP).

1.6.5. O princípio da intervenção mínima do Direito Penal

No estágio atual de desenvolvimento da ciência penal, os estudiosos tendem a distribuir-se em grupos bem distintos e às vezes antagônicos.

---

[118] A casa onde a família de Tiradentes vivia foi arrasada literalmente depois de sua execução; o terreno foi salgado, para que nele nenhuma vegetação mais nascesse, simbolizando o desejo de radical eliminação de tudo o que com ele se relacionasse ou dependesse.

[119] GOMES, Luiz Flávio. *Penas e Medidas Alternativas à Prisão*. São Paulo: RT, 1999, p. 138 e LOPES, Maurício Ribeiro. *Penas Restritivas de Direito*. São Paulo: RT, 1999, p. 372.

[120] TOURINHO FILHO, Fernando da Costa. *Processo Penal*. São Paulo: Saraiva, 2004, 1º vol., p. 331.

Há os que propõem a sua substituição do direito penal por outros mecanismos de controle social; existem os que o recomendam apenas como um soldado de reserva, e, finalmente, aqueles que, na linha da política criminal brasileira em curso, advogam a mais larga e ampla incidência, como pronta e enérgica resposta do Estado ao crescimento da violência e da criminalidade.

No primeiro grupo estão os abolicionistas, dentre eles Hulsman, propondo que o espaço assinalado ao direito penal seja preenchido por outros instrumentos administrativos ou políticos, sob o argumento, dentre outros, de que "a criminalização é injusta" por não saber lidar com os agressores, cuja maioria sequer aparece na justiça criminal (cifra negra).[121]

Menos radicalmente, aparecem os partidários do princípio da intervenção mínima[122] e fragmentária do direito penal, cuja concepção garantista propõe a redução de sua incidência, desde que acompanhada de políticas destinadas à maximização do estado social. O princípio da intervenção mínima do direito penal exerce papel de relevo no Estado Democrático de direito, por reservar a incidência do direito penal só como *ultima ratio*.

O Estado, afirmam os partidários do princípio da intervenção mínima, não pode e nem deve estabelecer vigilância sobre todas as relações intersubjetivas, nos moldes de "Grande Irmão", como adverte Marco Aurélio Costa Moreira de Oliveira, inspirado no livro famoso "1984", de Orwell. "O ideal é que o homem se movimente na vida social, sem peias, livremente, somente tendo impedidas suas condutas, quando danosas a outro homem ou à sociedade dos homens",[123] o que levaria, sem dúvida, à redefinição e à redistribuição hierárquica dos bens suscetíveis de proteção jurídica.

A proposta minimalista se insere no contexto do direito penal democrático e de garantias, tendo sido consubstanciado por Ferrajoli em uma de suas máximas – a máxima *A Nulla lex poenalis sine necessitate*,[124] todas tradutoras do Estado Social Máximo em detrimento do Estado Penal, que deve ser Mínimo. Tais máximas consagrariam, segundo o eminente magistrado peninsular, um ideal utilitarista de felicidade – a máxima felicidade possível aos membros não criminosos da coletividade, com o menor sofrimento necessário ao acusado desviante. Em um Estado Social a serviço do indivíduo, como também ensina André Callegari, "a intervenção penal somente se justifica quando é absolutamente necessária para a proteção dos cidadãos".[125]

Nesse sentido, o princípio propõe a necessidade de revisão dos tipos penais com base nos bens protegidos, pois, evidentemente, carece de sentido o sancionamento criminal de condutas de mínima lesividade, que podem ser objeto de sancionamento administrativo ou civil. Outrossim, "interesses essencialmente privados, cujas quere-

---

[121] HULSMAN, Louk. Temas e Conceitos numa Abordagem Abolicionista da Justiça Criminal. In: *Conversações Abolicionistas* – uma crítica do sistema penal e da sociedade punitiva, publicação do Instituto Brasileiro de Ciências Criminais, v. 4, p. 190 e segs.

[122] O princípio da intervenção mínima não se confunde com o princípio da bagatela, pois este é produto de reconstrução germânica de antigo princípio proveniente do direito romano (*De minima non curat praetor*) que, como critério auxiliar de determinação da tipicidade, propõe o desinteresse do Estado Penal na punição de fatos de mínima lesividade social.

[123] MOREIRA DE OLIVEIRA, Marco Aurélio. O Direito Penal e a Intervenção Mínima. *Revista da Ajuris*, Porto Alegre, v. 69, p. 105 e segs.

[124] FERRAJOLI, op. cit., p. 93.

[125] CALLEGARI, André. O Princípio da Intervenção Mínima no Direito Penal. *Revista Brasileira de Ciências Criminais, IBCCrim*, v. 61, p. 12.

las solucionar-se-iam bem no disponível direito civil, têm ocupado, indevidamente, a justiça criminal. Mesmo no território dos interesses não privados e que aspiram a uma tutela pela coletividade, ainda assim expressiva porção deles pode ser adequadamente tutelada extrapenalmente".[126]

Não é preciso muito esforço para ver que a política criminal em curso, em nosso país, está desalinhada da proposta teórica do direito penal mínimo.

A tipificação penal é intensa e cada vez mais rigorosa, culminando em evidenciar outro paradoxo em um país de paradoxos: o de que avançamos nos períodos de força (por exemplo as Leis 5.941/73, 6.416/77, 7.209/84 e 7.210/85, editadas no governo dos militares) e retrocedemos, sob a perspectiva em exame, depois de 1988, sem embargo da Constituição Cidadã, de que são exemplos, dentre outras, a Lei dos Crimes Hediondos (Lei 8.072/90), proibindo o apelo em liberdade e a progressão nos regimes e retirando o que havia sido assegurado pela Lei 6.416/77; a lei sobre a criminalidade organizada (Lei 9.034/95), conferindo ao juiz poder de investigar secretamente, numa cópia malfeita da lei que sustentou na Itália a "Operação Mãos Limpas", reavivando o modelo inquisitivo; a lei que criminalizou o porte de armas (Lei 9.437/97), permitindo a punição independente de dano efetivo e de culpa!

Mais recentemente, a lei que instituiu o novo Código de Trânsito (Lei nº 9.503/97), criminalizando e administrativamente punindo quase tudo inclusive para aumentar a arrecadação com a imposição de pesadas multas.

A desordem decorrente da grande quantidade de leis punitivas, que compromete princípios clássicos e rompe com a estrutura do sistema punitivo, integra, segundo Andrei Koerner (como "O Livro de Areia", de Borges, cujas páginas eram numeradas segundo critérios que o leitor jamais conseguia determinar), "(...) o conjunto de mecanismos que formam a dominação política não democrática que se exerce no País".[127]

Lê-se nos jornais que, em razão do aumento do número de sequestros com morte,[128] cogita-se restabelecer-se a prisão obrigatória por efeito de pronúncia e de sentença e em instituir-se a prisão perpétua e a pena de morte, embora a explícita proibição constitucional.

Dir-se-ia que a Lei dos Juizados Especiais foi um bom esforço na direção contrária do expansionismo penal.

Sem embargo da proposta de reduzir os níveis de impunidade e de resgatar antiga dívida com as vítimas, a citada lei, definindo e punindo os fatos de menor potencial ofensivo, a nosso ver, gerou efeito inverso, ao preencher os espaços em que estava se desenhando a completa descriminalização de condutas insignificantes com base nos princípios da adequação social e da bagatela. Desse modo, acabou, com o discurso liberalizante, trazendo de volta para o foro criminal a população pobre e marginal que vinha, paulatinamente, dele se libertando.

Também não se diga, *data venia*, que a elevação do âmbito de incidência das penas restritivas de direito – pela Lei 9.714/98 – colocou o país na direção preconizada pelo direito penal mínimo. Com a nova lei, o que fez o Governo foi, simplesmente,

---

[126] AMARAL, Cláudio do Prado. *Princípios Penais. Da Legalidade à Culpabilidade*. São Paulo: IBCCRIM, 2003, p. 138.

[127] KOERNER, Andrei. Desordem Legislativa, Distribuição de Poder e Desigualdade Social, Reflexões a Propósito da Lei 9.677, de 2 de julho de 1998, *Revista Brasileira de Ciências Criminais, IBCCrim*, ano 6, n. 71, p. 2.

[128] Estamos nos referindo ao sequestro e morte de prefeito de importante cidade do Estado de São Paulo, aparentemente por razões políticas.

abrir novas vagas, a custo zero, nas cadeias, dispensando-se, temporariamente, de fazer os investimentos urgentes em favor da melhoria das condições de trabalho dos servidores e da maior humanização da execução penal.

1.6.6. O princípio da culpabilidade

A culpabilidade, no sistema do nosso Código, é a *reprovação* ou *censura* pelo fato cometido por indivíduo maior de 18 anos, livre e mentalmente são, com consciência (profana) da ilicitude e aptidão para respeitar – ao invés de violar – a lei.

Segue-se que por *culpável*, então, entende-se o agente que, sabendo da reprovabilidade ínsita na norma,[129] decide violá-la,[130] no pleno exercício de seu *livre-arbítrio*, quando tinha o dever jurídico de agir de modo contrário,[131] daí dimanando os três elementos que *estruturam* a culpabilidade, doutrinariamente conhecidos como *imputabilidade, potencial consciência da ilicitude* e *exigibilidade de conduta diversa.*

Atuando como elemento do crime, e não como mero pressuposto para a aplicação da pena, a culpabilidade "evita punições injustas baseadas somente em um resultado lesivo, pois especifica que somente quem atua com dolo ou culpa merece punição; dessa forma ela deve fundamentar e legitimar a aplicação da pena com base na reprovação da conduta praticada",[132] no sentido de que não há pena sem culpabilidade nem acima do limite por ela mesma determinado.

A culpabilidade não se confunde com o *dolo* ou a *culpa* que são os "dois elementos de uma conduta humana, dos quais resulta positivamente a possibilidade de imputação subjetiva",[133] mas que *não são suficientes* para fundamentar a imputação subjetiva, porque com eles concorrem três pressupostos doutrinariamente nominados como elementos da culpabilidade.

Maiores considerações sobre a base filosófica e evolução histórica da culpabilidade, suas distintas teorias e ainda sobre o erro metodológico de listá-la no art. 59 do CP como uma *circunstância judicial*, o leitor as encontrará no item 3.1 do capítulo VIII deste livro, para onde o remetemos, por amor à brevidade.

1.6.7. O princípio da individualização

Individualizar a pena é torná-la única, singular, específica para o caso concreto e seu autor. A garantia previne o tratamento de massa em direito penal.

Como um caminhar no rumo da personalização da resposta punitiva do Estado,[134] a individualização da pena se processa em três fases sucessivas: primeiramente na lei, pelo legislador, depois, na fase do conhecimento pelo juiz da condenação e, por último, na fase da execução, pelo juiz e a coparticipação dos órgãos da administração pública.

---

[129] A culpabilidade não está na *cabeça* do agente, mas provém da *censura feita pelo ordenamento jurídico* pela quebra do dever de respeito aos seus enunciados.

[130] A expressão é usualmente empregada, embora o agente em verdade ao adequar a conduta à norma termine por fazer o que ela prevê.

[131] WELZEL, Hans. *Derecho Penal Aleman.* Chile: Editorial Jurídica, 1997, p. 39 e segs.

[132] RODRIGUES, Cristiano. *Teorias da Culpabilidade.* Rio de Janeiro: Lumem Juris, 2004, p. 13.

[133] HASSEMER, Winfried. *Introdução aos Fundamentos do Direito Penal.* Porto Alegre: Fabris, 2005, p. 288 e segs.

[134] HC 97.256, rel. Min. Ayres Britto, julgamento em 1º.9.2010, Plenário, DJE de 16.12.2010.

Em todas as fases, a individualização da pena deverá necessariamente atentar para os princípios da *razoabilidade,* da *proporcionalidade* e da *conformidade do processo executório* com os termos da sentença *quantificadora.*

A individualização é, portanto, atividade mais ampla que a atividade de *aplicação* da pena, destinada, mais restritamente, a estabelecer a quantidade *certa de pena* necessária e suficiente para os fins da prevenção e da repressão penal.

Evitando redundâncias, sugerimos ao leitor acessar o capítulo 7 deste livro, pois nele aprofundaremos o conceito de individualização da pena, discorreremos sobre as fases em que ela se processa, *com destaque para a fase judicial* e também apontaremos os sistemas adotados para a *determinação da medida da pena em nosso direito,* em trabalho que será realizado sob as perspectivas construtiva e desconstrutiva.

1.6.8. O princípio da proporcionalidade

Trata-se de princípio situado no mais alto patamar normativo, pois, no dizer de Paulo Bonavides, pertence "(...) à natureza e existência mesma do Estado de Direito".[135]

A origem do princípio deita suas raízes na antiguidade clássica, podendo a fórmula ser vislumbrada na "Ética a Nicômacos", com Aristóteles afirmando que o justo é uma das "espécies do gênero "proporcional" porque "a proporcionalidade não é uma propriedade apenas das quantidades numéricas e sim da quantidade em geral",[136] mas foi no século XVIII, com Beccaria, que a ideia de proporcionalidade ganhou contornos mais precisos.

Reagindo contra o direito penal do horror – que vigeu durante a Idade Média – Beccaria, no seu monumental *Dos Delitos e das Penas,* denunciava que o fim destas "... não é atormentar e afligir um ser sensível, nem desfazer um crime que já foi cometido... Os castigos tem por fim único impedir o culpado de ser nocivo futuramente à sociedade e desviar seus concidadãos da senda do crime. Entre as penas e na maneira de aplicá-las proporcionalmente aos delitos, é mister, pois, escolher os meios que devem causar no espírito público a impressão mais eficaz e mais durável, e, ao menos tempo, menos cruel no corpo do culpado".[137]

Essa concepção iluminista voltada à proibição do excesso[138] acabou sendo incorporada à Declaração dos Direitos do Homem e do Cidadão, de 1789, cujo artigo 8º enuncia que *"a lei não deve estabelecer outras penas que as estritas e necessárias",* tal qual propunha Beccaria no livro famoso, já referido.

Foi, todavia, somente em 1958, na Alemanha, que o Tribunal Constitucional Federal, julgando o caso *Luth,* envolvendo amparo à atividade industrial supostamente ameaçada pelo incitamento a boicote, conferiu ao princípio da proporcionalidade a qualidade de norma constitucional não escrita.[139] Conforme explicou Heinrich

---

[135] BONAVIDES, Paulo. O Princípio Constitucional da Proporcionalidade e a Proteção dos Direitos Fundamentais. *Revista da Faculdade de Direito da UFMG,* vol. 34, 1994, p. 282 e 283.

[136] ARISTÓTELES, *Ética a Nicômacos.* Brasília: UNB, 1999, p. 96.

[137] BECCARIA, Cesare. *Dos Delitos e da Penas.* Rio de Janeiro: Ediouro, 1996, p. 61, 62 e 64.

[138] STUMM, Raquel Denize. *Princípio da Proporcionalidade no Direito Constitucional Brasileiro.* Porto Alegre: Livraria do Advogado, 1995, p. 78.

[139] D'URSO, Flávia. *Princípio Constitucional da Proporcionalidade no Processo Penal.* São Paulo: Atlas, 2007, p. 53.

Scholler,[140] até o advento da Lei Fundamental de 1949, considerava-se que o legislador era juridicamente ilimitado (guiado pela máxima inglesa de que o parlamento pode fazer tudo, menos transformar um homem em mulher ou uma mulher em homem! – *"The Parliament can do anything, but not change a man into a woman or a woman into a man"*).[141] Os juristas deram-se conta, todavia, notadamente depois da trágica experiência dos governos totalitários e da Segunda Guerra mundial, que o legislador também tem os seus limites.

Embora destinado primordialmente à contenção dos excessos no direito administrativo, o princípio da proporcionalidade é qualificado como um escudo de proteção dos direitos e das liberdades, em todas as áreas do direito e, nessas perspectiva, no dizer de Leonardo Massud, "o mito de encontrar uma certa correspondência entre as condutas e as penas transmite, de alguma maneira, um conforto ao espírito, que conhecendo os caminhos e as equações de castigos e recompensas, encontra um sentido para a vida e para a observância das regras. Essa sensação é claramente transmitida na 'Divina Comédia', mais precisamente no Inferno, de Dante Alighieri. Na obra, o poeta florentino constrói o Reino de Lúcifer de tal forma que os pecadores, conforme a gravidade de suas faltas, seguindo a doutrina aristotélica, desçam cada vez mais a cratera, em direção ao centro da Terra, recebendo castigos cada vez piores".[142]

É bem aceita na doutrina a orientação de que o princípio da proporcionalidade, em sentido amplo, desdobra-se em três subprincípios, a saber: a adequação (aptidão dos atos do poder público para o alcance dos fins eleitos), a estrita necessidade (invasão na esfera dos direitos e das liberdades fundamentais no menor grau possível) e a proporcionalidade em sentido estrito (justa medida na relação entre a causa da intervenção e o efeito alcançado).

Em nosso direito constitucional, a fonte normativa da proporcionalidade é o princípio-garantia do devido processo legal, previsto no art. 5º, inc. LIV, da CF., e vem sendo adotado com fundamento para impedir sentenças desalinhadas dos sentimentos de equidade e de Justiça, como seria, por exemplo, aquela que cominasse pena máxima ao autor de furto de coisa de pequeno valor, primário e de bons antecedentes.

O artigo 5º, inciso LIV, não é, entretanto, a única fonte constitucional do princípio da proporcionalidade, uma vez que a Lei Maior, conforme bem explica Flávia D´Urso, apoiada em Paulo Bonavides, faz referência à proporcionalidade em muitos

---

[140] SCHOLLER, Heinrich. O Princípio da Proporcionalidade no Direito Constitucional e Administrativo da Alemanha. *Revista da Ajuris*, Porto Alegre, vol. 75, setembro de 1999, p. 268 e seguintes. O conteúdo do princípio da proporcionalidade – cuja importância em verdade justificaria abordagem mais detida – na jurisprudência alemã foi desenvolvido em três níveis: a lei, para corresponder ao princípio da reserva de lei proporcional deverá ser adequada, necessária e razoável. O exemplo de controle dado por Scholler com base na proporcionalidade em sentido estrito é o do indivíduo acusado de crime de menor potencial ofensivo, cuja prova deveria ser obtida mediante a extração de líquido da coluna. O Tribunal Federal Constitucional alemão entendeu que "seria manifestamente desarrazoado alcançar a condenação de alguém por um delito de insignificante ofensividade, expondo-o a um risco tão expressivo para sua saúde e integridade física" (Scholler, palestra citada). Como diz Norberto Flach: "A função garantidora do princípio da proporcionalidade muito se aproxima do princípio norte-americano do *due process of law",* voltado para a "exigência de uma previsibilidade justa, proporcional e que leve em conta a ponderabilidade dos interesses concorrentes" (*Prisão Processual,* Rio de Janeiro, Forense, 2000, p. 18).

[141] Não obstante a lição reproduzida, preferimos dizer que o princípio da proporcionalide endereça mensagem ao juiz proibindo-o de proferir sentenças *desproporcionais*. A proibição endereçada ao legislador de elaborar leis *iníquas, desarrazoadas* (e daí falarmos em princípio da razoabilidade), encontra supedâneo na garantia do devido processo legal substancial, conforme demonstramos em nosso livro Ação Penal – As fases administrativa e judicial da persecução (Livraria do Advogado, Porto Alegre, 2010).

[142] MASSUD, Leonardo. *Da Pena e sua Fixação.* São Paulo: DPJ Editora, 2009, p. 89.

outros dispositivos, *v. g.*, o art. 5º, V, X, XXV; o art. 7º, IV, V e XXI; o art. 36, § 3º; o art. 37, IX; o art. 40, V, e o art. 84, parágrafo único).[143]

Em nível infraconstitucional, o referido princípio está positivado no art. 59 do Código Penal, comandando ao juiz aplicação de pena não mais do que necessária e suficiente aos fins da reprovação e da prevenção do crime. É claro que o procedimento não reclama quantificação exata de pena, pois, afora ser isso impossível, já que ao juiz se assegura certo espaço de manobra, a proporcionalidade, como disse Mir Puig, atua como limite a que deve sujeitar-se a função punitiva,[144] de modo que a pena não ultrapasse, em espécie ou quantidade, o limite superior da culpabilidade do agente pelo fato.

Com a regra da proporcionalidade viabilizando a valoração, no caso concreto, de todas as circunstâncias judiciais que, de algum modo, guardem relação com o agente, com o fato ou com a vítima, obtêm-se as condições para que o direito penal adquira "flexibilidade, se fluidifique, se desentorpeça", para nos reportarmos a expressões empregadas por Pedro Vergara,[145] já que as quantidades previstas em abstrato assumem função relativa, quer do ponto de vista da pena, quer do ponto de vista do complexo delito-delinquente.

É também com base no mesmo princípio que o juiz processará a substituição das penas privativas de liberdade por restritivas de direito ou multa (CP, art. 44) e, residualmente, a concessão ou não do sursis (CP, art. 77).

Longe está parecer que a proporcionalidade como critério para a quantificação das penas no grau correspondente à culpabilidade represente uma tentativa de retorno ao sistema de graus previsto no Código Penal de 1890.

É que, nesse Código, o grau da reprovação estava *rigidamente estabelecido,* ao passo que no sistema do Código Penal vigente, o grau da reprovação é estabelecido fundamentadamente pelo juiz, após o exame do caso concreto, obediente ao comando normativo do princípio da individualização da pena, já analisado.

---

[143] D´URSO, Flavia. *Princípio Constitucional da Proporcionalidade no Processo Penal.* São Paulo: Atlas, 2007, p. 62.

[144] MIR PUIG, Santiago. *Derecho Penal, Parte General.* 5. ed. Barcelona: Teccfoto, 1998, p. 48. Figueiredo Dias, em atitude teórica oposta, fala em limite para a função "preventiva" (positiva ou de integração) – *Questões Fundamentais de Direito Penal Revisitadas.* São Paulo: RT, 1999, p. 131.

[145] VERGARA, Pedro. *Das Penas Principais e sua Aplicação.* Rio de Janeiro: Livraria Boffoni, 1948, p. 292.

O crime:
perspectivas jusnaturalista e positivista

*Todos os delitos são realmente pecados, mas nem
todos os pecados são delitos.*
Hobbes

Sumário: 2.1. Generalidades; 2.2. Crime: conceito metajurídico; 2.3. Crime: conceito formal; 2.4. Crime: esquema de interpretação da norma penal.

2.1. Generalidades

A violência parece estar em todos os lugares.

O nascimento, o desenvolvimento e o eterno devenir do universo, ao que propõem as teorias científicas, é regido pelo *caos*, isto é, pelo permanente entrechoque dos elementos fundamentais da matéria. O surgimento e a morte de galáxias, dos sóis, os atritos entre as placas tectônicas, as erupções vulcânicas, os maremotos, embora façam parte da "ordem" da natureza, são, em si mesmos, resultantes violentas.

Há violências nas relações entre os Estados. As disputas por poder e riqueza produzem mortes, abalos às estruturas sociais, ao meio ambiente, à economia popular e à cultura dos povos subjugados.

Entre os animais, a luta é pela vida. Só sobrevivem os mais fortes e nas sociedades humanas a frase "o homem é o lobo do homem" (*homo homini lupus*), popularizada por Thomas Hobbes no século XVIII, parece não envelhecer. As violências diárias reproduzidas nas páginas policiais dos jornais mostram que os ideais de humanidade e de fraternidade ainda estão longe de serem alcançados.

Tendo certamente essa percepção global das coisas, o sociólogo Emile Durkheim foi ao ponto de afirmar que a violência por isso mesmo deve ser entendida como um fenômeno normal.[1] Em que pese essa "normalidade", não é fácil aceitar que as práticas infracionais com ou sem violência física e cada vez mais organizadas e sofisticadas, continuem crescendo assustadoramente em todo o mundo.

Em nosso país – para atendermos aos limites do nosso projeto, restringiremos a análise à violência e à criminalidade das *ruas*[2] –, os altos níveis de violência causam

---

[1] DURKHEIM, Émile. *As Regras do Método Sociológico*, Lisboa: Editorial Presença, 6. ed. 1995, Prefácio à segunda edição original, p. 23.

[2] Dissemos *criminalidade das ruas* porque o estudo fenomenológico da violência permite identificar espécies de condutas igualmente violentas e que ou não causam dor física ou não produzem medo ou ansiedade nas pessoas. O riso debochado é um ato violento como são, também, todos os atos de corrupção pública.

das PENAS e seus CRITÉRIOS de APLICAÇÃO

inclusive a sensação (falsa, felizmente), de que o povo brasileiro tem vocação pela transgressão.

Refletindo esse quadro, veja-se que a população carcerária saltou de 150 mil para quase 500 mil presos, em vinte anos, isso tudo sem considerarmos os milhares de mandados de prisão ainda pendentes de cumprimento e a grande quantidade de condenados que não foram encontrados para serem recolhidos às cadeias, e aqueles que delas escaparam e não foram recapturados. No início deste ano (2019), a população carcerária no Brasil era de 750 mil presos, a imensa maioria deles amontoados em penitenciárias superlotadas e sem as mínimas condições para propiciar a reintegração à sociedade. Muitos dos que retornam ao mundo livre saem piores do que estavam e nele permanecem por muito pouco tempo e logo retornam às cadeias em razão das reincidências.

No Estado do RS, a realidade não é diferente.

As prisões estaduais receberam entre 2000 e 2010 "nada menos que 117,5% a mais de apenados, enquanto a população do Estado cresceu apenas 7%". De acordo com o Promotor Hilmar Bortolotto, que, há 12 anos, atua na fiscalização dos presídios, "a maioria dos homens e mulheres que estão cumprindo penas nas cadeias gaúchas possuem o ensino fundamental incompleto, pertencem à faixa etária dos 25 e 29 anos e 61,9% deles são reincidentes, com chance de recuperação 'mínima', saindo do sistema, pela incapacidade de regeneração, "piores do que (estavam) quando entraram".[3] Em 2019, a população carcerária gaúcha havia ultrapassado a barreira dos quarenta mil presos!

Essa verdadeira legião – seguindo o paradigma nacional – cumpre suas penas em ambientes degradantes, e aqueles condenados que conseguem recuperar a liberdade nem sempre se livram dos estigmas causados pelo confinamento carcerário e têm enormes dificuldades para se ajustarem ao mundo em liberdade, regido por valores completamente distintos daqueles que presidem a vida dentro das penitenciárias.

Aliás, a violência no interior das penitenciárias reproduz a violência e a criminalidade no mundo livre. Sabe-se que as facções criminosas planejam e coordenam ações do interior das celas e, não raro, exigem que os egressos cooptem pessoas inocentes para praticarem crimes a fim de pagarem as "dívidas" contraídas em troca do seguro de vida.

A situação é, pois, gravíssima e causa muita inquietação social, especialmente considerando que, nas palavras do Promotor Lélio Braga Calhau, a violência e a criminalidade "... avançam rumo às cidades médias. A população está assustada. Muitos afirmam que estão presos dentro de suas próprias casas. O sistema de Justiça (Poder Judiciário, Ministério Público, Polícias e Administração Penitenciária) é acusado de não funcionar corretamente e não garantir a proteção desejada pela sociedade".[4]

É certo que há "espécies" de criminalidade (de um lado a organizada, refinada, sutil, de colarinho branco e, de outro lado, a armada e muito violenta), que precisam ser combatidas com inteligência policial e repressão penal.

Em sua maior parte, contudo, a violência e a criminalidade das ruas, fonte da superpopulação carcerária – que fazem das pessoas reféns em suas próprias casas – só acontecem por absoluta ausência de Estado. O fechamento dessa fábrica é imperioso,

---

[3] BUBLITZ, Juliana, *A Marca dos 30 Mil*, Reportagem publicada no dia 30 de maio de 2010, em Zero Hora.

[4] CALHAU, Lélio Braga. *Bullying*, Criminologia e a Contribuição de Albert Bandura. In: *Revista de Estudos Criminais*, n. 34, Porto Alegre: Notadez, 2009, p. 14.

e a estratégia passa não pelo direito penal prioritariamente, e sim, pelo planejamento e pela execução de políticas públicas voltadas ao atendimento das grandes demandas da população em saúde, educação, emprego e renda, etc. É preciso fechar a fábrica do crime, na origem, ao invés de trabalhar-se sempre no efeito, na típica conduta de quem enxugando gelo imagina possível evitar a umidade.

Inevitável, portanto, para o enfrentamento dessa grave distorção social, que haja o reequilíbrio nas relações de poder, a revisão das competências e a justa repartição da riqueza entre os entes federados (União, Estados e Municípios), ou seja, é inevitável a adoção de providências *políticas* em nível de poder público, e não só de medidas *policiais* ou *judiciais*, pois só assim os Estados e os Municípios, à beira da falência, com orçamentos comprometidos com a folha de pagamento de seus funcionários, poderão promover investimentos públicos e fornecer as condições para que as pessoas possam crescer materialmente e elevar-se moral e espiritualmente.

O entendimento sobre a violência e o crime e a luta pela redução dos níveis de insegurança e de medo da população são questões penais, sem dúvida, que não dispensam, todavia, o apelo prioritário e a intervenção de outras áreas de atuação do Estado. A construção de mais penitenciárias é urgente e necessária como solução de curtíssimo prazo para evitar-se a crescente degradação das massas encarceradas. A construção de escolas e investimentos maciços em educação é ainda mais necessária para que, a médio e a longo prazo, com a reconstrução do Código de Valores da sociedade, o estímulo à cultura, à educação, ao crescimento moral, ao respeito ao outro e ao amor ao trabalho a nação possa viver em ambiente de maior segurança, tolerância, fraternidade e respeito aos direitos dos outros.

Sempre atual a velha lição de Ulpiano sobre os preceitos fundamentais do direito romano e o seu significado de: *honeste vivere, alterum non laedere, suum cuique tribuere* (viver honestamente, não causar danos ao outrem e dar a cada um aquilo que lhe pertence). É disso que necessitamos.

2.2. Crime: conceito metajurídico

Provém da Grégia antiga o esforço em determinar ontologicamente o crime sob uma perspectiva metajurídica, isto é, fora dos espaços das normas escritas e independentemente das épocas históricas.

A peça "Antígona",[5] de Sófocles, é apontada por Hegel, Del Vecchio, Jaegrer, Gropali, Legaz e Duverger[6] como o paradigma desse esforço, pois nela narra-se a aventura de uma mulher, sem exércitos, sem seguidores, sem ninguém, contra a tirania do Rei Creonte, que condenara por traição,[7] à morte insepulta,[8] o seu irmão, Polinice.

---

[5] SOFOCLES. *Antígona*. Porto Alegre: L&PM, 1999, p. 5, com tradução e apresentação de Donaldo Schüller.

[6] MACIEL, Adhemar Ferreira. *De Antígona e de Direito Natural*. Correio Braziliense, 2 de jul.1997 – Caderno "Direito e Justiça".

[7] Conforme a peça, Polinice teria retornado do exílio e, com tochas, teria tentado reduzir a pátria a cinzas e "levar cativos os cidadãos" (p. 20).

[8] SÓFOCLES, op. cit., p. 24.

Ao violar o decreto proibitivo,[9] a solitária Antígona, segundo sugere a peça, estaria amparada na lei da natureza, que assegura a todos o direito à sepultura, porque inscrita pela "divindade na consciência dos homens, muito antes mesmo da proclamação dos éditos dos príncipes", consoante a dedução de Marco Aurélio Costa Moreira de Oliveira.[10]

A proibição de sepultamento seria, então, na perspectiva em tela, conduta qualificável como um *crime natural*, sem a necessidade da cogitação de norma de direito positivo prévia.

Essa incipiente especulação da Antiguidade Clássica foi retomada na Idade Média e nos primórdios do Iluminismo por Hugo Grotio[11] e seu discípulo Puffendorf. Alinhados ao racionalismo de Galileu Galilei,[12] esses dois juristas exerceram papéis de relevo na história do pensamento humano por terem sido os primeiros a sustentar que existia um direito natural[13] "onde natureza significa, antes de tudo, aquilo que não é sobrenatural e, mais especificamente, a essência do homem, isto é, a razão",[14] regendo a vida das pessoas e o funcionamento das sociedades.

Não muito tempo depois, em 1791, Thomas Paine, no livro *Os Direitos do Homem,* sustentaria que existem direitos que *precedem* à lei escrita e que formam o catálogo dos direitos humanos. Conforme o pensador inglês, esses direitos seriam aqueles relacionados à *liberdade de expressão* e que "(...) cabem ao homem em virtude de sua existência", aí incluídos todos os "(...) *direitos intelectuais*, ou direitos da mente, e também todos os direitos de agir como indivíduo para *o próprio bem-estar* e para a própria felicidade que não sejam lesivos aos direitos naturais dos outros".[15]

Na mesma linha, um dos expoentes da Escola Positiva,[16] Rafael Garófalo,[17] invocando valores universais, dentre eles a *piedade* e a *probidade,* advogaria a noção de *delito natural* em oposição à noção de *delito legal*, dizendo que *independentemente de estarem ou não cominadas em lei,* as condutas ofensivas à *piedade* e à *probidade* seriam naturalmente criminosas, dentre elas as que resultassem em *violações sexuais, roubos, falsidades, lesões corporais* e *mortes...*

A construção de Garófalo foi encampada e ampliada por Enrico Ferri, outro arauto da Escola Positiva, mediante a inserção de três observações à premissa de delito natural por violação aos sentimentos altruístas fundamentais de piedade e de

---

[9] "(...) já determinei à cidade, não receba sepulcro nem lágrimas, que o corpo permaneça insepulto, pasto para aves e para cães, horrendo espetáculo para os olhos. Esta é minha decisão, jamais de mim obterão os maus a honra devida aos justos" (p. 20).

[10] MOREIRA DE OLIVEIRA, Marco Aurélio Costa. O Direito Penal e a Intervenção Mínima. *Revista da Ajuris,* Porto Alegre, v. 69, p. 111.

[11] Holandês, nasceu em 1583 e morreu em 1645.

[12] Italiano, nasceu em 1564 e morreu em 1642.

[13] Bobbio, todavia, em contestação, afirmou que dita paternidade deve ser atribuída a Hobbes por ter sido ele quem, na condição de admirador de Galileu, foi para *além do direito privado,* de origem romanística, iniciou a discussão sobre as questões de direito público relacionadas com a organização do Estado, com o poder e suas fontes de legitimação e de limitação (BOBBIO, Norberto; BOVERO, Michelangelo. *Sociedade e Estado na Filosofia Política Moderna.* São Paulo: Brasiliense, 1996, p. 19).

[14] LOPES, Maurício Antonio Ribeiro. *Penas Restritivas de Direito.* São Paulo: RT, 1999 p. 34.

[15] BOBBIO, Norberto, *Locke e o Direito Natural.* Trad. Sérgio Bath. Brasília: UNB, 1992, p. 88.

[16] A Escola Positiva (que nada tem a ver com o positivismo de Augusto Comte), para reagir aos postulados da Escola Clássica, nasceu com Cesar Lombroso e seu livro "O Homem Delinquente", publicado em 1871 – fase antropológica – e teve muitos adeptos, dentre eles, Enrico Ferri – fase sociológica – e Rafael Garófalo – fase jurídica.

[17] GARÓFALO, Rafael. *Criminologia.* Turin, 1885, p. 30.

probidade, quais sejam: "1ª ... há outros sentimentos (pudor, religião, patriotismo etc.) cuja violação constitui delito natural; 2ª no crime, além e antes da violação dos sentimentos, também há a ofensa às condições de existência social; e 3ª a violação de tais condições e de tais sentimentos constitui verdadeiramente um delito natural quando for determinada por móbeis antissociais".[18]

Essas inserções, ainda no dizer de Ferri, foram tão bem recebidas por outros partidários da Escola Positiva (dentre eles Berenini, Alimena, Colajanni) que propiciaram a elaboração de uma nova definição de crime natural, intitulada *definição Ferri-Berenini,* nos seguintes termos: "São ações puníveis (crimes) as determinadas por móbeis individuais (egoístas) e antissociais que perturbam as condições de vida e vão de encontro à moralidade média de um dado povo em um dado momento".[19]

Amparados na *natureza humana,* criminólogos, sociólogos e penalistas vêm desenvolvendo na atualidade ingentes esforços no sentido de estabelecerem um *padrão crítico e universal de crime,* amparados nos avanços da medicina, da biologia e da engenharia genética ... atitude que camufla, deliberadamente ou não, a revalorização dos postulados da Escola Positiva.

Então, voltando à pergunta, seria verdadeiramente possível, com base na lógica da natureza, a identificação de condutas naturalmente criminosas, independentemente da existência de lei prévia, fundadas na *natureza das coisas*?

Dizendo de outro modo, seria possível dizermos que existem situações que são suscetíveis de enquadramento *a priori* como *crimes naturais*, embora sabendo-se do risco de que a resposta aponte a *natureza* como sendo a suprema legisladora?[20]

A concepção jusnaturalista não conseguiu responder afirmativamente a essas perguntas por não poder oferecer com aquele "mínimo de segurança" um catálogo de condutas ofensivas aos direitos por violação das *condições de vida* ou da *moralidade média* das sociedades humanas. É que as distintas formações sociais e seus respectivos códigos de valores não permitem determinação ontológica e com dimensão universal de condutas qualificáveis como *crime natural.*

Ninguém nega, por exemplo, que o parricídio é um crime horrendo. Contudo, destaca Walter Coelho, em épocas passadas, a conduta era havida como dever imposto ao filho, quando o pai, pela extrema decrepitude, representasse um pesado e inútil fardo para o grupo familiar ou para a coletividade.[21]

Os espartanos, segundo o mesmo autor, com a prática do infanticídio eugênico, matavam os filhos que nascessem frágeis ou deficientes para os ofícios da guerra, e os pacíficos mercadores fenícios sacrificavam inocentes, como a morte cruel, no culto a Moloch, em procedimentos que, à época, não feriam em absoluto a consciência ou a sensibilidade média daquelas civilizações.[22]

Visível a relativização da vida humana como valor transcendental.

Aliás, Kelsen foi ao extremo de negar a própria corrente jusnaturalista sob o argumento de que a base em que se assentava a razão humana era inconsistente.

---

[18] FERRI. Enrico. *Princípios de Direito Criminal.* Trad. Luiz Lemos D´Oliveira. 2. ed. Campinas: Russel, p. 340-341.

[19] FERRI. op. cit., p. 341.

[20] KELSEN, Hans. *O Que é a Justiça.* São Paulo: Martins Fontes, 1997, p. 137.

[21] COELHO, Walter. *Teoria Geral do Crime.* Porto Alegre: Sergio Fabris, 1991, p. 14.

[22] Idem, ibidem.

No seu dizer, "se a massa dos homens, conforme sua natureza, não ordenava sua vida pela razão, se a maioria dos homens, pela sua própria natureza, é estúpida e má, como podem o Direito Natural, os ditames da razão, o ordenamento absolutamente justo da vida social, ser deduzido a partir da natureza do homem?".[23]

Esqueceu-se Kelsen de anotar, entretanto, que, ao invocar a premissa, estava também negando sua proposta teórica (Teoria Pura) porque assentada em juízos de lógica-formal destinados a reconhecer como *norma* só o que se compatibilizava hierarquicamente com outra *norma* de *hierarquia superior*.

Em que pesem essas críticas e independentemente da necessidade de discutirmos a sua procedência, certo é que o jusnaturalismo veiculado tanto por São Tomás de Aquino, quanto por Hugo Grocio,[24] embora tenha fracassado, continua sendo interpretado como um dos mais generosos movimentos espirituais do homem ocidental, tanto assim que não renunciou à procura de um ideal de justiça que "... a defenda contra a arbitrariedade das leis humanas".[25]

Essas elucubrações não devem ser lidas como "coisas do passado". Elas são consideradas como importantíssimas referências filosóficas ou teleológicas orientadas à elaboração, aplicação ou execução da lei com equidade, ética e Justiça e por isso devem fazer parte da atividade do jurista decidido a não apenas analisar o direito existente mas a considerá-lo como objeto cultural impregnado de elevado sentido ético.[26]

2.3. Crime: conceito formal

Sob a perspectiva formal, o crime é, ontologicamente, ação humana[27] típica, antijurídica e culpável, sendo a pena a sua consequência.

Esse conceito, conhecido como *analítico* na doutrina, é, para Walter Coelho,[28] tautológico, redundante, porque *confina a* criminalidade ao que a lei *circunstancialmente* tipificar como crime e, de outro lado, é limitador, porque não instiga a discussão sobre razões determinantes da criminalização ou da falta dela, ou seja, do porquê determinada conduta foi e outra não foi *etiquetada* como crime, como propõem, aliás, os partidários do *labelling approach*,[29] corrente criminológica que surgiu nos Estados Unidos da América do Norte antes da criminologia radical.[30]

---

[23] KELSEN, op. cit., p. 143.

[24] Na obra *De Iure Belli ac Pacis*, publicada em princípios do século XVII, Grocio lança a ideia de que existe um direito natural, mas que o seu único fundamento é a razão, influenciado pelo pensamento racionalista, como em Galileu. "Esta razão, no pensamento de Grocio, é independente de qualquer fé religiosa. O direito natural é tão imutável que não pode ser mudado pelo próprio Deus e existiria mesmo se Deus não existisse" (Latorre, op. cit., p. 176).

[25] LATORRE, Angel. *Introdução ao Direito*, Coimbra: Almedina, 1997, p. 167.

[26] Idem, p. 166.

[27] A Lei 9.605/98 (Lei Ambiental) contempla excepcionalmente a punição da pessoa jurídica, rompendo com o paradigma do direito penal clássico segundo o qual só o ser humano é suscetível de ser culpado por reunir a capacidade para entender o caráter ilícito do fato criminoso e dispor de juízo crítico para retroceder e conformar sua conduta ao direito.

[28] COELHO, op. cit., p. 9.

[29] O *labelling approach* é designado na literatura, alternativa e sinonimamente, por enfoque do interacionismo simbólico, etiquetamento, rotulação, ou, ainda, por paradigma da reação social. Surge nos Estados Unidos, no final da década de 60, com os trabalhos de H. GARFINKEL, E. GOFMANN, K. ERICSON, A. CICOUREL, H. BECKER, E. SCHUR, T. SCHEFF, LEMERT, KITSUSE, dentre outros, integrantes da Nova Escola de Chicago, questionando o paradigma funcional até o momento dominante na sociologia norte-americana. O *labelling approach* estuda o crime e a criminalidade para além do direito positivo, de modo a aferir um *modelo* ou *padrão crítico* tanto do direito vigente como

Em que pesem essas deficiências, o conceito *analítico* de crime satisfaz aos juristas,[31] sejam eles finalistas ou não, porque viabiliza conhecer as características mais fundamentais do delito, quais sejam, a lei anterior ao fato, os juízos de desvalor que recaem sobre a conduta *(injusto* ou *antijuridicidade)* e o seu autor *(culpabilidade)*.[32]

O confinamento do crime à lei reflete a exigência normativa do princípio da legalidade, examinado no capítulo I deste livro, que foi proposto inicialmente por Beccaria e, depois, por Anselm Von Feuerbach.

Definido por Luigi Ferrajoli[33] como o primeiro postulado do positivismo jurídico, porque, por meio dele, se identifica o direito vigente como objeto exaustivo e exclusivo da ciência penal, estabelecendo que só as leis (e não a moral ou outras fontes externas) podem dizer o que é delito, o princípio da legalidade é verdadeira barreira de contenção do poder punitivo do Estado, que só pode sancionar conduta previamente definida *em lei*[34] como crime.

Nessa exata medida, a legalidade permite ver que o Código Penal atua efetivamente como Carta Magna do Delinquente (e também dos não criminosos), funcionando como "baluarte do cidadão contra a onipotência estatal, contra o cego poder da maioria, contra o Leviatã", como propunha Von Lizt.[35] Essa abstração no tipo se concretiza como tipicidade, no preciso instante em que advém o acontecimento efetivo. Por isso, já dizia o grande José Duarte, "não é a denúncia que dá vida à ação penal, mas a 'criminalidade' do fato denunciado".[36]

O princípio da legalidade é hoje considerado patrimônio comum da legislação penal dos povos civilizados, estando, inclusive, presente nos textos legais internacionais mais importantes do nosso tempo.

Legalidade, tipo e tipicidade, enfim, são conceitos que se entrelaçam para que os tipos cumpram a função de proteção, porque, no dizer de Juarez Tavares,[37] é por meio deles que identificamos os conflitos a regulamentar e a segurança, porque, com a exata descrição da conduta criminosa, evitamos que o direito penal se transforme "em instrumento arbitrário, orientado pela conduta de vida ou pelo ânimo. Considerando-se que a função primeira do direito penal é a de delimitar as áreas do justo e do injusto, mediante um procedimento ao mesmo tempo substancial e informativo, a exata descrição dos elementos que compõem a conduta criminosa serve (...) ao propósito de sua materialização, quer dizer, sua condição espaço-temporal, e, depois, como instrumento de comunicação entre o Estado e os cidadãos, pelo qual se assinalam as zonas do proibido e do permitido (...)".

---

do direito a constituir, *indicando-se ao legislador aquilo que ele pode e deve criminalizar e aquilo que ele poderia e deveria deixar fora do âmbito do direito penal.*

[30] MARTEAU, Juan Félix. *A Condição Estratégica das Normas.* São Paulo: IBCCrim, 1997, p. 91.

[31] BITENCOURT, Cezar Roberto. *Tratado de Direito Penal,* v. I, 9. ed. São Paulo: Saraiva, 2004, p. 190.

[32] MUÑOZ CONDE, Francisco. *Teoria Geral do Delito.* Porto Alegre: Sergio Fabris, 1988, p. 2.

[33] FERRAJOLI, Luigi. *Derecho y Razón, Teoria del Garantismo Penal.* Madrid: Trotta, 1197, p. 374.

[34] Em *lei* no sentido *literal* da palavra. Não é possível criminalizar e sancionar via decretos ou medidas provisórias, por exemplo.

[35] LISZT, Franz Von. *La Idea de Fin En El Derecho Penal.* México: UNAM e UVC, 1994, p. 11.

[36] DUARTE, José. *Tratado de Direito Penal.* Rio de Janeiro: Livraria Jacinto, v. 5, p. 53.

[37] TAVARES, Juarez. *Teoria do Injusto Penal.* Belo Horizonte: Del Rey, 2000, p. 168 e 169.

Em nome da segurança jurídica, os tipos penais precisam ser *claros e taxativos*, sendo vedado o apelo aos usos e costumes locais, à analogia e a aplicação retroativa, salvo para beneficiar o acusado.

Como ensinava Luiz Luisi, o postulado da determinação taxativa "expressa a exigência de que as leis penais, especialmente as de natureza incriminadora, sejam claras e, o mais possível, certas e precisas". Trata-se de um postulado dirigido ao legislador, vetando ao mesmo tempo a elaboração de tipos penais com a utilização de expressões ambíguas, equívocas e vagas, de modo a se evitarem diferentes ou contraditórios entendimentos.[38] "O princípio da determinação taxativa preside, portanto, a formulação da lei penal, a exigir a qualificação e competência do legislador, e o uso por este de técnica correta e de uma linguagem rigorosa e uniforme".[39]

Na lição de José Nabuco Filho,[40] de nada adianta a observância da legalidade sob o aspecto formal e temporal, se a lei que entra em vigor é indeterminada, porquanto não impede o arbítrio judicial. Ademais, a lei indeterminada não cumpre qualquer função de prevenção geral – porque o indivíduo não pode saber o que é legalmente permitido – e extrai a base de reprovação (*reproche*) da culpabilidade.

É de todo inconveniente, então, que se utilizem nos tipos penais descrições indeterminadas ou muito abertas, cuja conformação típica da conduta fica, não raro, condicionada apenas ao que o juiz "compreende" como tal. O Código de Trânsito, por exemplo, criminaliza no artigo 311, a conduta de quem trafegar em "velocidade incompatível com a segurança", nas proximidades de escolas, hospitais, estações de embarque e desembarque, etc. Fácil ver que a configuração do fato-crime fica entregue ao juiz, sem controles, gerando risco de abuso na aplicação do direito e, não raro, a usurpação da competência do legislador mediante o suprimento dos *deficits legislativos*.

Para ser considerada típica, a conduta humana realizada precisa guardar plena correspondência ao enunciado do preceito primário de norma incriminadora. É por isso que Carlos Côssio definia a norma penal como sendo conduta em interferência intersubjetiva.[41]

Dissemos que *"corresponda"*, para precisarmos lembrar que com a subsunção da sua conduta ao tipo o agente não "viola" a lei, embora todos nós tenhamos a tendência de pensar em sentido oposto. Com efeito, desde Binding,[42] entende-se que o infrator – para que a conduta seja típica – *precisa fazer exatamente o que a norma penal prevê*,[43] isto é, que *satisfaça todas as exigências objetivas, normativas e subjetivas típicas* (elementos do tipo penal).

---

[38] LUISI, Luiz *Os Princípios Constitucionais Penais*. Porto Alegre: Sergio Fabris, 1991, p. 15.

[39] Idem, ibidem.

[40] NABUCO FILHO, José. O Princípio Constitucional da Determinação Taxativa e os Delitos Ambientais. *Boletim do IBCCrim*, ano 9, número 104, p. 2.

[41] CÔSSIO, Carlos. *La Teoria Egológica del Derecho y El Concepto Jurídico de Libertad*. 2. ed. Buenos Aires: Abeledo-Perrot, 1964, p. 51.

[42] BINDING, Karl. *Die Normen Und Ihere Uebertretungen*. 1872, citado por AFTALIÓN, ob. cit., p. 98.

[43] Como os tipos penais não dizem aos indivíduos que eles não devem furtar ou matar, pois limitam a descrever o comportamento criminoso de "subtrair coisa alheia" ou de "matar alguém", as proibições inerentes aos tipos do furto e homicídio são identificáveis dentro dos próprios tipos (e não fora deles, como se fossem almas penadas à procura de corpos), mediante a formulação de juízos disjuntivos, como propôs, magnificamente, Côssio, na obra em que demonstrou a impropriedade de considerar os tipos como imperativos categóricos (Kant) ou juízos hipotéticos (Kelsen) (CÔSSIO, Carlos. *La Teoria Egológica del Derecho y El Concepto Jurídico de Libertad*. 2. ed. Buenos Aires: Abeledo-Perrot, 1964).

Exigências *objetivas* – também conhecidas por *elementos descritivos do injusto* – conforme ensinamento de Damásio E. de Jesus, "são as que referem a materialidade da infração penal, no que concernente a sua forma de execução, tempo, lugar, etc. A fórmula do tipo é composta de um verbo que expressa a conduta. Trata-se, em geral, de um verbo transitivo, com o seu objeto: 'matar alguém', 'ofender a integridade corporal de alguém'".[44] Segundo o festejado autor, "o homicídio é o melhor exemplo da descrição típica simples e correta: 'Matar alguém'. Nela não se encontra qualquer elemento atinente à antijuridicidade. O tipo só descreve os elementos objetivos, materiais da conduta".[45]

A percepção dessas exigências objetivas dos tipos (ou elementos objetivos) dá-se, segundo Fragoso, "através de simples verificação sensorial, o que ocorre quando a lei se refere a membro, explosivo, parto, homem, mulher, etc. A identificação de tais elementos dispensa qualquer valoração".[46]

Os *elementos normativos* dos tipos, a seu turno, são aqueles cuja apreensão de significado (nunca esquecendo que a lei é um sítio de significância e que é do intérprete a tarefa de extrair os significados) exige juízos culturais, isto é, valorações, conforme ensinamento de Fragoso, exemplificando com a expressão "mulher honesta",[47] já extirpada do texto do artigo 215 do CP pela Lei 11.106/200, ou, ainda, com as expressões "garantia pignoratícia" (art. 171, § 2º, III), "*warrant*" (art. 178), "fraudulentamente" (art. 171), "gestão temerária" (Lei 7.492/85), estas últimas exigindo conhecimentos jurídicos específicos.

Já o *elemento subjetivo* dos tipos corresponde à finalidade eleita pelo autor da conduta criminosa. A vida humana é realmente um constante valorar, um constante eleger finalidades, escolha e utilização de meios para alcançá-las. Por isso dizemos: todo crime é precedido de um motivo. Descobri-lo pode levar à descoberta do autor.

Não raro, a finalidade eleita pelo agente aparece como dado essencial do delito. Exemplificando com a figura do crime tentado, o saudoso professor gaúcho Luiz Luisi alertava que não há como tipificar penalmente a tentativa senão tendo-se "presente a intenção que anima o agente da ação truncada. Em face do fato de alguém disparar tiros que não atingem outra pessoa, como tipificar esta conduta sem partir da intenção do agente? É esta intenção, o propósito do sujeito ativo, que irá permitir a tipificação da conduta. Se os disparos foram feitos com a intenção de matar, a tentativa será tipificada como homicídio tentado. Se os tiros foram dados com o propósito de ferir, a tentativa será tipificada como lesão corporal tentada. E se a intenção era apenas assustar um ébrio, e nada ocorreu, o delito será tipificado como perigo de vida à saúde de outrem". Se assim é, vale dizer, se o dolo do agente tipifica o delito tentado, é evidente que com muito mais razão há de se incluir como elemento do tipo do "delito consumado".[48]

Realmente, se tomarmos como referência apenas o disparo de arma de fogo, no homicídio tentado causador de lesões corporais em terceiro, a intenção de matar ou de ferir funcionará como o ponto diferencial para o enquadramento da conduta do atirador ou no tipo da lesão corporal ou no do homicídio, sob a forma tentada. Daí a correta recomendação jurisprudencial ao acusador para que, na denúncia, descreva o modo

---

[44] JESUS, Damásio Evangelista de. *Comentários ao Código Penal*. 1º vol., São Paulo: Saraiva, 1985, p. 339-340.

[45] Idem, p. 340.

[46] FRAGOSO, Heleno Cláudio. *Lições de Direito Penal*. 8. ed. Rio de Janeiro: Forense, p. 163.

[47] Idem, ibidem.

[48] LUIZI, Luis. *O Tipo Penal, a Teoria Finalista e a Nova Legislação Penal*. Porto Alegre: Sergio Fabris, 1987, p. 62.

como o homicida agiu em concreto, para que indique a espécie de armamento utilizada[49] e para que descreva natureza das lesões encontradas no corpo da vítima,[50] porque, na falta de outros dados, elas permitirão compreender a vontade criminosa para os enquadramentos possíveis. Conforme disse, enfaticamente, o professor Geraldo Batista de Siqueira o elemento subjetivo "faz parte do juízo de acusação".[51]

A propósito do elemento subjetivo, existem tipos que exigem *além do dolo genérico*, consistente da vontade livre e consciente de praticar a conduta ilícita, também a demonstração de existência (adicional) do *dolo específico,* consistente na especial finalidade contida na descrição típica e sem o qual não haverá a tipicidade como condição para que o pedido seja juridicamente possível, nos exemplos apontados por Pedro Krebs, do sequestro e cárcere privado (art. 148), do rapto[52] (art. 219) e da extorsão mediante sequestro (art. 159), que descrevem a *mesma* conduta,[53] embora com variações de finalidades (objetivo previamente selecionados pelo infrator)[54] e no exemplo oferecido por Damásio de Jesus[55] da prevaricação, cujo artigo 319 alude especificamente ao interesse pessoal pretendido pelo servidor público, de modo que, sem a descrição na denúncia do interesse não se perfectibilizará o tipo penal em questão, como reconhece também Alberto Franco, apoiado em precedente do STF.[56]

Há julgados, é certo, que liberam o acusador do encargo de, na inicial acusatória, apontar e descrever o dolo, sob o argumento de que é tema a ser deslindado na sentença.

Convém registrar, contudo, que, nesses julgados, as alusões dizem com o *dolo genérico*, e não com o *dolo específico* porque, quando o tipo não prescindir a demonstração deste, a omissão atuará como causa à rejeição da acusação por inépcia e falta da primeira condição da ação: a possibilidade jurídica do pedido (art. 395, I e II, do CPP).

Restrito o conceito de crime ao âmbito dos tipos constantes do Código Penal e das leis penais especiais, lembre-se de que nem sempre a prática de conduta com a intenção de violar a lei, isto é, a plena realização da conduta típica, acarretará a punibilidade.

O agente poderá até querer, livre e conscientemente, praticar um crime e daí tocar o tipo, isto é, a executar determinadas providências no mundo dos fatos, mas nem sempre haverá resultado punível, pois o direito contempla situações em que, a despeito da realização da figura típica, a conduta é legalmente permitida.

É o que ocorre quando o agente incorre em erro quanto aos elementos do tipo (erro de tipo, art. 20 do CP), utiliza objeto impróprio e não consegue alcançar a consu-

---

[49] Recurso no Sentido Estrito nº 19990610004235rse/DF (123664), 1ª Turma Criminal do TJDFT, Rel. P. A. Rosa de Farias, j. 09.12.1999, Publ. DJU 05.04.2000, p. 38.

[50] Apelação-Crime nº 96.008251-4 (10.085), 1ª Câmara Criminal do TJSC, Rel. Des. Nilton Macedo Machado, j. 08.10.1996, Publ. no DJESC nº 9.586, p. 13 – 17.10.96 e Recurso em Sentido Estrito nº 216.856-3, 1ª Câmara Criminal do TJSP, Rel. Des. Fortes Barbosa, j. 24.11.1997.

[51] SIQUEIRA, Geraldo Batista. *Estudos de direito e processo penal*. Rio de Janeiro: Forense, 1989, p. 88 e ss.

[52] A Lei n. 11.106/2005 revogou os arts. 219 a 222, que dispunham sobre o rapto. Esse aspecto não prejudica, entretanto, o exemplo apontado por Pedro Krebs no livro escrito antes do advento da citada lei.

[53] KREBS, Pedro. *Teoria Jurídica do Crime*. São Paulo: Manole, 2004, p. 112.

[54] Sobre as classificações do dolo, consultar a obra de SILVA, David Medina. *O Crime Doloso*. Porto Alegre: Livraria do Advogado, 2005, p. 47.

[55] JESUS, Damásio Evangelista de. *Código Penal Anotado*. 2. ed. São Paulo: Saraiva, 1991, p. 319.

[56] ALBERTO FRANCO. *Código de Processo Penal e sua Interpretação Jurisprudencial*. São Paulo: RT, 1999, p. 1065. No mesmo sentido: STJ, 6ª T, Rel. Min. Pedro Acioli, DJU 20.02.95, mesma fonte.

mação do delito (figura do crime impossível, art. 17 do CP) ou age permissivamente ao abrigo das excludentes de ilicitude (art. 23 do CP).

Não basta, pois, a mera constatação de que a conduta se adequou à figura típica para que a punibilidade se aperfeiçoe como consequência. À ilicitude *formal* a doutrina e a jurisprudência agregam, como requisito para a configuração do tipo, ilicitude *material,* no exemplo da conduta bagatelar que "entra" dentro da figura típica mas "não constitui crime" por ausência de lesão ao bem jurídico protegido.[57]

Como disse Eugênio Raúl Zaffaroni, em discurso sobre a tipicidade conglobante, a aferição da tipicidade (e da punibilidade como consequência) não dispensa a análise de todo o ordenamento jurídico e de suas regras permissivas, de que são exemplos as excludentes de ilicitude e as condutas permitidas ou fomentadas pelo poder público.

Nas suas palavras, a tipicidade legal ou formal deve adequar-se ao que o sistema normativo considera globalmente e não isolada ou setorialmente, *in verbis*: "*la lesividad debe establecerse mediante la consideración de la norma que se deduce del tipo, pero no ya aislada, sino conglobada en el orden normativo constituído por todo el conjunto de normas deducidas o expresadas en otras lyes de igual o superior jerarquia*".[58] Explicando melhor: de acordo com o famoso penalista argentino, para poder ser considerada típica, a conduta deve ser também antinormativa, isto é, contrariar qualquer setor do sistema jurídico por não ser possível pensar-se que "... quando uma conduta se adequa formalmente a uma descrição típica, só por esta circunstância ela será penalmente típica. Que uma conduta seja típica não significa necessariamente que é antinormativa, isto é, que esteja proibida pela norma (pelo 'não matarás', 'não furtarás', etc.). O tipo é criado pelo legislador para tutelar o bem contra as condutas proibidas pela norma, de modo que o juiz jamais pode considerar incluídas no tipo aquelas condutas que, embora formalmente se adequem à descrição típica, realmente não podem ser consideradas contrárias à norma e nem lesivas ao bem tutelado".[59]

Desse modo, a teoria da tipicidade conglobante cumpre a função de *reduzir* o âmbito do poder punitivo, porque condiciona a tipicidade à existência de uma lesão a bem jurídico (isto é, em resposta a um *quê* e a um *quem)*. Essa função redutora da tipicidade sob a perspectiva conglobante limita o "... *âmbito de proibição aparente que surge da consideração isolada da tipicidade legal*"[60] num mesmo e único momento da intelecção e compreensão dos fatos.

Daí o arremate do ilustre jurista, magistrado e professor: "*No puede negarse la absoluta irracionalidad de pretender prohibir lo que no lesiona a nadie (porque no*

---

[57] ".. 1. A intervenção do Direito Penal apenas se justifica quando o bem jurídico tutelado tenha sido exposto a um dano com relevante lesividade. Inocorrência de tipicidade material, mas apenas a formal, quando a conduta não possui relevância jurídica, afastando-se, por consequência, a ingerência da tutela penal, em face do postulado da intervenção mínima. É o chamado princípio da insignificância. 2. Reconhece-se a aplicação do referido princípio quando verificadas "(a) a mínima ofensividade da conduta do agente, (b) a nenhuma periculosidade social da ação, (c) o reduzidíssimo grau de reprovabilidade do comportamento e (d) a inexpressividade da lesão jurídica provocada" (HC 84.412/SP, Ministro Celso de Mello, Supremo Tribunal Federal, DJ de 19/11/04). 3. No caso, não há como deixar de reconhecer a mínima ofensividade do comportamento do paciente, que subtraiu bens cujo valor se aproxima de R$ 100,00 (cem reais), sendo de rigor o reconhecimento da atipicidade da conduta. 4. Segundo a jurisprudência consolidada nesta Corte e também no Supremo Tribunal Federal, a existência de condições pessoais desfavoráveis, tais como maus antecedentes, reincidência ou ações penais em curso, não impedem a aplicação do princípio da insignificância ..." (HC 171020 / MG, 6ª T. do STJ, rel. Min. Og Fernandes, j. em 27.9.2010).

[58] ZAFFARONI, Eugenio Raúl, *et alii, Derecho Penal*, Parte General. Buenos Aires: Ediar, 2002, p. 455.

[59] ZAFFARONI, Eugenio Raúl; PIERANGELI, José Henrique. *Manual de Direito Penal Brasileiro*, Parte Geral, 2. ed. São Paulo: RT, 1999, p. 456.

[60] ZAFFARONI, PIERANGELI, op. cit., p. 549.

hay lesión, porque no es significativa o el riesgo del resultado), o prohibir lo que se ordena hacer, lo que se fomenta y recomienda o que es realización de riesgos que no se prohiben, porque son consecuencia necesaria de actividades lícitas o fomentadas".[61]

Disse muito bem Alamiro Velludo Salvador Netto, em artigo crítico sobre o tema, que "a tipicidade conglobante, neste universo, funciona como um *corretivo* da tipicidade legal, sem a qual haveria contradições insanáveis com a ordem normativa. A finalidade da tipicidade conglobante, assim, é verificar o âmbito de proibição da lei penal, quando esta é inserida no global ambiente normativo, ou seja, através do seu cotejo com todas as normas restantes de uma determinada ordem. A tipicidade legal dar-se-á com a simples subsunção da conduta ao modelo abstrato previsto em lei. A tipicidade conglobante, como segundo passo, realizará a conferência deste aspecto formal com o restante do ordenamento normativo".[62]

Para finalizar, duas observações relevantes.

A primeira: o reducionismo penal, que confina a criminalidade ao âmbito da tipicidade, oferece segurança jurídica aos indivíduos, mas, sob a perspectiva da política criminal, padece de críticas, por dispensar a análise dos motivos eleitos para a criminalização, consoante proposto pela corrente criminológica do *labelling approach.* Para essa corrente, o "desvio e a criminalidade não são uma qualidade intrínseca da conduta ou uma entidade ontológica pré-constituída à reação social e penal, mas uma qualidade (etiqueta) atribuída a determinados sujeitos através de complexos processos de interação social; isto é, de processos formais e informais de definição e seleção".[63]

A segunda: se em face do reducionismo penal o crime é só aquilo que o legislador disser em um tipo legal, essa técnica de compreensão poderá gerar a sensação de que o direito não é ciência, e sim mera ferramenta à disposição dos governos, como pressentiu em 1874 o Procurador do Rei no Estado da Prússia, Julius Von Kirchman,[64] ao dizer que bastava uma penada do legislador para que bibliotecas inteiras viessem abaixo...[65]

Essa foi a preocupação exteriorizada também por Pascal em frase poética ao dizer que o direito não pode ser reconhecido como ciência, porque aquilo que é verdadeiro aquém pode não sê-lo além dos Pirineus![66]

Sendo exata a conclusão de que as contínuas mutações legislativas podem gerar perplexidades aos indivíduos e aos próprios profissionais do direito (bastando lembrar as intensas modificações nas legislações penal, comercial, fiscal e tributária em nosso país), insta lembrar que nem por isso o direito perde a sua cientificidade.

---

[61] ZAFFARONI, Eugenio Raul, *et al. Derecho Penal*, Parte General. Buenos Aires: Ediar, 2002, p. 485.

[62] NETTO, Alamiro Velludo Salvador. Reflexões sobre a Teoria da Tipicidade Conglobante. In: *Revista Eletrônica Liberdades, órgão do IBCCrim*, nº 1 – maio-agosto de 2009.

[63] PEREIRA DE ANDRADE, Vera Regina. Do Paradigma Etiológico ao Paradigma da Reação Social. *Revista Brasileira de Ciências Criminais, IBCCrim*, v. 14, p. 280.

[64] KIRCHMANN, Julius Herman Von. *Die Wertlosigkeit der Jurisprudenz als Wissenchaft*. Berlin, 1847, cit. por AFATLION *et alii*, op. cit., p. 42.

[65] Eis a frase, pronunciada em célebre conferência: "O sol, a lua, as estrelas, brilham hoje como há milênios; a rosa continua florescendo hoje como no paraíso; o direito, ao invés, tem variado com o tempo. O matrimônio, a família, o Estado, têm passado por formas as mais variadas. Se grandes esforços têm sido feitos para se descobrir as leis da natureza e de suas forças, essas leis valem tanto para o presente como para os tempos primitivos e seguirão sendo verdadeiras no porvir. Não sucede o mesmo, contudo, com a disciplina do Direito (...). (No entanto), duas palavras retificadoras do legislador são suficientes para trazer abaixo bibliotecas inteiras (...)".

[66] SOUZA, Alberto Rufinos Rodrigues de. Bases Axiológicas da Reforma Penal Brasileira. In: Giacomuzzi, Vladimir (org.). *O Direito Penal e o Novo Código Penal Brasileiro*. Porto Alegre: Sergio Fabris, 1985, p. 19.

Veja-se que, em 1984, a Parte Geral do Código Penal foi inteiramente modificada pela Lei 7.209/84, mas, conceitos como dolo, imputabilidade, culpa, excludente de ilicitude, coautoria, dentre tantos outros, permaneceram intactos... Podem as figuras criminais desaparecer ou serem substituídas por outras mais ou menos gravosas e, a despeito disso, ficarem intactos os princípios, as grandes linhas, em que se assenta o direito penal moderno: a culpabilidade, a legalidade, a irretroatividade, a proibição da analogia, a individualização da pena, etc.

Então, ao enunciarem suas célebres frases, Kirchmann e Pascal, por certo, não atentaram que o seu ceticismo científico decorria mais de um problema de método e menos de um problema de objeto, porque a lógica que preside o direito, como cultura, é a do *dever-ser,* e não a lógica aristotélica do *ser,* que rege as leis da natureza.

2.4. Crime: esquema de interpretação da norma penal

Destacamos, no capítulo anterior, que os valores, os princípios e as regras legais que compõem o ordenamento jurídico de direito positivo, civis, trabalhistas, eleitorais, penais, etc., formam uma totalidade, isto é, um "conjunto de partes vinculadas por uma fundamentação unitária".[67]

As normas que definem as infrações penais, denominadas de *tipos,* distribuem--se no ordenamento jurídico de qualquer Estado em diferentes hierarquias. Em nosso Código, as que protegem a vida aparecem em primeiro lugar (arts. 121 e seguintes), sendo seguidas de outras voltadas à proteção da integridade física, da honra, da liberdade individual, do patrimônio, da propriedade imaterial, do sentimento religioso, da liberdade sexual, etc.

Concebida a experiência humana como relação contínua do sujeito com os objetos e sendo estes tudo aquilo que o homem *cria* ou *modifica,* desde o sulco do arado à teoria da relatividade, como prejudicado de juízo lógico, segue-se que também as *normas penais compõem o conjunto dos objetos culturais.*[68]

Os objetos culturais (ao contrário dos objetos ideais) têm existência *real*, estão na *experiência*, possuem carga axiológica *positiva* ou *negativa,* uma vez que estão *impregnados de valor*, podendo ser qualificados de belos, feios, bons, maus, justos, injustos, úteis, inúteis etc. Desse modo, são suscetíveis de compreensão.

E a razão para que as normas penais integrem o conjunto dos objetos culturais decorre, precisamente, da função que exercem, qual seja, a de definirem condutas humanas em interferência intersubjetiva em nome da proteção dos bens jurídicos.

Daí é que, no dizer de Carlos Côssio, para além das normas, o que interessa ao jurista conhecer é "... a conduta humana enfocada desde certo ângulo particular. Da mesma maneira que o objeto do conhecimento do astrônomo são os astros e não as leis de Kepler e Newton, porque estas são os conceitos pelos quais os astros são conhecidos, assim também na ciência dogmática o objeto do conhecimento do jurista não são as normas senão a conduta humana em sua interferência intersubjetiva, porque as normas jurídicas são só conceitos com os quais aquela conduta é conhecida como conduta".[69]

---

[67] HUSSERL, Edmundo. *Investigaciones Lógicas*. Madrid, 1929, t. III., cit. por AFATALION *et alii*, p. 29.

[68] CÔSSIO, Carlos. *La Teoria Egológica del Derecho y el Concepto Jurídico de Libertad*. 2. ed. Buenos Aires: Abeledo-Perrot, 1964, p. 56 e seg.

[69] CÔSSIO, op. cit., p. 51.

Como lembra Daniel E. Herrendorf, reproduzindo pensamento de Heidegger (difundido por Ortega y Gasset), o homem é um personagem *situado e situacionado*, o que significa dizer que, ao viver, desenvolve uma conduta, ainda que se omita, porque a omissão também é uma forma de conduta. Discorrendo sobre a teoria egológica,[70] esse autor considera também ser a conduta humana um objeto de experiência radicalmente diverso dos objetos naturais e ideais, porque, enquanto aqueles estão governados pela identidade de causas e efeitos ou se localizam no plano metafísico, a conduta humana constitui uma experiência de liberdade, donde a criação de algo axiologicamente original emerge a cada instante. Ora, disse ele, "como viver é conviver, irremediavelmente conviver, a conduta de um indivíduo há de compatibilizar-se com a conduta dos demais. Isto significa que as condutas interferem. Como a interferência é entre dois sujeitos ou mais, a conduta implica uma interferência intersubjetiva. Isto significa que a liberdade de fazer de uma pessoa tem que contratar-se com o impedir de outra pessoa".[71]

É nesse passo que entram em colisão as teorias pura e egológica de Kelsen e de Côssio. Isso porque, enquanto o normativismo kelseniano conduzia ao vazio filosófico porque falava só das normas, a egologia falava do homem e do sentido valioso ou desvalioso de sua conduta. Noutras palavras: a egologia se recusava a adotar o procedimento de glorificar as leis "às custas da vida",[72] evitando aquela frustração de que fala Dalmo Dallari, de apego exagerado às formalidades, com o distanciamento da justiça.[73]

Eis aí o sentido das normas, que, ao definirem condutas, propalam mensagens prescritivas e, desse modo, exercem a importante função de "comunicação" entre sujeitos. Estes, consoante Mir Puig, são "o destinatário da proibição ou eventual sujeito ativo da conduta delitiva a que Calliess chama Ego, a possível vítima da dita atuação – ao que denomina Alter – e o chamado a reagir frente ao delito mediante a pena – Terceiro. A norma cria entre Ego, Alter e Terceiro um complexo de expectativas recíprocas: uma rede comunicativa na qual cada sujeito espera não só o comportamento, senão também as expectativas dos outros".[74]

Estruturalmente, as normas penais (que na teoria geral do delito são chamadas de tipos) compõem-se de dois elementos importantíssimos. Um é o fático (contido no preceito primário, com a descrição da conduta, segundo a teoria egológica, em interferência intersubjetiva), e o outro é o jurídico (contido no preceito secundário, representado pela cominação da sanção em margens mínima e máxima).

---

[70] "Egologia", na teoria egológica do direito, está significando a egologização do *logos* jurídico, ou seja, a egologização do ser jurídico (dada a equivalência fenomenológica entre o *logos* e o ser. Nas palavras de seu criador: "E como o ego de que ali se fala é o ego transcendental da ação, o eu atuo de toda a ação em vez do eu penso de todo juízo, o eu atuo da conduta em vez do eu penso do intelecto, com a egologia alcança-se a fenomenalização como conduta do ser jurídico" (Radiografia de *La Teoria Egológica del Derecho*, Buenos Aires, Ediciones Depalma, 1987, p. 86). A teoria egológica foi estruturada por CÔSSIO em dezoito proposições filosóficas e cinco teses, a partir de 1938, ganhando realce a partir de 1949, quando o autor travou polêmica famosa com HANS KELSEN, quando esteve ministrando conferências na Universidade Nacional de Buenos Aires. CÔSSIO foi privado da cátedra em 1956 pelo governo militar da Argentina. A Teoria egológica já não conta hoje com tantos adeptos, porque sua discussão se arreda do direito positivo e se localiza no plano predominantemente metafísico.

[71] HERRENDORF, Daniel E. Introducción a La Fenomenología Egológica. In: CARLOS CÔSSIO. *Radiografía de La Teoria Egológica del Derecho*. Buenos Aires: Depalma, 1987, p. 57.

[72] HERRENDORF, op. cit., p. 51.

[73] DALLARI, Dalmo. *O Poder dos Juízes*. São Paulo: Saraiva, 1996, p. 80.

[74] MIR PUIG, Santiago. *Derecho Penal, Parte General*. 5. ed. Barcelona: Tecfoto, 1998, p. 32.

Veiculando juízos comportamentais de dever-ser, as normas jurídicas não são comandos imperativos ou *categóricos,* bastando ver que o artigo 121 do CP não diz aos cidadãos, por exemplo, que eles não devem matar, senão que *descreve a conduta de matar alguém,* o que levou Binding[75] a dizer que o delinquente não "viola" a norma, senão que faz, exatamente, aquilo que ela prevê.

Realmente, os termos de uma enunciação categórica são incondicionais, não sendo isso o que se sucede no âmbito da norma jurídico-penal, em que a imposição da sanção está subordinada à culpabilidade. Os 10 Mandamentos sim, tal qual os conhecemos, têm a natureza dos juízos categóricos, como se extrai dos textos conhecidos: amarás a Deus sobre todas as coisas, não matarás, não furtarás, não desejarás a mulher do próximo, etc.

Resulta então que o valor positivo preconizado pelo citado artigo 121 (o respeito à vida humana) é aferido só *a contrario sensu,* ficando essa responsabilidade a cargo de cada um em particular e em acordo com a própria compreensão que tiver do ordenamento jurídico, o que bem explica e justifica o instituto do erro de proibição (art. 21 do CP) suscetível de ser invocado em muitas situações da vida.

Então, se a norma (tipo penal) é mera definição da conduta e se o agente, ao invés de violá-la, faz exatamente aquilo que ela prevê e só entende o sentido do permitido *a contratio sensu,* seria possível concluir que os fins pretendidos estariam gravitando *em torno* e, portanto, *fora* dos espaços assinalados pela norma?

Kelsen[76] procurou resolver o problema afirmando que as normas são estruturalmente hipotéticas, ou seja, que são formadas por dois termos, um de caráter condicionante, outro de caráter condicionado. Para desenvolver o seu pensamento, Kelsen valeu-se da dicotomia "norma primária/norma secundária", dirigidas, respectivamente, ao juiz e ao cidadão,[77] a primeira expressando a proposição jurídica que contém a definição de conduta, e a segunda o dever jurídico que evita a sanção.

Na formulação hipotética, as hipóteses que constituem os respectivos termos (a condicionante e a condicionada) se realizam inteiramente.

Então, a norma, na concepção desse jurista, teria o seguinte esquema de compreensão verbal: se o agente praticar a conduta descrita em ofensa ao dever-ser de respeitar a norma (hipótese condicionante ínsita ao preceito primário *que evita a sanção*) *deve ser* a pena como resultado (hipótese condicionada, objeto do preceito secundário, que *impõe a sanção*).

---

[75] BINDING, Karl. *Die Normen Und Ihere Uebertretungen.* 1872, cit. por AFTALIÓN, p. 98.

[76] KELSEN, Hans. *O que é a Justiça.* São Paulo: Martins Fontes, 1997, p. 331: "A forma gramatical do princípio da causalidade, assim como do princípio da imputação, é um julgamento hipotético (proposição) ligando alguma coisa como condição a alguma coisa como consequência. Mas o significado da ligação, nos dois casos, é diferente. O princípio da causalidade afirma que, se A existe, B existe (ou existirá). O princípio da imputação afirma: se A existe, B deve existir. Quanto à aplicação do princípio da causalidade às leis da natureza, reporto-me ao exemplo já dado, a lei que descreve o efeito do calor sobre os corpos metálicos: se um corpo metálico é aquecido, ele se expande (ou irá expandir-se). Exemplos do princípio da imputação tais como aplicado nas leis sociais são: se alguém faz um favor a você, você deve ser-lhe grato (...) Se um homem comete roubo, deve ser preso (lei jurídica). A diferença entre causalidade e imputação é que a relação entre a condição, que na lei da natureza é apresentada como causa e a consequência, que é aqui apresentada como efeito, é independente de um ato humano ou sobre-humano; ao passo que a relação entre condição e consequência, afirmada por uma lei moral, religiosa ou jurídica, é estabelecida por atos de seres humanos (...) É justamente esse significado específico da ligação entre condição e consequência que é expresso pelo termo 'dever ser'".

[77] A existência das normas primárias como correlatas das normas secundárias, consoante MIR PUIG, em Direito Penal, constitui um pressuposto de toda a teoria do delito, tal como foi elaborada pela tradição da dogmática jurídica, arrancando da consideração do delito como infração de uma norma, o que supõe que se opõe a uma norma dirigida ao cidadão (op. cit., p. 29).

Transplantando esse esquema para o exemplo em que A mata a pessoa de B, assim teríamos a seguinte formulação verbal: dado o fato da quebra por A do dever de respeito à vida alheia de B – *deve ser,* como decorrência da ação, a imposição da pena correspondente prevista no art. 121 do CP.

Nessa proposição de Kelsen, o sentido do valioso *recomendado* pela norma (no exemplo, *não matar*) continua não sendo visualizável explicitamente na norma, sendo de notar que a estrutura hipotética apresenta ainda a grave falha de não permitir a compreensão das razões pela quais a pena *nem sempre é imposta àquele que realiza a conduta contida no preceito primário,* o que ocorre, quando sob o amparo de causa excludente da ilicitude.

Com efeito, se a estrutura hipotética pressupõe dois termos (um condicionante e o outro condicionado) e se entre eles há uma relação de dependência (p. ex.: na formulação *se não chover, irei à praia*), como aceitar que é hipotética a formulação da conduta de matar alguém (hipótese condicionante) não necessariamente seguida pela pena cominada no preceito secundário (hipótese condicionada)?

O famoso jurista identificou o problema e procurou contorná-lo, fazendo a distinção entre o SER e o DEVER-SER e dizendo que "uma lei da natureza é um enunciado no sentido de que, se A existe, B existe, ao passo que uma regra de moralidade, ou uma regra de Direito, é um enunciado no sentido de que, se A existe, B deve existir. Trata-se da diferença entre o 'ser' e o 'deve ser', a diferença entre causalidade e normatividade (ou imputação)".[78]

Não há mesmo como conciliar em uma rígida estrutura hipótese a lógica do dever-ser... conforme bem demonstrou o jurista Carlos Côssio, em sua teoria egológica.

Para o penalista argentino, nos juízos de dever-ser, a norma precisa *cumprir-se inteiramente,* dado não identificável nas formulações hipotéticas. Embora o respeito de todos à lei, o fato de alguém, por exemplo, *desrespeitá-la* matando outrem, isto é, realizando a conduta prevista na norma, *nem sempre conduz à sanção.*

A norma, para esse jurista, não é hipotética, mas estruturalmente *disjuntiva.*[79]

Fácil perceber em uma estrutura disjuntiva em que o *dever-ser* atua como dado relevante quando a norma for e não for respeitada, que o sentido positivamente valioso da conduta humana, pretendido por ela, é identificável *não fora,* e sim, no *interior da própria norma.* Dizendo de outro modo, no esquema disjuntivo proposto se o agente respeitar a vida alheia, cumprirá o comando da lei ("Dado o fato da vida alheia *deve ser* o respeito a ela").

Caso não o faça, a sanção entrará no quadro das *probabilidades,* e não das *consequências,* ante a necessidade de exame de institutos correlatos que podem incidir para afastá-las ("Dado o não respeito pela vida alheia *deve ser* a sanção" – deve ser, repete-se, porque eventualmente a "violação" da norma poderá não produzir a sanção).

---

[78] KELSEN, Hans. *O que é a Justiça.* São Paulo: Martins Fontes, 1997, p. 139.

[79] Para a melhor compreensão do leitor, transcrevemos o texto de CÔSSIO (*La Teoria Egológica del Derecho y El Concepto Jurídico,* citada, p. 333, com a tradução livre), em que fornece a estrutura da norma. "A formalização da norma jurídica efetuada pela egologia faz ver que a estrutura plurirradial da mesma enquanto juízo se enuncia assim, constando de dez componentes (dois constantes e oito variáveis) entrelaçados em uma disjunção proposicional:1) Dada uma situação coexistencial como o fato inicial de uma totalidade sucessiva (H), 2) deve ser (cópula proposicional) 3) a prestação de alguém (P) 4) como alguém obrigado (Ao),5) ante alguém titular (At), 6) ou (cópula disjuntiva que delimita endonorma y perinorma,7) dado o fato como não prestação (não P) 8) deve ser (cópula proposicional) 9) a sanção do responsável (S) 10) imposta por um funcionário obrigado (Fo) 11) em razão da pretensão da comunidade (Pc)".

Com outras palavras: para ser responsável pelo crime, o agente necessariamente precisará ultrapassar os limites da endonorma (preceito primário), desrespeitando a vida alheia (considerando-se também aqui o exemplo do homicídio), e, desse modo, enquadrando sua conduta na definição constante do tipo penal. Mas isso não significará que a sanção seja imposta, consequência dessa conduta, ao contrário do que aconteceria na proposição hipotética de Kelsen.

É que, para além da mera relação de causa e efeito entre os termos da proposição, como sugere a hipótese de Kelsen, o Estado precisará demonstrar que o agente não estava ao abrigo, quando da prática do fato, de qualquer excludente de ilicitude ou eximente de culpabilidade.

A prática pelo indivíduo da conduta desvaliosa descrita pela norma gera, por conseguinte, a eventualidade da sanção se o criminoso tiver capacidade de entender, de querer e não conformar sua vida livremente, segundo as finalidades de paz social embutidas na própria norma, facilmente aferíveis com base no esquema de compreensão proposto por Côssio.

A simples eventualidade ou *probabilidade* de sanção, repetimos, porque a sua imposição, como resultado, pressupõe algo mais que a violação do dever jurídico de respeito à ordem jurídica, identificável no âmbito da endonorma.

Por todo o exposto, segue-se que a determinação do crime e da criminalidade não termina com constatação de que a conduta subsume-se em tipo penal prévio, certo e claro. Será preciso ir mais além, porque eventualmente a ilicitude formal pode não estar acompanhada de ilicitude material por expressa previsão no ordenamento jurídico ou construção da doutrina e da jurisprudência (no exemplo da bagatela já referida), a bem confirmar a assertiva de que a interpretação ou aplicação do direito não é segmentada, mas holística, total e completa.

Penas: origem e evolução.
As penas estatais e seus fins

*La historia de las penas es sin duda más horrenda e
infamante para la humanidad que la
propia historia de los delitos.*
Ferrajoli

Sumário: 3.1. Generalidades; 3.2. A origem e evolução das penas: síntese; 3.3. As penas estatais: a busca por um sentido.

3.1. Generalidades

As punições, sob as mais variadas formas e finalidades, remontam ao aparecimento do homem sobre a face da terra, conforme lemos nas Sagradas Escrituras. Por não ter resistido à tentação e ter comido o fruto da árvore do bem e do mal, Adão foi destinado a ganhar o pão com o suor do próprio rosto, e Eva, feita de sua costela, foi condenada a sofrer na gravidez e a viver sob a dominação masculina.

A evolução das penas no tempo, desde quando elas tinham a feição de reações instintivas contra tudo o que pudesse representar ameaça à sobrevivência individual ou do grupo, passando pelas incipientes modalidades, até chegarmos aos modelos estatais contemporâneos – foi lenta, dramática e, segundo Ferrajoli, mais horrenda que a evolução histórica dos crimes.[1]

A humanidade testemunhou e ainda testemunha toda sorte de atrocidades camufladas ou rotuladas como penas – bastando lembrar o apedrejamento até a morte e a larga utilização em muitos países da pena capital, não obstante os esforços internacionais pela sua eliminação.

Breve análise dessa evolução é o que faremos no item seguinte.

3.2. A origem e evolução das penas: síntese

Abstraído o simbolismo, a bíblica narrativa nos mostra que foi a presença do *alter,* do outro, o fator que gerou a instituiçao de regras mínimas delimitando os espaços do proibido e do permitido – como condição para que a convivência entre as pessoas acontecesse em razoável ordem, estabilidade e segurança.

---

[1] FERRAJOLI, Luigi. *Derecho y Razón, Teoría del Garantismo Penal.* Valladolid: Editorial Trotta, 1997, p. 385 e 386.

Enquanto só, o homem não precisa de códigos de conduta. Se Robinson Crusoé, ao salvar-se do naufrágio, por exemplo, se pusesse a pensar na beira da praia em um modelo de direito penal para sua ilha deserta, nenhuma utilidade teria esse esforço, a não ser depois da chegada do novo amigo, Sexta-Feira (o *alter*), com quem ele passaria a conviver em situação de risco.

Os homens primitivos tinham uma ideia muito rudimentar de pena, apesar do costume de prepararem oferendas ou de realizarem sacrifícios com o intuito de aplacar a ira dos deuses, supostamente descontentes com os pecados cometidos.

Como ensina José Henrique Pierangelli, os integrantes dos primeiros agrupamentos humanos "(...) consideravam tudo aquilo que ultrapassava o seu limitadíssimo conhecimento quase sempre como resultado de uma forma incipiente de observação, e que alterava a sua vida normal, como fruto de influências malignas, sobrenaturais, emanadas de seres fantásticos, habitualmente antropomásticos, dotados de poderes (...) que só poderiam ser compreendidos através da magia".[2]

Aí incluíam a chuva, o trovão, os terremotos, a ação dos vulcões, os quais "iriam exercer, dentro da visualização desses povos primitivos, direta influência sobre a vida de cada um e de toda a comunidade, premiando-os ou castigando-os em razão do comportamento exteriorizado".[3]

A entrega da vítima em holocausto (em grandes espetáculos públicos) aparecia como solução frequente à expiação coletiva. Imaginava-se que o oferecimento de donzela ao fogo vulcânico, como ilustram a literatura e o cinema, restauraria a harmonia com os deuses e propiciaria a absolvição dos pecados.

A espécie mais antiga de pena não estatal, vale dizer, de manifestação humana descontrolada e carregada de reação explícita pelas faltas individualmente cometidas teria sido a vingança de sangue. Como um ato de guerra, essa pena foi a regra geral entre as tribos, no dizer de Aníbal Bruno, citado por Pierangeli,[4] "(...) umas exercendo sobre as outras ato vingativo contra ação agressiva a qualquer de seus membros, ação agressiva real, de um membro de outra tribo (...). Foi consequência da solidariedade entre membros do mesmo clã, que é uma das forças de coesão e, portanto, de continuidade do grupo".

Ultrapassando a extensão e a gravidade da falta, a citada pena, em face da mobilização do grupo, podia acarretar a eliminação de terceiros inocentes, desde que indicados pela vítima ou, ainda, do próprio grupo a que pertencia o ofensor. Foi a época da "responsabilidade flutuante, em busca de um responsável para a pena" capaz de gerar a esperança de libertação do "clã da impureza que o crime contaminou".[5]

Tendo em vista, precisamente, que essa possibilidade de proporcional reação da vítima, de seus parentes ou da própria tribo ou clã, dava azo a lutas grupais de consequências irreparáveis para ambas as partes, aos poucos foi surgindo a compreensão, como anota Pierangelli, de que era preciso limitar "a extensão da pena, para que viesse a atingir tão só ao autor imediato e direto do delito".[6]

---

[2] PIERANGELLI, José Henrique. Das Penas: Tempos Primitivos e Legislações Antigas. In: *Fascículos de Ciências Penais*. Sergio Fabris, v.5, p. 4.

[3] Idem, ibidem.

[4] Idem, p. 56-57.

[5] BRUNO, Aníbal. *Direito Penal*. 2. ed. Rio de Janeiro: Forense, 1959, p. 55.

[6] PIERANGELLI, op. cit., p. 6.

Essa constatação foi muito provavelmente a semente do princípio universal e moderno da pessoalidade da pena. Como seu natural desdobramento, a vingança de sangue acabou sendo substituída por duas outras penas de menor espectro: a de expulsão e a de banimento do ofensor de seu próprio território.

Essas duas espécies de penas eram visivelmente superiores à anterior, porque preveniam a eclosão de movimentos grupais de vingança e, ainda, porque, ao direcionarem seus efeitos só sobre a pessoa do autor da falta, funcionavam, direta ou indiretamente, como instrumentos de proteção dos inocentes.

O talião foi a pena que as sucedeu cronologicamente. Consagrada no Livro dos Livros (Êxodo) e também no Código de Hamurábi,[7] essa espécie de pena (ensejando a reação em intensidade e gravidade *tal e qual* a intensidade e a gravidade da ação e da lesão causada) pode ser apontada como a primeira manifestação explícita de punição proporcional ao fato.

Como dizia Tobias Barreto, embora sem aludir a esse princípio, "é assim que se vê o filho órfão guardar a bala, de que pereceu seu pai, para devolvê-la em ocasião oportuna, ao peito do assassino. É assim que o homem do povo, a quem a calúnia feriu no mais fundo de sua dignidade, não tem outra ideia senão a de cortar a língua de seu caluniador. É ainda assim que, nos atentados contra a honra feminina, não raras vezes a desafronta só se dá por justa e completa, castrando-se o delinquente".[8]

O talião era pena de natureza corporal, porque podia alcançar o corpo[9] e também camuflava a vingança da vítima, e a crítica mais aguda a essa espécie de pena foi articulada dogmaticamente por Ferrajoli, ao dizer que ela não guardava relação com a tipicidade nem propiciava a sua prévia determinação.

Nos seus dizeres, se as penas deviam ter a mesma qualidade que os delitos, seria imprescindível que existissem tantos tipos quantos fossem aqueles. Como isso não é possível, concluiu Ferrajoli, a multiplicidade de penas consiste em uma multiplicidade de aflições não taxativamente predeterminadas em lei, desiguais, dependentes da sensibilidade de quem padece delas e da ferocidade de quem as inflige.[10]

Por outro lado, ainda nas palavras do eminente professor italiano, a proposta de aplicação de pena *conforme* a gravidade da falta não é concretizável, seja porque as dores e os suplícios são sempre desiguais em si e em relação a quem os sofre, seja, por fim, porque ninguém consegue, com exatidão, medir ou delimitar a aflitividade de outra pessoa.[11]

Conquanto exata a crítica, o modelo talional, ao menos em nível teórico, preservava a ideia de proporcionalidade entre a falta e a resposta e não desprezava as exigências do princípio da pessoalidade da pena mesmo nas expulsões da comunidade e de banimentos do seu território, o qual, mais tarde, acabaria insculpido nas Constituições modernas, como a nossa, conforme se extrai do inc. XLV do art. 5º.

---

[7] A pena de talião permeia o Código de Hamurábi. O artigo 1º, por exemplo, enuncia: "Se um homem livre acusou outro homem livre e lançou sobre ele suspeita de morte, mas, não pode comprovar, seu acusador será morto".

[8] BARRETO, Tobias. *Fundamentos do Dirieto de Punir*. Revista dos Tribunais, n. 727, p. 648.

[9] Ocasionalmente a doutrina e a jurisprudência qualificam a reclusão e a detenção como penas corporais. Essa atitude é tecnicamente incorreta, porque essas duas espécies de penas *não atingem o corpo* do condenado (como o talião) mas, sim, restringem a sua *liberdade*.

[10] FERRAJOLI, op. cit. Tradução livre do autor, p. 389.

[11] Idem, ibidem.

Ao talião seguiu-se a pena de composição. Com essa pena, optou-se por redirecionar a reação ao patrimônio do faltoso.

A composição consistia no pagamento de indenização à vítima ou aos familiares, em dinheiro ou com outros bens, a qual era estabelecida conforme as regras legais ou consuetudinárias vigentes.[12]

O caminhar na direção da humanização das penas foi vagaroso. Na Idade Média, as penas ainda eram cruéis. A morte na roda, na guilhotina, no fogo, era prática rotineira... impostas pelo Tribunais da Inquisição com o auxílio da tortura e executadas pelo seu braço civil, o Estado absolutista, em abominável consórcio com a Igreja, destinado a manter e a reproduzir o poder nas mais diferentes regiões da terra.

Como aparelho ideológico, punindo a torto e a direito por heresia, o direito penal medieval revelou a face escura dessa associação a partir de 1232[13] e mais intensamente entre os anos de 1376 e 1498, quando houve a intensificação das ações dos Inquisidores Papais.

Estimulando acusações anônimas,[14] em processos secretos, em que a confissão sob tortura era a rainha das provas,[15] com a conivência do advogado de defesa, cuja missão, segundo se extrai do Manual dos Inquisidores, não era outra senão convencer o "cliente" a confessar o que não tinha feito,[16] os Inquisidores disseminaram o horror, mandando para as fogueiras centenas de inocentes, aproveitando-se do analfabetismo, da ignorância, das superstições grosseiras de um povo que vivia em habitações precárias, sem um mínimo de higiene, com a morte sempre ao lado, pelas guerras, pela fome e pelas pestes.[17]

Como disse João Bernardino Gonzaga, ao comentar o clima religioso e as condições de vida da Idade Média, a Inquisição nasceu e permaneceu imersa no mundo que a envolvia, reinando "de modo implacável, para impor aos povos uma ordem, a sua ordem, que não admitia divergência, nem sequer hesitações".[18]

Dois episódios autênticos, abaixo referidos, bem ilustram as características desse direito, praticado até o início da era moderna. Um conta a condenação de inocentes; o outro, o tenebroso espetáculo da execução de um condenado.

No livro *Observações sobre a Tortura,* o iluminista Pietro Verri[19] reconstituiu a tragédia que alcançou os denominados *"untadores de paredes de Milão"*. Primeiramente Giuglielmo Piazza e depois muitos outros por ele delatados em sessões de tortura foram

---

[12] A composição como *pena* é distinta da *composição* prevista na Lei 9.099/99, porque esta é causa *extintiva da punibilidade,* embora ambas tenham natureza indenizatória. Mais próximas da composição são a pena de prestação pecuniária – prevista no CP – e a pena de multa reparatória – esta prevista no CTB –, porque ambas visam à reparação, compensatoriamente, dos prejuízos causados pelo crime.

[13] A Inquisição nasceu em 1232, com o Imperador Frederico II, que lançou éditos de perseguição aos hereges, em todo o Império, como estratégia política, porque temia divisões internas entre os súditos. Desconfiado das ambições do Imperador, o Papa Gregório IX acabou reivindicando para a Igreja a tarefa, recrutando Inquisidores entre membros das ordens religiosas, notadamente entre os dominicanos, por sua rigorosa formação tomista e pelo desapego aos interesses terrenos, o que os tornava, presumivelmente, isentos.

[14] Os inquisidores agiam apoiados em três diplomas básicos: o *Directorium Inquisitorium,* o *Malleus Maleficarum* e o *Corpus Juris Canonici.*

[15] CARVALHO, Salo de. *Da Desconstrução do Modelo Jurídico Inquisitorial. In* WILKMER (org.). *História do Pensamento Jurídico.* Belo Horizonte, 1996.

[16] EYMERICH, Nicolau. *Manual dos Inquisidores.* Rio de Janeiro: Rosa dos Ventos, 1993.

[17] GONZAGA, João Bernardino. *A Inquisição em Seu Mundo.* 7. ed., São Paulo: Saraiva, 1994, p. 17.

[18] Idem, ibidem.

[19] VERRI, Pietro. *Observações Sobre a Tortura.* Trad. Dalmo de Abreu Dallari. São Paulo: Martins Fontes, 1992.

acusados de espargir produtos venenosos nas paredes das casas da cidade, causando a morte em 1630 de aproximadamente 800 pessoas por dia, quando em verdade a causa da mortandade era uma peste, que entrara na Itália pelas fronteiras da Alemanha.

A ignorância e o fanatismo impediram que todos compreendessem que o principal acusado, o infeliz comissário de saúde, Giuglielmo Piazza (que havia sido visto próximo à parede de uma casa abrigando-se das intempéries) jamais poderia disseminar veneno letal sem, ao mesmo tempo, correr o risco de também morrer envenenado... Ele foi detido e torturado até confessar o que não havia feito e... novamente torturado até delatar supostos coautores que, presos... foram também torturados até confessarem... e delatarem outros inocentes, num círculo vicioso que custou a chegar ao fim.

A seu turno, Foucault,[20] no pórtico de famosa obra, conta episódio do dia 2 de março de 1757, em Paris, dia em que Damiens foi executado por parricídio. Levado numa carroça, nu, de camisola, carregando uma tocha de cera acesa, de duas libras, foi colocado sobre o patíbulo, atenazado nos mamilos, braços, coxas e barriga das pernas, sua mão direita, segurando a faca com que cometera o crime, queimada com fogo de enxofre. Nas feridas das tenazes receberia aplicação de chumbo derretido, óleo fervente, piche em fogo, cera e enxofre derretidos conjuntamente. A seguir, seu corpo seria puxado e desmembrado por quatro cavalos, e seus membros, consumidos ao fogo, reduzidos a cinzas, e suas cinzas levadas ao vento. A execução, descrita cruamente é outro exemplo de brutal suplício, evidenciando o estilo da época, marcado pelo espetáculo punitivo e pela demarcação do alvo da punição: o corpo do condenado.

Essa foi, portanto, uma época em que as penas estatais tinham por fim não a reconstrução moral do homem mas, isto sim, a demonstração da ira dos reis e da igreja contra todos os que se insubordinassem contra o poder absoluto ou ousassem *pensar* diferentemente dos paradigmas preestabelecidos e dados como incontestáveis.

Essa economia própria do direito penal do horror contemplando penas cruéis, desumanas, estava plasmada nas Ordenações Filipinas e foi exercitada no Brasil desde o descobrimento até pouco antes da proclamação da República.

Em precisa síntese, Jorge Coutinho Paschoal e Gilberto Alves Jr.,[21] a propósito das Ordenações Filipinas, lembra que: "No que tange à pena morte, diversos dispositivos a cominavam, e para os mais variados fatos, ordenando-se que o sujeito 'morra de morte natural'; 'morra por morte natural *cruelmente*'; 'morra morte natural de fogo'; que "sejão queimados, e ella tambem, e ambos feitos per fogo em pó"; *ou ainda, que* 'seja queimado, e feito per fogo em pó, para que nunca de seu corpo e sepultura possa haver memória'".

No ponto, dada a banalidade na aplicação da pena capital, discorre Francisco de Assis Toledo, com arrimo em citação de Basileu Garcia, que "tão grande era o rigor das Ordenações, com tanta facilidade elas cominavam a pena de morte, que se conta haver Luiz XIV interpelado, ironicamente, o embaixador português em Paris, querendo saber se, após o advento de tais leis, alguém havia escapado com a vida".

Lembram esses autores que em determinados casos – alguns, de fato, especialmente graves "(como, por exemplo, na hipótese de matar alguém por dinheiro) –, eram decepadas as mãos do criminoso antes de executar a pena de morte". "Até mesmo quem abrisse – ainda que inadvertidamente – a carta de algum membro da realeza, acarretan-

---

[20] FOULCAULT, Michel. *Vigiar e Punir, História da Violência nas Prisões*. 3. ed. Petrópolis: Vozes, p. 11.

[21] PASCHOAL, Jorge Coutinho e ALVES JR., Gilberto. As Ordenações do reino de Portugal e o Sistema Criminal de sua Época. https://emporiododireito.com.br/leitura, acesso no dia 3 de agosto de 2019.

das PENAS e seus CRITÉRIOS de APLICAÇÃO

do quebra do sigilo do monarca, poderia perder a sua vida, já que a legislação previa, taxativamente: '*mandamos que morra por isso*' e 'nos crimes de Lesa-Majestade', não raro toda a família do 'infrator' deveria ser condenada, por meio da infâmia, ainda que seus membros não tivessem qualquer tipo de culpa...".

Nem mesmo o defunto encontrava paz, de forma que "se o culpado nos ditos casos fallecer, antes de ser preso, accusado, ou infamado pola dita maldade, ainda depois de sua morte se póde inquirir contra elle, para que, achando-se verdadeiramente culpado, seja sua memória danada e seus bens confiscados para a Corôa do Reino".

Graças a essas ideias, o Código Criminal do Império de 1830 e as leis posteriores (especialmente o Decreto nº 774, de 20 de setembro de 1890), mesmo preservando a pena de morte, representariam grandes avanços, pois limitariam em trinta anos o tempo de cumprimento das penas privativas de liberdade, permitiriam a detração penal e admitiram a prescrição para todos os crimes, princípio quebrado, recentemente, pela Constituição de 1988, o que representou, nessa parte, um evidente retrocesso.

3.3. As penas estatais: a busca por um sentido

A economia política e jurídica altamente degradante das penas cruéis, que muitos justificavam para a sua "época", começaria a ruir graças às ideias iluministas advogando necessidade de sentido social e respeito ao indivíduo na criação e na imposição das sanções. O caminho a ser percorrido seria bastante longo.

Há consenso de que foi Hugo Grotius (1588-1625),[22] na esteira do racionalismo científico inaugurado por Galileu Galilei, quem abriu a discussão em favor de uma nova economia penal com a tese de que o ser humano não podia mais ser tratado como um objeto, por ser titular de direitos oriundos da natureza das coisas.

Essa nova cosmovisão criou o ambiente favorável para a estruturação das bases do Estado Moderno e a laicização do direito (isto é, a sua separação da moral).

No livro *Carta Acerca da Tolerância*, escrito pouco antes da Revolução Francesa de 1688, John Locke[23] escreveu, em reação ao consórcio até então mantido entre Estado e Igreja, que "o *cuidado das almas não incumbe ao magistrado*", deixando bastante claro que as questões de Estado são distintas das questões relacionadas à fé e que apareciam permanentemente interligadas na durante a Idade Média e os seus processos por heresia.

---

[22] Hugo Grotius, autor da obra *De Jure Belli ac Pacis,* publicada em 1625, pai do direito natural. Para o jusnaturalismo, a lógica presente na natureza deveria também reger as relações humanas, abrindo-se, a partir daí, o ciclo de combate frenético à obscuridade científica e à intolerância religiosa. Se na Idade Média a natureza era considerada o produto da inteligência criadora de Deus, e o direito era a lei divina inscrita no coração dos homens, já no pórtico da era moderna a natureza passou a ser vista como a ordem racional do universo, passou-se a entender por direito (direito natural) aquele "(...) conjunto das leis sobre a conduta humana, que, ao lado das leis do universo, estão inscritas naquela ordem universal, contribuindo mesmo para compô-la e que podem ser conhecidas por intermédio da razão. Uma vez mais, esse direito pode ser considerado natural no sentido original da palavra, porque é um direito encontrado pelo homem não formulado por ele" (BOBBIO, Norberto. *Locke e o Direito Natural.* Brasília: UNB, 1997, p. 31-32). Bobbio atribuiu a paternidade do jusnaturalismo a HOBBES, e não a GROTIUS e a seu discípulo PUFENDORF porque, embora sobre o tema também se tenham ocupado, dentre outros, LEIBNITZ, KANT e LOCKE, teria sido precisamente HOBBES quem, pela primeira vez, em sua opinião, na condição de admirador do trabalho de GALILEU, se ocupou com as questões de direito público, relacionadas com a organização do Estado, e não com as questões de direito privado, como até então (BOBBIO, Norberto; BOVERO, Michelangelo. *Sociedade e Estado na Filosofia Política Moderna*. São Paulo: Brasiliense, 1996, p. 19).

[23] LOCKE, John. *Carta Acerca da Tolerância*. Trad. Anoar Aiex. São Paulo: Abril, 1984, p. 11.

Apontando limites entre a comunidade política e a comunidade religiosa, entre as funções da igreja e as funções do Estado, Locke declarou que "o que quer que seja legal na comunidade, não pode ser proibido pelo magistrado na Igreja (...) Se sentado ou ajoelhado um homem pode legalmente comer pão ou beber vinho em sua própria casa, a lei civil não deve proibi-lo de fazer o mesmo no culto, embora aqui o uso do vinho e do pão sejam bem diferente, pois na Igreja aplica-se no ritual sacro e adquire um significado místico. As coisas que em si mesmas são prejudiciais à comunidade, e que são proibidas na vida ordinária mediante leis decretadas para o bem geral, não podem ser permitidas para o uso sagrado na Igreja nem são passíveis de impunidade".[24]

A discussão seria alimentada por Voltaire em 1763, no livro *Tratado sobre a Tolerância*, em que chegou às mesmas conclusões de Locke, embora seguindo caminhos diferentes. Para Voltaire, a Igreja deveria ficar *subordinada* e *não* separada do Estado, por ser esse, segundo imaginava, o único modo de *garantir-se* a tolerância.[25]

Imbuído do propósito especulativo, Rousseau,[26] com o livro *O Contrato Social*, publicado em 1762, apontaria os fundamentos que dariam a sustentação ao novo modelo de Estado, laico, liberal e moderno. Definitivamente, a moral estava se separando do direito.

Marcando época, Cesare Beccaria, sob as mesmas influências, publicaria dois anos após, isto é, em 1764, o famoso livro *Dos Delitos e das Penas*,[27] com o qual denunciaria a crueldade das penas impostas pelo Estado absolutista e reclamaria uma nova economia assentada em reações estatais moderadas e finalisticamente orientadas na direção da reconstrução do homem e da proteção dos interesses públicos.

Nesse grande livro, Beccaria escreveu que as penas não podem ter por fim *torturar e afligir um ser sensível, nem desfazer um crime praticado*. Como é possível, perguntava ele, que o Estado, ao invés de se ocupar com exclusividade em colocar um freio nos particulares, exerça "crueldades inócuas e utilize o instrumento do furor, do fanatismo e da covardia dos tiranos"!

Os berros do desgraçado, na tortura, não poderão tirar do seio do passado, que não retorna mais, uma ação já praticada, porque, conforme ele bradava, os castigos devem ter unicamente a finalidade de "(...) obstar o culpado de tornar-se futuramente prejudicial à sociedade e afastar os seus patrícios do caminho do crime", razão pela qual "uma pena para ser justa, precisa ter apenas o grau de rigor suficiente para afastar o homem da senda do crime".[28]

Embora nessa época (de culto às penas infamantes, cruéis, desproporcionais) a preocupação dos estudiosos do direito fosse maior em relação aos grandes temas relacionados à formação do Estado, ao exercício do poder e aos seus limites, a verdade é

---

[24] LOCKE, op. cit., p. 17.

[25] O Estado não pode desinteressar-se da religião, pois, "*em todos os lugares onde há uma sociedade estabelecida, uma religião é necessária*" (RENÉ ROMEAU. Introdução ao Tratado sobre a Tolerância. In: VOLTAIRE. *Tratado sobre a Tolerância*. São Paulo: Martins Fontes, 1993, p. 8).

[26] ROUSSEAU, Jean Jacques. *O Contrato Social*. 7. ed. São Paulo, Brasil Editora, 1963, p. 23 e 24: A propósito do Pacto Social, assim se pronunciou esse pensador: "Suponho aos homens terem chegado a um ponto em que os obstáculos que atentam a sua conservação no estado natural excedem, pela sua resistência, as forças que cada indivíduo pode empregar para manter-se nesse estado. Então este estado primitivo não pode subsistir, e o gênero humano pereceria se não mudasse de modo de ser. Pois bem, como os homens não podem engendrar novas forças, senão somente unir e dirigir as existentes, não tem outro recurso para sua conservação além de formar por agregação de uma soma de forças que possa sobrepujar a resistência, pô-las em jogo para um só móvel e fazê-las agir conjuntamente (...)".

[27] BECCARIA, Cesare. *Dos Delitos e das Penas*. São Paulo: Hemus, 1974, p. 42.

[28] Idem, p. 42, 43 e 47.

---

das PENAS e seus CRITÉRIOS de APLICAÇÃO

que os assuntos relacionados à segurança das pessoas e à estabilidade do corpo social já aparecia com muita força em muitos escritos, como nos lembra muito bem Eduardo Correia,[29] dentre os quais os referidos anteriormente.

Contaminados pelo espírito reformador dessa época, os magistrados franceses, consoante explicou Foucalt, passaram a também agir "(...) ... com alguma prudência na denúncia, tortura, condenação e execução dos acusados de heresia",[30] a denotar, portanto, a abissal diferença entre o sistema repressivo medieval e aquele praticado um pouco antes da grande virada revolucionária de 1779.

Em um caso narrado por Mandrou, quatro médicos que haviam recebido a determinação do Parlamento parisiense de examinar, em razão de recurso, onze condenados, por feitiçaria, terminaram por concluir pela absolvição, aceita pela Corte, por não reconhecerem neles "senão pobres miseráveis depravados em sua imaginação que nem mesmo apresentavam as 'marcas' de insensibilidade (prova do contato demoníaco), assinaladas pelos juízes de primeira instância".[31]

Os governantes do período absolutista, no dizer de Foulcault,[32] também contribuiriam, embora por razões meramente políticas, para que se processasse a substituição do direito medieval (leia-se: direito canônico) por outro, laico e moderno, de que foi exemplo o Código Francês de 1804, isso porque havia crescentes temores de que os supliciamentos em praça pública provocassem ainda mais distúrbios entre a multidão faminta e desassistida.

Com efeito, o testemunho das execuções pelo povo insatisfeito poderia estimular a recusa ao poder punitivo e, eventualmente, turbinar a revolta contra o Poder do Rei, com sério risco de transformar em heróis os próprios criminosos. Nos dias de supliciamento público, o trabalho era interrompido, as tabernas ficavam cheias, lançavam-se injúrias ou pedras ao carrasco, aos policiais e aos soldados... A turba disputava a posse do condenado para salvá-lo ou executá-lo...

Assim, ao "suavizarem" as penas, os gestores da Reforma, quiseram, também, reduzir os riscos da ira do povo contra o poder absoluto do Rei. "Suavizar" e "humanizar" os suplícios representava, então, na base da Reforma, uma nova economia e uma nova tecnologia do poder de punir.

Como assinalou Salo de Carvalho, foi felizmente graças a todos esses fatores, que geraram o "rompimento com a tradição inquisitorial de suplícios e expiações", que a racionalidade e o humanismo advogado pelos filósofos das luzes possibilitaram a superação do período reconhecidamente de escuridão e de trevas.[33]

Esse foi o cenário em que nasceu e floresceu o direito penal iluminista e moderno, cujos pensadores se distribuíram em Escolas para estudar o crime, determinar as suas causas e justificar a imposição das penas. As mais conhecidas foram as Escolas Clássica, Positiva (ou Antropológica) e Eclética.

Para os partidários da Escola Clássica, cujos expoentes foram os italianos Cesare Beccaria, Francesco Carrara, Enrico Pessina e Giuseppe Carmignani, o inglês Jeremias

---

[29] CORREIA, Eduardo. *Direito Criminal.* Coimbra: Livraria Almedina, 1993, p. 43.

[30] FOUCAULT. Michel. *Vigiar e Punir.* Rio de Janeiro: Vozes, 1975, p. 11.

[31] CARVALHO, Salo de. *Da Desconstrução do Modelo Jurídico Inquisitorial.* In: WILKMER (org.), *História do Pensamento Jurídico.* Belo Horizonte: Del Rey, 1996.

[32] FOUCAULT. Michel. *Vigiar e Punir.* Rio de Janeiro: Vozes, 1975, p. 11.

[33] CARVALHO, op. cit., 1996.

Bentham e o alemão Anselmo Von Feuerbach, o crime é produto da vontade livre do indivíduo; não é determinado por outra causa que não seja esse poder ilusório que tem o homem, na posse do seu livre-arbítrio, de agir independentemente de quaisquer motivos, sendo a pena, para essa Escola, a retribuição pelo mal cometido, imposta no interesse da sociedade.

Em oposição, os adeptos da Escola Positiva ou Antropológica, cujos maiores expoentes foram Lombroso, Garófalo e Ferri, negavam o livre-arbítrio e sustentavam com a teoria do criminoso desenvolvida por Lombroso que as causas do crime seriam orgânicas, psíquicas, hereditárias e adquiridas, daí se originando conceitos como os de imputabilidade (capacidade de culpa) e de periculosidade (fundamento das medidas de segurança). A pena, para a Escola Positiva, teria a função de defender a sociedade contra os homens perigosos.

Procurando conciliar os extremos, surgiu a Escola Eclética ou Crítica cujos representantes mais ilustres foram Gabriel Tarde, na França; Colajanni, Alimena, Poletti e Vaccaro, na Itália; Prins, na Bélgica; Liszt, na Alemanha, e Clóvis Bevilácqua, no Brasil.

Essa Escola, alinhada com a concepção antropológica, negava a existência do livre-arbítrio, mas, em compensação, respaldava o entendimento da Escola Clássica de que o indivíduo, por deter liberdade volitiva, é suscetível de pena, esta com natureza de instrumento de "defesa social".[34] Na frase de Moniz de Aragão: "a applicação do castigo merecido serve de exemplo, amedronta e age como uma coacção psychologica, affastando da via negra e tortuosa da criminalidade os que já não tem em si proprio resistencia natural para as seducções do vício".[35]

Um dos expoentes da Escola Eclética ou Crítica na Alemanha – com o nome de Escola Moderna – foi Franz Von Liszt, o penalista que, em 1882, com o livro *A Ideia de Fim em Direito Penal,* mundialmente conhecido como *O Programa de Marburgo,* estruturou uma concepção essencialmente finalista para o direito penal e as penas estatais.

No prólogo da obra republicada pela Universidade Autônoma do México, o professor M. de Rivacoba escreveu *"sin negarle un fondo retributivo, la pena es (para Von Liszt) esencialmente finalista, teniendo por objeto la protección de bienes jurídicos, esto es, de intereses de la vida humana individual o social que el Derecho, al tutelarlos, eleva de intereses vitales a bienes jurídicos; protección de bienes jurídicos que se realiza mediante la afectación, sólo aparentemente paradójica, de bienes jurídicos, los del delincuente, produciendo efecto, de una parte, sobre el conjunto de los sujetos de Derecho como prevención general, y, por otra, sobre el propio delincuente como prevención especial, sea, según la índile de aquél y la categoria a que em consecuencia pertenezca, por su intimidación, su resocialización o su inocuización (neutralización)".[36]*

De fato, no capítulo em que discorre sobre a pena "como proteção jurídica consciente de sua finalidade", Von Liszt, em duas palavras, sintetiza o seu pensamento ao dizer que *"corrección, intimidación, neutralización son, pois, os inmediatos efectos*

---

[34] ARAGÃO, Antonio Moniz Sodré de. *As Três Escolas Penaes. Clássica, Anthropológica e Critica.* Bahia: Ribeiro Gouveia, 1907, p. 54 e 289.

[35] Idem, p. 239.

[36] LISZT, Franz Von. *LA Idea de Fin em El Derecho Penal.* México: Universidade Autônoma de México, 1994, p. 11-12.

das PENAS e seus CRITÉRIOS de APLICAÇÃO

de la pena, los móviles que subyacen em ella y mediante los cuales protege los bienes jurídicos".[37]

Dizendo com outras palavras, Liszt não só classificou os delinquentes, mas, ainda, classificou as funções das penas, as quais as legislações modernas acabaram incorporando, embora com diferentes ênfases ora para a reprovação, ora para a prevenção, ora para a ressocialização. E fez mais: antecipou em décadas a discussão sobre a importante categoria dos bens jurídicos objeto da proteção legal.

Essas Escolas e seus seguidores produziram enfoques singulares mais recentemente.

Assim, para Jakobs e sua teoria *funcionalista,* as penas, mais do que reprovarem, prevenirem ou ressocializarem visa a *reforçar a confiança de todas as pessoas* na ordem jurídica de direito positivo (norma) violada. Ante as manifestações novas e mais violentas de criminalidade e a maximização do ideal de defesa da ordem jurídica e, por extensão, da comunidade, esse penalista acabou formulando na Alemanha uma proposição altamente questionável denominada de *direito penal do inimigo.*[38]

Esse novo *"direito"*, que satisfaz a expectativa de alguns países europeus que vivem o problema do terrorismo (*v. g.* a Espanha) e que, portanto, tem um objeto *bem específico* e distinto do direito posto e aplicado na América Latina em geral e no Brasil em particular, peca na base, porque ignora o princípio reitor do estado democrático de direito (o da dignidade da pessoa humana) e funda-se na premissa errada de que o Estado tem o direito de separar as pessoas em grupos distintos, os amigos e os inimigos, como se fosse possível, ainda, determinar *a priori* os grupos correspondentes, sem o risco do arbítrio.

Em termos práticos, ao flexibilizarem-se direitos e permitir-se, por exemplo, a investigação das comunicações privadas para individualizar os *inimigos,* a intimidade de todos os habitantes será afetada, pois, como alerta Zaffaroni, "esta investigação incluirá as comunicações de milhares de pessoas que não são *inimigos.* Ao se limitarem as garantias processuais, mediante a falta de comunicações, restrições ao direito de defesa, prisões preventivas prolongadas, presunções, admissões de provas extraordinárias, testemunhas sem rosto, magistrados e acusadores anônimos, denúncias anônimas, imputações de coprocessados, de *arrependidos,* de espiões, etc., todos os cidadãos serão colocados sob o risco de serem indevidamente processados e condenados como supostos *inimigos*".[39]

Desse modo, concluiu o penalista, "... admitir um tratamento diferenciado para *inimigos* não identificáveis nem fisicamente reconhecíveis significa exercer um controle social mais autoritário sobre toda a população, como único modo de identificá-los e, ademais, impor a toda a população uma série de limitações à sua liberdade e também ao risco de uma identificação errônea e, consequentemente, condenações e penas a inocentes".[40]

Portanto, há que se ter cuidado com toda a proposta destinada a "flexibilizar direitos" e a "despersonalizar" as pessoas, pois o poder social punitivo sem limites poderá incidir de maneira ampla em toda a sociedade, e não apenas voltar-se aos ini-

---

[37] LISZT, op. cit., p. 112.

[38] JAKOBS, Günter; MELIÁ, Cancio. *Direito Penal do Inimigo. Noções e Críticas.* André Luis Callegari e Nereu José Giacomolli (orgs.). Porto Alegre: Livraria do Advogado, 2005, p. 67.

[39] ZAFFARONI, Eugênio Raúl. *O Inimigo no Direito Penal.* Rio de Janeiro: Revan, 2007, p. 117-118.

[40] Idem, ibidem.

migos declarados – "a experiência penal nos mostra que a rigidez institucional permeia as estruturas sociais de forma que corremos o risco de generalizar as definições de inimigo".[41]

Sem aptidão para alcançar o objetivo anunciado de erradicar a criminalidade violenta, a intensificação do direito penal funcional e simbólico, nessa linha proposta por Jakobs, acabará atuando como combustível da violência, embora seja imperioso reconhecer que o mundo atual é mais complexo, mais inseguro e mais perigoso e que os Estados precisam maximizar os controles, melhorar as condições de trabalho das agências públicas, investir em inteligência e no aparato policial para neutralizar a corrupção pública e as ações espetaculares das quadrilhas e do narcotráfico.

Por fim: a intensificação da violência e da criminalidade no mundo moderno, a massiva atuação do crime organizado (especialmente nas áreas do narcotráfico e do contrabando de armas), suas conexões internacionais, os altos índices de corrupção pública na maioria dos países do globo, quebraram a consistência, ao que nos parece, das elucubrações desenvolvidas em sentido radicalmente oposto pelos abolucionistas,[42] que preconizavam, evolucionariamente, décadas atrás, o fim do direito penal e a introdução de outros mecanismos de controle social, predominantemente administrativos.

Não obstante, é imperioso o registro, para que, ao menos didaticamente, não se perca de vista que os esforços na busca de instrumentos estatais, oficiais, públicos, capazes de ensejar respostas pelas faltas cometidas, também se desenvolveram fora do território reservado ao direito penal.

---

[41] ZACKESKI, Cristina; MAIA, Plínio. *Novos e Velhos Inimigos no Direito Penal da Globalização*. <http//criminologiacritica.com.br>.

[42] Os *abolicionistas* advogam tese de substituição pura e simples do direito penal por mecanismos alternativos de gerência do crime, da criminalidade e do criminoso, mais baratos e, supostamente, mais eficientes (HULSMAN, Louk; DE CELIS, Jacquelino Bernat. *Penas Perdidas. O Sistema Penal em Questão*. Rio de Janeiro: Luam). Inúmeros outros são os pensadores que têm uma perspectiva abolicionista, dentre eles THOMAS MATHIESEN, também holandês, NILS CRISTIE, da Escandinávia, e SEBASTIAN SCHEERER, da Alemanha (Ver textos publicados no v.4 das publicações do Instituto Brasileiro de Ciências Criminais, sob o título *Conversações Abolicionistas, Uma Crítica do Sistema Penal e da Sociedade Punitiva*, 1997).
A corrente abolicionista, curiosamente, não projeta suas conclusões aos direitos civil, mercantil, constitucional ou administrativo, embora a cominação de sanções nesses campos pelo descumprimento das obrigações contratuais ou legais, tanto que VON LISZT, em seu Programa de Marburgo, já ensinava que "el ilícito criminal no es, por su espécie, distinto del civil; sólo la idea de fin traza la línea divisoria" (LISZT, Franz Von. *La Idea de Fin en el Derecho Penal*. Mexico: Edeval, 1994, p. 94).
Essa corrente, embora em desvantagem no mundo todo, teve o mérito de chamar a atenção para a deslegitimação dos sistemas que, ainda, infelizmente, equiparam o direito à moral ou atuam com o fim precípuo de reprodução ideológica. Como anota MARIA LÚCIA KARAN: "A monopolizadora reação punitiva contra um ou outro responsável por condutas conflituosas ou socialmente negativas, a que se dá a qualificação legal de crime, gerando a satisfação e o alívio experimentados com a punição e a consequente identificação do 'inimigo', do 'mau', do 'perigoso', não só desvia as atenções como afasta a busca de outras soluções mais eficazes, dispensando as investigações das razões ensejadoras daquelas situações negativas, ao provocar a superficial sensação de que, com a punição, o problema já estará satisfatoriamente resolvido" (KARAN, Maria Lúcia. Utopia Transformadora e Abolição do Sistema Penal. In: *Conversações Abolicionistas, Publicação do IBCCrim*, 1997, v. 4, p. 73).

das PENAS e seus CRITÉRIOS de APLICAÇÃO

4

Teorias da pena: razões para a punição

El ilícito criminal no es, por su especie, distinto del civil; sólo la idea de fin traza la línea divisoria.
Von Liszt

Sumário: 4.1. Generalidades; 4.2. Teoria da retribuição (a pena como castigo); 4.3. Teoria da prevenção (a pena como intimidação e neutralização); 4.4. Teoria da ressocialização (a pena como regeneração); 4.5. Teorias ecléticas (a pena como castigo, intimidação e regeneração); 4.6. A posição adotada pelo direito brasileiro.

4.1. Generalidades

É rica a literatura sobre as teorias da pena, termo que sob o matiz técnico indica o conjunto dos princípios harmônicos e coerentes que explicam certos fenômenos. Podendo ser fruto de uma ideia abstrata ou se originar de experiências da vida, uma teoria para poder ser reconhecida como tal precisa satisfazer os critérios de necessidade lógica ou de validez universal e dependendo da área do conhecimento científico ainda passar por testes teórico-práticos que a comprovem (*v. g.* a da curvatura do espaço pela deflexão da luz, elaborada por Einsten e provada em 1919 por ocasião de um eclipse solar).

É claro que a lógica que preside as especulações científicas na órbita das ciências sociais (dever-ser) não é a mesma que rege as especulações científicas pelas ciências da natureza).

Então, falar-se em teorias da pena é destacar os fundamentos racionais que *explicam* e *justificam,* isto é, que *apontam* científica e empiricamente, os sentidos e finalidades da imposição pelo Estado de penas pelos fatos considerados ofensivos ao interesse público.

Antecipamos no capítulo anterior que os primeiros lineamentos teóricos da pena estatal impregnada de sentido e finalidade social apareceram no fim da Idade Média, período histórico que corresponde com o nascimento da modernidade e do Estado Moderno.

Desde o início do século 18, os penalistas vinham se agrupando em Escolas (correntes de pensamento) e formulando as primeiras justificativas das e para as penas estatais, que seriam, mais tarde, condensadas como teorias antagônicas e hoje bastante conhecidas: a teoria da retribuição e a teoria da prevenção.

Bem considerado esse antagonismo, nós as examinaremos, por razões didáticas, em separado, muito embora, como bem alerta Hassemer, exista hoje a tendência de se colocarem as teorias da pena, pois há variações teóricas, não mais umas "contra as outras, mas de vê-las em uma interdependência recíproca e, de certo modo, "concilia-das" "unidas" umas às outras... sem embargo da constatação de que entre os fins penais 'clássicos' e os 'modernos' há um abismo sobre o qual se pode construir uma ponte".[1]

4.2. Teoria da retribuição (a pena como castigo)

Para a teoria da retribuição, as penas estatais destinam-se, *exclusivamente,* a casti-gar o delinquente. Hafke, citado por Anabela M. Rodrigues, diz que essa teoria constitui a própria teoria preventiva geral mascarada[2] porque, ao fim e ao cabo, ela propõe subli-minarmente que com o castigo o Estado visa a evitar cometimento de novos crimes.

Essa ideia central de pena retributiva, isto é, destinada a compensar o crime com a pena e da qual derivaram as teorias da vingança, da expiação, da justificação moral e da retribuição para o restabelecimento do direito,[3] não aparecia explícita na Antiguidade Clássica, sendo suficiente lembrar que Aristóteles, na *Ética a Nicómacos,* dizia que o criminoso, sendo um inimigo da sociedade, deveria ser castigado "tal qual se bate num animal bruto preso ao jugo", identificando a miséria como causa de crime e fator de re-volta, diferentemente de Platão, que a atribuía à ignorância e alguma doença provocada pelas paixões (inveja, ciúme, ambição, cólera ou prazer), como anotam Figueiredo Dias e Costa Andrade.[4]

A literatura especializada[5] está em acordo ao dizer que sob o ponto de vista his-tórico foram Immanuel Kant e Hegel que deram a conformação teórica à matéria e identificaram explicitamente o castigo como retribuição por causa do fato, isto é, por ter o indivíduo delinquido (*qui peccatum est).*

Como anotou Gustavo Octaviano Diniz Junqueira, "o grande ponto de contato percebido é a *referência preponderante* ao passado, sem um fim dirigido ao futuro como móvel principal, ou seja, sem a busca de alterar a realidade do *porvir.* Enfim, pune-se, porque foi praticado um crime, pela *necessidade de que a culpabilidade do autor seja compensada mediante a imposição de um mal penal* e não para evitar nova prática".[6]

A metáfora utilizada por Kant é mais do que ilustrativa: se a população inteira de uma ilha, por algum motivo, precisasse sair e dispersar-se pelo mundo, o último assassino recolhido ao cárcere deveria ser mesmo assim executado para pagar pelo crime cometido...[7]

---

[1] HASSEMER, Winfried. *Introdução aos Fundamentos do Direito penal.* Trad. Pablo Rodrigo Alflen da Silva, da 2. ed. alemã. Porto Alegre: Sergio Fabris, 2005, p. 370.

[2] RODRIGUES. Anabela Miranda. *A Determinação da Medida da Pena Privativa de Liberdade.* Coimbra: Editora Coimbra, 1995, p. 188.

[3] JUNQUEIRA, Gustavo Octaviano Diniz. *Finalidades da Pena.* São Paulo: Manole, 2004, p. 30, 36, 40 e 46.

[4] DIAS, Jorge de Figueiredo; ANDRADE, Manuel da Costa, *Criminologia – O Homem Delinquente e a Sociedade Criminógena.* Coimbra: Coimbra Editores, 1997, p. 7.

[5] LESCH. Heiko H. *La Función de la Pena.* Universidad Externado de Colombia. Centro de Investigaciones de Derecho Penal y Filosofía del Derecho. 2000, p. 24.

[6] JUNQUEIRA, Gustavo Octaviano Diniz. *Finalidades da Pena.* São Paulo: Manole, 2004, p. 29.

[7] ROXIN, Claus. *Problemas fundamentais do Direito Penal.* Lisboa: Veja, 1998, p. 16.

A equiparação em força entre o mal e a pena foi reconhecida por Kant baseado na ideia ou princípio da compensação no mesmo gênero. É o que se lê no texto a seguir: *"Qué tipo y qué medida de la pena convierte la justicia pública en principio y medida indicativa ? No outro que el princípio de la igualdad (siendo fiel a la balanza de la justicia), de no tender más a um lado que al outro. Por tanto: el mal que sin culpa le inflijas a outro del pueblo, eses mismo mal te lo causas a ti mismo. Se le insultas, te insultas a ti mismo; se le hurtas, te hurtas a ti mismo; si le matas, te matas a ti mismo. Tan sólo el derecho de resarcimiento – ius talionis – (...) puede determinar conexactitude la calidade y cantidad de la pena"*.[8]

Hegel percorreu o mesmo caminho e chegou à mesma conclusão, embora utilizando premissas diferentes: É que, para Hegel, a pena acaba sendo a negação da negação do direito. A sua imposição seria a condição para o restabelecimento da ordem jurídica violada, afirmação que, em verdade, já continha a ideia de que a pena, além de retribuir, também visava a prevenir, como sustentariam os relativistas.

Em suma: para a teoria da retribuição, a pena tem por fim castigar o criminoso, sem que se possa concluir que o castigo em si é o início e o fim último da pena. O próprio Kant, aliás, rejeitou esse extremo, ao vincular a imposição da pena à necessidade de realização da Justiça. É como esclarece Heiko Lesch: *"Sin embargo, sería precipitado afirmar que la pena en Kant es una mero fin en sí, carente de toda función fuera de lan asignada a ella misma. En efecto, si bien la pena sólo puede ser impuesta 'porque se ha delinquido', qui peccatum est, no es menos cierto que mediante la pena tiene que ser alcanzada la justicia"*.[9]

Em comunicação apresentada durante o Colóquio realizado em abril de 1973, em Santiago do Chile, pelo Instituto de Ciências Criminais, Roxin reafirmou esse ponto, asseverando ser irracional e incompatível com a democracia a compensação do injusto pela pena retributiva, pois só uma "suposição metafísica" pode sustentar a afirmação de que "um mal (o fato punível), possa ser anulado pelo fato de que agregue um segundo mal (a pena)".[10] Nada obstante, a teoria em exame foi dominante na Alemanha até a década de 60, quando foi abandonada.[11]

Figueiredo Dias, na mesma linha, asseverou que o Estado democrático, pluralista, dos nossos dias, não pode arvorar-se em "entidade sancionadora do pecado e do vício, tal como uma qualquer instância os define, mas tem de se limitar a proteger bens jurídicos; e para tanto não se pode servir de uma pena conscientemente dissociada de fins, tal como é apresentada pela teoria absoluta (do latim, ab-soluta, terminologicamente: des-ligada)".[12]

A teoria da retribuição padece de um defeito: impede ofendido de manchar suas mãos com o sangue do ofensor mas credencia o Estado a fazê-lo, legitimando a vingança oficial.

---

[8] LESCH, op. cit., p. 34.

[9] Idem, p. 21.

[10] ROXIN, Claus. A culpabilidade como Critério Administrativo de Pena. *Revista de Direito Penal*, São Paulo, RT, v.11/12, p. 9. FIGUEIREDO DIAS contorna essa dificuldade salientando que a discussão acerca do bom fundamento das teorias absolutas da retribuição, centradas na "compensação" ou "igualação", hoje pode dizer-se terminada, pois a "compensação" de que a retribuição se nutre só pode ser em função da culpabilidade do agente (*Questões Fundamentais de Direito Penal Revisitadas*, São Paulo: RT, 1999, p. 93).

[11] ROXIN, Claus. *Política Criminal y Estructura del Delito*. Barcelona, Ppu, 1992, p. 27 e 28. O autor transcreve, em abono à afirmação, o pensamento de KAISER, JESCHEK, WEINGAND e SCHREIBER.

[12] DIAS, Jorge de Figueiredo. *Questões Fundamentais de Direito Penal Revisitadas*. São Paulo: RT, 1999, p. 94.

Essa teoria atende muito bem aos interesses dos regimes totalitários, porque culmina por conferir um cheque em branco ao legislador para criminalizar e sancionar as condutas que bem entender e do modo como quiser, arredando o interesse na discussão sobre o conteúdo ético que relaciona os fundamentos e os limites do direito de punir.

Sob a égide de um retribucionismo sem limites, a "pena de morte", muito reclamada em países periféricos, ante os elevados índices de criminalidade violenta, ganharia novo impulso, embora o equívoco de se supor que, com ela, conseguiríamos erradicar a criminalidade e a violência que infernizam a vida dos cidadãos. A criminalidade e a violência são questões do interesse do direito penal, sim, mas não só nem predominantemente dele, mas de políticas públicas e organização das instituições de Estado para a eliminação das causas. Mais do que nunca, ganha expressão a ideia de que a legitimidade da pena pressupõe sua sujeição a controles de intensa racionalidade e de máxima eficiência em várias áreas, na consecução de seus fins.

Disse bem Anabela Rodrigues que "a história do direito penal representa, nas suas grandes linhas, um contínuo recuar da ideia retributiva – como escrevia Nowakowski, com uma extraordinária lucidez de pensamento em tempos insuspeitos de 'cega' abertura à ideia preventiva (...). Roxin e Schultz encarregaram-se de o exprimir com exemplar clareza: função do direito penal é a tutela do ordenamento jurídico, sendo por isso a pena justificada apenas enquanto necessária para garantir tal 'finalidade'".[13]

As novas gerações de penalistas perceberiam, nessa ordem de ideias, que a criminalidade não era fenômeno ético, filosófico ou racial e, sim, um dado da realidade viva, que a concepção retribucionista da pena não conseguira explicar eficientemente. Por isso, alguns professores, dentre eles Roxin, elaboraram um Projeto Alternativo ao Projeto Oficial de Código Penal, apresentado pelo Governo em 1962, lastreado na finalidade integradora, reintegradora, ou, ainda, ressocializadora da pena.

Esse Projeto Alternativo constituiu um retorno a Von Liszt, porque orientado a substituir a pena retributiva pela pena orientada para os fins de reintegração, "como também a subordinar, entre os restantes fins das penas, a prevenção geral à prevenção especial. Por isso, entre os pontos de vista decisivos para a medida da pena, o § 59, III, do PA menciona a 'reintegração do agente' expressamente antes da 'proteção dos bens jurídicos'".[14]

Insta registrar, contudo, que o retribucionismo não está inteiramente abandonado e pode ser visto em diferentes variações justificativas, sendo um bom exemplo a apresentada por Ferrajoli[15]: Para esse professor italiano, o objetivo da punição estatal é evitar que os indivíduos façam a justiça com as próprias mãos, como ocorria no passado mais remoto.

Sob essa perspectiva, bem distinta das expostas por Kant e do Hegel, a pena visaria a retribuir (embora não ao estilo do mal do crime o mal da pena) como forma de *proteger o condenado do risco da vingança do mais forte* (prevenção especial) e também a *prevenir a prática de novos crimes* (prevenção geral integradora).

---

[13] RODRIGUES. Anabela Miranda. *A Determinação da Medida da Pena Privativa de Liberdade*. Coimbra: Editora Coimbra, 1995, p. 182 e 183.

[14] ROXIN, Claus. *Problemas Fundamentais de Direito Penal*. Lisboa: Veja, 1986, p. 55-56.

[15] "A1 Nulla poena sine crimine; A2 Nullum crimen sine lege; A3 Nulla lex (poenalis) sine necessitate; A4 Nulla necessitas sine injuria; A5 Nulla iniuria sine actione; A6 Nulla actio sine culpa; A7 Nulla culpa sine iudicio; A8 Nullum iudicium sine accusatione; A9 Nulla accusatio sine probatione e A10 Nulla probatio sine defensione" (FERRAJOLI, Luigi. *Derecho y Razón – Teoría del Garantismo Penal*. Valladolid: Editorial Trotta, 1997, p. 93).

Ferrajoli partiu da ideia de que o direito penal, que evoluiu do pensamento liberal de Beccaria, Hobbes, Locke, Montesquieu e Voltaire, dentre outros, expressa princípios *utilitaristas*, mas seu fim não pode ser reduzido à mera defesa da sociedade contra a ameaça representada pelos delitos, como propuseram os clássicos, os positivistas e os adeptos das mais recentes correntes enquadradas no defensivismo social.

O Estado precisa utilitariamente aplicar a pena para que o ofendido e as outras pessoas da comunidade (eis aqui a finalidade!) não tenham que fazê-lo e, satisfeitos, sintam-se confiantes na ação de direito e das instituições de controle social que têm por função fazê-lo incidir nas situações concretas.

O utilitarismo constitui elemento essencial da tradição liberal que se desenvolveu com base no pensamento jusnaturalista e contratualista do século XVII, quando foram postas as bases do estado de direito e, junto com ele, as bases do direito penal moderno. Seu enunciado básico é o de que o fim da lei não visa a algo senão à felicidade dos cidadãos. Nesse sentido, o Leviatã de Hobbes, como um homem artificial, teria por função proteger e defender o homem individual, que, por meio do contrato, o concebeu. A criatura defendendo e protegendo o criador.

É essa a ideia que traduz a afirmação do garantismo de que o direito penal e as sanções nele previstas atuam como mecanismo de tutela individual, ou seja, do indivíduo – que é a parte mais fraca – contra a reação descontrolada dos outros firmatários do Contrato Social. A pena, então, expressa-se como limite ao poder estatal em termos de castigo e, simultaneamente, de proteção ao condenado, constituindo, nessa medida, o menos grave de todos os males sociais.

A ideia utilitária de pena (pena útil), consoante esclarece Ferrajoli, pode ser considerada, então, sob dúplice perspectiva: a primeira pode servir para fundamentar, perfeitamente, um direito penal máximo (por exemplo, o que decorre da polícia "lei e ordem" ou, noutras palavras, da "tolerância zero", ainda que às custas de repetidas violações das liberdades fundamentais. Significa dizer, então, que a finalidade das penas é de castigar para proteger a sociedade); a segunda, para recomendar o uso do direito penal como *ultima ratio* e dentro do estritamente necessário para evitar que o ofendido ou a comunidade volte a recorrer às armas para fazer a justiça pelas próprias mãos.

Essa última proposta é a do garantismo penal, para cuja corrente a pena tem natureza *retributiva,* sem esgotar-se no castigo pelo castigo. Ela não se resume ao conteúdo da frase do mal da pena em oposição ao mal do crime, já que atua defendendo o autor do fato da reação da vítima e dos demais membros da coletividade, pois, se o Estado negligenciasse no seu dever de agir, se reabriria a porta à barbárie explícita.

Nas palavras de Ferrajoli, o direito penal é "*a proteção do débil contra o mais forte*; do débil ofendido ou ameaçado pelo delito, assim como do débil ofendido ou ameaçado pela vingança; contra o mais forte, que, no delito, é o delinquente e, na vingança, é a parte ofendida ou os sujeitos públicos ou privados solidários com ele. Mais exatamente – ao monopolizar a força, delimitar seus pressupostos e modalidades e excluir seu exercício arbitrário por parte de sujeitos não autorizados – a proibição e a ameaça penal protegem as possíveis partes ofendidas contra os delitos, enquanto o juízo e a imposição da pena protegem, por paradoxal que possa parecer, os réus (e aos inocentes que como tal se suspeita), contra as vinganças e outras reações mais

das PENAS e seus CRITÉRIOS de APLICAÇÃO

91

severas".[16] Por conseguinte, retribuição e prevenção geral são funções que se interpenetram e se completam no interesse do acusado e da coletividade.

O direito penal para o garantismo se transforma na lei do mais fraco, protegendo-o das violências arbitrárias dos mais fortes. Visão idêntica, quanto às finalidades da pena, nós a encontramos em texto de 1946, escrito pelo psiquiatra inglês Donald W. Winnicot, tratando dos aspectos psicológicos da delinquência juvenil. Lembrou este pensador que o crime produz sentimentos de vindita, e que uma das funções da lei "é proteger o criminoso contra essa mesma vingança inconsciente e, portanto, cega. A sociedade sente-se frustrada mas, passado um tempo e esfriadas as paixões, consente que os tribunais se encarreguem do infrator; quando se faz justiça, há alguma satisfação", só existindo um perigo real se aqueles que desejam que os infratores sejam tratados como pessoas doentes forem contrariados, deixando-se de "*levar em conta o potencial inconsciente de vingança*".[17]

As penas se conectam, então, sobre esta base: legitimam a necessidade política do direito como instrumento de tutela dos direitos fundamentais. O direito penal constituiria, então, a Carta Magna do criminoso (a expressão foi usada por Rivacoba na edição do Programa de Marburgo, de Von Liszt), por atuar como instrumento de contenção do poder público, limitando o *jus puniendi* e o desejo de vingança do ofendido e dos demais membros da comunidade.[18]

Coerentemente, Ferrajoli entende que, a serem mantidas, as penas carcerárias deveriam ser limitadas a dez anos.[19] Uma redução deste gênero realçaria a função individualizadora e propiciaria uma sensível atenuação quantitativa e qualitativa das penas privativas de liberdade. Em relação às penas pecuniárias, Ferrajoli, coerente com sua concepção retributiva, é contrário a elas, porque, no seu dizer, são impessoais e qual-

---

[16] FERRAJOLI, Luigi. *Derecho y Razón, Teoria del Garantismo Penal*. 2. ed. Madrid: Trotta, 1997, p. 335 (os grifos não constam do original).

[17] WINNICOTT, Donald; WINNICOTT, Clare; SHEPARD, Ray; DAVID, Madeleine (org.). *Privação e Delinquência*. Trad. de Álvaro Cabral. São Paulo: Martins Fontes, 1987, p. 120.
Por intermédio da psiquiatria, Winnicott, bem antes, se antecipara à conclusão de Ferrajoli e às Recomendações do XI Congresso Internacional de Direito Penal, realizado em Budapeste, em 1974, ao conferir um especial caráter retributivo às penas, de modo a poder o direito satisfazer a três exigências essenciais: a primeira, de "procurar atingir seus objetivos com um mínimo de repressão e um máximo de eficiência e ação reeducativa"; a segunda, de que a pena "deve ser humana e assegurar o respeito à dignidade da pessoa humana e aos direitos fundamentais do indivíduo", e a terceira, de que a pena "deve consagrar a regra da legalidade com todas as suas consequências no plano processual e judiciário" (Resoluções do XI Congresso Internacional de Direito Penal. Budapeste. In: *Revista de Direito Penal*, v.15/16, p. 81).

[18] FERRAJOLI, Luigi. *Derecho y Razón, Teoria del Garantismo Penal*. 2. ed. Madrid: Trotta, 1997, p. 334 e 335. Nas suas palavras: "(...) la prevención general de los delitos y la prevención general de las penas arbitrarias o desproporcionadas. La primera función marca el límite mínimo y la segunda el límite máximo de las penas. Una refleja el interés de la mayoría no desviada; la otra, el interés del reo y de todo aquel del que se sospecha y es acusado como tal (...) El fin general del derecho penal, tal y como resulta de la doble finalidad preventiva que se acaba de mostrar, puede identificarse en una palabra con el impedir que los individuos se tomen la justicia por su mano o, más en general, con la minimización de la violencia en la sociedad. Razón de la fuerza es un delito. Razón de la fuerza es la venganza. En ambos casos se da un conflicto violento resuelto mediante la fuerza: mediante la fuerza del reo en el primer caso, mediante la parte ofendida en el segundo. Y la fuerza es en ambos casos arbitraria e incontrolada: no sólo, como es obvio, en la ofensa, sino también en la venganza, que es por su propia naturaleza incierta, desproporcionada, desenfrenada, dirigida a veces contra el inocente. La ley penal se dirige a minimizar esta doble violencia, previniendo mediante su parte prohibitiva la razón de la fuerza manifestada en los delitos y mediante su parte punitiva la razón de la fuerza manifestada en las venganzas u otras posibles reacciones informales".

[19] Em nosso meio, a Lei 6.538, de 22 de junho de 1978, que dispõe sobre os serviços postais, atende formalmente a essa proposição. Na definição típica, o legislador não indicou mínimos, apontando só os *limites superiores* das penas privativas de liberdade, salvo no artigo 41, rompendo com a técnica, em que a quebra de segredo profissional enseja entre três meses a um ano de detenção. Em relação às multas, são elas aplicadas dentro das *margens* estabelecidas (mínima e máxima), quando o melhor seria, quem sabe, sua individualização nos moldes das privativas de liberdade.

quer um – que não o réu – pode pagá-las. Assim, não cumprem a finalidade de castigar e acabam sendo duplamente injustas: primeiro, porque seus destinatários nem sempre as recolhem e, depois, porque o terceiro, parente ou amigo que efetua o recolhimento, é que acaba sofrendo, sem motivo juridicamente justificável, seus efeitos deletérios.

4.3. Teoria da prevenção (a pena como intimidação e neutralização)

Para essa teoria, pune-se para intimidar e para neutralizar a prática de novos delitos ou, no conhecido brocardo, repetido em quase todos os livros de direito penal: *punitur et ne peccetur,* isto é, pune-se para que o indivíduo não mais peque.[20]

Com a pena, pois, o Estado responde pelo fato cometido no passado, embora com os olhos voltados *para o futuro.* "Assim, quando se fala em prevenção, mormente em uma perspectiva moderna do tema, busca-se impedir novos crimes e outras formas de violência, como as não criminalizadas ou as reações informais aos crimes praticados, e com isso buscamos coerência com a ideia de que a intervenção penal só é legítima quando necessária. Outro pensamento seria paradoxal, pois feriria os já traçados fins do Direito Penal".[21]

O programa das teorias relativas da pena se encontrava completo em *Protágoras,* que, no diálogo do mesmo nome, de Platão, registrava: *"Nadie impone una pena y se dirige contra quienes han cometido un delito porque hayan un delito, a no ser quien se quiera vengar de forma poco razonable como un animal. Quien, en cambio, pretenda penar a outro de una forma razonable, no le impondrá la pena por el injusto cometido, puesto que él no puede deshacer lo ya hecho, sino en razón del futuro, par que no vuelva a cometer ni el mismo injusto ni outro parecido".*[22]

A prevenção é qualificada como *especial* (porque tem por endereço o infrator) e como *geral* (porque também tem por endereço os não criminosos).[23]

A prevenção é *especial* porque, com a pena, o autor do fato criminoso é estimulado a *não reincidir,* isto é, a arrepender-se pelo que fez e, no futuro, agir em conformidade com o dever jurídico de respeito aos bens jurídicos protegidos pelas normas penais.

---

[20] RODRIGUES. Anabela Miranda. *A Determinação da Medida da Pena Privativa de Liberdade.* Coimbra: Editora Coimbra, 1995, p. 258.

[21] JUNQUEIRA, Gustavo Octaviano Diniz. *Finalidades da Pena.* São Paulo: Manole, 2004, p. 58.

[22] LESCH. Heiko H. *La Función de la Pena.* Universidad Externado de Colombia. Centro de Investigaciones de Derecho Penal y Filosofía del Derecho. 2000, p. 38. Platão afirmava a necessidade de substituir a função retributiva da pena por uma consideração puramente preventiva. "Ninguém" – afirmava ele – "deve punir o ilícito porque ele se praticou, ninguém deve aplicar uma pena dirigida contra o mal passado, pois o que sucedeu não mais se pode desfazer, mas considerando o futuro, ou seja, para que nem aquele que sofreu a pena volte a praticar um crime nem qualquer outro que veja a punição o faça" (Protágoras), citado por EDUARDO CORREIA, Eduardo. *Direito Criminal.* Coimbra: Livraria Almedina, 1993 op. cit., p. 42. SÊNICA, consoante o mesmo autor, traduziu a mesma ideia: *"Nam, ut Plato ait, nemo prudens puni quia peccatum est, sed ne peccetur"* (De Ira).

[23] "Las doctrinas relativas o utilitaristas se dividen por su parte en doctrinas de la *prevencion especial*, que refieren el fin preventivo a la persona del delincuente, y doctrinas de la *prevencion general*, que lo refieren por el contrario a la generalidad de los acusados. Finalmente la tipologia de las doctrinas utilitaristas se há enriquecido recientemente con una nueva distinción: la que media entre doctrinas de la *prevención positiva* – especial o general – que realice positivamente a traves de la corrección del delincuente o de la integración disciplinar de todos los asociados, o bien negativamente, mediante la neutralización del primero o la intimidación de los segundos" (FERRAJOLI, Luigi. *Derecho y Razón.* Vallidolid: Editorial Trotta, 1997, p. 253).

A prevenção é *geral* porque, com a pena, o Estado alerta *a todos* sobre o dever de agir em conformidade com as regras legais.

É *positiva* (ou integradora) a prevenção, porque *se corrige* o criminoso e *reforça--se* nos demais a *autoridade* do Estado e a necessidade de respeito às leis. Com a pena, nessa função preventiva e integradora, *reforça-se, portanto, a consciência coletiva* para um melhor futuro.

É, outrossim, *negativa* a prevenção, porque ao mesmo tempo em que se *castiga* o infrator, *dissuadem-se* os cidadãos "honestos" a não praticarem crimes de qualquer espécie com a *ameaça da pena*. A punição serve, então, para alertar os cidadãos de que também devem evitar o caminho do crime. Desse modo, ainda na base da teoria, castiga-se para que a sociedade, como um todo, puna o ofensor, permaneça em estado de alerta e reforce seu sentimento de confiança no direito.

Como disse De Luzón Peña, citado por Anabela Rodrigues, "(...) do mesmo modo que se procede mediante a criação de medos reais ao castigo ou privação de satisfações na educação paterna etc., perante a criança ou o indivíduo, também a sociedade ou o Estado tem que recorrer à ameaça da pena, como meio elementar e certamente tosco, para reforçar os mecanismos inibitórios dos indivíduos perante o cometimento das condutas socialmente mais intoleráveis (...)".[24]

No mesmo sentido é a lição de Bustos Ramirez, "(...) o impulso sensual será eliminado enquanto cada um saiba que inevitavelmente a seu ato seguirá um mal, que é maior que o desagrado que surge do impulso não satisfeito, em direção ao fato".[25]

A prevenção geral negativa está relacionada ao nome de Johann Paul Alselm Von Feurbach com base nos elementos da teoria de Estado de Hobbes, segundo os quais, os homens vivem em estado de guerra (*status belli omnium contra omnes*) e podem ser *dissuadidos* do crime em razão da *ameaça* da pena.[26]

Papéis de relevo na formatação da teoria da prevenção foram exercidos por Feurbach[27] e Franz Von Liszt,[28] este último acentuando o enfoque ressocializar, como examinaremos no item seguinte.[29]

Os penalistas contemporâneos, dentre eles Roxin, Hassemer, Jakobs, Mario Romano e Pagliaro, também reconhecem que "a pena exerce função de prevenção geral não só quando opera negativamente, através de ameaças coercitivas, mas tam-

---

[24] RODRIGUES, op. cit., p. 319.

[25] RAMÍREZ, Juan Bustos. A Pena e suas Teorias. In: *Fascículos de Ciências Penais*. Edição especial, Penas e Prisões, ano 5, v. 5, n.3, Porto Alegre: Fabris, 1992, p. 95.

[26] LESCH, op. cit., p. 41.

[27] CORREIA, Eduardo. *Direito Criminal*. Coimbra: Livraria Almedina, 1993. Op. cit., p. 47. Acerca do pensamento de FEURBACH, escreve esse autor: "A psicologia ensina – ponderava aquele criminalista – que o homem age em vista de resultados que lhe dão prazer, nisto se traduzindo o *poder apetitivo* dos homens. E assim, quando alguém pratica um facto ilícito, é porque com ele visa à satisfação de uma certa necessidade. Deste modo, e porque o que ao legislador interessa, em última análise, é que se não cometam crimes, a pena tem de actuar psicologicamente sobre a generalidade dos cidadãos. Tal actuação alcança-se por duas vias: através da ameaça de uma punição que contenha um sofrimento maior que o prazer, que, para a generalidade das pessoas, possa estar ligado à pratica do facto proibido; e através da execução efectiva da ameaça quando crime vem a ter lugar, para intimidação da generalidade pelo sofrimento imposto ao delinquente, que se não deixou intimidar pela ameaça" (p. 47-48).

[28] LISZT, Franz Von, filho de jurista, nasceu em Viena, em 2 de março de 1851. Integrante de uma família de aristocratas austríacos. Foi com o pai, Procurador da Corte Imperial de Cassação, que desenvolveu o amor pelo direito (*La Idea de Fin en El Derecho Penal* [ou Programa de Marburgo], México: EDEVAL, 1994, p. 20 e 115).

[29] LESCH. Heiko H. *La Función de la Pena*. Universidad Externado de Colombia. Centro de Investigaciones de Derecho Penal y Filosofía del Derecho. 2000, p. 53.

bém quando, pelo simples fato de ser infligida, após a primeira fase da cominação, reforça ou consolida o sentimento coletivo de confiança na autoridade do Estado e na eficiência da ordem jurídica (...) Foi, enfim, 'descoberto' que a pena, além dos efeitos negativo-defensivos da aflição e da ameaça, tem também outros efeitos do tipo positivo-construtivo (...) Em outras palavras, a pena reforça nos cidadãos uma atitude durável de fidelidade à lei",[30] o que, em verdade, não é algo diverso de ver do modo como a corrente retributivista via o fenômeno.

A teoria da prevenção padece de muitas críticas, não se dizendo, por exemplo, se, com a pena, o propósito é evitar que o criminoso reincida pelo mesmo crime ou que venha a cometer outro crime qualquer.

Por outro lado, afirma-se que a força intimidativa da pena não passa de dogma, haja vista que criminosos habituais continuam cometendo seus ilícitos, muitas vezes como "modo de vida".

Alega-se ainda que as pessoas, em geral, não costumam ler o Código Penal antes de praticar o crime, para avaliar os riscos, as vantagens ou as desvantagens, sendo certo, ao contrário disso, que confiam em não serem apanhadas pelo sistema de Justiça.

Com efeito, se a pena fosse, em si mesma, eficiente fator de intimidação, os índices de violência e de criminalidade, em países que adotam a execução capital, deveriam ser mínimos, ao contrário do que se verifica na atualidade. O exemplo norte--americano, nesse ponto, é bem apropriado.

A experiência demonstra que a eficácia da sanção está condicionada mais à maior ou à menor qualidade da fiscalização do poder público em sua atuação contra o crime e menos à espécie ou severidade da pena.

Os "pardais" e os "caetanos" (aparelhos eletrônicos de fiscalização de velocidade assim apelidados pelo povo) fazem com que motoristas afoitos "tirem o pé" e respeitem mais as leis do trânsito de veículos nas vias públicas, com redução do número de acidentes em Porto Alegre, mas isso acontece menos por causa da severidade punitiva do novo Código de Trânsito e mais por causa da fiscalização.

Não fosse a vigilância permanente e impessoal dos "pardais" e dos "caetanos", o novo CTB e suas penas severas, por si, não mudariam o estilo de vida dos faltosos. Tanto é verdade, que a velocidade nas estradas que levam às praias gaúchas, no verão, só é menor por causa da presença dos patrulheiros federais e dos "pardais". No inverno, quando a fiscalização é praticamente nula, os acidentes com morte, por excesso de velocidade, são bem frequentes nas rodovias mais movimentadas.

As críticas alcançam, também, a função de prevenção geral, pela falta de limites ao poder punitivo de Estado e que, em tese, está autorizado a elevar abstratamente as quantidades das penas até o ponto que considerar unilateralmente necessário ou suficiente para que a comunidade de não criminosos pudesse considerar-se bem *alertada*.

Ademais, a prática do fato, a condenação e a execução, finalmente, nem sempre chegam ao conhecimento de todas as pessoas, comprometendo, assim, a base da afirmação da teoria de que, com a imposição da pena, os membros do corpo social arrefeceriam seus ímpetos para a delinquência.

De qualquer sorte, não é pacífico o entendimento de que o Estado pode punir o acusado para que, com a condenação e a punição, possa estabelecer essa comunicação

---

[30] MORSELLI, Élio. A Função da Pena à Luz da Moderna Criminologia. In: *Revista Brasileira de Ciências Criminais, IBCCrim*, v. 19, p. 39 e segs.

política com os cidadãos. Falando por todos, Roxim lembrou ser "difícil compreender que possa ser justo que se imponha um mal a alguém para que outros omitam cometer um mal".[31] Ao punir para alertar os outros, o Estado estaria ultrapassando limites e violando o dever de respeito à dignidade humana.[32]

Como efetivamente admitir que, no plano ético, qualquer autoridade pública transforme o indivíduo, embora criminoso, em instrumento de políticas oficiais de educação do povo? Figueiredo Dias, entretanto, rejeita a objeção sob o argumento de que um tal criticismo equivaleria à conclusão de ilegitimidade total de todos os instrumentos destinados a atuar no campo social e que pudessem pôr em causa: direitos, liberdades e garantias da pessoa.[33] A verdade é, conclui, que "para o funcionamento da sociedade, cada pessoa tem de prescindir – embora só na medida indispensável – de direitos que lhe assistem e lhe terão sido conferidos em nome da sua eminente dignidade".[34]

Hassemer, engrossando o caudal, sustenta que os resultados que se esperam das penas são altamente duvidosos, porque sua verificação real se escora necessariamente em categorias empíricas bastante imprecisas, como "o inequívoco conhecimento por parte de todos os cidadãos das penas cominadas e das condenações" e a "motivação dos cidadãos obedientes à lei a assim se comportarem precisamente em decorrência da cominação e aplicação das penas".[35]

4.4. Teoria da ressocialização (a pena como regeneração)

A pena com fim ressocializador foi enunciada por Franz von Liszt na famosa Conferência de Marburgo (1822), já mencionada, quando disse que o direito penal tem por finalidade não só retribuir com a pena o fato passado ou prevenir novos delitos, mas também corrigir o corrigível e neutralizar ou tornar inofensivos os que não são corrigíveis nem intimidáveis.

Para von Liszt e sua Escola Sociológica do Direito, a pena, sendo preventiva e ressocializadora, é dirigida contra o delinquente, livre e moralmente responsável, e não contra o delito: "Correção, intimidação, neutralização: estes são, pois, os imediatos efeitos da pena, os móveis que estão em sua base e mediante os quais protege os bens jurídicos (...) Correção dos delinquentes que necessitem correção e suscetíveis dela; intimidação dos delinquentes que não necessitem de correção; neutralização dos delinquentes não suscetíveis de correção",[36] em cujos grupos situou, respectivamente, os irrecuperáveis, os que precisam de correção e os criminosos incorrigíveis.

---

[31] MORSELLI, Élio. A Função da Pena à Luz da Moderna Criminologia. In: *Revista Brasileira de Ciências Criminais, IBCCrim*, v. 19, p. 24.

[32] A crítica é de MIR PUIG, em seu livro *Función de La Pena y Teoria del Delito en el Estado Social y Democrático de Derecho*. Barcelona, 1982, citado por ANABELA RODRIGUES, op. cit., p. 708.

[33] DIAS, Jorge de Figueiredo. *Questões Fundamentais de Direito Penal Revisitadas*. São Paulo: RT, 1999, p. 98.

[34] Idem, ibidem.

[35] HASSSEMER, Winfried. História das Ideias Penais da Alemanha do Pós-Guerra. In: *Três Temas de Direito Penal*, Estudos do MP, AMPRGS, v. 7, 1993, p. 39.

[36] LISZT, Franz von. *La Idea de Fin en El Derecho Penal*. México: Edeval, 1994, p. 112-124 – tradução livre feita pelo autor.

A insistir na proposição de que as penas se legitimam com base nas finalidades citadas e ainda na proteção de bens jurídicos,[37] ao classificar os criminosos e ao conferir ao direito penal um caráter flexível e multifuncional, destinado a punir, intimidar, neutralizar e ressocializar, o genial pensador, retomando a ideia de Beccaria, também concluiu que elas, para serem justas, não devem ultrapassar o limite do necessário para a consecução das finalidades,[38] desde a sua cominação, pelo legislador, passando pela individualização na sentença e finalizando na fase da execução.

A concepção de pena ressocializadora foi acolhida por muitas legislações estrangeiras (p. ex.: no artigo 1º da Lei Geral Penitenciária da Espanha; no artigo 1º da Lei Geral Penitenciária italiana, de 1975; no artigo 2º da Lei Penitenciária alemã, de 1976).

Em nosso direito, ela veio com a Reforma de 1984,[39] consoante se pode extrair do artigo 59 do CP e do artigo 1º da Lei de Execuções Penais (7.210/84), o primeiro aludindo às funções de *reprovação e de prevenção* da pena *necessária* e *suficiente,* e o último, à criação de condições para a *integração social harmônica do condenado e do internado.*[40]

Essa concepção também não tem escapado de contundentes críticas, a começar pelo fato de que cada projeto estatal ressocializador costuma atribuir ao termo *ressocialização* um conteúdo mais ou menos adequado aos fins da própria ideologia professada.[41]

Embora a universal aceitação de que as penas só se justificam por estarem orientadas por finalidades construtivas, integradoras, de recuperação do homem delinquente para retorno ao convívio social, convém lembrar ainda que a concepção ressocializadora tende a ver o condenado como o *errado,* e o Estado como o *certo,* que recolhe aquele, filantropicamente, do meio social para devolver, mais tarde, "transformado no bom moço que será útil a todos nós que vivemos numa sociedade homogênea, perfeita, coerente, desfeita de males, porque o mal está sendo desfeito ao se transformar ao condenado que é o único mal".[42]

---

[37] "La pena es originariamente, o sea, en aquellas formas primitivas que se pueden reconocer en los comienzos de la historia de la cultura humana, una reacción de la sociedad frente a perturbaciones externas de las condiciones de vida, tanto del individuo como del grupo de individuos, ciega, instintiva y no intencional ni determinada por la representación de un fin. Pero poco a poco la pena transforma su carácter. Su objetivación, es decir, la transición desde la reacción de los círculos inmediatamente afectados hasta entregar el examen del asunto a órganos no afectados, capaces de examinarlo con serenidad, posibilita la sobria observación de sus efectos. La experiencia lleva a la conclusión del carácter finalista de la pena. A través de la idea de fin, ella gana objetivo y medida, y se desarrollan tanto el *presupuesto* de la pena (el delito) como su *contenido* y su *ámbito* (el sistema de penas)" – LISZT, op. cit., p. 63.

[38] "La pena correcta, es decir, la pena justa, es la pena necesaria. Justicia en Derecho penal quere decir respeto de la magnitude de pena exigida por la idea de fin. (...) Sólo la pena necesaria es justa. La pena es, a nuestro juicio, medio para un fin. Pero la idea de fin exige adecuación del medio al fin y la mayor economía posible en su administración" (Liszt, op. cit. p. 106).

[39] O artigo 42 do Código Penal de 1940, situado no Capítulo II – "Da Aplicação da Pena", não aludia a quaisquer finalidades da pena. Estava assim redigido: "Art. 42. Compete ao juiz, atendendo aos antecedentes e à personalidade do agente, à intensidade do dolo ou grau da culpa, aos motivos, às circunstâncias e consequências do crime: I – determinar a pena aplicável, dentre as cominadas alternativamente; II – fixar, dentro dos limites legais, a quantidade da pena aplicável".

[40] "A execução penal tem por objetivo efetivar as disposições de sentença ou decisão criminal e proporcionar condições para a harmônica integração social do condenado e do internado".

[41] CONDE, Francisco Muñoz. *La Prisión como problema: Resocialización versus Desocialización.* Cataluña, Departamento de Justicia, Papers d'Estudis i Formación, abril de 1987, número Especial sobre La Questión Penitenciaria, p. 70.

[42] REALE JR., Miguel *et al. Penas e Medidas de Segurança no Novo Código.* Rio de Janeiro: Forense, 1985, p. 167.

Lembre-se de que a sociedade é altamente criminógena, que a criminalidade sempre existirá, como já afirmava Durkheim, de modo que, em face disso, nós não teríamos que deslocar o eixo das nossas preocupações com o criminoso para a *fonte de produção do crime,* ou seja, para a sociedade, ao invés de centrá-las *no indivíduo,* isto é, no *errado*?

"Se aceita e se dá por boa a frase de Durkheim, de que a criminalidade é um elemento integrante de uma sociedade sã, e se considera que é essa mesma sociedade a que produz e define a criminalidade, que sentido tem então falar de ressocialização do delinquente em uma sociedade que produz ela mesma a delinquência? Não teríamos, então, que mudar a própria sociedade?", indaga o eminente professor espanhol Muñoz Conde.[43]

Desse modo, o projeto de ressocialização do homem criminoso não estaria viciado em sua base, porque, na tentativa de legitimar-se socialmente, o direito penal tenta resolver o problema a partir dos efeitos, mantendo intocadas as causas?

Ora, as desigualdades sociais constituem, precisamente, o ponto em que se apoia a criminologia radical, para negar a própria *possibilidade* de ressocialização nas sociedades desiguais e socialmente divididas. Dentre outros argumentos, estaria o de que a prisão atua como instrumento de controle, de manutenção e de reprodução do poder pelas minorias sobre as maiorias desafortunadas,[44] para que, precisamente, tudo continue no mesmo estado!

Nas sociedades democráticas e pluralistas, outrossim, os sistemas constitucionais e legais asseguram a coexistência dos valores mediante princípios e regras de diferentes níveis.

Então, como todo indivíduo tem plena liberdade de pensamento, de crença, de culto, de expressão cultural e artística e é inviolável em sua intimidade, vida privada, honra, etc., não sendo obrigado a fazer ou a deixar de fazer algo senão em virtude da lei (art. 5º, incisos II, IV, VI, VIII e IX, da CF), a imposição de sanções acompanhadas de regras de (res)socialização não acarretaria o risco, como refere Muñoz Conde, do "domínio de uns sobre os outros e uma lesão grave da livre autonomia individual"?

Mas, ainda que, por hipótese, não houvesse o risco acima indicado, seria o caso de se indagar se o Estado estaria, efetivamente, legitimado a desenvolver ações previstas em um programa ressocializador para *mudar* o modo de ser do condenado, mesmo com o consentimento deste?

Examinemos essas questões.

Parece-nos claro que a ressocialização pela pena é *um direito* e não *um dever* do condenado, constitucionalmente protegido em seu desejo de ser diferente. Desse modo, a eventual recusa ao programa de tratamento não pode ser considerada ilegítima, porque integra o direito de ser "diferente", direito que toda sociedade pluralista e democrática deve reconhecer. O tratamento obrigatório supõe, portanto, uma lesão de direitos fundamentais geralmente reconhecidos.[45]

Ensina Roxin que o Tribunal Constitucional alemão já manifestou o entendimento de que o Estado não tem por missão com a pena "melhorar" seus cidadãos e que o

---

[43] CONDE, Francisco Muñoz. *La Prisión como problema: Resocialización versus Desocialización.* Cataluña, Depart. de Justicia, Papers d'Estudis i Formación, abril de 1987, num Especial sobre La Questión Penitenciaria.

[44] BARATTA, Alessandro. *Criminologia Crítica y Política Penal Alternativa.* RIDP, 1978, p. 48.

[45] BARATTA, op. cit., p. 48.

criminoso, por preservar a dignidade da pessoa humana e os direitos fundamentais que dela emanam, a despeito da condenação, conserva a *oportunidade* de se ressocializar, isto é, o *direito de decidir* "até onde quer fazer uso" do direito de se ressocializar.[46]

Efetivamente, as exigências do direito penal não poderiam ir a ponto de forçar o indivíduo a refazer seus valores, como sentencia Anabela Rodrigues, citando Eduardo Correia e Figueiredo Dias.[47]

Com efeito, um Estado que pretendesse ressocializar contra a vontade individual seria, na expressão de Zaffaroni, "um Estado onipotente, delirante, que fala em nome de Deus (...) perigoso, claramente autoritário, para não falar em um Estado totalitário".[48]

Mais: a ideia da ressocialização está associada à existência de um programa prévio, de aceitação e de funcionários estatais com qualificação necessária para o *tratamento*,[49] isto é, para o desenvolvimento das ações *ressocializadoras*.

Então, sem uma especificação clara e vinculante de proposta ressocializadora e pessoal qualificado, nenhum programa de recuperação, a rigor, se justificaria. *"No mais tardar"*, lembra Hassemer, citado por Muñoz Conde, "no momento da escolha de seus instrumentos, o programa já deva ter uma noção exata dos fins pretendidos. Ademais, considerando a incerteza reinante quanto aos objetivos de uma ressocialização, não faz evidentemente nenhum sentido prosseguir na discussão sobre os reais efeitos da ressocialização e do tratamento; fica difícil até formular perguntas".[50]

O extinto Tribunal de Alçada gaúcho, aliás, havia decidido em recurso de agravo, que, tendo o apenado de bom comportamento satisfeito o interstício legal para a progressão de regime carcerário, tem direito à progressão, embora pareceres contrários da CTC e do COC, por não ser lícito ao Estado ou às instituições jurídicas de controle social, médicas, psiquiátricas ou similares, "impor orientação de vida e obrigação de alterar seu *modus vivendi*".[51]

A Câmara Julgadora reconheceu com sabedoria que o Estado não tem o direito de mudar o indivíduo! Reconheceu, enfim, o direito à diferença! Cada um tem, de fato, o direito de ser o que é, correndo todos os riscos inerentes e decorrentes da opção se violar a ordem jurídica do País em que vive.

Mas, se supuséssemos, para argumentar, que o Estado formulasse, por intermédio de seus especialistas, um programa destinado a anular ou a modificar os fatores negativos da personalidade do condenado e a dotá-lo de uma formação idônea para afastá-lo da reincidência e alcançar sua readaptação social,[52] ainda assim não escaparíamos da

---

[46] ROXIN, Claus. *Política Criminal e Estructura Del Delito.* Barcelona: PPU, 1992, p. 24-27.

[47] RODRIGUES. Anabela Miranda. *A Determinação da Medida da Pena Privativa de Liberdade.* Coimbra: Editora Coimbra, 1995, p. 379.

[48] ZAFFARONI, Eugênio Raúl. Desafios do Direito Penal na era da Globalização, Cidadania e Justiça. *Revista da Associação dos Magistrados Brasileiros,* Rio de Janeiro, ano 2, nº 5, 2. sem., 1988, p. 201.

[49] Registre-se, primeiro, que a expressão "tratamento", segundo Caffarena, está incorporada ao jargão penitenciário, com sentido negativo, pois o delinquente que precisa ser "tratado" aparece, desse modo, como uma disfunção para o sistema. Outrossim, como no-lo diz o mesmo autor, a despeito de falar-se, há muitos anos, em *tratamento*, são raros os internos que, dentro do sistema prisional, chegaram a completar um processo terapêutico tal qual previsto em lei. A legislação espanhola, por isso, como salienta, não contém uma definição de tratamento, uma vez que a diversidade dos métodos terapêuticos a converteriam em excessivamente abstrata e, portanto, inoperante. O mesmo podemos dizer quanto à legislação brasileira.

[50] CAFFARENA, Borja Mapelli. Sistema Progressivo y Tratamiento. In: *Lecciones de Derecho Penitenciario.* Madrid, 1989, p. 39.

[51] Agravo nº 296029705, 1ª Câmara Criminal do TARGS, Rel. Marco Antônio Ribeiro de Oliveira, j. 18.09.96.

[52] GUZMÁN, Garrido. In: CAFFARENA, Borja Mapelli. *Sistema Progressivo y Tratamiento.* Lecciones de Derecho Penitenciario. Madrid, 1989, p. 144.

das PENAS e seus CRITÉRIOS de APLICAÇÃO

necessidade de responder esta outra pergunta: a penitenciária é mesmo o ambiente adequado à execução do programa de tratamento e ao alcance de suas metas – como parece defluir do sistema da Lei 7.210/84?

Como todos sabem, a vida na prisão desenvolve-se informada por uma cultura própria: a da sociedade carcerária, cujas leis, como dissemos antes, são distintas das que regulam o mundo livre, de modo que os presos vivem debaixo de seu próprio Código e eles próprios impõem sanções a quem o descumpre...

Dissertando sobre o conteúdo do "código" dos presos, Juan José Caballero Romero enumerou cinco grupos de princípios fundamentais, a saber: a) cada interno deve levar a vida sem imiscuir-se na vida do outro, embora subordinado ao dever de ser "leal a seu grupo"; b) deve evitar "perder a cabeça" mas, se isso acontecer, em hipótese alguma está autorizado a pedir ajuda aos funcionários da penitenciária; c) deve honrar a palavra, trocando obséquios ou favores; d) deve saber aguentar as frustrações; e) finalmente, deve tratar seus guardiões (os agentes penitenciários) com receio, dando sempre razão aos presos nos conflitos que surgirem.[53]

Afora essas normas, parece-nos que há, ainda, outra não menos relevante e obrigatória, qual seja, aquela que impõe a todo preso, sob pena de justiçamento sumário, o dever de silenciar sobre todos os fatos que possam repercutir sobre a população carcerária. É um dever de lealdade a que todos devem jurar, se quiserem sobreviver.

A peça *Barrela*, de Plínio Marcos, ilustra muito bem o grau de respeito à norma em questão.[54]

A prisão, disse, enfaticamente, Zaffaroni, é ambiente de privações de toda ordem, de opressão, de violência e de criminalidade. A cadeia "é uma gaiola, um aparelho, uma máquina de fixar os comportamentos desviados das pessoas e de agravá-los. Só serve para isso. É a estrutura da cadeia que é assim. Há 200 anos nós sabemos que a cadeia do século passado fazia a mesma coisa que a cadeia de hoje. Os mesmos problemas, as mesmas dificuldades, tudo igual".[55]

O ingresso na penitenciária produz a redução do indivíduo ao seu estado inicial mediante a destruição de seu senso de identidade e de autoestima. Já não tem mais a liberdade que tinha "na rua", perde a família, o emprego e, não raro, a propriedade de seus bens.

Portanto, se, nesse ambiente adverso, as relações entre os presos são sempre *tensas* e impregnadas de *desconfiança, como é possível ressocializar* no cárcere? Cada condenado estrutura sua vida com base em valores nem sempre idênticos aos valores do grupo a que pertence, e os valores deste, na penitenciária, são absolutamente distintos dos valores que lastreiam a vida nas sociedades livres...

Na prisão, o internado (expressão que utilizamos aqui para incluir as pessoas detidas durante a formação da culpa) é vítima de abusos sexuais e sofre todas as violações que dizem com a sua intimidade, dando ensanchas ao aparecimento de distúrbios sexuais e de conduta, enfermidades físicas e mentais, estas de tipos depressivos, que se aproximam de uma verdadeira dissolução da personalidade.

---

[53] ROMERO, Juan José Caballero. El Mundo de Los Presos. In: *Psicologia Social y Sistema Penal*, p. 269 e segs.

[54] SOARES, Marlene Terezinha Hertz. Barrela: uma análise Psicológica. *Revista da Escola do Serviço Penitenciário do RS*, ano II, n. 6, p. 168.

[55] ZAFFARONI, Eugênio Raúl. Desafios do Direito Penal na era da Globalização, Cidadania e Justiça. *Revista da Associação dos Magistrados Brasileiros*, Rio de Janeiro, ano 2, nº 5, 2. sem., 1988, p. 201.

Fala-se, inclusive, em psicose carcerária! Esse termo, há muito tempo, é empregado para designar os distúrbios mentais no interior das instituições totais.

Menati, citado por Mariano Ruiz Funes,[56] classificou as *psicoses carcerárias* em três grupos: as *psicoses acidentais*, produzidas durante a detenção e alheias a ela; as *psicoses engendradas* pela detenção como fator causal, especialmente manifestadas em formas agudas, alucinações ou com preferências melancólicas; e as *psicoses crônicas*, que se apresentam depois de muitos anos de detenção, acompanhadas, quase sempre, de delírios muito graves.

Além delas, a prisão suscita *crises psicológicas* pela solidão, pela monotonia, pela rotina duma vida baseada em pequenos hábitos biológicos, de horizontes limitados. "Quanto à suposta placidez penitenciária, nada há de menos certo. A placidez requer certas disposições interiores, que nunca se podem engendrar pelos sinistros caminhos da fatalidade".[57]

Em suma: a penitenciária, como instituição total, é, pois, tão envolvente e massificante, que seus feitos devastadores atingem todas as pessoas que interagem no contexto das redes informais que ali se estabelecem,[58] gerando depressões, degradações, humilhações, restrição ou aniquilamento da privacidade. Desses efeitos não escapam sequer os funcionários encarregados da execução!

O Brasil aposta massivamente na eficiência das penas privativas de liberdade, mas nada faz para melhorar o ambiente onde são executadas.[59] Os servidores penitenciários são mal remunerados, os direitos dos condenados nem sempre são respeitados, sendo esta a maior causa de descontentamentos e de rebeliões.

Para finalizarmos, indagam os críticos: como seria possível assegurar a função ressocializadora da pena se os condenados, depois de cumpri-la, devem ser imediatamente postos em liberdade, sem maiores cogitações?

Quer dizer: o condenado pode, ao menos teoricamente, alcançar a *meta optata* do programa ressocializador antes ou depois do final da pena. Se conseguir alcançá-la antes, não deveria, então, ser libertado imediatamente, por desaparecerem as razões que determinaram e *justificaram* o confinamento? Pelo reverso, se fracassasse, mesmo cumprida a pena, ele não teria que permanecer preso até a data em que viesse a ser declarado apto para a vida em sociedade? Mas, em ambas as situações, onde ficaria a segurança jurídica colimada pelo sistema de penas fixas?

Tais dificuldades fizeram com que Roxin observasse o dado que integra o senso comum, qual seja, o de que, nesse último caso o condenado ficaria à mercê do poder estatal[60] por tempo indeterminado, o que não é concebível.

---

[56] FUNES, Mariano Ruiz. *A Crise nas Prisões*. São Paulo: Saraiva, 1953, p. 94.

[57] Idem, p. 94.

[58] Empregamos o termo "rede de apoio" com o sentido que lhe é dado por SLUZKI, Carlos E. *A Rede Social na Prática Sistêmica*. São Paulo: Casa do Psicólogo, 1997.

[59] "Decrépitos, os prédios das prisões de regime semi-aberto do Estado guardam homens sem esperança. Gente que a sociedade não quer ver do lado de fora das prisões. Tanto que a população de Venâncio Aires exigiu, em abaixo--assinado, o desativamento do Instituto Penal de Mariante (IPM), para não ter de conviver com os apenados durante os passeios regulamentares ou as fugas. Escapar é a marca registrada do semi-aberto. No ano passado, em apenas 16 dias, 86 homens fugiram do IPM. Este ano, já houve 299 fugas das três casas de regime semi-aberto do Estado. Mas, se estão de frente com a liberdade, do que eles fogem? Da falta de expectativas, de direitos e de sonhos, garantem os presos: não existe sonho aqui dentro" (ZH, Porto Alegre, 22 jun. 1999, p. 44).

[60] ROXIN, Claus. *Problemas Fundamentais de Direito Penal*. Lisboa: Vega, 1986, p. 21. Assim se expressou o autor: "Las penas de duración indeterminada hacen depender la medida de la sanción no de la ley sino del cálculo del asistente

E o que dizer quanto à função ressocializadora da pena em relação às pessoas que não perderam a sociabilidade?

Se a pena tem por finalidade atuar sobre o indivíduo que demonstrou falta de sintonia com os valores da sociedade livre, como justificar o encarceramento para aquele que não cometeu nenhuma outra infração e tiver conduzindo a sua vida "socializado", isto é, em ordem e respeito aos outros e ao direito? Por que punir quem não apresenta riscos de reincidência?

Ademais, como justificar com a teoria da prevenção o recolhimento prisional de pessoas "de bem", "socializadas", que pertencem aos "estratos superiores" da sociedade, que repudiam a violência e para as quais o confinamento "nada acrescentará" e atuará como fonte de maior degradação?

Como afirmou Roxin, acabar com a delinquência completamente e para sempre é uma pretensão utópica, porquanto a marginalização e a dissidência são inerentes ao homem e o acompanharão até o fim de sua aventura humana na terra. "No entanto, essa circunstância não libera a sociedade do compromisso que tem perante o delinquente. Da mesma forma que este é responsável pelo bem-estar social de toda a comunidade, esta não pode desobrigar-se de sua responsabilidade perante o destino daquele".[61]

Tais são, enfim, dentre tantas outras, as críticas pertinentes à propalada função ressocializadora da pena, que nos põem diante da pergunta que, em 1892, Tobias Barreto deixava no ar: "a sociedade e o Estado, escondendo os criminosos atrás dos muros de suas instituições totais, estariam imbuídos do efetivo propósito de corrigi-los e de torná-los melhores?".[62]

Lembre-se que a finalidade da pena não pode ser a de castigar por castigar, pois arrastaria consigo o indesejável risco do terrorismo repressivo, precisando revestir-se de um sentido ético mínimo, para que possa *sobreviver* com legitimidade.

Então, se a ressocialização parece não ser filosoficamente sustentável nem suscetível de ser alcançada em termos práticos, ainda assim há, então que se buscar, com a pena privativa de liberdade, a ser aplicada aos casos de absoluta necessidade, a *ressocialização possível do condenado,* naquele sentido de que ao Estado incumbe criar as condições mínimas para que o mesmo avalie espontaneamente a situação em que se encontra e decida se lhe convém ou não redirecionar a própria vida, arcando conscientemente com as consequências da sua decisão.

Ferrajoli reivindica que o cárcere seja o menos aflitivo possível e que as condições de vida em seu interior sejam humanas; que no interior da penitenciária haja trabalho facultativo e que nelas "se abram e se desenvolvam espaços de liberdade e sociabilidade mediante a mais ampla garantia de todos os direitos fundamentais da pessoa. Que, enfim, se promova a abertura do cárcere – os colóquios, os encontros conjugais, as permissões, as licenças, etc. – não mediante a distribuição de prêmios e privilégios senão com a previsão de direitos iguais para todos".[63]

---

social o del funcionário. Esto contradice el principio *nulla poena sine lege* y con ello las garantías jurídicas que un orden jurídico de libertades también asegura a sus delincuentes".

[61] ROXIN, Claus. *Política Criminal y Estructura Del Delito.* Barcelona: PPU, 1992, p. 24.

[62] BARRETO, Tobias. *Fundamentos do Direito de Punir.* Nota bibliográfica, RT 727, p. 640.

[63] FERRAJOLI, Luigi. La Pena in Una Società Democratica. In: *Questione Giustizia*, Milano: Franco Angeli, 96, n.304, Anno XV, p. 397.

A não ser assim, a penitenciária não se imunizará dos problemas próprios das instituições totais, dentre eles a sua função criminógena, argumento, aliás, consistentemente invocado pelos que propõem a abolição da pena privativa de liberdade.

4.5. Teorias ecléticas (a pena como castigo, intimidação e regeneração)

As teorias ecléticas ou intermediárias situam-se, em geral, entre os pontos extremos.

Os ecléticos, com pequenas variações, procuraram superar os antagonismos visíveis nas teorias da retribuição e da prevenção para unificarem os pontos unificáveis, atribuindo ao direito penal, para início de conversa, a função de resguardo da sociedade contra o crime, princípio que transparece nitidamente do movimento de Defesa Social iniciado na Itália, em 1945, com Felipo Grammatica, mais tarde retomado e rebatizado por Marc Ancel.

A doutrina positivista de defesa social persegue a prevenção especial, incumbindo às penas e às medidas de segurança o duplo fim: de curar o condenado, no pressuposto de que é um indivíduo doente e/ou de segregá-lo e de neutralizá-lo, no suposto de que é perigoso.

Nesse sentido, o paradigma etiológico que provém de Lombroso, Ferri e Garófalo, cuja base teórica é, todavia, diversa da que foi posteriormente delineada por Marc Ancel, o idealizador de um movimento que ficou conhecido com o nome de Nova Defesa Social, para quem o delinquente não deve ser submetido à justiça penal "unicamente com fins expiatórios, de vingança ou de retribuição".[64]

Na concepção dos ecléticos mais modernos, retribuição e prevenção, portanto, não são conceitos que se repelem, mas, no dizer de Mir Puig, citado por Bitencourt, "distintos aspectos de um mesmo e complexo fenômeno que é a pena", embora cada qual procure assentar, com bases próprias, essas proposições. Roxin, por exemplo, amparado no conceito de bens protegidos, formulado e fundamentado primeiro por Paul Johan Anselm Von Feuerbach, e, depois, por Franz von Liszt, aludiria a uma *teoria unificadora dialética* para indicar que as atividades estatais da prevenção, da imposição e da execução das penas integram esferas distintas e suas justificações devem ser feitas separadamente. Para esse autor, o legislador deve cominar de sanção só os fatos lesivos aos bens jurídicos, se tal for indispensável para uma vida em comum. A imposição das penas na sentença não deve ultrapassar a medida da culpa e a execução só se legitimará quando assentada na ideia da ressocialização, isto é, de regeneração do homem.[65]

Igualmente partidário da prevenção geral (positiva), Günter Jakobs fundamenta a pena como *funcional,* isto é, *com a função* de restabelecer a *confiança* de todos (o criminoso e o não criminoso) na autoridade e na estabilidade das normas que compõem o ordenamento jurídico.[66]

---

[61] ANCEL, Marc. *La Défense Sociale Nouvelle. Apud* RENÉ ARIEL DOTTI. *Bases e Alternativas para o Sistema de Penas.* São Paulo: RT, 1988, p. 291.

[65] BITENCOURT, Cezar Roberto. *Manual de Direito Penal.* São Paulo: RT, 1997, p. 111.

[66] JAKOBS, Günther. *Ciência do Direito e Ciência do Direito Penal.* Tradução de: Maurício Antônio Ribeiro Lopes. São Paulo: Manole, 2003, p. 37. Na mesma linha, segue o autor, em obra diversa, afirmando que "o *quia peccatum est* tampouco descreve de modo adequado a razão do processo de punição; pois a razão não é somente mandado do ato, um

Segundo esse autor, para que possa desenvolver-se de forma organizada e harmônica, a sociedade estrutura-se sobre regras e mandamentos, e os membros que a integram, na busca da coexistência, devem obediência a esse conjunto normativo, sob pena de instauração da desordem e do caos. Assim, nas palavras de Marcus Vinicius Boschi, pode-se dizer que os membros que compõem a sociedade, quando dos seus contatos e interações, devem respeito às regras preestabelecidas, ou seja, devem obediência às expectativas normativas instituídas, em que a prática do delito é a sua negação.[67]

Portanto, a prevenção geral positiva, cunhada por Carrara e agora revivida por Jakobs,[68] compreende a pena como uma forma de manifestação de força do Estado sobre os indivíduos, mas não com o intuito primordial de tutela de bens jurídicos lesados, como pretende a tradicional doutrina (até porque quando do delito o bem protegido foi agredido e, pela pena, não poderá ser tutelado), mas, sim, como um instrumento de manutenção das expectativas sociais que a norma visa a assegurar.

A teoria *funcionalista* de Jakobs, pelo visto, não está inteiramente dissociada da filosofia do direito de Hegel e alguns aspectos da teoria dos sistemas. Poderíamos afirmar que se trata de uma nova leitura de Hegel pela concepção do direito de Niklas Luhmann", dado que "a finalidade da pena é manter a vigência da norma como modelo de contato penal".[69]

Não obstante, a teoria de Jakobs tem sido alvo de ferrenhas críticas, dentre elas, a de Stratenwerth, talvez a mais aguda, para quem a formulação de Jakobs não se constitui uma teoria da pena propriamente dita, e sim, uma teoria do Direito como ciência.

Para esse autor, *"una de las tareas que tienen que cumplir el derecho penal y la pena también es la de impedir delitos que de otro modo habrían cometido posiblemente o probablemente un autor determinado o terceros indeterminados. Pero, fortalecer la vigencia de normas jurídicas elementales significa mucho más. Por otro lado, hacer eso de ningún modo es solamente asunto de la justicia penal. En esa medida, la teoría de la prevención general positiva ni siquiera aparece ya como una teoría específica de la pena"*.[70]

---

peccatum, mas a manutenção de uma determinada configuração social" (JAKOBS, Günther. *Teoria da Pena e Suicídio e Homicídio a Pedido*. Trad. Maurício Antônio Ribeiro Lopes. São Paulo: Manole, 2003, p. 9).

Sobre a concepção de Jakobs, Manuel Cancio Melliá *et al*, relembrando Carrara, sustentou que o fim da pena não é que se faça justiça; nem que o ofendido seja vingado; nem que seja ressarcido o dano por ele padecido; nem que se obtenha sua correção; nem que o delinquente expie seu delito. Todas essas coisas, adverte Carrara, na mesma linha que agora Jakobs – podem ser consequência acessórias da pena, e podem ser algumas delas desejadas mas a pena seria também incriticável, ainda que faltassem todos esses resultados. O fim primário da pena seria, mais apropriadamente, o restabelecimento da ordem externa da sociedade (PEÑARADA RAMOS, Enrique; SUÁREZ CONZÁLEZ, Carlos; CANCIO MELIÁ, Manuel. *Um Novo Sistema do Direito Penal. Considerações sobre a Teoria de Günther Jakobs*. Trad. André Luís Callegari e Nereu José Giacomolli. São Paulo: Monole, 2003, p. 16).

[67] BOSCHI, Marcus Vinicius. Teorias sobre a Finalidade da Pena: do retribucionismo à concepção de Günther Jakobs. In: *Revista Ibero-Americana de Ciências Penais*, nº 8, ano 2003, p. 113. Entende Jakobs que os contatos e interações sociais geram naturalmente expectativas das mais diversas, expectativas que são asseguradas como condição de subsistência da ordem social, preservando o sistema social. Essas expectativas, que podem ser desestabilizadas perante a concepção ou o conflito entre os que participam da interação social, são normatizadas, assegurando a confiança e a fidelidade das interações interindividuais ou sistêmicas. QUEIROZ, Paulo de Souza. *Funções do Direito Penal*. Belo Horizonte: Del Rey, 2001, p. 47.

[68] Ver também a obra: JAKOBS, Günther. *Derecho Penal. Parte General*. 2. ed. Trad. Joaquin Cuello Contreras e Jose Luis Gonzalez de Murillo. Madrid: Marcial Pons, 1997, p. 9-10.

[69] LYNETT. Eduardo Montealegre. Introdução à Obra de Günter Jakobs. In: *Direito Penal e Funcionalismo*. André Luis Callegari e Nereu José Giacomolli (coords.). Porto Alegre: Livraria do Advogado, 2005, p. 12.

[70] STRATENWERTH, Günther. *Qué Aporta la Teoría de los Fines de la Pena?* Trad. Marcelo Sancinetti. Colômbia: Universidad Externado de Colômbia, 1996, p. 23. É evidente que o particular, ao desrespeitar normas de Direito Administrativo ou Civil, será penalizado, *v.g.* com a reparação do dano justamente para que as regras que disciplinam estes ramos do Direito não voltem a ser violadas, muito embora tais punições não sejam pena em sua estrita acepção.

Além disso, poder-se-ia sustentar uma "quase igualdade" entre prevenção geral positiva e negativa, porque, ao punir o indivíduo para que a coletividade se abstenha da reiteração de delitos, como pretendem os adeptos desta última, estar-se-ia, ao fim e ao cabo, buscando-se manter a ordem social com base em mera "expectativa normativa", o que é muito pouco.

Preservadas as variações nos enfoques, os ecléticos, portanto, recusam-se a estudar a pena sob o ângulo restrito da dualidade retribuição-prevenção. Eles inserem um novo ingrediente: a sociedade a ser defendida contra o crime e em cujo meio o delinquente deve ser reinserido, sem traumas. Aquela é o centro das atenções; este, alvo de atenções secundárias!

4.6. A posição adotada pelo direito brasileiro

Alinhadas com as medidas de segurança, as penas, nos termos da Exposição de Motivos do Código Penal, destinam-se à "segregação, vigilância, reeducação e tratamento dos indivíduos perigosos, ainda que moralmente irresponsáveis".

Embora respondendo bem às demandas contra a criminalidade, o que foi devido menos à suposta crença na eficiência do direito contra o crime ou das penitenciárias na recuperação dos criminosos, o Código Penal brasileiro foi passando por alterações sucessivas nas últimas décadas, iniciadas ainda no governo militar...

Dentre outras, importantes modificações foram produzidas pelas Leis nºs 7.209 e 7.210/84 à matriz inspiradora da redação primitiva do Código Penal com a eliminação do sistema do "duplo binário" – que ensejava aplicação cumulativa de pena e de medida de segurança – com a reserva de incidência destas últimas só aos casos de inimputabilidade, em que o agente, por doença mental ou desenvolvimento mental incompleto ou retardado, demonstrar não possuir consciência do caráter ilícito do fato nem poder determinar-se de acordo com esse entendimento (art. 26, *caput*).

As funções de prevenção e assistência, antes conferidas às medidas de segurança, acabariam sendo, então, com a Reforma, absorvidas pelas penas, o que justificou, nas palavras de Francisco de Assis Toledo, um de seus mentores, a reformulação dos institutos do crime continuado e do livramento condicional, além do estabelecimento de regras sobre unificação das penas.[71]

A Reforma preservou, portanto, a noção utilitarista da pena, conforme se pode extrair, dentre outros dispositivos, do enunciado do artigo 59, que alude às suas finalidades preventivas e repressivas.

Assim agindo, o Brasil alinhou-se à doutrina alemã. Basta um breve cotejo entre as legislações: "Nos artigos 47 e 56 do Código Penal alemão estão presentes nitidamente elementos da teoria da prevenção geral", uma vez que são normas incluídas "para proteger a ordem jurídica".

Já o artigo 2º da Lei das Execuções Penais considera de igual valia e importância a preocupação com a ressocialização do delinquente e o desejo de proteger a comunidade de evitar que ele cometa outros delitos.[72]

---

[71] TOLEDO, Francisco de Assis. *Princípios Básicos de Direito Penal.* São Paulo: Saraiva, 1986, p. 71.

[72] ASHTON, Peter Walter. As Principais Teorias de Direito Penal, Seus Proponentes e Seu Desenvolvimento na Alemanha. *Revista dos Tribunais,* v. 742, p. 443 e segs.

Em nosso direito, como havíamos antecipado, as finalidades de retribuição, de prevenção e de ressocialização transparecem dos artigos 59 do CP e 1º da Lei de Execuções, muito embora essa última palavra não conste explicitamente do texto desse último dispositivo.

Os §§ 5º e 8º dos artigos 121 e 129 do nosso Código realçam, também, a função retributiva das penas, ao preverem o perdão judicial quando as consequências da infração atingirem o próprio agente de forma tão grave "que a sanção penal se torne desnecessária".

O direito penal brasileiro não se coaduna inteiramente com os princípios gerais do garantismo, porque, por meio de suas normas, se maximiza o Estado Penal, em detrimento do Estado Social, e se enfraquecem as liberdades fundamentais, o que é revelador da profunda intolerância oficial, que costuma ver o condenado como o grande inimigo, e não como a grande vítima de um sistema político e econômico desigual, privilegiador e injusto, que não prioriza a educação, a qualificação para o trabalho, o emprego, a moradia, a saúde, etc.

É possível, por exemplo, prender para investigar (em oposição à lógica que justifica a investigação como condição para prender) e, neste exato momento, entraram na pauta das discussões da Comissão de Constituição e Justiça do Senado os Projetos de Lei nºˢ 310/99, 315/99, 67/02, 267/04 destinados a intensificar o rigor punitivo mediante o aumento do tempo de cumprimento de pena para a obtenção do livramento condicional e outros benefícios executórios e a elevação para 50 anos do limite, hoje fixado em 30 anos (art. 75 do CP), de confinamento prisional.[73]

Projetos em tramitação no Congresso (estamos no ano de 2019), dentre eles o Pacote anticrime, pretendendo alterar 13 diplomas legislativos numa única sacada, embora fundados todos na louvável pauta de punir corruptos e coibir lavagens de dinheiro também entram em descompasso com o direito penal mínimo e de garantais porque esbarram frontalmente com as disposições constitucionais que não podem ser arredadas mediante singelo argumento da defesa da sociedade, pois os fins, por mais relevantes que sejam, nem sempre justificamos meios.

---

[73] *Jornal O Sul*, Porto Alegre, terça-feira, 14 de dezembro de 2010, p. 6.

5

A pena e seus destinatários

*É forçoso que uma alma má comande e vigie mal
e que a alma boa faça bem tudo isso.*
Platão

Sumário: 5.1. Generalidades; 5.2. A pessoa física como destinatária das penas; 5.3. A responsabilidade penal da pessoa jurídica: polêmica.

5.1. Generalidades

Em sentido amplo, todos os cidadãos são direta ou indiretamente destinatários das penas, não só porque estão *igualmente* submetidos às restrições impostas pela ordem jurídica, mas porque elas, a um só tempo, e de acordo com as teorias mais modernas, ainda que no plano ideal, têm por fim retribuir, prevenir, ressocializar, reforçar a confiança na ordem jurídica e dissuadir da intenção de cometer infrações penais.

Bentham lembrava que, quando acontece um delito, dois pensamentos se devem oferecer ao espírito do legislador ou do magistrado: "O modo de prevenir o crime para que não torne a acontecer, e o meio de reparar quanto for possível o mal, que tem causado", isto porque, segundo dizia, "o perigo imediato vem do criminoso; este é o primeiro objeto a que se deve acudir, mas ainda resta o perigo de que outro qualquer, com os mesmos motivos e com a mesma facilidade, não venha a fazer o mesmo. Sendo isto assim, há dois modos de atalhar o perigo: um particular, que se aplica ao réu; e outro geral que se aplica a todos os membros da sociedade, sem exceção".[1]

Não poderia ser mesmo diferente. O ordenamento jurídico de qualquer país disciplina os espaços do permitido e do proibido e alcança a todas as pessoas de carne e osso, indistintamente. Mesmo sem o perceberem, elas estão o tempo todo submetidas aos enunciados normativos e aquelas que os desrespeitarem (felizmente a minoria) ficam sujeitas às consequências cominadas, sem exceções, como propõe, aliás, o princípio da igualdade, examinado no capítulo I deste livro.

A abordagem, entretanto, neste momento, será mais específica, restrita e concreta, porque objetiva determinar quem, à luz da teoria geral do crime, é suscetível de *realizar a figura típica* e de assumir a posição de *sujeito ativo da infração* para, como decorrência da conduta realizada, poder ser juridicamente enquadrado como sujeito *passivo* em uma ação penal e, em princípio, vir a sofrer, por meio do processo, as consequências penais.

---

[1] BENTHAM, Jeremy. *Teoria das Penas Legais e Tratado dos Sofismas Políticos*. São Paulo: Edijur, 2002, p. 22-23.

das PENAS e seus CRITÉRIOS de APLICAÇÃO

5.2. A pessoa física como destinatária das penas

Na antiguidade, os mortos, as coisas e os animais podiam ser sujeitos ativos de crime.

Feu Rosa refere que o corpo do Papa Formosus (816-896) foi desenterrado e submetido a julgamento, com declaração de invalidade dos atos praticados.

Na Inglaterra, em 1660, por ordem do Parlamento, foram também desenterrados os cadáveres de Cromwell, Bradshaw e Ireton e enforcados no mesmo local onde eram executados criminosos comuns.

Dracon, na antiga Grécia, editou lei estabelecendo que as coisas que caíssem sobre um homem e o matassem deveriam ser levadas a julgamento ante o Tribunal e depois destruídas.[2]

O saudoso penalista gaúcho Walter Coelho,[3] citando o livro *Bestie Delinquenti*, de Abdosis, anotou que, no século XVI, na Bélgica, o touro podia ser executado se matasse um homem e, em São Luiz do Maranhão, registros do século XVIII dão conta, segundo o mesmo autor, de que frades franciscanos processaram, com base no direito canônico, a população de um formigueiro, por furto na despensa da comunidade eclesiástica.[4]

Ao estudar *O Homem Delinquente,* César Lombroso, expoente da Escola Positiva, também relatou que durante o Reinado de Francisco I foram instaurados processos contra animais e destacou a curiosidade de que eles recebiam "um advogado" para o patrocínio da defesa. Em 1356, em Flaise, conforme o mesmo autor, uma leitoa, por ter "devorado uma criança", teria sido condenada e morta pelas mãos "do carrasco".[5]

Essas situações, sob a ótica do direito penal moderno, carecem de sentido, mas, sem embargo disso, precisam ser apontadas para, de um lado, atendermos razões didáticas e, de outro, reiterarmos que os avanços civilizatórios, embora lentos, são sempre contínuos.

Com efeito, o direito penal contemporâneo considera que é o homem, enquanto vivo, o sujeito ativo do crime e o sujeito passivo da persecução penal, como procuramos demonstrar no capítulo II, apoiados nos ensinamentos de Côssio sobre a norma penal como definição de conduta humana em interferência intersubjetiva e sobre o seu correspondente esquema de interpretação.[6]

Sendo o crime o resultado da "violação"[7] da norma – embora nem sempre visível um *resultado* no mundo fenomênico, como ocorre, *v. g.*, nos crimes de mera conduta – e tendo-se em vista que ela veicula deontologicamente valores sociais e morais (vide o texto do capítulo I), segue-se, no dizer de Luiz Luisi, citando Battaglini, que "semelhante valoração não pode ser concernente senão a uma ação humana, porque somente nesta se pode encontrar uma vontade moralmente valorada. Fora do homem, o crime não é conce-

---

[2] ROSA, Feu. *Penas Substitutivas. Revista In Verbis,* ano 3, nº 18, p. 28 e segs.

[3] COELHO, Walter. *Teoria Geral do Crime.* Porto Alegre: Sergio Fabris, 1991, p. 41, citando EMÍLIO ONDEI, MAGGIORI e ASÚA.

[4] Idem, ibidem.

[5] LOMBROSO, César. *O Homem Delinquente.* Porto Alegre: Ricardo Lenz Editor. Tradução da 2. ed. francesa, por Maristela Bleggi e Oscar Antonio Corbo Garcia, 2001, p. 53.

[6] COSSIO, Carlos. *La Teoria Egológica del Derecho y el Concepto Jurídico de Libertad.* 2. ed. Buenos Aires: Abeledo-Perrot, 1964, p. 333 e segs.

[7] Já anotamos neste livro que o criminoso não viola a lei, senão que faz o que ela prevê. Por isso o nosso esforço no capítulo II, para onde remetemos o leitor, em demonstrar, com base na teoria egológica, de Carlos Cossio, o modo como a norma penal deve ser interpretada.

bido, porque apenas o homem tem a consciência e a faculdade de querer, que se exige para a responsabilidade moral, sobre a qual, no fundo, o direito penal se embasa".[8]

Não é outra a lição de Figueiredo Dias, ao refutar o causalismo no comportamento das pessoas e afirmar que é nessa base ética, ou seja, na capacidade de valorar, que se funda o indeterminismo psicológico.[9]

Os milhares de livros escritos em todo mundo sobre a culpabilidade, proporcionalidade, humanidade, legalidade e individualização das penas bem confirmam que o direito penal, em sua formulação clássica, tem por destinatário o homem vivente, em sua coadjuvante função de ajudar a obter e assegurar a paz e a prosperidade individual e social.

Em suma e independentemente das teorias a serem eleitas sobre a ação (causal-naturalista ou finalista), é o ser humano o sujeito ativo do crime, pois, sendo moralmente livre, capaz de valorar e de entender o conteúdo ilícito da conduta descrita no preceito primário da norma incriminadora e de orientar-se de acordo com esse entendimento, inclusive para refrear a vontade criminosa, pode ser qualificado como culpável e assim vir a ser alcançado em concreto pela pena em quantidade certa.

Aliás, em atitude superior, a Constituição Federal, no inciso XLV do art. 5º, declara que a pena não poderá ultrapassar a "pessoa" do condenado, deixando bem claro que são os homens de carne e osso os que podem ser sujeitos ativos de crime, e não as entidades artificiais, como o Estado, os conglomerados ou as corporações.

Bem ajustado ao comando constitucional, o artigo 59 do CP, outrossim, impõe ao juiz a consideração, em concreto, de todos os aspectos relacionados à vida do acusado em sociedade (antecedentes, conduta social), bem ainda da motivação eleita para a prática infracional e de seus atributos de personalidade.

Em conclusão: o objeto do direito penal clássico é a conduta humana tipificada na norma, acompanhada de sanção, esta orientada por finalidades retributivas, preventivas e ressocializadoras.

5.3. A responsabilidade penal da pessoa jurídica: polêmica

As pessoas físicas já não são mais, no direito contemporâneo, as destinatárias exclusivas das penas. Nessa perspectiva, pode-se dizer que o paradigma da culpabilidade sobre o qual se assenta o direito penal clássico está em crise.

Os ordenamentos jurídicos de diversos países, dentre eles os Estados Unidos da América do Norte, o Japão, a Holanda e a França, atentos às novas realidades do mundo globalizado, às ações das grandes corporações, aos graves danos ambientais, como é o caso do Brasil, vêm admitindo que as sanções penais possam ter por endereço também as pessoas jurídicas, as quais, até pouco, eram suscetíveis de serem sancionadas só civil ou administrativamente.

O legislador penal francês de 1994, de acordo com Luiz Régis Prado, posicionou-se em favor da aplicação à pessoa jurídica de penas de multa, interdição, definitiva ou temporária, controle judiciário por cinco anos, fechamento definitivo ou temporário do estabelecimento, exclusão temporária ou definitiva dos mercados públicos, interdição do direito de emissão de cheques, confisco e dissolução, esta última reservada para

---

[8] BATTAGLINI. *Diritto Penale, Parte Generale*, p. 133; *apud* LUISI, Luiz. *O Tipo Penal, a Teoria Finalista e a Nova Legislação Penal*. Porto Alegre: Sergio Fabris, 1987, p. 43 e ss.

[9] DIAS, Jorge de Figueiredo. *Liberdade Culpa Direito Penal*. Coimbra: Coimbra Editora, 1995, p. 22.

infrações mais graves, como por exemplo, crimes contra a humanidade, tráfico de drogas, estelionato, terrorismo, etc.[10]

Conforme Luiz Flávio Gomes, todas as resoluções e recomendações do Conselho Europeu são nesse sentido (Res. 28 e Rec. 12/82)[11] e existem projetos favoráveis também na Suíça, na Bélgica e na Finlândia, segundo esclareceu Eládio Lecey, em trabalho escrito sobre os direitos do consumidor.[12]

Por causa dessa posição, todo ente moral, à exceção do Estado, porque é ele que detém o *jus puniendi*, pode ser, na França, penalmente responsabilizado pelos ilícitos definidos no Código Penal e nas leis especiais.[13]

Em Cuba, a pessoa jurídica pode ser também responsabilizada penalmente, quando os atos infracionais forem cometidos em seu nome ou por acordo entre seus associados, sem prejuízo da responsabilidade penal individual em que hajam incorrido os autores ou cúmplices no fato punível (art. 16, inc. III, da Lei nº 62/87).

Os partidários da responsabilidade penal da pessoa jurídica afirmam que não basta a punição do representante desta, isoladamente, pois não previne, eficazmente, o cometimento de novos crimes pelo conglomerado, sob a coordenação de outro representante, podendo a punição da pessoa jurídica atuar como importante fator de orientação e de alerta a outras pessoas, nomeadamente daquelas que integram o quadro societário e que indiretamente acabam sendo prejudicadas.

Aqueles que sustentam o contrário, com os quais nos alinhamos, afirmam que não pode haver crime sem *ação física,* e a pessoa jurídica, como é fácil deduzir, não a realiza em momento algum, pouco importando o conceito de ação que se adote, causal, social ou final.

Lembra-nos Cézar Bitencourt que "para Welzel, a ação é um acontecer final e não puramente causal. A finalidade ou o caráter final da ação, baseia-se em que o homem, graças a seu saber causal, pode prever, dentro de certos limites, as consequências possíveis de sua conduta". (...) Se "A manifestação de vontade, o resultado e a relação de causalidade são os três elementos do conceito de ação (...) Como sustentar-se que a pessoa jurídica, um ente abstrato, uma ficção normativa, destituída de sentidos e impulsos, possa ter vontade e consciência ?".[14]

Aliás, os romanos, séculos atrás, já diziam que a pessoa jurídica não poderia delinquir (*societas delinquere non potest*). Louvados como civilistas e injustamente acusados de maus penalistas, eles já tinham a clara percepção das dificuldades sugeridas pelo problema.

De fato, a pessoa jurídica, conforme propõe a teoria da ficção, de Savigny, não passa de uma abstração, e foi essa teoria que acabou se consagrando na doutrina e na jurisprudência, conquanto sólidas oposições, notadamente a de Otto Gierke, para quem

---

[10] PRADO, Luiz Régis. Responsabilidade Penal da Pessoa Jurídica. O modelo Francês. *Revista Brasileira de Ciências Criminais, IBCrim*, n. 46, p. 3.

[11] GOMES, Luiz Flávio; CERVÍNI, Raul. *O Crime Organizado*. São Paulo: RT, 1995, p. 157.

[12] LECEY, Eládio. A Tutela Penal do Consumidor e a Criminalização da Pessoa Jurídica. *Revista da Ajuris*, edição especial, março de 1998, p. 616. Ver, também, Responsabilidade Penal da Pessoa Jurídica e Medidas Provisórias e Direito Penal, coletânea de ensaios, publicada pela editora *Revista dos Tribunais*, 1999, sob a coordenação de LUIZ FLÁVIO GOMES.

[13] PRADO, Luiz Régis. Responsabilidade Penal da Pessoa Jurídica, O modelo Francês. *Revista Brasileira de Ciências Criminais, IBCrim*, n. 46, p. 3.

[14] BITENCOURT, Cézar Roberto. *Reflexões sobre a Responsabilidade Penal da Pessoa Jurídica,* artigo gentilmente cedido ao autor.

a pessoa jurídica, por possuir existência concreta e personalidade distinta da de seus membros, seria também penalmente responsável (teoria da realidade).

Então, se só pode ser penalmente responsável o autor da ação com pleno domínio do fato, segue-se que a punição da pessoa que está por detrás da pessoa jurídica,[15] por mera consequência, por derivação ou dedução, culmina por esfacelar o princípio da culpabilidade em que se assenta o direito penal moderno.

Dizendo de outro modo: como o reconhecimento da responsabilidade da pessoa jurídica leva ao automático reconhecimento da culpabilidade da pessoa física responsável pelos seus atos, segue-se que as cogitações sobre os elementos da culpabilidade individual saem do plano principal e passam a um plano secundário. Se a pessoa jurídica for dada como penalmente responsável, também deverá sê-lo a pessoa física que a administra e a representa legalmente.

Verdadeiramente, a pessoa jurídica age por intermédio das pessoas de carne e osso. Elas, por deterem o domínio do fato, é que são as responsáveis pela conduta definida como infração penal cometida na órbita da pessoa jurídica. Dizendo de outro modo: sendo *vítima* da má gestão dolosa ou culposa de seus diretores ou empregados, a pessoa jurídica, com o processo, acaba sendo *duplamente punida*.

Como disse Kelsen: "Mesmo que se exclua a capacidade delitual da corporação, nem por isso fica de forma alguma excluída a responsabilidade da mesma. Apenas sucede então que não é uma responsabilidade da corporação por um delito próprio, quer dizer, por um delito atribuível à corporação, mas uma responsabilidade por um delito alheio, ou seja: responsabilidade pelo delito que o indivíduo designado pelo estatuto para cumprir o dever cometeu".[16]

A esses aspectos técnicos agrega-se o inconveniente destacado por Carlos Ernani Constantino[17] de que a punição da pessoa jurídica gera um intolerável *bis in idem,* contra todos os princípios de direito conhecidos, "pois o sócio com poderes de administração, que cometer um crime ambiental, doloso ou culposo, acabará pagando duas vezes pelo mesmo fato, ou seja: como sócio da pessoa jurídica, em função da pena a ela aplicada (...) e como pessoa física".

Em suma: as sanções impostas à pessoa jurídica acabam projetando seus efeitos para além dos limites juridicamente aceitáveis, em contraste com o conhecido princípio de que as responsabilidades são quantificáveis tão só nos limites da culpabilidade pelo fato (art. 29 do CP).

Guardadas as respectivas diferenças teóricas, reiteramos a premissa com que abrimos este tópico: a responsabilidade penal da pessoa jurídica é concepção que confirma a grave crise da principal coluna de sustentação do direito penal moderno: a culpabilidade,[18] categoria jurídica que se estrutura no livre-arbítrio e na possibilidade concreta de agir de acordo com a lei.

---

[15] PUIG, Santiago Mir. *Derecho Penal*. 5. ed. Barcelona: Tecfoto, 1998, p. 47.

[16] KELSEN, Hans. *Teoria Pura do Direito*. São Paulo: Martins Fontes, 2000, p. 206.

[17] CONSTANTINO, Carlos Ernani. Quatro Aspectos da Responsabilidade Penal da Pessoa Jurídica. *Revista Brasileira de Ciências Criminais, IBCCrim*, jan. 99, p. 8.

[18] BOSCHI, Marcus Vinicius *et alii*. Culpabilidade em Crise? A Responsabilidade Penal da Pessoa Jurídica, In: *Revista Ibero-Americana de Ciências Penais*, Porto Alegre, Evangraf, 2002, n° 4, p. 79 e ss. No artigo, escrito em parceria com Felipe Leischtweis, Maurício Jorge Dáugustin Cruz e Renata Almeida da Costa, há um rol de leis demonstrando que a tradição brasileira é de responsabilização da pessoa física, e não da pessoa jurídica (Lei 8.069/90 – art. 97; Lei 9.605/98, art. 3°; Lei 5.250/67, arts. 37 e 38; Lei 7.492/86, art. 25; Lei 4.594/64, art. 44, dentre outras).

Hoje a culpabilidade, como categoria, apresenta também outros sinais de esgotamento causados pelas teorias neopositivas que procuram relacionar a criminalidade a desvios orgânicos, genéticos, psicológicos ou mesmo ambientais.

Nunca é demais lembrar que a culpabilidade – como construção iluminista – surgiu como extraordinário instrumento de limitação do poder punitivo do Estado, dela defluindo muitos consectários, autênticas garantias constitucionais, como as da legalidade, da pessoalidade da pena e da irretroatividade das leis mais gravosas.

O novo paradigma penal foi entre nós incorporado ao texto da Lei 9.605/98 e dividiu os estudiosos da matéria em dois grupos: aqueles que não mais põem reservas à responsabilidade penal da pessoa jurídica,[19] seguindo a mesma trilha aberta no direito estrangeiro,[20] e aqueles que afirmam o contrário,[21] invocando a teoria da vontade, a alegação de ausência de previsão constitucional e outros óbices, de ordem processual, como veremos.

Dentre as críticas, está a que sustenta estar o § 3° do artigo 225 da CF direcionado à punição da pessoa jurídica nos âmbitos meramente civil e administrativo.

Aliás, o § 5° do artigo 173 da CF, com superioridade, esclarece que "a lei, sem prejuízo da responsabilidade individual dos dirigentes da pessoa jurídica, estabelecerá a responsabilidade desta", sujeitando-a, entretanto, a punições *compatíveis com sua natureza* por atos praticados contra a Ordem Econômica e Financeira e contra a Economia Popular.

Dizendo com outras palavras: o legislador constituinte, ao que tudo indica, em momento algum pretendeu, ao elaborar o texto da Lei Fundamental, quebrar a regra por ele próprio consagrada (artigo 5°, inciso XLV) de que a responsabilidade penal é, na sua essência, inerente só aos seres humanos, pois estes, como afirmamos antes, são os únicos dotados de consciência, vontade e capacidade de compreensão do fato e de ação (ou omissão) conforme ou desconforme ao direito.

Particularmente, alinhamo-nos ao pensamento de Luiz Flávio Gomes, Antonio García-Pablos de Molina e Alice Bianchi[22] e sustentamos que a Lei Ambiental n° 9.605, de 13 de fevereiro de 1998, acabou dizendo mais do que podia ao prever que as pessoas jurídicas são suscetíveis de responsabilização administrativa, civil e penal juntamente com as pessoas físicas, autoras, coautoras ou partícipes do mesmo fato (art. 3° e seu parágrafo único).

---

[19] SHECAIRA, Sérgio Salomão; SICOLI, José Carlos Meloni; SIRVINSKAS, Luiz Paulo; AZEVEDO, Tupinambá, em artigos publicados no *Boletim 65 do IBCCrim* (os três primeiros), e na *Revista da Ajuris*, volume 72 (o último), com os títulos A Responsabilidade das Pessoas Jurídicas e os Delitos Ambientais, A Tutela Penal do Meio Ambiente na Lei n° 9.605, de 13 de fevereiro de 1988, Questões Polêmicas sobre a Responsabilidade Penal da Pessoa Jurídica nos Crimes Ambientais e Da Ação e do Processo Penal na Lei 9.605/88, proclamaram, com efeito, que, com a nova lei ambiental, se acabou por definir, no Brasil, a responsabilidade da pessoa jurídica.

[20] TIEDMANN, Klaus, ilustre professor de direito penal na Alemanha, em declarações prestadas ao jornal *Folha de São Paulo*, de 30 de setembro de 1995, afirmou que, na Alemanha, nos Estados Unidos, na Austrália e no Japão, já se admite a responsabilidade penal da pessoa jurídica, sendo que esta *"não exclui a das pessoas físicas que dirigem estas empresas. São punidos os dois: a companhia e os seus dirigentes"*. As pessoas coletivas, sociedades e associações de fato são, em Portugal, penalmente responsáveis pelos crimes previstos na Lei da Criminalidade Informática (n° 109, de 17 de agosto de 1991), quando cometidos em seu nome e no interesse coletivo pelos seus órgãos ou representantes (artigo 3°, n° 1). As penas, consoante a citada lei, são a perda de bens, a caução de boa conduta, a interdição temporária do exercício de certas atividades ou profissões, o encerramento temporário ou definitivo do estabelecimento e a publicidade da decisão condenatória (artigo 11).

[21] Posicionam-se contrariamente aos autores citados na nota anterior Luiz Régis Prado, Luiz Luisi, René Ariel Dotti, Luiz Vicente Cernicchiaro, Fernando Pedroso, Sheila Jorge Selim de Sales e Érika Mendes De Carvalho, consoante se extrai da obra escrita por esta última, *Tutela Penal do Patrimônio Florestal Brasileiro*, São Paulo: RT, 1999, p. 149.

[22] GOMES, Luiz Flávio; MOLINA. Antonio García-Pablos; BIANCHINI, Alice. *Direito Penal*. São Paulo: RT, 2007, vol. 1, p. 525.

A timidez dos órgãos de defesa do meio ambiente na promoção de ações judiciais contra pessoas jurídicas, no Brasil, muito embora a intensidade dos danos ambientais noticiados todos os dias pela mídia, parece consistir, aliás, a prova do que afirmamos.

Mesmo que a Lei 9.605 encontre base constitucional, ao contrário do que afirmam muitos especialistas,[23] ainda assim precisaremos superar muitas dificuldades bem visíveis na órbita do *processo.* para que ela possa ser aplicada sem reservas.

Observe-se:

Em todos os procedimentos, como natural desdobramento da garantia de ampla defesa, assegura-se ao demandado um momento processual para ser interrogado, isto é, para dar ao juiz a sua versão pessoal sobre os fatos.

Como fazer para interrogar a pessoa jurídica considerando-se que é pela *boca* de seu administrador que ela se pronuncia?

Como evitar que ele retire de si e transfira para a pessoa jurídica (e aos seus quotistas ou acionistas) a responsabilidade pelo que *não fizeram*?

Ora, se as justificativas para o fato serão fornecidas pela *pessoa física que dirige a pessoa jurídica* não seria o caso de confinar na *pessoa física dirigente* a responsabilidade penal pelas decisões tomadas em nome daquela?

É claro que, ao apontarmos essas restrições, não estamos nos posicionando contra as ações oficiais de controle e de repressão dos atos lesivos ao interesse social e atribuídos às pessoas jurídicas, pois não desconhecemos que os grandes conglomerados econômico-financeiros, nestes tempos novos de globalização e de intensa fragilização do Estado e da sociedade, podem causar grandes danos ao erário público, à Administração Pública, aos poupadores, aos consumidores, ao meio ambiente, etc.

Há consenso em torno da imprescindibilidade e urgência de se encontrar uma forma eficaz de reação contra os efeitos deletérios de certas gestões das corporações, planejadas e executadas não propriamente por alguém em particular, mas por um grupo indefinido de pessoas que manobram por detrás das pessoas jurídicas, enriquecendo à custa da alta do dólar, das fraudes financeiras, da corrupção político-administrativa, das licitações e das falências fraudulentas, da sonegação fiscal, etc.

Como lembra Miguel Reale Jr., "ao inverso das associações criminosas tradicionais, que vivem para a prática de delitos para ao depois buscar fontes de legitimação de seus rendimentos, os grandes conglomerados têm finalidade lícita ou aparentemente lícita e transbordam para atividades ilícitas, no afã de maiores lucros, sempre estimulados ou acobertados pelo poder econômico ou político que possuem".[24]

O despreparo do direito penal clássico – no âmbito da criminalidade de massas, organizada, econômica e ecológica – também foi lembrado por Hassemer[25] para justificar as tendências de sua substituição por um novo modelo de intervenção denominado de "Direito de Intervenção".

Esse novo modelo se voltaria precipuamente para a prevenção e se situaria entre o Direito Penal, o Direito Administrativo, o Direito repressivo dos atos ilícitos no campo

---

[23] Diversos juristas brasileiros já firmaram que a Lei 9.605 é inconstitucional na parte em que dispõe sobre a responsabilidade penal das pessoas jurídicas, merecendo de Miguel Reale Jr., em artigo escrito no Jornal Folha de São Paulo, o adjetivo de *hedionda* (MARQUES, Oswaldo Henrique Duek, *A Responsabilidade da Pessoa Jurídica por Ofensa ao Meio Ambiente* e BITENCOURT, Cézar Roberto, *Responsabilidade Penal da Pessoa Jurídica à Luz da Constituição Federal.* Revista Brasileira de Ciências Criminais, IBCCrim, n. 65).

[24] REALE JR., Miguel. Crime Organizado e Crime Econômico. *Revista Brasileira de Ciências Criminais, IBCCrim*, v.13, p. 186.

[25] HASSEMER, Winfried. Perspectivas de uma Moderna Política Criminal. In: *Três Temas de Direito Penal,* Porto Alegre: Estudos do MP, AMPRGS, 7, p. 87 e segs.

das PENAS e seus CRITÉRIOS de APLICAÇÃO

do Direito Civil e no campo do Direito Fiscal. Embora nosso desacordo com as proposições voltadas ao enfraquecimento do direito de defesa e dos princípios constitucionais que regem o direito penal moderno, parece-nos inevitável que diante dessas tendências, o mundo terá, a médio ou longo prazo, um novo paradigma penal em escala global.

Então, sem negarmos essa realidade e entendermos como legítimas as respostas do Estado, o que propomos é que elas fiquem adstritas aos planos administrativos ou fiscais, que, afora serem mais eficientes, permitam que as pessoas jurídicas continuem em atividade, em favor do desenvolvimento econômico, da geração de impostos, do emprego e da renda.

De fato, lembra-nos Raúl Cervini que por detrás da tessitura destinada a quebrar o paradigma da responsabilidade individual "não há outra coisa senão um Direito Administrativo disciplinário ao qual se agrega a pena com sua nota estigmatizante, que pode levar a calma a certos círculos. Estritamente, sua concreção implicaria desnecessário desdobramento do princípio da responsabilidade pessoal e um retrocesso dogmático inócuo, já que, em muitos fatos, só serviria para reforçar a tradicional impunidade das pessoas físicas que as controlam".[26]

Por último, a concepção em favor da responsabilidade penal da pessoa jurídica não pode ser descontextualizada do direito penal funcional e simbólico praticado em nosso país e que se expressa por meio de leis severíssimas, que transmitem à população a falsa ideia de que a causa da violência pode ser sufocada com cadeia, e não com políticas sociais duradouras.

Essa visão ideológica de direito se confronta com a visão moderna do garantismo. Ela, cada vez mais, se propaga no embalo da expansão do direito penal e da minimização das políticas públicas destinadas a transformar o direito penal em típico soldado de reserva.

Ninguém mais ignora que as penas não intimidam o criminoso, que não lê o Código para avaliar as vantagens ou desvantagens do seu gesto, e, simplesmente, acredita que não vai ser apanhado pela polícia e pela justiça. O combate ao crime e à violência são, sim, questões de polícia, mas, predominantemente, questões de política... voltadas não só para o crescimento moral e espiritual das pessoas mas, também, para as condições indispensáveis ao crescimento das empresas hoje sob intenso controle da burocracia estatal e de carga tributária de peso inigualável.

Aliás, o incremento da punição da pessoa jurídica, na atualidade brasileira, é um fato.

Recentes leis dispõem sobre acordos de leniência e pagamentos de pesadíssimas multas pelas pessoas jurídicas em razão de infrações penais causadas por seus controladores, sócios, diretores ou administradores.

A conhecida Operação Lava Jato, por exemplo, acabou provocando, para o bem ou para o mal (a história acabará dizendo), dificuldades financeiras muito sérias para algumas grandes empresas brasileiras na área da infraestrutura, algumas tendo que entrar em recuperação judicial e precisando daí demitir milhares de empregados sem nenhuma conexão com os malfeitos imputáveis apenas aos seus superiores hierárquicos. A preservação das empresas evitaria os elevados prejuízos sociais causados pelos desempregos e também não cortaria a fluxo dos impostos que mensalmente ingressavam nos cofres públicos da União, dos Estados e dos Municípios.

---

[26] CERVINI, Raúl; GOMES, Luiz Flávio, *O Crime Organizado*. São Paulo: RT, 1995, p. 262.

6

As penas no direito brasileiro: evolução histórica e classificação

*As penas que ultrapassam a necessidade de
conservar o depósito da salvação pública
são injustas por sua natureza.*
Beccaria

Sumário: 6.1. Evolução histórica das penas; 6.2. A classificação das penas: 6.2.1. Penas proibidas: 6.2.1.1. A pena de morte; 6.2.1.2. Penas de caráter perpétuo; 6.2.1.3. Pena de trabalhos forçados; 6.2.1.4. Pena de banimento; 6.2.1.5. As penas cruéis; 6.2.2. Penas permitidas; 6.2.2.1. Penas privativas de liberdade: a reclusão, a detenção e a prisão simples; 6.2.2.2. Penas de perda de bens; 6.2.2.3. Pena de multa; 6.2.2.4. Pena de prestação social alternativa; 6.2.2.5. Pena de suspensão ou interdição de direitos.

6.1. Evolução histórica das penas

Nada é definitivo na face da Terra. Tudo o que é sólido se desmancha no ar, como disse Karl Marx no *Manifesto Comunista,* de 1848, e repetiu Marshal Berman, como título, em seu livro famoso.[1]

Cada época tem o seu "tempo" ... e cada tempo a sua sociedade e as suas leis, que, incessantemente, vão perdendo força, se estratificando e sendo substituídas por outras, por causa do ritmo alucinante das mudanças.

Spota[2] anotou que as leis, por causa desse descompasso com a realidade, quando são chamadas para a solução do caso "novo", sempre "chegam tarde" e, não raro, como bem o demonstrou Novoa Monreal,[3] acabam atuando como um obstáculo às transformações sociais, porque, como observava o preâmbulo de uma ordenança francesa, comentada por Ripert, "não há lei que não encerre um voto de perpetuidade".[4]

Assim, por mais motivado e atento que esteja o legislador, ele só pode "caminhar por saltos", nos dados momentos em que põe em movimento seu aparato de produção

---

[1] BERMAN, Marshal. *Tudo o que é Sólido Desmancha no Ar*. São Paulo: Companhia das Letras, 1987.

[2] SPOTA, Alberto G. *O Juiz, o Advogado e a Formação do Direito Através da Jurisprudência*. Porto Alegre: Sergio Fabris, 1987, p. 30.

[3] MONREAL, Eduardo Novoa. *O Direito como Obstáculo à Transformação Social*. Porto Alegre: Sergio Fabris, 1998.

[4] Idem, p. 27.

legislativa, enquanto " a vida social evolui, fluídica e constantemente, em permanente indiferença pelas suas formas pretéritas", andando sempre na "retaguarda dos fatos sociais".[5]

As leis refletem, então e sempre, as características sociais, econômicas, ideológicas, da época em que foram editadas, e, quando examinadas, comparativamente, permitem a rápida identificação do modelo político vigente, o modo como o poder era exercido, o nível de respeito e proteção aos direitos e às liberdades fundamentais e o nível dos avanços (ou recuos) no processo civilizatório.

É sob essa ótica que devemos considerar as leis penais brasileiras, sem a crítica maniqueísta, haja vista as peculiaridades absolutamente próprias e distintas da época imperial, da República incipiente, do Estado Novo, do governo de força dos militares e, mais recentemente, do Brasil, sob a Constituição Cidadã de 1988.

O Brasil, da descoberta até a proclamação da República, foi regido pelas Codificações Canônicas[6] e pelas Ordenações Filipinas, as quais cumpriram, cada qual a seu modo, seus papéis como instrumentos de dominação e de opressão do povo pelo Estado Absolutista em consórcio com a Igreja.

Com efeito, até o advento da modernidade, graças às formulações iluministas que propiciaram o desenho do direito penal clássico que conhecemos hoje, o direito canônico, nas palavras de Salo de Carvalho, forneceu o lastro para a atuação dos Tribunais da Inquisição e a convocação de "um número incalculável de pessoas ... que sofreriam processos verdadeiramente kafkianos, devido a sua estrutura de denúncia (o processo por inquérito admite acusações anônimas e, muitas vezes, o réu não conhece o conteúdo das acusações que lhe são imputadas) e à estrutura probatória (a confissão é o principal meio de prova, e a tortura é utilizada como instrumento para descobrir a 'verdade')".[7]

Sob a batuta da Inquisição, o clero, juntamente com os Estados Absolutistas em ascensão, "fundamentou suas perseguições ampliando o rol dos culpáveis, englobando em suas tipificações, além da criminalidade comum, qualquer oposição que critique o saber oficial. Estabelece-se uma estrutura ampla e onipresente de poder que não admite a existência do 'Outro', do diverso, que é determinado pelo adjetivo herético".[8]

A execução de Giordano Bruno e o julgamento de Galileu podem ser citados como os mais tristes e vergonhosos episódios da história da humanidade, dentre muitos outros.

Embora a atuação da Inquisição tenha sido tímida no palco brasileiro, a circunstância não impediu que Padre Antônio Vieira fosse preso entre 1665 e 1667, por ter articulado candentes denúncias, em seus famosos *Sermões*, contra as injustiças cometidas naquela época, especialmente contra os indígenas.

A seu turno, as Ordenações (Afonsinas, 1500 a 1514, Manuelinas, 1514 a 1603, e Filipinas, 1603, introduzindo em nosso meio as primeiras normas penais estatais que vigoraram até a publicação do Código Criminal de 1830) reproduziram o direito penal

---

[5] MONREAL, op. cit., 1998, p. 32.

[6] *Directorium Inquisitorum e Malleus Maleficarum*, editadas pelo Vaticano, em 1376 e 1489, respectivamente.

[7] CARVALHO, Salo de. *Da Desconstrução do Modelo Jurídico Inquisitorial*. In: WILKMER (org.). *História do Pensamento Jurídico*. Belo Horizonte: Del Rey, 1996, p. 25.

[8] Idem, ibidem.

do horror da Idade Média,[9] época em que, com base nelas, "sobre o corpo e o espírito dos acusados e dos condenados se lançavam as expressões mais cruentas da violência dos homens e da ira dos deuses", de tal modo que "contra os hereges, apóstatas, feiticeiros, blasfemos, benzedores de cães e outros bichos, sem autorização do rei, e muitos outros tipos pitorescos de autores, eram impostas as mais variadas formas de suplícios", segundo lembra René Ariel Dotti,[10] nas suas *Notas para a História das Penas no Sistema Criminal Brasileiro.*

Dentre tantos absurdos, as Ordenações Afonsinas dispunham que: se um mouro ou um judeu pretendesse passar-se por cristão, o rei poderia entregá-lo a qualquer pessoa, como escravo (servidão penal). Os ilícitos contra a fé pública (moeda falsa) ou o poder real, consoante o Título VI, inciso 9, e Título XII, eram punidos com a mesma "pena": morte! Do mesmo modo, eram punidos a sodomia, o incesto e o homicídio (Título XXXV, inciso 3).

Era tão amplo o catálogo de punições das Ordenações Filipinas que um rei africano – segundo Dotti – teria estranhado, ao ouvir a leitura, que nelas "não se cominasse pena para quem andasse descalço"...[11] A declaração formal de infâmia ou a danação da memória se o culpado falecesse antes de ser preso, acusado ou infamado, a amputação de membros, açoites com baraço e pregão, o degredo, as galés, a deserdação, o confisco, em suma, constituíam um repertório de medidas que revelavam as intensas preocupações de exemplaridade e retribuição.

Além dessas penas, da multa, do confisco e da queimadura com tenazes ardentes, as Ordenações Filipinas regulavam a execução da pena capital: a pena de morte "natural" seria mediante enforcamento; a de morte "natural pelo fogo", a de morte "natural cruelmente" e a de morte "natural para sempre", muito embora a visível contradição interna dos termos, pois, simplesmente, não se concebe morte "natural pelo fogo", tampouco morte "natural cruelmente", porque toda a morte que não for, simplesmente, natural, agride os princípios que presidem a natureza.

Na primeira, o condenado expiava o crime e, depois, era enforcado no pelourinho. Na segunda, era submetido a garrote e, depois, lançado às chamas; na terceira, a forma de execução ficava entregue ao arbítrio do executor, e, na última, o condenado ficava pendente na forca, até cair podre sobre o solo do patíbulo, insepulto, até a carne separar-se dos ossos.[12]

O direito penal das Ordenações, situado nesse horroroso contexto político, cumpriu, portanto, nos impiedosos moldes já citados, como típico aparelho de Estado, segundo a construção de Althusser,[13] a explícita função ideológica, em seu sentido ne-

---

[9] Em seu livro *Bases e Alternativas para o Sistema de Penas.* São Paulo, RT, 1988, RENÉ ARIEL DOTTI lembra que, em verdade, as "Ordenações Filipinas tiveram pouca influência sobre a terra conquistada e que tampouco as Ordenações Manuelinas se constituíram em fonte de direito aplicável, já que o arbítrio dos donatários é que, na prática, impunha as regras jurídicas. Ao capitão era dada a faculdade de nomear ouvidor, o qual conhecia das apelações e agravos de toda a capitania e de ações novas até dez léguas de distância, de onde se encontrasse. A alçada do ouvidor era de cem mil réis nas causas cíveis, enquanto, nas questões criminais, o capitão e ouvidor tinham competência para absolver ou para condenar, impondo qualquer pena, inclusive a de morte, salvo tratando-se de uma pessoa de mor qualidade, pois nesse caso – excetuados os crimes de heresia, traição, sodomia e moeda falsa – só tinham alçada até dez anos de degredo e cem cruzados de multa" (p. 46).

[10] DOTTI, René Ariel. *Notas Para a História das Penas no Sistema Criminal Brasileiro.* Separata da Revista Forense, v. 292, p. 2 e 3.

[11] Idem, p. 2. e *Bases e Alternativas*, p. 46.

[12] LYRA, Roberto e ARAÚJO JR. João Marcelo de. *Criminologia.* Rio de Janeiro: Forense, 1992, p. 179.

[13] ALTHUSSER, Louis. *Ideologia e Aparelhos Ideológicos do Estado.* 3.ed., Editorial Presença/Martins Fontes.

gativo, de manter e de reproduzir o poder político. A condenação dos participantes da Conjuração Mineira, o esquartejamento de seu maior expoente, Tiradentes, e a "pena" de infâmia irrogada aos seus descendentes bem ilustram a afirmação.

O advento do Código Criminal de 1830 alteraria significativamente esse quadro de horror. Esse diploma legislativo refletiu as ideias iluministas e a avançada formação jusnaturalista e iluminista de Bernardo Pereira Vasconcelos, auferida em Coimbra, e embora mantivesse a união entre o direito e a moral[14] e preservasse as penas de morte (arts. 38 a 43), de galés (arts. 44 e 45), de banimento (art. 50), de degredo (art. 51) e de açoites (art. 60), foi saudado como síntese das ideias liberais que varriam o continente europeu, a ponto de servir de parâmetro à elaboração do Código Espanhol[15] e de Códigos Penais latino-americanos.[16]

Foi com o Código Penal de 1830 que apareceu a pena de multa em dias-multa (art. 55), e a reforçar seu caráter inovador e progressista, consta que o grande jurista Hans Mittermayer teria aprendido português só para poder lê-lo no original.[17]

Como lembra Ruth Chittó Gauer,[18] o professor de Vasconcelos foi aluno de Mello Freire, nessa época, e invocava Beccaria nas aulas de direito em Coimbra, de modo que o Código de 1830 não escapou dessa extraordinária influência garantista e moderna.

Os ventos liberais continuariam a soprar cada vez mais fortes em território brasileiro, e, proclamadas a Independência, em 1882, e a República, em 1889, o Governo tratou logo de abolir, por meio do Decreto nº 774, de 20 de setembro de 1890, a pena de galés; reduzir a trinta anos o limite das penas perpétuas; permitir o cômputo no tempo de prisão do período de prisão preventiva e a instituir a regra da prescrição dos crimes e das penas, que, infelizmente, viria a ser quebrada em 1988.

Portanto, o encerramento do ciclo das penas infamantes, desumanas, desproporcionais, cruéis, ocorreu a esse tempo, com o novo modelo de Governo e o novo Código Penal de 1890 aprovado mediante o Decreto 847, de 11 de outubro do mesmo ano, para refletir as novas formas de Estado e de Governo e os avanços políticos alcançados pela sociedade brasileira.

A nova sistemática instituída pelo Código de 1890 assentava-se na prisão celular (art. 45), na prisão com trabalho obrigatório (art. 48) e na prisão disciplinar (art. 49) e no banimento, interdição, suspensão e perda de emprego público, com ou sem inabilitação para o exercício de outro, bem ainda na multa em dias (arts. 43 e 55).

---

[14] Alinhado às grandes codificações da época – notadamente a napoleônica –, a ponto de prever, no artigo 160, dentro da filosofia desse Código, pena de três anos de suspensão do emprego ao juiz que não fosse simplesmente a boca da lei e julgasse ou procedesse "contra lei expressa", o Código Criminal de 1830 manteve intacta a união entre o direito e a moral, o que se evidenciou em muitos tipos penais, como os dos artigos 276, 278 e 280, por exemplo. O primeiro cominava pena máxima de demolição "celebrar em casa ou edifício que tenha alguma forma exterior de templo, ou publicamente em qualquer lugar, o culto de outra religião que não seja a do Estado"; o segundo estabelecia prisão por um ano, com pena no grau máximo, "propagar por meio de papéis impressos, litografados ou gravados, que se distribuírem, por mais de quinze pessoas, ou por discursos proferidos em públicas reuniões, doutrinas que diretamente destruam as verdades fundamentais da existência de Deus e da imortalidade da alma", e o terceiro previa pena máxima de prisão a quem praticasse "qualquer ação que, na opinião pública, seja considerada como evidentemente ofensiva da moral e bons costumes, sendo em lugar público".

[15] CEREZOMIR, José. *Curso de Derecho Penal Español. Parte General.* 3. ed., Madrid: Tecnos, 1990, p. 107.

[16] ZAFFARONI, Raúl. *Manual*, p. 123, *apud* FRANCISCO DE ASSIS TOLEDO. *Princípios Básicos de Direito Penal.* São Paulo: Saraiva, 1986, p. 52.

[17] GAUER, Ruth M. Chittó. Influência da Universidade de Coimbra no Moderno Pensamento Jurídico Brasileiro, *Revista do Ministério Público do RS*, v. 40, p. 34.

[18] Idem, ibidem.

Com o propósito de deixar para trás o direito penal do horror, o Código Republicano de 1890, no entanto, teve vida curta. Haja vista a quantidade de alterações, foi preciso reuni-las em um novo documento conhecido como "A Consolidação de Vicente Piragibe", que não vigoraria por muito tempo, pois seria substituída no Governo Getúlio Vargas, em pleno Estado Novo, pelo atual Código Penal, igualmente alcançado por muitas modificações pontuais, como sabemos todos. O projeto foi preparado por Alcântara Machado e, na revisão final, contou com a participação de juristas eminentes, como Vieira Braga, Narcélio de Queirós, Roberto Lyra, Costa e Silva, Abgar Renault e Nelson Hungria.

Estruturado sob a influência ideológica do Código Rocco, o projeto, que seria transformado no atual Código Penal, manteve a aposta de eficiência das penas privativas de liberdade (reclusão, detenção e prisão simples, esta última específica para fatos contravencionais); preservou a multa e, além das denominadas penas acessórias, propiciou a aplicação cumulativa das penas com medidas de segurança aos doentes mentais ou portadores de perturbação da saúde mental, reavivando o paradigma etiológico positivista de defesa da sociedade contra o homem perigoso e, desse modo, mesclando postulados da Escola Clássica e da Escola Positiva ou Antropológica.

Como natural decorrência da edição do Código Penal de 1940, já no ano seguinte (1941) foi editado o Decreto-Lei n° 3.689, de 3 de outubro de 1941, instituindo o atual Código de Processo Penal.

Esse diploma – bem ajustado à matriz ideológica do Código Penal de 1940 – preservou traços da inquisitividade dominante no período medieval e na legislação do Império, ao autorizar o juiz a requisitar a abertura de inquérito (art. 5°, II); a requisitar provas (art. 156); a decretar de ofício a prisão preventiva (art. 311); a abrir processos contravencionais, mediante portaria (revogado art. 531; a ampliar os casos de recurso de ofício (arts. 410, 574, incisos I e II (revogado), 746 do CPP (e, depois, por meio da Lei 1.521/51, art. 7°, relativa aos crimes contra a Economia Popular); a reinquirir o acusado (art.196), inclusive na fase recursal (art. 616), etc.

Os dois Códigos (o Penal e o Processual Penal) cumpriram o seu papel sem maiores questionamentos críticos pela doutrina, tendo-se bem em conta que o País era predominantemente rural, com baixíssimos índices de criminalidade e de violência nas ruas, pois o aumento populacional, o crescimento das cidades e a marginalização social só seriam visíveis décadas depois.

O Governo Militar, instalado em 1964, preservou esses dois diplomas e, curiosamente, introduziu modificações progressistas, embora por razões altamente questionáveis.

Assim, procurando camuflar a finalidade de beneficiar diretamente o Delegado Fleury, do DOPS paulista, que havia sido acusado e pronunciado por crime doloso contra a vida, o governo obteve a aprovação da Lei 5.941, de 22 de novembro de 1973, que rompeu com o princípio da prisão obrigatória por efeito de pronúncia e passou a permitir que os acusados primários e de bons antecedentes aguardassem o julgamento do processo pelo Júri em regime de liberdade plena.

Nessa linha, as modificações procedidas ao texto do artigo 594 do CPP, para possibilitarem a interposição de recurso de apelação por condenados primários e de bons

das PENAS e seus CRITÉRIOS de APLICAÇÃO

antecedentes em liberdade, ajustaram-se ao ideal de maior liberalização e humanização do direito penal.[19]

Outras duas importantes modificações foram realizadas pela Lei 6.416, de 24 de maio de 1977, ao CPP.

A primeira, consistente na adição de um parágrafo ao artigo 310 do CPP, para assegurar ao preso em flagrante o direito à liberdade provisória, mediante termo de comparecimento aos atos do processo, quando não ficar demonstrado e provado motivo concreto e provado que justifique ou determine a necessidade do confinamento cautelar, nos mesmos moldes que a lei exige para o decreto de prisão preventiva. A outra modificação foi para introduzir a obrigatoriedade de classificação dos condenados dentro do grupo de condenados em situações equivalentes.

Nesse ano, a Parte Geral do Código Penal passaria por uma profunda alteração com a incorporação pela Lei 7.209 das mais avançadas teorias europeias da época, relacionadas à teoria geral do delito e ao compromisso de penas para a retribuição, a prevenção e a reintegração harmônica do criminoso com a sociedade livre da qual foi retirado.

A multa, com a Lei 7.209, voltou a ser calculada em dias-multa, o que permitiu a correção das injustiças que o sistema de aplicação em quantidade fixa produzia, em casos de coautoria ou participação, aos condenados mais pobres que tivessem agido com idêntica culpabilidade.

Integrando e completando a Reforma, a Lei 7.210, também de 1984, entregou ao país o reclamado Código de Execuções Penais, definindo, ao menos formalmente, o conjunto de direitos e deveres entre o Estado e o condenado, jurisdicionalizando, pioneiramente, a execução e, desse modo, protegendo a este de arbitrariedades, excessos ou desvios.

Expirado o período da ditadura militar e a promulgação da Constituição liberal e democrática de 1988, a expectativa era a de que, a partir daí, a legislação ordinária fosse aperfeiçoada ainda mais.

Entretanto, a realidade demonstrou o contrário, haja vista o incremento do Estado Policial-Penal em detrimento do Estado-Social, visível em leis como a dos crimes hediondos (8.072/90), do trânsito (9.503/97), do crime organizado (9.034/95), dos crimes de "guarda", "posse" e "transporte" de armas (9.437/97), dos crimes de proteção ambiental (9.605/98), dentre tantas outras.

Essas leis, em reiterados retrocessos, produziram a quebra do princípio da progressividade nos regimes; proibiram o apelo em liberdade em determinadas situações; conferiram ao juiz o poder de investigar, em procedimento secreto, por crime organizado, reavivando os tempos da inquisição; ampliaram o campo de incidência do direito penal ao prever a punição da pessoa jurídica, por infrações ambientais; agravaram as penas privativas de liberdade, romperam com a hierarquia das penas previstas no Código Penal; fizeram vista grossa ao princípio da proporcionalidade, equiparando

---

[19] Conforme explicaremos no capítulo 15, o art. 594 do CPP está atualmente revogado. O acusado terá o direito de recorrer em liberdade, mesmo não sendo primário e de bons antecedentes. Protege-o contra execução antecipada da sentença a garantia da presunção de inocência. Isso não significa que o juiz não possa decretar-lhe a prisão preventiva, na sentença condenatória, desde que o faça com base em motivos concretos que indiquem a necessidade da medida excepcional. Se o réu não for encontrado para ser efetivada a prisão, nem por isso seu recurso deixará de ser conhecido e julgado.

infrações de resultado concreto e de perigo, prevendo a punição do crime culposo mais intensamente que a do crime doloso, etc.

E, no bojo desses retrocessos, poderíamos apontar como paradigmática a Lei 9.614/98, que introduziu um parágrafo ao artigo 303 do Código Aeronáutico brasileiro, autorizando a destruição de qualquer avião em trânsito sobre o território brasileiro, se o responsável, por qualquer motivo, deixar de atender à ordem de pouso em aeroporto internacional para conferência de documentos, verificação de carga ou apuração de eventual ilícito...

Dizendo de outro modo: já não há mais garantias, embora as solenes e repetidas declarações da Constituição Cidadã de 1988, porque a morte pode ser decretada pelo rádio... em nome do projeto de erradicação das drogas, das armas, etc. Ninguém é a favor do narcotráfico e do contrabando de armas (excetuados os narcotraficantes e os contrabandistas). Mas esse posicionamento não autoriza a substituição das indispensáveis políticas públicas destinadas a neutralizar essas práticas criminosas, com uso de inteligência policial, controle de fronteiras e maior presença do Estado nos locais de distribuição de drogas) por ações diretas típicas do "estado de guerra" contra todos, que substitui a ação das instituições formais e põe em risco pessoas inocentes.

A legislação penal pós-88 tem traços inquisitoriais, é retrógrada, instrumentaliza o projeto do Poder Executivo de fazer a população crer que a "ordem" pode ser alcançada com leis severas, como se a realidade pudesse ser modificada por decreto! Como nunca, tem sido utilizada pelo Estado como mecanismo de pressão para aumentar a arrecadação tributária.

Essa é a mesma visão utilitarista proposta pelo movimento *law and order*, que, diminuindo o Estado Social e maximizando o Estado Penal, nos moldes da política norte-americana de "tolerância zero", vem gerando créditos políticos ao Poder Executivo, pelas providências imediatas e supostamente eficientes que adota para atender aos reclamos da sociedade amedrontada pelo crime e, ao mesmo tempo, vem contabilizando às instâncias formais de controle (Judiciário, Polícia, MP etc.) o débito pelos insucessos previamente anunciados.

Por isso, essas instituições, no novo mundo globalizado, a cada dia mais se debilitam aos olhos da população, enquanto se fortalecem os mercados, o poder econômico, etc., graças às políticas protecionistas, potencializando a corrupção, a impunidade, em detrimento dos superiores interesses da sociedade, que devem defender e proteger.

Nesse discurso, omite-se, deliberadamente, que a redução da violência e da criminalidade nas cidades e, agora, também nos campos, depende da instituição e da execução de políticas públicas voltadas para o social, viabilizadoras da redução do analfabetismo – para não sonharmos muito com a sua erradicação –, da miséria, da fome, do desemprego, das doenças – bem como do fortalecimento (e não do desmantelamento) das instituições do Estado.

Depende também de uma nova ordem nas relações entre os entes federados, haja vista a fragilidade política, tributária e de participação dos Estados e dos Municípios na elaboração e implementação das grandes políticas públicas centralizadas nas mãos da União Federal.[20]

---

[20] O Brasil é um Estado Federado só no papel (art. 1º da CF), porque, na prática, funciona como um Estado Unitário. Administrativamente centralizada, a União Federal interfere e dá a última palavra em praticamente tudo. Os demais entes federados (Estados e Municípios) não exercem nenhuma influência na formulação e execução de políticas públicas nacionais, são carentes e dependentes de recursos financeiros, não geram empregos e rendas e, por isso, não têm as

Estruturada sob matriz inquisitiva, a legislação brasileira, em suma, na configuração de mais um paradoxo, avançou para flexibilizar-se e humanizar-se com mais intensidade em certos períodos das ditaduras do que no atual período histórico, regido pela Constituição garantista e democrática de 1988.

Não se diga, sequer, que a Lei 9.099/95, relativa aos Juizados Especiais Criminais, saudada como uma nova revolução copérnica, ou que a nova Lei 9.714/98, ampliando o rol das denominadas penas alternativas, autorizam conclusão em sentido contrário.

A Lei dos Juizados Especiais Criminais acarretou o inconveniente de trazer de volta às barras dos tribunais a clientela tradicional do aparelho repressivo (a população mais pobre), que vinha se alforriando da Justiça Penal pelas infrações de bagatela, de pouca ou nenhuma impactação ou lesividade social.

Já a Lei 9.714/98, embora atendendo às Recomendações das Regras de Tóquio (Resolução 45/110)[21] e ampliando o número de vagas nos presídios, foi editada sem conseguir esconder o propósito do Poder Executivo de liberar-se do dever de aporte de recursos para a qualificação dos recursos humanos e a melhoria das condições no interior das penitenciárias.

A sua edição, desacompanhada de investimentos e de providências concretas com a organização de serviços de fiscalização e de acompanhamento na execução, contribuirá, a nosso ver, para realimentar, com graves consequências, o descrédito do povo na eficiência da sua Justiça.

É, pois, dentro desse contexto político, e não só dentro do contexto estritamente jurídico-formal, que devem ser entendidas e compreendidas as espécies de penas que examinaremos a seguir. Elas integram um sistema punitivo já não mais tão harmônico e equilibrado.

6.2. A classificação das penas

Classificar é identificar coisas ou objetos empíricos, culturais, ideais ou informações em grupos, subgrupos ou espécies, conforme as semelhanças ou diferenças ou as qualidades intrínsecas ontológicas ou teleológicas.

A classificação constitui atitude científica de relevo, porque é graças a ela que se podem compreender as ideias, os fenômenos naturais ou sociais e o mundo de relações. Assim, por exemplo, no idioma pátrio, os substantivos são divididos em dois grupos: os comuns e os próprios e classificados em subgrupos de acordo com a importância, a individualização ou a especificação daquilo que nomeiam. Os seres vivos, a seu turno, podem pertencer ou ao grupo do reino animal ou ao grupo do reino vegetal, sendo os do primeiro grupo redistribuídos (ou reagrupados ou classificados) em espécies *racionais* e os últimos, desde as mais singelas espécies de algas até as plantas superiores, em irracionais.

---

mínimas condições de responderem às demandas da população em emprego, renda, saúde, educação, segurança, para dizermos o mínimo. Os jornais noticiam todos os meses os superávits em arrecadação de tributos federais. Do total arrecadado, a União fica com 70% (= 26,6% do PIB nacional), os Estados (e DF), com 25% (= 9,5%) e os Municípios apenas com 5% (= 1,9% do PIB nacional). É uma verdadeira derrama, se consideramos que o PIB nacional beira aos três bilhões de reais. Quer dizer: a União fica com a parte do leão no bolo tributário e os Estados e os Municípios com as sobras, embora seja deles a maior responsabilidade na execução dos serviços mínimos em saúde, segurança, educação. Nesse contexto, não há federação que resista.

[21] GOMES, Luiz Flávio. *Penas e Medidas Alternativas à Prisão*. São Paulo, RT, 1999, p. 21.

Em direito penal, por exemplo, as sanções podem ser dispostas em dois grupos opostos: as proibidas e as legalmente permitidas e, em seguida, *classificadas* em espécies com características próprias e inconfundíveis, de que são exemplos a reclusão e a detenção como *espécies* de penas privativas de liberdade e a prestação de serviços à comunidade, a limitação de fim de semana, a interdição de direitos, a prestação pecuniária e a perda de bens e valores como *espécies de penas restritivas de direito* – arts. 32 e 44 do CP.

A classificação das penas em vigor no país encontra sua base no artigo 5º, incisos XLVI e XLVII, da CF e reflete o compromisso que a nação brasileira assumiu por intermédio dos constituintes de maior humanização do direito penal, em contraste com o sistema de penas cruéis e infamantes do passado.

6.2.1. Penas proibidas

A penas proibidas estão elencadas no inciso XLVII, letras "a" a "e" da CF. Examinemo-las, nesse esforço classificatório.

6.2.1.1. A pena de morte

É antiga,[22] e sempre atual, a discussão sobre a legitimidade e a utilidade da pena de morte.

Como anotamos antes, ela estava prevista na legislação imperial, e a sua execução era transformada normalmente em um grande espetáculo público.

No alvorecer da República, a pena capital foi abolida, sendo rechaçada pelo Código Penal de 1890 e pelas Constituições Federais de 1891 (art. 72, § 21) e de 1934 (art. 113, n. 29), com ressalva à legislação militar em tempo de guerra. A Carta Magna de 1937 voltou a admitir a pena capital (art. 122, n. 3) em consonância com o modelo de força do Estado Novo, mas foi terminantemente vedada pela Constituição de 1946 (art. 141, § 31) e pela atual Lei Fundamental do País (art. 5º, inc. LXVII, letra "a").

Os criminalistas e as pessoas da sociedade distribuem-se em grupos radicalmente distintos nas discussões sobre a pena de morte.

Os que são a favor da pena capital apontam como fundamento sua suposta força *intimidativa,* direcionando-a, em regra, aos criminosos perigosos ou autores de crimes hediondos ou muito violentos, etc. Em regra, quando a mídia noticia a ocorrência de crimes graves, impactantes, a advocacia em favor da pena de morte ganha corpo, muito ao gosto dos políticos para angariarem votos.

Aliás, provavelmente preocupados com a intensificação da violência e da criminalidade violenta e crentes de que a pena de morte reduziria os seus níveis, a maioria da população de dez capitais brasileiras (83%) aprovou a realização de plebiscito sobre a admissão da pena de morte. E, das pessoas com mais de 16 anos chamadas a

---

[22] A morte era contemplada como pena no Código de Hamurabi (1.750 AC). A Bíblia, no Velho Testamento, prevê a morte para diversos crimes: assassinato (Êxodo 21:12), sequestro (Êxodo 21:16), deitar-se com animais (Êxodo 22:19), adultério (Levítico 20:10), homossexualismo (Levítico 20:13), ser um falso profeta (Deuteronômio 13:5), prostituição e estupro (Deuteronômio 22:4).

opinar, 60% disseram que votariam a favor dessa medida, caso fossem chamadas para opinar, segundo consta na pesquisa elaborada pelo Instituto Data Folha.[23]

Embora sem deixarmos de reconhecer que pessoas, individualmente consideradas, possam, em situação de *stress,* até vir a ter motivos para desejarem ou buscarem a morte de quem tenha cometido um mal grave, injusto e irreparável contra si ou contra pessoas de seu círculo familiar ou de amizade, esse aspecto, entretanto, não as autoriza a levar adiante o projeto, nem os motivos podem ser invocados como pretexto pelo Estado ou seus agentes para eliminação da vida do faltoso.

Não fosse assim, estaríamos negando a utilidade do Estado como "homem artificial" criado pelas pessoas de carne e osso para exercitar o encargo precisamente de, em nome delas, fazer a Justiça e, assim, evitar o retorno ao estado de barbárie.

Defender a pena de morte significaria, também, recusar a ideia individualista que concentra no homem o valor absoluto, para retornarmos ao holismo pré-contratualista, conforme procuramos demonstrar no capítulo primeiro, quando do discurso sobre a igualdade. Ora, o indivíduo não pode existir fora do corpo social. Por conseguinte, a vida humana não deve nunca ser deliberadamente sacrificada pelo Estado, ainda quando presente o risco de prejuízo ao interesse público, conforme ensinamento de Bobbio.[24]

Aos inconvenientes políticos agregam-se outros inconvenientes técnicos.

a) Eliminando-se a vida, elimina-se *ipso facto* a possibilidade de, com a pena, recuperar-se o criminoso para com a sociedade, afetando a legitimidade da execução capital;

b) A pena de morte não é segura, pois não afasta o risco de execução de inocentes. No Brasil, desde o final do Império, quando se cometeu o erro judiciário de matar Manoel da Mota Coqueiro, Dom Pedro II passou a converter em galés perpétuas a mais grave das penas, até hoje jamais reeditada.[25]

Bentham já dizia que "não há uma só pessoa, que tenha algum conhecimento do que é a justiça criminal, que não estremeça vendo o quanto está arriscada a vida de um homem debaixo do pesar de uma acusação capital, e que não se lembre de exemplos em que o miserável escapou por um milagre, que veio a descobrir a sua inocência, já quando estava, por assim dizer, com a corda no pescoço...";[26]

c) É discriminatória.[27] Quando discutia na Suprema Corte americana a pena de morte a ser infligida contra certo cliente, o advogado Amsterdan assim se expressava:

---

[23] "Sem contar os 4% que não quiseram se posicionar, 36% são contra a aplicação da pena de morte. Destes, a maioria, 40%, não querem a execução de réus por temerem a morte de inocentes, principalmente os pobres, além de considerarem a Justiça corrupta. Um pouco menos, 36%, responderam à pesquisa com base num princípio cristão e humanista: 'A vida só Deus tira, ninguém tem o direto de tirar a vida de outra pessoa' (...) Entre os favoráveis à pena de morte, a principal razão, 53%, é a crença de que baixaria a criminalidade. Outros 21% aprovam a execução dos criminosos por entenderem que a Justiça e o sistema penitenciário não funcionam, além de haver corrupção e impunidade" (*Zero Hora*, Porto Alegre, 28 abr. 1991).

[24] BOBBIO, Norberto. *A Era dos Direitos.* Rio de Janeiro: Campus, 1992, p. 181.

[25] CERNICCHIARO, Luiz Vicente *et al. Direito Penal na Constituição.* São Paulo: RT, p. 109.

[26] BENTHAM, Jeremy. *Teoria das Penas Legais e Tratado dos Sofismas Políticos.* São Paulo: Edijur, 2002, p. 154.

[27] "Nos Estados Unidos, por exemplo, em 1972, 62% dos prisioneiros do corredor da morte eram trabalhadores domésticos não especializados, sendo que 60% estavam desempregados na época dos seus crimes (...) No final de 1985, 48% dos condenados à morte nos EUA eram negros ou de outras minorias étnicas, que representam, contudo, apenas 12% da população. No Alabama, 66% eram negros. Negros condenados por assassinato de brancos são sentenciados à morte com frequência maior que qualquer outro grupo, enquanto brancos raramente o são quando matam negros. Em 77 e setembro de 86, 59 dos 66 executados tinham sido condenados por assassinato de brancos. Estudos realizados em

"Primeiro: A pena de morte é imposta com mais frequência às minorias e aos pobres. As estatísticas mostravam claro padrão de discriminação. Em segundo lugar, era imposta de maneira arbitrária e aleatória, não havia critérios consistentes para se determinar quem seria executado e quem seria poupado. Em terceiro lugar, ela não podia ser um meio eficaz de coibir o crime, por ser imposta em raríssimas situações. Em quarto lugar, era algo inaceitável na sociedade contemporânea, onde estados já tinham abandonado inteiramente e os juízes que tinham a opção de impô-la quase sempre se negavam a fazê-lo";[28]

d) A pena de morte não intimida[29] e, portanto, não é, por si, fator de redução da taxa de criminalidade em nenhum lugar do mundo. Basta ver os números que refletem a realidade nos EUA, país que admite a pena de morte.

A cada ano, 639 mil americanos enfrentam um criminoso armado; 9.200 morrem e 15 mil ficam feridos, revela um estudo publicado pelo Ministério da Justiça dos EUA. As armas de fogo são utilizadas em 7% das violações, em 18% dos roubos e em 22% das agressões, segundo as estatísticas, que cobrem o período entre 1979 e 1987. Em média, cometem-se anualmente, nos EUA, 9.200 homicídios, 12 mil violações, 210 mil roubos e 407.600 agressões executados por delinquentes armados. Os negros de 16 a 24 anos são os mais expostos à criminalidade.[30]

Estudos de Shecaira e Corrêa dão conta de que, na França e na Austrália, depois da abolição da pena de morte, em 1981 e 1984, respectivamente, não houve aumento significativo nos índices de homicídio, e as pequenas variações da criminalidade guardaram relação com outras causas. Assim, na França, disseram eles, "depois da abolição da pena de morte em 1981, a taxa média anual de homicídios cresceu 33%. No entanto, se verificarmos que neste mesmo período o desemprego sofreu um aumento de 122%" – afirmou esse penalista – "inferir-se-á que não pode ser imputada exclusivamente à pena de morte a manutenção dos freios na ação criminosa".[31]

---

alguns estados, que recorrem à pena de morte com mais frequência, evidenciaram propensões racistas. Na Flórida e no Texas, no período estudado, negros que matavam brancos tinham uma probabilidade de condenação à morte respectivamente 5 e 6 vezes maior do que os brancos que matavam negros. Na Geórgia, os assassinos de brancos tinham uma possibilidade de condenação à morte 11 vezes maior que a dos assassinos de negros" (*Anistia Internacional, Pena de Morte, Algumas Reflexões*. 1987, p. 1).

[28] WOODWARD, Bob e ARMSTRONG, Scott. *Por Detrás da Suprema Corte*. São Paulo: Saraiva, p. 271.

[29] "A China executou cerca de mil pessoas envolvidas nas manifestações da Praça da Paz Celestial... No aniversário do levante democrático, apesar dos pelotões de fuzilamento, novas e insistentes vozes pediam por liberdade. As fotos dos fuzilamentos comoveram o mundo, mas não impediram as rebeldias contra o Estado totalitário. Na Inglaterra, no reinado de Henrique VIII, o furto era punido com a forca. Nada menos do que 72.000 ingleses pagaram com a vida por atentarem contra o patrimônio, no período de 1509 a 1547. Sabe-se, pelos cronistas da época que os batedores de carteiras, mesmo sujeitos a serem pendurados pelo pescoço, aproveitavam-se dos atos de execução para furtarem tranquilamente os espectadores em delírio nas praças das forcas" (COPETTI, Álvaro. *Pena de Morte, Retrocesso da Civilização*. Zero Hora, 15 jun. 1990). No Canadá, "a taxa de assassinatos, que era de 3,09 por 100 mil habitantes em 1975, ano que antecedeu a abolição da pena de morte, caiu para 2,74 por 100 mil habitantes em 1983. (...) Pesquisas de 1983 demonstram que, nos estados que adotavam a pena de morte, as taxas de homicídio eram maiores que nos estados abolicionistas. A Flórida teve, de 76 a 78, uma das mais baixas taxas de homicídios de sua história. Em 79, com a retomada da pena de morte, estas taxas aumentaram brutalmente, havendo elevação de 28% em 80 e, em 84, os índices ainda eram superiores aos do período sem execuções. Na Geórgia, deu-se o mesmo, com elevação dos homicídios de 20% no ano que se seguiu à retomada das execuções, sendo que em nível nacional, no mesmo ano, a elevação tinha sido de 5% (...)" (*Anistia Internacional, Pena de Morte, Algumas Reflexões*, 1987).

[30] *Anistia Internacional, Pena de Morte, Algumas Reflexões*, 1987).

[31] SHECAIRA, Sérgio Salomão e CORRÊA JR., Alceu. *Teoria da Pena. Finalidades. Direito Positivo, Jurisprudência e outros Estudos de Ciência Criminal*. São Paulo: RT, 2002, p. 114.

Reproduzindo dados estatísticos, os mesmos autores afirmaram que a abolição da pena de morte em Estados americanos e no Canadá não reduziu o índice de homicídios, a denotar, portanto, que o efeito intimidativo da pena de morte é um *mito;*[32]

e) A maioria dos países desenvolvidos tende a extingui-la[33] e, segundo a Anistia Internacional, "são pouco mais de 60 os países que ainda não aboliram a pena de morte, uma forma cruel, desumana e degradante de punição. Dos 59 países retencionistas, apenas 24 levaram a cabo execuções em 2007. Oitenta e oito por cento de todas as execuções de que há conhecimento tiveram lugar em cinco países: China, Irão, Paquistão, Arábia Saudita e EUA".[34]

Os Estados que ainda mantêm a pena de morte, diz Bobbio, a executam com "discrição e reserva"[35] e muitos adotam medidas destinadas à redução dos suplícios e da dor;

f) A pena de morte é sempre lembrada em períodos de crise (e em épocas de eleições), funcionando como pano de fundo ao chamado discurso ideológico do crime.

O Brasil é contra a pena de morte, mas a admite, excepcionalmente, em caso de guerra declarada, nos termos nela previstos (arts. 5º, inc. XLVII, e 84, XIX), sem dizê-lo se *externa* ou *interna,* dizendo Shecaira e Corrêa Jr. que só pode sê-lo no primeiro caso.[36]

Diz-se que com a guerra externa, instala-se o *caos,* e a recusa desmotivada daquele que tem o dever jurídico de lutar para defender o país e para preservar os valores fundamentais da sociedade a que pertence legitima a imposição da pena capital. Se militares, reservistas ou civis regularmente convocados pudessem recusar as ordens de seus superiores hierárquicos, por covardia ou por conveniências pessoais, isso implicaria quebra da disciplina, rebeldia, disseminação do pânico, bem como desmoralização das instituições militares, criadas e mantidas pela sociedade civil para a defesa do território e dos interesses da nacionalidade.

Essa posição, chancelada por muitos autores que se declaram decididos abolicionistas, não é, entretanto, pacífica, como adverte Mir Puig.[37]

Razões de humanidade – afirma o insigne jurista – que se invoca em um Estado social e democrático de direito, respeitoso à dignidade de todos os homens, deverão prevalecer, também, contra a pena de morte em caso de guerra, já que, sendo desumana, a citada pena *"no dejará de serlo porque tenga lugar en tiempo de guerra".*[38]

6.2.1.2. Penas de caráter perpétuo

O fundamento da proibição é perceptível a olho desarmado: dentre as finalidades colimadas pelas penas está a reconstrução moral e social do condenado. Ora, essas

---

[32] SHECAIRA, op. cit;. p. 114.

[33] Atualmente, menos de trinta países, entre eles Luxemburgo, Noruega, França e Holanda, aboliram a pena de morte para todos os crimes. A Assembleia da ONU tem afirmado a conveniência dessa abolição por considerar a pena capital como um *"castigo cruel, desumano e degradante"*, que *"claramente desrespeita o direito à vida"* (Anistia Internacional, Pena de Morte, Algumas Reflexões, 1987).

[34] Disponível em: <http://contrapenademorte.wordpress.com/a-pena-de-morte-no-mundo>.

[35] BOBBIO, Norberto. *A Era dos Direitos*. Rio de Janeiro: Campus, 1992, p. 168.

[36] SHECAIRA, op. cit.. p. 112.

[37] MIR PUIG, Santiago. *Derecho Penal, Parte General*. 5. ed. Barcelona: Tecfoto, 1998, p. 702.

[38] Idem, ibidem.

finalidades jamais seriam alcançadas, se o Estado eliminasse a esperança do condenado de retornar um dia ao convívio social, alimentasse a ociosidade e o transformasse assim numa espécie de morto-vivo.

Dentre outras, essa é a razão pela qual o Código Penal, no artigo 75, limita em trinta anos o tempo de execução das penas privativas de liberdade, muito embora, nos tribunais superiores, a base de cálculo para os benefícios executórios (livramento condicional, progressões, indulto etc.) deva ser o total das penas,[39] e não o citado limite, o que, noutras palavras, acaba comprometendo seriamente a proibição constitucional de penas perpétuas. Apesar de precedentes isolados em contrário,[40] a discussão, no momento, perdeu importância por causa da aprovação no STJ da Súmula 715, estabelecendo que: "A pena unificada para atender ao limite de trinta anos de cumprimento, determinado pelo art. 75 do Código Penal, não é considerada para a concessão de outros benefícios, como o livramento condicional ou regime mais favorável de execução".

Razões de humanidade justificam e determinam, a nosso sentir, uma revisão desse posicionamento jurisprudencial. A pena de prisão perpétua atua como substitutivo da pena de morte e deve – ao contrário desta última – irradiar uma luz, mesmo tênue, de esperança na comutação e no retorno à liberdade...

A tradição constitucional brasileira, aliás, é contrária às penas perpétuas, como dimanam do inc. 24 do art. 113 da CF de 1934, do inciso XIII do art. 122 da CF de 1937, do § 31 do artigo 141 da CF de 1946, do § 11 do artigo 150 da CF de 1967, do § 11 do art. 153 da Emenda 1/69 e, agora, da letra "b" do inc. XLVII do art. 5º da atual CF.

Se não houvesse proibição explícita em nossa Lei Fundamental, ainda assim seria possível qualificar como inconstitucional lei que eventualmente cominasse pena de caráter perpétuo, isso por incompatibilidade com a garantia da individualização, que exige que a quantificação da resposta estatal seja realizada com base na natureza e circunstâncias do crime e qualidades pessoais do criminoso.

Essa tradição pode ter sido posta em xeque com a aprovação do Tratado de Roma, aprovado pelo Decreto 4.388/2008, cujo artigo 11, item 1, letra "b", prevê a pena de prisão perpétua. Sem embargo da aprovação desse decreto e da discutível supremacia dos tratados sobre a Constituição, certo é a prisão perpétua não se coaduna com muitos outros princípios constitucionais, dentre eles, o da dignidade da pessoa humana e o da individualização das penas.

Não é essa a política criminal seguida por outros países do mundo.

---

[39] "A norma do art. 75 do CP refere-se ao tempo de efetivo encarceramento, trinta anos. Esse limite não constitui, porém, parâmetro para a concessão de benefícios da execução, como a progressão para o regime prisional semi-aberto ou o livramento condicional. *Habeas Corpus* indeferido" (*Habeas Corpus* nº 75341-8/SP, STF, Rel. Min. Carlos Velloso, j. 10.06.97, maioria, DJU 15.08.97, p. 37.038).

[40] "O tempo de cumprimento das penas privativas de liberdade não pode ser superior a trinta anos. O tempo máximo deve ser considerado para todos os efeitos penais. Quando o código registra o limite das penas, projeta particularidade do sistema para ensejar o retorno à liberdade. Não se pode, por isso, suprimir os institutos que visam a adaptar o condenado à vida social, como é exemplo o livramento condicional. Na Itália, cuja legislação contempla o 'ergástulo' (prisão perpétua), foi, quanto a ele, promovida arguição de inconstitucionalidade. A Corte Constitucional daquele país, todavia, rejeitou-a ao fundamento de admissível, na hipótese, o livramento constitucional. A Constituição do Brasil veda a pena perpétua (art. 5º, XLVII, "b"). Interpretação sistemática do Direito Penal rejeita, por isso, por via infraconstitucional, consagrá-la na prática. O normativo não pode ser pensado sem a experiência jurídica. Urge raciocinar com o tempo existencial da pena. Esta conclusão não fomenta a criminalidade. O art. 75, § 2º, do CP fornece a solução. Sobrevindo condenação por fato posterior ao início do cumprimento da pena, far-se-á nova unificação" (Recurso em *Habeas Corpus* nº 3808-0/SP, STJ, Rel. Min. Vicente Cernicchiaro, DJU 19.12.94, p. 35.330).

A legislação italiana, lembra-nos Cernicchiaro, admite a prisão perpétua sob a denominação de ergástulo,[41] sendo clara a tendência de Alemanha, Portugal, Espanha e Áustria em diminuir (e não em incrementar) a severidade das sanções penais, tendência que não vem sendo seguida na atualidade em nosso país.

6.2.1.3. Pena de trabalhos forçados

A pena de *trabalhos forçados* foi largamente adotada no passado, na Grécia e na Itália. Entre os romanos, a pena era a deportação com trabalhos forçados (*ad metalla*), de regra em minas. O condenado a realizar trabalhos forçados, na Roma antiga e durante a Idade Média, tornava-se praticamente um escravo, como lembra Valdir Sznick, ao apontar os países que fizeram largo uso dessa modalidade de pena, entre eles a França, por expressa previsão do Código Napoleônico, e Portugal, por expressa previsão das Ordenações, até 1867, quando acabou sendo extinta nesse último país.[42]

A imagem de pessoas uniformizadas, presas a calcetas, quebrando pedras, num vaivém interminável, mostrada no cinema e na televisão, lembra-nos muito bem o grau de intolerância humana e o tempo em que a pena exercia a explícita função de supliciamento do corpo, de quebramento de resistências e de desmedido enfraquecimento do espírito. No tempo das grandes navegações, até o surgimento dos barcos à vela, era prática usual o acorrentamento de condenados (ou de escravos) às naus para o fornecimento de força motriz às embarcações.

Por isso é a proibição constante da letra "c" do inciso XLVII do art. 5º da atual CF – "Ninguém será mantido em escravidão ou servidão; a escravidão e o tráfico de escravos serão proibidos em todas as suas formas, (...) Toda pessoa tem direito ao trabalho, à livre escolha de emprego, a condições justas e favoráveis de trabalho (...)"- bem afinada com a Declaração Universal dos Direitos de 1948, com a Convenção das Nações Unidas sobre Escravatura de 1926, com emendas introduzidas pelo Protocolo de 1953 e Convenção Suplementar sobre a Abolição da Escravatura de 1956 e Convenção 29 da Organização Internacional do Trabalho – OIT (1930) – Sobre o Trabalho Forçado, dentre outros documentos importantes.

Não se deve confundir a proibição de imposição de trabalhos forçados como pena – em que os condenados, em condições insalubres, são submetidos a grande esforço físico, precariamente alimentados –, com o trabalho que os condenados obrigatoriamente devem (ou deveriam) desenvolver, dentro ou fora das prisões. O trabalho *em condições humanas* cumpre função laborterápica, sendo fator de reconstrução da dignidade pessoal afetada pelo crime, tendo ainda finalidades produtiva e educativa (artigo 28 da Lei 7.210/84).

Tampouco devem ser confundidos os trabalhos forçados como pena com as horas certas de trabalho semanal, desenvolvido gratuitamente pelo condenado em estabelecimentos credenciados, na forma indicada pelo artigo 46 e seu parágrafo único do CP, pois tais atividades integram a "(...) *essência dessa modalidade sancionatória*", caso contrário, o crime passaria a ensejar lucro, contrariando o sentido retributivo da pena.[43]

---

[41] CERNICCHIARO, Luiz Vicente. *Direito Penal na Constituição*. São Paulo: RT, p. 113.

[42] SZNICK, Valdir. *Direito Penal na Nova Constituição*. São Paulo: Ícone, 1993, p. 228 e 229.

[43] CERNICCHIARO, Luiz Vicente, COSTA JR., Paulo José. *Direito Penal na Constituição*. São Paulo: RT, 1990, p. 119.

6.2.1.4. Pena de banimento

A pena de *banimento* foi largamente aplicada em Portugal. Conhecida com o nome de deportação, degredo ou desterro, implicava despacho do condenado para o Brasil ou para as Colônias da África.

O Código Criminal de 1830 dispunha sobre essa espécie de pena no artigo 50; no artigo 51, sobre a de degredo; e, no art. 52, sobre a de desterro, tendo sido só a primeira reiterada pelo Código de 1890 (art. 46), até ser abolida, logo após, pela Constituição de 1891 (art. 72, § 20). A Constituição de 1946 (no § 31 do art. 141) e a CF de 1967 (art. 153, § 11) reforçaram a proibição, inserida, explicitamente, na letra "c" do inciso XLVII do art. 5º da CF de 1988.

Essa pena tinha a força de produzir o compulsório afastamento do condenado do lugar onde vivia, anulando, pois, o direito deste de ir, vir e ficar, que consta hoje no *habeas corpus* (art. 5º, inc. LXVIII), como ação constitucional de liberdade, seu mais eficaz instrumento de proteção.

Ela também privava "para sempre os reos (*sic*) dos direitos de cidadão brasileiro" e, nesse passo, distinguia-se das penas de degredo e de desterro, porque produzia a inibição perpétua de habitar no território do Império, ao contrário da segunda, que os obrigava a residir, pelo tempo determinado na sentença, em determinado lugar, sem dele sair, e da última, que os obrigava a sair "dos termos dos lugares do delicto, da sua principal residência, e da principal residência do offendido, e a não entrar em algum delles durante o tempo marcado na sentença".

A pena de *banimento* era, hierarquicamente, mais grave que o degredo e o desterro porque desnacionalizava o condenado e o transformava em marginal (no sentido de colocá-lo à margem), situação idêntica à dos apátridas, que não têm a proteção da lei, e não têm direitos, obrigações ou vínculos, a não ser quando cometem um crime, passando, desse modo, de excluídos à condição de incluídos no sistema de direito positivo (embora penal), conforme vimos no capítulo relativo aos princípios. Se o banido ingressasse no território do Império, a pena seria transformada em prisão perpétua.

Já a pena *degredo* não retirava do condenado o direito de viver em solo brasileiro, mas o obrigava a mudar-se, pelo tempo indicado na sentença, para lugar distinto da residência do ofendido.

Do mesmo modo, o condenado à pena de *desterro* permanecia livre para fixar-se em qualquer lugar, pois o que a pena produzia era o impedimento de ele retornar, durante o período indicado na sentença, aos "termos dos lugares do delito", à sua "principal residência" ou à "principal residência do ofendido" (exílio local).

O banimento foi reintroduzido no Brasil pela legislação de exceção pós-64. Contudo, a natureza dessa pena era política, e não propriamente "penal", tanto que, consoante dispunha o Ato Institucional nº 13 (art. 1º), a competência para decretá-lo era do Poder Executivo.

6.2.1.5. As penas cruéis

A proibição de *penas cruéis* (letra "e" do inciso XLVII do art. 5º da CF) atesta a vocação do legislador constituinte contra a *imposição* e a *execução* de qualquer espécie de pena com requinte de desumanidade.

Estão vedadas, portanto, quaisquer medidas que, por si mesmas, causem padecimento desnecessário[44] ou cuja execução agrida o sentimento de dignidade da pessoa humana – este, sim, previsto no inciso III do art. 1º – como seriam a amputação de membros, a marcação com ferro em brasa ou os açoites com baraço e pregão, comuns à época da escravidão e tão intensamente denunciadas pelo maior orador sacro de todos os tempos: Padre Antônio Vieira.

A crueldade, tanto a física como a moral, configura-se no ordenamento jurídico-positivo ora como crime de tortura,[45] ora como agravante genérica (art. 61, II, "d", do CP), ora como qualificadora dos crimes de sequestro, cárcere privado e homicídio (arts. 148, § 2º, do CP, e 121, § 2º, do CP).

A prática da crueldade é tão repulsiva, que há decisões admitindo punição mesmo quando infligida a animais,[46] aliás, muitos submetidos, especialmente nas grandes cidades, a trabalho excessivo, sem alimentação e cuidados de saúde adequados (CF, art. 225, inciso VII, e art. 64 da LCP).

Embora a imposição de pena privativa de liberdade possa ser fonte de violência, pois priva o preso de exercer sua natural vocação à liberdade, essa violência decorre da essência dessa modalidade de sanção.

6.2.2. Penas permitidas

As penas *permitidas* foram elencadas nas letras "a" a "e" do inciso XLVI do art. 5º, em caráter *não exaustivo,* haja vista a autorização concedida ao legislador ordinário para contemplar *outras espécies* compatíveis com as que *agrupadas* com aquela qualidade nos referidos inciso e artigo, sendo exemplos do que se afirmam as penas restritivas de direito (art. 44 do CPP).

Embora a ausência de declaração expressa na Constituição ou na lei ordinária, há, entre as diversas espécies de penas permitidas, uma implícita e bem visível hierarquia, tendo em vista a importância do bem protegido.

Essa hierarquia (na ordem: reclusão, detenção, prisão simples, restritivas e multa) foi afetada pelas reformas penais pontuais realizadas para o atendimento de pressões localizadas, no contexto do movimento "lei e ordem". Por isso, já não existe mais correspondência, como seria o desejável, entre a espécie de pena e a própria gradua-

---

[44] Caracteriza-se a tortura por causar, desnecessária e intencionalmente, sofrimento profundo, angústia, dor, ou pelo tornar mais angustioso o sofrimento físico ou moral. Há sempre, na tortura, uma conotação de dilação temporal e de crueldade que se satisfaz em si mesma (Apelação-Crime nº 695171470, 1ª Câmara Criminal do TJRGS, Rel. Des. Ranolfo Vieira, j. 13.03.96).

[45] A proibição da tortura consta da Declaração Universal dos Direitos do Homem, de 1948, da Convenção Interamericana para Prevenir e Punir a Tortura, de 1985, e hoje, no Brasil, na Lei 9.455/97 (ver o artigo *Breves Observações sobre a Tortura*, de TUPINAMBÁ PINTO DE AZEVEDO, v. 71, p. 224 e seguintes, da Revista da Ajuris). Pressuposto para que a tortura seja considerada crime hediondo, consoante Tupinambá Azevedo, é a presença de agente estatal com "poder" ou "autoridade" sobre outrem, para o fim de obter informação, declaração ou confissão da vítima ou de terceira pessoa (idem, p. 247).

[46] "A morte de um cão, por envenenamento, tanto pode caracterizar o fato contravencional previsto no art. 64 da Lei das Contravenções Penais, onde se pune a insensibilidade do agente, explicitada por sua crueldade, como o crime de dano, previsto no art. 163 do CP, onde se pune o dano material. A punição pelo crime de dano inviabiliza a imposição de reprimenda criminal pela contravenção, que funciona, no caso, como norma subsidiária. A estricnina, ingerida pelo cão, provoca-lhe sofrimento atroz, visto que a morte é produzida por asfixia, devido à paralisia dos centros medulares e ao espasmo dos músculos respiratórios. Este sofrimento, infligido ao animal e que lhe antecede a morte, ainda que não prolongado no tempo, caracteriza a conduta reprovada na lei contravencional como tratamento cruel. Apelo improvido, condenação pela contravenção mantida" (Apelação-Crime nº 293163119, 3ª Câmara Criminal do TARS, Rel. Vladimir Giacomuzzi, 23.11.93).

ção dos ilícitos (crimes hediondos, crimes de gravidade máxima, crimes de gravidade média, crimes e contravenções de menor potencial ofensivo).

No CTB, por exemplo, crimes de dano têm a mesma pena que crime de perigo... O homicídio e a lesão culposa são sancionados mais gravemente em relação aos tipos análogos do Código Penal...

Examinemos o rol das penas permitidas, consoante a previsão constitucional.

6.2.2.1. Penas privativas de liberdade: a reclusão, a detenção e a prisão simples

Como a denominação sugere, as penas privativas de liberdade atingem o direito do condenado de ir, vir e ficar[47] e impõem o seu confinamento em ambientes de contenção total (penitenciárias) ou parcial (colônias penais e albergues), tudo dependendo da quantidade imposta e do regime de execução aplicado.

Essa espécie de pena não era conhecida dos povos antigos da Babilônia, do Egito, da Grécia e de Roma.

Embora os acusados pudessem ser confinados normalmente em calabouços imundos, a segregação da liberdade tinha por finalidade, nos moldes da prisão cautelar, a prevenção contra a fuga, em favor do processo e do julgamento.

Prédios públicos conhecidos foram adaptados para essas funções, como a Torre de Londres, a Bastilha de Paris, o Palácio Ducal de Veneza, consoante anota Bitencourt,[48] citando Von Hentig, havendo ainda notícias de que as primeiras penitenciárias como locais teleologicamente voltados à execução das penas privativas de liberdade teriam aparecido em Bridewell, na Inglaterra, em 1575,[49] e em Amsterdã, na Holanda, em 1595.[50]

A fama dessas instituições totais ter-se-ia difundido e, aos poucos, outras foram aparecendo, a ponto de o Papa Clemente XI fundar, em 1704, em Roma, o Asilo de São Miguel, "destinado à correção de delinquentes jovens e a servir de abrigo para menores, órfãos e anciãos, inválidos. Estabelecimento semelhante, para mulheres, foi erigido em 1735 pelo Papa Clemente XII".[51]

É do direito canônico, aliás, que se origina o termo *penitenciária,* que designava o lugar onde os religiosos pagavam *penitências* para obterem o perdão pelas faltas cometidas.[52]

A penitenciária foi a ponte que permitiu a passagem do direito medieval do horror para a nova ordem penal Iluminista e moderna, embora a verdadeira reforma prisional só viria a acontecer no final do século XVIII, graças ao trabalho do filantropo inglês John Howard.

---

[47] As penas privativas de liberdade não são "corpóreas". Essas penas tinham por objeto o corpo (açoites, ferro em brasas, etc.), ao passo que aquelas têm por objeto a liberdade, sendo equívoca a utilização do termo para designar penas ontologicamente diferentes.

[48] BITENCOURT, Cezar Roberto. *Falência da Pena de Prisão.* São Paulo: RT, 1993, p. 18.

[49] ARAÚJO JR., João Marcelo de. Conferência pronunciada em 1987, *in Criminologia,* escrito em parceria com ROBERTO LYRA, 3. ed., Rio de Janeiro: Forense, 1992, p. 173.

[50] GONZAGA, João Bernardino. *A Inquisição em Seu Mundo.* São Paulo, Saraiva, 1993, p. 37.

[51] Idem, p. 38.

[52] DOTTI, René Ariel. *Bases e Alternativas para o Sistema de Penas.* São Paulo: RT, 1988, p. 21.

das PENAS e seus CRITÉRIOS de APLICAÇÃO

Autor de livro famoso, *The State of Prisions*, escrito com base na experiência pessoal na prisão e nas inúmeras viagens realizadas, foi quem inspirou uma corrente penitenciarista "preocupada em construir estabelecimentos apropriados para o cumprimento da pena privativa de liberdade. Suas ideias tiveram uma importância extraordinária, considerando-se o conceito predominantemente vindicativo e retributivo que se tinha, em seu tempo, sobre a pena e seu fundamento".[53]

Howard denunciou a precariedade nos ambientes destinados ao cumprimento das penas privativas de liberdade, a promiscuidade, a convivência de crianças com mendigos, enfermos mentais, prostitutas e pessoas sujeitas à prisão civil, tomados pela fome, pela falta de higiene, pelas febres, que o vitimariam em 1790.[54]

Jeremias Bentham foi outra personalidade de relevo que merece destaque nesse contexto histórico-evolutivo da prisão para a prisão-pena e a penitenciária, onde esta é executada.

No livro *Teoria das Penas Legais e Tratado dos Sofismas Políticos,* Bentham desenvolveu as três ideias fundamentais relacionadas às Casas de Correção e à estrutura *panóptica* dos edifícios,[55] aprofundando também a análise sobre as penas privativas de liberdade (impropriamente denominadas de *corporais*) e as penas *simplesmente* restritivas (de direito).

Bentham, com efeito, foi um dos poucos que se preocupou com a arquitetura das prisões e no panóptico se vê um ponto central e nele um único guarda fiscalizando, com olhar panorâmico, a rotina de todos os presos, alojados em celas geminadas ao longo da circunferência.[56]

Embora o panóptico tenha sido muito criticado por Foulcault por sua feição totalitária, instrumentalizadora da dominação,[57] pois o preso perde, inteiramente, a privacidade, ao ser controlado durante as vinte e quatro horas do dia, o certo é que o modelo prisional proposto impedia a promiscuidade e viabilizava boas condições de segurança interna e externa no ambiente penitenciário.

Sendo atualmente a mais difundida, a prisão-pena continua sendo intensamente combatida na atualidade menos por sua natureza e característica e mais pelo modo como é executada, normalmente em penitenciárias superlotadas, desprovidas de condições mínimas de higiene, inseguras, em evidente agressão ao princípio da humanidade, que propõe tratamento condigno e execução diferenciada, apesar da existência do comando legal do art. 6º da LEP, impondo classificação e programa individualizador da execução.

---

[53] BITENCOURT, op. cit., p. 44.

[54] GONZAGA, Op. cit., p. 38.

[55] O panóptico, para Bentham, compreende: "1º *Um edifício circular,* ou polígono com seus quartos a roda de muitos andares, que tenha no centro um quarto para o inspetor poder ver todos os presos, ainda que eles o não vejam, e donde os possa fazer executar as suas ordens, sem deixar o seu posto. 2º – *Administração por contrato.* Que um particular se encarregue de sustentar os presos, dando-se um tanto por cada um, ficando ele com o lucro do que eles trabalharem, bem entendido que a qualidade do trabalho deve ficar na sua libertação sem restrições ... 3º – *Responsabilidade do Administrador.* Este homem é, por assim dizer, o fiador, e abonador das vidas de cada um dos presos. Deve receber um tanto pelos que podem morrer no espaço de um ano, orçando-se a conta pouco mais ou menos por um cálculo médio, feito sobre as idades, contando porém que seja obrigado a dar a mesma soma por cada um dos que morreram ou fugirem, é como um segurador da vida e guarda dos presos; ofício penoso, pois que da sua atividade pende a saúde e cômodo dos que estão ao seu cuidado". (BENTHAM, Jeremy. *Teoria das Penas Legais e Tratado dos Sofismas Políticos.* São Paulo, Edijur. 2002, p. 129-130).

[56] FOULCAULT, Michel. *Vigiar e Punir.* 3. ed., Petrópolis: Vozes, 1997, p. 33.

[57] Idem, p. 222-223.

Os condenados são esquecidos pela sociedade, que os esconde atrás dos muros, amontoam-se em celas coletivas, dormem no piso, sem colchões e agasalhos. Em muitas delas, o grau de insegurança é máximo, tanto que as autoridades só conseguem ingressar nas galerias se forem acompanhadas pelos presos que as chefiam ou pela polícia de choque.

Não raro, os conflitos interpessoais são resolvidos pelos próprios apenados, haja vista a insuficiência de funcionários e o perigo constante de motins, que os fazem de reféns.

Desse modo, reproduzindo a violência, a execução da pena nas penitenciárias, em típico retorno ao passado, é fonte de intensa degradação humana. Há mais de vinte anos, Basileu Garcia, aliás, já denunciava esse quadro[58] e, hoje, dessa opinião não diferem Damásio de Jesus, Aluizio de Arruda e Costa e Silva,[59] dentre muitos outros penalistas.

Certamente levando em conta esse fenômeno mundial, Goffman, citado por Caballero, atribuiu às penitenciárias como instituições totais a negativa função de dessocialização, e não de ressocialização do indivíduo, o que implica a negação de seu objetivo primordial.

De fato, "o ingresso nas 'instituições totais' supõe a redução do novo interno a um estado infantil, mediante a destruição de seu prévio sentido de identidade e auto-estima (p. ex.: o que entra em uma prisão perde, além da liberdade, o *status* que tinha na rua: seu trabalho, sua família, sua propriedade. O novo interno perde o contato com o mundo exterior. Aos poucos, se obriga a realizar tarefas estúpidas e humilhantes. Se obriga, com frequência, a pedir permissão para realizar atividades cotidianas menores, tais como fumar, deitar-se, ir ao serviço, telefonar, enviar cartas, gastar seu próprio dinheiro. Se eliminam características diferenciais (muito ligadas à autoimagem). Se viola sua intimidade e todo esse processo de degradação implica uma volta ao estado de uma criança muito pequena e anormalmente submetida à disciplina".[60]

Zaffaroni, a seu turno, não mediu as palavras quando disse que "... a cadeia é uma gaiola, um aparelho, uma máquina de fixar os comportamentos desviados das pessoas e de agravá-los. Só serve para isso. É a estrutura da cadeia que é assim. Há 200 anos nós sabemos que a cadeia do século passado fazia a mesma coisa que a cadeia de hoje. Os mesmos problemas, as mesmas dificuldades, tudo igual".[61]

Essas qualidades negativas das casas de contenção máxima foram reiteradas recentemente por Luciano Losekan, juiz gaúcho em exercício no Conselho Nacional da

---

[58] GARCIA, Basileu. As Modificações Trazidas à Legislação Penal pela Lei 6416, de 1977. *Revista dos Tribunais*, v. 259, p. 1.

[59] Afirmam esses autores que, com a prisão, "o condenado perde o emprego, perde a direção de seus negócios, endivida-se ou é obrigado a vender bens para o pagamento da defesa, da pena de multa, das custas judiciais e para a indenização da vítima. Enfim, ei-lo arruinado economicamente, impossibilitado de trabalhar e de sustentar a família. Além dos inconvenientes de natureza econômica surgem os efeitos sociais da condenação. A sociedade não perdoa o crime. Confundindo-o, consciente ou inconscientemente, com o pecado, marca o indivíduo e sua família, os evita, os degrada, os humilha. Aparecem, em seguida, os problemas morais. A educação dos filhos corre perigo, a mulher é tentada ao adultério ou, mais frequentemente, à prática da prostituição para obter os meios necessários à subsistência familiar. A consciência de que a sua família está sofrendo injustas humilhações, que a sorte dos filhos, a honra da mulher e a integridade do patrimônio correm perigo, pode transformar em revolta, no espírito do condenado, a resignação necessária para aceitar de bom grado as tentativas que se façam em benefício de sua correção e ressocialização" (*A Criminologia na Aplicação dos Métodos e Tratamentos*. Revista Justitia, órgão do MP de São Paulo, v. 65, p. 8, 1969).

[60] ROMERO, Juan José Caballero. *El Mundo de Los Presos*. Artigo publicado no libro *Psicologia Social y Sistema Penal*, p. 269.

[61] ZAFFARONI, Eugenio Raúl. Desafios do Direito Penal na Era da Globalização. *Revista Cidadania e Justiça da Associação dos Magistrados Brasileiro*s, ano 2, n. 5, p. 202, 1998.

Magistratura. Em entrevista a órgão de comunicação sobre a realidade prisional no Rio Grande do Sul não mediu as palavras, afirmando que os presos são "simplesmente largados em um ambiente fechado, sem nenhum tratamento penal. Há ainda falta de investimentos. Os presídios são verdadeiras pocilgas, onde talvez nenhum animal seria colocado".[62]

Se a pena privativa de liberdade executada em penitenciárias foi outrora o principal veículo do processo de mitigação e racionalização das penas, atualmente elas não são mais idôneas para atender as razões da sanção penal, porque, segundo palavras textuais de Ferrajoli,[63] não possibilitam nem a prevenção dos delitos nem a prevenção das vinganças privadas, em razão do caráter criminógeno do cárcere. Literalmente, o cárcere é "... *una institución al mismo tiempo antiliberal, desigual, atípica, extra-legal y extra-judicial al menos en parte, lesiva a la dignidad de las personas, penosas e inútilmente aflictiva*".[64]

Em outro escrito, Ferrajoli asseverou que a pena privativa de liberdade é fonte de enorme aflição psicológica, pela solidão, pela perda da socialidade, "*di affettività e quindi di identità*" e, para ajustá-la à concepção de direito penal mínimo, propôs que fosse destinada só aos casos de ofensa a direitos fundamentais, como a vida, a integridade física e bens jurídicos similares e, assim mesmo, em quantidade não superior a dez anos.[65]

Em nosso País, particularmente, as Regras Mínimas da ONU, a Convenção Americana de Direitos Humanos, a Constituição Federal e a Lei de Execuções Penais no tocante aos direitos do condenado são acintosamente descumpridas pelas administrações carcerárias.

Os presos normalmente não são separados por idade, formação ou regimes.

Na mesma cela ou galeria habitam primários, reincidentes e perigosos.

Nesse ambiente, a proposta de reintegração harmônica do condenado ao mundo livre, donde foi retirado (artigo 1º da LEP), ainda funciona como carta de intenções.

Embora reconhecendo as deficiências dos sistemas penitenciários na execução das penas privativas de liberdade, em grande parte devido ao descaso das autoridades com os direitos dos presos e a destinação dos recursos para projetos de "maior" ou "mais urgente" interesse social, parece haver consenso de que as penitenciárias não podem ser pura e simplesmente eliminadas, de uma hora para outra.

Há condenados que relatam histórias brutais em longa vida de crimes e não podem cumprir penas em regime de liberdade ou de semiliberdade, isto é, não podem ser equiparados aos condenados por fatos de baixa gravidade ou de escassa repercussão na comunidade, geralmente primários ou ocasionais, para os quais as penas restritivas de direito são as mais apropriadas respostas.

Torna-se imperioso, por conseguinte, enquanto não surgir um substitutivo à altura para a prisão-pena, que a sociedade reclame do Estado o cumprimento de seus deveres institucionais, como preveem, aliás, diversos dispositivos da Lei de Execuções Penais, assegurando direitos, aportando recursos suficientes para o treinamento dos

---

[62] Jornal Zero Hora, ed. de 18 de novembro de 2010, p. 51.

[63] FERRAJOLI, Luigi. *Derecho y Razón*. Valladolid: Trotta, 1997, p. 413.

[64] Idem, ibidem.

[65] FERRAJOLI, Luigi. La Pena in Una Società Democratica. In: *Questione Giustizia*, Milano: Franco Angeli, 1996. n. 304, p. 533, Anno XV.

agentes penitenciários e o preenchimento das vagas abertas pelas aposentadorias, para a melhoria da infraestrutura das prisões, de modo que a execução da pena se realize dentro dos padrões mínimos de dignidade e de humanidade.

Uma coisa, então, é dizer-se que a pena de prisão está falida[66] ou que pode vir a ser reduzida aos casos de necessidade extrema, ou, ainda, que pode vir a ser substituída por alternativas mais humanas, como propõem os minimalistas; outra é denunciar-se a omissão das autoridades na garantia dos direitos dos presos e no aporte de recursos compatíveis com as necessidades das penitenciárias, que, desse modo, não conseguem, por melhor que seja a vontade de seus poucos funcionários, despertar nos condenados o desejo íntimo de mudança e de reintegração ao mundo livre.

A pena privativa de liberdade é gênero, de que são espécies a *reclusão*, a *detenção* e a *prisão simples,* cada qual revestida de finalidades jurídico-políticas.

Assim, as condutas lesivas a bens juridicamente mais relevantes são sancionadas, comumente, com a reclusão; as condutas lesivas a bens de menor hierarquia são reprimidas com detenção ou prisão simples.

Embora a reclusão apareça no topo da escala, a verdade é que a legislação penal pós-88 acabou subvertendo a hierarquia das penas de um modo geral, sendo bons exemplos o homicídio culposo e a lesão corporal culposa cometidos no trânsito e tipificadas no Código de Trânsito Brasileiro (arts. 302 e 303), que passaram a ser mais gravosamente apenados que o homicídio culposo e a lesão corporal culposa previstos no Código Penal (arts. 121, § 3°, e 129, § 6°)!

A *prisão simples*, como terceira espécie do gênero prisão-pena, prevista na Lei das Contravenções Penais, por sua vez, distingue-se da reclusão e da detenção, porque, além de estar voltada para os fatos de menor potencial ofensivo, conforme dispõe o art. 61 da Lei n° 9.099/95, é executada, ao contrário das outras duas, em regime semi-aberto ou aberto, mas sem nenhum rigor penitenciário (art. 6°).

Essas diferentes espécies de penas privativas liberdade atuam como parâmetros na determinação do procedimento dentre os previstos no Código de Processo Penal – o ordinário, o sumário e o sumaríssimo (art. 394, I a III).

Os crimes apenados com reclusão são apurados em procedimentos mais solenes – e consequentemente mais demorados – que os crimes sancionados com a pena de detenção, cujos procedimentos são regidos pelos princípios da concentração, da oralidade e da simplicidade dos atos, como consta da Lei 9.099/95, relativamente às infrações de menor potencial ofensivo.

São distintos e específicos, ainda, os regimes para a execução das citadas espécies de penas, conforme examinamos no capítulo XI, para onde remetemos o leitor.

O leitor, a esta altura poderá estar se perguntando: que razões existem para a preservação do trinômio *reclusão-detenção-prisão simples* se, ao fim e ao cabo, os condenados sofrem restrições ao direito de ir, vir e ficar ? Não seria mais prático tipificar a conduta cominar como pena a *prisão* ao invés de especificar suas espécies (reclusão, detenção o prisão simples)?

Embora a proposta de adoção da pena única não seja nova, tanto é que foi reiteradamente debatida em Congressos Internacionais de Direito e Criminologia (p. ex.: 1895, Paris; 1930, Praga; 1951, Berna e 1975, Brasil), integrou o conjunto das propostas

---

[66] BITENCOURT, Cezar Roberto. *Falência da Pena de Prisão*. São Paulo: RT, 1993.

do Projeto Alternativo alemão de Código Penal, com o nome de "pena unitária"[67] e, também, constou no anteprojeto de Código Penal brasileiro elaborado em 1972 pela Associação Paulista do Ministério Público, a verdade é que, contra essa proposta, sempre pesou o argumento de que a pena única de prisão atentaria contra a garantia da individualização da pena.

Se o crime de furto privilegiado fosse sancionado com a pena única de prisão, desapareceria, por exemplo, do Código Penal, a regra inserta no § 2º do artigo 155, idêntica a muitas outras, disseminadas pelo Código, que permite ao juiz, se o réu for primário e de pequeno valor a coisa furtada, optar entre a reclusão e a detenção, reduzir qualquer delas de um a dois terços, ou, ainda, aplicar só a multa.

6.2.2.2. Penas de perda de bens

A pena de *perda de bens e valores,* agora prevista no inciso II do artigo 43 do CP como pena *restritiva de direitos* – de imposição autônoma e substitutiva – é de natureza pecuniária.

Essa modalidade de pena pode alcançar bens de quaisquer espécies e tem por beneficiário o Fundo Penitenciário (art. 44, § 3º, do CP), e, por óbvio, não poderá extrapolar o montante do prejuízo causado ou o montante do proveito obtido pelo agente ou por terceiro com a infração.

Para evitarmos tautologia, remetemos o leitor aos comentários sobre as penas restritivas e seus critérios de substituição, pois esse assunto e outros relacionados com a conversibilidade e a prescrição lá também foram examinados.

A pena pecuniária de perda de bens e valores pode atuar como *substituta* da pena privativa de liberdade, com a ordem de recolhimento do *quantum* ao Fundo Penitenciário (§ 3º do artigo 45 do CP).

Convém lembrar, por último, que o juiz criminal pode decretar o confisco, em favor da União, dos instrumentos e do produto do crime, tal como previsto nas letras "a" e "b" do inciso II do artigo 91 do CP, e, embora acarrete a *perda dos bens,* não tem a natureza de pena, e sim, de efeito da condenação. Regras adicionais de relevo foram introduzidas no CP pela Lei 13.964/2009, para a qual remetemos o leitor.

O perdimento de bens em razão do confisco está fora da proteção do princípio da pessoalidade da pena, ante a ressalva do inciso XLV do art. 5º da CF e não se confunde com a pena de perda de bens e valores, sobre a qual estamos discorrendo, porque os bens alcançados por essa modalidade de pena devem ser necessariamente *lícitos,* ao contrário daqueles que podem ser alcançados pelo *confisco.*

6.2.2.3. Pena de multa

A Constituição Federal alude, simplesmente, à multa (letra "c"), ao passo que a Lei Penal Substantiva se refere à multa e ao seu sistema de mensuração em dias-multa.

Podendo ser aplicada autônoma ou cumulativamente com as penas privativas de liberdade ou restritivas de direito, a sanção pecuniária em dias-multa é, em essência, distinta das penas de prestação pecuniária (inciso I do art. 44), de perda de valores (inciso II do art. 44 do CP) e de multa reparatória (artigo 297 do Código de Trânsito).

---

[67] ROXIN, Claus. A Culpabilidade como Critério Limitativo da Pena. *Revista de Direito Penal*, São Paulo, v. 11/12, p. 16, 1973.

Para evitarmos redundância, remetemos o leitor ao capítulo 12, no qual aprofundaremos a análise da multa em dias-multa e discutiremos o critério legal para a quantificação, bem ainda as regras sobre a sua execução.

6.2.2.4. Pena de prestação social alternativa

É no rol do inciso XLVI do artigo 5º da CF que identificamos a fonte normativa da prestação social alternativa, em verdade um *gênero* de pena cujas espécies não foram ainda cominadas em lei ordinária, embora precedente do STF equiparando-a à pena de prestação de serviços à comunidade.[68]

Por isso, a nosso sentir, apesar da melhor das intenções, ferem o princípio constitucional da reserva (art. 5º, inciso XXXIX) acordos judiciais com os acusados para fornecimento, no Juizado Especial Criminal, de cestas básicas de alimentos para distribuição à população carente, sob o fundamento de que teria natureza de pena de prestação social alternativa.

O argumento de que o § 1º do artigo 5º da CF declara que as normas definidoras de direitos e garantias fundamentais têm aplicação imediata – para contornar a exigência da cominação geral ou especial da pena de prestação social alternativa[69] – *data venia*, além de ignorar a exigência de que não há crime nem pena sem prévia definição legal, também ignora que o citado § 1º do artigo 5º não se endereça a todos os incisos desse artigo, pois, em leitura rápida, é fácil a percepção de que muitos deles – embora constantes de artigo relativo aos direitos e garantias individuais – dispõem sobre matérias estranhas. Exemplo disso é o inciso XLIII, estabelecendo a inafiançabilidade, a proibição de graça ou anistia à prática da tortura, ao tráfico ilícito de entorpecentes, ao terrorismo e aos crimes hediondos, matéria que, evidentemente, nada tem a ver com direitos e garantias individuais.

6.2.2.5. Pena de suspensão ou interdição de direitos

Essas espécies de penas, criadas como alternativas à prisão, em razão do reconhecimento do caráter pernicioso do cárcere, foram criadas e estão discriminadas no Código Penal como espécies de penas restritivas de direito (arts. 43 e seguintes), de aplicação autônoma e substitutiva às penas privativas de liberdade.

Tais penas estão cominadas, ainda, em leis especiais e, em poucos casos, podem ser aplicadas isoladamente, como detalharemos no capítulo específico deste livro (de número 13) no qual as examinaremos apontaremos as providências finais inerentes ao método trifásico de aplicação da pena privativa de liberdade.

Com o propósito de evitar redundância, remetemos o leitor a esse capítulo.

---

[68] *Habeas Corpus* nº 72373-0/SP, STF, Rel. Min. Maurício Corrêa, DJU 02.06.95, p. 16.231.

[69] PEDROSA, Ronaldo Leite. Cesta Básica, Pena Legal? *Revista Brasileira de Ciências Criminais, IBCCrim*, n. 59, p. 13.

7

A individualização das penas: conceito e métodos

O julgamento não é um ato de consciência,
mas uma função social disciplinada e exigente. (...)
para que o magistrado não projete na sentença o
tumulto de seu mundo interior.
Roberto Lyra

Sumário: 7.1. Individualização da pena: conceito; 7.2. A individualização das penas no Brasil: síntese evolutiva; 7.3. Individualização das penas: fases em que se desenvolve; 7.4. A individualização judicial da pena privativa de liberdade: métodos; o método adotado pela reforma penal; 7.5. A individualização judicial das penas restritivas de direito e de multa em dias-multa: métodos; 7.6. A fundamentação na individualização judicial das penas: requisito de validade da sentença.

7.1. Individualização da pena: conceito

A individualização da pena é princípio-garantia de direito penal gestado pelo Estado moderno e, para ser bem entendida, em significado e conteúdo, é imprescindível que façamos incursão histórica, ainda que breve.

Comecemos (re)lembrando que, nos primórdios, os castigos pelas faltas cometidas consistiam em reações instintivas e *desmedidas* das pessoas contra *todos* e *tudo* o que pudesse ser por elas interpretado como uma ameaça à sobrevivência individual ou do grupo a que pertenciam.

Embora tenha havido relativos abrandamentos dessa fúria punitiva, a história registrou até o fim da Idade Média o alto grau de crueldade das penas e a desumanidade nas execuções das sentenças proferidas pelos Tribunais da Inquisição, por ofensas ao direito canônico.

Esse cenário inspirou pensadores Iluministas (Beccaria, Pietro Verri, Hobbes, Locke e Rousseau) a lutarem por uma nova economia jurídica centralizada na eliminação dos suplícios do corpo e em favor da proporcionalidade e humanidade das penas.

Como reflexo desse discurso – que ajudaria a produzir a Revolução Francesa e o nascimento da modernidade e do Estado liberal e moderno –, a França, em 1791, editou um Código Penal com a catalogação dos fatos erigidos à natureza de infração penal.

Foi um extraordinário avanço, porque desaparecia a *incerteza* na punição e, como disse Raymond Saleilles, com esse código reavivava-se a teoria primitiva da lei sálica,

das PENAS e seus CRITÉRIOS de APLICAÇÃO

porque esta considerava a pena como direito da sociedade, mas também como "direito individual do ofensor, que tem direito adquirido a não pagar mais do que outro, a pagar o preço do delito, multa ou prisão", de modo que "o preço deve ser um mal fixado de antemão e invariável, tanto para cada crime, quanto para cada delito".[1]

O Código de 1791, que, no dizer de ilustre jurista francês, "revelaria admiravelmente o espírito da época" seria, no entanto, considerado "incompleto" pouco tempo depois da sua edição, porque o juiz não tinha "a menor faculdade" para ajustá-la "ao delito".[2]

Assim, "por tal roubo, tanto de prisão ou de serviços nas galés; em princípio nem um dia a mais ou a menos. Não era possível levar em consideração as circunstâncias do ato, nem o arrebatamento possível, nem os antecedentes. Todos os que haviam cometido a mesma classe de roubo se encaixavam na mesma linha, pois, supunha-se, eram igualmente responsáveis. A pena era a mesma para todos. O juiz não era mais do que um instrumento mecânico de aplicação da pena. Era o mecanismo que distribuía a pena conforme a lei; um distribuidor automático. Só tinha uma missão: constatar a prova do ato".[3]

Sem embargo desse engessamento do magistrado por restringir sua função à "aplicação mecânica do texto legal",[4] identificando fato a pena prevista aplicável, todos reconhecem que foi graças à nova economia penal vertida desse Código que cessaram as discricionariedades e os abusos cometidos pelos juízes do antigo regime.[5]

Para contornar defeito apontado, os franceses, em 1810, editaram uma ampla reforma e introduziram em seu Código Penal, salvo em relação às penas perpétuas, limites máximos e mínimos e autorizaram ao juiz que se movesse dentro desses limites no momento da determinação da medida concreta da pena.

Foi um novo avanço, mas, ainda assim, no dizer de Saleilles, a igualdade dos acusados era só *numérica,* pois os juízes ainda não podiam reconhecer, por exemplo, agravantes e atenuantes ou mesmo substituir uma pena por outra de menor gravidade e compatível com a gravidade do fato delituoso, problema que só as legislações posteriores resolveriam.

A pertinência da lição, merece ser registrada, porque é reveladora da profunda sensibilidade e argúcia jurídica desse pensador.

Dizia ele: "Que proporção podia se estabelecer do ponto de vista entre a impressão do reincidente, habituado à prisão, estranho há muito tempo a todos os sentimentos que possa gerar uma primeira condenação, e a do condenado primário, que experimenta, nesse primeiro contato, o que de mais cruel o coração pode sofrer; entre a impressão, sobretudo do vadio, cuja dignidade só se ofende no sentimento individual que dela conserva, e é uma perda e uma ruína irreparáveis, e a do indivíduo a quem sua situação social colocou evidência, e cuja dignidade se menosprezava em proporção à consideração de que gozava; a do homem, por último, acostumado às doçuras da vida e para quem o regime de prisão será algo intolerável, e a do infeliz sem pão nem abrigo, que chegou a considerar nossos cárceres departamentais, e o que é mais raro, a prisão

---

[1] SALEILLES, Raymond. *A Individualização da Pena,* trad. Thais Miremis Sanfelippo da Silva Amadio. São Paulo: Rideel, 2006, p. 65.

[2] Idem, ibidem.

[3] SALEILLES, op. cit., p. 66-67.

[4] BITTENCOURT, Cezar Roberto. *Manual de Direito Penal.* 5. ed. São Paulo: RT, 1999, p. 577.

[5] CORREA, Eduardo. *Direito Criminal.* Coimbra: Livraria Almedina, 1993, p. 315.

central, como um estabelecimento de hospitalidade, onde se tem a vida menos assegurada e se está ao abrigo do desemprego forçoso"?.[6]

Mas a semente havia sido lançada ao solo. As discussões travadas entre clássicos e positivistas sobre o livre-arbítrio e a periculosidade dos doentes mentais ensejaram o novo giro punitivo sob outra ordem política e jurídica, pois, em 1824, "e, de modo geral em 1832",[7] passou-se a reconhecer-se, na França, a possibilidade do afastamento pelo Júri da responsabilidade penal dos doentes mentais e a atenuação das penas aos condenados imputáveis.

Com tais reformas – orientadas na consideração do homem certo, e não do imaginário homem médio e na avaliação de todas as particularidades do caso concreto, e não de qualquer caso – nascia, com boa conformação, o princípio da *individualização* da pena, cuja sedes, em nosso meio, são a Constituição (art. 5º, inc. XLVI) e a lei ordinária (CP, arts. 29 e 59). Saleilles, sem dúvida, entra no rol dos que ajudaram a desenhar esse princípio, que preside o sistema de penas no Brasil e demais estados democráticos de direito como o nosso.

Em importante palestra realizado no Congresso Internacional de Direito Penal e Processual Penal, em Porto Alegre, em maio de 2010, na qual atuamos como debatedor, o professor Jorge Luiz Guzman Dalbora, catedrático de Direito Penal na Universidade de Valparaíso, explicou que "*individuar equivale, en castellano, pero también en los verbos equivalentes de otras lenguas romances, a especificar o tratar pormenorizadamente de una cosa, es decir, particularizarla. Sin embargo, no debe entreverse en ello la operacion metodológica que distingue a las ciencias de la cultura como es la del Derecho. El carácter individualizador de éstas deriva de su propósito de establecer la singularidad irrepetible de un fenómeno particular, aquello que lo realza por su referencia a valores dentro de un conjunto de fenômenos homólogos, y esto nada tiene que ver con el designio consistente en identificar cuántos indivíduos, a la luz de sus propiedades, están compreendidos en una misma especie*".[8]

Efetivamente, o indivíduo – como categoria moderna – foi (re)posicionado no centro do drama penal. Já não é mais o homem fora-do-mundo da Idade Média, mas, segundo Dumont,[9] em discurso sobre as sociedades holistas, um homem-no-mundo, personagem da modernidade, titular de direitos perante o Estado por ele próprio criado para respeitá-lo e protegê-lo.

Disso tudo pode-se concluir que agridem a garantia da individualização das penas as sentenças *padronizadas,* que servem para "resolver" todos os casos, para quantificar todas as penas, independentemente das peculiaridades do fato e das singularidades de seus agentes.

A reação do estado, com a pena, não prescinde da consideração do indivíduo certo, com todas as suas singularidades, bem ainda do fato concreto, com todas as suas circunstâncias, evitando-se o tratamento de massa em direito penal com a aplicação sistemática para qualquer acusado e por qualquer fato de penas ou sempre brandas ou

---

[6] SALEILLES, op. cit., p. 69.

[7] Idem, p. 81.

[8] DALBORA, José Luis Guzmán. *La "Individualización" de la pena: Conteúnido, Trayectoria Histórica y Crítica del Concepto".* Cópia de artigo a ser publicado fornecida gentilmente pelo autor no dia 14 de maio de 2010, em Porto Alegre.

[9] DUMONT, Louis. *O Individualismo – uma Perspectiva Antropológica da Ideologia Moderna.* Trad. Álvaro Cabral. Rio de Janeiro: Rocco, 1985.

das PENAS e seus CRITÉRIOS de APLICAÇÃO

sempre elevadas, por mais relevantes que sejam os objetivos do julgador ou as aspirações da sociedade.

Consentâneas com a individualização são as regras que examinaremos mais adiante porque propiciam que esse ideal e pena proporcional e justa possa ser concretizado em termos práticos com o adequado uso das ferramentas colocadas pelo legislador à disposição do julgador, sempre sob a fiscalização das partes.

7.2. A individualização das penas no Brasil: síntese evolutiva

O Brasil caminhou com lentidão na direção da garantia da individualização da pena (na fase judicial), pois, embora alinhado às ideias liberais, que, um pouco antes, haviam dominado a Inglaterra, a França e os Estados Unidos, foi só em 1830 que editou o Código Criminal do Império para substituir as Ordenações Filipinas e fazer cessar o direito penal do horror.

Esse Código, na Parte II, preservava, de certo modo, as amarras do sistema punitivo medieval e reproduzia o modelo engessado do Código Penal francês, pois o juiz deveria individualizar a pena em atenção aos graus rígidos preestabelecidos (mínimo, médio e máximo), conforme determinasse a maior ou a menor incidência de agravantes ou atenuantes (arts. 15, 16, 17 e 18),[10] sem qualquer margem de opção.

Na dúvida, a pena deveria ser fixada no grau médio (art. 20).

Quer dizer, o juiz limitava-se a constatar o fato, a identificar o grau de reprovação e a declarar a pena correspondente. Não tinha poder de escolha, já que a proporcionalidade na *reação* era predeterminada em lei. Bem ao estilo do "boca da lei", da era napoleônica, o juiz era um mero intermediário entre a lei e o fato para fazer valer a vontade daquela na regulação dos fatos da vida.

Com a proclamação da República, em 1889, o Ministro da Justiça do Governo Provisório chefiado pelo Mal. Deodoro da Fonseca incumbiu ao Ministro Campos Salles que preparasse outro Código Penal, tendo este delegado a missão ao Conselheiro Baptista Pereira.

O texto do projeto seria rapidamente aprovado pelo Decreto 847, de 11 de outubro de 1890, embora precedido de legislação[11] revogando a pena de galés, limitando em trinta anos as penas perpétuas, autorizando o desconto do tempo de prisão preventiva (detração) e instituindo a prescrição como causa extintiva da punibilidade, que

---

[10] Lia-se no texto que, quando o Código não apontasse pena determinada e só indicasse o máximo e o mínimo do crime, o juiz deveria simplesmente considerar, ao impor a pena, os três graus de retribuição preestabelecidos, "(...) com attenção ás suas circunstancias aggravantes ou attenuantes, sendo o maximo o de maior gravidade, a que se imporá o maximo da pena; o minimo o de menor gravidade, a que se impora a pena minima; o médio o que fica entre o maximo e o minimo, a que se imporá a pena no termo entre os extremos dados" (Art. 63). Ao tipificar o homicídio, no artigo 192, ou seja, o crime de "Matar alguem com qualquer das circumstancias aggravantes mencionadas no artigo dezesseis, numeros dous, sete, dez, onde, doze, treze, quatorze e dezesete", por exemplo, a pena, no *grau máximo*, era a morte; no *grau médio*, a galé perpétua e, no *grau mínimo*, vinte anos de prisão com trabalhos. O estupro, que consistia em "ter coppula carnal, por meio de violência ou ameaças, com qualquer mulher honesta" implicava as seguintes penas previamente graduadas: no *grau máximo*, doze anos de prisão, mais dote à ofendida; no *grau médio*, sete anos e meio de prisão e dote à ofendida e, no grau *mínimo, tres annos idem*. No caso de crime tentado, haveria, em princípio, redução "da terça parte em cada um dos gráos". Se a pena fosse de morte, contudo, impor-se-ia ao culpado de tentativa, no mesmo grau, a de galés perpétuas. Se fosse a de galés, ou de prisão perpétua com trabalho ou sem ele, impor-se-ia a de galés com vinte anos. Se, ainda no caso de tentativa, a pena fosse de banimento, impor-se-ia a de desterro para fora do Império por vinte anos. Se fosse de degredo ou desterro perpétuo, impor-se-ia, na hipótese tentada, a de degredo ou desterro por vinte anos (art. 34).

[11] Decreto nº 774, de 20 de setembro de 1890.

havia sido expressamente vedada pelo Código Criminal do Império (art. 65), conforme explicamos no capítulo anterior.

O Código Republicano de 1890 não alterou o sistema implantado em 1830, salvo para acrescentar graus intermediários de reprovação (entre o mínimo e o médio e entre o médio e o máximo) e para conferir, na individualização da pena, especial influência às circunstâncias agravantes,[12] em todos os casos em que o tipo apontasse só mínimo e máximo de pena.[13]

O novo sistema, fruto da pressa, tornou a tarefa mais complexa do que era.

Pedro Vergara, em notável livro sobre as penas e sua aplicação,[14] dizia que, conforme a *aritmética penal* determinada pela necessidade de identificação de graus intermediários, a pena poderia fragmentar-se por meio de duas operações elementares: a soma e a divisão por dois entre o mínimo e o máximo (gerando o grau médio); entre o mínimo e o médio (gerando o submédio) e entre o médio e o máximo (gerando o submáximo). A ausência de agravantes implicava reconhecimento da pena no grau médio, o que, convenhamos, não escondia o propósito grosseiro do Código de fazê-las atuar *sempre,* ainda que não incidissem no caso concreto!

Em suma, ainda na lição do saudoso e genial jurista, "não era o juiz que graduava a pena; também não era o criminoso que servia de objeto a essa graduação; a bem dizer, nem era o crime, *in concreto*, que oferecia as condições dessa dosagem; a soberania do direito penal, na sua adequação prática, que é a arte da aplicação da pena, era exercida, firme e hieraticamente, por esta deusa da medida: a aritmética".[15]

O magistrado, então, segundo dizia Pedro Vergara, "(...) não podia fazer um balanço geral de todos os elementos que concorriam na ação criminosa, para deduzir a imputação e calcular a responsabilidade, ou fosse a quantidade da pena; não estava no seu poder fundir esses elementos e extrair da sua mistura a fórmula complexiva da punibilidade, em que se harmonizassem as exigências da repressão e da intimidação, com as necessidades políticas da individualização das sanções", como nos lembra, em lições que atravessaram os anos.[16]

Os "equívocos" e as "deficiências" do apressado Código acabaram transformando-o numa "colcha de retalhos",[17] tanto que foi preciso elaborar e publicar uma consolidação, que ficou conhecida como a Consolidação das Leis Penais, de Vicente Piragibe, promulgada em 1932, logo substituída pelo Código Penal em vigor, embora as muitas modificações já realizadas.

---

[12] Art. 62: "Nos casos em que este código não impõe pena determinada e somente fixa o máximo e o mínimo, considerar-se-hão três gráos na pena, sendo o gráo médio comprehendido entre os extremos, com attenção ás circunstâncias aggravantes e attenuantes, as quaes serão applicadas na conformidade do disposto no art. 38, observadas as regras seguintes: § 1º. No concurso de circunstâncias aggravantes e attenuantes que se compensem, ou na ausência de uma de outras, apena será applicada no gráo médio. § 2º. Na preponderancia das aggravantes a pena será applicada entre os gráos médio e maximo, e na das attenuantes entre o médio e o mínimo. § 3º. Sendo o crime acompanhado de uma ou mais circunstâncias aggravantes sem alguma attenuante, a pena será applicada no maximo e no minimo si for acompanhada de um ou mais circunstâncias attenuantes sem nenhuma aggravante".

[13] O artigo 294 assim definia o homicídio: "Matar alguém: Paragrapho 1º Si o crime fôr praticado com qualquer das circunstâncias aggravantes mencionadas nos §§ 2º, 3º, 6º, 7º, 8º, 9º, 10, 11, 12, 13, 16, 17, 18 e 19 do art. 39, e § 2º do art. 41: pena – de prisão cellular por 12 a 30 annos. Paragrapho 2º Si o homicídio não tiver sido aggravado pelas referidas circunstâncias: pena – de prisão cellular por 6 a 24 annos".

[14] VERGARA, Pedro. *Das Penas Principais e sua Aplicação*. Rio de Janeiro: Livraria Boffoni, 1948, p. 249.

[15] Idem, ibidem.

[16] Idem, p. 248.

[17] BITENCOURT, op. cit., p. 69.

Editado em 1940, durante o Estado Novo, o Código Penal eliminou o sistema de graus intermediários e, conforme anotação de Leonardo Massud, bem "longe das fórmulas aritméticas, ... ampliou extraordinariamente o arbítrio judicial, disponibilizando ao magistrado um autêntico roteiro de investigação das circunstâncias fáticas do crime e da pessoa do réu, permitindo-se, com isso, o exercício verdadeiro da tarefa de individualizar a pena, cuja fixação, agora, prendia-se tão somente aos limites da moldura dos tipos penais, ou seja, aos marcos mínimo e máximo da reprimenda".[18]

Portanto, quando a Justiça refletia o absolutismo, e os juízes eram apenas carrascos a serviço da mais ignóbil tirania, afirmava Roberto Lyra,[19] "não se podia, sequer, falar em julgamento, porque os magistrados estavam, por sua vez, submetidos à força".

Pelo novo Código, todavia, o legislador delegou ao juiz, avisadamente, um arbítrio, prudente e relativo, como deve ser todo arbítrio, ditando normas taxativas para limitá-lo e conduzi-lo no caso concreto.[20]

Esse sistema de *margens penais* e de arbítrio judicial para a determinação da medida concreta da pena *dentro* das margens consagra-se em todo o mundo, em nome da certeza de que, nas palavras de Eduardo Correia, se sobrepunha "assim a um óptimo de justiça – que exigiria uma ponderação das diversas graduações e 'nuances' que o mesmo facto concretamente pode revestir, quer no aspecto típico, quer no aspecto subjetivo ou nas suas relações com a personalidade do delinquente. E, assim, a individualização da pena devia ser puramente legal, traduzindo-se na tipicização abstrata dos vários crimes, suscetíveis tão só de se especializar pela consideração de certas circunstâncias modificativas, com valor predeterminado na lei e que o juiz teria, automática e mecanicamente, que aplicar".[21]

7.3. Individualização das penas: fases em que se desenvolve

A doutrina, para aquém da determinação do conteúdo, contenta-se em examinar o princípio-garantia da individualização da pena sob a ótica das três fases em que se desenvolve: *a legal, a judicial e a de execução,* tendo sido o já citado jurista francês Raymond Saleilles, segundo consta, o primeiro a escrever sob essa ótica, em 1898, em livro prefaciado pelo grande penalista Gabriel Tarde.[22]

---

[18] MASSUD, Leonardo. *Da Pena e sua Fixação.* São Paulo: DPJ, 2009, p. 138.

[19] LYRA, Roberto. *Comentários ao Código Penal.* Rio de Janeiro: Forense, 1942, p. 158.

[20] A Exposição de Motivos do Código vigente proclama que o juiz, com efeito, "(...) ao fixar a pena, não deve ter em conta somente o fato criminoso, nas suas circunstâncias objetivas e consequências, mas também o delinquente, a sua personalidade, seus antecedentes, a intensidade do dolo ou grau da culpa e os motivos determinantes (art. 42). O réu terá de ser apreciado através de todos os fatores, endógenos e exógenos, de sua individualidade moral e da maior ou menor intensidade da sua *mens rea* ou da sua maior ou menor desatenção à disciplina social. Ao juiz incumbirá investigar, tanto quanto possível, os elementos que possam contribuir para o exato conhecimento do caráter ou índole do réu – o que importa dizer que serão pesquisados o seu *curriculum vitae,* as suas condições de vida individual, familiar e social, a sua conduta contemporânea ou subsequente ao crime, a sua maior ou menor periculosidade (probabilidade de vir ou tornar o agente a praticar fato previsto com crime). Esta, em certos casos, é presumida pela lei, para o efeito de aplicação obrigatória de medida de segurança; mas, fora desses casos, fica ao prudente arbítrio do juiz o seu reconhecimento (art. 77)" (item 24).

[21] CORREIA, Eduardo. *Direito Criminal.* Coimbra: Livraria Almedina, 1993, p. 316-317.

[22] SALEILLES, op. cit., p. 64.

Consoante esse pensar, a pena é individualizada *na primeira fase* pelo legislador *(individualização legal),* o que ele faz baseado em critérios políticos, sociais, econômicos, ideológicos, etc.

Essa típica atividade de *etiquetamento das condutas* constitui objeto da *política criminal,* mas infelizmente não integra o rol das preocupações dos penalistas, como foi denunciado, aliás, pela corrente criminológica norte-americana[23] conhecida como *labelling approach.*[24] Para os partidários dessa corrente, interessa menos saber o que é crime e mais porque determinada conduta *foi* e outra *não foi* etiquetada como criminosa na lei penal.

Abstraída essa questão, cumpre-nos lembra que na primeira fase da individualização da pena o legislador não detém liberdade ilimitada para tipificar ou cominar as penas, isto é, para *criminalizar e sancionar o que bem entender,* uma vez que a sua ação política é orientada pelo comando normativo do devido processo legal substancial (art. 5º, LIV, da CF), proibindo-o de editar leis *desarrazoadas.* É ao legislador que se endereça esse princípio.

Na segunda fase, a pena é individualizada *em concreto,* pelo *juiz competente para a prolatação da sentença,* tendo como referência as margens mínimas e máximas estabelecidas pelo legislador, de modo a revelar-se, nessa fase, um *mútuo esforço* entre os membros dos Poderes Legislativo e Judiciário, com vista à *efetivação do direito penal.*

Consoante Figueiredo Dias, "há uma nítida separação de tarefas e de responsabilidades" entre o legislador e o juiz", incumbindo "ao legislador ... estatuir as molduras penais cabidas a cada tipo de fatos que descreve na PE do CP e em legislação extravagante, valorando para o efeito a gravidade máxima e mínima que o ilícito de cada um daqueles tipos de fatos pode presumivelmente assumir. Mas porque o sistema não poderia funcionar de forma justa e eficaz se não fosse dotado a este de válvulas de segurança, o legislador prevê, ainda, aquelas circunstâncias que, em casos especiais, podem agravar ou atenuar os limites máximos e (ou) mínimos das molduras penais em princípio previstas para um certo tipo de fatos (circunstâncias modificativas). Com todo este condicionalismo, assim fixado pelo legislador, tem o juiz de estritamente se conformar",[25] em sua função de determinar, de um lado, a moldura penal abstrata pertinente ao fato, e, de outro, de "escolher a espécie ou o tipo de pena a aplicar concretamente, sempre que o legislador tenha posto mais do que uma" à sua disposição.[26]

No curso do procedimento *quantificador* da pena também o juiz não exerce poder arbitrário, pois deve guiar-se *fundamentadamente* (art. 93, IX, da CF) por critérios legais e jurisprudenciais e proclamar a pena *em espécie e quantidade* que reflita o ideal

---

[23] MARTEAU, Juan Félix. *A Condição Estratégica das Normas.* São Paulo: IBCCrim, 1997, p. 91.

[24] O *labelling approach* é designado na literatura, alternativa e sinonimamente, por enfoque do interacionismo simbólico, etiquetamento, rotulação, ou, ainda, por paradigma da reação social. Surge nos Estados Unidos, no final da década de 60, com os trabalhos de H. GARFINKEL, E. GOFMANN, K. ERICSON, A. CICOUREL, H. BECKER, E. SCHUR, T. SCHEFF, LEMERT, KITSUSE, dentre outros, integrantes da Nova Escola de Chicago, questionando o paradigma funcional até o momento dominante na sociologia norte-americana. O *labbeling aproach* estuda o crime e a criminalidade para além do direito positivo, de modo a aferir um *modelo* ou *padrão crítico* tanto do direito vigente como do direito a constituir, *indicando-se ao legislador aquilo que ele pode e deve criminalizar e aquilo que ele poderia e deveria deixar fora do âmbito do direito penal.*

[25] DIAS, Jorge de Figueiredo. *Direito Penal 2:* As Consequências Jurídicas do Crime. Capítulo II: A Determinação da Pena. Coimbra, 1988, Lições ao 4º ano da Faculdade de Direito, Secção de Textos da Faculdade de Direito da Universidade de Coimbra, p. 219 e seg.

[26] DIAS, op. cit., p. 220.

---

das PENAS e seus CRITÉRIOS de APLICAÇÃO

da *proporcionalidade* entre a ação criminosa e a resposta penal. É nesse espaço que se deve estudar o conhecido princípio da *proporcionalidade* (art. 59 do CP) que se endereça ao magistrado.

Na terceira fase, por fim, o juiz das execuções, *tendo por referência os limites assinalados pela sentença condenatória,* presidirá o processo de execução da pena, *em acordo com o programa individualizador* (art. 6º da Lei 7.210/84) do tratamento penitenciário.[27]

Nessa fase, em que a colaboração é entre os membros do Poder Judiciário e do Poder Executivo (agentes penitenciários, diretores de estabelecimentos prisionais, etc.), as atividades executórias não poderão desbordar do âmbito da sentença e das normas legais ou regulamentares.

É nesse espaço que se estuda o procedimento do *excesso ou desvio* que o Ministério Público, o Conselho Penitenciário, o sentenciado e qualquer dos demais órgãos da execução penal pode intentar para denunciar, corrigir erros ou eliminar abusos.

7.4. A individualização judicial da pena privativa de liberdade: métodos; o método adotado pela reforma penal

Linhas acima determinamos o *conteúdo* da garantia da individualização da pena e destacamos as fases em que ela se concretiza.

Até 1984, ano em que a Lei 7.209 produziu a Reforma da Parte Geral do Código Penal, os penalistas dividiam-se entre dois métodos, idealizados e recomendados, respectivamente, por Roberto Lyra e Nelson Hungria, para individualizar a pena em quantidade objetiva compatível com o grau da culpabilidade do agente pelo fato concretamente cometido. Esses métodos tornaram-se conhecidos como *bifásico e trifásico.*

Roberto Lyra, ideólogo do método *bifásico,* dizia que o juiz, "apreciando em conjunto a realidade, segundo os critérios gerais do art. 42 e atendidas sempre as situações dos arts. 44 e 48 (no caso de concurso de pessoas, atua, também, o art. 45), estabelecerá a pena-base, sobre a qual incidirá o aumento ou a diminuição especificados, quer na parte geral, quer na parte especial (art. 50 e seus parágrafos) e a diminuição prevista no art. 6º (...) Quando não ocorrem causas de aumento e de diminuição, que são inconfundíveis com as circunstâncias agravantes e atenuantes explícitas e peremptórias e com as decorrentes do art. 42, a quantidade da pena resulta, exclusivamente, do uso da faculdade do art. 42 e do cumprimento obrigatório dos preceitos dos arts. 44 a 48, atendido sempre o art. 49".[28]

---

[27] Concebida a classificação e o tratamento como "um trabalho de especialistas em equipe, exercido individualmente sobre o delinquente, com a finalidade de anular ou modificar os fatores negativos de sua personalidade, e dotá-lo de uma formação idônea para afastá-lo da reincidência e alcançar a sua readaptação à vida social", no dizer de Garrido Guzmán (GUZMÁN, Garrido, *apud* CAFFARENA, Borja Mapelli. Sistema Progressivo y Tratamiento. In: *Leciones de Derecho Penitenciário,* Madrid, 1989, p. 144), esse tratamento, como aduz Caffarena, é entre nós algo simbólico e de mínima expressão, sendo raros os internos que dentro do sistema prisional chegaram a completar um processo terapêutico tal qual previsto em lei (CAFFARENA, Borja Mapelli Sistema Progresivo y Tratamiento. In: *Lecciones de Derecho Penitenciario.* Madrid, 1989, p. 144). Logo, a individualização da pena privativa de liberdade, na fase da execução é, pois, no Brasil, uma garantia vaga, indefinida, etérea, pois as penitenciárias não (res)socializam, porque não há ressocialização sem a livre adesão a programa de tratamento, isto admitindo-se, sem esforço crítico, que os condenados já eram socializados e que se dessocializaram com o cometimento dos crimes pelos quais foram condenados.

[28] LYRA, Roberto. *Comentários ao Código Penal.* Rio de Janeiro: Forense, 1942, p. 173.

Com essa lição, o eminente penalista recomendava que, na determinação da pena-base, o juiz, *em uma primeira fase,* valorasse em globo as circunstâncias judiciais (atualmente relacionadas no artigo 59 do CP) e as circunstâncias legais agravantes e atenuantes (atualmente listadas e disciplinadas nos artigos 61 a 67 do mesmo Código).

Sobre essa pena, ele faria incidir, *em um segundo e derradeiro movimento,* as quantidades de aumentos ou de diminuições a título de eventuais majorantes ou minorantes, que, como prevê o nosso Código, podem ser encontradas tanto na Parte Geral, quanto na Parte Especial e que serão examinadas mais adiante.

Divergindo parcialmente, Nelson Hungria – outro ilustre penalista que, junto com Roberto Lyra, Vieira Braga, Narcélio de Queirós, integrara a Comissão Revisora do anteprojeto elaborado por Alcântara Machado, que redundou no texto do Código Penal em vigor – editado pelo Decreto-Lei nº 2.848, de 7 de dezembro de 1940 – sustentava que, na dinâmica da individualização da pena privativa de liberdade, os cálculos judiciais deveriam ocorrer em *três etapas.*

Na primeira, o juiz deveria considerar, com prudente arbítrio, primeiro as circunstâncias judiciais do art. 42 (hoje art. 59), para poder fixar a pena-base.

Na segunda, realizaria agravações e/ou atenuações, ante presença eventual de causas legais agravantes e atenuantes.

Por fim, na terceira fase, faria incidir sobre a pena provisória os aumentos e as diminuições determinados pelas eventuais majorantes e minorantes.

O método, qualificado pela doutrina e jurisprudência como *trifásico,* constou do texto do Código Penal de 1969 (Decreto-Lei nº 1.004/69, arts. 52, 56, 62 e 63), que, embora sancionado, nunca entrou em vigor, sendo revogado depois de longa *vacatio legis.*

Diversas razões lembradas por José Duarte[29] conferem ao método trifásico superioridade sobre o método bifásico:

a) porque ele exige um ponto de referência, ou seja, um *quantum* certo de pena, para que se proceda à agravação ou à atenuação resultante, obrigatoriamente, das circunstâncias legais;

b) porque ele não autoriza o juiz a contrapor as circunstâncias judiciais às circunstâncias legais, de modo que estas possam ser neutralizadas ou superadas por aquelas (podendo ensejar pena no mínimo, ainda que existisse uma agravante obrigatória);

c) porque as circunstâncias judiciais existem sempre, ao passo que as legais têm caráter excepcional, representando um *plus* ou um *minus* em relação aos casos comuns, e, assim, devendo importar um *quantum* de pena a ser somado ou subtraído à pena que deveria ser aplicada aos casos comuns e, ainda;

d) porque antes de serem medida do *quantum* de agravação ou de atenuação, as circunstâncias judiciais são um critério geral de mensuração da pena em relação ao crime, considerado substancialmente, ou aos limites de sua definição geral.

Não há, efetivamente, como equiparar as causas que atuam na determinação da pena-base, que, como o próprio nome sugere, indica um ponto de partida, com as circunstâncias que, por definição prévia da lei, sendo *mensuráveis,* atuam como fatores de agravamento ou abrandamento da pena-base.

---

[29] DUARTE, José. *Aplicação da Pena – Pena-Base – Inteligência do art. 50.* São Paulo: Revista Justitia, ano 1942, v. 4, p. 216.

Um exemplo singelo serve para demonstrar a superioridade do método trifásico: se apelasse para pretender expungir da pena a influência de certa agravante, o condenado só estaria em condições de antever o resultado prático de julgamento eventualmente favorável, se o *quantum* correspondente à agravante aparecesse explícito na sentença. Pelo sistema de Roberto Lyra, essa antevisão não seria possível, porque, como é fácil perceber, no cálculo em duas etapas, o *quantum* atribuído à agravante acaba sempre "consumido" ou englobado na *pena-base*.

A discussão sobre o método a seguir, que atravessou todo o período de vigência do Código Penal de 1940, felizmente esgotou seu ciclo em 1984, quando o legislador, ao reformar a Parte Geral, por meio da Lei 7.209/84, optou explicitamente, no que diz com as penas privativas de liberdade, pelo método trifásico,[30] por considerá-lo mais afinado com o sentido da individualização judicial da pena.

Assim declara, efetivamente, o atual artigo 68 do Código Penal: "A pena-base será fixada atendendo-se ao critério do artigo 59 deste Código; em seguida, serão consideradas as circunstâncias atenuantes e agravantes; por último, as causas de diminuição e de aumento".

Dispostos entre pontos e vírgulas, os enunciados sugerem três movimentos distintos: no primeiro, busca-se a pena-base; no segundo, a pena provisória e, por último, a pena definitiva, precisamente como recomendava Hungria. O verbete "método trifásico" não integra o artigo 68, mas a expressão está hoje consagrada na doutrina e na jurisprudência do todo do pais.

Embora haja paz quanto ao método vigente, parece possível dizer sustentar que todo o processo de individualização da pena privativa de liberdade se desenvolve em mais fases, pois o artigo 68 do CP não permite ver, ao mesmo explicitamente, a integralidade do fenômeno, considerando-se que o juiz, antes de identificar os limites mínimo e máximo das penas para fixar a pena-base, necessita muitas vezes escolher a pena aplicável (p. ex.: art. 155, § 2º, do CP)[31] dentre outras igualmente cominadas na moldura penal.

---

[30] "Pena. Método Trifásico. A teor da jurisprudência sedimentada do Supremo Tribunal Federal, o método trifásico foi introduzido pela reforma do Código Penal levada a efeito com a Lei 7.209/84. O artigo 68 tomou nova redação, impondo-se a fixação da pena-base mediante o atendimento das circunstâncias judiciais de que cuida o artigo 59, para, a seguir, serem consideradas as atenuantes e agravantes e, numa terceira etapa, as causas de diminuição e aumento da pena (...)" (2ª T., HC nº 69.421, de 30.6.92, Rel. Min. Marco Aurélio, DJU de 28.8.92, p. 13.455).

(...) O processo de individualização da pena, de previsão constitucional tem o seu rigoroso disciplinamento no artigo 59 do Código Penal, que se completa com as disposições do artigo 68 do mesmo Estatuto, que preconiza o sistema trifásico: (a) é fixada, na primeira fase, a pena-base, atendidas as circunstâncias judiciais, no *quantum* necessário e suficiente para a reprovação e prevenção do crime; (b) em sequência, são consideradas as circunstâncias legais que agravam ou atenuam a pena, inscritas nos arts. 61 e 65 do Código Penal; e (c) por último, incidem e completam o processo de dosimetria as causas de diminuição e de aumento, classicamente conhecidas por circunstâncias majorantes ou minorantes, fixadas em níveis percentuais. (...)" (REsp. n. 83.649-CE, Rel. Min. Vicente Leal, 6ª T. STJ, j. un. em 18.11.96, *in* Boletim de Julgados do STJ, nº 76, p. 81).

PENA – Inobservância do critério trifásico para o cálculo – Nulidade – Ocorrência: (STF) 2 – Ementa oficial: "Sentença condenatória: individualização da pena: método trifásico não observado: nulidade. Nulo é o capítulo da individualização da pena, na sentença condenatória, quando, num só momento, ao fixar a pena-base, considera a agravante da reincidência" (*Habeas Corpus* nº 72.115.0/SP – Primeira Turma Rel: Min. Sepúlveda Pertence – j. 15.12.94).

"NULIDADE – Sentença que não atende ao método trifásico na determinação das penas – Ocorrência – Reparo da eiva em 2ª Instância – Impossibilidade: – Inteligência: art. 68 do Código Penal, art. 5º, LV, da Constituição da República. 156 – É nula a sentença que não atende o método trifásico na determinação das reprimendas, sendo certo que tal eiva não é possível de reparo em 2ª Instância, uma vez que não se trata de simples erro material" (RJDTACRIM, v. 23 p. 291, Rel. Juiz Wilson Barreira).

[31] Além do § 2º do artigo 155, já citado, outros dispositivos podem ser citados como exemplos, como os arts. 140, 150, 151, 153, 164, 169, 170, 193, 194, 205, 208, 209, 233, 234, 320, 321, 324, 325, 341, 358, 359 do Código Penal, autorizando aplicação ora de pena restritiva da liberdade, ora de pena pecuniária.

Portanto, quando a lei penal permitir *aplicação alternativa* de penas, a *opção qualitativa* consistirá, primeiro, na escolha da pena que melhor atenda aos critérios de prevenção e retribuição (necessidade e suficiência)[32] para, só depois, bem obediente ao método estabelecido no art. 68 do CP, poder objetivamente declarar as quantidades de pena-base, provisória e definitiva.

Essa opção preliminar, como é fácil deduzir, não pode, então, ser produto do acaso, não deve refletir os humores do juiz nem deve ficar condicionada às circunstâncias específicas de determinado momento. Embora não haja na lei penal dispositivo expresso, preside-a, como parece curial, o princípio da proporcionalidade das penas,[33] que funciona integrado com o princípio reitor da culpabilidade, de modo a que a reação do Estado não acabe sendo mais prejudicial que o dano causado pela falta ou que, pelo reverso, sendo insuficiente, atue como estímulo à prática de novas infrações.

Mas, estabelecida a medida concreta da pena, aí também não se encerra o proceder do juiz: incumbe-lhe, ainda, individualizar o regime de execução (art. 59, III), apurar a eventualidade de substituição da pena privativa de liberdade por outra espécie de pena (arts. 59, IV, e 60, § 2º) e, se for o caso, ainda decidir sobre a concessão ou não do *sursis* (art. 77 do CP).[34]

A doutrina e a jurisprudência, no entanto, sob a influência da fecunda contribuição de Hungria, mantém-se fiel à denominação dada ao método trifásico incorporado ao nosso direito positivo.

A individualização da pena privativa de liberdade em fases específicas e bem determinadas é prevista na legislação estrangeira, embora, no dizer de Guilherme Nucci, exista uma maior "discricionariedade do juiz estrangeiro para a fixação da pena".[35]

---

[32] Pedro Vergara, em seu livro *Das Penas Principais e sua Aplicação*. Rio de Janeiro, Editora Boffoni, 1948, p. 287, discordando de VANINNI, que afirmava ser o juiz livre para escolher qualquer das penas cominadas concomitantemente, já dizia, nos idos de 1948, que "o juiz só aplicará uma pena em vez de outra", quando isso for justificado pelos requisitos do art. 42 (atual art. 59), além dos elementos específicos, relativos a cada crime. Essa orientação teria de ser observada quer quando o agente houvesse praticado um só delito, quer quando fosse o caso de concurso de crimes, regido pelo princípio do cúmulo material.

[33] Alberto Silva Franco, em seu *Código Penal e sua Interpretação Jurisprudencial,* RT, 1995, p. 685 e seguintes, sugere que "(...) o critério preferencial do legislador, que deve ser expresso pelo juiz no ato de opção, é o de priorizar, em princípio, a aplicação das penas não privativas de liberdade", transcrevendo diversos precedentes, inclusive do colendo STF. Dentre outros: "É nula a sentença que condena o réu a penas cumuladas de detenção e multa, quando o legislador comina penas alternativas" (RTJ 119/1.019) e "A opção pela pena privativa de liberdade deve ser justificada, pois toda vez que houver penas alternativas, é preciso que o condenado saiba por que se escolheu a mais grave" (TACrimSP, JUTACRIM, 83/361).

[34] "Penal. Substituição da pena privativa de liberdade por uma das restritivas de direito. *Sursis.* Inadmissibilidade. Obrigatoriedade da substituição quando reconhecidas as circunstâncias favoráveis do art. 59 e as condições dos incisos II e III do art. 44, c/c o seu parágrafo único, todos do CP. Direito subjetivo do réu. Etapa obrigatória da aplicação da pena. Recurso especial conhecido. I. Só se admite a concessão do *sursis* quando incabível a substituição da pena privativa de liberdade por uma das penas restritivas de direito, conforme preceitua o art. 77, inciso III do CP. II. Torna-se obrigatória a substituição de penas privativas de liberdade por uma das restritivas de direito, quando o juiz reconhece na sentença as circunstâncias favoráveis do art. 59, bem como as condições dos incisos II e III do art. 144 c/c o seu parágrafo único, todos do CP, caracterizando direito subjetivo do réu. III. Recurso especial conhecido" (RMS nº 7.046 SC, Rel. Min. Vicente Leal, 6ª T. do STJ, j. 01.10.96, *in* Boletim de Julgados do STJ, 76, p. 79).

O § 2º do art. 77 do CP passou à seguinte redação: "A execução da pena privativa de liberdade, não superior a quatro anos, poderá ser suspensa, por quatro a seis anos, desde que o condenado seja maior de setenta anos de idade, ou razões de saúde justifiquem a suspensão" (Lei 9.714, de 25 de novembro de 1998).

Com a elevação para quatro anos do requisito objetivo para a substituição da pena privativa de liberdade por restritiva de direitos (art. 44, I), é razoável sustentar que o juiz também pode conceder o *sursis* quando a pena individualizada for superior a dois anos de reclusão ou detenção e não ultrapassar a quatro anos.

[35] NUCCI, Guilherme de Souza Nucci. *Individualização da Pena.* São Paulo: RT, 2004, p. 97.

Examinando a legislação de onze países, o ilustre juiz e professor paulista concluiu que, embora o magistrado brasileiro também possa aplicar a pena valendo-se de discricionariedade juridicamente vinculada, "tem maior limitações, até porque há maior número de fatores a considerar. Outros sistemas preveem em menor escala a existência concomitante de circunstâncias judiciais, circunstâncias legais agravantes e atenuantes, circunstâncias legais de aumento e diminuição, além de circunstâncias legais de qualificação e privilégio", concluindo, daí, que, enquanto o nosso sistema legal é trifásico, "nos demais sistemas" consultados[36] "é bifásico ou monofásico".[37]

Sem a necessidade de estabelecer, neste momento, paralelo mais aprofundado, parece-nos que o método trifásico atende satisfatoriamente às expectativas e vai bem ao encontro dos princípios gerais de garantia, mesmo porque o juiz tem o dever de fundamentar as suas atividades em todas as fases como condição de validade da sentença condenatória.

7.5. A individualização judicial das penas restritivas de direito e de multa em dias-multa: métodos

A sentença condenatória pode contemplar penas restritivas de direito ou de multa em dias-multa.

As primeiras são *autônomas e substitutivas,* porque embora previstas em sedes próprias no Código Penal, elas podem ser aplicadas *no lugar* das penas privativas de liberdade antes impostas. É dizer: em regra, para que alguém possa ser condenado a cumprir pena restritiva de direito, a condição é que tenha sido condenado na mesma sentença à pena privativa de liberdade passível de ser substituída por aquela.

Os critérios para a individualização e substituição dessas penas são *distintos* dos critérios legalmente previstos para a individualização das penas privativas de liberdade, como se pode ler nos artigos 44, 45, 49 e parágrafos e art. 60 e parágrafos do Código Penal.

Por razões metodológicas e também para evitarmos repetições desnecessárias, nós analisaremos melhor o assunto, na dimensão adequada, nos capítulos 12 e 13, respectivamente, para o qual remetemos o leitor.

7.6. A fundamentação na individualização judicial das penas: requisito de validade da sentença

A garantia da individualização da pena, por ensejar a consideração *do fato concretamente praticado* por indivíduo *único,* porque revestido de singularidades próprias e intransferíveis, atua como importante fonte de legitimação do direito penal, uma vez que propicia a conciliação de dois extremos: a igualdade sobre a qual está assentado o direito penal moderno e a *diferença,* que está presente na natureza, nas sociedades humanas e em todas as pessoas.

---

[36] Itália, Alemanha, França, Espanha, Portugal, Chile, Paraguai, Argentina, Venezuela, Estados Unidos, Inglaterra e País de Gales (NUCCI, Guilherme de Souza Nucci. *Individualização da Pena.* São Paulo: RT, 2004, p. 97).

[37] NUCCI, op. cit., p. 97.

Com efeito, a fundamentação das decisões judiciais (art. 93, inciso IX, da CF) é hoje garantia do indivíduo, inserida no contexto das lutas seculares que assinalaram a história do homem e das sociedades, sendo, no dizer de Fragoso, citando Brícola, o "diafragma que separa o poder discricionário do arbítrio".[38]

Em sendo assim, a quantificação das penas – que se insere como atividade na garantia da individualização da pena – não dispensa detida fundamentação, pois o réu "tem o direito de saber porque foi condenado e conhecer os fatores que definiram a sanção, qualitativa e quantitativamente".[39]

Como disse Roberto Lyra,[40] é para evitar que a sentença acabe se transformando em instrumento para a projeção de seus tumultos interiores que o juiz precisará exteriorizar passo a passo o caminho percorrido, desde o instante em que, dentre as penas possíveis, identificar aplicáveis, até o momento derradeiro em que anunciar as quantidade certas das penas executáveis.

Embora a alusão mais frequente ao acusado, esse direito não lhe é exclusivo, já que o acusador, quando movimenta o Judiciário com denúncia ou queixa, assim o faz em defesa de interesse estatal, público e, pois, nos moldes do réu, também tem o direito de ser informado sobre todos os aspectos que influíram na escolha da pena, na sua mensuração, na imposição do regime carcerário, nas substituições, na concessão ou negação do *sursis*, etc.

Como disse Sérgio Salomão Shecaira, "a defesa e a acusação têm o direito de saber por quais caminhos e com quais fundamentos o juiz chegou à fixação da pena definitiva. Escamotear tais caminhos é cercear a defesa ou desarmar a acusação. É, principalmente, impossibilitar o ataque lógico ao julgado objeto do recurso".[41]

Como é observada no campo penal, a discricionariedade do juiz, ao fundamentar, coloca-se "(...) sempre em função da inexistência de uma regra, ou melhor, a regra existe, porém abre lacunas previamente estabelecidas, as quais, por absoluta impossibilidade de fixação dos referenciais semânticos, não se colocam na estrutura normativa, nem *per relationem*. Isto é, abre-se, em termos de lei, um espaço que deixa preestabelecidamente em branco, a fim de que seja preenchido pelo próprio juiz no momento de decidir. Esta sempre foi a explicação para o sentido que se deu à discricionariedade".[42]

Em suma: a ausência de fundamentação em qualquer das fases do método trifásico é causa de nulidade insanável, havendo entendimentos de que a nulidade é restrita à parte viciada[43] e de que atinge a toda a sentença[45] por dever ser esta um conjunto harmônico de partes entre si vinculadas.

---

[38] FRAGOSO, Heleno Cláudio. *Lições de Direito Penal:* a nova Parte Geral. 8. ed. Rio de Janeiro: Forense, 1985, p. 335.

[39] Recurso Especial nº 10.664-SP, Rel. Min. Vicente Cernicchiaro, DJU 149, de 5.8.91, p. 10016.

[40] LYRA, Roberto. *Comentários ao Código Penal.* Rio de Janeiro: Forense, 1942, p. 169.

[41] SHECAIRA, Sérgio Salomão. Cálculo de Pena e o Dever de Motivar. *Revista Brasileira de Ciências Criminais,* IBCCrim, v. 6, p. 165.

[42] COUTINHO, Jacinto Nelson de Miranda. Discrição Judicial na Dosimetria da Pena: Fundamentação Suficiente. *Revista do IAP,* n. 21, p. 147.

[43] "O método trifásico é de obrigatória aplicação na fixação da pena, notadamente quando superior ao mínimo legal, sendo nulas as decisões que o desatendem. O vício da individualização da pena não afeta a condenação, restringindo-se o pronunciamento da nulidade à dosagem da reprimenda. Ordem conhecida e deferida em parte para anular o acórdão na parcela voltada à fixação da pena privativa da liberdade, sem prejuízo da condenação e mantida a prisão do paciente" (*Habeas Corpus* nº 70423-9/RJ, Rel. Min. Paulo Brossard, DJU 10.03.94). No mesmo sentido: (DJU nº 170 de 04/09/95, p. 27840 – HC nº 3.443-0/SP – Rel. Min. Cid Flaquer Scartezzini e HC 0003887, 5ª T., DJ de 27.11.95, p. 40.905, Rel. Min. Assis Toledo e HC 4.036-0, PB, Rel. Min. Anselmo Santiago, 6ª T. do STJ, Boletim 17, p. 44).

das PENAS e seus CRITÉRIOS de APLICAÇÃO

A última posição é a que melhor se adequa à compreensão de que a sentença, expressando, por ser gerúndio do verbo *sentire*, o sentimento do juiz sobre *todos os aspectos do caso em julgamento*,[45] não pode ser fracionada, para que uma parte seja declarada inválida e a outra sã.

A jurisprudência, de qualquer sorte, para o bem ou para o mal, dependendo da perspectiva do olhar, vem relativizando as nulidades, inclusive para condicionar a prejuízo para a declaração inclusive de nulidades absolutas, o que convenhamos, respeitosamente, representa leitura para além do permitido pelo sistema processual penal do país.

A questão não entra em rota de colisão com as chamadas impeditivas de declaração de nulidade (absoluta ou relativa), pois há situações em que ela, mesmo configurada, não pode ser declarada.

É o caso, por exemplo, em que o Juiz ou Tribunal reconhece a possibilidade de julgar a causa, no mérito, em favor da parte prejudicada pela nulidade, tal qual autorizava o § 2º do art. 249 do CPC, regra reiterada no art. 282, § 1º, do CPC de 2015) e aplicável ao crime por força da integração das normas – conforme entendem pacificamente a doutrina e os tribunais.[46]

Exemplos: se a sentença individualizar pena no mínimo legal sem fundamentação alguma ainda assim não será caso de anulação (se o recurso for exclusivo da defesa) porque o juiz não poderia impor quantidade mais elevada e porque determinação pelo tribunal nesse sentido acabaria violando o princípio do *ne reformatio in pejus* indireta,[47] como dimana do verbete nº 160 da Súmula do STF, salvo a existência de recurso da acusação pleiteando a incrementação da reprimenda.[48]

No que tange a erros materiais, pela mesma lógica, afirma-se que o Tribunal está autorizado a eliminá-lo quando favorecer a defesa[49] mas estará proibido de fazê-lo

---

[44] BITENCOURT, Cezar R. *Manual de Direito Penal*. 5. ed. São Paulo: RT, 1999, p. 587.

[45] Há bons questionamentos doutrinários sobre a validade dos denominados julgamentos de consciência, considerando-se que a ordem constiticional e legal determina sempre análise objetiva dos fatos e fundamentaçao explícita sobre todos os pontos suscitados pelas partes (ver, p.ex.: STRECK, Lenio. *O Que É Isto – Decido Conforme Minha Consciência?*, Livraria do Advogado. P. Alegre.

[46] Apelação-Crime nº 693147829, Primeira Câmara Criminal, Tribunal de Justiça do RS, Relator: Ranolfo Vieira, Julgado em 16/03/1994.

[47] Rev. JULGADOS, v. 35, p. 95, 40 e 126. "Sendo o recurso exclusivo da defesa, a pena concretizada na sentença anulada é que serve de parâmetro para a prescrição, visto que a nova sentença condenatória que venha a ser proferida não poderá aplicar pena superior àquela, porque vedada a *reformatio in pejus*, que, no caso, seria indireta. Havendo decorrido prazo superior ao previsto para prescrição, pela pena concretizada na sentença anulada, entre o recebimento da denúncia e a decisão anulatória do processo, extinta está a punibilidade do fato. Constatando-se vício na citação do corréu não apelante, concede-se-lhe *habeas corpus* de ofício para anular o processo a partir dali" (Apelação-Crime nº 296006190, 4ª Câmara Criminal do TARS, Rel. Danúbio Edon Franco, j. 17.04.96).

[48] Há *reformatio in pejus* indireta quando a sentença condenatória é anulada em recurso da defesa, e o réu, submetido a novo julgamento, vem a ser condenado a pena superior àquela anteriormente fixada (HC 58.048-PR, DJ de 29.08.80); não, porém, se a sentença cuja nulidade foi reconhecida também havia sido objeto de recurso interposto pela acusação. Precedente citado (em sentido contrário à tese acolhida): HC 65.224-RS (DJ 25.09.87), HC 72.489-SP, Min. Marco Aurélio, 31.10.95.

[49] Embargos de Declaração nº 696207471, 1º Grupo Criminal do TJRGS, Rel. Des. Luiz Felipe Vasques de Magalhães, j. 22.11.96, un., DJ 07.03.97, p. 39. Nossa posição é no sentido de que o arredamento de erro material em recurso exclusivo da acusação, quando implicar prejuízo ao réu, viola a regra que proíbe a *reformatio in pejus*, porque autoriza afirmar que melhor teria sido ao acusado não ter recorrido... O STF, entretanto, já decidiu que: "Tratando-se de erro material, decorrente de equívoco na aplicação de percentagens relativas à qualificadora e ao concurso formal, possível é a correção no julgamento de recurso da própria defesa, ainda que isso resulte em pena mais gravosa. Entende-se como parte dispositiva da decisão não só a revelada pelo parágrafo sobre a quantidade final da pena, mas também as referentes à qualificadora e ao concurso material, contendo as percentagens respectivas. Fixada para o crime de roubo a

quando o erro prejudicar a acusação, como dimana claramente do sentido do denunciado do referido verbete sumular n° 160.[50]

Existem precedentes excluindo do princípio proibitivo da *reformatio in pejus* aquelas decisões que o Júri vier a proferir em novo julgamento ordenado pelo Tribunal com fundamento nas alíneas "a" ou "d" do inciso III do art. 593 do CPP.

Como a decisão anulatória do Júri acarreta a desconstituição do *decisum* e restabelece integralmente a acusação,[51] os jurados, no entender desses arestos, retomam a possibilidade de reconhecer, na nova sessão de julgamento, circunstâncias de fato e de direito afastadas pelos componentes do anterior Conselho de Sentença.

Pessoalmente, somos contrários à orientação acima indicada, porque ela desconsidera olimpicamente o princípio universal que proíbe a reforma para pior em recurso exclusivo da defesa.

Para nós, o pressuposto para que a acusação se restabeleça integralmente em latitude, longitude e profundidade é a existência de apelação da Promotoria, postulando a agravação da condenação.

Se o Estado-acusador se conformar com a decisão, e o julgamento vier a ser anulado, em face do provimento de apelo da defesa, será, então, o *quantum* de pena imposto na correspondente sentença que servirá de parâmetro (e de limite) em caso de nova condenação. Por exemplo: os membros do Conselho de Sentença decidem condenar o acusado, afastando, todavia, duas qualificadoras. Se só a defesa apelar com fundamento na letra "d" do inciso III do art. 593 do CPP, e o Tribunal vier a dar provimento ao recurso, os novos jurados estarão proibidos de deliberar sobre as circunstâncias qualificadoras afastadas.

Não aceitamos a ideia de que o exercício pela defesa do direito ao duplo grau de jurisdição possa acarretar risco de agravamento da situação penal do acusado. Entender o contrário significa desestimular o uso do direito constitucional de apelar à jurisdição superior. Mais: significa aceitar que o Estado-Juiz substitua ao acusador dando-lhe a chance de obter algo que expressamente deixou ou se recusou de pedir.

---

pena-base de quatro anos, observadas as percentagens de 1/3 (qualificadora) e de 1/6 (concurso formal), conclui-se pelo erro material quando, ao invés de grafar-se seis anos, dois meses e vinte dias de reclusão, consignou-se o total de cinco anos, dez meses e vinte dias" (HC 75.633-6, 2ª T., Rel. Min. Marco Aurélio, j. 17.11.97, unânime, *in* DJU de 6.2.98, p. 5).

[50] TARGS, RT 620/359.

[51] Recurso Especial n° 76541/DF, STJ, Rel. Min. Fernando Gonçalves, j. 22.04.97. Assim: "Tendo os jurados, no segundo Júri, reconhecida a qualificadora da traição não admitida no primeiro, não há que se falar em *reformatio in pejus* uma vez que a pena nova mais gravosa foi decorrência natural do referido reconhecimento. Não é manifestamente contrária à prova dos autos a decisão dos jurados que se apoia em uma das vertentes probatórias neles contidas. Apelo improvido" (Apelação-Crime n° 695155606, 4ª Câmara Criminal do TJRGS, Rel. Des. Érico Barone Pires, j. 29.11.95, un.). No mesmo sentido: Apelação-Crime n° 696118314, 3ª Câmara Criminal do TJRGS, Rel. Des. Nilo Wolff, j. 14.11.96, un.

Pena privativa de liberdade:
método trifásico – 1ª fase – a pena-base

*Assim, meu propósito não é ensinar aqui o método
que cada um deve seguir para bem conduzir
sua razão, mas somente mostrar de que
modo procurei conduzir a minha.*
Descartes

Sumário: 8.1. A pena-base: conceito; 8.2. A pena-base: as circunstâncias judiciais e sua influência; 8.3. As circunstâncias judiciais: espécies; 8.3.1. A culpabilidade; 8.3.2. Os antecedentes; 8.3.3. A conduta social; 8.3.4. A personalidade; 8.3.5. Os motivos do crime; 8.3.6. As circunstâncias do crime; 8.3.7. As consequências do crime; 8.3.8. O comportamento da vítima; 8.4. A quantificação da pena-base: regras; 8.5. REgras pretorianas: críticas e propostas.

8.1. A pena-base: conceito

Nas ciências, o termo *método,* que provém do grego (*methodos)* e nesse idioma significa *caminho*, ou seja, os passos a serem executados na direção desejada para o alcance do objetivo, é utilizado para designar o conjunto das atividades a serem metodologicamente desenvolvidas para a demonstração de uma tese e, em certos casos, para a sua comprovação no mundo empírico.[1]

Em direito penal, há um método para a individualização da pena privativa de liberdade, delineado no artigo 68 do CP e que se desdobra em três etapas ou fases bem definidas, destinadas, respectivamente, às objetivas quantificações da pena-base, da pena provisória e da pena definitiva. Os fatores de influência nesse processo estão disciplinados em lei e todas as atividades realizadas em cada uma dessas etapas ou fases são regradas e precisam ser adequadamente motivadas.

A primeira delas destina-se à individualização da pena-base e será analisada ao longo deste capítulo.

Anote-se, antes de tudo, que o vigente Código Penal, diferentemente do que foi editado 1969 e revogado depois de longa *vacatio legis*,[2] não contém – e não deveria

---

[1] Em geral, são as seguintes as etapas do método científico: a) a observação; b) a indução (com base em determinadas observações, extrai-se o princípio particular de cada uma delas); c) a hipótese a ser trabalhada; d) a prova da hipótese por demonstração, refutação ou experimentação e e) as conclusões (que consistem no estabelecimento da tese).

[2] "A pena que tenha de ser aumentada ou diminuída, de quantidade fixa ou dentro de determinados limites, é a que o juiz aplicaria, se não existisse a circunstância ou causa que importe o aumento ou a diminuição da pena".

mesmo conter – definição de pena-base, mas ela é assim denominada por ser a *primeira referência quantitativa* no contexto do método trifásico.

De fato e na lúcida doutrina de José Duarte, a pena-base serve de "(...) base para alguma coisa; é precisamente; sê-lo-á, dessa agravação ou atenuação. Como poderia o juiz proceder a um aumento ou diminuição sem um termo fixo, um ponto de partida? Sem essa função não há mister indagar de base: a pena seria, logo, a concreta, individualizada, sem indagação de causas especiais ou circunstâncias comuns que influam na sua agravação ou atenuação. A pena-base, assim, surge como uma necessidade prática e vinculada à aplicação mesma do sistema. Ela se impõe como fundamento, ponto de partida de uma operação, unidade sobre que assentam ulteriores acréscimos ou diminuições".[3] A leitura do artigo 68 do CP não sugere outro entendimento.

Exposta a ideia, impõe-se responder às perguntas:

Como é que se desenvolve e se materializa o procedimento destinado à individualização da pena-base? De que variáveis o juiz se utilizará para poder *concretizar* o *ideal de pena-base necessária e suficiente* à reprovação e prevenção do crime, como dimana dos artigos 68 e 59 do CP? Enfim, quais os caminhos a percorrer, quais as regras ou princípios a respeitar, sabendo-se que o Juiz detém certa *margem de escolha* e que tem o dever de se explicar perante o seu auditório, isto é que precisará externar a ele os *motivos* para as suas escolhas?

Tais indagações são relevantíssimas porque, como bem advertem Zaffaroni & Pierangeli, uma abordagem incompleta ou superficial em torno do tema, haja vista os reflexos posteriores de uma imperfeita medição da pena-base, pode conduzir o aplicador da lei ao terreno onde vicejam abusos, já que as "margens penais" possibilitam acentuada amplitude e podem eventualmente converter o arbítrio judicial em arbitrariedade.[4]

Daí o sentido das regras de orientação que examinaremos nos itens e capítulos a seguir – que refletem os avanços do Direito ao longo dos séculos graças aos esforços da doutrina e da jurisprudência e projetam o dever de compromisso de todos os operadores do Direito, e não só dos magistrados comprometidos com os princípios iluministas de garantia consagrados em nossa Constituição e nas legislações dos países modernos.

8.2. A pena-base: as circunstâncias judiciais e sua influência

A pena-base, na dicção do artigo 68, é fixada atendendo-se ao critério do artigo 59 do mesmo CP e, neste dispositivo, o legislador também elencou a culpabilidade, os antecedentes, a conduta social, a personalidade do agente, os motivos, as circunstâncias, a consequências do crime e o comportamento da vítima como fatores de influência nesse processo.

A doutrina e a jurisprudência denominam esses fatores como *circunstâncias judiciais* e as razões são compreensíveis. Mais adiante destacaremos que a culpabilidade *não é circunstância judicial* e isso implica num modo especial de compreender o sistema trifásico e o seu funcionamento.

---

[3] DUARTE, José. *Aplicação da Pena – Pena-Base* – Inteligência do art. 50. *Revista Justitia*, São Paulo, vol. 4, p. 209, 1942.

[4] ZAFFARONI, Eugênio Raúl, PIERANGELI, José Henrique. *Manual de Direito Penal Brasileiro*. 2. ed. São Paulo: RT, 1999, p. 825.

A primeira razão, porque, sendo originária de *circumstare,* a palavra *circunstân-cia,* no idioma pátrio, designa tudo o que está *em torno de, ao redor de, dentro de um círculo.*

A segunda, porque as circunstâncias do art. 59 são suscetíveis de *valoração* pelo juiz, caso a caso. Como a *bipolaridade* é considerada a característica mais fundamental dos valores, isso significa dizer que, em tese, o juiz poderá fundamentadamente inverter seu ínsito valor positivo para considerar *negativamente* quaisquer delas. É por tal motivo que são denominadas de *judiciais.*

Assim, por exemplo, os antecedentes e a conduta social poderão ser considerados como negativos num processo e não o serem num outro, tudo dependendo do conteúdo das informações lançadas pelo servidor cartorário na certidão sobre a vida pregressa ou daquilo que os autos revelarem sobre a vida do acusado em sociedade, respectivamente. As consequências do crime poderão integrar a tipicidade ou serem valoradas negativamente como circunstância judicial, se não integrarem, se, noutro exemplo, a vítima ou seus familiares precisaram se submeter a tratamentos especializados para superação dos traumas sofridos.

Não é o que se verifica, outrossim, com as outras circunstâncias denominadas como *legais* (cujas *espécies* são as qualificadoras, as agravantes, atenuantes e causas especiais de aumento e diminuição de pena), porque elas já carregam o valor (positivo ou negativo) previamente conferido pelo legislador, sem chance alguma de inversão.

Com efeito, as qualificadoras sempre produzem tipos penais novos com margens de penas mais severas do que as previstas nos tipos dos quais derivam.

As agravantes, por serem valiosamente negativas, *sempre* agravarão e as atenuantes por força do valor insitamente positivo *sempre* abrandarão a pena-base.

É sob essa mesma perspectiva e por motivos análogos que, na terceira fase, as causas especiais de aumento *sempre* exasperarão e as causas de diminuição *sempre* abrandarão a pena provisória.

As circunstâncias judiciais classificam-se em *subjetivas* e *objetivas.*

Integram o primeiro grupo a culpabilidade,[5] os antecedentes, a conduta social, a personalidade e os motivos, pois dizem com as qualidades do *sujeito ativo* e às razões que o levaram ao crime.

Integram o segundo grupo, as circunstâncias propriamente ditas do fato típico, as consequências dele decorrentes e o comportamento da vítima no momento da prática infracional.

Como a primeira fase do método trifásico é destinada à individualização da pena--base e as variáveis que influem nesse processo são precisamente as circunstâncias judiciais, examinaremos a seguir cada uma delas e, só depois, as regras edificadas com apoio nelas para o estabelecimento da medida concreta da pena-base.

8.3. As circunstâncias judiciais: espécies

Neste item examinaremos em separado as circunstâncias judiciais, com vistas à identificação da sua respectiva ontologia,[6] e, no tópico seguinte, identificaremos e

---

[5] Como destacamos no início do capítulo, mais adiante faremos considerações críticas sobre a inclusão da culpabilidade no rol das circunstâncias judiciais.

[6] A ontologia é o ramo da filosofia que estuda a natureza do ser.

das PENAS e seus CRITÉRIOS de APLICAÇÃO

comentaremos as influências que exercem, sob a perspectiva do conjunto, na dinâmica do método trifásico.

8.3.1. A culpabilidade

A culpabilidade é importante coluna que sustenta os sistemas penais modernos em suas funções fundamentadoras da condenação e limitadoras na quantificação e imposição das penas.

Os seus antecedentes históricos, de acordo com Bitencourt,[7] reportando-se aos estudos de Jescheck, são jusnaturalistas e podem ser localizados no direito penal italiano da Idade Média e na doutrina do Direito Comum elaborada nos séculos XVI e XVII, segundo a qual o homem é culpável por ter liberdade para decidir.

A primeira *teoria* sobre a culpabilidade, diz Velo, apareceu apenas no final do século XIX, sob a influência das ciências da natureza, quando se sustentou a vinculação *causal* entre o fato em si e as valorações psíquicas, anímicas, internas do indivíduo, denominadas como dolo e culpa em sentido estrito.[8]

A culpabilidade para o *causalismo* consistiria nesse *nexo* entre o fato e seu autor, e a imputabilidade, que já era conhecida, atuaria como um pressuposto da própria culpabilidade, cujas espécies seriam o dolo e a culpa. Daí ter ficado mundialmente conhecida como *teoria psicológica da culpabilidade,* cujos expoentes foram Buri, von Liszt, Loffler e Rabruch, consoante lembrança de Roxin.[9]

Os estudiosos logo perceberam a dificuldade dessa teoria em explicar a reprovação ao inimputável e na coação irresistível e nas condutas culposas. Na coação, o agente não detém o domínio sobre a vontade e, nas infrações culposas, não há casualmente ligação anímica com o resultado, que só ocorre em razão da quebra do dever objetivo de cuidado.

Dessas críticas nasceria uma nova concepção, denominada de *teoria psicológico-normativa.* Embora sem divergir das premissas até então adotadas, nela seus seguidores introduziram um componente novo: a censura. A culpabilidade, daí, passaria a ter dupla face: seria vínculo *psicológico,* pela relação anímica já citada, e seria, ainda, *consciência do agente* em torno da censura *proveniente da norma,* por provir desta a *criminalidade* do fato.

Segundo explica Velo, citando Luigi Scarano e Francesco Carrara, para a teoria psicológico-normativa, a culpabilidade, por reunir esse aspecto bem destacado pelos mesmos autores (qual seja, a exigência que o direito faz de atuação humana em conformidade com a lei) *não estava na cabeça do autor do delito e sim na da sociedade, expressada no ordenamento jurídico.*[10]

Desse modo, situando a reprovação ou a censura na lei, a nova teoria conseguiria superar o problema da ausência de culpabilidade na conduta do coacto, explicando que era o sistema de direito positivo que aceitava como lícita a sua conduta. Conseguia explicar, também, a isenção da pena ao doente mental, situando a questão ao nível da

---

[7] BITENCOURT, Cezar Roberto. *Manual de Direito Penal, Parte Geral,* 5. ed. São Paulo: RT, 1999, p. 326.

[8] VELO, Joe Tennyson. *O Juízo de Censura Penal.* Porto Alegre: Sergio Fabris, 1993, p. 28.

[9] ROXIN, Claus. *Derecho Penal, Parte General.* Madrid: Civitas, 1997, p. 794.

[10] VELO, Joe Tennyson. *O Juízo de Censura Penal.* Porto Alegre: Sergio Fabris, 1993, p. 33.

imputabilidade, apesar do defeito lembrado por Roxin da falta de clareza quanto ao posicionamento desta: *se como elemento, se como pressuposto da culpabilidade.*[11]

A teoria psicológico-normativa foi aperfeiçoada por Reinhard Frank e por seus seguidores, Goldschmidt, Freudenthal, Mezger, mediante a introdução de alguns aspectos novos: a "contrariedade ao dever" (Goldschmidt), a "exigibilidade de conduta diversa" (Freudenthal) e a "reprovabilidade" (Mezger).[12]

Para essa teoria, o dolo e a culpa teriam precisamente a função de excluir ou de graduar a culpabilidade, servindo-se Frank dos exemplos do caixa que se apropria do dinheiro para despesas supérfluas, e do empregado mal remunerado que o faz para debelar enfermidade da esposa (dolo), ou do cocheiro que, embora o risco de acidente, é obrigado a conduzir a carruagem sob a ameaça de ser despedido.[13] O Código Penal adotava, antes da reforma da Lei 7.209, essa concepção, pois dispunha que na individualização da pena o juiz deveria atentar para a *intensidade do dolo ou o grau da culpa* (art. 42).

Passo decisivo, na direção do maior aprimoramento da teoria, seria dado por Welzel,[14] o "pai do finalismo", para quem a culpabilidade seria puramente normativa.

Culpável é o agente que, sabendo da reprovabilidade ínsita na norma,[15] para atender a uma finalidade, decide livremente violá-la,[16] quando tinha o dever jurídico de agir de modo contrário.[17]

Tomando por empréstimo as palavras de Jescheck: a culpabilidade "tem como pressuposto lógico a liberdade de decisão do homem, pois, só quando existe basicamente a capacidade de deixar-se determinar pelas normas jurídicas, pode o autor ser responsabilizado por haver chegado ao fato jurídico, em lugar de dominar seus impulsos criminais".[18]

Para essa teoria, a culpabilidade deve ser entendida como reprovabilidade ínsita na norma[19] ao agente que decide livremente violá-la,[20] em contraste com dever jurídico de respeitá-la,[21] daí resultando claramente os *pilares* sobre os quais ela se acha estruturada: a imputabilidade,[22] a potencial consciência da ilicitude[23] e a exigibilidade de outra conduta,[24] que serão mais adiante analisados em itens específicos.

---

[11] ROXIN, Claus. *Derecho Penal, Parte General.* Madrid: Civitas, 1997, p. 795.

[12] RAMIREZ, Juan Bustos. *Manual de Derecho Penal Español.* Barcelona:Editorial Ariel, 1984, p. 358 segs.

[13] Idem, ibidem.

[14] WELZEL, Hans. *Derecho Penal Aleman.* Chile: Editorial Jurídica, 1997, p. 39 e segs.

[15] Aqui também a ideia de que a culpabilidade não está na *cabeça* do agente, mas provém da *censura feita pelo ordenamento jurídico* pela quebra do dever de respeito aos seus enunciados.

[16] A expressão é usualmente empregada, embora o agente em verdade ao adequar a conduta à norma termine por fazer o que ela prevê.

[17] WELZEL, Hans. *Derecho Penal Aleman.* Chile: Editorial Jurídica, 1997, p. 39 e segs.

[18] JESCHECK, Hans-Heinrich. *Tratado de Derecho Penal, Parte General.* 4. ed., Granada, Comares Editorial, 1993, p. 366.

[19] Aqui a ideia de que a culpabilidade não está na *cabeça* do agente, mas provém da *censura feita pelo ordenamento jurídico* pela quebra do dever de respeito aos seus enunciados.

[20] A expressão é usualmente empregada, embora o agente em verdade ao adequar a conduta à norma termine por fazer o que ela prevê.

[21] WELZEL, Hans. *Derecho Penal Aleman.* Chile: Editorial Jurídica, 1997, p. 39 e segs.

[22] A *imputabilidade* é determinada pelo critério biopsicológico: em nosso Direito, idade mínima de dezoito anos e higidez mental. Infração atribuída à pessoa com idade inferior à citada ou mentalmente incapaz de entender o caráter delituoso não enseja reprovação penal e, consequentemente, imposição de pena.

[23] A potencial *consciência da ilicitude* é aferida ao nível do *profano.* Ao nível do *profano*, convém repetir porque, não fosse assim, só os juristas seriam culpáveis, porque, por profissão, conhecem o Direito tecnicamente. Nada obstante, a

A doutrina se divide na *localização* da culpabilidade.

Uma corrente sustenta que ela integra o conceito de crime, tal qual propunha Nelson Hungria, em seus comentários ao Código Penal[25] e muitos penalistas que se seguiram (Frederico Marques, Magalhães Noronha, Heleno Cláudio Fragoso, Luiz Luisi, Juarez Tavares, Miguel Reale Jr.).[26] A frase utilizada por essa corrente tornou-se clássica: crime é ação típica, jurídica e culpável.

Outra corrente, em sentido oposto, advoga a tese de que a culpabilidade é um pressuposto para a aplicação da pena, sendo seus partidários René Ariel Dotti, Walter Coelho, Julio Fabbrini Mirabete e Luiz Flávio Gomes.

Este último afirmou, com efeito, que só "tinha sentido inserir a culpabilidade no conceito de crime no tempo do causalismo (e do neokantismo), porque naquela época ela era ao vínculo entre o agente e o fato... A partir do finalismo, entretanto, a responsabilidade subjetiva (que exige dolo e culpa) foi separada claramente da culpabilidade, que passou a ser puro juízo de reprovação. Dolo e culpa foram deslocados para a tipicidade", de modo que a culpabilidade transformou-se em juízo puramente normativo", que "recai sobre o agente do fato", sendo então "fundamento da pena".[27]

A questão não comporta esse maniqueísmo, *venia concessa,* parecendo-nos exata a posição de Ângelo Roberto Ilha da Silva, David Teixeira de Azevedo e Juarez Tavares, para quem a culpabilidade integra a estrutura do delito e ao mesmo tempo atua como pressuposto da pena.

Nas exatas palavras de Ilha da Silva: "a afirmativa de que a culpabilidade é pressuposto de pena é correta, mas isso só por si não possui o condão de alijá-la da estrutura do delito. Com efeito, nenhum dos aspectos ou elementos do crime deixa de ter semelhante característica. A tipicidade e a ilicitude também são pressupostos de pena, já que não se cogita de impor pena a um agente pela prática de ato despido de tipicidade, por ferir o princípio da legalidade, e nem tampouco por fato que não seja ilícito, pelo mesmo motivo. Assim, observa-se que todos os elementos do crime são pressupostos da pena".[28]

Abstraída essa discussão, a culpabilidade, no dizer de Quintero Olivares, citado por Luiz Flávio Gomes, é conceito imerso em "paradoxal" e "permanente crise",[29] tanto que a doutrina mais radical *nega* a base filosófica sobre a qual ela se apoia (o livre arbítrio), com o argumento de que ele é científica e empiricamente indemonstrável.[30]

---

doutrina considera que as pessoas com melhor nível intelectual ou mais aprimorado conhecimento técnico tem um *maior dever* de se informar para evitarem a violação da lei.

[24] A *exigibilidade de conduta diversa* é identificável no dever de todos de respeito à norma penal. Juristas construíram teorias partindo dessa compreensão para fundamentarem a imposição das penas, sendo um bom exemplo a *teoria funcionalista* de Jakobs, inspirado em Niklas Luhmann, para a qual a finalidade da pena não é outra senão a de manter a vigência da norma como modelo de contato penal (LYNETT. Eduardo Montealegre. Introdução à Obra de Günter Jakobs. In: *Direito Penal e Funcionalismo* (André Luis Callegari e Nereu José Giacomolli – coordenadores), Porto Alegre, Livraria do Advogado, 2005, p. 12).

[25] HUNGRIA, Nelson. *Comentários ao Código penal,* 5. ed. Rio de Janeiro: Forense, 1978, v. I, t. II, p. 9.

[26] SILVA. Angelo Roberto Ilha da. *Da Inimputabilidade Penal.* Porto Alegre: Livraria do Advogado, 2011, p. 22.

[27] GOMES, Luiz Flávio; PABLOS DE MOLINA, Antonio García; BIANCHINI, Alice. *Direito Penal.* São Paulo: Revista dos Tribunais. Vol. 1, 2007, p. 535.

[28] SILVA, Angelo Roberto Ilha da. *Da Inimputabilidade Penal.* Porto Alegre: Livraria do Advogado, 2011, p. 30.

[29] GOMES, Luiz Flávio; PABLOS DE MOLINA. Antono García; BIANCHINI, Alice. *Direito Penal.* São Paulo: Revista dos Tribunais. Vol. 1, 2007, p. 537.

[30] ROXIN, Claus. *Culpabilidad y Prevencion en Derecho Penal,* trad. de Francisco Muñoz Conde. Madrid: Instituto Editorial Reus, 1981, p. 41.

Passados os séculos para ser aceito e consolidar-se como princípio, a culpabilidade, "de repente, de alguns anos para cá, transformou-se para muitos em uma imprecisa categoria metafísica, supérflua e inclusive nociva", embora deva ser conservado como um "valioso limite do *jus puniendi*".

A crise da culpabilidade decorre da dificuldade de demonstração no mundo empírico da base filosófica sobre a qual ela se assenta (o livre arbítrio), porque o juiz não pode voltar no tempo para conferir se o acusado estava mesmo ou não em condições de manter a sua conduta em conformidade com as normas jurídico-penais.

A própria determinação dos limites entre a sanidade e a insanidade mental não tem sido uma tarefa fácil.

Lombroso, como principal expoente da Escola Positiva, inspirando-se em Augusto Comte, Darwin, Quetelet e outros, perfilhando o método experimental, fundaria a Escola Positiva ou Antropológica, já dizia, em livro extraordinário, recheado de pesquisas, gráficos e tabelas, que o crime tem por causa certas condições orgânicas,[31] presentes nos homens e também nos animais dito inferiores. Essa nova Escola, como é possível ver, deslocava da sociedade para a pessoa do criminoso o objeto de suas indagações.

No mundialmente conhecido livro *Princípios de Direito Criminal*, Enrico Ferri insistiu nessa premissa, dizendo que os clássicos, os ecléticos e os neoclássicos contestaram nos primórdios a antropologia criminal e o seu tipo criminal, mas o fizeram empregando "somente armas silogísticas, sem nunca terem estudado cientificamente um homem delinquente".[32] Nas suas palavras, o erro dos clássicos teria consistido em concentrar a atenção "e todo o esforço de seus silogismos sobre o estudo do crime que eles consideravam não como o episódio revelador de um modo de existência, mas, simplesmente, como uma infração às leis", sem ver no delito, "senão sua superfície jurídica" e sem sonhar "em procurar as raízes profundas no terreno patológico da degenerescência individual e social".[33]

Essa linha de compreensão nunca foi abandonada.

Em livro escrito entre 1930 e 1932, sob a orientação de Antonio Austregésilo, professor da cátedra de neurologia da Faculdade de Medicina do Rio de Janeiro, republicado pela PUC-RS, o conhecido e festejado médico gaúcho Dyonélio Machado também afirmou que "na gênese do delito, qualquer que seja a influência direta ou remota (...) da sociedade, o fator preponderante é inquestionavelmente o psíquico", porque "resulta de uma alteração de ordem psicopática. O seu lugar nosográfico é num estado pré-psicótico, cuja sintomatologia deriva em grande parte dos mesmos fatores que se encontram na base dos distúrbios estudados diferentemente como dependendo um "caracter nervoso", dum "caracter histérico", dum "caracter esquizotímico", mas suscetíveis de se conjugarem num síndrome mental bem individualizado".[34]

Estudiosos das ciências *psi* apontam, efetivamente, a grande dificuldade em estabelecer uma linha divisória entre a sanidade e a insanidade mental.

---

[31] LOMBROSO, César. *O Homem Delinquente*. Trad. Maristela Bleggi Tomasini e Oscar Antonio Corbo Garcia. Porto Alegre: Ricardo Lenz Editor, 2000, p. 67.

[32] FERRI, Enrico. *Princípios de Direito Criminal. O Criminoso e o Crime*. Tradução de Luiz de Lemos D'Oliveira. 2. ed. Campinas: Russel, 2009, p. 231.

[33] FERRI, Enrico. *Os Criminosos na Arte e na Literatura*. Porto Alegre: Ricardo Lenz Editor, 2001, p. 29.

[34] MACHADO, Dyonélio. *Uma Definição Biológica do Crime*. Porto Alegre: Edipucrs, 2009, p. 231.

Com efeito, a ciência considera que o cérebro humano ainda é um grande desconhecido (havendo hoje a distinção entre o *cérebro* e a *mente*), e o desencontro entre a sanidade e a positivação dos estados de loucura vem de muito longe. Michel Foucault reconstruiu em livro famoso caso autêntico de parricídio ocorrido na França, no século XIX, para demonstrar a imprecisão dessa linha divisória.[35]

Atuando como fundamento para a condenação, a culpabilidade a que se refere o artigo 59 não é *outra,* e sim, a mesma culpabilidade a ser, na parte dispositiva da sentença, *graduada* com suporte nas circunstâncias judiciais. Será com base nessa *graduação* que a pena-base será estabelecida para tornar concreta a norma do art. 29 do CP, *in verbis*: "Quem, de qualquer modo, concorre para o crime incide nas penas a este cominadas, na medida de sua culpabilidade".

8.3.2. Os antecedentes

A palavra *antecedente* designa tudo o que *antecede,* isto é, aquilo que *está antes,* e, em direito penal, permite conhecer a *vita ante acta* do acusado, ou seja, a sua *folha corrida*[36] certificada por servidor judiciário, com base nas informações cartorárias.

Por um largo período, os tribunais brasileiros, certamente preocupados com os elevados níveis de violência e de criminalidade, aceitaram que meros registros de ocorrência (BOs) ou inquéritos policiais instaurados, processos judiciais, em andamento, ou encerrados por sentenças, mesmo absolutórias ou extintivas da punibilidade, desabonassem os antecedentes.[37]

Desde a primeira edição deste livro, posicionamo-nos contra esse entendimento, com amparo em boa doutrina e importantes precedentes,[38] e, principalmente, na garantia da presunção de não culpabilidade (art. 5º, inc. LVII, da CF), tudo porque, dizíamos, se assim não fosse, abrir-se-ia "(...) a possibilidade kafkiana de apenamento reflexo", com o acusado recebendo "(...) em um processo punição determinada pela existência de outro, no qual poderia ser absolvido".[39]

---

[35] FOUCAULT, Michel. *Eu, Pierre Rivière, que Degolei minha Mãe, minha Irmã e meu Irmão.* 5. ed. Rio de Janeiro: Graal, 1991.

[36] LYRA, Roberto. *Comentários ao Código Penal.* Rio de Janeiro: Forense, 1942, p. 182.

[37] "Inquéritos policiais e ações penais em andamento configuram, desde que devidamente fundamentados, maus antecedentes para efeito da fixação da pena-base, sem que, com isso, reste ofendido o princípio da presunção de nãoculpabilidade." (AI 604.041-AgR, Rel. Min. Ricardo Lewandowski, julgamento em 3.8.07, 1ª Turma, *DJ* de 31.8.07).
"Criminal. Aplicação da Pena. ... Maus antecedentes. Como tal se classificam, com empeço da suspensão condicional da pena, outros procedimentos em curso contra o réu" (REsp. n. 72.248, Rel. Min. José Dantas, *in* Boletim do STJ, de 16.3.97, p. 29).
"Dosimetria da pena. Maus antecedentes. 1. Inocorrência de erro na dosimetria da pena, fixada pelo Tribunal *a quo* com obediência aos dispositivos legais pertinentes. 2. Não tem bons antecedentes quem, sendo primário, foi indiciado em inquéritos policiais. 3. HC indeferido" (STF, 2ª T, HC 72840/5, Rel. Min. Carlos Velloso, DJU, 16.2.96, p. 2.998).
"Reincidência e maus antecedentes (...) A presunção de culpabilidade (Constituição Federal, art. 5º inc. LVII), não impede que se tome como prova de maus antecedentes do acusado a pendência contra ele de inquéritos policiais e ações penais sem condenação transitada em julgado. Precedentes citados: HC 70.871/RJ, DJU 25.11.94, HC 72.370/SP, DJU de 30.6.95" (STF, 1ª T, HC 73394/SP, Rel. Min. Moreira Alves, j. em 19.3.96).

[38] BITENCOURT, Cezar Roberto. *Manual de Direito Penal.* São Paulo, RT, 1997, p. 529. "Não subsiste a sentença condenatória para fins de reincidência, conquanto declarada a prescrição da pretensão punitiva. Entretanto, perduram os antecedentes no exame das circunstâncias judiciais" (Apelação-Crime nº 940451142-0/RS, TRF da 4ª Região, Rel. Desa. Tania Escobar, j. 05.10.95, un.).

[39] Nesse sentido, texto do acórdão proferido na Apelação-Crime 295020911, Rel. Juiz Fernando Mottola, 3ª Câmara Criminal do TARGS.

Essa orientação felizmente acabou predominando na doutrina e jurisprudência pátrias[40]e foi recentemente sumulada pelo STJ (verbete nº 444) que veda "... *a utilização de inquéritos policiais e ações penais em curso para agravar a pena-base*.

A matéria já foi enfrentada repetidas vezes pelo STF e vem sendo solvida na mesma linha adotada pelo STJ[41] em homenagem ao princípio da presunção de inocência.

Dessa orientação jurisprudencial pode-se concluir que não podem atuar como maus antecedentes sentenças absolutórias.[42] Do mesmo modo, não pode ser considerado de maus antecedentes o acusado de crime beneficiado com decisão extintiva da punibilidade.[43] O *jus puniendi* fulminado pela prescrição não pode subsistir para qualquer outro efeito.

Para que os antecedentes possam receber valoração negativa, é preciso prova documental da prática de infração no passado, desde que o trânsito em julgado da respectiva sentença tenha ocorrido em *data anterior* à prática da nova infração, porque, do contrário, configurará a reincidência, que, por estar prevista como agravante genérica (art. 61, I, do CP), não influenciará na primeira e sim na segunda fase do método trifásico (arts. 63 e 68 do CP).

---

[40] COSTA JR., Paulo José da. Op. cit., p. 162. Nesse sentido: STF, HC 72.664, Rel. Min. Moreira Alves, sessão de 8.8.95, vencido Min. Celso de Mello, com base na presunção de não culpabilidade de que trata o art. 5º, inciso LVII, da CF; HC 72.130, RJ, Rel. origin. Min. Marco Aurélio, Relator para o acórdão, Min. Maurício Corrêa, julgado em 22.4.96; HC 73.297-SP, Rel. Min. Maurício Corrêa, julgado em 6.2.96 e HC 72.664, 1ª T., julgado em 8.8.95, Rel. Min. Ilmar Galvão; HC 70.871, RJ, de 25.11.94, HC 72.370, SP, e HC 73.394, SP, Rel. Min. Moreira Alves, julgados em 19.3.96. "RHC. Constitucional. Processual Penal. Presunção de inocência. Antecedentes. Inquérito policial. Processo em curso. O princípio da presunção de inocência significa que ninguém será considerado culpado antes do trânsito em julgado da sentença penal condenatória. Vale dizer, nenhuma sanção criminal poderá ser imposta, ou extrair efeito jurídico próprio da condenação. Assim, logicamente estar o réu indiciado ou denunciado (em outro processo) não pode conduzir a conclusão de maus antecedentes. Constituiria, sem dúvida, condenação hipotética e antecipada" (STJ, 6ª T., Rel. Min. Vicente Cernicchiaro, DJU de 28.6.93, p. 12.901). Ainda no mesmo sentido: TARGS, Apelação-Crime 295020911, 3ª Câmara Criminal, Rel. Dr. Fernando Mottola e Julgados, 91, p. 26, Rel. Juiz Saulo Brum Leal.

[41] "Reconhecimento, pelo magistrado sentenciante, de que a existência de referido inquérito policial legitima a formulação de juízo negativo de maus antecedentes (...). A mera sujeição de alguém a simples investigações policiais (arquivadas ou não), ou a persecuções criminais ainda em curso, não basta, só por si – ante a inexistência, em tais situações, de condenação penal transitada em julgado –, para justificar o reconhecimento de que o réu não possui bons antecedentes. Somente a condenação penal transitada em julgado pode justificar a exacerbação da pena, pois, com o trânsito em julgado, descaracteriza-se a presunção *juris tantum* de não culpabilidade do réu, que passa, então, a ostentar o *status* jurídico--penal de condenado, com todas as consequências legais daí decorrentes. Precedentes. Doutrina". (HC 69.298, Rel. p/ o ac. Min. Celso de Mello, julgamento em 9.6.1992, Primeira Turma, *DJ* de 15.12.2006.) No mesmo sentido: HC 96.190, Rel. Min. Gilmar Mendes, julgamento em 14.6.2010, Segunda Turma, *DJE* de 3.9.2010; HC 96.618, Rel. Min. Eros Grau, julgamento em 1º.6.2010, Segunda Turma, *DJE* de 25.6.2010; HC 97.665, Rel. Min. Celso de Mello, julgamento em 4.5.2010, Segunda Turma, *DJE* de 22.6.2011; HC 97.400, Rel. Min. Cezar Peluso, julgamento em 2.2.2010, Segunda Turma, *DJE* de 26.3.2010; RHC 83.493, Rel. p/ o ac. Min. Ayres Britto, julgamento em 4.11.2003, Primeira Turma, *DJ* de 13.2.2004. Em sentido contrário: HC 103.292, Rel. Min. Cármen Lúcia, julgamento em 9.11.2010, Primeira Turma, *DJE* de 25.11.2010; AI 604.041.AgR, Rel. Min. Ricardo Lewandowski, julgamento em 3.8.2007, Primeira Turma, *DJ* de 31.8.2007. Vide: AO 1.046, Rel. Min. Joaquim Barbosa, julgamento em 23.4.2007, Plenário, *DJ* de 22.6.2007.

[42] O Supremo Tribunal Federal, o Superior Tribunal de Justiça e outros Tribunais do País possuem precedentes indicando que "Inquérito policial arquivado significa não haver coligidos elementos mínimos para justificar oferecimento de denúncia. Acrescente-se, tal arquivamento decorre de decisão judicial, ouvido o Ministério Público. Inquérito policial em andamento, por si só, não indica infração penal. É mera proposta de trabalho. Precipitado, por isso, tomá-lo como antecedente criminal negativo. Sentença absolutória é declaração solene de inexistência de infração penal, ou que, através da garantia constitucional e jurisdicional, não foram colhidos elementos para imputar o delito ao réu (...)". Os três institutos, assim, não podem conduzir à conclusão de que o réu é pessoa de maus antecedentes (STF HC 6641, DJ, Rel. Min. Celso de Mello e STJ, HC 2.22.0, Rel. Min. Vicente Cernicchiaro, *in* DJU de 13.6.94, p. 15.119, *in* ALBERTO FRANCO, *Cód. Penal Interpretado*, ed. de 1995, p. 672). No sentido dessas decisões: Revista JULGADOS do TARGS, vol. 64/21, RT 407/390, 586/338, RJTRJSP 37/278, RJD 8/157, JUTACRIM 39/194 e STJ, RHC 1.772.0, *in* DJU de 27.4.93, dentre muitas outras.

[43] "... 1. Anterior condenação pela prática de crime alcançado pela prescrição da pretensão executória não pode ser considerada mau antecedente (HC nº 47.714/PE)..." (Rcl 2183 / PE, 3ª Seção do STJ, Relatora Min. Maria Tereza de Assis Moura, DJ 11/06/2007 p. 261).

Quando a certidão cartorária relatar condenações por sentenças definitivas anteriores à prática do evento criminoso sob exame, o juiz poderá considerar o acusado na primeira fase como de *maus antecedentes* e, na segunda fase, como *reincidente,*[44] *por serem diferentes as causas autorizadoras desse proceder,*[45] não incidindo, então, o conhecido óbice do *ne bis in idem*, porque este proíbe a dupla valoração da *mesma* circunstância.

A valoração *negativa* dos antecedentes, ao contrário da reincidência, não está limitada temporalmente em lei (art. 64 do CP), "sendo possível a consideração como maus antecedentes de condenação cuja pena foi cumprida há mais de cinco anos, pois a prescrição quinquenal apenas se dá para a reincidência (art. 64, I, CP)".[46]

Há muito sustentamos que, por similitude lógica, o decurso do período de cinco anos, que, segundo o artigo 64 do CP, gera o fenômeno da *prescrição da reincidência,* deveria também arredar os *maus antecedentes*. Esse entendimento foi depois adotado por Salo de Carvalho,[47] Guilherme de Souza Nucci,[48] Leonardo Massud[49] e pelo STJ, em *habeas corpus* de que foi relator o eminente Ministro Luiz Vicente Cernicchiaro.[50]

Com efeito, carece de sentido que o decurso do tempo produza o *desaparecimento* da reincidência e não tenha a mesma força para fazer desaparecer os efeitos de causa legal de menor expressão jurídica, qual seja, a dos antecedentes.

Essa é a atual orientação do STF, como se depreende em decisão proferida pelo min. Celso de Mello, invocando este livro, dentre outros, como fonte bibliográfica e ainda julgados proferidos por ambas as Turmas desse egrégio Tribunal no mesmo sentido.[51]

---

[44] REsp. nº 84.779, RS, 6ª T., Rel. Min. Fernando Gonçalves, j. 01.07.97, v.u., DJU de 22.09.97, p. 46.562.

[45] "(...) Se, além de reincidente, revela o acusado movimentada folha criminal, com várias condenações, cabe afirmação individualizada de maus antecedentes judiciais e, no cálculo da pena provisória, reconhecimento da agravante da reincidência. Embargos rejeitados, por maioria" (Embargos Infringentes nº 296001845, 1º Grupo Criminal do TARGS, Rel. Tupinambá Pinto de Azevedo).
Nos Tribunais Superiores: "Não constitui ilegalidade o fato de a sentença considerar os antecedentes criminais e outras circunstâncias judiciais previstas no art. 59 do Código Penal, aumentando, depois, a pena-base, em razão da reincidência (CP, art. 61). H.C. indeferido" (*Habeas corpus* nº 71990-2/SP, STF, Rel. Min. Carlos Velloso, j. 15.08.95, un., DJU 22.09.95, p. 30.591.
"Não é nula a sentença que considera, para a elevação da pena-base pelos maus antecedentes e para a configuração da agravante de reincidência, condenações distintas." (HC 94.839, Rel. Min. Cezar Peluso, julgamento em 8.9.09, 2ª Turma, *DJE* de 16.10.09).
No mesmo sentido: HC 98.992, Rel. Min. Ellen Gracie, julgamento em 15.12.09, 2ª Turma, *DJE* de 12.2.10; HC 98.803, Rel. Min. Ellen Gracie, julgamento em 18.8.09, 2ª Turma, *DJE* de 11.9.09, HC 94.023,Rel. Min. Eros Grau, julgamento em 10.11.09, 2ª Turma, *DJE* de 4.12.09, HC. 107.556, rel. Min. Ricardo Lewandowski, julgado em 31.5.2011 e HC. 96.771, rel. Min. Gilmar Mendes, julgado em 17.8.2010, dentre outros.

[46] Apelação-Crime nº 266.409-3, 3ª Câmara Criminal do TJSP, São Paulo, Rel. Des. Walter Guilherme, j. 23.02.1999, un.

[47] CARVALHO, Salo; CARVALHO, Amilton Bueno. *Aplicação da Pena e Garantismo*. Rio de Janeiro: Lumem Juris, 2001, p. 45.

[48] NUCCI. Guilherme de Souza. *Individualização da Pena*. São Paulo: Revista dos Tribunais, 2004, p. 200.

[49] MASSUD, Leonardo. *Da Pena e sua Fixação*. São Paulo: DPJ Editora, 2009, p. 158.

[50] RHC 2.227-2-MG, Rel. Min. Vicente Cernicchiaro, 6ª T, DJU 29.3.93, p. 5.268.

[51] Processo Crime nº 0003273-41.2017.8.26.0050. Consta do texto da decisão: "A colenda segunda turma do supremo tribunal federal tem advertido que, 'decorridos mais de 5 anos desde a extinção da pena da condenação anterior (CP, art. 64, *i*), não e possível alargar a interpretação de modo a permitir o reconhecimento dos maus antecedentes'" (HC 110.191/RJ, Rel. Min. Gilmar Mendes).
No mesmo sentido: HC 125.586/SP, Rel. Min. Dias Toffoli – HC 126.315/SP, Rel. Min. Gilmar Mendes – HC 130.500/RJ, Rel. Min. Dias Toffoli – HC 133.077/SP, Rel. Min. Carmen Lucia – HC 138.802/SP, Rel. Min. Ricardo Lewandowski – HC 157.548/RJ , rel. Min. Celso de Mello, *v.g.*: "*Habeas corpus*. Constitucional. Penal. Condenação transitada em julgado ha mais de cinco anos. Impossibilidade de utilização para caracterização de maus antecedentes.

Dado significativo a ser levado em consideração na sentença, para a graduação dos antecedentes, é o que diz com o número de infrações pretéritas, tenham sido elas reconhecidas em uma única ou em diferentes sentenças. Quanto maior o número de condenações, maior, naturalmente, haverá de ser a censura a título de pena-base, haja vista a maior *intensidade* do juízo de desvalor sobre os antecedentes.

Essa particularidade será destacada e realçada mais além, neste capítulo, porque permitirá perceber que, embora juízes e tribunais adotem o procedimento de *nivelar* axiologicamente as circunstâncias judiciais, na situação em concreto, podem *preponderar* umas sobre as outras, bem ao estilo das preponderâncias legalmente previstas no artigo 67 do CP.

Há fortes e sérias resistências doutrinárias ao papel dos antecedentes como circunstâncias judiciais. Salo de Carvalho disse que o agravamento da reprimenda lastreado nos antecedentes do acusado destoa do postulado iluminista da secularização, que, ao recomendar a punição *pelo fato,* proíbe a reprovação baseada em "... elementos essencialmente morais, desprovidos de significado, sem averiguabilidade probatória e, consequentemente, isentos de possibilidade de refutação empírica".[52]

Em que pese a relevância da crítica, bem ainda a densidade do princípio que a sustenta, parece-nos que não há outro modo de *individualizar* a pena, isto é, de torná-la *única* e *singular,* senão mediante a consideração de todas essas particularidades relacionadas ao fato e aos seus personagens: o autor e a vítima.

Todavia e sem embargo da exatidão da crítica – para guardarmos coerência com a linha teórica desenvolvida neste livro – optamos por seguir o entendimento de que os antecedentes podem, sim, ser utilizados como importantes parâmetros na individualização da pena-base, porque em concurso com as demais circunstâncias contempladas

---

Ordem concedida. 1. Condenação transitada em julgado ha mais de cinco anos utilizada nas instancias antecedentes para consideração da circunstancia judicial dos antecedentes como desfavorável e majoração da pena-base. Impossibilidade. Precedentes. 2. Ordem concedida." (HC 131.720/RJ, Rel. Min. Carmen Lucia).

Cabe registrar, por oportuno, que essa mesma orientação tem sido observada pela colenda primeira turma desta suprema corte (RHC118.977/MS, Rel. Min. Dias Toffoli, *v.g.*): "*Habeas corpus*. Tráfico de entorpecentes. Dosimetria. Fixação da pena-base acima do mínimo legal em decorrência de maus antecedentes. Condenações extintas ha mais de cinco anos. Pretensão a aplicação do disposto no inciso I do art. 64 do Código Penal. Admissibilidade. Precedente. *Writ* extinto. Ordem concedida de oficio. 1. Impetração dirigida contra *decisão* singular não submetida ao crivo do colegiado competente por intermédio de agravo regimental, o que configura o não exauri mento da instancia antecedente, impossibilitando o conhecimento do *writ*. Precedentes. 2. Quando o paciente não pode ser considerado reincidente, diante do transcurso de lapso temporal superior a cinco anos, conforme previsto no art. 64, I, do Código Penal, a existência de condenações anteriores não caracteriza maus antecedentes. Precedentes. 3. *Writ* extinto. Ordem concedida de oficio." (HC 119.200/PR, Rel. Min. Dias Toffoli).

Cumpre ressaltar, ainda, que eminentes doutrinadores perfilham igual entendimento (Amilton Bueno de Carvalho e Salo de Carvalho, *Aplicação da Pena e Garantismo*, 3ª ed. Lumen Juris, 2004, p. 52; Celso Delmanto, Roberto Delmanto, Roberto Delmanto Junior e Fabio de Almeida Delmanto, *Código Penal Comentado*, 8ª ed., Saraiva, 2010, p. 274; Cezar Roberto Bitencourt, *Código Penal Comentado*, item 11, 8ª ed. Saraiva, 2014, p. 297; Leonardo Massud, *Da Pena e sua Fixação*, 2009, p. 157/159; Juarez Cirino dos Santos, *Direito Penal – Parte Geral*, item 1.1, "b", 4ª ed., 2010, p. 521). Valendo destacar, por extremamente relevante, a lição de Paulo Queiroz (*Direito Penal – Parte Geral*, 4ª ed., Lumen Juris, 2008, p. 342/343): "Como vimos, autores ha que entendem que, retomando a condição de primário, em razão do decurso do prazo de cinco [anos] sem praticar novo delito, poderi-se-a, não obstante, usar tal condenação como maus antecedentes. Também aqui, no entanto, ha clara ofensa ao principio da legalidade, pois, se, com o decurso do prazo, cessa a reincidência, principal forma de maus antecedentes, ela não pode ser aproveitada para outros fins, frustrando a finalidade da lei, ate porque o acessório (maus antecedentes) deve seguir a sorte do principal (a reincidência). Mais: os maus antecedentes acabariam assumindo caráter perpetuo. Sendo assim, e pelas razões expostas, não conheço desta impetração, mas concedo, de oficio, a ordem de *habeas corpus*, apenas para determinar que o juízo de direito da vara de execuções criminais competente proceda a novo calculo da pena do ora paciente, sem considerar, para tanto, como maus antecedente".

[52] CARVALHO, op. cit., 2001, p. 32.

no art. 59 do CP, eles ajudam a propiciar ao juiz todas as informações de que necessita para poder reconhecer as diferenças e conferir um tratamento penal equânime e distributivamente justo na reação do Estado ao crime e ao criminoso.

É graças a isso que o direito penal, conciliando os extremos (a igualdade e a diferença) realimenta continuamente a sua legitimidade, evitando a *padronização* das sentenças e preservando o sentido da equidade nas diferenças e aos diferentes.

8.3.3. A conduta social

Até o ano de 1984, a análise valorativa da conduta social do acusado era realizada em conjunto com os antecedentes, mas, com a aprovação da Lei 7.209, dando novo formato à Parte Geral do Código Penal, a referida circunstância passou a ter configuração própria. Enquanto estes últimos dizem com a vida pregressa, a conduta social diz com as peculiaridades inerentes à inserção do acusado na comunidade e ao relacionamento com os outros em família, com os amigos, na vizinhança, no bairro, na cidade, etc.

Cada indivíduo tem o seu modo próprio de viver e de conviver com o *alter*.

Há os colaboradores, os disponíveis, os respeitadores, os omissos, os bons e os maus vizinhos, os sociáveis e os insociáveis, os arrogantes, os educados, os mal-educados, os altruístas e os egoístas, os trabalhadores e os vadios, etc.

Esses aspectos mostram que a análise da conduta social projeta conhecimento sobre o temperamento, o caráter, e, queiramos ou não, a personalidade e a vida pregressa do acusado,[53] mesmo porque as circunstâncias judiciais não são estanques, elas interagem e são mutuamente esclarecedoras.[54]

O indivíduo com larga folha corrida, por exemplo, seguramente não será considerado *bem inserido* na sociedade pela imensa maioria das pessoas honestas e trabalhadoras, que vivem dentro, e não à margem da lei, nem será qualificado como alguém de personalidade bem estruturada, com um superego capaz de controlar os impulsos do *ego*, segundo o *padrão social* de normalidade.

Sem embargo disso, as informações utilizadas para a valoração tanto dos antecedentes, quanto da personalidade, não poderão ser utilizadas para valoração da conduta social, e vice-versa. O princípio que proíbe a dupla valoração da mesma circunstância é impositivo.

A valoração da conduta social deverá ser procedida "em relação à sociedade na qual o acusado estiver integrado, e não em relação à 'sociedade formal' dos homens tidos como 'de bem'. Sem dúvida, um indivíduo que, por exemplo, habite em uma favela em paz e amizade com os vizinhos não pode receber uma valoração negativa, só porque o juiz, influenciado por variáveis ideológicas, tem o entendimento de que, na cidade, existem ambientes 'mais sadios para o desenvolvimento das relações sociais'".[55] Uma visão assim seria arbitrária e manifestamente equivocada sob o ponto de vista político e social, para dizermos o menos.

---

[53] CARVALHO, op. cit., 2001, p. 48.

[54] "As circunstâncias judiciais do art. 59 do CP, relativas à culpabilidade, antecedentes judiciais, conduta social e personalidade são mutuamente esclarecedoras, de modo que inexiste *bis in idem* no considerar negativamente a personalidade do agente, a partir de maus antecedentes sociais, ou extrair destes conduta social censurável. O juiz busca, na aplicação da pena-base, adequar a sanção ao perfil psicossocial do réu e às necessidades de reprovação e punição do crime. Embargos rejeitados, por maioria" (Embargos Infringentes nº 296001845, 1º Grupo Criminal do TARGS, Rel. Tupinambá Pinto de Azevedo).

[55] GALVÃO, Fernando. *Aplicação da Pena*. Belo Horizonte: Del Rey, 1995, p. 147.

Para poder valorar negativamente e assim quebrar a *presunção* de idoneidade da conduta social do acusado, o juiz dependerá da existência de provas nos autos do processo que confortem esse proceder. Essa condição não comporta exceções, em todas as fases do método trifásico.

Antevendo o pior cenário, que é a sentença condenatória, os advogados de defesa, por isso, costumam arrolar na resposta preliminar (art. 396 do CPP) os nomes das pessoas que irão depor como testemunhas "abonatórias", não obstante também possam fazer a prova da boa conduta social de seus clientes por meio de declarações públicas ou particulares, documentos (diplomas de mérito, p. ex.), atestados, abaixo-assinados, etc.

Observe-se a distinção no tocante à prova.

Para os (maus) antecedentes, é indispensável certidão expedida pelo servidor cartorário contendo a data do trânsito em julgado da sentença condenatória, tudo em nome da garantia do estado de não culpabilidade.

Todavia, em relação à conduta social bastam as notícias negativas transmitidas pelas testemunhas ... às vezes gerais, vagas, fluidas, sem que haja no processo qualquer questionamento dessa forma de ver as coisas frente à mesma garantia...

A explicação é simples: as testemunhas depõem sob o compromisso de falar a verdade, e às partes é assegurada a prerrogativa de formular perguntas esclarecedoras em audiência, podendo fazer a qualquer tempo uma contraprova, para desbancar eventual mentira.

A conduta social também não é pacificamente aceita pela doutrina, por ensejar, na linha denunciada pelo *direito penal do autor,* a intensificação da punição pelo *modo de ser e de viver o acusado no mundo livre,* como lembrou Enrique Bacigalupo,[56] comentando o Código Penal argentino e lembrando criticamente que essa concepção de direito penal do autor também se fez presente no Código Penal Tipo para a América Latina (arts. 69 e seg.), no Código Penal espanhol (art. 61) e no revogado Código Penal brasileiro de 1969 (art. 52).[57]

Em que pesem as críticas, renovamos a opinião anteriormente exposta de que as *diferenças* precisam ser apreendidas pelo juiz para que o princípio da individualização da pena se efetive amplamente.

Sem embargo das contundentes e relevantes posições doutrinárias preconizando a punição pelo fato cometido sem influências do modo como o acusado é e vive em sociedade, não há como preservar-se a equidade e o sentimento de justiça se na sentença o juiz fixar penas iguais para indivíduos *comunitária e socialmente inseridos* e para indivíduos *desalinhados* dos padrões sociais, éticos e cívicos que regem a vida em família, no emprego, na vizinhança, enfim, nas relações com os outros.

8.3.4. A personalidade

De um modo geral, as pessoas comuns avaliam a personalidade dos outros, mirando para as suas qualidades ou os atributos mais marcantes ou preponderantes.

---

[56] BACIGALUPO, Enrique. A Personalidade e a Culpabilidade na Medida da Pena. *Revista de Direito Penal*, Rio de Janeiro, v. 15/16, julho/dezembro 1974, p. 34 e seg.

[57] Idem, p. 41. Nas palavras do autor: "A extensão que se tem dado (...) à fórmula da personalidade, a converte num instrumento que excede o âmbito de um Direito Penal da culpabilidade. Um direito em que só exclui a responsabilidade pelo resultado (chamada responsabilidade objetiva), mas no qual é preciso responder *pelo que se é*, e não somente pelo que se fez, não é um Direito Penal da Culpabilidade".

Outras vezes elas o fazem com base nas habilidades de produção de reações positivas (ou negativas) nos outros. Normalmente, são considerados "ajustados" (de personalidade equilibrada) os indivíduos que seguem a etiqueta e, pelo reverso, rotulados de "inconvenientes", antissociais ou antipáticos, aqueles que não a seguem ou a violam deliberadamente.

A personalidade, todavia, é mais complexa do que essas simples manifestações de caráter ou de temperamento, não sendo fácil determinar-lhe o conteúdo, também porque aqueles que se dispõem a realizá-lo tendem a racionar com base nos próprios atributos de personalidade, que elegem, não raro, como paradigmas.

A personalidade é então muito mais do que a singela avaliação que as pessoas fazem umas das outras, sendo indiscutível que ela não mais se resume, como propunha Roberto Lyra,[58] naquele conjunto estático, permanente, de elementos hereditários ou atávicos de identificação humana.

Como ensinam Kaplan, Sadock & Grebb, por *personalidade* há que se compreender dinamicamente a "totalidade dos traços emocionais e comportamentais que caracterizam o indivíduo em sua vida cotidiana, sob condições normais".[59] E assim o é porque, como diria Myra y López, "a pessoa é una, inteira e indivisa e como tal deve ser estudada e compreendida pela ciência",[60] sendo inviável estabelecer-se, então, pela fluidez e diversidade, um padrão *a priori* de personalidade.

Essa ideia de diversidade/mobilidade é relevante, porque por indivíduo de personalidade ajustada não se deve entender aquele que simplesmente se declara como tal, nem um doente que se ignora, mas alguém "que conserve em si tantas fixações conflituais, como tantas outras pessoas, e que não tenha encontrado em seu caminho dificuldades internas ou externas superiores a seu equipamento afetivo hereditário ou adquirido, às suas faculdades pessoais defensivas ou adaptativas, e que se permita a um jogo suficientemente flexível de suas necessidades pulsionais, de seus processos primários e secundários, nos planos pessoal e social, tendo em justa conta a realidade e reservando-se o direito de comportar-se de modo aparentemente aberrante em circunstâncias excepcionalmente 'anormais'".[61]

Explicando melhor, a personalidade não é algo que "nasce" com o indivíduo e que nele se estabiliza. Ela "nasce" com ele e *também* se modifica, continuamente – com variações na intensidade – abrangendo, além das manifestações genéticas, também os traços emocionais e comportamentais, herdados ou continuamente adquiridos, naquele sentido de totalidade que permite a alguém se distinguir de todos os outros indivíduos do planeta.

Como disse Joe Tennyson Velo, a personalidade é essencialmente dinâmica, e o dinamismo "é motivado em face do relacionamento constante entre o indivíduo e o ambiente social onde convive, havendo senso de direção, finalidade ou realização em seu expressar-se".[62]

---

[58] LYRA, Roberto. *Comentários ao Código Penal*. Rio de Janeiro: Forense, 1942, p. 182.

[59] KAPLAN, Hardold I.; SADOCK, Benjamim J; GREBB, Jack A. *Compêndio de Psiquiatria*. Porto Alegre: Artes Médicas, 1997, p. 686.

[60] MYRA Y LÓPEZ, Emílio. *Manual de Psicologia Jurídica*. São Paulo: Mestre Jou, 1967, p. 27.

[61] A definição de *normalidade*, conquanto longa, realizada pelo Psiquiatra Jean Bergeret, é bastante elucidativa. O indivíduo deve ser considerado como tal se conseguir adaptar-se às situações da vida de modo a poder, se for o caso, comportar-se anormalmente quando a própria situação for caracterizada como "anormal" (*Personalidade Normal e Patológica*, Porto Alegre: Artes Médicas, 1988, p. 21).

[62] VELO, Joe Tennyson. Criminologia Analítica. *IBCCrim*, v. 7, São Paulo, p. 138.

Nesse vir-a-ser da personalidade, Myra y Lopes lembra que ela evolui em cinco grandes etapas: durante a infância, a juventude, o estado adulto, a maturidade e a senilidade, estruturando seus elementos (o *id,* o *ego* e o *superego* em meio a desejos, atitudes, ansiedades, frustrações, controle/descontrole crítico, etc.).[63]

O tema justifica a atenção de todos – em especial da magistratura – porque, de um modo geral, da leitura das sentenças e dos acórdãos, fácil é a percepção de que os juízes, em suposto cumprimento à dicção do artigo 59 do CP, limitam-se a fazer afirmações genéricas do tipo "personalidade ajustada", "desajustada", "agressiva", "impulsiva", "boa" ou "má", afirmações que nada dizem tecnicamente, salvo em nível de temperamento ou de caráter.[64]

Nos julgamentos, o mergulho na história pessoal e familiar do acusado é, em regra, bastante raso, ou seja, o julgador não desce às profundezas do grande caudal em que se estrutura e evolui a personalidade, problema que se agrava, ainda mais, ao lembrarmos, com Gilberto Ferreira,[65] quando a pena for individualizada por outro juiz, mediante a relativização do princípio da identidade física.

Longe de pensar-se, então, que, por serem os pais bem-estruturados, os filhos necessariamente também haverão de sê-lo. São tantas as variáveis de influência, em todas as etapas de formação contínua da personalidade, que não há nenhuma garantia de que isso venha a ocorrer, embora o reconhecimento de que os primeiros estágios do ciclo vital, no qual se apoia todo o desenvolvimento ulterior do ser humano, eles podem evoluir naquela direção, dependendo do modo como forem orientados pelos pais ou substitutos.

Aliás, dissertando sobre a influência da família na formação da personalidade, Theodore Lidz afirmou que "as personalidades dos pais serão um fator de importância em como esta funciona e que espécie de criação de filhos proporciona. Como uma família encultura o filho depende grandemente de como os pais cresceram e internalizaram sua cultura. Eles transmitem as maneiras culturais a seus descendentes pelo uso da linguagem, seus modos de relacionarem-se, os tabus que inconscientemente têm, seus sistemas de valores e suas assunções e expectativas de papéis, mais do que através do que conscientemente ensinam aos filhos".[66] No mesmo sentido é a conclusão de Winicott.[67]

---

[63] MYRA Y LÓPEZ, Emílio. *Manual de Psicologia Jurídica.* São Paulo: Mestre Jou, 1967, p. 56.

[64] Efetivamente, enquanto a personalidade, como já vimos, constitui a totalidade dos traços emocionais e comportamentais, o *temperamento* está relacionado, no dizer do psiquiatra Gianluigi Ponti, citado por Tennyson Velo, à "(...) estrutura biológica, inata, geneticamente disposta da pessoa, aquilo que determina suas peculiares tendências afetivas de agir no mundo, reagir ao ambiente e relacionar-se com os demais indivíduos" (VELO, Joe Tennyson. *Criminologia Analítica.* IBCCrim, São Paulo, v. 7, p. 138). Nesse sentido, seria correto falar-se em atavismo.

Já o *caráter* constitui o testemunho visível da estrutura de base da personalidade, que é estabelecida com o fim da crise da adolescência. Noutros termos, o caráter manifesta-se como o verdadeiro "*sinal exterior de riqueza ou pobreza estrutural*", como nos explica o psiquiatra Jean Bergeret (Op. cit., p. 168). Correto falar-se, então, em maneira de ser, de agir e de reagir no meio social.

Valendo-nos, para uma melhor distinção entre temperamento e caráter, do exemplo de Tennyson Velo: "Assim, alguém portador de temperamento agressivo, poderá concretizar esta tendência inata, traduzindo um caráter agressivo, desde que os relacionamentos que vivenciem favoreçam essa manifestação, tais como tipos de educação, convívio profissional, ambiente cultural, etc. Outros valores e situações, porém, poderão inibir a disposição temperamental agressiva, fazendo representar um caráter mais pacífico" (Op. cit., p. 139), de modo que temperamento e caráter integram a personalidade, um como tendência e outro como núcleo psicológico de possíveis formas de expressão, sendo só este último mais fácil de modificação, no início da vida, adquirindo rigidez.

[65] FERREIRA, Gilberto. *Aplicação da Pena.* Rio de Janeiro: Forense, 1995, p. 48.

[66] LIDZ, Theodore. *A Pessoa, seu Desenvolvimento durante o Ciclo Vital.* Porto Alegre: Artes Médicas, 1983, p. 93 e segs. Segundo o autor, são fáceis as percepções no processo de formação da personalidade a partir desses exemplos: "(...)

Duvida-se, pois, da própria possibilidade de conhecimento da personalidade, porque, afora a inexistência de um *padrão*[68] para comparações, se reconhece que ela é dinâmica, que nasce e se constrói, permanentemente, com o indivíduo, sempre à mercê dos estímulos e dos traumas de toda ordem.

Como poderia então um juiz anunciar a personalidade do réu com base nos escassos elementos informativos que os autos de um processo fornecem aos operadores do direito penal?

A falta do padrão comparativo, o contínuo devenir da personalidade e a rotina de psicólogos e psiquiatras em formular diagnósticos com base na maior ou menor adaptação da pessoa ao seu ambiente social também sugerem a impossibilidade das ciências *psi* atenderem aos pedidos de socorro formulados pelo direito penal ... parecendo-nos temerária, *venia concessa*, a conclusão de Nucci, de que o juiz conseguiria descobrir tudo sozinho, por possuir um "natural bom senso",[69] aliás, qualidade de duvidosa demonstração empírica ou científica.

Salo e Amilton Bueno de Carvalho chamam a atenção para todos esses aspectos e insistem que, sem a anterior demonstração da base conceitual e metodológica em que se apoia o investigador, critérios e passos seguidos, não há a mínima condição para o estabelecimento seguro de juízos afirmativos ou negativos de personalidade.[70]

Aliás, os psiquiatras e os psicanalistas brasileiros adotam como referência para a definição de quem é normal e de quem não é o *Manual Diagnóstico e Estatístico de Transtornos Mentais,* publicado pela Associação Americana de Psiquiatria, contendo quase mil páginas descrevendo 283 doenças mentais.[71]

Para ter-se uma ideia mais exata do grau de imprecisão nos diagnósticos, basta registrar que até o ano de 1974 "... O DSM previa uma doença mental chamada "homossexualismo". Sim, ser *gay* era motivo de internação. O verbete acabou excluído por pressão de uma comunidade militante *gay* dos EUA. E por estudos que desde os anos 50 mostravam não haver diferenças psicológicas entre heterossexuais e homossexuais. Como um realizado pela psicóloga americana Evelyn Hooker em 1957".[72]

---

uma criança pode crescer em um lar cheio de conversa, em que a mãe alegremente recita rimas de acalento para seu bebê que não compreende absolutamente nada, dá um 'livro de pano' de figuras como um dos primeiros brinquedos e mais tarde lê para ao bebê uma estória a cada noite, como parte do ritual de ir para a cama de dormir. O pai em tal família pode levar a criança a passeios e responder pacientemente a perguntas intermináveis. Uma outra criança tem uma mãe que não pode estar perto e fica aborrecida quando o filho interrompe a vida de fantasia que a sustenta, e tem um pai que, assim como o filho, se sente excluído pela esposa e que encontrou refúgio em sua profissão e raramente se relaciona com o filho".

[67] WINICOTT, Clare; SHEPARD, Ray; DAVIS, Madelaine. *Privação e Delinquência.* Martins Fontes, 1987, p. 13. Em carta escrita em 1939 ao *British Medical Journal*, o psiquiatra Donald Winicott, incumbido de atuar em plano de evacuação de crianças, na Inglaterra, já alertava que a privação parental implicava "sérios problemas psicológicos". "É bem possível" – dizia esse ilustre homem de ciências – "para uma criança de qualquer idade, sentir-se triste ou perturbada ao ter que deixar o lar, mas o que desejamos sublinhar é que, no caso de uma criança menor, essa experiência pode significar muito mais do que a experiência real da tristeza. Pode, de fato, equivaler a um *blackout emocional* e levar, facilmente, a um distúrbio grave do desenvolvimento da personalidade, distúrbio esse que poderá persistir por toda a vida (...)".

[68] Normalidade como saúde (modelo médico tradicional que tenta livrar o paciente de sinais e sintomas amplamente observáveis); normalidade como utopia (mescla harmoniosa e ótica dos diversos elementos do aparato mental, culminando em um funcionamento ótimo); normalidade como a média (baseado no princípio matemático da curva senoidal, este enfoque encara a faixa intermediária do *continuun* como normal e ambos os extremos como desvios do normal); normalidade como processo (normal é o resultado final de sistemas que interagem entre si) – cfe. Kaplan *et alii*, op. cit. 33.

[69] NUCCI, Guilherme de Souza. *Individualização da Pena.* São Paulo: Revista dos Tribunais, 2004, p. 212

[70] CARVALHO, Salo; CARVALHO, Amilton Bueno, op. cit., p. 49.

[71] SANTOS, Alexandre Carvalho. *Novo Manual da Loucura,* Superinteressante, São Paulo: Abril, ed. de Dezembro de 2010, p. 94 segs.

[72] Idem, p. 95.

O referido *Manual* está sendo revisto no exato momento, inclusive com a participação de especialistas brasileiros, atentos às novas realidades (fala-se, por exemplo, hoje em transtornos da "internet" e de novas categorias de "loucos exclusivas do século 21")![73]

Mas, mesmo que todas essas dificuldades pudessem ser superadas, e os peritos das áreas da psicologia ou da psiquiatria ou mesmo o juiz sem o concurso destes pudessem conhecer a personalidade do acusado para apontar, com um mínimo de segurança, a existência de determinado transtorno[74] (suponhamos, o de personalidade antissocial, que afeta 75% da população carcerária norte-americana, segundo pesquisas realizadas

---

[73] SANTOS, op. cit., p. 97.

[74] Alguns transtornos de personalidade são de tal magnitude que podem levar ao enquadramento no parágrafo único do artigo 26 do CP (p. ex.: o *borderline),* a denotar a profunda interpenetração entre personalidade e imputabilidade.

Eis a classificação dos grupos de transtornos de personalidade constante do livro *Manual Diagnóstico e Estatístico de Transtornos Mentais (DSM-IV),* de KAPLAN, Hardold I.; SADOCK, Benjamim J.; GREBB, Jack A. *Compêndio de Psiquiatria.* Porto Alegre: Artes Médicas, 1997, p. 686, que dá base a esta nota.

No grupo "A", acham-se os transtornos de personalidade paranoide, esquizoide e esquizotípica. Estes transtornos são mais comuns nos parentes biológicos dos esquizofrênicos do que entre os grupos de controle e assim se caracterizam: no transtorno *paranoide,* há de parte do indivíduo desconfianças e suspeitas em relação aos outros, de modo que seus motivos são interpretados como malévolos. Explorado, prejudicado ou enganado pelos outros; no transtorno *esquizoide,* há desconforto por parte do paciente com o convívio humano, introversão e afeto brando constrito, aparecendo aos olhos dos outros como excêntricos, isolados ou solitários. No transtorno *esquizotípico,* os indivíduos são considerados estranhos ou esquisitos, possuem pensamento mágico, ideias extravagantes, ideias de referência, ilusões e desrealização, podem ser supersticiosos ou declarar poderes de clarividência, seu mundo interior pode estar repleto de relacionamentos imaginários vividos e de temores.

No grupo "B", estão os transtornos da personalidade antissocial, *borderline,* histriônico e narcisista. O indivíduo com transtorno *antissocial* (cerca de 75% da população carcerária norte-americana, considerada a fonte de nossa pesquisa) apresenta uma enorme incapacidade de conformar sua conduta às normas sociais – embora isso não possa ser equiparado à "criminalidade". São casos típicos: mentir, faltar à escola, fugir de casa, eventualmente furtar, brigar na rua, abusar de drogas, etc.

Ainda segundo Kaplan *et alli,* "os pacientes com transtorno da personalidade antissocial não falam a verdade e não se pode confiar neles para levarem avante qualquer projeto ou aderirem a qualquer padrão convencional de moralidade", sendo: "altamente manipuladores e frequentemente capazes de convencer outros indivíduos a participarem de esquemas que envolvam modos fáceis de obter dinheiro ou de adquirir fama e notoriedade, o que pode eventualmente levar incautos à ruína financeira, embaraço social ou ambos". Em um grupo de setecentos apenados do Rio Grande do Sul, estudo efetuado pelos psiquiatras Otávio Passos de Oliveira e Paulo Oscar Teitelbaum apontua a incidência de 22,3% de transtornos de personalidade antissocial (média de dois casos a cada dez detentos analisados) – ZIYADE, Fátima. Do Discurso à Praxis: uma Visão Crítica da Psiquiatria Forense, *Revista Crime & Sociedade*, Curitiba, Juruá, 1998, p. 184.

Conforme Kaplan, na obra antes citada, das quais extraímos as afirmações que se seguem (p. 686 e seg.), o *borderline* situa-se no limite entre a neurose e a psicose (que configuram hipóteses de doença mental, enquadráveis ou no *caput* ou no parágrafo único do artigo 26 do CP), caracterizando-se como indivíduo com afeto, humor, comportamento, relações parentais e autoimagem extraordinariamente instáveis. Esse indivíduo quase sempre parece estar em crise, mostrando-se, com frequência, briguento ou deprimido. O comportamento, pois, do *borderline* é tão imprevisível que raramente consegue atingir o máximo de suas capacidades. O nível de dependência dos outros desse indivíduo é tal que aceita como amigo um estranho para evitar a solidão, mas, revelando o tumulto de seu interior, pode ao mesmo tempo vir a expressar cólera intensa quando frustrado. O indivíduo *histriônico* apresenta comportamento exuberante, dramático, extrovertido, em indivíduos excitáveis e emotivos, e incapacidade para manter relacionamentos de longa duração. O *narcisista* possui senso aumentado de sua própria importância e sentimentos de grandiosidade, de ser único de alguma forma. Não raro esses indivíduos se deprimem.

No grupo "C", os transtornos da personalidade são a esquiva, a dependência e a obsessão compulsiva. No primeiro caso, *esquiva,* o indivíduo apresenta extrema sensibilidade à rejeição, tanto assim que pode acabar retraindo-se socialmente. Por isso necessitam permanentemente de companhia, embora a timidez justificadora de garantias de aceitação sem críticas pelos outros. O *dependente* subordina suas necessidades às de outrem; faz com que outros assumam suas próprias responsabilidades, precisamente por não possuir autoconfiança, podendo, ainda, experimentar intenso desconforto, quando sozinho por períodos de tempo maiores do que o frequente. O *compulsivo,* por fim, revela transtorno em sua personalidade por ser obstinado, inflexível, perfeccionista, a ponto de não terminar sua tarefa por não atingir seus padrões demasiadamente rígidos. Esse indivíduo, dentre outros critérios para determinação da personalidade, evidencia devotamento excessivo ao trabalho e produtividade em detrimento do lazer, relutância em delegar tarefas, rigidez e teimosia.

por Kaplan e Sadock), ainda assim precisaríamos contornar outra dificuldade, qual seja, a de encontrar uma justificativa filosófica para a maior punição ao indivíduo não pelo que ele possa ter feito, e sim, pelo seu modo de ser, pelo que é.

Então, pela magnitude dessas dificuldades, pode-se ver que a questão tem menos a ver com o *bom senso* ou mesmo com os conhecimentos técnicos do juiz, dos psicólogos ou dos psiquiatras, e mais com a *legitimidade* do juízo de desvalor sobre a personalidade "sob o prisma de um direito penal de garantias balizado pelo princípio da secularização".

Em última análise, como é que se justificaria a invasão discricionária pelo Estado--penal na esfera da interioridade da pessoa?

Ora, os indivíduos devem ser punidos pelos *atos ilegais que praticarem*, e não pelo que eles *são* ou *pensam que são*, para não termos que renegar a evolução do direito penal e retornarmos ao medievo, cujos tribunais os executavam porque *pensavam*, e *não* porque haviam *feito algo*.

Por fim:

Se pudéssemos afastar todos os inconvenientes e aceitar assim sem maiores restrições que a personalidade do indivíduo pode ser conhecida pelos peritos ou pelo juiz e que o Estado está autorizado a valorá-la negativamente para exasperar a pena nos moldes preconizados pelo direito penal do autor, parece-nos que, para resguardar-se a coerência interna do ordenamento jurídico, a valoração negativa deveria propiciar *menor*, e não *maior censura* pelo fato cometido, bem ao contrário do que recomenda a doutrina e procedem juízes e Tribunais.

Dizendo com outras palavras: a eventual "deformação" da personalidade do réu oriunda de transtorno reconhecido (e por ele certamente não desejado ou buscado conscientemente) longe de servir como fundamento para a exasperação da pena-base precisaria, isto sim, propiciar o abrandamento da censura penal, porque o transtorno afeta a liberdade moral e a capacidade do indivíduo de bem formular juízos críticos e de atentar para o dever de viver em harmonia consigo e com os outros, como recomenda a ética e determinam as normas jurídicas.

Como explicar que o *menos* (um transtorno de personalidade) possa ensejar agravação da pena-base, se o *mais grave* (a *perturbação da saúde mental* ou o *desenvolvimento incompleto ou retardado,* dando causa à semi-imputabilidade), obriga o juiz, na terceira fase, a realizar uma especial redução da pena provisória (art. 26, parágrafo único, do CP)?[75]

Por que tratamento distinto nessa matéria, se tanto o transtorno de personalidade quanto à perturbação da saúde mental e o seu desenvolvimento incompleto ou retardado afetam a capacidade do indivíduo na formulação dos juízos críticos indispensáveis ao dever de *agir de outro modo* no momento histórico da prática delituosa?

É complexa a questão. Muito complexa. Por isso, seria mais recomendável que, no momento da valoração das circunstâncias judiciais, o juiz se declarasse, simplesmente, sem condições de emitir juízo crítico sobre a personalidade do acusado.

---

[75] No dizer de Myra y Lopes: "É um tópico frequente o de que os alienistas acreditam que *todo o mundo está louco*. Nada mais errôneo; com o mesmo grau de veracidade poderia afirmar-se o contrário: que para os psiquiatras 'todos os loucos são normais'. Com efeito, o estudo psiquiátrico serve somente para convencer-se da artificiosidade de toda separação essencial entre a saúde e a doença mental; não há um só sintoma psicótico que não possa ser encontrado em indivíduos normais, de modo que é preciso conceber a mente patológica só como resultado de um desvio quantitativo da anormal; isto é, produzida pela desproporção de alguns traços integrantes da personalidade comum" (*Manual de Psicologia Jurídica.* São Paulo: Mestre Jou, 1967, p. 76).

8.3.5. Os motivos do crime

Os motivos "movem" o homem.

Não há conduta humana destituída de propósitos, como acentuamos no primeiro capítulo deste livro, ao dissertarmos sobre os valores e a valoração humana.

Como disse Aftalión, "o mundo do obrar é um contínuo unidimensional no sentido do tempo. No sentido do tempo existencial não cabem espaços vazios: por menor que seja o instante que imaginemos neste tempo, ele sempre vai integrado em alguma direção, ainda que forçosamente (...)".[76] Primeiro, o indivíduo elege os fins (normação ética) e depois lança mão dos meios para alcançá-los (normação técnica). De posse deles, passa a agir na direção do resultado, vencendo etapas (*iter criminis*).

Freud procurou relacionar a eleição dos motivos às características da personalidade de cada um e, no momento, os geneticistas psicanalistas tentam provar que aos fatores externos que participam na formação da vontade criminosa também se agregam variáveis psíquicas, de tal modo que o comportamento criminoso pode resultar da carga genética ou ser a expressão objetiva do conjunto dos conflitos internos da pessoa.[77]

Em suma: apesar da complexidade do tema, inerente à complexidade do mundo das volições, pacificamente entende-se que não há ação ou omissão humana consciente destituída de finalidades. As pessoas, desde o momento em que acordam, até a hora em que se recolhem para o descanso noturno, exercitam preferências (valorações éticas) e lançam mão de meios materiais para efetivá-las (normação técnica), embora as mais diferentes metas (objetivos) sejam traçadas, dentro ou fora da ética ou da legalidade estrita.

No dizer de Paolo Veneziani, transcrito por Nucci, os motivos devem ser apreciados no contexto da *capacidade para delinquir* ou em circunstâncias baseadas em *motivos particulares,* "funcionando, pois, como causa psíquica, o estímulo, a mola, o impulso, o sentimento, o instinto que alavanca a ação ou omissão, que faz eclodir a vontade. Os motivos implicam uma inclinação afetiva, onde se podem achar todos os sentimentos humanos: amor, ódio, desejo sexual, vingança, altruísmo, inveja, cupidez, sadismo, honra, instinto de conservação, patriotismo, etc.".[78]

Como fatores qualificativos da vontade humana, eles fornecem um " ... colorido indispensável à compreensão de qualquer conduta: existiu por quê? para quê? Do mesmo modo que sustentamos inexistir ação ou omissão sem finalidade, pois ninguém age por agir – a não ser que se cuide de gestos reflexos, sujeitos à coação física irresistível ou mesmo fruto da hipnose – não há crime sem motivo".[79]

Assim, aquele que comete o delito sob os influxos de sentimento altruísta (em defesa do bom nome da pátria, contra as ofensas irrogadas por um estrangeiro, por exemplo) há de sofrer *menor grau de censura* em relação àquele que comete um crime por motivo relacionado à vingança, à libidinagem ou ao jogo, por exemplo.

---

[76] AFTALIÓN, Enrique *et alii*. *Introducción Al Derecho*. 7. ed., Buenos Aires: La Ley, 1956, p. 122.

[77] "Foi uma surpresa verificar que um incremento neste sentimento inconsciente de culpa pode transformar um indivíduo num criminoso. Mas se trata de um fato indiscutível. Em muitos criminosos, especialmente nos jovens, é possível descobrir um muito poderoso sentimento de culpa que existia antes do delito e que constituía, portanto, não o seu resultado, mas o seu motivo. É como se tivesse constituído um alívio o poder ligar este sentimento inconsciente de culpa a algo real e imediato" (FREUD, Sigmund. Delinquentes por Sentimento de Culpa. In: MENEGHINI, L. C. *Aspectos Dinâmicos do Crime Neurótico*. Porto Alegre: Revista Jurídica, 1958, p. 81).

[78] NUCCI, Guilherme de Souza, *Individualização da Pena*. São Paulo: Revista dos Tribunais, 2004, p. 222.

[79] Idem, p. 219.

Pela mesma razão, a ganância do corruptor rico que age à margem da lei para reproduzir a riqueza – se bem evidenciada e provada – poderá ser eleita como motivo repugnante gerador de maior reprovação à conduta criminosa.

Os motivos do crime ocasionalmente podem figurar como elementar típica (p. ex., arts. 161 e 307 do CP ou circunstâncias de *qualificação* (p. ex., art. 121, § 2°, I, II e V, e art. 163, parágrafo único, IV), de *agravação* (p., ex., arts. 61, II, "a", "b" e "c"), de *atenuação* (art. 65, III, "a") e ainda como causas especiais de *aumento* (art. 228, § 3°) ou *diminuição* de pena (art. 121, § 1°, do CP).

Quando atuarem como elementar ou como qualificadora, os motivos esgotarão a sua função no processo de determinação da tipicidade e permitirão ao juiz conhecer as novas margens mínima e máxima cominadas, dentro das quais fixará a pena-base sem influírem no processo destinado à sua quantificação, pois, não fosse assim, haveria intolerável *bis in idem*.

Não é possível, por exemplo, na quantificação da pena-base por crime de incêndio, o juiz aludir ao *perigo à vida* da vítima – que é elementar típica do crime do art. 250 – para afirmar a *existência* desse crime e, na primeira fase, também valorar negativamente a circunstância do *perigo* à vida, para elevar o grau da censura penal.

Também não é possível, noutro exemplo, o juiz considerar o *motivo fútil* no homicídio para poder individualizar a pena-base entre doze e trinta anos (art. 121, § 2°, do CP) e, ao mesmo tempo, considerar a futilidade do motivo no instante em que apreciar a circunstância judicial dos motivos do crime, pois nesses dois exemplos haveria indiscutível violação do princípio do *ne bis in idem*.

Atuando como agravantes ou atenuantes, majorantes ou minorantes, os motivos também não influirão na quantificação da pena-base, embora por razões distintas. É que as agravantes e as atenuantes atuam como causas para a modificação da pena-base e da pena provisória estabelecidas na segunda e na terceira fase do método trifásico, respectivamente.

É por isso que, quando os motivos (e também as circunstâncias ou consequências do crime, como veremos logo a seguir) forem também qualificadoras, agravantes, atenuantes ou causas especiais de aumento ou de diminuição de pena, jamais poderão influir no processo de valoração das circunstâncias judiciais, em nome do princípio que proíbe a dupla valoração da mesma circunstância.

8.3.6. As circunstâncias do crime

Como espécies de circunstâncias judiciais, as *circunstâncias do crime* têm natureza *objetiva,* porque dizem respeito aos aspectos laterais, periféricos, que circundam o fato propriamente dito e fornecem a este um colorido especial, baseado nos quais o juiz, na primeira fase do método trifásico, poderá graduar mais ou menos intensamente a reprovação pela conduta típica.

"Assim – nos dizeres de Leonardo Massud – são consideradas circunstâncias do crime as condições de tempo, lugar, modo de execução, as características físicas e psicológicas da vítima (excluídas, evidentemente, como já foi dito, aquelas já estabelecidas pelo legislador) e do autor, a eventual relação de um com o outro, o comportamento do autor durante a atividade criminosa. As circunstâncias podem, nesse sentido, revelar maior ou menor covardia, audácia, preparação para o delito – tratando-se de uma ação mambembe e desastrada, de uma organização indigna de maior nota ou, ainda uma atuação meticulosamente organizada – ou de maior potencialidade lesiva".[80]

Aquele que, por exemplo, vai à casa onde se realiza um velório, pretextando prantear a morte de pessoa conhecida, e se aproveita dos descontroles da família na situação de dor para furtar objeto de um quarto, merece, pela conduta realizada, intensa reprovação, pois demonstra insensibilidade moral, desconhecimento dos deveres éticos e desrespeito ao mais elementar princípio de solidariedade humana.

O indivíduo que pratica um crime violento, disparando repetidas vezes uma arma potente em meio à multidão, gerando perigo para muitas pessoas; o infrator que realiza um furto durante o repouso noturno, aproveitando-se da nula vigilância da vítima e da precária vigilância do Estado, ou, ainda, aquele que usa de equipamentos altamente sofisticados para a prática, em estilo *profissional,* de um assalto à agência bancária, apavorando clientes, destruindo bens públicos, ferindo funcionários, atirando na polícia durante perseguição, etc., cometem crimes cujas *circunstâncias* são altamente negativas, com obrigatórias repercussões no âmbito da pena-base.

Ocasionalmente, as "circunstâncias do crime" também podem corresponder às circunstâncias *legais* agravantes, atenuantes, qualificadoras, majorantes ou minorantes.

Nessas condições e pelas mesmas razões já apontadas no item em que analisamos os *motivos do crime,* o magistrado não as considerará na pena-base, porque as circunstâncias *legais*, embora o Código Penal não o diga expressamente, são superiores em hierarquia às circunstâncias *judiciais*, tanto assim que elas atuarão nas fases seguintes do método trifásico, como causas de modificação da pena-base e da pena provisória, respectivamente.

Não fosse assim, resultaria violada a regra do *ne bis in idem.*

8.3.7. As consequências do crime

As condutas humanas produzem efeitos que às vezes podem, outras vezes não, ser visualizados no mundo fenomênico. Assim, a subtração de certo objeto permite aferição material do prejuízo patrimonial sofrido pelo proprietário. O mesmo não ocorre na injúria ou na calúnia irrogadas verbalmente, as quais entram, por causa disso no conceito de crimes de mera conduta, cuja prova *material* da existência não é realizada diretamente (como no caso do furto), e sim, indiretamente, conforme prevê o artigo 167 do CPP, inclusive com testemunhas.

Visíveis ou não no mundo dos fatos, certo é que os resultados das condutas humanas tipificadas penalmente, para poderem ser valorados negativamente como circunstância judicial, devem ser estranhos aos elementos que compõem a figura típica simples ou qualificada e às causas legais de modificação de pena (agravantes, atenuantes, majorantes e minorantes) porque, se assim não fosse, os resultados ou consequências da infração perfectibilizariam os tipos e, ao mesmo tempo, autorizariam maior exasperação das penas-base respectivas, em nítido desrespeito ao princípio do *ne bis in idem.*

Logo, é proibido imaginar que a *morte da vítima* – expressa no verbo nuclear do tipo cominado no artigo 121 do CP, possa ser invocada como consequência negativa

---

[80] MASSUD, Leonardo. *Da Pena e sua Fixação.* São Paulo: DPJ Editora, 2009, p. 170-171.

das PENAS e seus CRITÉRIOS de APLICAÇÃO **175**

para justificar maior reprovação penal, porque sem a morte da vítima não será possível acusação, julgamento e condenação por homicídio consumado.

Por idêntica razão jurídica, a incapacidade para as ocupações habituais, por ser circunstância qualificadora na lesão corporal, não poderá ensejar, ao mesmo tempo, a punição mais grave que a cominada para a lesão corporal leve e, também, maior exasperação da pena-base correspondente.

Haverá erro técnico, também, em considerar-se a *gravidade* da infração como consequência do crime, porque ela necessariamente integra o objeto das considerações do legislador no momento da tipificação da conduta e da cominação das penas.

Em síntese: as consequências do crime suscetíveis de serem apreciadas na fase da individualização da pena-base são apenas aquelas situadas *para além da tipicidade* e que não tenham ligação ou se confundam com as circunstâncias legais agravantes, atenuantes, majorantes ou minorantes, sendo bons exemplos a constatação pelo juiz de numerosa prole deixada sem assistência pela vítima do assassinato, ou os elevados custos patrimoniais suportados pela vítima com tratamento médico especializado para superar os traumas físicos ou psicológicos de crime violento.

8.3.8. *O comportamento da vítima*

O comportamento da vítima foi elevado ao *status* de circunstância judicial pela Lei 7.209/84, graças aos avanços teóricos da "vitimologia", que é um setor da criminologia que demonstra o quanto ele pode ser relevante para a eclosão do fato, do agravamento ou do abrandamento das consequências penais.[81]

Estudos psiquiátricos, a partir de Freud, com seu artigo "Alguns Tipos de Caráter Encontrados no Trabalho Psicanalítico", escrito em 1916, dão conta de que criminosos com sentimento de culpa podem dar causa a situações para serem apanhados e censurados, como forma de se redimirem das culpas, no exemplo do *serials killers* que após o crime deixa deliberadamente pistas para a polícia encontrá-lo, num típico jogo de gato e rato. Essa formulação teórica pode ser endereçada aos *não criminosos* que, com suas condutas, incitam, estimulam, propiciam a prática de crimes.

Como exemplifica Ernst Seelig, a escolha da "residência destinada, por um bando de assaltantes, como objeto do próximo assalto, depende, muitas vezes, do descuido do proprietário que vai em viagem e revela que a sua casa está desabitada por deixar as persianas descidas".[82]

Quem, certa hora da noite, em local de pouca movimentação de pedestres e frequentado por ladrões habituais, consciente dessa situação, tira, repetidamente do bolso, conta e guarda um maço de dinheiro, provavelmente será assaltado por estar criando um "ambiente" favorável para o assalto.

É claro, como bem lembra Fernando Galvão, que o objetivo da novel circunstância não é, propriamente, reprovar o comportamento da vítima: "Todos os indivíduos são livres para desenvolver suas potencialidades, bem como para fazer, nos limites da lei, qualquer uso de seus bens patrimoniais. Juridicamente, não se pode reprovar a

---

[81] Recomendamos a leitura dos *Fascículos de Ciências Penais*, Porto Alegre, Fabris, 1992, n.4, ano 5, v.5, contendo artigos de Antonio Beristain (*A Vitimologia Criadora de Novos Direitos Humanos*); de Eduardo Mayr (*Vitimização Judicial da Vítima: Algumas Reflexões – Visão brasileira*); de José L. de la Cuesta Arzamendi (*A Reparação da Vítima no Direito Penal Espanhol*) e de Maria de la Luz Lima Rodrigues (*Serviços a Victimas del Delito*).

[82] SEELIG, Ernst. *Manual de Criminologia.* v.1, Coimbra: Arménio Amado – Editor Sucessor, 1957, p. 311.

conduta do proprietário que deixa a porta de sua casa aberta".[83] O proprietário da casa tem o direito de viajar sem baixar as persianas e nada proíbe que o endinheirado conte as cédulas em lugar inseguro por deficiência ou ausência do controle estatal, embora sabendo ambos que, com as suas condutas, deliberadamente ou não, estarão se colocando em situações de perigo.

O juiz deve analisar a circunstância do comportamento da vítima com muito cuidado, para evitar, como adverte Leonardo Massud, que a "mitigação da pena sirva à intolerância em relação à opção sexual – homossexual agredido por exteriorizar, tal como um heterossexual, seu afeto pelo(a) companheiro(a) – religiosa e racial (indivíduo de uma determinada religião ou raça que caminha por um bairro predominantemente povoado por outros de uma religião ou raça distintas) ou clubista (indivíduo que torce para determinado clube de futebol que apenas caminha perto da entrada da torcida de outro clube no dia de jogo).[84]

O alerta é sumamente relevante e atual, haja vista as notícias do reavivamento de grupos xenófobos, inclusive em países desenvolvidos, que agridem latinos, que praticam *bulliyng*, que atacam homossexuais, que segregam seguidores de seitas e de religiões...

É válido, portanto, valorar negativamente a circunstância judicial ora em exame se "... o comportamento da vítima resultar em especial fator de estímulo à prática delitiva, o julgador deve considerá-lo para minorar a resposta penal ao autor do fato punível",[85] *v. g.* na provocação, na auto-exposição ao perigo, no desafio. No homicídio privilegiado, por exemplo, embora ausente a legítima defesa, por não ser modalidade de justificadora "agressão" pelo "agredido",[86] a instigação, a provocação ou o desafio da vítima podem autorizar a redução da pena de um sexto a um terço, a ser imposta ao agressor.

E assim deve ser, efetivamente, porque, quando a vítima instiga, provoca, desafia, cria ou estimula a animosidade, a situação e o perigo, ela, intencionalmente ou não, acaba contribuindo por enfraquecer a disposição do agente de viver em conformidade com as normas jurídicas.

Desse modo, o infrator, pela conduta que realizar, deverá ser beneficiado com menor reprovação penal, o que indica que o comportamento da vítima guarda intensa proximidade com um dos elementos da culpabilidade: a exigibilidade de outra conduta.

8.4. A quantificação da pena-base: regras

Diferentemente da rigidez dos Códigos de 1830 e de 1890, o vigente Estatuto Penal Repressivo, editado em 1940 e alterado significativamente pela Lei 7.209/84, conferiu ao magistrado maior liberdade para fixar a quantidade de pena-base dentro

---

[83] GALVÃO, Fernando. *Aplicação da Pena*. Belo Horizonte: Del Rey, 1995, p. 157.

[84] MASSUD. Leonardo. *Da Pena e sua Fixação*. São Paulo: DPJ Editora, 2009, p. 178.

[85] GALVÃO, op. cit., p. 157.

[86] ALMADA, Célio de Melo. *Legítima Defesa*. São Paulo: Bushatski, 1958, p. 73. "Legítima defesa. Provocação aceita. Não caracterização. Agente que aceita provocação de vítima embriagada e a agride com superioridade em armas" (Revista de Jurisprudência do TJRGS, v. 147, p. 123). "Legítima defesa. Convite aceito. Não se defende quem aceita e age contra a vítima, que apenas lhe provocou, sem qualquer esboço de agressão atual ou iminente" (*Revista de Jurisprudência do TJRGS*, v. 150, p. 233).

das margens previstas em abstrato nos preceitos secundários dos tipos penais incriminadores (simples ou qualificados).

No que tange ao procedimento em si, o CP não contém, todavia, de modo explícito, todas as indicações sobre os passos a serem dados pelo aplicador da lei penal e também não explicita limites a respeitar ao longo das atividades que realizará.

Com efeito, o artigo 68 do CP declara simplesmente que "a pena-base será fixada atendendo-se ao critério do art. 59" e este último dispositivo contenta-se em declarar que o juiz "estabelecerá" as penas aplicáveis, dentre as cominadas (inciso I) e "a quantidade de pena aplicável, dentro dos limites previstos" (inciso II), em atenção à "culpabilidade, aos antecedentes, à conduta social, à personalidade do agente, aos motivos, às circunstâncias e consequências do crime, bem como ao comportamento da vítima, conforme seja necessário e suficiente para reprovação e prevenção do crime".

Mas como isso é objetivamente realizado?

É o que veremos a seguir, desvelando as razões implícitas no sistema legal e as que permeiam os precedentes sobre cálculos das penas, que, pela reiteração, ao longo do tempo, foram erigidos em fontes de regras que orientam o Juiz nas três fases do método trifásico e que também ensejam o controle da sua decisão pelas Partes, por meio dos recursos cabíveis.

O primeiro passo a ser dado consiste na fundamentada escolha da pena[87] a ser aplicada, dentre as possíveis. Não raro a lei possibilita ao juiz optar por uma ou por outra espécie de pena e até mesmo substituí-la por outra menos grave (ex.: § 2º do artigo 155 do CP).

O passo seguinte consistirá na identificação das margens de pena constantes do preceito secundário do tipo incriminador, simples ou qualificado, para, com isso, apurar-se o correspondente *termo médio*.

Essa expressão designa *a metade* da soma das duas margens extremas – a mínima e a máxima – porque, conforme explicaremos adiante, quando analisarmos a regra número 3, a *pena-base não pode ultrapassar a quantidade indicada por esse resultado aritmético*. O termo médio, nessas condições, atua como limitador, no cálculo da pena na primeira fase.

Segue-se, então, que o *mínimo* legalmente cominado no tipo penal e o *termo médio* aferido sempre caso a caso, atuarão, respectivamente, como *piso* e *teto* e será dentro do espaço delimitado por ambos que o juiz, guiado pela culpabilidade, cuja graduação fará apoiado nas circunstâncias judiciais, quantificará a correspondente pena-base.

Identificados, então, esses limites, o terceiro passo a ser dado pelo Magistrado consistirá em realizar essa graduação, o que fará *valorando* as circunstâncias judiciais elencadas no art. 59.

Veiculando conceitos bastante "porosos que só se concretizam à vista da realidade de cada caso, ou seja, em momento posterior à concepção legal",[88] as circunstâncias judiciais não são categorias que existem e sim categorias jurídicas que *valem,* sendo certo que, na axiologia, os *valores* podem ser *positivos ou negativos,* porque, afinal, a *bipolaridade* ou *dupla face* é a sua característica mais fundamental (p. ex.: o valor positivo

---

[87] A escolha é realizada com base no mesmo princípio de proporcionalidade (necessidade e suficiência) previsto no art. 59 do CP.

[88] MASSUD, op. cit., p. 80.

"bonito" *versus* o valor negativo "feio", o valor positivo "justiça" *versus* o valor negativo "injustiça", etc.).

Dizendo o mesmo, com outras palavras: ao se deparar com as circunstâncias judiciais o juiz necessariamente partirá da suposição de que *todas* elas são *positivas* (e, como tais, favoráveis ao acusado), mas poderá inverter essa polaridade se as informações constantes dos autos, isto é, sempre no *caso sob exame,* o autorizarem a fazê-lo. Por exemplo: ao valorar os antecedentes (fatos relacionados ao que *antecede* sob o prisma jurídico-penal*)* o juiz poderá considerá-los *negativamente* se encontrar nos autos certidão do servidor do cartório informando que o acusado já foi condenado por fato anterior[89]); ao valorar a conduta social, poderá outorgar-lhe valor *negativo* se a prova colhida evidenciar que o acusado costumeiramente faz arruaças noturnas que impedem o descanso dos vizinhos e assim por diante.

Nesse trabalho, deverá cuidar para evitar valoração negativa de circunstância judicial que constitua simultaneamente ou elemento do tipo penal, ou agravante, ou qualificadora, para respeitar o princípio do *ne bis in idem* que proíbe dupla valoração da mesma circunstância em desfavor do acusado.

Encerrada a atividade de valorar cada circunstância (portanto uma a uma e sempre consignando na sentença as razões eleitas para preservar o valor positivo ou deslocar esse valor para o polo negativo), o juiz, ato contínuo, apurará a quantidade daquelas que receberam valor *negativo* para, com o resultado dessa simples conferência extrair o *percentual positivo* ou *negativo* do próprio conjunto de circunstâncias que o permitirá graduar a culpabilidade no mínimo, num plano intermediário ou no máximo e, daí, quantificar a pena-base ou no mínimo legal, um pouco acima ou na direção do termo médio.

Abaixo, as regras úteis e extremamente práticas que ensejam perceber sem dificuldades a dinâmica desse processo. Elas são adotadas rotineiramente pelos juízes e tribunais criminais do País também porque sendo conhecidas dos membros do MP e dos advogados criminalistas, fornecem segurança jurídica e propiciam o controle efetivo da atividade judicial:

1ª regra: Se o valor do *conjunto* das circunstâncias judiciais permanecer *positivo,* a reprovação social (culpabilidade) será mínima e, como reflexo dessa valoração, a pena-base deverá ser quantificada no *mínimo legalmente cominado, ou muito próximo dele.*

Como visto linhas acima, a reprovação (culpabilidade) e sua equivalente pena--base estão atreladas ao resultado da valoração (positiva ou negativa) do conjunto das circunstâncias elencadas no art. 59, de modo que, se *nada encontrar* nos autos que determine a alteração do valor positivo intrínseco em cada uma, o conjunto será axiologicamente positivo, e, como reflexo dessa realidade, o juiz graduará a culpabilidade no mínimo e essa graduação determinará a fixação da pena-base no *mínimo legalmente cominado.*

---

[89] Convém relembrar que a condenação por fato anterior pode ensejar afirmação de maus antecedentes (juízo negativo de valor conferido pelo juiz) ou afirmação de reincidência (juízo negativo de valor conferido pelo legislador), dependendo da existência ou não de prova do *trânsito em julgado da respectiva sentença* antes ou depois da prática do fato sob julgamento. Com efeito, o acusado pode ser qualificado como de *maus antecedentes* sem ser *reincidente,* se a sentença condenatória pelo fato anterior tiver transitado em julgado *depois* da data da prática do fato sob julgamento. Pelo reverso, se o trânsito em julgado tiver ocorrido *antes,* o acusado será a um só tempo de maus antecedentes e reincidente e neste caso só a reincidência será levada em consideração, em nome da proibição do *bis in idem* e também porque, como *circunstância legal,* é hierarquicamente superior à *circunstância judicial.*

---

das PENAS e seus CRITÉRIOS de APLICAÇÃO

Amplamente aceita pela doutrina e pela jurisprudência,[90] essa regra, infelizmente, nem sempre é respeitada nas condenações por corrupção, lavagem de dinheiro e toda a espécie de crimes do colarinho branco, haja vista certa tendência no Brasil de fixação de penas em quantidades mais elevadas, ao que parece como reação do Poder Judiciário à onda de corrupção nas diferentes esferas da administração pública e à alegação de impunidade no Brasil.[91]

Essa tendência foi bem expressiva quando do julgamento da famosa Ação Penal nº 470 (caso do mensalão), pois a egrégia Suprema Corte impôs para um dos acusados por formação de quadrilha, por exemplo, quantidade de pena que se aproximou do máximo cominado em abstrato, em desacordo com o princípio da proporcionalidade.

Houve casos em que denunciados por corrupção ativa, peculato, lavagem de dinheiro e evasão de divisas foram condenados a mais de 25 e a mais de 40 anos de reclusão, ou sejam, com quantidades de penas bem acima do máximo cominado para o latrocínio! Os acusados perante a Justiça Federal de Curitiba nos processos da Operação Lava Jato receberam, por crimes análogos, penas um pouco menores, mas, ainda assim, bem superiores ao mínimo previsto para o crime de homicídio qualificado!

Essa *práxis*, máxima vênia, é altamente questionável, porque, de um lado, *rompe* a tradição assentada em regras que conferiam previsibilidade nos julgamentos, e, depois, porque, entra em desalinho com o princípio da proporcionalidade. Sabem todos, ademais, que é mais eficiente para a prevenção e a repressão a efetividade no cumprimento do que propriamente a severidade das penas impostas.

Com a severidade nas penas, de outro lado, o Poder Judiciário quer fazer crer naquilo que muitos de seus integrantes não acreditam, ou seja, que as cadeias recuperam as pessoas, quando a realidade mostra exatamente o contrário, em que pese os esforços de centenas e centenas de funcionários da rede penitenciária e de juízes de execução dedicados e competentes em assegurar aos condenados atendimentos dignos, humanos e justos.

2ª regra: Quando algumas das circunstâncias judiciais forem valoradas negativamente a pena-base, como resultado dessa valoração, *deverá ser quantificada um pouco acima do mínimo legalmente cominado.*

As peculiaridades do caso e a prova dos autos podem ensejar valoração *negativa* de *algumas circunstâncias* – por exemplo, duas ou três. Como a situação afeta o conjunto sob o aspecto axiológico e leva à reprovação pelo fato (culpabilidade) ao plano

---

[90] BALTAZAR JR. José Paulo. *Sentença Penal.* Porto Alegre: Verbo Jurídico, 2007, p. 138, citando jurisprudência, inclusive do STF. Idem: ROSSETO, Enio Luiz. *Teoria e Aplicação da Pena.* Atlas, São Paulo: 2014, p. 133.
No sentido proposto: "Inexistindo circunstâncias judiciais desfavoráveis e evidenciado o grau mínimo de reprovabilidade da conduta, justifica-se o arbitramento da pena-base no mínimo legal" (AC 95.04.23971/RS, 1ª Turma do STJ, rel. Min. Gilson Dipp, DJ 2.10.96. Ainda: "A pena-base só pode ser fixada no mínimo legal quando todas as circunstâncias judiciais forem favoráveis ao réu (...)" (Apelação-Crime nº 296017999, Câmara de Férias Criminal do TARGS, Rel. Constantino Lisbôa de Azevedo, j. 10.07.96, un.). No mesmo sentido: Apelação-Crime nº 296015373, 1ª Câmara Criminal do TARGS, Rel. Marco Antônio Ribeiro de Oliveira, j. 25.06.97 e Apelação-Crime nº 29.855, 1ª Câmara Criminal do TJSC, Rel. Des. Solon d'Eça Neves, 07.06.94.

[91] A alegação de que há impunidade no Brasil é de ser recebida com alguma reserva, pois a população carcerária no espaço de 190 mil presos em 1990 saltou para 700 mil, em números absolutos, em 2019, aumentando, portanto, em 500%, segundo dados do DEPEN. Para pesquisa mais aprofundada recomendamos: <https://www.justica.gov.br/news/mj-divulgara-novo-relatorio-do-infopen-nesta-terca-feira/relatorio-depen-versao-web.pdf>.

intermediário ou médio, a pena-base, para bem refletir essa realidade, deverá ser objetivamente mensurada um pouco acima do *mínimo legal.*[92]

Cada circunstância judicial negativamente valorada contribui, portanto, para que a pena-base se distancie do piso identificado pela quantidade mínima cominada no preceito secundário da norma incriminadora.

Mas qual é o peso ou capacidade de influência da circunstância judicial negativamente valorada?

O Código Penal não contém resposta explícita para essa pergunta e por isso há julgados recomendando que cada circunstância judicial negativa deva ter peso ou carga certa de pena equivalente a 1/6 da pena base.[93]

Há proposições doutrinárias[94] chanceladas por alguns julgados em favor da fração de 1/8 (e não de 1/6) da *pena média* (e não da pena mínima). Essas proposições levam em consideração a quantidade de circunstâncias judiciais elencadas no art. 59.[95]

Nada obstante a praticidade e em que pese os respeitáveis fundamentos invocados, nossa posição é de contrariedade ao uso de fração fixa ou imutável, porque, a um só tempo, engessa a atividade judicial e produz o endeusamento da aritmética,

---

[92] "Não sendo todas as circunstâncias judiciais favoráveis ao acusado, justifica-se esteja a pena-base ligeiramente afastada do mínimo legal ... " (Apelação-Crime nº 694012097, 3ª Câmara Criminal do TJRGS, Rel. Luís Carlos Ávila de Carvalho Leite, j. 06.10.94).

"Conquanto a apreciação das circunstâncias do art. 59 do CP seja bastante subjetiva, há que fixar-se em dados objetivos, de sorte que o apenamento mínimo, dentro dos limites legais, só deverá ocorrer quando todas as referidas circunstâncias forem favoráveis, do contrário, o apenamento deverá afastar-se do quantitativo mínimo, na proporção em que forem desfavoráveis ao apenado" (Revista JULGADOS, v. 70, p. 157).

No mesmo sentido: RJTJRGS 98/177; Revista JULGADOS, v. 70, p.158 e 86, p. 23 e Apelação-Crime 297011991, 3ª Câmara Criminal do TARGS, j. 21.8.97 e Embargos Infringentes nº 297019226, 2º Grupo TARGS, ambos por nós relatados.

Mais recentemente: Apelação-Crime nº 70021862941, 8ª Câm. Crim. do TJRS, relatora Desa. Marlene Landvoigt, Julgado em 26/03/2008.

[93] Ap. Criminal n. 5014303.08.2012.404.7002, 8ª Turma do TRF, rel. Des. Paulo Afonso Brum Vaz e Ap. Criminal 2005.72.11.000763-7, 7ª Turma, Rel. Desa. Federal Maria de Fátima Freitas Labarrère, D.E. 2.5.2007. Idem: 20171510018406APR (0001740-71.2017.8.07.0019. Res. 65 CNJ), 1ª T.do TJDF, rel. Sandra de Santis.

AgRg no AREsp 484.057/SP, Rel.Ministro Joge Mussi, 5ª Turma, DJe 9/3/2018. No mesmo sentido: "... 4. Embora não haja uma operação aritmética, na qual se atribua pesos absolutos para cada uma das circunstâncias judiciais, sendo reservado ao julgador o exercício da discricionariedade vinculada, razão pela qual a escolha do quantum de pena a ser aplicado será determinado principalmente pelas particularidades do caso concreto, a jurisprudência desta Corte tem entendido razoável e proporcional a fração de aumento de 1/6 para cada circunstância judicial..." (AgRg no HC 515631, 6ª T., relator Min. Néfi Cordeiro, j. em 26.11.2019). Ainda: "AgRg no REsp n. 1.480.639/DF, relator MinistroJoel Ilan Paciornik, Quinta Turma, DJe 13/6/2016. Também: ... 2. Na carência de razão especial para estabelecimento de outro parâmetro, a exasperação da pena-base, pela existência de circunstâncias judiciais negativas, deve obedecer à fração de 1/6 para cada moduladora negativada, fração que se firmou em observância aos princípios da razoabilidade e proporcionalidade. Precedente. AgRg no HC 471.847/MS, Rel. Ministro Sebastião Reis Jr., 6ª T., julgado em 28/03/2019, DJe 09/04/2019. Do mesmo modo: AgRg no AREsp 1408536/TO, Rel. Min. Antonio Saldanha Palheiro, Sexta Turma, julgado em 19/03/2019, DJe 03/04/2019.

[94] SOARES, Fabricio Antonio. Critérios para a fixação da pena-base e da pena provisória, disponível em: <https://jus.com.br/artigos/7762/criterios-para-a-fixacao-da-pena-base-e-da-pena-provisoria>. Acesso no dia 2/11/2019.

[95] AgRg no HC 428622, 6ª T., rel. Min. Ministro Antonio Saldanha Palheiro, julg. em 5.4.2018 e HC 523247, 5ª T., rel. Min Ribeiro Dantas, j. em 17.9.2019.

TJRS: Utilização de critério objetivo para fixação da pena, em que cada moduladora tem o mesmo valor dentro da média da pena mínima e máxima cominada ao delito, cujo resultado se divide por oito, número das circunstâncias judiciais. Parâmetro que garante plena transparência do critério adotado, possibilitando às partes respectiva fiscalização. Apelo defensivo parcialmente provido. Por maioria. (Apelação Crime nº 70035100320, 8ª Câm. Crim.TJRS, Relator Des. Dálvio Leite Dias Teixeira, Julgado em 25/08/2010).

como há décadas alertava Pedro Vergara[96] em contraste com o sentido da *individualização* da pena, que não dispensa certa flexibilidade para propiciar o reconhecimento das diferenças.

O caso concreto pode ensejar a necessidade de conferir-se maior ou menor carga de valor (e de equivalente quantidade de pena) para certa circunstância judicial em detrimento de outra mais ou menos expressiva e, por isso, essa proposta de quantificação da circunstância judicial negativa *sempre* na quantidade de 1/6 culmina por subverter o sentido e a finalidade de proteção contra o abuso ínsitos nesse critério fracionário.

O risco da pena excessiva e desproporcional pode ser visualizado num exemplo singelo: se imaginarmos 1/6 da pena-mínima de 6 anos (= 1 ano) e nos depararmos com *oito* circunstâncias judiciais negativas, a pena-base, como resultado de acréscimo de 8/6, acabaria alcançando *14 anos* (6 + 8) e assim ficando *acima do termo médio* de 13 anos, *em contraste* com a regra *número três*, adiante comentada, que erige o *termo médio* como teto para resguardo do princípio da necessidade e suficiência (proporcionalidade) expressamente previsto no artigo 59 do CP. É inaceitável, outrossim, que o conjunto de aspectos periféricos produzam quantidade de pena maior do que a pena mínima cominada para o fato!

Em suma: a técnica e a Justiça dos julgamentos não se coadunam com frações imutáveis e rígidas. As sentenças não são pedaços "de lógica, tampouco normas puras",[97] nem resultados de algoritmos, mas sim obras culturais que não prescindem da inteligência, da sensibilidade e do enorme esforço dos Juízes na livre apreciação das provas e na lúcida interpretação das leis voltada à realização do Direito justo.

Nas felizes palavras de Couture, "não se inventou, ainda, uma máquina para produzir sentença" – em que pesem os *softwares* já existentes[98] – e se um dia for possível decidir os casos judiciais como se decidem as corridas de cavalo, mediante um "olho mecânico que registra fisicamente o triunfo ou a derrota, a concepção constitutiva do processo perderá seu sentido e a sentença será uma mera declaração, como queria Montesquieu",[99] oriunda não mais da boca do juiz e sim da mecânica ou da eletrônica.

Continuamos, por tais motivos e com redobrada convicção, fiéis à linha explicativa desenvolvida nas edições anteriores e reforçada agora por julgados como o da Relatoria do Min. Jorge Mussi, do STJ, demonstrando que "a ponderação das circunstâncias judiciais do artigo 59 do Código Penal não é uma operação aritmética, em que se dá pesos absolutos a cada uma delas, mas sim um exercício de discricionariedade vinculada, que impõe ao magistrado apontar, motivadamente, os fundamentos da consideração positiva ou negativa das circunstâncias judiciais mencionadas no

---

[96] "2. A quantidade da pena-base, fixada na primeira fase do critério trifásico (CP, arts. 68 e 59, II), não pode ser aplicada a partir da média dos extremos da pena cominada para, em seguida, considerar as circunstâncias judiciais favoráveis e desfavoráveis ao réu, porque este critério não se harmoniza com o princípio da individualização da pena, por implicar num agravamento prévio (entre o mínimo e a média) sem qualquer fundamentação. [...] quando todos os critérios são favoráveis ao réu, a pena deve ser aplicada no mínimo cominado; entretanto, basta que um deles não seja favorável para que a pena não mais possa ficar no patamar mínimo. Na fixação da pena-base o Juiz deve partir do mínimo cominado, sendo dispensada a fundamentação apenas quando a pena-base é fixada no mínimo legal; [...] (HC 76196, Relator(a): Min. Maurício Corrêa, 2ª T., julgado em 29/09/1998.

[97] COUTURE, Eduardo J. *Introdução ao Estudo do Processo Civil.* São Paulo: Forense,1998, p. 57.

[98] MAZZILI, Hugo Nigro. Disponível em: <http://www.mazzilli.com.br/pages/programas/pena.html>. Acesso às 18h40m do dia 15.12.2019.

[99] Idem, p. 59.

art. 59 do CP e, dentro disso, eleger a reprimenda que melhor servirá para a prevenção e repressão do fato-crime praticado".[100]

3ª regra: Se o conjunto das circunstâncias judiciais for negativamente valorado, a pena-base deve *aproximar-se do termo médio*, para corresponder ao mais alto grau de reprovação pelo fato.

A regra *supra* é aplicável quando todas ou a maciça maioria das circunstâncias judiciais forem valoradas negativamente. A constatação do desvalor do conjunto projeta pena-base na quantidade a mais elevada possível sem ultrapassar, no entanto, o *termo médio*,[101] expressão essa que figurava na redação original do artigo 47 do nosso Estatuto Penal Repressivo e que dispunha que na reincidência específica a pena deveria ser individualizada *acima* da metade da soma do mínimo como máximo.[102]

Como a *reincidência específica* desapareceu do Código Penal em razão da reforma operada pela Lei 7.209, no ano de 1984 há importantes segmentos da doutrina nacional recusando a validade do uso referencial do *termo médio*.

O conhecido penalista Guilherme de Souza Nucci, por exemplo, sustenta que "Existe a pena máxima, prevista no preceito secundário do tipo incriminador, para ser aplicada quando a situação concreta demandar", de modo que, nas suas palavras, "não há como fundamentar, validamente, o limite *impalpável* do termo médio para o estabelecimento da pena concreta".[103]

Em que pese a autoridade desse ilustre doutrinador, daqueles que o acompanham[104] e ainda de eventuais julgados que confortam sua posição,[105] o nosso pensamento foi sempre em defesa do *termo médio,* por entendermos que ele atua como importante *escudo* contra a abusiva reação do Estado e, principalmente, por considerarmos inadequado tecnicamente transformar em ponto de chegada o que é mero ponto de partida.

Para nós, portanto, a pena-base pode atingir, no máximo, o termo médio e por isso nossa frontal discordância também com a proposição de Inácio Carvalho Neto de que os aumentos correspondentes a cada circunstância judicial negativa devem incidir *não sobre o mínimo legalmente cominado* e sim, *desde o início,* sobre o próprio termo médio, diante da alegada necessidade de resposta ao que denomina como *doutrina da pena mínima* que seria a adotada pela Justiça Criminal brasileira.[106]

A tese do ilustre autor é idêntica à tese exposta pelo Ministério Público Federal em importante publicação de sua 2ª Câmara de Coordenação e Revisão Criminal.[107] O argumento utilizado nessa publicação é o de que a incidência dos aumentos sobre o

---

[100] STJ. AgRg no HC 270368/DF. 5ª T., j. 10/06/2014. Rel. Jorge Mussi

[101] Essa foi a razão exposta, dentre outras, no item anterior que impede a outorga para cada circunstância judicial negativa de quantidade pena equivalente a 1/6 da pena mínima cominada ao crime.

[102] "Art. 47. A reincidência específica importa: I – a aplicação da pena privativa de liberdade acima da metade da soma do mínimo com o máximo; II – a aplicação da pena mais grave em qualidade, dentre as cominadas alternativamente, sem prejuízo do disposto no nº I".

[103] NUCCI, Guilherme de Souza. *Individualização da Pena.* São Paulo: RT, 2004, p. 343.

[104] CARVALHO NETO. Inácio. *Aplicação da Pena*, 2. ed. Rio de Janeiro. Forense, 2003, p. 94

[105] Apelação-Crime nº 70036253201, Segunda Câmara Criminal, Tribunal de Justiça do RS, Relator: Marco Aurélio de Oliveira Canosa, Julgado em 28/10/2010, invocando HC 76196/GO, julgado no STF, sendo relator o então Ministro Maurício Correa.

[106] CARVALHO NETO. Inácio de. *Aplicação da Pena.* 2. ed. Rio de Janeiro: Forense, 2003, p. 90.

[107] Dosimetria da Pena – Roteiro de Atuação, volume 6, publicada pelo MPF em 2016, p. 118.

termo médio é a condição para que as circunstâncias favoráveis não sejam desconsideradas, o que ocorreria se, na primeira fase, o juiz partisse da pena mínima. Literalmente: "Se 3 das 8 circunstâncias são favoráveis e 5 são neutras, a pena ... será a mínima, igual à do réu que tem 6 circunstâncias favoráveis e 2 neutras ou mesmo 8 favoráveis, o que viola a individualização da pena".[108]

De qualquer sorte e sem negarmos a importância das contribuições acima expostas, o *limite do termo médio* é adotado pela doutrina majoritária[109] e pelo STF conforme se extrai de Votos proferidos pelos Ministros Ricardo Lewandowski e Gilmar Mendes.[110] Esse entendimento vem sendo seguido, também, pelo STJ e pelos Tribunais de segundo grau do País.[111]

---

[108] Esse argumento é equívoco, data vênia. A um, porque, segundo dissemos antes, a pena-base é a *básica*, isto é, é aquela que serve como *ponto de partida,* como *primeira referência* na funcionalidade de sistema estruturado em três etapas ou fases. A dois, porque a presunção é de que todas as circunstâncias judiciais, por outorga legislativa, valem *positivamente,* de modo que esse valor só pode ser invertido *no curso da atividade valorativa* e desde que as provas dos autos assim o determinarem. A três, porque não há circunstâncias judiciais suscetíveis de serem classificadas de *neutras* e de *favoráveis,* como constou do exemplo dado, sendo certo que a expressão *circunstância neutra* vem inserida em eventuais sentenças para o efeito de arredá-la do grupo das circunstâncias negativamente valoradas. Como nenhuma circunstância *neutra* atua em desfavor do acusado, toda circunstância assim considerada *reveste-se de valor positivo.* A quatro, porque a proposição de transformar o *termo médio* em piso para todos os casos sob julgamento, pode ser entendida como esforço destinado a substituir a alegada doutrina da *pena mínima* pela *doutrina da pena no termo médio,* na falsa premissa de que a redução do crime, da violência, da alegada impunidade e da corrupção, passa pela intensificação da *política* de encarceramento em massa, mesmo em estabelecimentos já superlotados e reprodutores de criminalidade e de violência, quando, a bem da verdade, o alcance dos nobres objetivos que colimam passa pela aprovação e execução de políticas públicas que propiciem, pela educação e valorização do trabalho, a reconstrução do Código de Valores sem cuja observância não há garantias de respeito ao outro, à Constituição e as leis.

[109] AGUIAR JR., Ruy Rosado de. *Aplicação da Pena.* Publicação da Escola Superior da Magistratura do Rio Grande do Sul, 1994, p. 11; BALTAZAR JR. José Paulo. *Sentença Penal.* Porto Alegre: Verbo Jurídico, 2007, p. 138, citando jurisprudência, inclusive do STF. Idem: ROSSETO, Enio Luiz. *Teoria e Aplicação da Pena.* São Paulo: Atlas, 2014, p. 133.

[110] "... José Antonio Paganella Boschi escreve o seguinte (das penas e seus critérios de aplicação, 6ª ed. Porto Alegre: Livaria do Advogado, 2013. p. 185): "Quando algumas das circunstâncias judiciais forem valoradas negativamente (leia-se: em desfavor do acusado), a pena-base devera ser quantificada um pouco acima do mínimo legalmente cominado. As peculiaridades do caso podem ensejar que algumas circunstâncias judiciais (por ex. duas ou três) sejam consideradas reprováveis, isto é, axiologicamente desvaliosas. nessa situação, a regra em tela propõe que o quantum da pena-base seja fixada um pouco acima do mínimo cominado no tipo penal , para bem refletir o grau médio de reprovação pelo fato, sem atingir, no entanto, o termo médio [...]" conforme transcrito, a *decisão* afirma a primariedade do imputado e valora positivamente cinco das oito circunstâncias judiciais da primeira fase da dosimetria (art. 59, CP). desse modo, presentes *três* das oito circunstâncias judiciais, deve a pena-base ser elevada em 9 (nove) meses..." (AGrReg em HC. n. 154.691, rel. Min. Gilmar Mendes, decisão proferida em setembro de 2019. No mesmo sentido: Recurso Ordinário em HC. n. 177.242, julgado em 21 de outubro de 2019, RHC n. 178.516, julg. em 27.11.2019 e HC n. 168623, Rel. Min. Ricardo Lewandowski, julg. em 15.3.2019.

[111] AREsp n. 1525756, Min. Rogério Schietti Cruz, decisão de 01.10.2019. "É a reprovabilidade da conduta, informada pelas circunstâncias do artigo 59 do Código Penal, que indica a fixação da pena-base, em parâmetros suficientes e necessários à reprovação e prevenção. Entre o mínimo e o máximo da pena prevista pelo legislador, há vários critérios indicativos da individualização. Adoto a corrente que entende que a pena-base afasta-se do mínimo legal, na medida em que forem surgindo circunstâncias negativas, até atingir, salvo situações excepcionais, o termo médio. No caso concreto, não há demonstração fática da existência de fatores negativos a serem subsumidos nas hipóteses do artigo 59 do Código Penal, motivo por que a pena-base há de ser fixada no mínimo legal" Apelação-Crime nº 70025858713, Sexta Câmara Criminal, Tribunal de Justiça do RS, Relator: Nereu José Giacomolli, Julgado em 30/04/2009. Ainda: "A pena-base só pode ser fixada no mínimo legal quando todas as circunstâncias judiciais forem favoráveis ao réu (...)" (Apelação-Crime nº 296017999, Câmara de Férias Criminal do TARGS, Rel. Constantino Lisbôa de Azevedo, j. 10.07.96, un.). No mesmo sentido: Apelação-Crime nº 296015373, 1ª Câmara Criminal do TARGS, Rel. Marco Antônio Ribeiro de Oliveira, j. 25.06.97 e Apelação-Crime nº 29.855, 1ª Câmara Criminal do TJSC, Rel. Des. Solon d'Eça Neves, 07.06.94.
Ainda: No mesmo sentido: RJTRGS 108/90 e Apelação-Crime nº 297018335, 4ª Câmara Criminal do TARGS, Rel. Luís Carlos Ávila de Carvalho Leite, j. 20.08.9; TRF4, ACR 1993.71.02.000045-3, Sétima Turma, Relator Tadaaqui Hirose, D.E. 06/05/2010 e TRF 4ª Região, ACR 200572110007637, 7ª Turma, Rel. Desa. Federal Maria de Fátima Freitas Labarrère, D.E. 2.5.2007).

Sintetizando: a negativa valoração do conjunto das circunstâncias judiciais (não necessariamente de todas elas) indica grau máximo de reprovação (culpabilidade) pelo fato e será esse grau que projetará, a teor da regra em comento, a fixação de pena-base no máximo possível correspondente ao *termo médio*, suscetível de ser transposto só na segunda fase, se incidirem circunstâncias legais agravantes, como veremos no capítulo seguinte.

4ª regra: Se o crime for multiqualificado, uma das qualificadoras será valorada quando da fixação da pena-base e as remanescentes atuarão como circunstâncias legais agravantes, se previstas, ou como circunstâncias judiciais, se não previstas.

Os tipos penais dividem-se em *simples* ou *qualificados.*

Os primeiros integram a regra geral e os qualificados ou derivados as exceções. Estes são facilmente identificáveis porque agregam-se aos primeiros sob a forma de parágrafos e/ou incisos contendo descrições fáticas acompanhadas de margens de penas novas e mais graves que as cominadas nos tipos dos quais derivam. As regras de orientação sobre mensuração da pena-base, antes apontadas e comentadas, são comuns aos crimes previstos em tipos penais simples ou qualificados.

É claro que estando o fato qualificador previsto também como circunstância judicial ou agravante o juiz estará impedido de utilizá-lo simultaneamente para intensificar a quantificação da pena-base ou para agravá-la na segunda fase, pois isso implicaria ofensa ao princípio que proíbe a dupla valoração da mesma circunstância (*ne bis in idem*).

O *ne bis in idem,* como pensamos ter acentuado adequadamente, é uma regra de ouro e se explica, no dizer de Figueiredo Dias, pela existência entre o legislador e o juiz de uma (...) divisão de tarefas e de responsabilidades",[112] de modo que este último precisa operar o sistema construído pelo primeiro, sem o poder de subvertê-lo.

Observe-se, aliás, que o art. 61 declara que serão consideradas agravantes as circunstâncias que *não constituírem* ou *qualificarem o delito.*

Diferente é a situação de sentença condenatória por crime multiqualificado.

Nessa situação, qualquer uma das qualificadoras será utilizada pelo juiz para posicionamento no espaço assinalado pelo mínimo legal previsto no tipo qualificado e o termo médio correspondente, ao passo que as qualificadoras remanescentes serão utilizadas na segunda fase como agravantes genéricas, se previstas ou, na primeira fase, como circunstâncias judiciais, se não previstas.

Esse é o pacífico entendimento seguido pelo STF,[113] pelo STJ[114] e pelos Tribunais de segundo grau estaduais[116] e federais,[117] graças ao qual evita-se o risco de tratamento penal idêntico em situações diferentes.

---

[112] DIAS, Jorge de Figueiredo. *Direito Penal, Parte Geral. As Consequências Jurídicas do Crime.* Secção de textos da Faculdade de Direito da Universidade de Coimbra, 1988, p. 292 e 293.

[113] HC 85.414, rel. Min. Ellen Gracie, julgamento em 14.6.2005, Segunda Turma, *DJ* de 1º.7.2005; HC 71.293/ RJ, Rel. Min. CELSO DE MELLO, DJU 18.08.95 e HC 99.809, rel. min. Dias Toffoli, julgamento em 23.8.2011, Primeira Turma, *DJE* de 16.9.2011.

[114] "2. A jurisprudência desta Corte e do colendo STF admite que, reconhecidas duas ou mais qualificadoras, uma enseje o tipo qualificado e a outra circunstância negativa, seja como agravante (se como 12 CAPÍTULO 1 tal prevista), seja como circunstância judicial (REsp. 831.730/ DF, Rel. Min. Félix Fischer, 5T, DJU 09.04.07 e (STJ, HC 70.594/DF, Rel. Min. Napoleão Nunes Maia Filho, 5ª T., julg. 25/10/2007, DJ 19/11/2007, p. 252). Ainda: AgRg no HC 51563, 6ª T., rel. Min. Néfi Cordeiro, j. em 26.11.2019.No mesmo sentido: HC 227.044/RJ, Rel. Ministro Gurgel de Faria, 5ª T., julgado em 21/05/2015, DJe 02/06/2015.

Assim, exemplificando com o homicídio, cujas qualificadoras elencadas nos incisos I a IV do § 2º do art. 121 correspondem às agravantes genéricas do motivo fútil ou torpe, da surpresa, do emprego do veneno ou do fogo, uma delas será utilizada para a individualização da pena-base dentro dos limites previstos para o tipo qualificado enquanto as outras atuarão como *agravantes,* isto é, com meras causas de modificação da pena-base, porque estão elencadas como tais no artigo 61, incisos I e II, e letras

Já no exemplo do furto, as qualificadoras tipificadas nos incisos I a IV do § 4º do art. 155 do CP não figuram na lista das atenuantes do artigo 65 e incisos e, portanto, para que não haja desigualdade de tratamento, impunidade ou estímulo ao furto qualificado, o juiz, precisará considerá-las no momento da valoração das circunstâncias do próprio crime para intensificarem o grau da reprovação no momento da fixação da pena-base.[117]

É importante evitar confusão entre qualificadoras e condições objetivas de punibilidade.[118]

Para bem distingui-las, Cezar Bitencourt sugere a *exclusão* como método, dizendo que, se tal raciocínio levar à descaracterização do fato como crime ou fizer surgir outro tipo de crime, estar-se-á diante de uma elementar. Se, no entanto, a exclusão de determinado requisito não alterar a caracterização do crime, tratar-se-á de uma circunstância qualificadora ou de simples moduladora da pena.[119]

Em síntese: da conjugação das regras de orientação acima apontadas e analisadas, pode-se dizer que:

---

[115] "Possível o aumento da pena, considerando-se como agravante uma das qualificadoras do delito, desde que não tenha sido valorada na fixação da pena-base, inocorrendo *bis in idem.* Precedentes. Recurso parcialmente provido (Apelação-Crime nº 695145391, 4ª Câmara Criminal do TJRGS, Rel. Montaury dos Santos Martins, j. 22.11.95, un.). Ainda: Apelação-Crime nº 70019073097, Primeira Câmara Criminal, Tribunal de Justiça do RS, Relator: Ivan Leomar Bruxel, Julgado em 13/02/2008 e Apelação-Crime nº 30.203, 2ª Câmara Criminal do TJSC, Rel. Des. José Roberge, 24.09.93.

[116] TRF4, ACR 5000951-74.2017.4.04.7012, 7ª T., Relatora Salise Monteiro Sanchotene, Ac. juntado aos autos em 12/12/2017; CR 5005189-61.2016.4.04.7113, 8ª T., Rel. Des. Leandro Paulsen, Ac. juntado aos autos em 11/12/2017)

[117] Essa é também a solução recomendada pela jurisprudência, quando, nas condenações, o juiz reconhecer o concurso de diferentes causas especiais de aumento (majorantes), no exemplo do roubo qualificado pelo emprego de arma de fogo e pelo concurso de agentes, cuja pena provisória, na terceira fase do método trifásico, deve ser elevada entre 1/3 e 1/2, nos exatos termos do art. 157, § 2º, incisos I e II do CP), conforme detalharemos melhor no capítulo X, para onde remetemos o leitor.

[118] As qualificadoras distinguem-se também das *elementares.* Enquanto as qualificadoras "vêm de fora da figura típica, como alguma coisa que se acrescenta ao crime já configurado, para impor-lhe a marca de maior ou menor reprovabilidade", as elementares integram o tipo quando de seu nascimento e sem elas desaparece a tipicidade e a criminalidade a punir. Sem a pretensão de exaurirmos as hipóteses (Vide, para aprofundamento da pesquisa, Condições Objetivas de Punibilidade, de Marcelo Fortes Barbosa, in: *Revista Justitia,* órgão do MP de São Paulo, vol. 85, Rio de Janeiro, 1985, p. 223, e Ada Pellegrini Grinover, As Condições da Ação, in: *Coleção Jurídica,* São Paulo, Bushatsky, 1977, p. 40, e Fernando da Costa Tourinho Filho. *Processo Penal. São Paulo:* Saraiva, 1990, p. 298), entende-se que tem natureza de elementar todas as *condições específicas de punibilidade,* dentre elas a decisão administrativa não mais recorrível do lançamento de tributo para a configuração do crime tributário (AgRg no REsp 672018 / SC, STJ, 6ª T., Des. Jane Silva, convocada, j. em 06/11/2008). (HC 65937 / SP, STJ, 5ª T., Rel. Min. Arnaldo Esteves Lima, julgado em 20.5.2008 e HC. 90.957, 2ª T., Rel. Min. Celso de Mello, julgado em 11.09.2007), a "sentença anulatória do casamento", por motivo de erro ou impedimento, embora também se entenda que essa seria condição de procedibilidade (JESUS, Damásio de. *Código Penal Anotado.* São Paulo: Saraiva, 1991, p. 623), para a perfectibilização do crime de indução em erro para contrair casamento (artigo 236 e seu parágrafo único do CP); o ingresso, no País" para a punição do autor de crime praticado no exterior, inclusive por estrangeiro, punível segundo a lei brasileira (art. 7º, §§ 2º, "a" e "b", e 3º do CP), a exibição de jornal ou periódico para a punição de crime cometido por meio da imprensa escrita (art. 43 da Lei 5.250/67) – MARTINS, Charles Emil Machado (org.). Do Procedimento Comum Ordinário, in: *Teoria e Prática dos Procedimentos Penais e Ações Autônomas de Impugnação.* Porto Alegre: Livraria do Advogado, 2009, p. 64 – e a "sentença declaratória da falência" para a punição por crime falimentar (art. 507 do CPP).

[119] BITENCOURT, Cezar Roberto. *Manual de Direito Penal.* 5. ed. São Paulo: RT, 1999, p. 578-79.

a) a *plena* favorabilidade (aferida pela valoração positiva do conjunto das circunstâncias judiciais) conduz ao *grau mínimo* de reprovação e determina fixação de pena-base na *margem mínima* prevista no tipo correspondente ao fato imputado na inicial (denúncia ou queixa);

b) a *relativa* desfavorabilidade aferida pelo desvalor de algumas circunstâncias judiciais (p. ex., duas ou três) situa a censura pelo fato no grau médio e, como reflexo, determina quantificação da pena-base um pouco acima do mínimo legal;

c) a *plena* desfavorabilidade (aferida pela valoração negativa do conjunto das circunstâncias judiciais) leva a reprovação pelo fato no grau *máximo* e correspondente quantificação de pena-base perto do ou no próprio termo médio, sem jamais ultrapassá-lo;

d) nos crimes *multiqualificados*, uma das qualificadoras legitimará a mensuração da pena-base dentro das margens cominadas no tipo qualificado, e as remanescentes atuarão como agravantes genéricas, se previstas, ou como circunstâncias do crime, se não previstas, para que nenhuma circunstância fique à margem das considerações judiciais.

Anote-se, por último, sem ser por fim, que a mensuração da pena-base em consonância com as regras pretorianas analisadas não está descolada do dever geral de fundamentação inerente às decisões judiciais (inc. IX do art. 93 da CF).

Não basta, por conseguinte, a mera alusão à circunstância tal ou qual sem a explicitação das correspondentes bases empíricas que atestam a sua presença[120] ou a "a simples menção (na sentença) aos critérios enumerados pelo art. 59 do CP",[121] sem permitir a identificação dos "... dados objetivos e subjetivos a que eles se adequariam, no fato concreto, em prejuízo do condenado"[122] ou, ainda, a invocação de fórmulas vagas ou preguiçosas,[123] do tipo "as circunstâncias judiciais são desfavoráveis ao réu".[124]

A motivação visa a impedir que a sentença se transforme em fonte de criações mentais ou em instrumento para a projeção dos tumultos interiores do magistrado, em detrimento dos direitos e das garantias fundamentais, pois o acusado (e também o acusador), como bem nos lembra Alberto Franco, tem o direito de "... controlar o processo mental do juiz, na atividade concretizadora da pena, para a localização e eliminação de eventuais erros".[125]

O descumprimento dessa exigência configura nulidade absoluta da sentença (art. 564, III, *m,* do CPP e art. 93, IX, da CF), que pode e deve ser declarada em qualquer

---

[120] "A mera referência aos padrões abstratos da norma, sem explicitação das bases empíricas de suas afirmações, não é suficiente para elevar substancialmente a pena-base" (HC 82.601/PE, Rel. Min. Maurício Corrêa). Ainda: "...Sentença que não justifica a pena-base, cominando pena superior ao mínimo legal sem dizer o porquê. É direito fundamental do cidadão saber o *quantum* básico e como ele foi fixado (CF, art. 5º, LXVI, CP, art. 59). Recurso conhecido e provido. Decisões *a quo* anuladas" (Recurso de *Habeas Corpus* nº 4.409.8. DF, Rel. Min. Adhemar Maciel, STJ, DJU, 24.04.95, p. 10428).

[121] HC 401.139/SP, Rel. Ministro Ribeiro Dantas, 5ª T., julgado em 14/09/2017, DJe 21/09/2017.

[122] STF, HC 68.751, Rel. Min. Sepúlveda Pertence, *in* DJU de 1.11.91, p. 15.569. No mesmo sentido: HC 3.016-7-PB, 2ª T., Rel. Min. Francisco Rezek, j. 15.12.95, v.u., DJU 11.4.97, p. 12.183.

[123] As expressões são de Paulo José da Costa Jr. *Curso de Direito Penal. Parte Geral*. São Paulo: Saraiva, 1991, p. 161.

[124] "(...) A simples referência aos critérios do art. 59 do C. Penal equivale à ausência de fundamentação da individualização da pena, que reclama a indicação da base empírica a partir da qual cada um dos padrões legais tenha sido levado em conta, a benefício ou em prejuízo do acusado" (HC 74.951, Rel. Min. Sepúlveda Pertence, *in* Informativo do STF, nº 89).

[125] FRANCO, Alberto. *Código Penal e sua Interpretação Jurisprudencial,* p. 666. No mesmo sentido: TJRGS, RT 585, p. 354.

fase, instância ou juízo, inclusive de ofício, salvo incidam regras impeditivas,[126] *v. g.* a da falta de prejuízo de pena-base estabelecida no mínimo legal, pela impossibilidade de vir aquém desse piso.[127]

A jurisprudência admitia que o vício da nulidade absoluta fosse reconhecido inclusive em *habeas corpus*,[128] mas a recente jurisprudência dos Tribunais Superiores não faz muito restringiu o âmbito desse remédio heroico, mesmo concedendo paradoxalmente de ofício a ordem reclamada, de modo que a via mais segura ainda é a recursal.

8.5. Regras pretorianas: críticas e propostas

Incontestavelmente, as diretivas antes apontadas e analisadas são extremamente úteis porque, dentre muitas outras vantagens, fornecem segurança jurídica para as partes e sob este viés atuam como importantes mecanismos de proteção das liberdades fundamentais, pois previnem excessos, abusos ou desvios de poder no exercício do *jus puniendi*.

Contudo, sob os aspectos teórico e metodológico elas comportam algumas observações críticas.

A primeira consiste no equívoco de se considerar a culpabilidade como *circunstância judicial*,[129] quando todos nós sabemos que no direito penal moderno essa importantíssima categoria jurídica, independentemente de saber-se se ela integra ou não o conceito de crime[130] ou se é ou não o seu pressuposto, atua simultaneamente como *fundamento para a condenação* e como *limite* no processo de quantificação das penas[131] e *não* como circunstância judicial em concurso com as listadas no mesmo artigo 59 do CP.

Realmente, a culpabilidade pelo fato é a coluna que sustenta o direito penal democrático, para empregarmos as palavras de Assis Toledo, quando disse, numa crítica geral, que a eventual "procura de instrumental mais adequado de combate ao crime

---

[126] "A ausência de fundamentação das circunstâncias judiciais, legais ou causas de aumento e diminuição da pena importa em nulidade da sentença, exceto quando a aplicação se volta ao mínimo da cominação legal" (Apelação-Crime nº 1629-5, 2ª Câmara Criminal do TAMG, Rel. Juiz Paulo Medina, Unânime, 29.11.88, Publ. RJTAMG 34-37/462).

[127] A nulidade é da sentença e não só do dispositivo, porque, embora composta pelo relatório, pela fundamentação e pelo dispositivo, as distintas partes formam um todo harmônico e indissolúvel, de modo que o vício de uma delas compromete o pronunciamento judicial como um todo. Há precedentes, entretanto, declarando o contrário, a nosso ver por razões meramente utilitárias, destinada a salvar a sentença e o processo. A existência do vício, outrossim, não leva, necessariamente, à sua declaração, porque podem incidir impeditivas previstas em lei (p. ex., arts. 563, 565, 566 do CPP e parl. 2º do art. 249 do CPC) e na jurisprudência (p. ex., o enunciado n. 160 da Súmula do STF).

[128] HC. 39.663, 6ª T., rel. Min. Nilson Naves, DJe 24.8.2009.

[129] São reiteradas as referencias equivocadas às "8 (oito) circunstâncias judiciais" tanto na doutrina quanto na jurisprudência.

[130] Crime é ação ou omissão típica, antijurídica e culpável.

[131] BITENCOURT, Cezar Roberto. *Tratado de Direito Penal*. Parte Geral. 9. ed. Saraiva, 2004, p. 330-331: "Em primeiro lugar a culpabilidade, como *fundamento da pena*, refere-se ao fato de ser possível ou não a aplicação da pena ao autor de um fato típico e antijurídico, isto é, proibido pela lei Penal. Para isso exige-se a presença de uma série de requisitos ... *capacidade de culpabilidade, consciência da ilicitude e exigibilidade da conduta* ... que constituem os elementos positivos específicos do conceito dogmático de culpabilidade. [...] Em segundo lugar, entende-se a culpabilidade como *elemento de determinação ou medição* da pena. Nessa acepção a culpabilidade funciona não como fundamento da pena, mas como *limite desta*. [...] Em terceiro lugar entende-se a culpabilidade como conceito *contrário à responsabilidade objetiva*... ninguém responderá por um resultado imprevisível se não houver obrado com dolo ou culpa".

deve ser feita com muito engenho e arte, para não pôr em risco o que já constitui valiosa conquista da humanidade".[132]

A segunda observação consiste no outro equívoco de se supor que a culpabilidade referida no texto do art. 59 é *outra* culpabilidade *e não* a culpabilidade reconhecida na sentença condenatória. Insista-se: não há "*duas*" culpabilidades, uma para legitimar a condenação (reprovação pelo fato) e a outra para reprovar com pena equivalente à sua graduação, nos exatos termos propostos pelo art. 29 do CP.

Cezar Bitencourt também observa ser "rematado o equívoco, frequentemente cometido no cotidiano forense, quando, na dosagem da pena, afirma-se que o 'agente agiu com culpabilidade, pois tinha a consciência da ilicitude do que fazia'". Ora, diz ele, "esta acepção de culpabilidade funciona como fundamento da pena, isto é, como característica negativa da conduta proibida, e já deve ter sido objeto de análise juntamente com a tipicidade e a antijuridicidade, concluindo-se pela condenação. Presume-se que esse juízo tenha sido positivo, caso contrário nem se teria chegado à condenação".[133]

Essa ideia corretiva também foi recentemente externada por Ângelo Roberto Ilha da Silva, nos termos seguintes: "... ante a ocorrência do injusto (fato típico e ilícito), praticado por agente capaz, num contexto em que lhe era exigível atender aos reclamados normativos, bem como em circunstâncias em que o agente possuía consciência da ilicitude do fato que pratica, ou ao menos poderia chegar a essa consciência (conhecimento potencial do injusto), ainda que não tenha chegado quando isso lhe era possível, estar-se-á diante de um *injusto culpável,* ou seja, um injusto reprovável ou censurável. Nesse caso, a consequência jurídico-penal é a inflição de uma pena. Tem-se, portanto, que a culpabilidade é o último requisito para a imposição da pena criminal, sendo precedida por outros requisitos que qualificam a condição e que a precedem: a tipicidade e a ilicitude. Porém, a culpabilidade assume duas funções: A *primeira* é precisamente a que vimos de expor, qual seja, a de constituir o derradeiro elemento do crime, sem o qual a consequência é a absolvição do agente, ao passo que a *segunda* consiste no estabelecimento do quantum da censura".[134]

Dando aplicação prática a essa percepção, Miguel Reale Jr.[135] escreveu, enfaticamente, que, por serem especificações do termo genérico "*culpabilidade*", os antecedentes, a conduta social, a personalidade e os motivos, como circunstâncias subjetivas, permitirão a afirmação de culpabilidade do acusado, "quanto tenha proporcionado pelo modo de vida, pelos padrões de comportamento, pela formação de sua personalidade (porque se sujeita à sua livre opção), a facilitação à prática do delito".

Desse modo, as circunstâncias judiciais são autênticas ferramentas que a lei coloca à disposição do juiz para ajudá-lo a graduar a *reprovação social* pelo fato[136] (culpabilidade) legitimadora da condenação.

---

[132] TOLEDO, Francisco de Assis. *Princípios Básicos de Direito Penal.* São Paulo: Saraiva, 1986, p. 241.

[133] BITENCOURT, Cezar Roberto. *Manual de Direito Penal.* 5. ed. São Paulo: RT, 1999, p. 579-580.

[134] SILVA, Ângelo Roberto Ilha da. *Curso de Direito Penal.* Parte Geral. Porto Alegre: Livraria do Advogado, 2020, p. 431-432.

[135] REALE JR., Miguel, *et al. Penas e Medidas de Segurança no Novo Código.* Rio de Janeiro: Forense, 1985, p. 160.

[136] 5. "... A imputabilidade, a exigibilidade de conduta diversa e o potencial conhecimento da ilicitude constituem pressupostos da culpabilidade como elemento integrante do conceito analítico do crime, ao passo que a "culpabilidade" prevista no art. 59 do Código Penal diz respeito ao grau de reprovabilidade da conduta do agente, esta, sim, a ser valorada no momento da fixação da pena-base" (STJ, HC. 90.161, SC., 5ª Turma, Rel. Min. Og Fernandes, julgado em 9.2.2010).

Dizendo com outras palavras: os antecedentes, a conduta, a personalidade, os motivos, as circunstâncias, as consequências do crime e o comportamento da vítima não se *nivelam* com a culpabilidade por estarem a serviço dela na *graduação* da reprovação e projeção da equivalente *quantidade de pena base.*

Aliás, o Superior Tribunal de Justiça reconheceu, recentemente, que a culpabilidade, por estar presente em toda sentença condenatória como elemento integrante da estrutura do crime, "em sua concepção tripartida", não é *circunstância* que atue para exasperar a pena-base.[137]

Logo, para bem refletir o avanço da ciência penal e bem situar a culpabilidade na teoria do delito, o artigo 59, enquanto não for reescrito pode e deve ser lido com o seguinte sentido: "O juiz, atendendo à culpabilidade estabelecerá, conforme seja necessário e suficiente para reprovação e prevenção do crime", a pena, as quantidades, o regime, etc.

Essa proposição recebeu a valiosíssima adesão de Rui Rosado de Aguiar Jr., autor do Prefácio, na monografia editada pela Livraria do Advogado.

Ao discorrer sobre a pena-base e generosamente comentar o que denominou de "Método do Prof. Boschi", o saudoso ministro do STJ, que honrou a magistratura gaúcha e a cátedra no STJ, escreveu, *in verbis*: "Na apresentação que fiz do seu excelente livro 'Das Penas e seus Critérios de Aplicação', quando da primeira edição, assim comentei: Não posso deixar de concordar com o acerto da tese. Sendo a culpabilidade apurada por um juízo de censura sobre o agente, a pena-base será estabelecida considerando-se, em trabalho único, o conjunto de fatores que concorreram para aquela reprovação, nas circunstâncias objetivas e subjetivas do delito. É certo que a explicação feita no art. 59, enumerando esses elementos, facilita o trabalho judicial e sua fundamentação, permitindo às partes o claro conhecimento de suas razões. Porém a tese defendida neste livro permite a exata compreensão do conteúdo e do significado da fixação da pena-base, realçando a culpabilidade como o ponto central da atenção do juiz".[138]

Essa maneira de ver e de compreender a culpabilidade enfraquece a força das regras pretorianas edificadas sobre as circunstâncias judiciais com a vantagem de impedir a dúplice valoração dos mesmos fatos porque, a rigor, todas as questões que as circunstâncias judiciais *despertam* também são *despertadas* pela imputabilidade, pela potencial consciência da ilicitude e pela exigibilidade de outra conduta, ou seja, pelos elementos estruturantes da culpabilidade.

Observe-se, por exemplo, que, no exame da imputabilidade[139] entram em cogitação a idade mínima, a capacidade mental e todos os aspectos relacionados à persona-

---

[137] HC795, Rel. Min. Jorge Mussi, 5ª T. do STJ e HC 181576/MG, 6ª Turma, Rel. Min. Sebastião Reis Jr., j. em 28.11.2012.

[138] AGUIAR JR., Ruy Rosado de. *Aplicação da Pena.* 5. ed. Porto Alegre: Livraria Advogado, 2013, p. 98-99.

[139] A imputabilidade é aferida pelo critério biopsicológico que compreende idade mínima (de dezoito anos) e higidez mental (FRAGOSO, Heleno Cláudio. *Lições de Direito Penal.* Rio de Janeiro: Forense, 1985, p. 203) indispensável ao entendimento do *caráter criminoso do fato ou a determinação segundo esse entendimento.* A eleição do critério biopsicológico normativo para a determinação da imputabilidade indica o quanto o direito criminal se aproximou das ciências médicas, em especial da psiquiatria e da genética, graças, primeiramente, aos estudos promovidos pelos adeptos da Escola Positiva sobre a etiologia do comportamento criminoso, que destacavam a necessidade de reação do Estado não para punir por punir, como queriam os clássicos, mas para proteger a sociedade contra o homem perigoso. É intensa a discussão sobre a natureza da imputabilidade na teoria geral do delito, se como *pressuposto* ou *elemento* da culpabilidade. Para uma primeira corrente, a imputabilidade é *pressuposto da culpabilidade,* porque sem ela a relação psíquica entre a conduta e o resultado não pode ter relevância penal. Para outra, apoiada na teoria normativa, a imputabilidade não é pressuposto, e sim um *elemento* da própria culpabilidade, por representar a *capacidade psíquica* de ser sujeito da reprovação, no sentido da capacidade de compreender a antijuridicidade da conduta e de adequá-la à compreensão

lidade do agente, incluídos seus transtornos leves, médios ou graves. Desse modo, para poder aferir a imputabilidade e determinar o grau da consciência (ou não) da ilicitude, o magistrado precisará mergulhar na história do processo, indagando sobre o meio em que o réu vivia, os costumes, suas condições de vida e inserção social, seus relacionamentos, seu grau de cultura,[140] sendo esses aspectos essenciais como "o ar que se respira", como chegou a dizer Binding.[141]

Outrossim, a vida pregressa do acusado, a sua conduta em sociedade e os motivos do crime integram o objeto de estudo da consciência potencial da ilicitude.[142] Esta é sempre edificada sobre padrões sociais que sugerem a altíssima probabilidade de que todas as pessoas sabem distinguir as licitudes das ilicitudes e mais ainda quanto maior for o seu grau cultural e de interação com as estruturas da sociedade a que pertencem.

No que tange, por último, à exigibilidade de conduta,[143] reconhece-se que é do agente o dever de retroceder na vontade criminosa e de conformar sua conduta à ordem

---

(ZAFFARONI, Eugênio R.; PIERANGELI, José Henrique. *Manual de Direito Penal Brasileiro. Parte Geral*. 2. ed. São Paulo: RT, 1999, p. 625-626).

[140] "Só se reconhece o erro sobre a ilicitude do fato, para isentar de pena (erro inevitável) ou atenuar o castigo nos limites permitidos pela lei (erro evitável), quando o agente se equivoca sobre a injuricidade de sua conduta. Se, ao contrário, possuindo escolaridade ginasial, tem pleno conhecimento de que atua ilicitamente, não pode invocar o erro de proibição, que não se confunde com o motivo do crime" (Apelação-Crime nº 30.849, 2ª Câmara Criminal do TJSC, Rel. Des. Nilton Macedo Machado, 25.03.94).

[141] BINDING, *apud* TOLEDO, op. cit., p. 247.

[142] A falta de consciência da ilicitude arredará a culpabilidade ou ensejará a redução da pena, por erro de proibição. Nas palavras de Alcides Munhoz Netto, o princípio em questão teria como fundamento as exigências de caráter prático, pois a ordem jurídica não poderia efetivamente subsistir sem que as leis se tornassem obrigatórias, desde a sua promulgação e, também, "não seria possível, sem prejuízo do equilíbrio e da segurança que dimanam do direito constituído, que a todo momento houvesse necessidade de indagações a respeito do conhecimento e exata compreensão, por parte dos interessados, do *preceptum legis* aplicável" (NETTO, Alcides Munhoz. *A Ignorância da Antijuridicidade em Matéria Penal*. Rio de Janeiro: Forense, 1978, p. 70-71). O tema não é singelo. O direito não pode exigir que todos os indivíduos tenham a mesma compreensão quanto à ilicitude dos fatos, mesmo porque nem os juristas conseguem distinguir com clareza os universos do permitido e do proibido. Aliás, o grande Couture, escrevendo sobre os mandamentos do advogado, dizia que nenhum advogado podia ter certeza de conhecer todas as regras legais existentes... Quem, indagava o jurista, pode estar certo de que, "ao emitir uma opinião, considerou, em sua plenitude, esse conjunto imponente de normas? Entretanto, como se isso não bastasse, ocorre, ainda, que essas normas nascem, modificam-se e morrem constantemente. Em dados momentos históricos, as opiniões jurídicas não só deveriam emitir-se datadas, mas também com a hora em que fossem proferidas (...)". – COUTURE, Eduardo. *Os Mandamentos do Advogado*. Porto Alegre: Sergio Fabris, 1979, p. 22.

[143] Como dimana da teoria normativa, para poder reprovar a conduta, o juiz precisa concluir que o agente tinha a livre possibilidade de controlar a vontade criminosa e manter-se em acordo com as regras legais. A crítica que propõe a impossibilidade empírica e científica de provar o livre-arbítrio, que é o fundamento filosófico da culpabilidade, é endereçada à exigibilidade de outra conduta, por não poder o juiz voltar no tempo para *verificar* se o acusado tinha mesmo a alternativa reclamada. A doutrina considera que a capacidade e a liberdade de consciência, isto é, liberdade para valorar, para escolher entre violar a lei ou respeitá-la, *é um dogma*, porque, estando inserido no mundo real, o homem diuturnamente constrói e reconstrói o próprio destino e, conforme Schünemann, citado por Casabona, o livre-arbítrio não se resume a um dado meramente biofísico mas uma parte da denominada *reconstrução social da realidade* do homem concreto (diríamos nós, de carne e osso), que "pertence a uma camada essencialmente elementar da cultura ocidental, cujo abandono somente seria concebível no caso de liquidação desta cultura, em sua globalidade" (CASABONA, Carlos Maria Romeu. *Do Gene ao Direito*, São Paulo: IBCCrim, 9, 1999, p. 116). Ora, é inegável que o ser humano não está inteiramente privado da capacidade de pensar e de decidir-se de acordo com os valores que estruturam a sua escala axiológica e da própria sociedade onde vive. Nem de se imunizar das tensões do seu dia a dia ou de libertar-se do dia para a noite de todos os seus tormentos interiores, todos atuando, como coadjuvantes, na liberdade de valorar e de fazer, e o direito, conforme anotou Bettiol, em passagem transcrita por Francisco de Assis Toledo "jamais pretendeu prescindir de um vínculo com a realidade histórica na qual o indivíduo age e de cuja influência sobre a exigibilidade da ação conforme o direito, o único juiz deve ser o magistrado" (TOLEDO, Francisco de Assis. *Princípios Básicos de Direito Penal*. São Paulo: Saraiva, 1986, p. 317). Em reforço, Muñoz Conde, com apoio em Roxin, foi ao extremo de afirmar que a culpabilidade é uma categoria que se eleva ao *"plano da fé, o que não pode ser mais que um problema de conhecimento"*, sendo ainda forçoso admitir, no dizer de Tennyson Velo, que "o direito penal, como ciência, não pode deixar de se servir de dogmas", tanto assim que Wessels conclamou o jurista, em atitude reafirmadora, a aceitar "a res-

jurídica, mas, eventualmente, ele é estimulado pela vítima, com atitudes desafiadoras, provocativas, que reduzem a sua capacidade de respeitar a lei. Em seu discurso sobre a coculpabilidade, Zaffaroni lembra que a vítima pode muito bem atuar como coadjuvante na quebra do dever de conformação da conduta à ordem jurídica.[144]

Disso tudo resulta que a partir dos elementos que estruturam a culpabilidade, o juiz estará em condições de declarar um *quantum* de pena-base numa hipótese escala de zero a dez (admitida expressamente por Muñoz Conde)[145] a partir dos mesmos questionamentos que as circunstâncias judiciais ensejariam com a vantagem de evitar o risco de duplicidade de valoração dos mesmos fatos.

A terceira observação: em edições anteriores, havíamos afirmado que quanto mais experiente, esclarecido ou culto fosse o acusado maior seria a presunção de conhecimento do permitido e do proibido. Dissemos também que seria inconcebível equiparar em conhecimentos o homem que vive na cidade cercado pelas informações e aquele que ganha a vida no mais longínquo rincão, sem acesso à informação, à cultura, ao consumo e ao lazer, desprovido dos *insights* necessários à formulação de juízos críticos.

Isso está correto, mas é preciso arredar em definitivo a falsa ideia de que estávamos defendendo a existência de um direito penal para os cultos e outro para os incultos, como se os primeiros devessem ser mais intensamente *penalizados* por causa da cultura e estes últimos mais intensamente *beneficiados* pela sua falta de cultura.

Convém deixar claro que com aquelas afirmações o que desejávamos era apenas acentuar o aspecto de que, quanto maior o grau de conhecimento, *mais distante ficaria o acusado da alternativa* de alegar o erro inevitável sobre a ilicitude do fato para tentar se beneficiar da citada causa de isenção de pena (art. 21 do CP). Nada mais do que isso.

Uma quarta observação: das regras pretorianas antes citadas e analisadas se extrai a clara percepção de que as cargas de valor (positivo ou negativo) para cada circunstância judicial são sempre equivalentes,[146] tanto assim que é a partir da quantidade de circunstâncias judiciais negativamente valoradas que o grau da culpabilidade é estabelecido para projeção de pena-base no mínimo, levemente acima ou na direção do termo médio.

Nos moldes como assim foram estruturadas e são praticadas, essas regras, portanto, não levam em conta a possibilidade real que o juiz tem de conferir, no caso concreto, maior intensidade na carga (positiva ou negativa) de valor de certa circunstância judicial para maximizar o ideal de pena individualizada.

---

ponsabilidade do homem, psiquicamente são e moralmente maduro como uma realidade inabalável de nossa existência social (...)" (MUÑOZ CONDE, Francisco. *Teoria Geral do Delito*. Porto Alegre: Fabris, 1988, p. 127). Não foi outra a conclusão de Roxin, quando disse que a compreensão da culpabilidade pode assentar-se no pressuposto da *liberdade de consciência* (ROXIN, Claus. *Derecho Penal, Parte General*. Madrid: Civitas, 1997, p. 809), ou seja, independentemente da discussão sobre o livre-arbítrio ou o determinismo ou as variáveis sociais de influência na determinação da vontade, na capacidade que o ser humano tem de controlar os impulsos e de dirigir suas decisões conforme o sentido, os valores e as normas, mesmo porque, no dizer de Jeschek os processos anímicos que influem na formação da vontade não são regulados pelas leis da natureza, como as que regulam "(...) a pressão sanguínea, a respiração, ou a digestão, senão que respondem a leis de determinação próprias", (JESCHECK, Hans-Heinrich. *Tratado de Derecho Penal, Parte General*. Granada: Comares Editorial, 1993, p. 369), em que o fator *liberdade de consciência* não é fundamental.

[144] ZAFFARONI, Eugenio Raúl; PIERANGELI, José Henrique. *Manual de Direito Penal*. 2. ed. São Paulo: Revista dos Tribunais, 1999, p. 610-611.

[145] MUÑOZ CONDE, Francisco. *Teoria Geral do Delito*. Porto Alegre: Sergio Fabris, 1988, p. 132.

[146] Prova disso é o esforço de quantificar cada circunstância judicial em 1/6 do mínimo legal.

Eis dois exemplos singelos.

No primeiro: indivíduo *sem antecedentes, benquisto no* bairro onde reside, *fortemente armado,* invade agência bancária e rende clientes e funcionários, agride o gerente, explode o cofre, subtrai os malotes e foge desferindo tiros pelas ruas da cidade para escapar à perseguição policial.

No segundo: indivíduo *sem antecedentes, bem inserido socialmente, estimado pelos vizinhos, com personalidade aparentemente bem estruturada,* etc.) é apanhado pela polícia por estar mantendo pessoa da família em cárcere privado e causando-lhe sofrimentos intensos, sob o pretexto de que ela desobedecia suas ordens.

Aplicando-se, nesses dois exemplos, o regramento antes examinado, as penas na primeira fase teriam que ser estabelecidas um pouco acima dos mínimos cominados, eis que foram só duas as circunstâncias negativamente consideradas (as circunstâncias e as consequencias dos crimes).

Essa solução não nos parece correta, máxima vênia, considerando-se o grau da violência empregada para o cometimento do crime, no primeiro caso, e a intensidade do sofrimento causado á vítima, no segundo caso.

Por isso e enquanto permanecer a orientação pretoriana sobre cálculo da pena-base lastreado na contagem das circunstâncias negativas estamos propondo a possibilidade da outorga de caráter *preponderante* para a circunstância que o magistrado considerar como tal, seja para abrandar ou para intensificar o grau da censura e, assim, fazer típica sintonia fina no distanciamento que a pena-base deverá ter do mínimo legal.

Essa perspectiva não foi desconsiderada pela Lei 11.343, de 23 de agosto de 2006, que tipifica e sanciona o uso e o tráfico de drogas.

O artigo 42 dessa Lei,[147] estabelece inovadoramente que na fixação das penas o juiz deverá considerar *com preponderância* sobre o previsto no artigo 59 do CP a natureza e a quantidade da substância ou do produto, a personalidade e a conduta social do agente.

Embora as impropriedades visíveis no texto,[148] andou muito bem o legislador, pois não há mesmo como nivelar em reprovabilidade social situações de fato diferentes, nos exemplos do caminhoneiro que, para colocação no mercado consumidor, transporta, com consciência do que faz, uma tonelada de cocaína e da mãe que atende às súplicas de filho viciado e em "dívida" no interior da cadeia e que vai ao seu encontro para entregar-lhe algumas gramas de maconha, sendo apanhada e presa ao passar pela vigilância.

De fato, há tráfico e "tráfico"! E essa distinção o juiz pode e deve realizar, conferindo esse caráter preponderante à espécie e quantidade da substância entorpecente, e, embora não referidas no art. 42, também às *circunstâncias e consequências*

---

[147] "Art. 42. O juiz, na fixação das penas, considerará, com preponderância sobre o previsto no art. 59 do Código Penal, a natureza e a quantidade da substância ou do produto, a personalidade e a conduta social do agente".

[148] Há duas impropriedades nesse texto. A primeira, consistente na inadequada declaração de que é *"sobre o previsto no art. 59 do CP"* que o juiz considerará como preponderantes as circunstâncias judiciais referidas. Ora, o legislador penal, no art. 59, elegeu a *proporcionalidade* como critério para a aplicação da pena (bem refletindo as garantias constitucionais inerentes ao devido processo legal). Em sendo assim, as circunstâncias judiciais referidas no artigo 42 da lei de drogas jamais poderão preponderar, isto é, ficar acima desse critério. A segunda impropriedade está em considerar como circunstância judicial a *natureza* do produto, esquecendo-se de que ela é *elementar* típica e é por causa da natureza do produto (*substância entorpecente*) que o acusado é passível de pena. Pois bem: a natureza do produto não pode ser, como elementar típica, condição para um juízo de censura penal e, ao mesmo tempo, fonte para a maior exasperação da censura ... salvo em ofensa ao princípio do *ne bis in idem*, citado exaustivamente neste livro.

---

das PENAS e seus CRITÉRIOS de APLICAÇÃO

propriamente ditas dos crimes, pois não há como equiparar o tráfico de uma tonelada de cocaína para distribuição ao consumo e o tráfico de algumas gramas de maconha por uma mãe ansiosa em aplicar a ansiedade e propiciar segurança ao filho na prisão.

Pensamos que essa lógica sobre a qual se assenta o art. 67 do CP pode e deve ser utilizada no momento da mensuração da pena-base para todo e qualquer crime e não só para os definidos na lei de drogas, porque o aprofundamento do exame sobre *singularidades do caso concreto, para evitar tratamentos de massa em matéria penal,* vai ao encontro do sentido e da finalidade da garantia da individualização da pena.

Enfim: não nos parece que o juiz esteja impedido de conferir caráter preponderante às circunstâncias judiciais, flexibilizando, assim, a rigidez das diretivas antes examinadas, seja para abrandar ou exasperar a reprovação (culpabilidade) pelo fato.

Pena privativa de liberdade: método trifásico – 2ª fase – a pena provisória

(...) lhe dá ganas de devolver ao universo o seu bilhete de entrada. Mas ele não o faz. Ele continua a lutar e a amar; ele continua a continuar.
Berman

Sumário: 9.1. Considerações gerais; 9.2. Espécies de agravantes; 9.2.1. A reincidência; 9.2.2. A motivação fútil ou torpe; 9.2.3. A facilitação para assegurar a execução, a ocultação, a impunidade ou vantagem de outro crime; 9.2.4. À traição, de emboscada, ou mediante dissimulação ou outro recurso que dificultou ou tornou impossível a defesa do ofendido; 9.2.5. Veneno, fogo, explosivo, tortura ou outro meio insidioso ou cruel, ou de que podia resultar perigo comum; 9.2.6. Contra ascendente, descendente, irmão ou cônjuge; 9.2.7. Abuso de autoridade ou prevalecimento de relações domésticas, de coabitação ou de hospitalidade ou com violência contra a mulher; 9.2.8. Abuso de poder ou violação de dever inerente a cargo, ofício, ministério ou profissão; 9.2.9. Contra criança, maior de 60 anos, enfermo e mulher grávida; 9.2.10. Quando o ofendido estava sob a imediata proteção da autoridade; 9.2.11. Ocasião de incêndio, naufrágio, inundação ou qualquer calamidade pública, ou de desgraça particular do ofendido; 9.2.12. Em estado de embriaguez preordenada; 9.2.13. Agravantes no concurso de pessoas; 9.3. Espécies de atenuantes; 9.3.1. A menoridade de 21 anos, na data do fato, ou maior de 70 anos, na data da sentença; 9.3.2. O desconhecimento da lei; 9.3.3. O motivo de relevante valor social ou moral; 9.3.4. Evitação das consequências e reparação do dano; 9.3.5. Cometimento de crime sob coação resistível, ou em cumprimento de ordem de autoridade superior, ou sob a influência de violenta emoção; 9.3.6. Confissão espontânea perante a autoridade da autoria do crime; 9.3.7. Cometimento de crime sob a influência de multidão em tumulto, se não o provocou; 9.4. Atenuantes inominadas: espécies; 9.5. Agravantes e atenuantes preponderantes: espécies; 9.6. Mensuração da pena provisória: regras.

9.1. Considerações gerais

A segunda fase do método trifásico tem por escopo a quantificação da *pena provisória*, e seus fatores de influência são as circunstâncias agravantes e atenuantes, desde que, nos dizeres dos artigos 61 e 65 do CP, elas não constituam ou qualifiquem o crime,[1] isto é, que não integrem a própria definição típica e não estejam previstas como qualificadoras ou majorantes/minorantes.

Os aumentos ou diminuições a serem estabelecidos em concreto pelo juiz, determinados pelas agravantes e atenuantes individualmente consideradas e provadas, incidirão, nesta fase, sucessivamente, sobre a pena-base estabelecida na fase anterior, a começar pelas agravantes,[2] sendo a *pena provisória* a resultante desse processo.

As listas de agravantes e atenuantes que figuravam na redação original do CP foram mantidas nos artigos 61 e 65 pela Reforma da Parte Geral ocorrida por meio da Lei 7.209, com só duas modificações de pouco relevo.

Explica-nos Alberto Franco que, com a Reforma, "... excluiu-se a expressão 'asfixia', como exemplificativa de meio cruel, constante da antiga alínea 'e' do inc. II do art. 44, sob fundamento de que tanto pode adequar-se à área de significado do conceito de meio cruel, como à do conceito de meio insidioso; e modificou-se a ordem de enumeração das agravantes, transferindo-se para o último lugar a hipótese em que o agente se embriaga propositadamente, a fim de cometer ato criminoso. Além disso, deu-se a tal situação ensejadora de exacerbação da pena uma denominação técnica mais correta: embriaguez preordenada".[3]

Reformas legislativas posteriores, operadas pelas Leis 10.741/2003 e 11.340/2006, incluíram, nas alíneas *h* e *f* do inciso II do art. 6º, as expressões *"mulher grávida"* e *"violência contra a mulher",* mas não alteraram o quadro, visualizado sob a perspectiva de sistema.

As agravantes e atenuantes *são espécies* do mesmo gênero *circunstâncias* e caracterizam-se como categorias jurídicas *valiosas,* isto é, *que veiculam valores positivos ou negativos,* considerando-se que a *bipolaridade* constitui a essência dos valores, como destacamos, aliás, no capítulo anterior.

Elas diferem nesse ponto das circunstâncias judiciais porque estas recebem a carga de valor do aplicador da pena ao passo que as agravantes e atenuantes vêm *carregadas do valor negativo ou positivo* desde o início do processo legislativo. O conteúdo axiológico das agravantes e atenuantes não pode ser modificado pelo juiz (uma agravante jamais poderá beneficiar o acusado com o abrandamento de pena, ao passo que uma atenuante nunca o prejudicará com a exasperação), e, só por isso, percebe-se a enorme distância que separa essas espécies de circunstâncias.

As agravantes e atenuantes são denominadas como circunstâncias *legais* porque só podem ser como tais consideradas aquelas listadas nos artigos 61 a 65 do CP, estando, por conseguinte, subordinadas aos princípios da reserva (art. 1º do CP e art. 5º, XXXIX, da CF) e da enunciação *taxativa,*[4] não comportando analogia, ampliação ou extensão.

A propósito, duas observações são relevantes.

A primeira: nas letras "c" e "d" do inciso II do art. 61 do CP, o legislador estabeleceu duas modalidades de agravação da pena (por "outro recurso" que tenha dificul-

---

[1] Tratando-se de crimes multiqualificados, as qualificadoras remanescentes atuarão como agravantes genéricas, se corresponderem às definições constantes dos artigos 61 e 62 do Código Penal. Se não corresponderem, atuarão como circunstâncias judiciais, conforme explicamos no capítulo anterior.

[2] Na dicção do art. 68 do CP, as atenuantes precedem as agravantes, mas a ordem inversa sempre foi adotada no dia a dia do foro criminal. Essa práxis está reforçada por força do enunciado n. 241 da Súmula do STJ.

[3] FRANCO, Alberto. *Código Penal e sua Interpretação Jurisprudencial.* São Paulo: RT, 1995, p. 752.

[4] Salvo as previstas no art. 66 (atenuantes inominadas) e que serão analisadas mais além.

tado ou tornado impossível a defesa do ofendido e por "outro meio insidioso ou cruel, ou de que podia resultar perigo comum") e em razão da generalidade e fluidez visíveis nos textos correspondentes pode-se ficar com a sensação de que elas esbarrariam nos citados princípios da legalidade e taxatividade por só serem aferidas por extensão.

Exame mais detido e cuidadoso desses textos permite ver, contudo, que as referidas agravantes *não são extensões* das hipóteses concretamente enumeradas nas letras onde foram incluídas – mesmo reconhecendo-se a existência de entendimento doutrinário no sentido oposto[5] – e tampouco decorrem de analogias, porque o recurso que dificulta ou impossibilita a defesa deve ser em conteúdo equivalente à traição, à emboscada ou à dissimulação. É por dificultar ou tornar impossível a defesa que a jurisprudência considera pacificamente como agravante a surpresa para o ofendido.[6] A seu turno, o "outro meio insidioso ou cruel" incluído como agravante na letra "d" deve ter equivalência com o veneno, fogo, explosivo e à tortura.

A segunda: no que diz com as atenuantes, os rigores da legalidade e da taxatividade foram temperados pelo legislador, haja vista o texto do artigo 66 permitindo que o juiz, em situações especiais, reduza a pena em razão de circunstância "relevante, anterior ou posterior ao crime", *"ainda que não prevista expressamente em lei"*, no exemplo daquele que, desempregado e à beira da miséria, subtrai pequena quantia em dinheiro, para poder propiciar atendimento urgente ao filho gravemente enfermo. Ou, então, daquele que padece de doença terminal grave e que por isso denota a elevada probabilidade de não cumprir inteiramente a pena estabelecida, sendo compreensível e justificável, portanto, essa maior condescendência na punição.

O legislador, como se percebe, manteve entreaberta uma porta, para que o julgador possa eventualmente considerar o interesse público em *punire* a humanidade e a proporcionalidade na punição. Por tais razões não há falar-se em inconstitucionalidade também desse dispositivo legal.

Sendo *legais,* as agravantes e atenuantes são circunstâncias *obrigatórias*, e essa conclusão transparece clara também pela presença do advérbio *"sempre"* nos textos dos artigos 61 e 65 do CP. Desse modo, elas não podem ser desprezadas[7] pelo julgador no momento da individualização da pena provisória.[8]

Elas são também *genéricas* porque incidem em quaisquer casos, salvo nas infrações penais culposas,[9] em que pese entendimento em sentido contrário.[10] Realmente, soaria estranho, por exemplo, aumento de pena assentado em circunstância *subjetiva,*

---

[5] MASSON, Cleber. *Código Penal Comentado*. 4. ed. Rio de Janeiro: São Paulo: Método, 2016. p. 402

[6] Apelação-Crime nº 70011958873, Segunda Câmara Criminal, Tribunal de Justiça do RS, Relatora: Lúcia de Fátima Cerveira, Julgado em 29/01/2008.

[7] A afirmação não deve ser levada ao pé da letra porque a orientação jurisprudencial assentada no Enunciado n. 231 da Súmula do STJ admite que a atenuante não seja considerada quando a pena-base já tiver sido individualizada no mínimo legal cominado no tipo.

[8] A afirmação não deve ser levada ao pé da letra porque a orientação jurisprudencial assentada no enunciado n. 231 da Súmula do STJ admite que a atenuante não seja considerada quando a pena-base já tiver sido individualizada no mínimo legal cominado no tipo.

[9] HC 120165, Relator Min. Dias Toffoli, 1ª T., julgado em 11/02/2014.

[10] "(...) Não obstante a corrente afirmação apodítica em contrário, além da reincidência, outras circunstâncias agravantes podem incidir na hipótese de crime culposo: assim, as atinentes ao motivo, quando referidas à valoração da conduta, a qual, também nos delitos culposos, é voluntária, independentemente da não voluntariedade do resultado: admissibilidade, no caso, da afirmação do motivo torpe – a obtenção de lucro fácil – que, segundo o acórdão condenatório, teria os agentes ao comportamento imprudente e negligente de que resultou o sinistro. (...)" (*Habeas Corpus* nº 70362-3, STF, Rel. Min. Sepúlveda Pertence, j. 05.10.93, maioria, Informativo STF 17.04.96, nº 26).

como a agravante do motivo fútil – ou torpe – (art. 61, II, *a*, do CP) – para a hipótese de lesão corporal culposa por imperícia, imprudência ou negligência na direção de veículo automotor (art. 303 da Lei 9.503/97).

Contudo, se a circunstância em questão for *objetiva,* a restrição desaparece pela mesma razão jurídica exposta pela doutrina[11] e pela jurisprudência[12] que aceita a agravação da pena pela circunstância objetiva da reincidência.

Embora integrando o mesmo gênero, as agravantes e atenuantes também não se confundem com as outras espécies do mesmo gênero *circunstâncias,* conhecidas como qualificadoras, majorantes e minorantes, porque todas exercem funções específicas e singulares, tanto na teoria do delito quanto na teoria da pena e da sua individualização.

Não custa lembrar: as agravantes e atenuantes incidem sobre a pena-base como vetores para a individualização da pena provisória; as qualificadoras produzem o nascimento de tipos penais (novos) derivados, com margens de penas mais elevadas que as cominadas nos tipos de que derivam e no sistema trifásico entram nas cogitações do juiz na *primeira fase* do método trifásico.[13]

Em certos tipos penais, o legislador elencou qualificadoras com conteúdos idênticos aos de agravantes genéricas, como ocorre, por exemplo, com a futilidade do motivo, que é, simultaneamente, agravante genérica (arts. 61, II, *a*) e nesse caso, para evitar a dupla valoração do mesmo fato, a futilidade do motivo será considerada unicamente como qualificadora para propiciar a individualização da pena-base dentro das margens cominadas para o crime qualificado.

Entretanto, se o crime for multiqualificado, conforme examinamos no capítulo anterior, uma das qualificadoras situará o juiz dentro das margens previstas para o crime em questão, e as remanescentes deverão ser utilizadas por ele como agravantes genéricas, se previstas, ou, se não previstas, como circunstâncias judiciais. Portanto, a boa técnica recomenda que a sentença registre esse aspecto para propiciar o pleno controle pelas partes da atividade judiciária em toda a sua profundidade e extensão.

Por último: diferentemente das agravantes e atenuantes, as denominadas causas especiais de aumento ou diminuição – também conhecidas como *majorantes* e *minorantes* – figuram tanto na Parte Geral quanto na Parte Especial do Código Penal e produzem seus efeitos só *na terceira fase do método trifásico,* quando do cálculo da pena *definitiva.*

Aliás, a singular descrição das majorantes e minorantes ("a *pena será aumentada*" ou "*a pena será diminuída*") também ajuda a diferenciá-las das circunstâncias legais agravantes e atenuantes e também das qualificadoras.

Na hipótese de configuração simultânea de certa circunstância como agravante ou atenuante e como majorante ou minorante deverá prevalecer, quando do cálculo da

---

[11] GALVÃO, Fernando. *Aplicação da Pena.* Belo Horizonte: Del Rey, 1995, p. 113, MIRABETE, op. cit., p. 287 e NUCCI, Guilhermede Souza. *Individualização da Pena.* São Paulo: RT, 2005, p. 231 e 232.

[12] Apelação-Crime nº 7.664/6, 1ª Câmara Criminal do TJMG, Rel. Des. Gudesteu Biber, j. 27.04.1993; Apelação--Crime – 0073010900 – Juiz Sérgio Arenhart – 2ª Câmara Criminal do TAPR, j. 09.03.1995. Ac.: 3458, p. 24.03.1995 e Apelação-Crime nº 698019932, 1ª Câmara Criminal do TJRS, Rel. Des. Ranolfo Vieira, j. 19.08.1998; Apelação-Crime nº 34.496, 2ª Câmara Criminal do TJSC, Rel. Des. Álvaro Wandelli, j. 11.06.1996, e Apelação-Crime nº 295015218, 2ª Câmara Criminal do extinto TARGS, Rel. Tupinambá Pinto de Azevedo, 10.08.95, dentre outros julgados.

[13] Por exemplo, o artigo 121, *caput,* define o homicídio simples com pena de 6 a 20 anos e o seu § 2º dispõe sobre o homicídio qualificado em cinco incisos, cujas margens de pena de 12 a 30 anos são significativamente mais elevadas. A pena-base será individualizada dentro das margens novas (sempre observado o termo médio).

pena definitiva, a incidência só da majorante ou da minorante, como propõe o princípio do *ne bis in idem* e, também, porque elas são hierarquicamente superiores às agravantes e atenuantes, nos mesmos moldes da solução apontada linhas acima para agravantes previstas também como qualificadoras.[14]

Em processos da competência do Júri admitia-se a possibilidade de articulação de agravantes apenas *no libelo-crime acusatório*[15] e também em Plenário (anterior art. 484, parágrafo único, inciso III, do CPP).[16] Argumentava-se que não havia ofensa à ampla defesa porque a defesa teria todas as chances para impugnar a pretensão ministerial em Plenário. O juiz-presidente deveria dever formular aos jurados quesitos sobre as agravantes e só diante de respostas afirmativas, por maioria de votos, é que podia reconhecê-las (art. 593, § 2º, do CPP).

A Lei nº 11.689/08, no entanto, retirou o libelo do Código e como compensação passou a permitir pleito de agravantes (e também de atenuantes) no dia do julgamento, em Plenário do Júri,[17] para posterior reconhecimento na sentença, se respondidos afirmativamente pelos Jurados os quesitos pertinentes (art. 492, inciso I, letra "b").

9.2. Espécies de agravantes

Conforme o artigo 61, incisos e letras do CP., são circunstâncias agravantes, porque revelam a "particular culpabilidade do agente" e "aumentam a reprovação que a ordem jurídica faz pesar sobre ele, em razão de seu crime",[18] as abaixo listadas e comentadas.

9.2.1. A reincidência

Conforme o Código Penal (art. 63), é reincidente quem comete *novo crime* depois de transitar em julgado a sentença que, no país ou no estrangeiro, o tenha condenado por *crime anterior*, ou quem pratica uma *contravenção* depois de passar em julgado a sentença que o tenha condenado, no Brasil ou no estrangeiro, por *qualquer crime*, ou, no Brasil, por *motivo de contravenção* (art. 7º da LCP).

Da combinação desses textos, resulta, então, que será reincidente: quem for condenado em sentença definitiva, por crime, no país ou no estrangeiro, e vier a praticar[19] novo crime (art. 63 CP); aquele que, nas mesmas condições, for condenado definiti-

---

[14] Assim: No homicídio culposo contra vítima maior de 60 anos a pena será aumentada, na terceira fase, em ¼ sem a possibilidade de reconhecimento da agravante da letra "h" do inciso II do art. 61 do CP (crime contra maior de 60 anos). Se o homicídio doloso for cometido por motivo de relevante valor social ou moral, a atenuante prevista na letra A do inciso III do art. 65 do CP terá que ser desprezada, porque o motivo em tela figura no § 1º do art. 121 como minorante e enseja (maior) redução da pena entre 1/6 a 1/3.

[15] Ver art. 417, inc. III, e art. 484, inc. IV, e parágrafo único, incs. I e II. RJTJRGS, 1/25, 2/30, 3/66, 25/15, 29/20, 50/49, 83/34, 104/39.

[16] RJTJRGS 9/166, 51/69, 92/132.

[17] Apelação-Crime nº 70038159513, Terceira Câmara Criminal, Tribunal de Justiça do RS, Relator: Nereu José Giacomolli, Julgado em 16/09/2010.

[18] BRUNO, Aníbal. *Direito Penal*. 4. ed., *in* FRANCO, Alberto, op. cit., p. 752.

[19] O Código Penal e a Lei das Contravenções Penais contentam-se com a simples prática do novo fato infracional (crime ou contravenção). Não cogitam de sentença definitiva relativamente ao fato novo pela evidente presunção de que, para ser reconhecida a agravante, o acusado deverá ser condenado pelo fato subsequente. Daí entender-se com facilidade o porquê da fórmula empregada no artigo 63 do Código Penal, objeto desta nota.

---

das PENAS e seus CRITÉRIOS de APLICAÇÃO

vamente por crime, no país ou no estrangeiro, e vier a praticar, no Brasil, uma contravenção; aquele que, do mesmo modo, no Brasil, for condenado definitivamente por contravenção e vier a cometer nova contravenção (art. 7º da LCP).

Segue-se, então, que o autor de *crime* não será reincidente se o objeto da condenação anterior for uma *contravenção* penal, pois, na dicção do artigo 63 do CP, o pressuposto para a reincidência é previa condenação em definitivo por um *crime*.

Se o indivíduo estiver respondendo a dois processos e vier a ser condenado em ambos, o juiz o reconhecerá como *primário,* quando da sentença condenatória por um fato, e como *não primário* quando da condenação pelo outro fato. Para que a pena pudesse ser agravada pela reincidência, seria indispensável, como estamos vendo, sentença condenatória definitiva por um dos ilícitos antes do cometimento do outro.

A prova da reincidência é feita por certidão cartorária, com menção expressa da data do trânsito em julgado da anterior decisão condenatória, sem o que não há como se reconhecer a agravante em questão.[20]

Disso resulta que a pendência de julgamento de qualquer recurso, por impedir a ocorrência do trânsito em julgado da sentença condenatória, atuará como óbice à configuração da reincidência se o condenado vier a praticar outra infração penal.[21]

O que fundamenta a reincidência é o suposto *desprezo* do criminoso às solenes advertências da lei e da pena, e a necessidade de reagir contra esse mau hábito (*consuetudo delinquendi*) revelador de especial tendência antissocial. "Assim é que Dahm, ao formular o conceito de reincidência da alta Idade Média, pondera que decisivo era somente a habitualidade da delinquência (...) Nos séculos posteriores, todavia, o conceito de reincidência, ligado à ideia de que *humanun est peccare, diabolicum perseverare*, começa a ser integrado pela exigência de uma condenação prévia, considerada como índice de desprezo do reincidente pela solene advertência da condenação ou da execução da pena, que, para além da inclinação criminosa do agente revelada pela reiteração dos factos criminosos, traduziria uma especial tendência antissocial".[22]

Essa base filosófica foi apontada por Mirabete, ao argumentar que o indivíduo punido anteriormente, que voltar a delinquir, estará demonstrando, com sua conduta criminosa, que a sanção normalmente aplicada se mostrou insuficiente para intimidá-lo ou recuperá-lo. Há, disse ele, inclusive, um índice maior de censurabilidade na conduta do agente que reincide.[23]

Por isso, o agravamento da situação penal do réu, no processo e não só da pena-base, em função da frequência da atividade criminosa, seja para elevar o prazo para a concessão do livramento condicional, para impedir a substituição da pena privativa por restritiva de direitos,[24] para determinar a imposição de regime de execução mais gravoso, dentre outras hipóteses[25] transformou-se em *fundamento dogmático* de relevo

---

[20] *RJTJRGS,* v. 142, p. 113, e *Julgados do TARS,* v. 88, p. 165.

[21] É também o entendimento de MIRABETE. *Manual de Direito Penal.* São Paulo: Atlas, 1985, p. 293.

[22] CORREIA, Eduardo. *Direito Criminal.* Coimbra: Livraria Almedina, 1993, p. 144.

[23] MIRABETE, op. cit., p. 293.

[24] "A reincidência é óbice à substituição da pena restritiva da liberdade pela restritiva de direitos. (...) Prepondera, no concurso de agravantes e atenuantes, a reincidência." (HC 93.515, Rel. Min. Marco Aurélio, julgamento em 9.6.09, 1ª Turma, DJE de 1º.7.09).

[25] Além do efeito de agravar a reprimenda, a reincidência determina a execução no regime mais gravoso que o apontado pela pena concretizada na sentença, salvo se a pena for de detenção, por ser incompatível com o regime fechado inicial (art. 33, § 2º, letras "a" e "b") – Apelação-Crime nº 297038028, Câmara de Férias do TARS, por nós relatada –, Apelação-Crime nº 297013922, 4ª Câmara Criminal do TARGS, Rel. Luís Carlos Ávila de Carvalho Leite, j. 18.06.97;

entre nós e que também aparece com maior ou menor intensidade, em todos os sistemas criminais.

As discussões sobre a reincidência sempre foram intensas e controversas.

Assim, de um lado, por recair como reprovação sobre o delito anterior, como bem ensina Maria Lúcia Karan, "... a aplicação do *plus* de gravidade da pena (seja em sua quantidade, seja na forma de seu cumprimento), decorrente do reconhecimento da reincidência, constitui intolerável afastamento de princípios e regras constitucionais, devendo, assim, ser rechaçado numa nova atuação de Justiça Criminal, pautada por um exercício de poder que faça do exercício da função judiciária um instrumento de limitação, controle e redução da violência punitiva".[26]

De outro lado, porque ela faz lembrar a fragilidade das teorias assentadas na intimidação e prevenção das penas e, de outro lado, porque a disposição interna do criminoso em persistir na senda criminosa (base filosófica da reincidência) não pode ser eleita como causa exclusiva da reincidência, porque coexistem outros fatores externos que também "empurram" as pessoas de volta para a criminalidade e a marginalidade, salvo, é claro, os casos dos reincidentes que fazem do crime uma profissão ou um modo de vida.

Von Liszt referiu-se, no Programa de Marburgo, à reincidência com visível preocupação, pois, apoiado em estatísticas carcerárias oficiais da Prússia para o ano de 1º de abril de 1880 a 1º de abril de 1881, concluiu que a maioria dos delinquentes era reincidente e que, dentre os irrecuperáveis, a maioria era também reincidente.[27]

Por fim, o discurso sobre a reincidência omite os fatores externos que podem determinar ou atuar como coadjuvantes da vontade criminosa, afetando a base filosófica em que se assenta a reincidência, ou seja, a liberdade do indivíduo de decidir-se pela prática da nova infração penal, em desprezo ao que dizem serem as "solenes advertências" do direito repressivo.

Comentando pesquisa realizada no Rio Grande do Sul, dando conta de que 41,01% dos apenados de 84 presídios estaduais voltaram a praticar crimes (contra o índice de 27% fornecido pelo Ministério da Justiça), o Diretor da Superintendência dos Serviços Penitenciários do Estado confirmou que os dados mostraram a "deficiência de programas de reintegração social dos presidiários no Estado e um forte preconceito na comunidade em relação aos apenados".[28]

Essa percepção bem reflete a tese de que a reincidência não pode ser sempre e necessariamente justificada como imperiosa punição ao condenado que, por má formação, desvio de conduta, tendência ao crime, insiste em continuar violando a lei, como tradicionalmente se afirma, mas, isto sim, pode e deve ser compreendida, também, como a expressão final do processo perverso de estigmatização do homem pela prisão e da absoluta falta de políticas oficiais de amparo ao egresso, criadoras de novas opor-

---

aumenta o prazo para a concessão do livramento condicional (art. 83, III) e o impede para o condenado por crime hediondo (art. 83, V); aumenta de 1/3 o prazo para a prescrição da pretensão executória (art. 110); interrompe o prazo da prescrição da pretensão condenatória (art. 117, VI); acarreta obrigatória revogação do sursis em crime doloso (art. 81, I) e facultativa em crime culposo ou contravenção (art. 81, I); implica revogação do livramento condicional (arts. 86 e 87) e impede a prestação de fiança em caso de condenação por delito doloso (art. 321, III).

[26] KARAM, Maria Lúcia. Aplicação da Pena: Por Uma Nova Atuação da Justiça Criminal. *Revista Brasileira de Ciências Criminais*, v. VI, p. 127.

[27] VON LISZT, Franz. *La Idea de Fin em El Derecho Penal*. México: Edeval, 1994, p. 117.

[28] *Zero Hora*, Porto Alegre, 25 maio 1998, p. 4.

das PENAS e seus CRITÉRIOS de APLICAÇÃO

tunidades para a harmônica reintegração ao mundo livre pelo trabalho, pela edificação da moradia, pela reconstrução da família...

Os presos, amontoados em celas coletivas, sem trabalho, sem programa individualizador da execução, estigmatizados, sofrendo todas as espécies de violência, dificilmente (para não sermos radicais) conseguem revisar valores, fazer a autocrítica, restabelecer seus vínculos sociais, recolocar-se no mercado de trabalho, projetar o futuro. Aliás, o efeito criminógeno causado pela prisionalização em nosso país é tema intensamente debatido e por isso mesmo aparece na doutrina e na jurisprudência como causa para redefinição do próprio conceito jurídico-penal e da função da reincidência,[29] por supostamente agredir o sistema penal.[30]

Mas não é só no interior das cadeias que isso acontece.

No mundo livre, o desejo de delinquir também pode ser despertado ou estimulado por variáveis externas, como proposto por Zaffaroni no discurso sobre a coculpabilidade. Para ele, reprovar com a mesma intensidade pessoas que vivem em "mundos" diferentes (privilégio, de um lado, e pobreza, do outro) constitui violação aberta ao princípio da isonomia. "Ao lado do homem culpado por seu fato, existe uma coculpabilidade – da reprovação pelo fato – com a qual a sociedade deve arcar em razão das possibilidades sonegadas".[31]

Salo de Carvalho, apoiado em excelente doutrina, sustentou que a reincidência – e os antecedentes – são algumas das maiores máculas ao modelo de garantias,[32] sendo acompanhado por Lenio Streck, que afirmou que a reincidência atua como gravame ofensivo às bases em que se assenta o Estado Democrático de Direito, "mormente pelo seu componente estigmatizante, que divide os indivíduos em *aqueles-que-aprenderam-a-conviver-em-sociedade* e *aqueles-que-não-aprenderam-e-insistem-a-continuar-delinquindo*".[33]

Esses articulados críticos fizeram-se presentes, por largo período, na jurisprudência do TJRS, que, em seus julgados, afastou a reincidência, por inconstitucionalidade,[34] ofensa ao *nebis in idem*,[35] inutilidade ou fracasso da pena privativa de liberdade[36] e por entender que ela representava punição pelo modo de ser do indivíduo, em ofensa ao direito de liberdade (art. 5º).[37]

---

[29] SANTOS, Juarez Cirino dos. *Direito Penal*: a Nova Parte Geral. Rio de Janeiro: Forense, 1985, p. 245.

[30] Apelação-Crime nº 70018928101, Quinta Câmara Criminal, Tribunal de Justiça do RS, Relator: Amilton Bueno de Carvalho, Julgado em 30/05/2007.

[31] ZAFFARONI, Eugenio Raúl; PIERANGELI, José Henrique. *Manual de Direito Penal Brasileiro*. Parte Geral. 2. ed. São Paulo: Revista dos Tribunais, 1999, p. 610.

[32] CARVALHO, Salo de. *Aplicação da Pena e Garantismo*. Rio de Janeiro: Lumem Juris, 2001, p. 57.

[33] STRECK, Lenio Luiz. *Tribunal do Júri* – Símbolos e Rituais. 3. ed. Porto Alegre: Livraria do Advogado, 1998, p. 63-68.

[34] Apelação-Crime nº 70024092819, Quinta Câmara Criminal, Tribunal de Justiça do RS, Relator: Amilton Bueno de Carvalho, Julgado em 11/06/2008.

[35] Apelações 70001004530 e 70001014810, 6ª Câmara TJRS, rel. Des. Sylvio Baptista Neto, e Embargos Infringentes 70000916197, 3º Grupo Crim. do TJRS, rel. Des. Paulo Moacir Aguiar Vieira.

[36] A ofensa ao *ne bis in idem* decorreria da maior punição por fato pretérito objeto de punição própria e também, expressando-se também como pena tarifada e resultado da opção do legislador pelo denominado direito penal de autor. Ver: NASSIF, Aramis. Reincidência: Necessidade de um novo Paradigma. In: *Revista Ibero-Americana de Ciências Penais*. Porto Alegre, Evangraf, set/dez/2001, nº 4, p. 19 e seg.

[37] Apelações 70001004530 e 70001014810, 6ª Câmara Criminal do TJRS, referidas por Salo de Carvalho, op. cit.

No entanto a agravante continua sendo reconhecida pelos juízes e Tribunais do País. A Suprema Corte conheceu, mas afastou, as teses de inconstitucionalidade[38] e de ofensa ao *ne bis in idem*,[39] e, em face desses e de outros pronunciamentos, o TJRS preservou o entendimento anterior sobre a matéria,[40] também reconhecendo que as Câmaras Criminais não detêm competência para reconhecer a inconstitucionalidade de lei ordinária, haja vista a cláusula que reserva ao Plenário decisão orientada a essa finalidade (Enunciado nº 10 da Súmula Vinculante do STF).[41]

O fato caracterizador da reincidência não poderá, simultaneamente, servir de causa para a negativa valoração dos antecedentes, pois isso implicaria violação da regra do *ne bis in idem*.[42] A proibição está atualmente sumulada no STJ (Enunciado nº 241).

Escapa dessa proibição, entretanto, a hipótese de condenações definitivas por diferentes fatos por serem distintas as causas para o simultâneo reconhecimento dos maus antecedentes e da reincidência. Esse é também o pensar de José Baltazar Júnior, citando jurisprudência do Tribunal Regional Federal da 4ª Região.[43]

O Supremo Tribunal Federal vem decidindo no sentido ora proposto.[44]

---

[38] Nesse sentido: HC. 92.626, 1ª Turma, Rel. Min. Ricardo Lewandowski, julgado em 25.3.2008. Ainda: "... 3. Este Supremo Tribunal Federal sempre reputou válida a fixação da circunstância agravante da reincidência, não entendendo haver ilegalidade ou inconstitucionalidade a ser reconhecida. 4. *Habeas Corpus* denegado" (HC 93969, Relator(a): Min. CÁRMEN LÚCIA, Primeira Turma, julgado em 22/04/2008. No mesmo sentido: RE 453000/RS, rel. Min. Marco Aurélio, 4.4.2013.

[39] "... A condenação em processo anterior opera como agravante: há reincidência no sentido técnico, e o juiz não tem escolha quanto às suas consequências. Não ocorre ofensa ao princípio ne bis in idem. Precedentes do STF (HHCC 71.593 e 72.664, entre outros). Habeas corpus indeferido" (HC 73150-3, Rel. Min. Francisco Rezek). No mesmo sentido: "O aumento da pena em função da reincidência encontra-se expressivamente prevista no art. 61, I, do CP, não constituindo, *bis in idem*." (HC 92.626, Rel. Min. Ricardo Lewandowski, julgamento em 25.3.08, 1ª Turma, DJE de 2.5.08). Ainda: HC 94.449, Rel. Min. Joaquim Barbosa, julgamento em 1º.12.09, 2ª Turma, DJE de 18.12.09; HC 95.398, Rel. Min. Cármen Lúcia, julgamento em 4.8.09, 1ª Turma, DJE de 4.9.09; HC 94.816, Rel. Min. Eros Grau, julgamento em 4.8.09, 2ª Turma, DJE de 23.10.09.

[40] Apelação-Crime nº 70028961621, Oitava Câmara Criminal, Tribunal de Justiça do RS, Relator: Dálvio Leite Dias Teixeira, Julgado em 25/08/2010 e Apelação-Crime nº 70036825099, Sexta Câmara Criminal, Tribunal de Justiça do RS, Relator: Cláudio Baldino Maciel, Julgado em 29/07/2010, dentre outros julgados.

[41] Apelação-Crime nº 70037159621, Quinta Câmara Criminal, Tribunal de Justiça do RS, Relator: Aramis Nassif, Julgado em 25/08/2010.

[42] "Jurisprudência de ambas as Turmas desta Corte no sentido de que o fato que serve para justificar a agravante da reincidência não pode ser levado à conta de maus antecedentes para fundamentar a fixação da pena-base acima do mínimo legal (CP, art. 59), sob pena de incorrer em *bis in idem*." (HC 80.066, Rel. Min. Ilmar Galvão, julgamento em 13.6.2000, Primeira Turma, DJ de 6.10.2000). No mesmo sentido:HC 98.992, Rel. Min. Ellen Gracie, julgamento em 15.12.2009, Segunda Turma, DJE de 12.2.2010; HC 74.023, Rel. Min. Moreira Alves, julgamento em 13.6.2000, Plenário, DJ de 6.10.2000; HC 75.889, Rel. p/o ac. Min. Maurício Corrêa, julgamento em 17.3.1998, Segunda Turma, DJ de 19.6.1998. No TJRS: "(...) Na fixação da pena-base, não pode o juiz considerar como maus antecedentes a reincidência e depois proceder, novamente, ao aumento decorrente desta agravante. Dupla majoração. Procedência parcial da Revisão, para redimensionamento da pena, eis que presente circunstância que autoriza diminuição especial da pena. Afastamento do quantitativo sancionatório advindo com a segunda operação" (Revisão Criminal nº 294244892, Câmaras Criminais Reunidas do TARGS, Rel. Vasco Della Giustina, 27.03.95).No mesmo sentido: Apelação-Crime nº 696059021, 3ª Câmara Criminal TJRGS, Rel. Des. José Eugênio Tedesco, j. 29.08.96.

[43] BALTAZAR JR., José Paulo. *Sentença Penal*. Porto Alegre: Verbo Jurídico. 2007, p. 169.

[44] "Não é nula a sentença que considera, para a elevação da pena-base pelos maus antecedentes e para a configuração da agravante de reincidência, condenações distintas." (HC 94.839, Rel. Min. Cezar Peluso, julgamento em 8.9.2009, Segunda Turma, DJE de 16.10.2009.) No mesmo sentido: HC 101.579, rel. min. Dias Toffoli, julgamento em 4.10.2011, Primeira Turma, DJE de 20.10.2011; HC 107.556, Rel. Min. Ricardo Lewandowski, julgamento em 31.5.2011, Primeira Turma, DJE de 1º.7.2011; HC 96.771, Rel. Min. Gilmar Mendes, julgamento em 17.8.2010, Segunda Turma, DJE de 3.9.2010; HC 98.992, Rel. Min. Ellen Gracie, julgamento em 15.12.2009, Segunda Turma, DJE de 12.2.2010; HC 94.023, Rel. Min. Eros Grau, julgamento em 10.11.2009, Segunda Turma, DJE de 4.12.2009. Vide: HC 98.803, Rel. Min. Ellen Gracie, julgamento em 18.8.2009, Segunda Turma, DJE de 11.9.2009.

---

das PENAS e seus CRITÉRIOS de APLICAÇÃO

O inciso I do art. 64 do CP declara que, para efeito de reincidência, não prevalece a condenação anterior se, entre a data do cumprimento ou extinção da pena e a infração posterior, tiver decorrido período de tempo superior a cinco anos, computado o período de prova, da suspensão ou do livramento condicional, se não ocorrer revogação.

Havia precedentes que, em face dessa *prescrição da reincidência,* recomendando que a condenação pelo fato anterior fosse fundamentadamente utilizada pelo juiz como fator para a valoração negativa dos antecedentes judiciais, no momento da fixação da pena-base.[45]

Desde a primeira edição deste livro manifestamos posição contrária a esse entendimento, por consagrar o paradoxo da limitação temporal do mais grave (a reincidência) e a eternização do mais leve (os maus antecedentes advindos de condenação pretérita).

Esse também seria o entendimento de Salo de Carvalho, ao advogar, invocando nossa posição e precedentes no mesmo sentido, a incidência da analogia, para reclamar o reconhecimento da temporariedade de efeitos também para os antecedentes.[46]A posição recebeu chancela de Guilherme de Souza Nucci[47] e Leonardo Massud,[48] em suas excelentes obras e, depois de alguma vacilação, acabou pacificando-se no Supremo Tribunal Federal em Acórdãos que,[49] para honra nossa, citaram este livro como fonte de pesquisas.[50] Para evitarmos redundâncias, remetemos o leitor ao capítulo anterior, onde aprofundamos a discussão quando da análise dos *antecedentes* e destacamos outros precedentes da mesma Suprema Corte no mesmo sentido.

O reconhecimento da reincidência leva à perda da primariedade, embora o inverso não seja verdadeiro, pois, como estamos acentuando, seu pressuposto é o trânsito em julgado da sentença condenatória antes da prática do ilícito subsequente.[51]

O Código Penal contemplava duas espécies de reincidência: a genérica e a específica.[52] O critério diferenciador era o da espécie não idêntica (reincidência genérica) ou idêntica (reincidência específica) de crimes.

---

[45] Admissibilidade da consideração, a título de maus antecedentes, de sentença condenatória, malgrado a consequente declaração da extinção da punibilidade, por força de prescrição retroativa segundo a pena concretizada (*Habeas Corpus* nº 70752-1/SP, Rel. Min. Sepúlveda Pertence, DJU 06.05.94, p. 10.470). Não subsiste a sentença condenatória para fins de reincidência, conquanto declarada a prescrição da pretensão punitiva. Entretanto, perduram os antecedentes no exame das circunstâncias judiciais (Apelação-Crime nº 940451142-0/RS, TRF da 4ª Região, Rel. Juíza Tania Escobar, j. 05.10.95, un.). No STF: "Esta Corte tem orientação pacífica de que condenação criminal não considerada para efeito de reincidência em razão de decurso de prazo previsto no art. 64, I, do CP pode vir a sê-lo para efeito de maus antecedentes quando da análise das circunstâncias judiciais na dosimetria da pena." (HC 98.803, Rel. Min. Ellen Gracie, julgamento em 18.8.2009, Segunda Turma, DJE de 11.9.2009.) No mesmo sentido: HC 97.390, Rel. Min. Ricardo Lewandowski, julgamento em 31.8.2010, Primeira Turma, DJE de 24.9.2010. Vide: HC 94.839, Rel. Min. Cezar Peluso, julgamento em 8.9.2009, Segunda Turma, DJE de 16.10.2009.

[46] CARVALHO, Salo de. CARVALHO, Amilton Bueno de. Aplicação da Pena e Garantismo.Rio de Janeiro: Lumem Juris, 2001, p. 44.

[47] NUCCI. Guilherme de Souza. Individualização da Pena. São Paulo: Revista dos Tribunais, 2005, p. 200.

[48] MASSUD. Leonardo. Da Pena e sua Fixação. São Paulo: DJP Editora, 2009, p. 158.

[49] HC 110.191/RJ, rel. Min. Gilmar Mendes – HC 125.586/SP, rel. Min. Dias Toffoli – HC 126.315/SP, rel. Min. Gilmar Mendes – HC 130.500/RJ, rel. min. Dias Toffoli – HC 130.613, rel. Min Dias Toffoli – HC 133.077, rel. Min. Carmen Lucia Medida Cautelar no HC n. 143.411--(848) origem: 369632, STJ, Relator Min. Celso de Mello.

[50] Medida Cautelar no HC n. 143.411--(848) origem: 369632, STJ, Relator Min. Celso de Mello; HABEAS CORPUS 145.923, Rel. Min. Celso de Mello e MEDIDA CAUTELAR NO *HABEAS CORPUS* 156.043, Rel. Min. Celso de Mello.

[51] "Reincidência. Não a caracteriza a prática de novo crime antes do trânsito em julgado da sentença condenatória por crime anterior" (Rev. Julgados do TARS, v. 36, p. 167).

[52] Revista JULGADOS do TARGS, v. 36, p. 231.

Essa classificação foi reavivada pela Lei 8.072/90, que introduziu um inciso ao artigo 83 do CP,[53] e pela Lei 9.714/98, que produziu a segunda grande modificação da Parte Geral do Código Penal.[54]

Com isso, a polêmica retornou. É reincidente específico quem volta a praticar o *mesmo crime* ou qualquer outro previsto no *mesmo capítulo* por ofensa ao *mesmo bem jurídico*?

Interpretando a Lei 8.072/90, a jurisprudência estabeleceu que o reincidente específico é aquele condenado por qualquer crime hediondo,[55] diversamente do previsto na Lei 9.714/98, que veda a substituição da pena privativa de liberdade por restritiva quando a reincidência se operar "em virtude da prática do *mesmo crime*" (art. 44, § 2º, do CP), isto é, definido no mesmo tipo penal. A Lei 13.964/2019 parece ter preservado essa lógica na parte em que regula as progressões nos regimes (ver art. 4º).

Embora a reincidência a que se refere o texto legal seja por crime doloso, não descartamos a hipótese de que os tribunais venham a estender a previsão do inciso II do art. 44 do CP. também aos crimes culposos (mesmo realizando interpretação *in malam parte*), sob o pretexto de necessidade de punir mais rigorosamente os que causam infrações no trânsito de veículos.

De qualquer modo, registre-se que, além dessa circunstância objetiva, o acusado, para conseguir a substituição da pena privativa por restritiva, precisará satisfazer as condições subjetivas apontadas na lei, sem embargo de, assim mesmo, poder o magistrado rejeitar o pedido lastreado na desfavorabilidade das circunstâncias do artigo 59 do CP, em sua maioria repristinadas pelo inciso III do artigo 44 do mesmo Código.

Os crimes propriamente militares, bem como os crimes políticos, acham-se excluídos dos efeitos da reincidência.

A reincidência é considerada como agravante preponderante (art. 67 do CP) e, para evitarmos tautologia, no momento próprio, um pouco adiante, examinaremos como ela influencia na individualização da pena provisória quando estiver em concurso com *atenuantes* preponderantes e não preponderantes.

Anote-se, por fim, que a reincidência atua como causa para o de 1/3 do prazo da prescrição estabelecido para o crime (art. 110 do CP). A prescrição a que se refere o dispositivo é a *executória*.[56]

9.2.2. A motivação fútil ou torpe

A conduta humana é essencialmente teleológica, porque o indivíduo em sua vida diária elege prioridades e organiza projetos para alcançá-las. Não há nada que possa ser feito sem uma razão aparente.

---

[53] "cumprido mais de dois terços da pena, nos casos de condenação por crime hediondo, prática da tortura, tráfico ilícito de entorpecentes e drogas afins, e terrorismo, se o apenado não for reincidente específico em crimes dessa natureza" (inc. V do art. 83).

[54] "Se o condenado for reincidente, o juiz poderá aplicar a substituição, desde que, em face de condenação anterior, a medida seja socialmente recomendável e a reincidência não se tenha operado em virtude da prática do mesmo crime" (§ 3º do art. 44).

[55] JESUS, Damásio Evangelista de. *Novas Questões Criminais*. São Paulo: Saraiva, 1993, p. 117.

[56] Nesse sentido: Enunciado n. 220 da Súmula do STJ e COSTA, Leonardo Luiz de Figueiredo, Prescrição Penal, in OLIVEIRA, Eugênio Pacelli de. *Direito e Processo Penal na Justiça Federal*, Doutrina e Jurisprudência (coord.). Atlas, São Paulo, 2011, p. 188.

A motivação pode impregnar-se de valor positivo quando, por exemplo, alguém realiza determinada ação em defesa do nome da pátria ou do bom nome de sua família; pode ser desvaliosa quando impulsiona proceder vingativo, odioso, abjeto, libidinoso, lascivo, etc., e, assim, justificar abrandamento ou exasperação da pena-base.

Por motivo fútil há que se entender o desproporcional, o insignificante, revelador da insensibilidade moral do autor,[57] como, por exemplo, o decorrente de discussão pueril sobre a mera desconfiança da infidelidade da esposa,[58] de recusa em fornecer carona[59] ou decorrente do fato de a vítima pertencer a outro grupo de pessoas que não o do réu[60] ou da recusa de dar ao criminoso um pedaço de rapadura...

O motivo fútil não se confunde com o motivo injusto, pois é desprovido de razão que deixa o crime, por assim dizer, vazio de causa.[61]

Mesmo que, por hipótese, alguém pudesse cometer crime *sem motivos*,[62] sua conduta, conforme precedentes, seria equiparada à do criminoso que age por motivo fútil.[63]

O ciúme, como manifestação própria do ser humano, embora precedentes em contrário,[64] exatamente por isso, não pode ser enquadrado como motivo fútil.[65]

Diverso é o motivo torpe.

Este é o abjeto, que gera repugnância, como a inveja, a libidinagem, a paga, a promessa de recompensa, a cobiça. Acertadamente lembra Fernando Galvão que a torpeza é uma qualidade (negativa) que ofende a nobreza do espírito humano e, "ao contrário da consideração da futilidade, a avaliação da torpeza deve levar em conta os padrões valorativos predominantes na sociedade".[66]

Aquele que leva uma bofetada e passa anos imaginando o dia de vingar-se do ofensor, com certeza, revelará motivação torpe, inaceitável, o que é válido dizer em relação à conduta daquele que sai em desabalada carreira à procura do algoz que, momentos antes de chegar em casa, causara mal injusto e grave a membro da família...

A vingança, na dependência do que a originou, pode ou não, portanto, entrar nessa[67] não prescindindo, contudo, de avaliação detida do caso concreto, nomeadamente sob a perspectiva do pensamento do grupo social do lugar em que ocorreu o fato.[68]

---

[57] Revisão nº 69404019266, 1º Grupo Criminal do TJRS, Rel. Des. Guilherme Oliveira de Souza Castro, 26.08.95.

[58] Embargos Infringentes nº 70027148089, 20 Grupo de Câmaras Criminais, Tribunal de Justiça do RS, Relator: Gaspar Marques Batista, Julgado em 14/11/2008.

[59] Apelação-Crime nº 70018565762, 2ª Câm. Criminal, Tribunal de Justiça do RS, Relator: José Antônio Cidade Pitrez, Julgado em 11/10/2007.

[60] Apelação-Crime nº 70015955511, 3ª Câm. Criminal, Tribunal de Justiça do RS, Relator: Vladimir Giacomuzzi, Julgado em 14/09/2006.

[61] Recurso Estrito nº 696044114, 4ª Câm. Criminal do TJRGS, Rel. Des. Fernando Mottola, j. 17.04.96, un.

[62] Nesse sentido: Rev. Jur. do TJRGS, v. 109, p. 75.

[63] "A ausência de motivo equipara-se, para os devidos fins legais, ao motivo fútil, porquanto seria um contra-senso conceber que o legislador punisse com pena maior aquele que mata por futilidade, permitindo que o que age sem qualquer motivo receba sanção mais branda" (Rec., Rel. Costa e Silva, JM 95/389 e RT 622/332. *In*: FRANCO, Alberto. *Código Penal e sua Interpretação Jurisprudencial*. São Paulo, RT, 1995, p. 755).

[64] *RT* 691/310 e *Rev. de Julgados do Tribunal de Alçada Criminal de SP*, v. 40, p. 197.

[65] Nesse sentido: Recurso-Crime nº 695113183, 3ª Câm. riminal do TJRGS, Rel. Des. Aristides Pedroso de Albuquerque Neto, j. 19.10.95.

[66] GALVÃO, Fernando. *Aplicação da Pena*. Belo Horizonte: Del Rey, 1995, p. 168.

[67] Rev. Jur. do TJRGS v. 90, p. 47, 86 e 92, e Recurso-Crime nº 696108786, 3ª Câmara Criminal TJRGS, Rel. Des. Nilo Wolff, j. 29.08.96, un.

[68] "Nem sempre a vingança induz, obrigatoriamente, à torpeza, conforme vem se firmando na jurisprudência predominante. A realidade fática vertida nos autos, pelas características e pelas circunstâncias noticiadas no almanaque

Certo que não se configurará a agravante em caso de rixa[69] ou de imediata reação à agressão anterior[70] por não transparecer nesses casos a sordidez, a abjeção ou a ignomínia na ação.

Assim como a reincidência, os motivos, quando incidirem como agravantes (por serem fúteis ou torpes), ou como atenuantes (relevante valor social ou moral – letra "a" do inciso III do art. 65) o farão em caráter preponderante em relação às agravantes e atenuantes listadas nos arts. 61 a 65 do CP.

Essa natureza das causas legais preponderantes, contemplada no art. 67 do CP, será analisada no momento próprio, para não incorrermos em redundâncias.

9.2.3. A facilitação para assegurar a execução, a ocultação, a impunidade ou vantagem de outro crime

As causas de agravação de pena suprarreferidas são subjetivas e encobrem específica motivação revestida de particular ignomínia e intensa reprovabilidade. Por isso, se não estivessem explicitamente previstas em dispositivo próprio, poderiam pertencer ao objeto da motivação torpe.

Essa espécie de agravante, em suas variações, pressupõe crime anterior, concomitante ou posterior àquele cuja pena-base deverá ser acrescida da quantidade de pena determinada pelas finalidades apontadas: a facilitação para assegurar a execução, a impunidade ou a vantagem do crime cometido pelo próprio acusado ou por terceiro.

O agente, então, responderá, como é natural, por todos os crimes, consumados ou tentados, com a particularidade de ter mais exacerbada a pena provisória relativa ao segundo fato, por causa da incidência da agravante, em relação à pena cabível pelo crime anterior.

Segue-se que, se não subsistir a conclusão sobre a prática criminosa que teria objetivado a ocultação, a impunidade ou a vantagem de outro crime, a circunstância da alínea "b", ora em comento, não pode ser reconhecida na sentença condenatória pertinente ao crime subsequente.[71]

Há, pois, entre os fatos relação de *conexidade* (empregada esta palavra sem o sentido próprio da lei processual penal), de modo que um se apresentará ao juiz como fim, e o outro, como crime-meio.

Assim, por exemplo, atear fogo à casa para eliminar em meios às cinzas os vestígios deixados pelo crime é conduta definida como crime no art. 250, cuja pena-base deverá ser elevada por causa dos fins apontados, sem prejuízo da imposição da pena correspondente ao crime anterior, a ser executada em conformidade com a regra do cúmulo material (art. 69 do CP).

Na lição de Paulo José da Costa Jr., a conexidade entre os ilícitos pode ser *teleológica* ou *consequencial*. "Será teleológica quando um crime venha a ser praticado

---

probatório, é que deve nortear o julgador na acolhida ou na rejeição da pretensão ministerial, de querer qualificar a ação homicida nas iras do inc. I do § 2º do art. 121 do Código Penal. O simples alegar de que entre os dois homens havia uma 'rixa antiga' não deixa transparecer sordidez, abjeção ou ignomía na ação do homicida. Proveram o recurso defensório e afastaram a qualificadora da vingança. Unânime" (Recurso-Crime nº 696189075, 1ª Câmara Criminal do TJRGS, Rel. Des. Luiz Felipe Vasques de Magalhães, j. 23.10.96, un.).

[69] *Rev. de Jur. do TJRS*, v. 181, p. 149.

[70] Idem, p. 148.

[71] HC. n. 78.382-9/SP, STF., Min. Marco Aurélio, v. u, DJU de 14.5.199).

como meio para facilitar ou assegurar a execução de outro (matar o vigia para assaltar a casa)".[72] É claro que, se a hipótese for contemplada como qualificadora, não poderá ser, ao mesmo tempo, considerada como agravante genérica, como parece ocorrer no exemplo apontado pelo eminente professor, haja vista a tipificação no inciso V do § 2º do artigo 121 do CP do homicídio qualificado se cometido "para assegurar a execução, a ocultação, a impunidade ou vantagem de outro crime".

Outrossim, "na conexão consequencial, existe uma relação lógica, de causa e efeito, entre os dois crimes (matar a testemunha presencial do crime para assegurar a impunidade). A doutrina ainda se refere a uma terceira modalidade de conexão, dita ocasional, não prevista pela lei (um crime é praticado por ocasião da prática de outro)".[73]

A agravante não incide no apenamento dos crimes complexos (art. 103 do CP), formais (art. 70 do CP) e continuados (art. 71 do CP), já que, em todos, ainda que no último por mera ficção da lei, há unidade de delitos, embora a presença ocasional de desígnios independentes. É também inadmissível no concurso de crimes quando a agravante for reconhecida como elementar de um deles, no exemplo da receptação (art. 180 do CP) que, para configurar-se como crime, depende que a "coisa" seja produto de crime e que disso tenha conhecimento o receptador.

Diversa é a conclusão se, em relação ao crime anterior, for declarada extinta a punibilidade.[74] O perecimento do *jus puniendi* não faz desaparecer do mundo fenomênico os efeitos da conduta criminosa.

9.2.4. À traição, de emboscada, ou mediante dissimulação ou outro recurso que dificultou ou tornou impossível a defesa do ofendido

São diversos os modos de agir eleitos e relacionados na letra "c" do inciso II do art. 61 para propiciar a maior reprovação penal.

A traição é censurável nos planos moral e jurídico. Ela é indicativa de uma deformação de caráter. Nem sempre a traição é seguida de crime, entretanto. Assim, no exemplo do cônjuge que descumpre o dever de fidelidade, ou do indivíduo que delata, que *entrega* o amigo, no paradigmático exemplo de Judas *entregando* Jesus Cristo aos soldados romanos.

O instituto da *delação premiada* tem sido muito criticado porque valoriza a *traição,* tendo passado, nas palavras de José Carlos Teixeira Giorgis "... por instantes de opróbrio e repugnância, consistindo em um vocábulo que traduz acusação secreta ou divulgação de algo sigiloso ou ignorado, e que teve opulência em fases de inquisição ou autoritarismo".[75]

O sentido proposto pelo Código Penal, contudo, é específico. Há traição quando o autor realiza a conduta criminosa sem chances para a vítima reagir minimamente ao ataque. Age à traição aquele que agride *pelas costas,* de inopino, pegando a vítima desprevenida, alheia ao ataque. Como disse José Paulo Baltazar, na traição o ataque é "inesperado".[76]

---

[72] COSTA JR., Paulo José da. *Curso de Direito Penal.* São Paulo: Saraiva, 1991, p. 170.

[73] Idem, ibidem

[74] BALTAZAR JR., José Paulo. *Sentença Penal.* 3. ed. Porto Alegre: Verbo Jurídico, 2007, p. 171.

[75] GIORGIS, José Carlos Teixeira. *A delação premiada.* ADV Advocacia Dinâmica: Boletim Informativo Semanal, n. 2, p. 34-33, 2006, p. 34.

[76] BALTAZAR JR., op. cit., p. 172.

A emboscada corresponde à *tocaia,* à pacienciosa *espera* pelo criminoso oculto, para poder colher a vítima com sucesso, desprevenida, despreparada, de surpresa, isto é, nos mesmos moldes da traição, seja durante a *passagem* por caminho conhecido ou mesmo no instante em que estiver chegando ao seu destino.

Dissimulado é, outrossim, o autor *malicioso, disfarçado,* sorrateiro, que sugere estar fazendo uma coisa para poder enganar a vítima quanto ao seu verdadeiro objetivo. Disse muito bem Guilherme Nucci: na dissimulação há o "despistamento da vontade hostil, fomentando a ilusão na vítima de que não lhe representa perigo algum. Assim, escondendo a vontade ilícita, o agente ganha maior proximidade de quem pretende atingir, podendo, inclusive, fingir amizade para atacar, levando nítida vantagem e dificultando ou impedindo a defesa".[77]

A premeditação e o inopino[78] são denominadores comuns na traição, na emboscada e na dissimulação, circunstâncias modais agravantes que, no homicídio, exercem o papel de qualificadoras (art. 121, § 2°, inc. IV).

O legislador – como também o fez ao discriminar as agravantes da alínea seguinte – adotou na letra "c", depois de discriminar a traição, a emboscada e a dissimulação, outra causa modal genérica de intensificação do nível de censura ao mencionar o uso de "outro recurso que dificultou ou tornou impossível a defesa do ofendido".

Não se trata, propriamente, de emprego de analogia ou de aplicação extensiva, e sim de ampliação dos sentidos potencializados pela lei na letra "c" ante o uso das expressões *traição, emboscada* e *dissimulação.* Aliás, tanto a analogia quanto à interpretação extensiva são incompatíveis com o princípio da legalidade das penas e dos crimes – salvo *in bonam partem* (Código Penal, art. 1°, e CF, art. 5°, inciso XXXIX).

Esclarece Francisco de Assis Toledo que, na interpretação extensiva, amplia-se o espectro de incidência da norma legal de modo a situar, sob seu alcance, fatos que, numa interpretação restritiva (procedimento oposto), ficariam fora desse alcance. Não se trata, aqui, de analogia, visto que a ampliação referida está contida *in potentia* nas palavras, mais ou menos abrangentes, da própria lei.[79]

A jurisprudência reconhece, aliás, que se um dispositivo legal, como o que estamos comentando, contiver fórmula exemplificativa acompanhada de cláusula genérica, deve-se entender que esta, segundo o princípio de interpretação extensiva, somente compreende os casos similares aos destacados por aquela. De outro modo, seria inteiramente ociosa a exemplificação, além do que o dispositivo redundaria no absurdo de equiparar, grosso modo, coisas desiguais.

Assim, o "outro recurso" a que se refere o texto legal só pode ser aquele que, como a traição, a emboscada, ou a dissimulação, tenha caráter insidioso, aleivoso,

---

[77] NUCCI. Guilherme de Souza. *Individualização da Pena.* São Paulo: Revista dos Tribunais, 2005, p. 251.

[78] "Para que se caracterize a qualificadora do inc. IV do § 2° do art. 121, em qualquer de suas nuanças, é indispensável que o ofendido tenha sido surpreendido por um ataque súbito ou sorrateiro, quando estava descuidado ou confiante, o que não ocorre com quem é abatido pelas costas ao fugir de quem intentava agredi-lo" (Recurso Estrito n° 696044114, 4ª Câmara Criminal do TJRGS, Rel. Des. Fernando Mottola, j. 17.04.96, un.). "Quanto à qualificadora da emboscada, sabido que, para sua configuração, é necessária a espera, por parte do agente da passagem ou chegada da vítima descuidada, para feri-la de improviso. Reconstituintes incoerentes da única testemunha presencial sobre o tema, uma delas apontando existência da causa de qualificação, impõem o acolhimento na decisão de pronúncia. Deram parcial provimento ao recurso. Unânime" (Recurso-Crime n° 696024157, 3ª Câmara Criminal do TJRGS, Rel. Des. Aristides Pedroso de Albuquerque Neto, j. 18.04.96).

[79] TOLEDO, Francisco de Assis. *Princípios Básicos de Direito Penal.* São Paulo: Saraiva, 1986, p. 26.

sub-reptício,[80] como acontece no caso em que a vítima é colhida de surpresa, podendo sê-lo à traição ou mesmo dissimuladamente.

Há surpresa, ou seja, modo de ação, recurso que torna difícil ou impossível a defesa do ofendido, reconhecida como agravante com perfil autônomo, por causa da redação conferida à letra "c", ora comentada, quando a vítima não tem razões para esperar o procedimento subitâneo, inopinado, agressivo do agente.[81]

Por isso, entende a jurisprudência que não incide a agravante da surpresa sempre que o fato for precedido de discussão entre autor e vítima, ameaças recíprocas[82] ou quando existentes conflitos anteriores[83] entre ambos, a sugerirem estado de maior prevenção e cuidados.

A surpresa, para poder atuar como causa de modificação da pena-base, há que estar destituída então de razões próximas ou remotas que façam a vítima supor, suspeitar ou esperar pelo ataque.[84]

9.2.5. Veneno, fogo, explosivo, tortura ou outro meio insidioso ou cruel, ou de que podia resultar perigo comum

Na letra "d", o legislador discriminou as espécies de meios insidiosos que não necessariamente, mas só eventualmente, poderiam ser subsumidos na letra anterior.

O veneno é a primeira delas. Foi largamente utilizado e continua sendo na história da humanidade, inclusive como instrumento para a execução das penas. Sócrates foi condenado à morte e obrigado a beber cicuta.

O uso do veneno – é bom alertar – não é proibido, e sim permitido no País, nas áreas da pesquisa de medicamentos e do agronegócio. Sem o veneno não seria possível a produção da quantidade fantástica de alimentos necessária para alimentar bilhões de pessoas. O Brasil, aliás, aprovou a Lei 7.802, de 11 de julho de 1989, dispondo sobre a pesquisa, a experimentação, a produção, a embalagem e rotulagem, o transporte, o armazenamento, a comercialização, a propaganda comercial, a utilização, a importação, a exportação, o destino final dos resíduos e embalagens, o registro, a classificação, o controle, a inspeção e a fiscalização de agrotóxicos, seus componentes e afins, e dá outras providências.

No entanto, quando o veneno for utilizado como *instrumento* para a prática de crime atuará como fator de maior reprovação, porque o uso não se dissocia da dissimulação, da surpresa ou da perfídia. Segue-se, então, que a agravante em tela, pelas razões expostas, não poderá ser utilizada pelo juiz por causa da proibição da dupla valoração quando o veneno for elementar típica em condutas definidas como criminosas na referida Lei Especial 7.802.

A vítima pode ser morta instantaneamente, mediante a introdução em seu organismo, durante a refeição servida em clima de rotina aparente, de alta dose de elemento químico letal, sem antídoto, como o arsênio. Pode também ser *envenenada* lentamente, com a ingestão ou a introdução durante o sono, por exemplo, de doses ínfimas de

---

[80] RJTSP, v. 26, p. 401, Rel. Denser de Sá, comentando texto de Nelson Hungria. In: FRANCO, op. cit., p. 765.

[81] Apelação-Crime nº 70011958873, 2ª Câm. Criminal, TJRS, Rel. Lúcia de Fátima Cerveira, j. 29.1.08.

[82] Recurso-Crime nº 695200352, 1ª Câm. Criminal do TJRS, Rel. Des. Érico Barone Pires, j. 20.03.96.

[83] Recurso Estrito nº 696207018, 3ª Câm. Criminal do TJRS, Rel. Des. Fernando Mottola, j. 05.12.96.

[84] Recurso-Crime nº 696254648, 3ª Câm. Criminal do TJRS, Rel. Des. Nilo Wolff.

substância venenosa capaz de danificar seriamente o seu organismo e levá-la progressivamente à morte.

O fogo é outra modalidade com que se apresenta a agravante da letra "d", porque põe em perigo, além da vítima, número incerto de pessoas, sequer visadas pelo agente. Convém repetir: a agravante pressupõe fogo utilizado como *instrumento* do crime e não pode ser obviamente reconhecida com essa natureza para aumentar a pena do crime de incêndio (art. 250) mediante a utilização de substâncias inflamáveis (gasolina, álcool, óleo diesel, querosene, etc.). Haveria nessa situação ofensa ao *bis in idem* porque o fogo é *elementar* do tipo penal do crime de incêndio.

O explosivo é a substância ou conjunto de substâncias sensíveis e capazes de produzir a liberação de gases e calor em espaços de tempo muito curtos. Com o calor, os gases entram em expansão e, gerando ondas, causam destruições e mortes. A criminalidade com recurso a substâncias explosivas é um fenômeno corrente em vários países do mundo, o que tem levado a comunidade internacional a adotar medidas visando a controlar e a tipificar o seu uso para aumentar os níveis de segurança individual e coletiva.

O cometimento de crime com uso de explosivos (p. ex. dinamite para destruir um cofre) é alcançado, portanto, pela circunstância legal em tela, pela necessidade de maior reprovação social em razão do perigo comum ínsito ao uso do explosivo.

A tortura é a imposição de dor física, psicológica, de intenso e cruel sofrimento à vítima. Não há tortura sem violência. Ambas andam de mãos dadas.

Como instrumento para a subjugação, para a dominação e a reprodução do poder político e espiritual, a tortura foi largamente utilizada na Idade Média pelo Estado-Igreja e seus Tribunais da Inquisição. Foi o primeiro recurso utilizado pelos inquisidores destinado à obtenção da confissão das pessoas acusadas de heresia e, em seu nome, foram cometidas as maiores atrocidades, como se pode ler no *Martelo das Feiticeiras*,[85] em Pietro Verri, em seu *Observações sobre a Tortura*[86] e em Michel Foucault e seu famoso *Vigiar e Punir*,[87] dentre centenas de outras publicações importantes.

Sensível aos movimentos mundiais, o Brasil, pela Lei 9.455, de 7 de abril de 1997,[88] tipificou a tortura como crime comum e não como crime próprio de representantes do Estado. Por isso pode ser sujeito ativo qualquer pessoa, muito embora as recomendações da Convenção contra Tortura e outros Tratamentos ou Penas Cruéis, Desumanos ou Degradantes, de 1984 de que se deva considerar como sujeito ativo "um funcionário público ou outra pessoa no exercício de suas funções públicas, ou por sua instigação, ou com o seu consentimento ou aquiescência".

O crime em questão, pela lei brasileira, exige dolo específico, porque seu fim é a obtenção de um determinado comportamento da vítima. Dizendo de outro modo, para que a conduta entre na moldura do crime de tortura é imprescindível que o sofrimento

---

[85] KRAMER, Heinrich; SPRENGER, James. *O Martelo das Feiticeiras*. Rio de Janeiro: Rosa dos Tempos, 2005.

[86] VERRI, Pietro. *Observações sobre a Tortura*. Trad. Dalmo de Abreu Dallari. São Paulo: Martins Fontes, 1992.

[87] FOUCAULT, Michel. *Vigiar e Punir*. Rio de Janeiro: Vozes, 1975.

[88] "Art. 1º. Constitui crime de tortura: I – constranger alguém com emprego de violência ou grave ameaça, causando-lhe sofrimento físico ou mental: a) com o fim de obter informação, declaração ou confissão da vítima ou de terceira pessoa; b) para provocar ação ou omissão de natureza criminosa; c) em razão de discriminação racial ou religiosa; II – submeter alguém, sob sua guarda, poder ou autoridade, com emprego de violência ou grave ameaça, a intenso sofrimento físico ou mental, como forma de aplicar castigo pessoal ou medida de caráter preventivo. Pena: Reclusão de dois a oito anos. § 1º. Na mesma pena incorre quem submete pessoa presa ou sujeita à medida de segurança a sofrimento físico ou mental, por intermédio da prática de ato não previsto em lei ou não resultante de medida legal".

físico ou mental causado tenha por escopo a satisfação dos objetivos apontados nos incisos I e II do artigo 1º da citada lei.

Desse modo, sendo a violência física ou mental constitutiva de sofrimento físico visado pelo agente uma elementar do *crime de tortura*, inviável a imposição da agravante da letra "d" para evitar-se ofensa à da regra do *ne bis in idem*.

No entanto a tipificação penal da tortura não eliminou a possibilidade do reconhecimento da agravante da letra "d" sempre que, *a contrario sensu*, a violência física ou mental não tiverem sido utilizadas com vistas aos fins acima referidos.

Nesta alínea, há repetição da técnica comentada no item anterior: depois de se referir ao veneno, ao fogo, ao explosivo e à tortura, o legislador autorizou o enquadramento como agravantes de outras espécies de meios equiparáveis e potencialmente contidos nas expressões *veneno, fogo, explosivo* e *tortura*.

9.2.6. Contra ascendente, descendente, irmão ou cônjuge

A agravante em questão tem por fim reprovar a quebra das relações de confiança, solidariedade, fraternidade, respeito e apoio mútuo, ou seja, dos valores que presidem a vida em família, a célula *mater* da sociedade, constituída pelos avós, pais, filhos, cônjuges e irmãos. Como se pode ver, a lei não limita os graus entre os ascendentes e os descendentes.

O parágrafo único do art. 155 do CPP condiciona a prova do parentesco à exibição do documento correspondente e assim tem sido a orientação na jurisprudência.[89] Particularmente, consideramos que a exigência é muito rigorosa, especialmente se a circunstância agravante, que é objetiva, estiver bem descrita na denúncia e sobre ela não houver oposição da defesa.

É inadmissível a incidência da agravante nas relações de afinidade (pais de criação ou titulares de guarda) e na união estável, ainda que esta, nos termos da Lei Maior, seja reconhecida e mereça a proteção do Estado, nos termos do § 3º do artigo 226 da CF.

Do mesmo modo é inviável a incidência da agravante, quando o casamento for religioso entre o autor do fato e a vítima – mesmo quando celebrado em acordo com as disposições das Leis 1.110/1950 e 6.015/73 (Lei dos Registros Públicos).

Entender o contrário implicaria realizar interpretação restritiva contra o réu, em matéria penal – o que é inadmissível. Mais: ensejaria o reconhecimento de causa para aumento de pena fora dos limites assinalados pelo princípio da legalidade (art. 5º, XXXIX, da CF).

Isso não significa que a lei não possa e ou deva ser editada, para que a agravante alcance autores de crimes contra o(a) parceiro(a), pela mesma lógica que preside a incidência dessa causa de modificação de pena, quando a vítima for casada.

9.2.7. Abuso de autoridade ou prevalecimento de relações domésticas, de coabitação ou de hospitalidade ou com violência contra a mulher

A agravante em questão fundamenta-se no fato de o agente transformar em agressão, no curso de relacionamento privado, o que cumpria ser fraternidade e assistência.

---

[89] Apelação-Crime nº 295062673, 4ª Câmara Criminal do TARS, Rel. Danúbio Edon Franco, j. 13.03.96, un.

Abusa da *autoridade* aquele a quem a lei confere legitimidade para o exercício, v. g., o pai que, por exemplo, castiga, imoderadamente, o filho e responde pelo crime de maus-tratos (art. 136 do CP), com a agravante em questão. Há certa insegurança na definição típica da conduta, quando o detentor (pai ou mãe) exagera em seu poder de corrigir o filho, havendo enquadramentos ora como crime de tortura (Lei 9.455/97), ora como de maus-tratos (art. 136 do CP), residindo no elemento subjetivo (dolo) o critério que propicia realizar a distinção e que autoriza a desclassificação,[90] porque, enfim, em toda a tortura há necessariamente maus-tratos.

O abuso de autoridade a que se refere a letra G do art. 61 do CP é aquele que se verifica no âmbito privado ou, como diz NUCCI, "nas relações de autoridade que se criam entre tutor-tutelado, guardião-pupilo, curador-curatelado etc.".[91]

Portanto, a agravante em tela não se confunde com o abuso praticado por autoridade pública, como órgão ou agente de Estado ou do Governo, nas suas relações com os cidadãos e que estava tipificado como crime na Lei 4.898/65, revogada pela Lei 13.869/2019, que trouxe nova tipificação.

Há abuso das *relações domésticas,* quando o autor do fato, por gozar de maior liberdade de movimentação pela casa, se aproveita dessa vantagem para subjugar a vítima. A agravante é reveladora da quebra da confiança no relacionamento entre as pessoas da casa (entre familiares ou não) e da necessidade de reprovar mais intensamente essa conduta.

Se o abuso for entre pessoas que *coabitam,* isto é, que *convivem* na casa como membros da mesma família – mesmo que não estejam formalmente casadas ou registradas como dependentes – a agravação da pena deflui das mesmas razões éticas e jurídicas apontadas na letra anterior: a quebra da solidariedade, da fraternidade e do auxílio mútuo.

O aumento da pena-base pelo abuso ou prevalecimento nas relações de hospitalidade também pressupõe convivência no mesmo espaço, embora, envolvendo hospedeiro e hóspede, obviamente restrita ao período da hospedagem. A hospitalidade difere da coabitação porque a primeira é precária, ao passo que a segunda é duradoura. A relação de convivência está ínsita na coabitação, mas, na hospitalidade, depende do consentimento do hospedeiro.

Portanto a agravante não exige um relacionamento íntimo entre o agente e a vítima e nem demorada permanência no local, bastando que a presença do infrator tenha nascido de relações de cortesia social do prejudicado.[92]

---

[90] "TORTURA. DESCLASSIFICAÇÃO PARA MAUS TRATOS. O delito tipificado no artigo 1º, inciso II, e § 4º, da Lei nº 9.455/1997 exige que o agente submeta pessoa sob sua guarda a 'intenso sofrimento físico ou mental, como forma de aplicar castigo pessoal ou medida de caráter preventivo'. Por outro lado, se o que motivou o agente foi o desejo de corrigir, ainda que o meio empregado tenha sido desumano e cruel, trata-se de maus-tratos. No caso dos autos, o réu, padrasto da vítima, agindo com animus corrigendi, ultrapassou com desmedida violência os limites da razoabilidade ao utilizar-se do poder disciplinar e meios de correção, o que tipifica sua conduta no delito de maus-tratos, com a causa de aumento do § 3º do art. 136, pois a vítima era, ao tempo do fato, menos de 14 (quatorze) anos. ..." (Apelação-Crime nº 70023135221, Segunda Câmara Criminal, Tribunal de Justiça do RS, Relator: Mario Rocha Lopes Filho, Julgado em 23/06/2010).

[91] NUCCI. Guilherme de Souza. *Individualização da Pena.* São Paulo: Revista dos Tribunais, 2005, p. 255.

[92] Apelação-Crime nº 295011936, 3ª Câmara Criminal, Regime de Exceção do TARS, Rel. Sylvio Baptista Neto, 15.08.95.

Envolvendo crimes com violência, o STJ vem ampliando o relevante campo da Lei Maria da Penha para incluir proteção nos casos que não envolvam o binômio agressor homem e vítima mulher.[93]

Todavia, nos exatos termos da letra *f* do inciso II do art. 61 modificada pela Lei 11.340, de 7 de agosto de 2006 (Lei Maria da Penha), para que a agravante em questão possa incidir, o pressuposto é que vítima da violência tenha sido a *mulher.*

9.2.8. Abuso de poder ou violação de dever inerente a cargo, ofício, ministério ou profissão

Como lembra Mirabete, nesses casos há um desvio por parte de quem está obrigado a um respeito maior à lei,[94] violando-a quando no exercício do cargo, do ofício, do ministério ou da profissão.

Cargo público é "o lugar instituído na organização do funcionalismo, com denominação própria, atribuições específicas e estipêndio correspondente, para ser provido e exercido por um titular, na forma estabelecida em lei".[95]

O provimento pode ser efetivo ou em comissão. O agente desvia-se dos deveres inerentes às finalidades e toca os domínios do direito penal. Deve-se cuidar que o fato também não constitua, ao mesmo tempo, crime funcional típico (arts. 312 e seguintes do Código Penal e Lei 4.898/95, que define os crimes de abuso de autoridade), porque, nesse caso, fica arredada a incidência da agravante. Lembramos que bem ajustada ao princípio do *ne bis in idem* é a cláusula inserta no art. 61 do CP de que, para configurar-se como *causa de modificação* da pena-base, a circunstância não pode *qualificar* ou *constituir* o crime.

Ofício é atividade pública autorizada a quem não detém cargo público, como a dos leiloeiros oficiais. Equivale à função, atividade pública essencialmente provisória, dada a transitoriedade do serviço a que visam atender.

Ministério é atividade desempenhada por religiosos, independentemente do culto.

Profissão é a atividade exercida com grau mínimo de preparo ou especialização. A condição é que a profissão esteja regulamentada em lei, sem o que não há falar-se em quebra de *deveres* a ela inerentes. É nas leis regulamentadoras que estão esses deveres, v. g., nas que regulam a medicina, a odontologia, a engenharia e a advocacia, tanto assim que os médicos, os dentistas, os engenheiros e os advogados ficam sujeitos pelas infrações ético-disciplinares, a procedimento sancionador dos órgãos de classe incumbidos de fiscalizar o exercício profissional (CREMERS, CREA, OAB).

9.2.9. Contra criança, maior de 60 anos, enfermo e mulher grávida

Há certa controvérsia quanto ao objeto da palavra *criança,* pois ela não indicaria um resultado preciso. Como ela precisa ser *preenchida* pelo juiz, denota-se certa insegurança jurídica, inconciliável com o princípio da legalidade e o moderno direito penal de garantias.

---

[93] REsp 1623144, Rel. Min. Néfi Cordeiro, julgado em agosto de 2017.

[94] MIRABETE, Julio Fabbrini. *Manual de Direito Penal.* São Paulo: Atlas, 1985, p. 291.

[95] MEIRELLES, Hely Lopes. *Direito Administrativo Brasileiro.* 2. ed. São Paulo: RT, 1966, p. 355.

Assim, de um lado, diz-se que não haveria por que reconhecer-se sempre a agravante e que seria recomendável o exame do caso concreto para saber-se da sua capacidade de resistência e de sua maior ou menor situação de inferioridade em relação ao agente.[96] No Supremo Tribunal Federal, por exemplo, na década de 60, admitiu-se a agravante em crime de estupro praticado contra vítima de quatorze anos de idade.[97]

Noutra direção, sustenta-se que o assunto ficou definitivamente resolvido com a entrada em vigor do Estatuto da Criança e do Adolescente (Lei 8.069/90), porque seu artigo 2º declarou que como criança deve ser considerada pessoa até doze anos de idade incompletos.[98]

Nas edições anteriores deste livro sustentávamos que a orientação que mais satisfazia o objetivo colimado pelo legislador, qual seja, o de maior reprovação ao autor de crime cometido contra hipossuficiente, era a que considerava *criança* para os efeitos penais a vítima com idade correspondente à da primeira infância (em torno dos sete anos de idade),[99] ou seja, pessoa ainda bem distante da puberdade, especialmente porque o Estatuto da Criança e do Adolescente considera criança pessoa até com doze anos de idade só "para os (seus) efeitos", e não para quaisquer outros, inclusive penais.

O critério haveria de ser, então, o biológico, tanto assim que o legislador referiu como fatores de ponderação da pena outros estágios da vida, como a infância e a velhice, associando a eles outra situação, igualmente genérica, como o estado de enfermidade. Como o dispositivo visa a proteger preponderantemente a fragilidade física e psíquica do infante, a circunstância pode ser considerada, perfeitamente, quando a vítima tiver, por exemplo, nove anos, idade superior à delimitadora da primeira infância.[100]

Passados os anos, entretanto, estamos a revisar esse entendimento, convencidos de que o parâmetro, na determinação do conteúdo da categoria em tela, deve ser o da Lei 8.069/90 (Estatuto da Criança e do Adolescente).

O Código Penal previa, como agravante na letra que estamos a comentar, a prática de crime contra *velho,* termo que, nos moldes do termo *criança,* gerava idênticas dificuldades de compreensão quando ao alcance. Por isso a palavra *velho* foi substituída no art. 110 do Estatuto do Idoso (Lei 10.741/03) pela frase *"maior de 60 (sessenta) anos"*, passando a idade a ser, portanto, o critério cronológico que distingue *normativamente* os idosos dos não idosos.

O critério biológico faz presumir a hipossuficiência (da criança e do adulto), pois se considera o agente em mais jovem e em *superioridade de forças* diante das crianças e dos adultos com idade de no mínimo sessenta anos é fácil ver que pode chegar com mais facilidades à consumação do crime.

Lembre-se de que a agravante supõe que o hipossuficiente esteja na condição de vítima. Lembra com acerto Fernando Galvão que, se o autor do crime for o indivíduo legalmente considerado como *velho* (*rectius:* como idoso), desaparecerá a causa da

---

[96] Nesse sentido: Rev. de Jur. do TACRIM, v. 6, p. 151.

[97] Recurso Extraordinário nº 67 53.260, Rel. Min. Gonçalves de Oliveira, j. em 29/8/63 – Fonte: Juiz/Saraiva.

[98] GALVÃO, Fernando. *Aplicação da Pena.* Belo Horizonte: Del Rey, 1995, p. 179.

[99] Revista dos Tribunais, v. 553, p. 395, Rel. Des. Ladislau Rohneldt (RS).

[100] TARGS, *Rev. Julgados*, v. 79, p. 113.

das PENAS e seus CRITÉRIOS de APLICAÇÃO

vantagem visualizada pelo legislador como determinante do agravamento da pena, e, portanto, não será o caso de incidência da circunstância.[101]

A agravante em tela, pelas razões já apontadas em outras passagens deste livro, também não incidirá quando estiver prevista como elemento integrativo do tipo penal, em face da regra proibitiva do *bis in idem.*

Enfermo, na lógica do Código, é quem padece de doença física ou mental que reduza a capacidade de reação, e não propriamente quem foi acometido de distúrbio orgânico passageiro, como um simples resfriado. Como parece ser evidente, a determinação da circunstância não será tarefa fácil, pois o juiz, não possuindo conhecimento aprofundado sobre as mais variadas doenças, talvez tenha que se valer de informações de *experts* para decidir sobre pertinência da causa de agravação de pena.

A Lei 9.318, de 5 de dezembro de 1996, introduziu na alínea uma nova modalidade de agravação: a de o crime ter sido cometido contra *mulher grávida*, ante a visível preocupação com o *nascituro.* Agredir a mulher grávida com risco à vida do feto implica maior reprovação, porque o agente revela insensibilidade moral extrema.

Outrossim, pensamos ser correta a conclusão de que não é toda e qualquer enfermidade ou gravidez que elevará o juízo de reprovação social. É indispensável que a enfermidade reduza a capacidade de reação da vítima ou que o fato produza risco à gravidez, o que acontece, por exemplo, nos casos de lesão corporal, estupro, abandono material, etc.[102]

Por isso, não há sentido algum em apenar mais gravemente quem furta o dinheiro da carteira do enfermo ou da bolsa da mulher grávida, se um ou outro só vieram a dar-se conta da subtração no dia seguinte, quando já estavam em suas próprias casas.

No que tange à prova comprobatória da hipossuficiência, basta a certidão de nascimento da vítima, dela inferindo-se, à luz do critério biológico, o estado de criança ou de idoso.

Parece-nos, entretanto, em coerência com o Enunciado nº 74 da Súmula do STJ,[103] bem ainda, para atendimento da regra do parágrafo único do art. 155 do CPP, que, por versar sobre *estado* das pessoas, a prova da menoridade ou da maioridade da vítima deveria ser exclusivamente documental.

Não podendo às vezes ser aferida instantaneamente, a prova da enfermidade ou da gravidez poderá depender de informação técnica de *expert*, até porque esta, na data do cometimento do crime, poderia estar em fase ainda incipiente. Daí ter o CETARGS (Centro de Estudos do extinto Tribunal de Alçada do RS) sugerido a requisição pelo juiz criminal de laudo pericial circunstanciado.[104]

A enfermidade e a gravidez, para produzirem aumento de pena, devem ser conhecidas do agente, pois, do contrário, haverá responsabilidade objetiva.

---

[101] GALVÃO, op. cit., p. 180.

[102] "LESÃO CORPORAL – Reação física contra injúria verbal que provoca ferimentos em mulher grávida – Legítima defesa – Reconhecimento – Impossibilidade – Inteligência: art. 61, II, 'f', do Código Penal, art. 65, I, do Código Penal, art. 67 do Código Penal, 144 – A reação física contra a injúria verbal, que provoca vários ferimentos em mulher grávida constitui reação excessiva, que não enseja o reconhecimento da legítima defesa" (RJDTACRIM, v.23, p. 273, Rel. Juiz Penteado Navarro).

[103] "Para efeitos penais, o reconhecimento da menoridade do réu requer prova de documento hábil" (DJU, 20.04.93).

[104] *Revista dos Juizados Especiais*, v. 19, p. 18.

9.2.10. Quando o ofendido estava sob a imediata proteção da autoridade

A agravante tem por escopo punir mais intensamente quem pratica crime contra pessoa que estava sob a imediata proteção da autoridade pública.

Agente do ilícito, portanto, é o particular, e não a autoridade pública (ex. invadir a Delegacia e lesionar o estuprador da filha que lá se encontra regularmente detido, prestando depoimento).[105]

Os bens tutelados, nessa hipótese, são a integridade física do indivíduo agredido, de um lado, e o respeito à autoridade pública no exercício de suas funções, que o tem simultaneamente sob fiscalização, guarda e proteção.

9.2.11. Ocasião de incêndio, naufrágio, inundação ou qualquer calamidade pública, ou de desgraça particular do ofendido

Em ocasião de incêndio, naufrágio, inundação ou qualquer outra calamidade pública, como terremoto, tornado, temporal, as pessoas entram em pânico por causa dos perigos e daí costumam arrefecer os controles sobre si mesmas ou sobre seus bens.

Quem se aproveita da tragédia para praticar crimes demonstra, sem dúvida, profunda insensibilidade moral e ausência de solidariedade humana, merecendo, portanto, mais intensidade na reação estatal.

Entrar nas casas para furtar os bens das pessoas que fogem dos alagamentos ou desmoronamentos, violar sexualmente vítima de acidente incapaz de oferecer resistência, acercar-se do automóvel destruído pelo choque com a murada, a pretexto de socorrer o motorista, e, dali ausentar-se, sub-repticiamente, levando consigo joias e dinheiro, são comportamentos que exigem intensa censura penal, por revelarem má índole, insensibilidade moral, enfim, desumanidade e perversidade de seu agente.

9.2.12. Em estado de embriaguez preordenada

A embriaguez pode isentar o agente de pena, ensejar a redução, ou ser, em sentido oposto, causa de punição com maior exasperação da reprimenda penal.

A que isenta o agente de pena é a embriaguez decorrente de caso fortuito ou força maior, que, mostrando-se completa, revela que, ao tempo da ação ou da omissão, era ele inteiramente incapaz de entender o caráter ilícito do fato, ou de determinar-se de acordo com esse entendimento[106] (CP, art. 28, § 1º).

A embriaguez que autoriza a redução de pena, desde que completa, advém de caso fortuito ou de força maior (art. 28, § 2º, do CP). Para ser considerada proveniente de caso fortuito ou de força maior, a embriaguez precisa ser provocada por terceiro, sem a corresponsabilidade do agente. No caso de quem bebe com os amigos e termina embriagado antes de cometer a infração haverá culpa não excludente da responsabilidade penal.

---

[103] "Se a vítima estava despojada de diversos direitos como efeito de condenação, inclusive do direito de locomoção e de outros meios de defesa, e tutelada pela administração do presídio e pelo Juízo das Execuções Criminais, aplica-se a circunstância agravante do art. 62, II, 'i', (quando o ofendido estava sob a imediata proteção da autoridade), do Código Penal. 3. *Habeas Corpus* conhecido, mas indeferido" (*Habeas Corpus* nº 71120-1/SP, STF, Rel. Min. Maurício Corrêa, DJU 30.06.95, p. 20.408).

[106] *Habeas Corpus* nº 71803-5/RS, STF, Rel. Min. Marco Aurélio, DJU 17.02.95, p. 2746.

das PENAS e seus CRITÉRIOS de APLICAÇÃO

Não arredando a responsabilidade penal, fora do caso contemplado no § 1º do artigo 28, a embriaguez, quando voluntária e dolosa, pode determinar, outrossim, a maior reprovação penal, se o objetivo do agente for romper os freios inibitórios e assim criar a coragem necessária para praticar o crime idealizado e planejado.

A embriaguez preordenada (*actio libera in causa*) é a forma mais grave de embriaguez voluntária.[107] Ela poderá ser alcançada pela ingestão de álcool ou de qualquer outra substância de efeitos análogos (artigo 28, inciso II, do CP), como a maconha, o éter, o ópio, a cocaína, o clorofórmio, barbitúricos, etc.[108]

9.2.13. Agravantes no concurso de pessoas

Com a nova sistemática adotada pela Reforma da Parte Geral, relativamente ao concurso de pessoas (art. 29), cada uma deve ser punida na medida de sua culpabilidade, de tal modo que a conduta posta em prática pode ficar sujeita, diante de determinadas circunstâncias, tanto à redução quanto à agravação segundo o proceder individualizado.

Assim, se algum dos agentes quis participar de crime menos grave, ser-lhe-á aplicada a pena deste, aumentada até metade, na hipótese de ter sido previsível o resultado mais grave (§ 2º); se a participação tiver sido de menor importância, a pena será individualizada, obedecendo-se à regra do § 1º do Código Penal, com redução de um sexto a um terço.

Outrossim, caso o agente promova ou organize a cooperação, ou dirija a atividade dos outros; coaja ou induza outrem à execução material; instigue ou determine alguém sujeito à sua autoridade ou não punível, em virtude de condição ou qualidade pessoal, a cometer o crime; ou, ainda, execute ou nele participe mediante paga ou promessa de recompensa, a pena-base que lhe será imposta sofrerá o agravamento ditado pelas regras dos incisos I a IV do artigo 62.

A do inciso I trata da conhecida figura da autoria intelectual, que alcança o idealizador do fato e impulsionador da ação dos demais.

A do inciso II dispõe sobre a coação (que pode ser física ou moral) e o induzimento (que é uma modalidade subliminar de coação, porque o agente vai minando as resistências do induzido até conseguir dele o apoio na execução do projeto criminoso).

A seu turno, o inciso III dispõe sobre a instigação de pessoa sujeita à autoridade do agente (que é uma coação subliminar mais intensa porque decorrente do repetido reforço à ideia de execução do fato) e a determinação (em verdade manifestação concreta da autoria mediata).

O inciso IV, por último, especifica hipóteses perfeitamente enquadráveis na moldura do motivo torpe, como tais previstas, por exemplo, modo expresso, no § 2º do artigo 121 do CP.

A agravação da pena no concurso de agentes não incide, a nosso ver, nas infrações em que o concurso é elementar, *v. g.*,na de formação de quadrilha, que exige a participação de, no mínimo, quatro pessoas, para configurar-se como tal, não obstante

---

[107] EMBARGOS DECLARATÓRIOS OMISSÃO EMBRIAGUEZ PREORDENADA. A agravante do art. 61, II, l, do CP, somente resta configurada quando o agente se coloca em estado de embriaguez com o fito único de cometer o delito. (Embargos de Declaração nº 70008629552, Quarta Câmara Criminal, Tribunal de Justiça do RS, Relator: Gaspar Marques Batista, Julgado em 29/04/2004).

[108] JESUS, Damásio Evangelista de. *Código Penal Anotado*. São Paulo: Saraiva, 1991, p. 99.

entendimento manifestado no sentido oposto pelo Superior Tribunal de Justiça em relação àquele que, na quadrilha, haja promovido ou organizado a cooperação dos demais.[109]

9.3. Espécies de atenuantes

As atenuantes contempladas nos arts. 65 e seguintes do CPP, como circunstâncias legais com atuação na segunda fase do método trifásico, incidem sobre a quantidade de pena-base eventualmente acrescida de agravantes e necessariamente abrandam a censura, havendo impropriedade falar-se em atenuante *em favor do réu,* consoante se lê, ainda, em alguns julgados.[110]

Nos moldes das agravantes, também as atenuantes são legais, genéricas, obrigatórias e taxativas, mas, ao contrário daquelas, podem ser reconhecidas mesmo não estando *"... prevista(s) expressamente em lei"* desde que por fatos *relevantes,* anteriores ou posteriores ao crime (art. 66).

De acordo com o artigo 65 do CP, são atenuantes as enumeradas a seguir.

9.3.1. A menoridade de 21 anos, na data do fato, ou maior de 70 anos, na data da sentença

Na ótica do legislador, a personalidade e a *psique* do indivíduo com menos de 21 anos de idade ainda estão em desenvolvimento, e esse aspecto precisa ser considerado pelo juiz no momento da reprovação pela prática delituosa.

É tão relevante a questão que a menoridade foi erigida pelo Código ao *status* de atenuante preponderante inclusive sobre as próprias agravantes preponderante, nominadas no art. 67.[111]

O CPP dispunha no art. 194, aliás, que para os acusados menores entre 18 e 21 anos o juiz deveria nomear um *curador,* de modo que, no processo, além do advogado, deveria intervir um *terceiro* para orientar, assistir e proteger o acusado menor, embora a função pudesse recair sobre o advogado, desde que devidamente nomeado e compromissado na audiência. A falta da nomeação gerava a nulidade absoluta do processo.[112]

O artigo 194, no entanto, foi revogado pela Lei 10.792 no ano de 2003 e, por isso, o comando normativo da letra "c" do inciso III do art. 564 do CPP, dispondo sobre a nulidade do processo por falta de nomeação de curador, não tem mais eficácia. Caiu por terra, felizmente, essa disciplina jurídica que gerava, pela repetição dos atos, demoras e impunidades pelas inevitáveis prescrições.

---

[109] HC. n. 17.513/RJ, 5ª T. do STJ, Rel. Min. José Arnaldo da Fonseca, v.u., DJ de 22.10.01.

[110] "Por não ter sido reconhecida qualquer atenuante em favor do réu, tanto no delito principal quanto no conexo, deve a pena ser elevada, com reflexo direto no regime prisional" (TJRS, Apelação-Crime nº 70019210327, 3ª Câm. Crim., Relator: José Antônio Hirt Preiss, Julgado em 24/05/2007).

[111] STF, HC n. 73.926-1, Rel. Min. Carlos Velloso, Informativo do STF de 16.4.97. No STJ: "II – Na linha de precedentes desta Corte e do Pretório Excelso, a circunstância atenuante da menoridade deve prevalecer sobre todas as demais circunstâncias, a teor do art. 67 do Código Penal (Precedentes)" (RHC 16856 / RJ, 5ª T., Rel. Min. Gilson Dipp, julg. em 02/06/2005).

[112] "NULIDADE – FALTA DE CURADOR AO RÉU MENOR. Ao réu menor deve ser dado curador por ocasião do interrogatório, salvo se estiver acompanhado de defensor, dativo ou constituído. Se assim não procede o magistrado, nulo é declarado o ato judicial. Anularam o processo desde o interrogatório, inclusive, à unanimidade" (TARS, 1ª Câmara Criminal, Rel. Dr. Saulo Brum Leal, BIM 209/125).

Os fundamentos antes apontados para a existência da atenuante da menoridade relativa que impunha nomeação de curador não encontram mais aceitação em nosso meio, haja vista correntes que advogam inclusive a redução da imputabilidade penal, sob o argumento de que os jovens de hoje possuem pleno conhecimento dos seus limites aos quinze ou dezesseis anos de idade.

Entretanto, uma coisa nada tem a ver com a outra, e a luta dos que pretendem a redução da imputabilidade para os dezesseis anos é mais emocional e menos técnica e tem a ver com o medo de todos diante dos elevados índices de criminalidade e de violência.

Os especialistas escreveram montanhas de teses, artigos, livros, explicando que os jovens de hoje detêm informações sobre o mundo e que os crimes que cometem guardam estreita relação com a baixa qualidade de vida deles e de suas famílias,[113] às dificuldades de acesso ao ensino crítico, técnico ou profissionalizante, à baixa qualidade dos serviços que prestam, aos apelos ao consumo da sociedade capitalista e às frustrações pela impossibilidade de acesso, ao consumo de drogas, às facilidades oferecidas por narcotraficantes, etc., etc. De nada adiantará reduzir a menoridade penal na esperança de reduzir a violência enquanto não forem fechadas as portas das *fábricas que produzem violência e criminalidade,* acima referidas, com a adoção de políticas públicas e investimentos maciços em educação e outras áreas que possibilitem o crescimento econômico, moral e espiritual dos cidadãos.

Do alto de sua experiência como cidadão e homem público, o ex-ministro do Supremo Tribunal Federal, Evandro Lins e Silva, também fez esse alerta em depoimento ao Centro de Pesquisa e Documentação de História Contemporânea do Brasil (CPDOC) da Fundação Getúlio Vargas, ao dizer que o aumento da criminalidade nada tem a ver com impunidade, resultando, isto sim, "da falta de emprego, da miséria, da fome, dos motivos sociais. Raramente a razão de um crime é individual. Quando o é, em geral está ligada a um desequilíbrio psíquico (...) Quem resolve o problema da criminalidade são as posições governamentais: é uma política de governo que crie condições de vida capazes de evitar que a pessoa vire menino de rua (...)".[114]

Abstraídas essas questões específicas da política criminal e dispensando-nos do trabalho de apontar e discutir a função *seletiva* do direito penal no processo de *criminalização* e de *identificação da sua clientela,* nos moldes exaustiva e excelentemente propostos por Oscar Mellim Filho,[115] certo é que, para o Código Penal, todo indivíduo entre 18 e 21 anos, quando condenado, tem direito à atenuante da menoridade, que, a teor do artigo 67 do CPP, tem caráter preponderante.

Esse direito não foi afetado pela redução no novo Código Civil da maioridade civil aos dezoito anos,[116] mesmo porque o texto do inciso I do artigo 65 do Código Penal alude, explicitamente, ao agente menor de 21 (vinte e um) anos, na data do fato. É certo

---

[113] TRINDADE, Jorge. *Delinquência Juvenil: uma Abordagem Transdisciplinar.* Porto Alegre: Livraria do Advogado, 1993, p. 31.

[114] SILVA, Evandro Lins e. *O Salão dos Passos Perdidos.* Rio de Janeiro: Nova Fronteira, 1997, p. 223 e 224.

[115] MELLIM FILHO, Oscar. *Criminalização e Seleção no Sistema Judiciário Penal.* São Paulo: IBCCrim, 2010, p. 47 e segs.

[116] "MENORIDADE. ATENUANTE QUE SE MANTÉM, MESMO DIANTE DE ALTERAÇÕES HAVIDAS NO CÓDIGO CIVIL... A nova idade firmada pelo Código Civil para a maioridade não influi no Direito Penal, de sorte que se mantém a atenuante da menoridade, a beneficiar aqueles que cometem o crime quando em idade entre os 18 e 21 anos. Apelo parcialmente provido para redução da pena. (Apelação-Crime nº 70009775065, Sétima Câmara Criminal, Tribunal de Justiça do RS, Relator: Marcelo Bandeira Pereira, Julgado em 28/10/2004.

que nada diz quanto ao mínimo de 18 anos, mas seria absurdo que o dissesse, porque, enfim, com idade *inferior* aos dezoito anos o indivíduo é inimputável e em relação a ele não há falar-se em condenação ou imposição de pena, uma vez que, pelas infrações cometidas, ficará sujeito a procedimento de natureza administrativa no Juizado da Infância e da Juventude.

A prova da menoridade, por estar sujeita às restrições do artigo 155 do CPP, necessita de documento hábil, que é a certidão de nascimento, consoante dimana, aliás, do enunciado 74 da Súmula do colendo Superior Tribunal de Justiça.[117]

Contudo não vemos razões que impeçam o reconhecimento da atenuante quando a defesa exibir documento equivalente (p. ex., identidade civil, cédula de motorista) ou quando o próprio Ministério Público, na denúncia, qualificar o acusado como menor e sobre o ponto não se instaurar dissídio, conforme já se admitiu no colendo Supremo Tribunal Federal[118] e em outros tribunais, inclusive no de Alçada do RS.[119] Há que incidir a regra da Súmula, por evidente, quando a menoridade for contestada ou existir dúvida intransponível ao seu conhecimento pelo juiz.

O direito à atenuante é também assegurado pelo inciso I do art. 65 ao *maior de 70 (setenta) anos, na data da sentença.*

É interessante notar que, em relação à *senilidade,* o Código Penal estabeleceu diferentes tratamentos. Se o idoso (assim considerado pela Lei 10.741/2004, art. 110, quem tiver sessenta anos de idade) for *vítima* do crime, o autor responderá pelo fato com a *agravante* prevista na letra "h" do inciso II do artigo 61, mas, se for *réu* em processo judicial, *não terá direito à atenuante* tipificada no inciso I do art. 65 *a não ser que tenha completado na data da sentença a idade de setenta anos.*

Embora o reconhecimento em lei de que o idoso, assim considerado quem alcançou a idade de sessenta anos, mereça especial proteção por causa da idade elevada, visível o hiato entre os sessenta e os setenta anos de idade, no que tange à incidência da atenuante para ambos os idosos.

Outrossim, o idoso é mais beneficiado que o menor no tocante à atenuante em tela, uma vez que pode ser reconhecida na *data da sentença,* ao passo que, para o primeiro, a condição é prova da menoridade *na data do fato.*

Parece ser possível concluir, então, pela inviabilidade do reconhecimento da atenuante ao acusado idoso que atingir setenta anos na data em que o segundo grau julgar e denegar apelação para confirmar a sentença condenatória,[120] salvo a condenação

---

[117] "Para efeitos penais, o reconhecimento da menoridade do réu requer prova de documento hábil" (DJU, 20.04.93).

[118] "(...) A prova da menoridade pode ser produzida por outros meios, além do registro de nascimento, hipótese em que ela é satisfatória a respeito, não tendo sido, ademais, posta em dúvida, no curso do processo. (...)" (*Habeas Corpus* nº 71011-5/RJ, STF, Rel. Min. Sydney Sanches, DJU 26.05.95, p. 15.155).

[119] "(...) Para incidência da atenuante da menoridade bastam indícios seguros acerca da data de nascimento do agente, tais como antecedentes do Juizado da Infância e Juventude, muito próximos do delito versado nos autos, e referência expressa nos registros policiais ao assento de nascimento do réu, com indicação do Ofício, livro e fls. Apelo provido parcialmente, para recalcular a pena" (Apelação-Crime nº 297015133, 2ª Câmara Criminal do TARS, Rel. Tupinambá Pinto de Azevedo, j. 26.06.97, dentre outros julgados).

[120] "... Não cabe aplicar o benefício do art. 115 do Código Penal quando o agente conta com mais de 70 (setenta) anos na data do acórdão que se limita a confirmar a sentença condenatória. IV – Hipótese dos autos em que o agente apenas completou a idade necessária à redução do prazo prescricional quando estava pendente de julgamento agravo de instrumento interposto de decisão que inadmitiu recurso extraordinário. V – Ordem denegada" (Supremo Tribunal Federal, 1ª Turma, Habeas Corpus nº 86320/SP, DJU 24.11.2006, p. 76, Ementário vol. 2257-05, p. 880, RB v. 19, nº 518, 2007, p. 29-31, Relator Min. Ricardo Lewandowski).

---

das PENAS e seus CRITÉRIOS de APLICAÇÃO

ocorra no Tribunal em razão de apelação interposta pelo acusador contra a sentença absolutória porque, nesse caso, o acórdão tem natureza de sentença.

Por fim: embora idoso, indivíduo com no mínimo sessenta anos (art. 1º do Estatuto do Idoso) somente quando completar os 70 anos de idade é que poderá se beneficiar com a redução por metade do prazo prescricional, consoante prevê o art. 115 do CP – seja para a declaração da prescrição pela pena em abstrato, seja para a declaração retroativa da prescrição com base na pena concretizada na sentença.[121]

9.3.2. O desconhecimento da lei

O desconhecimento da lei não isenta o agente de pena.

Não seria razoável admitir o contrário, pois a insegurança jurídica e a precariedade na atuação do Estado em defesa dos interesses sociais seriam evidentes se, para eximir-se da responsabilidade pelos atos cometidos, o acusado pudesse alegar simplesmente que desconhecia a existência da lei.

A presunção de que todos sabem da existência da lei é, no entanto, um dogma porque, em termos reais, práticos, concretos, nem todos conhecem as leis, especialmente em países continentais, como o Brasil, com regiões cujas pessoas vivem em povoados distantes e que pouco ou quase nenhum contato mantém com os centros mais desenvolvidos.

Aliás, nem mesmo os mais atentos juristas conseguem acompanhar as mudanças que se processam nas mais diversas áreas do direito positivo e, não raro, são surpreendidos com uma lei nova durante a discussão de certa causa.

Mais: quando tomam conhecimento da entrada em vigor de texto complexo, nem sempre conseguem apreendê-lo em sua exata profundidade e, não raro, realimentam as próprias dúvidas ao longo dos dias e dos meses, debruçados no estudo dos mais variados precedentes que refletem as diferenças de entendimentos dos próprios Tribunais.

O grande jurista Eduardo Couture dizia em tom de *blague* que em certos momentos históricos as opiniões jurídicas "não só deveriam emitir-se datadas, mas também com a hora em que fossem proferidas (...)".[122]

A alegação de um matuto de que desconhecia tal ou qual texto legislativo dispondo sobre conduta que estava obrigado a seguir não é, portanto, algo que se situe fora de um quadro de intensa probabilidade. Não obstante, o dogma só pode ser flexibilizado para propiciar a *redução* da censura penal. Nunca para isentar de pena.

Há de distinguir-se o que seja alegação de *desconhecimento da lei* da alegação de *erro* quanto a elemento do *tipo penal* ou *à própria proibição* emanada de tipo conhecido.

No *desconhecimento da lei,* o indivíduo *não sabe da sua existência* e assim mesmo fica sujeito às sanções pela falta cometida, com redução da pena.

No *erro quanto ao tipo penal,* o indivíduo realiza a conduta nuclear nele prevista, mas incorre em erro quanto a elemento que o integra (v. g. no exemplo de quem vai à esquina comprar cocaína e, enganado pelo vendedor, é preso, ato contínuo, com um

---

[121] "I. O art. 1º do Estatuto do Idoso não alterou o art. 115 do Código Penal, que prevê a redução do prazo prescricional para o réu com mais de 70 (setenta) anos na data da sentença. Precedente.II. Não tendo ocorrido a prescrição, tendo em vista a não consumação do interregno previsto no Código Penal, inexiste o constrangimento ilegal afirmado na impetração" (RHC 16856 / RJ, 5ª T. do STJ, Rel. Min. Gilson Dipp, julgado em 02/06/2005).

[122] COUTURE, Eduardo. *Os Mandamentos do Advogado*. Porto Alegre: Sergio Fabris, 1979, p. 22.

papelote contendo alguns gramas de gesso. O agente sabe que a conduta de traficar ou consumir droga é legalmente definida como crime, mas, no caso, não comete crime algum porque a aquisição de gesso é social e juridicamente permitida! A intenção não é penalmente punível!).

No erro quanto à proibição[123] (que Luiz Flávio Gomes qualifica como erro sobre o estar proibido)[124] o indivíduo, por fim, conhece a lei e seus enunciados mas supõe, em razão das circunstâncias do fato, que a sua conduta não se subsume ao tipo correspondente, no exemplo clássico do proprietário da casa destinada à exploração da prostituição, apreciado pelo Tribunal de Justiça do RS,[125] que recebe alvará de localização da prefeitura, paga seus impostos, submete-se às vistorias dos órgãos de fiscalização e controle, etc., e que é detido sob alegação de estar cometendo o crime definido no artigo 229 do Código Penal (casa de prostituição).

A lei, no tocante ao erro de proibição, faz a distinção entre o *escusável* e o *inescusável*[126] (art. 21) para fixar um limite do erro como causa excludente da culpabilidade ou autorizador de especial redução da pena.

Francisco de Assis Toledo afirma que o peso de uma grandiosa tradição latina vem dificultando, entre nós, o desenvolvimento da moderna teoria do erro precisamente em razão da confusão entre essas duas noções distintas entre si: a do desconhecimento da lei e a da consciência da sua ilicitude. "Parece-nos elementar – afirma o eminente Professor e ex-Ministro do STJ – que, sendo a 'lei' uma coisa e a 'ilicitude' de um fato outra bem diferente, só mesmo por meio de uma imperdoável confusão a respeito do verdadeiro sentido desses dois conceitos se poderá chegar à falsa conclusão de que ignorância da lei é igual à ignorância da ilicitude de um fato da vida real".[127]

---

[123] O erro de proibição é direto quando o desconhecimento for da norma proibitiva ou decorrer da convicção de que ela não é aplicável ao caso. Ilustrativa é a decisão do colendo STF que ordenou, por erro de proibição invencível (desculpável, justificável), o arquivamento de inquérito instaurado contra candidato a posto eletivo por suposta infração consistente em afixação de propaganda nos postes da cidade. Conforme consta do decisum,como a prática era habitual e o candidato tinha razões para supor que ela era normal e permitida, tanto assim que, ao ser notificado da irregularidade, sanou-a, não havia sentido na abertura do processo (Inq 352 / PR – PARANÁ, Pleno, Rel. Min. Carlos Madeira, j. em 3.12.1987). E, outrossim, indireto o erro quanto à ilicitude quando o agente, mesmo conhecendo a existência da lei, imagina que a sua conduta é permitida (erro de permissão).O Superior Tribunal de Justiça concedeu habeas corpus para trancar a denúncia intentada contra diretores de consórcios que haviam emprestado numerário de seus recursos próprios, sob o fundamento de que a tipificação do delito previsto no art. 17 da Lei 7.492/86 (operação de instituição financeira sem autorização ou com autorização obtida mediante declaração falsa) "só pode ocorrer quando existir consciência da prática de tal delito; contrario sensu, incide o erro sobre a ilicitude do fato (ou erro de proibição), que afasta a culpabilidade do agente (RHC 4146/SP, Rel. Min. Cid Flaquer Scartezzini, 5ª Turma, julgado em 15/03/1995).

[124] GOMES, Luiz Flávio. *Erro de Tipo e Erro de Proibição*. São Paulo: RT, 2001, p. 140.

[125] Apelação-Crime nº 70002782290, Sétima Câmara Criminal, Tribunal de Justiça do RS, Relator: Ivan Leomar Bruxel, Julgado em 12/02/2004.
No mesmo sentido acórdãos por nós relatados ao tempo em que ocupamos o cargo de Desembargador no RGS: Apelação-Crime nº 698158342, Sétima Câmara Criminal, Julgado em 08/10/1998 e Apelação-Crime nº 70002657039, Sétima Câmara Criminal, Julgado em 18/10/2001), dentre outros julgados.

[126] No erro escusável a culpabilidade é excluída pela suposição do agente de que a sua conduta não era lícita – no exemplo do explorador da casa de prostituição que recolhe os tributos, mencionado neste item. Será inescusável (portanto evitável, vencível e daí não aceitável pela ordem jurídica), sempre que o agente puder alcançar a consciência da ilicitude mediante esforço da inteligência ou quando tenha o dever de informar-se sobre a existência ou não de norma regulamentadora da conduta (proibitiva ou permissiva). Mas, nesse caso será beneficiado com especial redução da pena entre 1/6 e 1/3, consoante dispõe a segunda parte do artigo 21 do CP.
O Tribunal Regional Federal da 4ª Região entendeu como vencível (portanto não aceitável) o erro de proibição alegado por réus que "internalizaram munições de arma de fogo de procedência estrangeira", sob o fundamento de que tinham "potencial para conhecer a ilicitude do fato" (TRF4, ACR 2006.72.02.005618-4, Sétima Turma, Relator Gerson Luiz Rocha, D.E. 26/11/2008).

[127] TOLEDO, Francisco de Assis. *Princípios Básicos de Direito Penal*. São Paulo: Saraiva, 1986, p. 250.

Em síntese, como a ilicitude corresponde à mútua contrariedade entre fato e lei, uma coisa é o agente demonstrar que não a conhecia; outra, que, a despeito de conhecê-la, ignorava a ilicitude de sua contrariedade. Por exemplo: a caça de tatus constitui crime contra a fauna, sendo inaceitável alegar-se erro ou desconhecimento da lei, pois a proibição tem sido, há anos, divulgada em todo o território nacional.[128]

9.3.3. O motivo de relevante valor social ou moral

Já dissemos, quando da análise das circunstâncias judiciais, que não há conduta humana desprovida de motivos, e, conforme as razões éticas e os fundamentos jurídicos que os informem, podemos enquadrá-los como fatores de fixação da pena-base, de qualificação do crime, de agravação ou de abrandamento da pena-base e da pena-provisória.

Os motivos para determinarem, como atenuantes genéricas, a redução da pena-base, precisam ser *social* ou *moralmente relevantes,* vale dizer, assentados no interesse público ou privado mas *orientados por sentimentos coletivos* nobres, altruístas, conforme o entendimento da moral média do lugar do fato, embora, a expressão seja pleonástica, porque, segundo lembra Magalhães Noronha, citando Maggiore, "(...) bastaria para qualificar o móvel o adjetivo moral, já que a ética é individual e social ao mesmo tempo".[129] São exemplos os motivos sociais ou morais relevantes os inspirados no amor à pátria, na honra, na liberdade, na maternidade, na família, na segurança coletiva, na solidariedade e fraternidade, etc.

Os motivos podem atuar, também, como circunstância legal de minoração da pena-provisória do homicídio, que é doutrinária e jurisprudencialmente conhecido como *privilegiado* e que está tipificado no § 1º do artigo 121 do CP.

Contudo, são visíveis as diferenças normativas entre os motivos como agravante e os motivos como minorante porque, como lembra Fernando Galvão, "a expressão 'impelido por motivo de relevante valor social ou moral' faz com que a vinculação aos motivos seja mais estreita do que a previsão que comporta as expressões 'por motivo de relevante valor social ou moral'. Assim, é possível que o agente, não tendo sido impelido por relevante valor social ou moral, tenha cometido o crime por motivo de relevante valor social ou moral".[130] A repercussão penal produzida pelas causas de *minoração* da pena provisória será examinada, por razões metodológicas, no capítulo seguinte, alusivo à *terceira fase* do método trifásico.

Nas edições anteriores deste livro, dissemos que não havia incompatibilidade no Júri entre os quesitos que rejeitassem a tese do homicídio privilegiado e aceitassem a atenuante do motivo do relevante valor social ou moral exatamente por causa das diferenças apontadas.[131]

A informação – conquanto exata – perdeu importância e atualidade após o advento da Lei 11.689/2008, que modificou substancialmente o procedimento do Júri, porque os membros do Conselho de Sentença não são mais questionados sobre agravantes e atenuantes, pois o seu reconhecimento ou não passou à exclusiva competência

---

[128] Apelação-Crime nº 950408104-5/RS, TRF da 4ª Região, Rel. Juiz Carlos Sobrinho, 13.12.95, un.

[129] NORONHA, Edgard Magalhães. *Direito Penal.* São Paulo: Saraiva, 1972, p. 260.

[130] GALVÃO, Fernando. *Aplicação da Pena.* Belo Horizonte: Del Rey, 1995, p. 203.

[131] *RT*, 525, p. 431.

do juiz-presidente, desde que tenham sido alegadas pelas partes em Plenário (letra "b" do inciso I do artigo 492 do CPP).

De qualquer sorte, permanece a observação quanto ao ínsito e compreensível antagonismo existente entre a conduta fútil ou torpe (sem explicação razoável ou reveladora da insensibilidade moral do autor) e a motivada por valor moral ou social relevante.

Ao lavrar a sentença condenatória em cumprimento ao veredicto do Júri, o juiz-presidente deverá, pois, atentar para essa particularidade, sob pena de nulidade pela contradição em reconhecer ao mesmo tempo a motivação como fútil (ou torpe) e social ou moralmente relevante.

9.3.4. Evitação das consequências e reparação do dano

Como se pode perceber, a alínea "b" do inciso III do artigo 65 contém três descrições comportamentais bem distintas: a primeira causa de atenuação da pena decorrerá da tentativa voluntária, eficiente e espontânea do agente, após o crime, de *evitar as consequências*; a segunda, de *minorá-las*, e a última, de *reparar o dano* até a data do julgamento.

As citadas circunstâncias gerais de atenuação de pena encontram fundamento ético-jurídico no arrependimento do agente, que, com sua atitude de evitar ou minorar as consequências do crime ou de indenizar a vítima, antes do julgamento, demonstra ser indivíduo com sensibilidade, responsabilidade e juízo crítico sobre seus próprios atos.

Podem ser citadas como exemplos as condutas de quem, após agredir e lesionar a vítima, dá-lhe imediato atendimento para aliviar a dor ou leva-a com urgência ao hospital para estancamento de hemorragia potencialmente capaz de produzir resultado mais grave. Ou, então, de quem, em razão da impossibilidade da vítima para o trabalho, decide custear as despesas com a alimentação dela e da família. Ou, ainda, de quem, mesmo no curso da ação, afastando o inconveniente de outra demanda, decide, *sponte propria*, recompor integralmente os prejuízos causados.

A recomposição dos danos sofridos pela vítima é instituto presente nas legislações modernas e é na sua direção que os movimentos legislativos se intensificam cada vez mais. A Lei 9.099/95, que criou os Juizados Especiais, sob o nome de *composição dos danos,* instituiu a reparação dos danos como um novo paradigma e o PLS nº 156 (projeto de novo Código de Processo Penal) em tramitação no Congresso Nacional propõe a extinção da punibilidade pelo ressarcimento dos prejuízos causados a particulares nas infrações patrimoniais de *menor expressão econômica,* desde que cometidas sem violência ou grave ameaça à pessoa (art. 45, § 2º).

É preciso registrar que a atenuante, sob a tríplice modalidade apontada, nada tem a ver com o instituto da *desistência voluntária,*previsto nos artigos 15 do Código Penal.

Isto porque, enquanto as atenuantes funcionam como causa para a redução da pena-base, a *desistência voluntária* disciplina a punibilidade propriamente dita daquele que toma a decisão de *interromper* o *iter criminis,* isto é, de voltar atrás, de retroceder, de evitar o resultado e que, por isso mesmo, responderá só pelos *atos praticados*.

Logo – e para exemplificar – aquele que não prossegue no plano de furto do rádio, depois de ter entrado no automóvel estacionado na via pública, não responderá

das PENAS e seus CRITÉRIOS de APLICAÇÃO

por ilícito algum. Se tiver abandonado o projeto após ter danificado a porta do carro, responderá, no entanto, pelo crime de dano (art. 163 do CP).

É claro que, se o agente abandonar o local do crime sem levar qualquer bem porque ouve algum ruído estranho, como o disparo do alarme do carro, ou, ainda, simplesmente porque pressente a impossibilidade de êxito da empreitada, não estará abrigado pela desistência voluntária ou arrependimento eficaz e, portanto, haverá de responder pela tentativa, podendo ser preso em flagrante, porque, se não fosse o empecilho externo e objetivo, ainda que captado equivocadamente, certamente prosseguiria na direção do projeto inicialmente traçado.

Destarte, só será voluntária a desistência quando o agente, na conhecida lição de Frank, puder dizer: "não quero continuar, embora possa fazê-lo". Dela não se haverá de cogitar, outrossim, quando o agente constatar que não pode continuar, embora outro fosse e continuasse sendo o seu desejo.

Em síntese, na desistência voluntária (a "ponte de ouro", na expressão de von Liszt), há um conteúdo negativo, de voluntária abstenção pelo próprio agente,[132] naquilo que seria – e, por força dela, acabou por deixar de ser – uma tentativa imperfeita, se a própria vontade do sujeito não tivesse atuado como escolho impeditivo da consumação.[133]

As circunstâncias atenuantes em comento e ainda a desistência voluntária prevista no artigo 15 não se confundem, outrossim, com o instituto do arrependimento posterior, previsto no artigo 16 do CP, que pressupõe, como condição para redução da *pena-provisória*, na terceira fase, a voluntária reparação do dano ou devolução da coisa, *até o momento assinalado ao juiz para o recebimento da inicial acusatória* (art. 395 do CPP).[134]

Como se pode ver, na *desistência voluntária* (também denominada de arrependimento eficaz – art. 15) o agente interrompe o *iter criminis,* ao passo que, no arrependimento posterior (também conhecido como reparação do dano – art. 16), ele preenche inteiramente a figura típica, consumando ou tentando consumar a infração.

Observe-se, ainda, que a reparação do dano ou a devolução da coisa deve ocorrer até a fase do recebimento da denúncia ou da queixa e que não é permitida durante a *instrução do processo,* exatamente para evitar-se, em coerência com a sua base filosófica,

---

[132] Desistência voluntária. Agente que por vontade própria e sem a interferência de fatores alheios não dá prosseguimento à atividade delituosa, por não mais querer o resultado. Caracterização: caracteriza-se a desistência voluntária pela possibilidade que o agente tem de continuar com a atividade delituosa, a qual, todavia, tão só por vontade própria e sem a interferência de fatores alheios, não dá prosseguimento simplesmente por não mais querer o resultado inicialmente almejado (videotexto, Telesp, Apelação-Crime nº 912.549, j. 06/07/95, Rel. Barbosa de Almeida, 8ª Câmara).

[133] PEDROSO, Fernando de Almeida. Direito Penal.São Paulo: Universitária de Direito, 1993, p. 256. Na jurisprudência: "O arrependimento eficaz, 'ponte de ouro', na afirmação de Von Liszt, situa-se entre a execução e a consumação. Esgotados os meios executórios idôneos, antes de alcançada a consumação, o agente pratica contra-ação para impedir a chegada à meta optata. Há, pois, evidente mudança de orientação subjetiva; o agente abandona o animus inicial de querer o resultado, ou assumir o risco de produzi-lo. Consequentemente, decorre de deliberação de iniciativa do próprio agente. Basta a voluntariedade, ainda que não seja orientada por motivo nobre. A finalidade da lei é preservar o bem jurídico, conferindo ao agente o benefício de responder só pelos atos já praticados" (Recurso Especial nº 950019978-5/PR, STJ, Rel. Min. Luiz Vicente Cernicchiaro, DJU 20.11.95, p. 39.643).

[134] "Arrependimento posterior. Devolução do bem através da apreensão policial. Inocorrência: incorre arrependimento posterior, se o réu devolve o bem subtraído através de apreensão feita por policiais militares" (Videotexto, Telesp, Apelação-Crime nº 924.367, j. 08.03.95, Rel. Almeida Braga, 6ª Câmara).
"Arrependimento posterior. Espontaneidade por parte do agente. Necessidade: O arrependimento posterior deve ser acompanhado de espontaneidade para valer no mundo jurídico, não se podendo vislumbrá-la na conduta de quem é provocado a assim agir diante das diligências policiais" (Videotexto, Telesp, Apelação-Crime nº 991.045, j. 18.12.95, Rel. Fernandes de Oliveira, 11ª Câmara).

que o acusado apele ao instituto estrategicamente para evitar, após o conhecimento das provas, uma condenação iminente.

Com a redação dada ao artigo 16 do CP pela Lei 7.029/84, discutiu-se muito a extensão dos seus efeitos sobre o enunciado da Súmula 554, dispondo que "o pagamento de cheque emitido sem provisão de fundos, após o recebimento da denúncia, não obsta ao prosseguimento da ação penal" por estelionato (art. 171, § 2º, VI, do CP).

Em que pese a clareza do texto, a doutrina e os Tribunais do país optaram por admitir a conciliação entre o artigo 16 do CP e o Enunciado nº 554 da Súmula, conforme anotou Alberto Franco,[135] preservando a incidência deste último aos casos de estelionato na modalidade de emissão de cheque sem fundos. De fato, o enunciado sumular regula a situação especial e particular do estelionato na modalidade da emissão de cheque sem fundos (art. 171, § 2º, VI, do CP),[136] ao passo que a minorante do artigo 16 do CP tem caráter genérico e se aplica aos demais casos em que, mesmo configurada a tipicidade e presente a punibilidade, o agente demonstra presteza e minimiza os efeitos de sua conduta, ressarcindo o dano ou restituindo a coisa.[137]

Então, se o pagamento do cheque for anterior ao recebimento da denúncia, consoante o enunciado sumular, a ação penal não prosseguirá, vale dizer, o juiz, a requerimento ou de ofício, promoverá a declaração da extinção da punibilidade, providência que, segundo muitos precedentes, alcança o estelionato na *modalidade fundamental* tipificada no *caput* do artigo 171 do Código Penal.[138]

Contudo, se o pagamento do cheque for *posterior* ao recebimento da denúncia, não apenas a ação penal prosseguirá, ante o que dispõe a Súmula 554, como o acusado ainda não fará jus à minoração da pena prevista no artigo 16 do CP,[139] pois esta, segun-

---

[135] FRANCO, Alberto. *Código Penal e sua Interpretação Jurisprudencial*. São Paulo: RT, 1990, p. 79.

[136] "Tratando-se de crime de estelionato, previsto no art. 171, *caput* (pagamento com cheque furtado), não tem aplicação a Súmula 554-STF (...)" (Habeas Corpus nº 72944-4/SP, STF, Rel. Min. Carlos Velloso, j. 12.12.95, un., DJU 08.03.96, p. 6.215). Parece-nos, contudo, quanto à particularidade mencionada nesta nota, por paridade de motivos, já que a ofensa tem conteúdo patrimonial, outra deveria ser a solução. É inegável, como deflui do precedente, que, no crime de estelionato com uso de cheque furtado de terceiro, que não há incidência do enunciado 554 da Súmula do STF, pois está voltado para o caso de correntista emitente de cheque sem fundos. Nesse sentido: "Sendo o estelionato crime de cunho patrimonial, a sua consumação depende da efetiva obtenção da vantagem ilícita correspondente à lesão patrimonial de outrem. Assim, desde que o prejuízo não se mostre efetivado, não há razão para se punir o agente, quando este restituiu ao lesado o produto de sua locupletação, antes do oferecimento da denúncia" (RT 536/328). Como anotou, com precisão, Silva Franco: "Se a reparação do dano antes do oferecimento da denúncia impede que o prejuízo concretize e afasta a tipicidade do procedimento do agente, em se tratando de fraude no pagamento por meio de cheque, não se compreende que não possa ter igual efeito jurídico no caso do estelionato básico (...)" (RT 580/366).

[137] Essa orientação é também recomendada por MIRABETE (*Manual...*, Atlas, 1987, 1º/163, e 2º/291) e DELMANTO (*Código Pen. Coment.*, nota ao artigo 16), sendo reiterada no colendo STF (RHC 64.454-6-MG, j. em 18.11.86, Rel. Min. Francisco Rezek e RTJ 119, p. 1006, Rel. Min. Rafael Mayer, bem como em outros tribunais brasileiros – vide FRANCO, op. cit., p. 81, in fine, e 82).

[138] "... No crime de emissão de cheque sem fundos (art. 171, inc. VI, do CP), o pagamento antes da denúncia extingue a punibilidade visto que a Súmula 554 do STF exige que a reparação do dano ocorra antes do recebimento da denúncia. Tem-se, porém, que é possível ampliar a aplicação da mesma circunstância à hipótese do art. 171, *caput* do Código Penal. APELO PROVIDO." (Apelação-Crime nº 70008518037, Quinta Câmara Criminal, Tribunal de Justiça do RS, Relator: Genacéia da Silva Alberton, Julgado em 20/10/2004).

[139] "O conjunto probatório demonstra a materialidade e a autoria do crime de estelionato. O acusado obteve, para si, vantagem ilícita em prejuízo do Erário Público, mediante o emprego de meio fraudulento. Na oportunidade, emitiu cheque que sabia não ter provisão de fundos para o pagamento de tributos visando à liberação de mercadorias. Ademais, a quitação da dívida ocorreu após o decurso de mais de quatro anos do recebimento da denúncia.É sabido que o pagamento de cheque emitido sem provisão de fundos posteriormente ao recebimento da denúncia não obsta ao prosseguimento da ação penal, nos termos da Súmula 554 do Supremo Tribunal Federal. APELAÇÃO DESPROVIDA" (Apelação-Crime nº 70025740713, 7ª Câm. Criminal, Tribunal de Justiça do RS, Relatora Desa. Naele Ochoa Piazzeta, Julgado em 23/10/2008).

do dissemos linhas acima, condiciona a reparação do dano ou a restituição da coisa *até* o recebimento da inicial acusatória.

Essa solução, conquanto seja legal, beneficia os segmentos economicamente abastados em detrimento da população pobre. O rico que antes da data do recebimento da denúncia pagar o cheque sem fundo, por ter maior disponibilidade de ativos, ficará livre do processo.

A razão jurídica do Enunciado nº 554 e o princípio constitucional da igualdade foram invocados e aceitos por Câmara do Tribunal de Justiça do RS para declarar a extinção da punibilidade pelo crime de sonegação tributária mediante o pagamento do tributo sonegado antes do recebimento da denúncia,[140] embora haja muitos julgados em sentido oposto para restringir o entendimento citado ao objeto do Enunciado nº 554 da Súmula.[141]

9.3.5. Cometimento de crime sob coação resistível, ou em cumprimento de ordem de autoridade superior, ou sob a influência de violenta emoção

A coação a que se refere a letra "c" não é a *irresistível,* isto é, aquela que retira a liberdade do indivíduo e que, portanto, o afasta da zona assinalada para a punição. Pode ser *física* ou *moral*.

Assim, há coação física se indivíduo, com a vontade suprimida pela ameaça de um revólver, cometer o crime, no exemplo da enfermeira que, sob a mira do revólver, ou pela força física, é obrigada a aplicar uma injeção letal no paciente.

A coação pode ser moral e igualmente irresistível, no exemplo do indivíduo que é forçado a abrir o cofre do escritório onde trabalha com medo do cumprimento da ameaça de morte do filho sequestrado por quadrilha de ladrões.

Em ambos os casos de coação física ou moral, o agente ficará livre da pena desde que, é claro, a coação seja irresistível, insuperável, não podendo ser entendida como tal, se o coacto tiver chance de pedir socorro ou de levar o fato ao conhecimento e providência das autoridades.[142]

O objeto da alínea "c" do inciso III do art. 65 do CP é outro, entretanto, pois está voltado à hipótese em que a coação é *resistível* e, portanto, não isenta o agente de pena, embora favorecido com a sua atenuação, no exemplo de indivíduo que alegou ameaça de demissão como motivo para o delito de falso testemunho praticado.[143]

Como ensina Fernando de Almeida Pedroso, "se (...) perder o mal da ameaça em significação quando em cotejo com o mal do delito, isto é, se for ele menor que o gravame do crime, a coação moral era superável e vencível com o esforço e a abdicação

---

[140] A 2ª Câmara Criminal do TARGS, Rel. Juiz Alfredo Foerster, acolhendo parecer do Procurador de Justiça Lenio Streck, decretou a extinção da punibilidade de réu acusado de tentativa de furto (art. 155, caput, c/c art. 14, II, do CP) com base no princípio constitucional da igualdade (art. 5º da CF de 1988) e da disposição do artigo 34 da Lei 9.249, de 26.12.95, que autoriza a extinção da punibilidade pelo crime de sonegação fiscal quando o valor da dívida é pago antes do recebimento da denúncia (Recurso 296026750, Alvorada).

[141] Apelação-Crime nº 70008360687, 7ª Câm. Criminal, Tribunal de Justiça do RS, Relator: Marcelo Bandeira Pereira, Julgado em 20/05/2004 e Apelação-Crime nº 70001256148, Câmara Especial Criminal, Tribunal de Justiça do RS, Relator: Carlos Cini Marchionatti, Julgado em 26/09/2000, dentre outros julgados.

[142] Recurso de Revisão nº 695150003, 1º Grupo Criminal do TJRS, Rel. Des. Érico Barone Pires.

[143] TRF 4, Ap. Crim. nº 20020401031944-7, 8ª Turma, Rel. Des. Fed. Élcio Pinheiro de Castro, julgada em 10.3.03, *in* Baltazar Jr., José Paulo. *Sentença Penal*. Porto Alegre: Verbo Jurídico, 2007, p. 180.

requestáveis do comum dos homens. Desta sorte, era ela resistível e, como tal, não poderá esboroar a culpabilidade ou confutar o crime, sendo reconhecível, no caso, mera circunstância atenuante (art. 65, III, c)".[144]

A outra modalidade de atenuante contemplada na letra "c" é a do agente que comete o crime em cumprimento à ordem emanada de autoridade superior.

Há várias *nuances*, pois a ordem emanada do superior hierárquico pode ser *legal, duvidosamente legal ou absolutamente* ilegal.

No primeiro caso, não há delito ou pena porque, quando a ordem é legal, o executor nada mais faz senão cumprir o seu dever (art. 23, inciso III, primeira parte, do CP).

A ordem, no entanto, pode se revestir de *aparência de legalidade* e nesse caso a responsabilidade penal será só do autor da ordem. É essa a compreensão que se extrai do artigo 22, que se utiliza, para prever a punição do autor da ordem, do advérbio *manifestamente* ilegal.

Por último, se o executor tinha ciência de que a ordem era manifestamente ilegal, podia opor-se ao cumprimento e não o fez, a sua punibilidade não será abrandada.Era de seu devier agir de modo a não violar a lei penal.

A terceira hipótese de atenuação da pena, prevista na mesma alínea, é a da influência de violenta emoção provocada por ato injusto da vítima.

Sabe-se que a emoção, nos termos do inciso I do art. 28 do CP, não exclui a imputabilidade penal. Quando o agente, provocado por ato injusto da vítima, agir sob a influência desta, abrandará a pena, no exemplo da professora que, provocada pelo comportamento do aluno, o agride levemente.[145]

Convém anotar que a violenta emoção atua como privilegiadora (minorante) no homicídio (§ 1º do artigo 121).

São diferentes, no entanto, as hipóteses que autorizam o reconhecimento da atenuante e da causa especial de redução de pena. A primeira pressupõe que o indivíduo atue em condições de poder desistir do projeto criminoso. A última, própria do homicídio privilegiado, pressupõe que a violenta emoção comprometa a vontade criminosa, isto é, obnubile a mente e, assim, exerça um papel coadjuvante no episódio.

Desse modo, o júri pode, perfeitamente, recusar quesito de desclassificação do fato para homicídio privilegiado, entendendo não ter ficado caracterizada a *influência* da emoção sobre a vontade do réu, mas nada impede que o juiz, na sentença condenatória, reconheça, se tiver sido alegada em Plenário, a atenuante objeto destes comentários.

9.3.6. Confissão espontânea perante a autoridade da autoria do crime

No clássico livro *Tratado da Prova em Matéria Criminal*, entregue ao público em 1834, Mittermaier, lente da Universidade de Heldelberg, bem interpretando o sentimento, sempre atual, já afirmava que o povo "nunca se convence melhor da culpabilidade de um acusado de que quando sabe que fizer a este uma confissão completa".[146]

---

[144] PEDROSO, Fernando de Almeida. *Direito Penal*. São Paulo: Univ. de Direito, 1993, p. 512.

[145] "Professora provocada por comportamento do aluno, pespegando-lhe um tapa. Atenuante da violenta emoção reconhecida (...) Considerações em torno da espinhosa missão de ser mestre nos dias atuais. Aplicação da pena no mínimo legal" (Apelação-Crime nº 294136890, 4ª Câm. Criminal do TARS, Rel. Des. Vasco Della Giustina, 21.09.94).

[146] MITTERMAIER, Carl Joseph Anton. *Tratado da Prova em Matéria Criminal*. Campinas: Bookseller, 1993, tradução da 3ª edição de 1848 feita por Herbert Wüntzel Heinrich, p. 185.

das PENAS e seus CRITÉRIOS de APLICAÇÃO

Essa percepção foi levada ao extremo dos extremos pelos Dominicanos que atuavam como acusadores nos Tribunais da Inquisição. A confissão era a *meta optata* e, para obtê-la, podiam torturar os acusados de crimes de heresia, tanto que a Idade Média registra o maior genocídio contra as mulheres de que se tem notícia, todas mortas nas fogueiras sob acusação de pacto com o diabo e práticas de bruxaria.

Para justificar o emprego da tortura, Heinrich Kramer e James Sprenger, dois inquisidores nomeados pelo Papa Inocêncio VIII, diziam que a feitiçaria era uma "alta traição contra a Majestade de Deus" e, por isso, qualquer pessoa, de qualquer classe, posição ou condição social, sob acusação dessa natureza, podia ser submetida à tortura, e a que fosse considerada culpada, mesmo tendo confessado o seu crime, haveria de ser supliciada, haveria de sofrer todas as outras torturas prescritas pela lei, a fim de que fosse punida na proporção de suas ofensas.[147]

Essa é a filosofia presente no "Código de Processo Penal" da Inquisição, escrito sob a denominação de Manual dos Inquisidores por Nicolau Eimerich.[148]

Em que pese o sentimento popular de que a confissão é a rainha das provas, Pontes de Miranda, transcrevendo literalmente as lições de Mittermaier, alertava que "qualquer que seja a confissão, qualquer que seja a sua forma, a convicção de sua sinceridade não se opera senão em certas condições", sendo necessária a concordância entre a confissão "e as circunstâncias do processo, e, da parte do acusado, a postura em perfeita harmonia com a ideia que formamos daquela que deve ter um homem impelido pela sua consciência a descobrir a verdade".[149]

Essa é, aliás, a linha adotada pelo Código de Processo Penal, cujo artigo 197 declara que "o valor da confissão se aferirá pelos critérios adotados para os outros elementos de prova, e para a sua apreciação o juiz deverá confrontá-la com as demais provas do processo, verificando se entre ela e estas existe compatibilidade ou concordância".

Daí ter o legislador penal, em absoluta coerência com o texto da lei penal, condicionado, na letra "d" do inciso III do artigo 65, a configuração da atenuante à *espontaneidade* da confissão, como tal, entendendo-se aquela que decorre da livre disposição do agente de procurar a autoridade para, evidenciando alto grau de responsabilidade moral, informar a prática da infração penal e assim ajudar no seu pronto esclarecimento.

A confissão não é uma obrigação do suspeito ou do acusado.

Aliás, o artigo 186 e seu parágrafo único, do CPP, preveem que o juiz deve informar ao acusado, antes do interrogatório, o seu direito de *permanecer calado e de não responder perguntas que lhe forem formuladas,* sem que o silêncio venha a importar em confissão *ou ser interpretado em prejuízo da defesa.*

---

[147] KRAMER. Heinrich & SPRENGER. James. *O Martelo das Feiticeiras*. 18. ed. Rio de Janeiro: Rosa dos Tempos, 2005, p. 55. No capítulo sobre o Método do Interrogatório, consta o impressionante texto: "E enquanto estiver sendo interrogada a respeito de cada um dos pontos, que seja submetida a tortura com a devida frequência, começando-se com os meios mais brandos: o Juiz não deve ser apressar em usar dos meios mais violentos. E enquanto isso é feito, que o Notário a tudo anote: de que modo é torturada, quais as perguntas feitas e quais as respostas obtidas. E notar que, se confessar sob tortura, deverá ser então levada para outro local e interrogada novamente, para que não confesse tão somente sob a pressão da tortura. Se após a devida sessão de tortura a acusada se recusar a confessar a verdade, caberá ao Juiz colocar diante dela outros aparelhos de tortura e dizer-lhe que terá de suportá-los se não confessar. Se então não for induzida pelo terror a confessar, a tortura deverá prosseguir no segundo ou no terceiro dia, mas não naquele mesmo momento, salvo se houver boas indicações de seu provável êxito".

[148] EYMERICH, Nicolau. *Manual dos Inquisidores*. Rio de Janeiro: Rosa dos Ventos, 1993.

[149] MIRANDA, Pontes de. *Prova em Matéria Criminal*. Rio de Janeiro: Jacintho Ribeiro dos Santos, 1917, p. 289 e segs.

A liberdade de falar ou não ao juiz é expressão do privilégio de não autoincriminação, ou seja, é direito de todo indivíduo em não ser convertido em meio ativo de prova contra si próprio e, como diz Theodomiro Dias Neto, "constitui um direito de defesa perante o Estado (*Abweh-rrecht*), com duas dimensões correspondentes às duas formas possíveis de defesa que se encontram à disposição do acusado: uma dimensão positiva que garante a possibilidade de defesa ativa frente a uma imputação e uma negativa, correspondente ao direito ao silêncio (...) A garantia do silêncio é, desta forma, um instrumento de fortalecimento das condições de comunicação forense do acusado".[150]

Há certa vacilação na jurisprudência quanto à incidência da atenuante em processo instaurado graças à exitosa investigação policial,[151] for objeto de retratação posterior[152] e ainda quando decorrer de flagrante.[153] Também é controverso o reconhecimento da atenuante quando a *confissão* for *qualificada,* isto é, quando por meio dela o agente agregar teses defensivas discriminantes ou exculpantes.[154]

No STJ há decisões no sentido negativo[155] e afirmativo,[156] merecendo transcrição o trecho do correto julgado: "... Se a confissão do agente é um dos fundamentos da condenação, a atenuante prevista no art. 65, inciso III, alínea 'd', do CP, deve ser aplicada, sendo irrelevante se a confissão foi espontânea ou não, total ou parcial, ou mesmo se houve retratação posterior. ... Com efeito, tal entendimento deve se estender para as hipóteses da chamada 'confissão qualificada'. Em outras palavras, a invocação de teses defensivas excludentes ou descriminantes não pode obstar a incidência da atenuante da confissão quando ela é utilizada para embasar o próprio decreto condenatório...".[157]

De fato, a interpretação restritiva contra o acusado é vedada em direito penal, sendo daí exato concluir que, por não estar condicionada em lei, a atenuante da confissão espontânea pode e deve ser reconhecida sempre que o acusado colaborar com as autoridades e, com a sua conduta, demonstrar sensibilidade ética e disposição de assumir a responsabilidade pela sua conduta.

---

[150] NETO, Theodomiro Dias. O Direito ao Silêncio: Tratamento nos Direitos Alemão e Norte-Americano. *Revista Brasileira de Ciências Criminais, IBCCrim,* v. 19, p. 185.

[151] Apelação-Crime nº 950432056-2/PR, 2ª Turma do TRF da 4ª Região, Rel. Edgard Antônio Lippmann Jr. (convocado), j. 12.09.96, un.

[152] RESP. 172087, 5ª T., Min. José Arnaldo, DJ de 13.10.98.

[153] Recurso Especial nº 26853-2/PR, STJ, Rel. Min. Vicente Leal, DJU 19.06.95, p. 18.753. "INDIVIDUALIZAÇÃO DA PENA. ATENUANTE DA CONFISSÃO ESPONTÂNEA (CP, ART. 65, III, 'D'). PRISÃO EM FLAGRANTE. IMPUTAÇÃO DA RESPONSABILIDADE A CORRÉU. DESCARACTERIZAÇÃO. AUSÊNCIA DE ESPONTANEIDADE. Para a caracterização da atenuante genérica inscrita no art. 65, III, 'd', do Código Penal, é necessário que a confissão seja espontânea, circunstância que não se configura na hipótese de prisão em flagrante do réu que, além do mais, procura impetrar ao CORRÉU a responsabilidade em face do delito, admitindo apenas sua participação no fato. Não há dissídio jurisprudencial quando os julgamentos postos em confronto encerram teses que não se assemelham, embora versem o mesmo tema de fundo. Recurso especial não conhecido" (Recurso Especial nº 26.853.2, PR, Rel. Min. Vicente Leal, STJ, DJU, 19.06.95, p. 18753).

[154] Apelação-Crime nº 695023168, 4ª Câmara Criminal do TJRS, Rel. Des. Érico Barone Pires, 03.05.95. Ainda: "Nos termos da jurisprudência do Superior Tribunal de Justiça, a chamada "confissão qualificada" impede a aplicação da atenuante da confissão espontânea" (AgRg no REsp. 1359503, rel. Min. Campos Marques (Des. Convocado do TJ/PR), 5ª T., julgado em 16.5.2013, DJ 21.5.2013). Também: HC 72.879-RS, Rel. origin. Min. Marco Aurélio; Rel. para o acórdão, Min. Maurício Corrêa, j. 28.6.96.

[155] STJ, RESP 999.783 e HC 211.667/RJ, 5ª Turma, Rel. Min. Laurita Vaz, julgado em junho de 2013.

[156] AgRg no Ag 1242578/SP, Rel. Min. Marco Aurélio Belizze e AgRg no AREsp 210.246/SP, rel. Min. Maria Thereza de Assis Moura.

[157] Ag.Rg.Ag.Inst. 1.410.103 – Rel. Jorge Mussi, j. 07.11.2013, publicado em 21.11.2013 – fonte: Informativo do IBCCrim, n. 254, janeiro/2014.

---

das PENAS e seus CRITÉRIOS de APLICAÇÃO

É nesse sentido, aliás, o Enunciado nº 545 da Súmula do STJ, dispondo que "Quando a confissão for utilizada para a formação do convencimento do julgador, o réu fará jus à atenuante prevista no art. 65, III, 'd', do Código Penal". Então, ainda que confissão espontaneamente realizada possa vir a não ser considerada como verídica *in totum,* mesmo assim, se for utilizada como fundamento da sentença para condenar ou para individualizar a pena, a atenuante da confissão terá que ser admitida.

O autor do fato pode confessar a autoria e eventualmente indicar o nome do co-autor ou participante. Essa hipótese é denominada pela doutrina e pela jurisprudência como *chamada de corréu,*[158] sendo considerada como prova anômala, em condições de sustentar sentença condenatória de corréu, mesmo que este negue a autoria, a não ser quando mascarar sentimento repulsivo (ódio, vingança) ou objetivo de atenuar a própria responsabilidade.[159]

Por último, é preciso distinguir a hipótese de redução da pena pela confissão espontânea (atenuante) da hipótese de redução a título de delação premiada (minorante).

Assim, o § 2º do artigo 25 da Lei 7.492, de 16.06.86, na redação dada pela Lei 9.090, de 19.07.95, relativa aos crimes contra o sistema financeiro nacional, declara que, nos ilícitos mencionados pela mesma lei, "cometidos em quadrilha ou coautoria, o coautor ou partícipe que, através de confissão espontânea, revelar à autoridade policial ou judicial toda a trama delituosa, terá a sua pena reduzida de um a dois terços".

Conforme a Lei 9.807/99 – que dispõe sobre a organização e manutenção de programas especiais de proteção a vítimas e a testemunhas ameaçadas e aos acusados ou condenados que tenham voluntariamente prestado colaboração efetiva à investigação policial ou ao processo judicial – (arts. 13 e 14), o juiz poderá conceder o perdão judicial, extinguir a punibilidade ou reduzir a pena entre 1/3 e 2/3 para o condenado cuja colaboração tenha sido eficaz à identificação de coautores, localização de vítimas ou recuperação total ou parcial do produto do crime.

Embora o emprego na lei da expressão *confissão espontânea,* a hipótese versada não é de circunstância atenuante equivalente à da letra "c" do inciso III do art. 65 do CPP, e sim, de causa especial de diminuição da pena-provisória, de consideração obrigatória não na segunda, mas na terceira fase método trifásico.

Tem natureza também de minorante, e não de atenuante a delação prevista no parágrafo único do artigo 8º da Lei 8.072/90 ("O participante e o associado que denunciar à autoridade o bando ou quadrilha, possibilitando seu desmantelamento, terá a pena reduzida de um a dois terços").

Tem igual natureza de minorante a colaboração espontânea prevista no art. 6º da Lei 9.034/95 ("Nos crimes praticados em organização criminosa, a pena será reduzida de um a dois terços, quando a colaboração espontânea do agente levar ao esclarecimento de infrações penais e sua autoria") e a denúncia que o coautor de sequestro faz à autoridade para auxiliar a libertação do sequestrado e que autoriza, na forma do § 4º do art. 159 do CP, a redução da pena provisória entre 1 e 2/3.

---

[158] Essa é, com efeito, a orientação que provém da doutrina, ALTAVILLA, *Psicologia Judiciária,* trad. Fernando de Miranda, 3..ed., p. 131-132; de MIRABETE, Julio Fabbrini. *Manual de Direito Penal.* São Paulo, Atlas, 1992, p. 275; de tese apresentada pelo então Juiz de Alçada, Dr. Nério Letti, aprovada no VIII Encontro Nacional de Tribunais de Alçada (*in Anais,* p. 185) e dos Tribunais, proclamando que o "corréu que acusa outrem da participação no fato criminoso, faz prova valiosa quando não se exculpa ou se inocenta" (RJTJRS 114/159). No mesmo sentido: RT 668/311, Julg. do TARS, 79/68 e voto que proferimos como Relator nas Apelações-Crime 296038110, 297000267 e 296008139 da 3ª Câm. Crim. deste Tribunal.

[159] Apelação-Crime nº 297000267, 3ª Câmara Criminal do TARGS, Relatada pelo autor. No mesmo sentido: Apelação-Crime nº 297009151, 1ª Câmara Criminal do TARS, Rel. Montaury dos Santos Martins, j. 04.06.97.

Bem aplicado o princípio do *ne bis in idem* sobre o qual já discorremos em outras passagens, segue-se que nesses casos em que o autor do fato *denuncia à autoridade o bando ou a quadrilha* ou *colabora espontaneamente para o esclarecimento dos delitos cometidos por organizações criminosas,* o juiz não poderá reconhecer a *atenuante* – ainda que a denúncia ou a delação tenham ocorrido espontaneamente – porque, na terceira fase, o fato atuará como causa especial de redução da pena (minorante).

Essas figuras entram no conceito amplo da conhecida, debatida e criticada delação premiada, prevista na legislação de muitos países, dentre eles a Itália e os Estados Unidos.

Sobre ela, é importante o registro feito por Rômulo de Andrade Moreira, sintetizando o pensar de importante segmento doutrinário: "Afora questões de natureza prática, como, por exemplo, a inutilidade, no Brasil, desse instituto, por conta, principalmente, do fato de que o nosso Estado não tem condições de garantir a integridade física do delator *criminis*, nem a de sua família, o que serviria como elemento desencorajador",[160] há que notar que a hierarquia e a disciplina que caracterizam as organizações criminosas atuam como óbices ao ânimo de delatar por parte de seus membros ou agentes, sujeitos a rigoroso "código de ética e de justiça".

Possivel ajuda destacar o aspecto de que, em regra, as delações acontecem após a prisão e no contexto de negociações para reduzir penas ou obter a revogação da cautelar. Há quem sustente que por isso só deveriam ser admitidas delações de indivíduos enquanto estiverem em liberdade.

9.3.7. Cometimento de crime sob a influência de multidão em tumulto, se não o provocou

Multidão em tumulto sugere movimentação desordenada e rápida de pessoas reunidas em um ambiente, em assembleia ou comício, é a onda popular "que degenera em arrebatamentos de gestos e vozes, em correrias, ou em assaltos agressivos e destruidores, que se multiplica em rixas e em conflitos, que assume atitudes de resistência às autoridades, de desobediência às suas ordens, de desafios afrontosos ao poder constituído".[161]

Não há quem não conheça a força que as massas humanas podem exercer sobre o comportamento dos indivíduos. Em estádios de futebol superlotados, por exemplo, milhares de pessoas, sem nenhum vínculo entre si, são capazes de dizer ou fazer coisas que certamente não diriam nem fariam em circunstâncias normais.

Nessas ocasiões, muitos indivíduos passam por processo de anulação de seus próprios parâmetros morais e sociais e, contaminados pela multidão, agem segundo os parâmetros da massa, no momento.

Quando essas forças agem desorganizadamente, os efeitos podem ser os mais trágicos possíveis, com agressões, correrias, pisoteamentos, lesões e mortes.

Não é rara a dolosa prática de crimes em ambientes onde ocorrem essas grandes concentrações políticas, v. g., por ocasião de encontros partidários, momento em que a discussão ideológica em praça pública reacende paixões, anula os freios inibitórios, gera discussões, ofensas recíprocas, quebra-quebra, tumulto generalizado e consequências ocasionalmente muito graves.

---

[160] MOREIRA, Rômulo de Andrade. A Institucionalização da Delação no Direito Positivo Brasileiro. *Revista Brasileira de Ciências Criminais, IBCCrim*, n° 49, p. 5.

[161] VERGARA, Pedro. *Das Penas Principais e sua Aplicação*. Rio de Janeiro: Boffoni, 1948, p. 421.

O agente que, portanto, praticar um crime sob a influência de multidão em tumulto, ou seja, em situação que afeta a boa compreensão da realidade e que enfraquece a capacidade de discernir e de optar por conduta diversa, receberá pena mais branda que receberia se o ilícito fosse praticado em outras circunstâncias ambientais, isoladamente.

A lei penal condiciona o reconhecimento da atenuante à prova de que o infrator não tenha sido o responsável pelo tumulto. Não fosse assim ele poderia beneficiar-se da própria torpeza, criando ambiente favorável para o tumulto a fim de deliberada e intencionalmente poder praticar sob o risco de reprovação menos grave que a cabível.

Os casos em que o tumulto provocado pela multidão for condição para a própria configuração do crime, como o de rixa, evidentemente não se cogitará da atenuante, por ser elementar do delito.

9.4. Atenuantes inominadas: espécies

Além das hipóteses listadas no art. 65, a Lei 7.209/84 veio permitir no artigo 66 a atenuação da pena "em razão de circunstância relevante, anterior ou posterior ao crime". Fatos excepcionais justificam a redução da censura quando relacionados ao agente *antes* ou *depois* do cometimento da infração. Jamais quando forem concomitantes com esta.

A condição para que esses fatos possam ser conhecidos como *atenuantes é que sejam relevantes*, nos exemplos de quem é acometido durante o andamento do processo por doença gravíssima, daquele que estava antes da prática delituosa em fase terminal de saúde, ou em estado de miserabilidade absoluta ou que tenha invocado convicção religiosa como motivo para a prática delituosa.[162]

É no âmbito dessa disposição ou do art. 59 do CP. que a teoria da coculpabilidade poderia ser situada. Nas palavras de Zaffaroni, o idealizador da teoria, "ao lado do homem culpado por seu fato, existe uma coculpabilidade – da reprovação pelo fato – com a qual a sociedade deve arcar em razão das possibilidades sonegadas".[163] A coculpabilidade, sendo uma *valorização compensatória*,[164] propõe que se aceitem como fator de redução de pena essas variáveis sociais que alijaram ou contribuíram para o alijamento do indivíduo do processo de inserção e o colocaram à margem do consumo, da educação, da saúde, do emprego, da renda, etc.

O STJ[165] e o TJRS[166] têm resistido, conservadoramente, à proposta, afirmando, por exemplo, que a culpabilidade não está prevista como atenuante na Parte Geral do

---

[162] MIRABETE, Julio Fabbrini. *Manual de Direito Penal*. São Paulo: Atlas, 1989, p. 308 e BALTAZAR JR., José Paulo. *Sentença Penal*. 3. ed. Porto Alegre: Verbo Jurídico, 2007, p. 186.

[163] ZAFFARONI, Eugenio Raúl; PIERANGELI, José Henrique. *Manual de Direito Penal Brasileiro*. Parte Geral. 2. ed. São Paulo: Revista dos Tribunais, 1999, p. 610.

[164] SANTOS, Juarez Cirino dos. *A moderna Teoria do Fato Punível*. 2. ed. Rio de Janeiro: Revan, 2002, p. 231.

[165] "Impossível acolher-se a teoria da coculpabilidade para mitigar a reprovação da conduta do agente no caso, pois além de essa matéria não ter sido analisada pelo Tribunal de origem, o que impediria a sua apreciação diretamente por esta Corte Superior de Justiça, diante das circunstâncias em que se deram os ilícitos, não há como se eximir o acusado parcialmente das suas consequências, tampouco como concluir que teria sido levado a delinquir por uma suposta ausência de um direito não concretizado pelo Estado ou porque teria menor âmbito de autodeterminação em razão de eventuais condições sociais desfavoráveis" (HC 116972 / MS, 5ª Turma, Min. Jorge Mussi, DJe 13/09/2010).

[166] Apelação-Crime nº 70014561898, 2ª Câm. Crim. TJRS, Relator: Marlene Landvoigt, Julgado em 10/02/2009.

Código Penal, que não se pode "responsabilizar a sociedade" pela pobreza,[167] sob pena de se estar autorizando a desordem e a impunidade",[168] também porque a criminalidade é democrática e atinge a todos os segmentos sociais indistintamente[169] e que não se pode presumir que a "ausência de um direito não concretizado do Estado"[170] tenha sido a causa da vontade criminosa.

Os fundamentos eleitos nesses julgados denotam, *maxima venia*, o equívoco na compreensão da teoria de Zaffaroni, que jamais pretendeu *deslocar* responsabilidades para a sociedade, *nem ignorar* os elevados níveis de criminalidade em países como o nosso e sim justificar a menor reprovação ao autor do crime *vítima* de anomalias sociais (p. ex., carência de empregos, dificuldades de acesso à educação, ambientes degradantes das prisões, desigualdades) que reproduzem pobreza, fome, miséria e marginalização social, ou seja, as condições propícias para o despertar da vontade criminosa.

A despeito da fórmula do artigo 66 condicionando a antecedência ou a superveniência da circunstância relevante, parece-nos que, em linha do princípio, o juiz também poderia, amparado na razão jurídica que enseja o perdão judicial e atendendo a equidade e a proporcionalidade, abrandar a pena se verificar, por exemplo, a presença de circunstância concomitante que cause para o acusado uma particular desgraça, fora dos casos previstos em lei.

9.5. Agravantes e atenuantes preponderantes: espécies

Uma circunstância legal é preponderante quando detiver maior *peso ou força* em relação a outra circunstância.

Por razões as mais variadas o art. 67 do CP considera como preponderantes as circunstancias que *resultam dos motivos*, tanto os nobres (que abrandam a censura) quanto os reprováveis, repulsivos, ignóbeis (que a intensificam), desde que não constituam ou qualifiquem o crime, como já examinado, bem ainda aquelas que *resultam* da *personalidade* (ainda em formação) do acusado. Entendem-se como tais as atenuantes da *menoridade* (art. 61, I)[171] e da *confissão espontânea do agente* (art. 65, II, "d").[172]

Por paridade lógica, merece ser incluída no rol das atenuantes preponderantes a da *reparação do dano,* prevista no art. 65, III, "b", do CP., porque, com essa conduta, o autor do fato demonstra ser indivíduo moralmente sensível e responsável.

A *última* é a reincidência. A lei reprova com maior intensidade a conduta do indivíduo de quem insiste na prática delituosa por considerá-lo infenso às advertências do direito penal.

---

[167] Apelação-Crime nº 70029363017, 8ª Câm. Crim.TJRS, Relator: Isabel de Borba Lucas, Julgado em 17/06/2009.

[168] Apelação-Crime nº 70022536171, 8ª Câm. Crim., TJRS, Relator: Roque Miguel Fank, Julgado em 23/01/2008.

[169] "... Atenuante genérica do art. 66 do CP, que não serve a tanto. Inviável responsabilizar a sociedade pela falta de oportunidades de um indivíduo, o espaço que lhe é conferido pelo organismo social, como se a culpabilidade fosse uma consequência da pobreza, o que a realidade já mostrou que não é, pois a "criminalidade é democrática", atinge a todos os níveis sociais, indistintamente" (Apelação-Crime nº 70036561249, Oitava Câmara Criminal, Tribunal de Justiça do RS, Relator: Fabianne Breton Baisch, Julgado em 10/11/2010.

[170] HC 116972 / MS, 5ª T., Rel. Min. Jorge Mussi, 19/08/2010.

[171] Habeas Corpus nº 71323-0/SP, STF, Rel. Min. Sepúlveda Pertence, DJU 19.05.95, p. 13.994.

[172] Apelação-Crime nº 297012106, 1ª Câmara Criminal do TARGS, Rel. Marco Antônio Ribeiro de Oliveira, j. 18.06.97.

Anote-se, por último, que as circunstâncias preponderantes, conforme será destacado no item a seguir, também são entre si compensáveis. Nenhuma delas poder ser compensada, entretanto, quando em concurso com a atenuante da menoridade, porque esta *prepondera sobre "qualquer outra circunstância" agravante, mesmo as legalmente consideradas como preponderantes,*[173] malgrado decisões em sentido contrário, envolvendo, por exemplo, os concursos entre menoridade e reincidência[174] e confissão espontânea,[175] casos em que esta última foi considerada a mais preponderante.

Desse modo, presentes agravante (preponderante ou não) e menoridade, o juiz deverá abrandar mais a pena do que exasperar, sem possibilidade de neutralizar ou compensar a agravante pela atenuante.

9.6. Mensuração da pena provisória: regras

Como propõe o subtítulo, a questão mais relevante, na segunda fase, consiste em saber se, nos moldes da fase anterior, existem ou não regras de orientação para a mensuração das agravantes e atenuantes porque a experiência do foro mostra que, de um modo geral, os juízes criminais seguem a arraigada tradição de anunciar na sentença as quantidades de pena que outorgam para agravantes ou atenuante sem as explicações pertinentes (fundamentação) sobre o seu proceder.

A mera intuição sugere que, nada obstante o pouco interesse da doutrina e da jurisprudência, essas regras devem existir e que o aplicador da pena precisa demonstrar como elas foram utilizadas não só porque é do seu dever fundamentar a sua decisão mas, também e principalmente, porque é só assim que as Partes podem exercer, na sua amplitude e profundidade, o direito de eventualmente questioná-la por meio dos recursos previstos em lei.

---

[173] "A atenuante da menoridade relativa prepondera sobre qualquer outra circunstância, inclusive sobre a reincidência, consoante pacífica jurisprudência desta Corte Superior." (STJ, HC 274758/SP, 5ª Turma, Rel. Min. Laurita Vaz, DJ 05.03.2001. Da mesma Relatora: HC 245.506/MS, julgado em 07/03/2013, DJe 13/03/2013. Ainda: AgRg no HC 154.751/DF, Rel. Min. Marco Aurélio Bellize, 5ª T., julgado em 13/03/2012, DJe 02/04/2012.
No STF: "Menoridade – Preponderância sobre todas as circunstâncias objetivas contrárias ao réu, inclusive a agravante da reincidência – Imperiosidade, portanto, de ser levada em conta na segunda fase da fixação da pena – Inteligência do art. 67 do CP" (STF, HC 66.605-1, SC, Rel. Min. Célio Borja, DJU 21.4.89, LEX 193/291). No mesmo sentido: HHCC 66.60-5 e 70.873, STF; HC 71323-0/SP, STF, Rel. Min. Sepúlveda Pertence, DJU 19.05.95, p. 13.994; HC 71.323-SP (RTJ 155/242); HC 66.605-SP (RTJ 130/143); HC 73.926-SP, Rel. Min. Carlos Velloso, 19.12.96 e HC 71.469-2/SP, in DJU nº 159, de 18.8.95, p. 24896, Rel. Min. Sydney Sanches e HC 71.094-8, SP, Rel. Min. Francisco Rezek, DJ p. 2442.

[174] "A atenuante da menoridade não prevalece sobre a agravante da reincidência. Na presença concomitante das duas circunstâncias, cabe ao juiz efetuar a compensação de uma pela outra, quando da dosagem da pena. Habeas corpus indeferido contra o voto do Min. Marco Aurélio, que dava prevalência à menoridade. Precedente citado: HC 71.469-SP" (DJU de 18.08.95). HC 73.772-SP, Rel. Min. Néri da Silveira, 04.06.96. No mesmo sentido: TARGS, Apelação-Crime 296020191, 3ª Câmara Criminal do TARS, Rel. Juiz Guimarães Ribeiro). Ver ainda: RHC 111.454, rel. min. Luiz Fux, julgamento em 3.4.2012, Primeira Turma, DJE de 23.4.2012; HC 99.446, Rel. Min. Ellen Gracie, julgamento em 18.8.2009, Segunda Turma, DJE de 11.9.2009; HC 93.515, rel. min. Marco Aurélio, julgamento em 9.6.2009, Primeira Turma, DJE de 1º.7.2009. Em sentido contrário: HC 101.909, Rel. Min. Ayres Britto, julgamento em 28.2.2012, Segunda Turma, DJE de 19.6.2012.

[175] "Nos termos do art. 67 do CP, no concurso de atenuantes e agravantes, a pena deve aproximar-se do limite indicado pelas circunstâncias preponderantes. No caso em exame, a agravante da reincidência prepondera sobre a atenuante da confissão espontânea, razão pela qual é inviável a compensação pleiteada." (HC 96.063, Rel. Min. Dias Toffoli, julgamento em 9.8.2011, Primeira Turma, DJE de 8.9.2011.)

É inaceitável o argumento, mesmo oriundo da melhor doutrina[176] e incorporado em precedentes,[177] de que o juiz possui liberdade ampla para escolher grandezas das agravantes e atenuantes guiado pela prudência[178] e pelas peculiaridades do caso.

Esse argumento não satisfaz as exigências das normas legais e constitucionais sobre a motivação das decisões judiciais e realimenta a insegurança segurança jurídica, pois o ser humano não controla os seus sentidos e nem sempre desconfia das premissas utilizadas. Descartes já dizia em seu famoso livro a respeito da prudência[179] que todos os homens são prudentes, mas, quando analisam um mesmo tema, podem chegar às vezes a resultados bem diferentes sem nunca deixarem de ser prudentes, bastando que sigam por caminhos diferentes, isto é, que ao examinarem o mesmo caso se utilizem de variáveis próprias no momento da construção do raciocínio.

Sobre o ponto, é apropriada a lição de Lenio Streck de que as decisões judiciais, nos Estados Democráticos de Direito, "não podem ser fruto da vontade individual ou da ideologia ou, como queiram, da subjetividade do julgador. A primeira coisa que se deveria dizer a um juiz, quando ele entra na carreira é: não julgue conforme o que você acha ou pensa. Julgue conforme o direito. Julgue a partir de princípios e não de políticas. Aceitar que as decisões são fruto de uma 'consciência individual' é retroceder mais de 100 anos. E é antidemocrático. Meu direito depende de uma estrutura... de padrões interpretativos e não da 'vontade'".[180]

Em suma: não é ilimitada a atividade judicial pois, nos seus julgamentos, os magistrados não podem fazer, ao arrepio da lei e da Constituição, o que mandar a sua "consciência" ou a seguir a sua ideologia ou visão de mundo, tanto assim que nas sentenças e Acórdãos devem apontar as premissas fáticas e jurídicas utilizadas e comentá-las antes de concluírem, como dimana do sentido do inciso IX do art. 93 da CF e do inciso III do artigo 381. Este último claramente estabelece que a sentença *conterá* "a indicação dos motivos de fato e de direito em que se fundar a decisão".

Sendo sob essa perspectiva que a individualização das penas deve ser estudada e praticada, a pergunta surge como inevitável: se o juiz não detém a liberdade do mundo, qual é o critério objetivo que deve utilizar para quantificar agravantes e atenuantes?

Reconheça-se: o Código Penal nada diz, ao menos explicitamente, sobre o ponto.

Contudo, se considerarmos, como devemos considerar, que o ordenamento jurídico é um *sistema* que enseja todas as respostas, desde que seja interpretado e aplicado *sistematicamente,* desvelaremos critérios e identificaremos limites.

---

[176] FRANCO. Alberto. *Código Penal e sua Interpretação Jurisprudencial.* São Paulo: RT, 1995, p. 752.

[177] Por exemplo: HC 281662/RS, Rel. Ministra Laurita Vaz, 5ª T., julgado em 27/03/2014, DJe 03/04/2014) e REsp 1.493.789/MA.

[178] ZAFFARONI. Eugenio Raúl; PIERANGELLI. José Henrique. *Manual de Direito Penal Brasileiro*, Parte Geral, 2. ed. São Paulo: RT, 1999, p. 831.

[179] DESCARTES, René. *Discurso do Método.* São Paulo: Martins Fontes, 1989, p. 5. Nas suas palavras: "... não é verossímil que todos se enganem, mas, pelo contrário, isso demonstra que o poder de bem julgar e de distinguir o verdadeiro do falso, que é propriamente o que se denomina bom senso ou razão, é por natureza igual em todos os homens; e portanto que a diversidade de nossas opiniões não decorre de uns serem mais razoáveis que os outros, mas somente de que conduzimos nossos pensamentos por diversas vias, e não consideramos as mesmas coisas".

[180] Fonte: www.conjur.com.br – Extraído de <http://niajajuris.org.br/index.php/noticias/631-criterios-subjetivos-ideo-logia-pessoal-define-decisoes-de-juizes-diz-estudo>. Acesso no dia 6.11.2019 – 11h30m.

Essa foi a percepção de Fragoso[181] e de Ruy Rosado de Aguiar Jr.[182] quando se defrontaram com o tema e sustentaram a tese de que as agravantes e atenuantes jamais podem propiciar aumentos e diminuições em quantidades superiores a 1/6 da pena-base.

A razão pela qual os ilustres doutrinadores apontaram a fração de 1/6 como *limite não ultrapassável* nós a antecipamos no capítulo anterior, quando justificamos a impossibilidade de quantificação das circunstâncias judiciais sempre nesse patamar, pois 1/6 corresponde ao mínimo legalmente estabelecido pelo legislador para aumentos ou diminuições, na terceira fase, provocados por causas especiais de aumentos ou diminuições[183] e como há uma "hierarquia" entre as circunstâncias legais se as agravantes e atenuantes pudessem produzir aumentos iguais ou superiores a 1/6 da pena base isso implicaria em rompimento dessa "hierarquia" com quebra da harmonia e da coerência interna do sistema penal e ainda atentaria contra o princípio da proporcionalidade das penas (necessidade e suficiência para a prevenção e a repressão).

Daí Nucci ter dito, com sua costumeira precisão técnica, que 1/6 atua como limite na quantificação de *"qualquer agravante/atenuante reconhecida"*.[184]

A transformação em critério da proposição de uso referencial da fração de 1/6 como *limite* para agravantes e atenuantes foi ganhando adeptos e hoje conta com o apoio da importante doutrina de Luiz Régis Prado, Cezar Bitencourt,[185] Sérgio Salomão Shecaira,[186] Salo de Carvalho,[187] Fernando Galvão,[188] Inácio Carvalho Neto,[189] Mário Helton Jorge,[190] Fabrício Antonio Soares,[191] Ângelo Roberto Ilha da Silva[192] e muitos outros, e, nada obstante resistências importantes,[193] é a que vem sendo seguida e

---

[181] FRAGOSO, Heleno Cláudio. *Lições de Direito Penal*: a Nova Parte Geral. 8. ed. Rio de Janeiro: Forense, p. 343.

[182] AGUIAR JR., Ruy Rosado de. *Aplicação da Pena*. Porto Alegre: Publicação da Escola Superior da Magistratura, 1994, p. 12.

[183] Estamos nos referindo às majorantes e minorantes em quantidades variáveis dentro de cujos extremos o juiz terá que estabelecer a quantidade certa para os aumentos ou as diminuições.

[184] NUCCI, Guilherme de Souza. *Individualização da Pena*. São Paulo: Revista dos Tribunais, 2004, p. 285.

[185] PRADO, Luiz Régis; BITENCOURT, Cezar Roberto. *Código Penal Anotado e Legislação Complementar*. São Paulo: RT, 1997, p. 320.

[186] SHECAIRA Sérgio Salomão e CORRÊA JR., Alceu. *Teoria da Pena*. São Paulo: Revista dos Tribunais,2002, p. 280 – nota de rodapé n. 26.

[187] CARVALHO, Salo. *Penas e Medidas de Segurança no Direito Penal Brasileiro*. São Paulo: Saraiva, 2013, p. 435.

[188] GALVÃO, Fernando. *Direito Penal. Parte. Geral*. 5. ed. São Paulo: Saraiva, 2013, p. 660.

[189] NETO, Inácio Carvalho. *Aplicação da Pena*. São Paulo: Forense, 2003, p. 117.

[190] JORGE, Mário Helton. *A Quantificação da Pena em Face das Circunstâncias*. Disponível em: <https://jus.com.br/artigos/5095/a-quantificacao-da-pena-em-face-das-circunstancias>. Acesso às 20h30m do dia 17 de outubro de 2019.

[191] SOARES, Fabricio Antonio. Critérios para a fixação da pena-base e da pena provisória, disponível em: <https://jus.com.br/artigos/7762/criterios-para-a-fixacao-da-pena-base-e-da-pena-provisoria.>

[192] SILVA, Ângelo Roberto Ilha da. *Curso de Direito Penal*. Parte Geral. Livraria do Advogado, 2020, p. 454.

[193] Em publicação oficial destinada a orientar seus agentes, o MP sustenta que, à míngua de tarifação específica, faixas ou frações de quantitativos, o legislador do Código Penal teria optado "por deixar os limites valorativos ao critério judicial" e, por isso, a "... aplicação da fração única no patamar de 1/6, sem apreciação da intensidade e relevância, no caso concreto, contrariaria disposição a lei e "os critérios de isonomia e proporcionalidade", dando como exemplo a reincidência por múltiplas condenações e a reincidência por única condenação pretérita (http://www.mpf.mp.br/atuacao-tematica/ccr2/publicacoes/roteiro-atuacoes/docs-cartilhas/roteiro-de-atuacao-dosimetria-da-pena. Acesso no dia 21 de novembro de 2019, às 11h07m.).

A divergência decorre do equívoco de supor que 1/6 atua como critério fracionário rígido, quando, em verdade, indica um *máximo possível* de pena para agravantes e atenuantes, funcionando também como *barreira de contenção* contra o risco de abusos. Podendo as quantificações para agravantes e atenuantes ficarem *aquém* de 1/6 ficarão plenamente resguardadas as diferenças no momento da individualização das penas. Assim, diferentemente do que sustenta o MP como exemplo fornecido, a agravante poderá ser individualizada no máximo de 1/6 para o indivíduo multireincidente e aquém desse limite fracionário para indivíduo cuja reincidência decorra de única condenação definitiva por fato anterior.

recomendada pela jurisprudência do colendo Supremo Tribunal Federal,[194] conforme se depreende de voto proferido pelo saudoso Ministro Teori Zavascki, no qual, para honra nossa, reproduz trechos de anterior edição deste livro[195] e de votos preferidos no mesmo sentido por seus ilustres colegas do STF[196] e do STJ[197] sobre o tema.

É também nesse sentido a jurisprudência do Tribunal de Justiça do RS.[198]

A solução do problema acabou acarretando, no entanto, o nascimento de outro, porque se 1/6 da pena-base atua como limite superior na mensuração das agravantes e atenuantes dessa constatação se extrai, por simples derivação, que existe um *limite inferior* a ser igualmente identificado e respeitado, que completará, com a fração de 1/6, os extremos do espaço dentro do qual o juiz criminal se movimentará no momento em que for realizar essa mensuração.

Mas qual seria esse limite inferior?

---

[194] Convém registrar que embora a preocupação com os abusos na aplicação das penas, naqueles casos envolvendo corrupção e lavagem de dinheiro, especialmente imputados a autoridades do mais alto escalão, o próprio STF, ao que deduzimos para atender razões de *política criminal,* acabaria destoando desses julgados, como é possível perceber em condenações na famosa Ação Penal n. 470, numa das quais, por exemplo, a pena, pelo crime de formação de formação de quadrilha aproximou-se da quantidade máxima cominada.

[195] HC n. 127.382, MG, 2ª Turma, julgado em 5 de maio de 2015 "Por não haver o Código Penal estabelecido a quantidade de aumento das agravantes genéricas (segunda etapa da dosimetria), a doutrina e a jurisprudência têm entendido, com certa uniformidade, que a elevação deve ser equivalente em até um sexto da pena-base, considerando, em linhas gerais, que esse é o menor montante fixado para as causas de aumento ou de diminuição da pena. Cumpre referir, a esse propósito, a lição de ANTONIO PAGANELLA BOSCHI (*Das Penas e Seus Critério de Aplicação*, 6ª ed., 2013, Livraria do Advogado, p. 240). Lembram Ruy Rosado de Aguiar Jr. e Heleno Fragoso que o Código Penal de 1969 estabelecia, com vantagem sobre o atual, que o aumento ou a diminuição por força de agravantes e atenuantes devia respeitar as margens de 1/5 a 1/3 da pena-base para cada um. Todavia esse código foi revogado durante a vacatio legis e, como o Código vigente não contém regra semelhante, nem a jurisprudência proporcionou a construção de regras de orientação, ao contrário do que fez para a primeira fase, vem recomendando que, no exercício do seu livre-arbítrio, o juiz atue com prudência na quantificação das citadas causas legais. Essas recomendações são insatisfatórias, porque não proporcionam condições às partes para o controle da atividade judicial. De fato, a aposta na prudência é temerária. (...) Para contornar o impasse, sugerimos, na primeira edição deste livro, como critério objetivo, que a quantidade de cada agravante ou atenuante jamais superasse 1/6 da quantidade fixada a título de pena-base. Essa é a posição de Guilherme Nucci, ao esclarecer que a fração de 1/6 de pena corresponde ao mínimo possível de aumento ou diminuição na terceira fase do método trifásico, embora a base de incidência seja a pena provisória e não a pena-base. Igualmente preocupado em identificar limites, Fabricio Antonio Soares foi além e recomendou o uso da fração de 1/8 da pena-base estabelecida, amparado, ao que pode-se ver, em precedentes que fracionam em 1/8 a carga de valor das oito circunstâncias judiciais. Em que pese partilharmos da mesma preocupação, entendemos que o critério de 1/6 é o que melhor se adequa ao sistema legal, porque uma quantificação mais elevada geraria o inconveniente também apontado por Luiz Régis Prado e Cezar Bitencourt de equiparação das agravantes e das atenuantes com as causas especiais de aumento e diminuição, embora estas últimas apresentem maior intensidade que aquelas, situando-se só um pouco abaixo das qualificadoras".

[196] AP 470, Relator(a): Min. Joaquim Barbosa, Pleno, julgado em 17.12.2012. Com a mesma orientação: RHC 118433, Min. Ricardo Lewandowski, 2ªT., DJe de 16.10.2013; HC 116888, mesmo Relator e Turma, DJe de 21.08.2013; RHC 107213, Min. Cármen Lúcia, 1ª T., DJe de 22.06.2011

[197] "... Apesar de a lei penal não fixar parâmetro específico para o aumento na segunda fase da dosimetria da pena, o magistrado deve se pautar pelo princípio da razoabilidade, não se podendo dar às circunstâncias agravantes maior expressão quantitativa que às próprias causas de aumentos, que variam de 1/6 (um sexto) a 2/3 (dois terços). Portanto, via de regra, deve se considerar o limite de 1/6 (um sexto)" (HC 282.593/RR, Rel. Ministro Marco Aurélio Belizze, ta. T., julgado em 07.08.2014, DJe 15/08/2014).

"2. A lei não prevê as frações a serem aplicadas no caso de incidência de atenuantes e agravantes. Contudo, este Superior Tribunal de Justiça tem se inclinado no sentido de que a redução da pena em fração inferior a 1/6 deve ser devida e concretamente fundamentada. Precedentes. 3... " (HC n. 386.005/RJ, Quinta Turma, Rel. Min. Reynaldo Soares da Fonseca, DJe de 28.3.2017). No mesmo sentido: HC 259.467/DF, Rel. Ministro Rogério Schietti Cruz, 6ª T., DJe de 17/03/2015 e HC 303.841/RJ, Rel. Ministro Felix Fischer, 5ª T., DJe de 24.2.2015.

[198] Apelação Criminal, nº 70076258466, 2ª Câm. Crim. Relator Des. José Antônio Cidade Pitrez, Julgado em 26.09.2019; Apelação Criminal, nº 70082488958, Terceira Câmara Criminal, Relator: Diogenes Vicente Hassan Ribeiro, Julgado em 05.12.2019; Apelação Criminal, nº 70082176868, Quinta Câmara Criminal, Relatora, Des. Maria de Lourdes G. Braccini de Gonzalez, Julgado em 04.12.2019 e Apelação Criminal nº 70083130534, Segunda Câmara Criminal, Relator Des. Luiz Mello Guimarães, Julgado em 28.11.2019

Não há regra explícita no sistema penal propiciando resposta a essa pergunta, mas, por dedução lógica e sempre sob a perspectiva de sistema, sustentamos nas edições anteriores que esse limite inferior teria que corresponder a, no mínimo, um dia de pena, por ser a menor fração de tempo de privação de liberdade.

Então, se a proposição sobre a existência de limite inferior aqui suscitada for considerada válida, ao menos para estimular o debate, dela resultará que o juiz, na segunda fase do método trifásico, estará autorizado a operar dentro desses dois extremos – o piso de 1 dia e o teto de 1/6 – ou seja, dentro daquilo que a doutrina alemã denomina como espaço de jogo,[199] cuja observância fornece a desejada segurança jurídica e previne abusos.

Reconhecemos ser altíssima a probabilidade de que esse piso de 1 dia jamais será adotado na prática, pois, a quantificação insignificante da agravante ou atenuante se desvestirá de utilidade sob todos os pontos de vista e ajudará a potencializar críticas ao Poder Judiciário.

Por isso, sugerimos, como alternativa, que se considere mais o *sentido de direção* e menos o *sentido literal* ínsito no piso de 1 dia de pena. Assim, por exemplo, se o limite máximo de 1/6 da pena-base corresponder a 12 meses essa quantidade de pena poderá ser dividida por três para que os aumentos ou diminuições correspondam ao terço correspondente indicado pelo grau da culpabilidade que tiver sido determinado na primeira fase, o mínimo, o médio ou o máximo.

Constituindo a culpabilidade fundamento para reprovação social pelo fato e limite na dosimetria das penas, segue-se, então, que caberá sendo essa categoria, no correspondente grau aferido na primeira fase do método trifásico, o critério objetivo, jurídico e prático que norteará o julgador na mensuração das agravantes e atenuantes dentro de quadrantes situados entre os extremos de 1 dia e 1/6 da pena-base.

Como disse muito bem Figueiredo Dias, "a medida da culpa serve para determinar um máximo de pena que não poderá em algum caso ser ultrapassado, donde justamente a formulação corrente do 'princípio da culpa': 'não há pena sem culpa e a medida da pena não pode ultrapassar a da culpa'".[200]

O juiz criminal, portanto, ficará atrelado ao grau da culpa por ele aferido na primeira fase como condição para poder anunciar, no fim do processo, a pena *final* em obediência à regra do artigo 29 do CP.

É claro que não pretendemos sustentar a ideia de que o grau da culpabilidade assegura quantificações (em qualquer fase do método trifásico) com a mesma precisão com que os relógios suíços indicam as horas para seus usuários.

Como dissemos, há um livre espaço de jogo em cujos extremos o magistrado se movimentará que enseja, por exemplo, que dois ou mais juízes hipoteticamente encarregados de julgar o *mesmo processo* cheguem a resultados válidos embora levemente diferentes.

Roxin, citado por de Choclán Montalvo, ensinou que se perguntássemos a um juiz experimentado e conhecedor tanto da teoria como da *práxis* se a pena correspondente à culpabilidade é, em um caso concreto, a de privação de liberdade de dez meses e duas semanas ou de dez meses e três semanas, ele não poderia responder-nos, "já

---

[199] MIR PUIG, Santiago. *Derecho Penal*, Parte General.Barcelona, Tecfoto, 1998, p. 755, e CHOCLÁN MONTALVO, José Antonio. Individualización Judicial de la Pena. *Revista Canária de Ciências Penales*, n. 3, p. 116, jul. 1999.

[200] DIAS, Jorge Figueiredo. *Direito Penal* 2, Parte Geral – As Consequências Jurídicas do Crime. Coimbra, 1988, p. 299. Secção de Textos da Faculdade de Direito da Universidade de Coimbra.

que o sentimento da justiça com base no qual se deve medir, em última instância, toda pena correspondente à culpabilidade deduzida racionalmente não se vê alterado por variações tão pequenas de magnitude de pena, tudo o que poderia dizer dito juiz é que o adequado é uma pena privativa de liberdade entre nove e doze meses e que uma sanção inferior ou superior à que permite este marco poria em perigo os critérios unitários da determinação da pena e produziria uma injustiça".[201]

Como ensina Anabela Rodrigues, "(...) quando se fala da dimensão compensatória da retribuição que se realiza com a pena não se pressupõe necessariamente uma homogeneidade entre esta e o crime, nem se pretende reproduzir, pelo que diz respeito ao condenado, o mesmo mal que o ilícito representou para a sociedade. O que se quer dizer é que se pode pensar uma relação de proporcionalidade entre as duas grandezas. Que, vistas as coisas mais de perto, bem pode afirmar-se que realiza uma ideia de justiça 'distributiva'".[202]

Tornando práticas tais proposições, eis, portanto, o procedimento destinado à mensuração das agravantes e atenuantes:

1ª) A graduação da culpabilidade *no mínimo* enseja quantificação das agravantes na direção do piso e das atenuantes na direção do *teto*.

É certo que na quantificação das agravantes e atenuantes o juiz ponderará sempre sobre as razões íntimas e de política criminal que as justificam.

Contudo, segundo já vimos, essas ponderações estarão conectadas ao *grau da culpa* aferido na primeira faz.

Então, consoante a diretiva acima, o grau *mínimo de culpa ensejará quantificações menos intensas* e *atenuações mais expressivas,* sempre dentro dos extremos de 1 dia e 1/6 da pena-base, os quais serão conhecidos sempre no caso a caso.

2ª) A graduação da culpabilidade *no máximo* ensejará a quantificação das agravantes na direção do teto e a quantificação das atenuantes na direção do mínimo.

Essa regra de orientação é oposta à anteriormente formulada. Se a negativa valoração do conjunto das circunstâncias judiciais ensejar reprovação no *grau máximo* as agravações, por decorrência e como reflexo dessa graduação, deverão ser mais intensas que as atenuações.

3ª) Se for *médio* o grau da culpabilidade, as agravantes e as atenuantes poderão ser quantificadas no ponto intermediário entre 1 dia e 1/6 da pena base.

Caso a culpabilidade tenha sido graduada no *termo médio,* as quantidades de penas para as agravantes e as atenuantes, como resultado dessa graduação, poderão ser equivalentemente estabelecidas no plano *intermediário* entre os extremos sugeridos neste livro.

Essas propostas em nada comprometem o sentido e a aplicabilidade da norma do artigo 67 do CP, pois o juiz, sempre e necessariamente terá que reconhecer a preponderância das circunstâncias agravantes ou atenuantes preponderantes.

Poder-se ia objetar que a adoção do grau da culpabilidade *na segunda fase* denotaria indevida reutilização das circunstâncias judiciais de uso restrito *na primeira fase* do método trifásico, em ofensa ao princípio do *ne bis in idem.*

---

[201] MONTALVO, José Antonio Choclán. Individualización Judicial de la Pena. *Revista Canária de Ciências Penais,* nº 3, julho/99, p. 121.

[202] RODRIGUES, Anabela Miranda. *A Determinação da Medida da Pena Privativa de Liberdade.* Coimbra: Coimbra Editora, 1995, p. 208-209.

das PENAS e seus CRITÉRIOS de APLICAÇÃO

A objeção, contudo, não é procedente, como demonstrou, há muito, Nelson Ferraz,[203] pioneiro na matéria. Apoiado em Nelson Hungria, o ilustre membro do Ministério Público catarinense alertava ao comentar o texto original do artigo 42 do Código Penal, que o critério ora indicado não provinha da valoração isolada das circunstâncias judiciais, e sim da valoração do conjunto delas. É dizer: para quantificar as agravantes ou as atenuantes com base no grau da reprovação inicial, o juiz não terá na segunda fase que reexaminar isoladamente as circunstâncias judiciais valoradas na fase anterior, mas, isto sim, tão somente constatar o grau de reprovação que elas projetaram para a aferição do valor do conjunto (mínimo, médio ou máximo) e dele servir-se como referência na segunda fase.

A inexistência do suposto óbice também foi destacada pelo saudoso Desembargador Ladislau Fernando Rohnelt, penalista de escol e uma das figuras mais ilustres da magistratura gaúcha, em conferência pronunciada no Painel Sobre a Aplicação da Pena, no Curso de Aperfeiçoamento para Magistrados, realizado nos dias 27 e 28 de julho de 1989, na escola da AJURIS, em Porto Alegre.

Para o emérito Jurista, a influência das circunstâncias *na segunda fase* não agride o princípio do *ne bis in idem,* porque o juiz, nas fases subsequentes do método trifásico ampara-se apenas *no resultado da valoração* do conjunto das circunstâncias judiciais.

Textualmente: "Não seria exato supor que, uma vez encontrada a pena-base, saiam de cena e que o juiz não mais se importe com elas. Pois, não estabelecendo o Código qual seja o valor numérico da agravante ou da atenuante, não dizendo quanto vale uma agravante em tempo de prisão a mais ou quanto vale uma atenuante em tempo de prisão a menos, como o fizera o Código de 1969, que prefixara a agravação ou a atenuação entre 1/5 e 1/3, é o juiz que deverá quantificar a agravante ou a atenuante. Nessa quantificação da circunstância o juiz há de ser o primeiro a se prevenir contra o próprio arbítrio, sempre lembrado que seu arbítrio é vinculado ou regulado: para isso torna a considerar as circunstâncias judiciais, encarando as agravantes com maior vigor, se elas indicarem uma tendência majorada, ou ponderando a atenuante com mais simpatia e tolerância, se aquela tendência for abrandadora".[204]

4ª) Ordem de incidências dos aumentos e diminuições. Compensações.

Leitura do artigo 68 do CP. permite ver que, na segunda fase, considerará, na seguinte ordem, as *"circunstâncias atenuantes e agravantes"*.

Em que pese o comando normativo, não é essa a sequência adotada pelos juízes criminais no cotidiano forense, pois costumam agregar primeiramente os aumentos determinados pelas *agravantes* para, só depois, promoverem as *reduções de pena* determinadas pelas atenuantes, ao que nos parece para poderem conciliar o enunciado proibitivo da Súmula nº 231 do STJ[205] com o caráter obrigatório previsto nos artigos 61 e 65 do CP, visível no advérbio *"sempre"* inserido nos dois dispositivos.

A sentença é uma peça técnica e sobre o ponto há duas alternativas igualmente válidas.

---

[203] FERRAZ, Nelson. *Dosimetria da Pena.* Comentários e Jurisprudência do TJ de SC. Revista Forense, v. 277, p. 368.

[204] ROHNELT. Ladislau Fernando. *Aplicação da Pena, Circunstâncias Judiciais*, texto não publicado, gentilmente cedido pelo autor.

[205] SÚMULA 231: A incidência da circunstância atenuante não pode conduzir à redução da pena abaixo do mínimo legal. Data da Publicação – DJ 15.10.1999 p. 76

A primeira consiste em agravar a pena-base tantas vezes quantas forem a as agravantes e, depois, em abrandá-la tantas vezes quantas forem as atenuantes existentes.

A segunda consiste em compensar agravante por uma atenuante.

Assim, por exemplo, a agravante da violação do dever inerente a cargo, ofício, ministério ou profissão (letra "g" do inciso II do art. 61) pode ser compensada ou neutralizada pela atenuante do desconhecimento da lei (art. 65, II).[206] Insista-se: será suficiente registrar a compensação sem a necessidade de realizar as operações destinadas a aumentar e, depois, a diminuir quantidades de pena.

Essa técnica alternativa de compensar é recomendada por Rui Rosado de Aguiar Jr.,[207] Salomão Schecaira e Gilberto Ferreira,[208] dentre outros autores e é amplamente exercitada por juízes e tribunais do País.

É importante um alerta ao leitor.

Ante a sugestão feita neste capítulo de que o grau da culpabilidade apurado na primeira fase deva ser o critério para a mensuração das penas na segunda fase do método trifásico, o leitor deve ter percebido que as agravantes e atenuantes nem sempre serão equivalentes em quantidades ou em forças penais.

Portanto, como decorrência da proposta que fizemos, as compensações só serão viáveis quando a culpabilidade tiver sido reconhecida no grau médio. O sistema, como o defendemos, valoriza as *diferenças* e em nada compromete a higidez e a finalidade da regra do art. 67, a ser respeitada sempre que o julgador se deparar como circunstâncias agravantes e/ou atenuantes preponderantes.

5ª) A agravante e a atenuante não podem, respectivamente, conduzir a pena provisória *além do máximo e aquém do mínimo* cominados em abstrato no tipo penal correspondente ao fato imputado.

Como visto antes, se pena-base, obtida sob a influência de *oito* circunstâncias judiciais,[209] não pode ultrapassar a barreira do *termo médio*.

Ora, se a doutrina e a jurisprudência consideraram que cada agravante pode determinar aumento de *até* 1/6 da pena-base disso resulta a conclusão lógica de que nenhuma circunstância agravante individualmente considerada pode produzir quantidade

---

[206] "Atenuante e agravante incidem sobre o mesmo quantitativo, ou seja, a pena-base, não havendo como considerar a agravante e, sobre o resultado, fazer incidir a percentagem alusiva à atenuante. Por isso, concorrendo ambas, é comum chegar-se à compensação, de resto inafastável quando adotada a mesma percentagem. Descabe introduzir no artigo 68 do Código Penal mais uma fase. O critério trifásico é revelado pela fixação da pena-base, em seguida a consideração das circunstâncias atenuantes e agravantes e, por último, a encerrar a terceira fase, o cômputo das causas de diminuição e de aumento" (*Habeas Corpus* nº 74741-8/GO, STF, Rel. Min. Marco Aurélio, j. 25.02.97, un., DJU 25.04.97, p. 15.203). No mesmo sentido: STJ, REsp 1341370/MT, Rel. Ministro Sebastião Reis Jr., j. em 10/04/2013, DJe 17/04/2013

[207] AGUIAR JR., Ruy Rosado de. *Aplicação da Pena*, Publicação da Escola Superior da Magistratura, Porto Alegre, 1994, p. 12. No mesmo sentido: "Atenuante e agravante incidem sobre o mesmo quantitativo, ou seja, a pena-base, não havendo como considerar a agravante e, sobre o resultado, fazer incidir a percentagem alusiva à atenuante. Por isso, concorrendo ambas, é comum chegar-se à compensação, de resto inafastável quando adotada a mesma percentagem. Descabe introduzir no artigo 68 do Código Penal mais uma fase. O critério trifásico é revelado pela fixação da pena--base, em seguida a consideração das circunstâncias atenuantes e agravantes e, por último, a encerrar a terceira fase, o cômputo das causas de diminuição e de aumento" (*Habeas Corpus* nº 74741-8/GO, STF, Rel. Min. Marco Aurélio, j. 25.02.97, un., DJU 25.04.97, p. 15.203).

[208] FERREIRA, Gilberto. Aplicação da Pena.Rio de Janeiro: Forense, 1995, p. 139 e SHECAIRA, Sérgio Salomão. Cálculo da Pena e o Dever de Motivar. *Revista Brasileira de Ciências Criminais*, IDCCrim, v. 6, p. 168: "Havendo uma circunstância agravante objetiva e outra atenuante subjetiva elas se anulam, posto que ambas tem a mesma natureza. Só haverá a prevalência de uma sobre outra quando tiverem natureza distinta".

[209] Destacamos em outras passagens e reiteramos aqui que a culpabilidade não pode ser considerada como circunstância judicial, em que pese a dicção do artigo 59 do CP. A referência às oito circunstâncias visa atender razões puramente metodológicas e facilitar a compreensão do argumento desenvolvido.

de pena provisória superior ao máximo previsto no preceito secundário do tipo penal incriminador correspondente ao fato narrado na denúncia ou queixa.

Já quanto à atenuante há posições que aceitam [210] e que negam [211] a possibilidade de pena abaixo do mínimo previsto no tipo incriminador, mas o STJ,[212] por meio do Enunciado nº 231 da sua Súmula,[213] acabaria vedando terminantemente essa possibilidade.

Em que pese a autoridade da Súmula, o sistema trifásico, a nosso ver, não põe obstáculo à hipótese sugerida de pena provisória abaixo do mínimo legal.

É certo que ao iniciar a quantificação das penas o juiz está atrelado às margens de pena constantes do preceito secundário da norma. Mas, como ensina Figueiredo Dias, "o procedimento tendente à determinação da pena é um conjunto complexo de operações que exige, em medida variável, uma estreita cooperação – mas também, por outro lado, uma separação de tarefas e de responsabilidades tão nítida quanto possível entre o legislador e o juiz".[214]

Portanto, tendo *iniciado* o cálculo da pena privativa de liberdade dentro das margens legais e assim respeitado a autoridade do Poder Legislativo, como dimana do princípio da separação dos poderes, o juiz, na dinâmica do método que rege suas atividades, terá que fixar pena provisória abaixo do mínimo legal, como condição para respeitar o comando normativo identificado no advérbio *"sempre"*, visível no artigo 65 do Código Penal.

---

[210] TUBENSCHLAK, James. *Tribunal do Júri, Contradições e Soluções*. Rio de Janeiro: Forense, 1991, p. 285, Agapito Machado, RT 647, p. 389 e, entre nós, CARVALHO, Amilton Bueno de. *Direito Alternativo em Movimento*. Rio de Janeiro: Luam, 1987, p. 110 e segs. Na jurisprudência: Apelação nº 699252722, 7ª Câm. Criminal TJRS e voto na Revisão Criminal 70.001814235, 4ª Grupo Criminal do TJRS, Rel. Des. Ilton Dalandréa; Apelação-Crime nº 297038531, 2ª Câmara Criminal do TARS, Rel. Alfredo Foerster, j. 26.03.98, dentre outras.

[211] JESUS, Damásio de. O Juiz, em face das Circunstâncias Atenuantes. *Revista Brasileira de Ciências Criminais, IBCCrim*, 73/3.

[212] Súmula 231: "A incidência da circunstância atenuante não pode conduzir à redução da pena abaixo do mínimo legal".

[213] *Habeas Corpus* nº 73615-7/SP, STF, Rel. Min. Maurício Corrêa, j. 07.05.96, un., DJU 06.09.96). HC 68.641-9, Rel. Min. Celso de Mello, *in* DJU de 5.6.92, p. 8.429; HC 70.483-2, mesmo Relator, *in* DJU de 29.4.94, p. 9.716; HC 71.093-0, Rel. Min. Paulo Brossard, *in* DJU de 27.10.94, p. 20.162. Mais recentemente: "É firme a jurisprudência desta Suprema Corte no sentido de que, ao contrário do que ocorre com as causas de diminuição, as circunstâncias atenuantes não podem reduzir a pena aquém do mínimo legal. Precedentes." (HC 94.446, rel. min. Ricardo Lewandowski, julgamento em 14.10.2008, Primeira Turma, DJE de 31.10.2008.) No mesmo sentido: HC 101.857, rel. min. Joaquim Barbosa, julgamento em 10.8.2010, Segunda Turma, DJE de 10.9.2010; HC 94.243, Rel. Min. Eros Grau, julgamento em 31.3.2009, Segunda Turma, DJE de 14.8.2009; RE 597.270-QO-RG, rel. min. Cezar Peluso, julgamento em 26.3.2009, Plenário, DJE de 5.6.2009, com repercussão geral; HC 94.552, rel. min. Ayres Britto, julgamento em 14.10.2008, Primeira Turma, DJE de 27.3.2009; HC 94.337, Rel. Min. Cármen Lúcia, julgamento em 3.6.2008, Primeira Turma, DJE de 31.10.2008; HC 92.926, Rel. Min. Ellen Gracie, julgamento em 27.5.2008, Segunda Turma, DJE de 13.6.2008.

[214] DIAS, op. cit., p. 229.

10

Pena privativa de liberdade: método trifásico – 3ª fase – a pena definitiva

*Encontrar para um crime o castigo que convém é
encontrar a desvantagem cuja idéia seja tal que torna
definitivamente sem atração a idéia de um delito.*
Foucault

Sumário: 10.1. Considerações gerais; 10.2. Causas especiais
de aumento e qualificadoras: distinções; 10.3. Pena definitiva: base de cálculo e ordem de incidência das causas especiais de aumento ou diminuição; 10.4. Causas especiais de
aumento ou diminuição: espécies; 10.4.1. Majorantes ou minorantes em quantidades fixas: a conduta do aplicador da pena; 10.4.2. Majorantes e minorantes em quantidade variável:
a conduta do aplicador da pena; 10.4.2.1. A minorante da
tentativa: o critério do "iter criminis"; 10.4.2.2. Concurso de
crimes: a majorante do concurso formal e o critério do número de crimes ou de vítimas; 10.4.2.3. O concurso de crimes:
a majorante da continuidade delitiva e o critério do número de crimes; 10.4.2.4. Concurso formal e continuidade delitiva "versus" concurso material mais benéfico: a técnica da
sentença; 10.4.2.5. Observações críticas sobre os critérios do
"iter criminis" e do número de crimes ou de vítimas; 10.4.2.6.
A mensuração das demais majorantes e minorantes em quantidades variáveis; 10.5. Concurso entre causas especiais de
aumento ou diminuição (parágrafo único do art. 68); 10.6.
Limites das penas. para a quantificação e para a execução.

10.1. Considerações gerais

A terceira fase do método trifásico é destinada à individualização da pena *definitiva*, assim denominada por ser a resultante de todos os cálculos realizados. Em tese,
essa pena só poderá ser alterada em recursos às instâncias superiores.[1]

As circunstâncias que influem no cálculo da pena definitiva são as *causas especiais de diminuição e de aumento*, também conhecidas como *minorantes e majorantes*

---

[1] A pena poderá ser imposta em primeiro grau ou em graus superiores pela via dos recursos ou naqueles casos em que,
pela prerrogativa de foro, o acusado tem direito a ser julgado diretamente pelo Tribunal. Outrossim, em caráter excepcional, a pena pode ser modificada pelo mesmo órgão judiciário prolator da decisão mediante embargos declaratórios
destinados a corrigir erros materiais ou quando interpostos com efeito infringente, para modificação da própria decisão,
no mérito (art. 619 do CPP).

das PENAS e seus CRITÉRIOS de APLICAÇÃO

(art. 68 do CP) e, por isso, neste texto, essas expressões serão indistintamente utilizadas para designação da mesma realidade.

O reconhecimento dessas causas legais especiais de aumento ou diminuição passa por duas condições. A primeira, específica às majorantes, consistente na necessidade de estarem *descritos* no corpo da inicial acusatória (arts. 41 e 384 do CPP) os fatos que as constituem,[2] sem o que o pedido de reconhecimento na sentença é juridicamente impossível (art. 395, II, do CPP).

Com efeito, é da essência do sistema acusatório de processo – em superior vantagem ao sistema inquisitivo[3] – que o juiz permaneça equidistante das Partes. Então, se a denúncia, queixa ou aditamento não fizer a subsunção do fato à causa de especial aumento de pena pretendida pelo acusador, ela não poderá interferir na dosimetria da pena definitiva.

Essa condição é estranha às causas especiais de *redução* de pena, porque, trazendo benefício ao acusado, elas podem ser reconhecidas em qualquer instância independentemente de provocação ou postulação pela parte interessada.[4] De fato, decisões *in mellius*[5] são sempre admitidas pela doutrina e pela jurisprudência em razão da função de garante do *status libertatis* exercida pelos órgãos do Poder Judiciário.

A segunda condição comum às causas especiais de aumento e de diminuição é que elas estejam apoiadas em provas nos autos do processo – haja vista o velho provérbio cunhado pelos clássicos de que "*o que não está nos autos não está no mundo*".

É insuficiente, pois, a *descrição*, sendo preciso que o fato que caracteriza a causa especial tenha ocorrido no mundo empírico e possa ser provado, sem o que a imputação e reconhecimento da circunstância terão a mesma natureza das criações mentais, bem considerada a regra do inciso III do artigo 381 do CPP. que impõe ao juiz o dever de indicar os motivos de fato e de direito em que se fundar a decisão.

10.2. Causas especiais de aumento e qualificadoras: distinções

As causas especiais de aumento de pena são *espécies* do mesmo g*ênero* "circunstâncias" porque versam, nos dizeres de Pedro Vergara, sobre aspectos periféricos,[6] isto é, que estão ao redor (*circum* e *stare)* do fato em si, do agente, da vítima, dos motivos, dos meios, dos modos de execução dos delitos, etc.), que, por razões de política criminal, justificam maior ou menor reprovação.

Elas não se confundem, portanto, com as agravantes e com as qualificadoras, que cumprem funções próprias e específicas no âmbito da teoria geral da pena.

---

[2] Esse pressuposto estende-se às agravantes, conforme anotamos no capítulo anterior, salvo nas acusações perante o Júri Popular por crimes de sua própria competência, uma vez que a letra "b" do inciso I do artigo 492 admite que sejam consideradas pelo juiz, "no caso de condenação", desde que tenham sido "alegadas nos debates".

[3] As observações gerais sobre os dois modelos de processo (o inquisitivo e o acusatório) cuja história se confunde com a história do direito processual penal foram expostas nos capítulos iniciais deste livro, para onde remetemos o leitor.

[4] TJRS: Apelação-Crime nº 70025685413, 1ª Câm. Criminal, Relator, Des. Marco Antônio Ribeiro de Oliveira, Julgado em 24/09/2008; Apel.-Crime nº 70023045602, 7ª Câm. Criminal, Relator Des. Marcelo Bandeira Pereira, Julgado em 06/03/2008; Apel.-Crime nº 70023045602, 7ª Câmara Criminal, mesmo Relator, julgado em 06/03/2008, dentre outros arestos.

[5] Apelação-Crime nº 70004464897, 6ª Câmara Criminal, TJRS, Relator Des. Umberto Guaspari Sudbrack, Julgado em 30/10/2003.

[6] VERGARA, Pedro. *Das Penas Principais e Sua Aplicação*. Rio de Janeiro: Livraria Boffoni, 1948, p. 449.

Assim:

As agravantes, sendo meras causas legais *genéricas* de modificação da pena-base, estão elencadas na Parte Geral do CP (art. 61) e determinam, *na segunda fase do método trifásico,* aumentos de pena calculados sempre caso a caso, os quais não podem superar a fração de 1/6 da própria pena-base, como vimos no capítulo anterior.

Outrossim, as qualificadoras, cuja análise é realizada *na primeira fase,* estão descritas somente junto aos tipos da Parte Especial do CP para formarem figuras penais novas dotadas de margens de penas mínimas e máximas mais graves em relação às instituídas pelo legislador nos tipos aos quais se agregam e dos quais derivam. Por exemplo: o *caput* do artigo 121 define o homicídio *(matar alguém)* e no preceito secundário indica as margens de pena de 6 a 20 anos. Como desdobramento desse tipo e formando autêntico tipo penal novo, o seu § 2º elenca as circunstâncias que *qualificam* o crime em questão para intensificar a punibilidade com penas que poderão variar entre 12 e 30 anos de reclusão.

As causas especiais de aumento, por último, incidem só na *terceira fase* e estão previstas tanto na Parte Geral (com incidências genéricas) quanto na Parte Especial (com incidências específicas). Elas não produzem *tipos penais novos,* e sim, determinam aumentos (ou diminuições, no caso das minorantes) mais expressivos que os determinados pelas agravantes (ou atenuantes) situadas em nível hierarquicamente inferior.

Embora distintas e com funções próprias, as qualificadoras e as causas de aumento não são incompatíveis.[7] Incompatibilidade pode ocorrer entre qualificadoras e causas especiais de *diminuição de penas s*e estas últimas forem de natureza subjetiva, no característico exemplo do homicídio doloso qualificado pelo motivo *fútil* que não pode ser simultaneamente considerado como praticado por motivo de *relevante valor social ou moral* (inciso II do § 2º do art. 121 e § 1º do mesmo artigo).[8]

10.3. Pena definitiva: base de cálculo e ordem de incidência das causas especiais de aumento ou diminuição

A *pena provisória* estabelecida na segunda fase atua como *base* para o *cálculo* da *pena definitiva* nessa fase seguinte.

Sobre esse sistema de "juros sobre juros",[9] o saudoso Ministro do STJ, Ruy Rosado de Aguiar Jr. assim escreveu: "O cálculo da primeira modificação é feito sobre a pena até ali encontrada, que tanto pode ser a pena-base (se não houver agravantes ou

---

[7] Não raro, o verbete faz alusão à forma qualificada – p. ex.: o artigo 127, prevendo aumento de um terço da pena se, em consequência do aborto, a gestante sofrer lesão corporal de natureza grave; ou do dobro, quando ocorrer a morte –, conquanto a descrição típica corresponda à causa especial de aumento de pena em quantidade fixa, aspecto que, por si, evidencia a necessidade de bem conhecer-se a configuração das referidas circunstâncias legais. Eis aqui um singelo recurso didático que ajuda a evitar confusão: sempre que o Código Penal afirmar que a pena será aumentada "em 'x'" ou de "x" a "y", estará aludindo a majorantes; se o Estatuto Repressivo, pelo contrário, agregar parágrafo ao tipo básico com circunstâncias novas, determinando novos mínimo e máximo em relação aos que correspondem ao tipo básico, estaremos, então, em presença de qualificadoras. Como exemplo paradigmático de qualificadoras apontamos as do § 2º do artigo 121 e de majorantes as dos §§ 4º do mesmo artigo e 2º do artigo 157 do CP.

[8] O risco de contradição entre os quesitos no exemplo citado desapareceu com a reforma da Lei 11.689/08. O § 3º do artigo 483 determina que a votação dos quesitos sobre minorantes preceda a votação dos quesitos sobre qualificadoras. Desse modo, aceita a privilegiadora do homicídio, ficaria automaticamente prejudicada a votação do quesito sobre a qualificadora, no exemplo em tela.

[9] JESUS, Damásio Evangelista de. *Código Penal Anotado.* São Paulo: Saraiva, 1999, p. 219.

das PENAS e seus CRITÉRIOS de APLICAÇÃO

atenuantes) como a pena provisória. Havendo uma segunda causa de aumento ou de diminuição, o cálculo é feito sobre a última pena, já alterada por influência da anterior causa de aumento ou de diminuição. Assim, se a pena-base é de dois anos, com a agravante, a pena provisória passou para dois anos e seis meses (trinta meses), a causa de aumento de um terço elevou-a para quarenta meses, e a causa de diminuição de metade a trouxe para vinte meses (isto é, metade da última pena até ali encontrada). Se houvesse uma nova causa de diminuição, deveria ser calculada sobre os últimos vinte meses. Este é o sistema em *cascata*, que leva em conta sempre a última pena encontrada".[10]

Essas operações *juros sobre juros* ou *por cascata,* respaldadas pelo Supremo Tribunal Federal,[11] impedem o risco da pena *zero,* absurdo a que se chegaria se as reduções, pela ocorrência de mais de uma causa de diminuição, tivessem que ser processadas sobre a pena-base.

Eis um exemplo singelo e esclarecedor: No homicídio tentado, privilegiado, com base fixada em seis anos de reclusão, não haveria pena a impor, se as reduções em dois terços pela tentativa e em um terço pelo privilégio recaíssem sobre a citada pena-base.[12]

Contudo, realizando-se sucessiva e corretamente as operações, tendo-se por base o último resultado aritmético,[13] a pena definitiva, no exemplo acima, corresponderá a um ano e quatro meses de reclusão (sobre seis anos, redução dos dois terços pela tentativa e, sobre o *quantum* de dois anos, a nova redução de um terço, pelo privilégio).

Com esse reconhecimento de que as majorantes e as minorantes incidem sempre sobre o resultado da última operação aritmética realizada, pode ocorrer que, ocasionalmente, a pena definitiva fique *aquém* ou vá *além* dos limites mínimo e máximo previstos na moldura típica,[14] sem que isso represente ofensa ao princípio da legalidade

---

[10] AGUIAR JR., Ruy Rosado de. Aplicação da Pena. *Revista da Ajuris*. Porto Alegre, p. 12, 1994. No mesmo sentido: SHECAIRA, Sérgio Salomão. Cálculo da Pena e o Dever de Motivar. *Revista Brasileira de Ciências Penais*, IBCCrim, v. 6, p. 168.

[11] "A majoração derivada de concurso formal ou ideal de delitos não deve incidir sobre a pena-base, mas sobre aquela a que já se ache acrescido o *quantum* resultante da aplicação das causas especiais de aumento a que se refere o § 2º do art. 157 do Código Penal." (HC 70.787, Rel. Min. Celso de Mello, julgamento em 14.6.94, 1ª Turma, *DJE* de 23.10.09).

[12] SHECAIRA, Sérgio Salomão. Cálculo da Pena e o Dever de Motivar. *Revista Brasileira de Ciências Penais, IBCCrim*, v. 6, p. 168. Nesse sentido: STF, HC 71.324, 2ª T., Rel. Min. Paulo Brossard, DJU, 23 set. 1994, p. 25313, e RJ, 207:96. Esse princípio não foi observado pelo juiz que sentenciou o processo n. 269/85 da 18ª Vara Criminal de São Paulo (Capital). Condenou o réu a dez dias-multa. Reduziu de um terço em face do erro de proibição vencível (CP, art. 21, *caput*, parte final). Depois, aplicou a redução de dois terços pelo arrependimento posterior (CP, art. 16). Fez recair as duas diminuições sobre a pena-base, i.e., reduziu três terços dos três terços, resultando a pena zero. Por força de recurso da defesa, a 43ª Câmara Criminal do Tribunal de Alçada Criminal de São Paulo (v.u, em 2.5.98) criticou a sentença. Não havia, porém, recurso da acusação, pelo que o erro tornou-se imutável" (Damásio: Cód. Pen. Anotado, p. 220). Note-se que, no caso ora transcrito, outra crítica seria ainda pertinente: a de ter o magistrado paulista feito incidir, na dosimetria, a multa, majorantes e minorantes, embora o sistema próprio não admita o procedimento, defendido, hoje, em sede doutrinária, mas com poucos precedentes favoráveis.

[13] A recomendação de Sérgio Salomão Shecaira é no sentido de que o cálculo não seja cumulativo, mas *sucessivo,* quando houver *duas causas de aumento* (como no exemplo do furto continuado praticado durante o repouso noturno), para evitar-se *bis in idem* (ob. e loc. cits.). A despeito disso, a doutrina e a jurisprudência, predominantemente, orientam-se pelo sistema de cálculo por cascata. Nesse sentido, recomendamos consulta ao *Código Penal Anotado* de DAMÁSIO DE JESUS, São Paulo: Saraiva, 1999, p. 174, apontando a orientação do STF e destacando os precedentes sobre o assunto.

[14] VERGARA, Pedro. *Das Penas Principais e sua Aplicação*. Rio de Janeiro: Livraria Boffoni, 1948, p. 449. O entendimento encontra firme respaldo na jurisprudência do STJ (HC 94.243, Rel. Min. Eros Grau, julgamento em 31.3.09, 2ª Turma, *DJE* de 14.8.09; HC 94.552, Rel. Min. Carlos Britto, julgamento em 14.10.08, 1ª Turma, *DJE* de 27.3.09; RE 597.270-RG-QO, Rel. Min. Cezar Peluso, julgamento em 26.3.09, Plenário, *DJE* de 5.6.09; HC 94.337, Rel. Min. Cármen Lúcia, julgamento em 3.6.08, 1ª Turma, *DJE* de 31.10.08; HC 92.926, Rel. Min. Ellen Gracie, julgamento em 27.5.08, 2ª Turma, *DJE* de 13.6.08, HC n. 71.051-4-MG, II T., Rel. Min. Marco Aurélio, DJU 09.09.94, p. 23.442.) e de outros Tribunais.

(art. 5°, inc. XXXIX), porque a hipótese (vedada nas fases anteriores[15]) atine com a funcionalidade do método criado pela lei (art. 68 do CP).

Na dicção do artigo 68 do CP, as causas especiais de diminuição serão consideradas *antes* das causas especiais de aumento.

Em que pese essa definição de prioridade, os juízes e tribunais, no cotidiano forense, fazem o inverso. Lembra-nos Ruy Rosado de Aguiar Jr. que na "terceira fase do cálculo utilizam-se as causas de aumento ou de diminuição, genéricas ou especiais" e que *"primeiro, aplicam-se as causas de aumento, depois as de diminuição"*.[16]

De qualquer sorte, a discussão não gera efeito prático porque, segundo Nelson Ferraz observa com acerto, citando o ensinamento de Hungria, mesmo alterando-se a ordem das incidências, "em qualquer caso", o resultado será o mesmo.[17] Assim, no exemplo do furto noturno de coisa de pequeno valor (art. 155, §§ 1° e 2°, do CP): "Pena-base = 1 ano. Inexistindo circunstâncias legais agravantes e/ou atenuantes, passa-se à aplicação da causa especial de aumento do repouso noturno: + um terço = 1 ano e 4 meses. Sobre este resultado aplica-se a diminuição de 2/3: 1 ano e 4 meses – 2/3 = 5 meses e 10 dias.

Modificando-se a ordem: pena-base = 1 ano. Causa especial de diminuição de 2/3 = 4 meses. Sobre este resultado aplica-se a causa de aumento do repouso noturno: 4 meses + um terço = 5 meses e 10 dias (...)".[18]

Ainda: suponha-se crime cuja pena-base tenha sido fixada em nove anos de reclusão. A exasperação dessa pena em um terço conduz a doze anos de pena provisória, e a redução de um terço desse *quantum* enseja pena definitiva de oito anos de reclusão.

Invertendo-se a ordem dos fatores: pena-base = 9 anos; redução de um terço = 3 anos; 9 – 3 = 6 anos; acréscimo de um terço de 6 = 2 anos; logo, 6 + 2; total = os mesmos 8 anos!

Por fim: imagine-se crime de roubo de veículo para transporte ao exterior, na modalidade tentada (art. 157, § 2°, inciso IV, combinado com o artigo 14, inciso I, do CP) cuja pena-base tenha sido fixada no mínimo de 4 anos, transformada em pena provisória, por ausência de agravantes e atenuantes.

Presente a majorante de um 1/3 (assim fixada por hipótese) ter-se-ia a pena de 5 anos e 4 meses, que atuaria como base de cálculo para a redução em 2/3 (por exemplo), prevista no parágrafo do artigo 14, ensejando a pena definitiva de 1 ano, 9 meses e 10 dias.

Rompendo-se a ordem: pena-base = 4 anos. Inexistência de agravantes e atenuantes: pena provisória de 4 anos. Redução de 2/3 determinada pela tentativa: pena de 1 ano e 4 meses. Sobre ela, aumento do 1/3 hipoteticamente fixado, tornando a penal privativa de liberdade definitiva em 1 ano, 9 meses e 10 dias![19]

---

[15] A Súmula 231 do STJ veda pena provisória aquém do mínimo legal. Nossa posição é contrária, conforme demonstramos no capítulo anterior, para o qual remetemos o leitor.

[16] AGUIAR JR., Ruy Rosado de. Aplicação da Pena. *Revista da Ajuris,* Porto Alegre, p. 12, 1994. No mesmo sentido: SHECAIRA, Sérgio Salomão. Cálculo da Pena e o Dever de Motivar. *Revista Brasileira de Ciências Penais,* IBCCrim, v. 6, p. 168.

[17] FERRAZ, Nelson. Dosimetria da Pena. *Fascículos de Ciências Penais,* Porto Alegre, V, n. 3, p. 70 e seg., 1992.

[18] Idem, ibidem.

[19] Sem razão, pois, o precedente: "As causas de aumento e de diminuição devem atuar em momentos sucessivos – a compensação pura e simples, por iguais os índices de exasperação e de redução, revela-se prejudicial ao réu, porque deve operar por último, sobre quantitativo maior, a causa de diminuição" (Apel.-Crime 290155266, 1ª Câm. Criminal, Rel. Juiz Aristides Albuquerque. In: *Rev. Julgados,* v. 77, p. 61).

Diferentemente da fase anterior, não há compensações na terceira fase entre as pertinentes causas especiais de aumento e diminuição. Reitere-se: as incidências são por cascata, pois, mesmo nos casos de majorantes e minorantes em quantidades fixas, as compensações acarretariam prejuízos ao acusado.

Suponha-se, por exemplo, nessa última hipótese, crime em que haja determinação de aumento de 1/3 e de diminuição de 1/3, e que a pena provisória – que atua como base para *o primeiro cálculo* – tenha sido estabelecida *em 9 anos de reclusão*. A simples compensação traria prejuízo ao acusado, pois a pena final ficaria *em 9 anos*.

Procedendo-se, outrossim, o aumento de 1/3 sobre a citada base de 9 anos e, depois, retirando-se do resultado de 12 anos o mesmo terço, a quantidade final de pena será menor: 8 anos!

Exata, pois, a observação sobre o ponto feita por Nucci em seu excelente livro.[20]

10.4. Causas especiais de aumento ou diminuição: espécies

As causas especiais de aumento ou diminuição de pena classificam-se em *genéricas* e *específicas,* distribuem-se pelas partes Geral e Especial do Código Penal e determinam aumentos ou diminuições em quantidades *fixas* ou *variáveis*.

São *genéricas* porque quando previstas na Parte Geral do CP aplicam-se a todas as infrações, de que são exemplos as previstas nos arts. 7º, 71 e 16 do CP, que dispõem sobre espécies de concurso de crimes e sobre o arrependimento posterior.

São *específicas* porque, quando estiverem previstas na Parte Especial, aplicam-se só aos fatos definidos nos tipos aos quais estão agregadas e a nenhum outro.

Elas determinam aumentos ou diminuições em quantidades fixas ou variáveis e dependendo da modalidade o juiz seguirá o protocolo adiante apontado e comentado.

10.4.1. Majorantes ou minorantes em quantidades fixas: a conduta do aplicador da pena

Tratando-se de causas especiais de aumento ou diminuição com cominações na lei de quantidades *certas,* o aplicador da pena deverá *acrescentar* à ou *retirar* da pena provisória, respectivamente, essas quantidades, sem nenhum espaço para manobras.

Assim, nas infrações sexuais cometidas em concurso de pessoas, o aumento será da "quarta parte" da pena provisória (art. 226, I) e no peculato culposo (art. 312, § 2º), a reparação de dano depois da sentença irrecorrível reduz "de metade" a pena imposta ao servidor público.

A pena definitiva será o resultado desse simples e mecânico ato de somar ou diminuir.

10.4.2. Majorantes e minorantes em quantidade variável: a conduta do aplicador da pena

Tratando-se, outrossim, de causas especiais de aumento ou diminuição cujas penas foram cominadas em quantidades *variáveis,* o julgador, diferentemente da rigidez

---

[20] NUCCI, Guilherme de Souza. *Individualização da Pena.* São Paulo: Revista dos Tribunais, 2003, p. 293.

destacada no tópico anterior, terá que, *preliminarmente,* estabelecer as quantidades certas para, ato contínuo, acrescentar ou excluir da pena provisória essas quantidades.

Exemplificando: no estupro de vulnerável (art. 217-A do CP), o Código dispõe que a pena será aumentada de 1 a 2/3 se o crime for cometido por duas ou mais pessoas (art. 226, IV, *a*) e para os delitos tentados, que a pena será reduzida entre 1 e 2/3 (art. 14, II, do CP).

Nessas condições, o juiz terá que primeiro identificar, dentro dos extremos citados, as quantidades certas para poder promover os acréscimos ou as exclusões das quantidades *certas* encontradas e só daí anunciar as penas definitivas.

A lei penal não aponta, entretanto, caminhos nem critérios a serem utilizados nesse processo, ficando-se com a impressão de que o juiz, por ser juiz, detém todos os conhecimentos práticos e técnicos para fazer essas quantificações sem nenhum risco de reprovação insuficiente ou excessiva ou abusiva.

Atuando no espaço que deveria ser ocupado pela doutrina, os Tribunais fazem recomendações pontuais para mensurações da tentativa, do concurso formal e do crime continuado (arts. 14, II, 70 e 71 do CP).

Adiante examinaremos essas recomendações erigidas ao *status* de regras ou diretivas e deixaremos para depois a abordagem indispensável sobre *quais critérios* devem ser utilizados para a mensuração das demais causas especiais de aumento ou diminuição em quantidades variáveis.

10.4.2.1. A minorante da tentativa: o critério do "iter criminis"

O crime, em regra, é o resultado da ação livre e consciente do criminoso (dolo genérico ou específico).

Primeiro ele valora, isto é, elege a finalidade, dentre as possíveis (normação ética). Depois, escolhe os meios adequados e vai ao seu encalço (normação técnica).

A cogitação, os atos preparatórios, a execução e a consumação constituem, então, as etapas em que eclode a vontade criminosa, desenvolve-se e consuma-se o crime, de modo que "entre a *nuda cogitatio*, o simples pensamento criminoso e o preenchimento total de um tipo legal de crime, ou seja, a consumação, situam-se ou podem situar-se numa série mais ou menos longa de momentos ou actividades...".[21]

Como os atos de preparações são impuníveis por não entrarem nos domínios da tipicidade, a regra geral, então, é a de que a conduta só é passível de pena quando iniciada a atividade executiva, ou seja, quando ela, de algum modo, tocar o tipo penal, embora não raro o legislador possa criminalizar os atos preparatórios e quebrar a regra, em situações relevantes e compreensíveis.[22]

---

[21] CORREIA, Eduardo. *Direito Criminal.* Coimbra: Livraria Almedina, 1993, p. 225.

[22] Zaffaroni e Pierangelli invocam exemplos: o art. 152 do Código Penal Militar – conspiração para a prática de motim. Neste caso, tentado ou consumado o motim, a sua apenação está coberta pelo crime de motim; o artigo 291 do CP sanciona o ato de fabricar, adquirir, fornecer aparelho, instrumento ou qualquer objeto especialmente destinado à falsificação de moeda, e o art. 288 a pena à formação de quadrilha para a prática de crimes, porque, nesses casos, "as condutas já constituem, em si, um perigo para os bens jurídicos. Assim, no caso de se praticar ou tentar o crime no qual a conduta foi preparatória, ela será típica e, além disso, será punível quando ofender outros bens jurídicos que não forem atingidos pela tentativa ou pelo crime consumado. A prática de um dos crimes que tem por finalidade a quadrilha ou bando concorre idealmente com o crime do artigo 288 do CP, porque a ação do art. 288 cria perigo para um número maior de bens jurídicos (...)" – ZAFFARONI, Raúl Eugenio; PIERANGELLI, José Henrique. *Manual de Direito Penal Brasileiro, Parte Geral.* 2. ed. São Paulo: RT, 1999, p. 31.

A tentativa constitui, pois, a incompleta realização da figura penal, já que, por razões estranhas à sua vontade, o agente não consegue alcançar a consumação. Convém lembrar que existem delitos que se consumam com a mera realização da conduta e independem de resultados naturalísticos (p. ex: o delito de calúnia, art. 138 do CP).

Por outro lado, quando a conduta entrar na órbita de mais de um tipo penal ao mesmo tempo, como ocorre, por exemplo, na lesão corporal, que pode ser dolosa ou culposa, serão o dolo e as circunstâncias objetivas do fato os dados que propiciarão a identificação do crime punível e correspondente enquadramento legal.

Logo, a hipótese tentada, em seu *iter criminis,* advém da consideração dos fatos sob a perspectiva do tipo em particular, previsto na Parte Especial, em cujo setor devem ser satisfeitas as exigências relacionadas com a própria tipicidade. É essa interdependência que estrutura o crime tentado, cuja punibilidade encontra amparo no perigo de lesão ao bem jurídico, apontado pela teoria objetiva, que encontra defensores antigos e contemporâneos.

Na legislação brasileira, todos os crimes, menos os culposos e os de mera conduta, admitem a modalidade tentada. Essa generalidade explica por que a tentativa não é definida em lei como "um crime autônomo", sendo sempre relacionada a "delitos determinados".[23]

Considerando-se o texto do artigo parágrafo único do artigo 14 do CP de que "pune-se a tentativa com a pena correspondente ao crime consumado, diminuída de um a dois terços", a doutrina[24] e a volumosa quantidade de julgados de todas as instâncias do Poder Judiciário[25] adotam e recomendam o *iter criminis* (caminho percorrido pelo agente na direção do resultado almejado) como critério para a mensuração dessa causa especial de diminuição de pena dentro das margens previstas no citado parágrafo único.

Dizendo com outras palavras: a definição da fração *certa* da redução pela tentativa, dentre as margens fracionárias constantes do parágrafo único do art. 14 se norteará pela extensão do *iter criminis* percorrido, graduando-se o percentual da fração pertinente em face da "maior ou menor aproximação do resultado de modo que tanto maior será a diminuição quanto mais distante ficar o agente da consumação bem como tanto será menor a diminuição quanto mais se aproximar o autor da consumação do delito".[26]

---

[23] ZAFFARONI; PIERANGELLI, op. cit., p. 13.

[24] AGUIAR JR., Ruy Rosado de. *Aplicação da Pena.* Porto Alegre: Ajuris, 2000, p. 60 e Livraria do Advogado, Porto Alegre, 2013, p. 109; JESUS, Damásio Evangelista de. *Comentários ao Código Penal.* São Paulo: Saraiva, 1985, I, p. 293 e segs.; FRAGOSO, Heleno Cláudio. *Lições de Direito Penal.* Rio de Janeiro: Forense, 1986, p. 253; MIRABETE, J. F. *Manual de Direito Penal.* são Paulo: Atlas, I, p. 152; FERREIRA, Gilberto. *Aplicação da Pena.* Rio de Janeiro: Forense, 1995, p. 146 e PRADO & BITENCOURT. *Código Penal Anotado.* São Paulo: RT, 1997, p. 189.

[25] "... A jurisprudência do STF fixou-se no sentido de que, reconhecida a tentativa, a pena há de ser diminuída na proporção inversa do *iter criminis* percorrido. Ausência de ilegalidade. Ordem denegada" (STF, 2ª T. HC 71.441, j. 28.3.95, Rel. Min. Francisco Rezek). Ainda: STF: HC. 94.912/RJ, 1ª Turma, HC. 77.150/SP, 2ª T., dentre outras.
STJ: REsp n. 93.655, 6ª Turma e STJ n. 15.656, 6ª Turma.
TRF4: "O número de infrações regula a fração de majorante a incidir na continuidade delitiva, adotando-se nesta Corte a razoável fixação trazida nos Embargos Infringentes nº 2000.04.01.140654-9, julgado em 19.02.2003... ". (TRF4, ENUL 2003.72.08.000143-5, Quarta Seção, Relator Néfi Cordeiro, D.E. 03/02/2010).
TJRS: Apelação-Crime nº 694127465, 3ª Câm. Criminal do TJRS, Rel. Des. Moacir Danilo Rodrigues, 24.11.94; Apelação-Crime nº 70036431435, 7ª Câm.-Crim. Relator Des. Carlos Alberto Etcheverry, Julgado em 13/01/2011. No mesmo sentido: Apelação-Crime nº 70039527593, 6ªCâm. Relator Des. Cláudio Baldino Maciel, Julgado em 16/12/2010; Apel.-Crime nº 70035210400, 3ª Câmara, Relator Des. Ivan Leomar Bruxel, Julgado em 16/12/2010.

[26] STF, HC n. 177.541, Rel. Min. Gilmar Mendes, julgado em 29.10.2019

Dando-se aplicação prática ao critério em tela, tem-se, por conseguinte, que a maior ou menor redução da pena provisória ocorrerá conforme tenha sido a tentativa *imperfeita*[27] ou *perfeita*,[28] pois, quanto *mais próximo* o agente ficar do resultado, *menor deverá ser a redução,* por ser *maior a necessidade de reprovação pelo fato* e, no sentido inverso, quanto *mais distante ficar* do resultado, *maior deverá ser a redução,* pela *menor necessidade de* censurar o agente pela conduta realizada.

Eis os exemplos!

Se, querendo matar, o agente for imobilizado por terceiro antes de desferir o tiro no inimigo, a tentativa será imperfeita e, por ficar muito distante do resultado, a minoração da pena será junto à fração máxima cominada no parágrafo único do artigo 14 do CP.

Contudo, se acionar o gatilho e só não matar a vítima por ter esta recebido pronto e eficiente atendimento médico, a tentativa será perfeita e por ficar próximo do resultado, o agente será mais intensamente punido, com a minoração junto à margem mínima indicada no parágrafo antes referido.

Caso o autor saque da arma e consiga fazer o disparo sem acertar o antagonista, a ação de tentar matar se exaurirá longe da consumação e nesse caso a redução pela tentativa poderá ser equivalente a 1/2 da pena provisória, isto é, num plano intermediário entre os extremos de 1 e de 2/3.

O critério do *iter criminis* é objetivo, mas o juiz terá que mergulhar na prova para poder aplicá-lo *objetivamente,* pois será preciso reconstruir o cenário e colocar-se no lugar do próprio acusado e da vítima e ainda identificar e avaliar todas as circunstâncias estranhas à vontade do primeiro, como condições para poder projetar o grau do insucesso do seu projeto criminoso.

Há entendimento pretoriano de que a redução pela tentativa constitui a última operação possível na terceira fase.[29]

Em que pese a autoridade dos julgados, parece-nos, contudo, que outra deve ser a conclusão, porque a incidência da minorante prevista no parágrafo único do art. 14 propicia, tão somente, o conhecimento da pena do *crime tentado* sobre a qual, por exemplo, podem e devem incidir eventuais exasperações determinadas pelo concurso de crimes formal e continuado.

É preciso que se conheça, portanto, a pena do crime tentado antes de tudo,[30] considerando-se a circunstância de que os aumentos de penas previstos nos arts. 70 e 71 não são considerados para os efeitos da prescrição (Súmula 497 do STF).

---

[27] O agente *não consegue* realizar todos os atos de execução por razões estranhas à sua vontade.

[28] O agente *consegue* realizar todos os atos de execução, mas a consumação só não ocorre por razões estranhas à sua vontade.

[29] "PENA – Juiz que faz o decréscimo oriundo da tentativa antes do acréscimo relativo ao concurso formal – Inadmissibilidade – Diminuição que constitui o último fator da dosagem da pena – Inteligência: art. 12 do Código Penal – Provimento parcial. A diminuição decorrente da tentativa constitui o último fator ou fase da dosagem da pena. Feita a diminuição decorrente da tentativa, nenhum outro acréscimo ou decréscimo há de ser feito, uma vez que, depois de sopesadas todas as circunstâncias do delito, ela constitui a última fase da dosagem da pena, a última parcela entre todos os fatores que merecem ser considerados. Constitui o último cálculo, quer na hipótese em que existam outras causas de diminuição de pena (v. g. homicídio privilegiado – art. 121, § 1º, do CP), quer existam causas especiais de aumento de pena (qualificadora de uso de arma: concurso formal contra a pluralidade de violações possessórias, etc.)". TACRIM, *in* RJDTACRIM, v. 4, p. 120, Rel. Juiz Silva Pinto.

[30] Apelação n. 289063869, extinto TARS, Rel. Ranolfo Vieira.

das PENAS e seus CRITÉRIOS de APLICAÇÃO 253

10.4.2.2. Concurso de crimes: a majorante do concurso formal e o critério do número de crimes ou de vítimas

Até mesmo os leigos em geral sabem que o indivíduo que, livre e conscientemente, vier a praticar *mais de um crime,* terá que arcar, necessariamente, com todas as penas contempladas em lei para cada um deles.

É nesse sentido a regra legal, perceptível à simples e rápida leitura do artigo 69 do CP – em que se alberga a figura do *concurso material de crimes.* Desse modo, aquele que, por exemplo, praticar lesões corporais em A e, com violência física subtrair os bens de B, infringirá os artigos 129 e 157 do CP e terá que pagar com as penas desses dois crimes, cuja soma determinará a escolha do regime inicial de execução (até 4 anos, aberto; entre 4 e 8, semi-aberto, e/ou superior a 8, fechado).

Sucede que a lei brasileira contempla exceções a essa regra. O denominado *concurso formal de crimes* que se divide em *próprio* e *impróprio,* homogêneo e heterogêneo, é a primeira delas.

O concurso formal *próprio* está previsto na primeira parte do artigo 70 do CP: "Quando o agente, mediante uma só ação ou omissão, pratica dois ou mais crimes, idênticos ou não, aplica-se-lhe a mais grave das penas cabíveis ou, se iguais, somente uma delas, mas aumentada, em qualquer caso, de um sexto até metade".[31]

Nessa modalidade de concurso, vê-se *unidade de desígnios* e identidade ou não dos bens protegidos lesados pelo criminoso, no exemplo do indivíduo que, com a mesma conduta, causa lesões corporais em três pessoas que conduz como passageiros. Por isso é denominado de *homogêneo.* Se uma delas morre o concurso será *heterogênio.*

Pois bem.

Independentemente da espécie do concurso formal próprio (homogêneo ou heterogêneo), o juiz, como dimana da primeira parte do artigo 70 do CP, deverá exasperar a pena provisória entre 1/6 e 1/2 e segundo entendem a doutrina e a jurisprudência, sem divergências, o critério a ser utilizado para quantificar a parcela de pena dentre desses limites fracionários é o do *número de vítimas*[32] *ou o número de crimes.*[33]

Dando aplicação prática a esse critério *objetivo-progressivo,* originariamente aplicado pelo extinto Tribunal de Alçada de São Paulo, consolidado na jurisprudên-

---

[31] A segunda parte do dispositivo trata do concurso formal impróprio porque havendo não *unidade,* mas *autonomia de desígnios,* no cometimento dos delitos, o tratamento penal é o mesmo do concurso material.

[32] "O *critério* adotado na doutrina e na jurisprudência, para a fixação do *quantum* de aumento da reprimenda, pelo concurso formal, leva em consideração, fundamentalmente, o *número* de vítimas e de infrações praticadas pelo agente. Precedentes. Ao concreto, a quantidade de *exasperação* aplicada pela magistrada sentenciante (1/4), revela-se extremamente módica, considerando o *número* de vítimas e fatos (8), que autoriza o incremento no patamar máximo de 1/2. Recurso ministerial provido, no aspecto" (Apelação-Crime n° 70018654863, 8ª Câmara Criminal, Tribunal de Justiça do RS, Relatora: Fabianne Breton Baisch, Julgado em 30/05/2007). Ainda: Apel.-Crime n° 70033371865, 1ª Câmara Criminal, TJRS, Relator Des. Marco Antônio Ribeiro de Oliveira, Julgado em 26/05/2010.

[33] "... Para fins de quantificação do aumento incidente, em razão do concurso formal, sobre a pena corporal mais gravosa, in casu, a decorrente do delito tipificado no artigo 18 c/c artigo 19 da Lei 10.826/2003, considera-se a quantidade de crimes no caso concreto, consoante entendimento doutrinário e jurisprudencial..." (TRF4, ACR 2007.72.00.013624-5, 7ª Turma, Relator Sebastião Ogê Muniz, D.E. 20/01/2010). Ainda: Apelação-Crime n° 70035719756, 8ª Câmara Criminal, TJRS, Relatora a Desa. Isabel de Borba Lucas, Julgado em 12/05/2010; Apelação-Crime n° 70034003111, 1ª Câmara Criminal, TJRS. Relator Des. Manuel José Martinez Lucas, Julgado em 31/03/2010 e Apelação-Crime n° 70031823453, 1ª Câmara Criminal, TJRS, Relator Des. Marco Antônio Ribeiro de Oliveira, Julgado em 11/11/2009. No mesmo sentido: RT 482, p. 383, Rel. Juiz Fernando Prado, e TJRJ, Rel. Ac. 10.448, Rel. Enas Cotta. *In*: FRANCO, Alberto. *Código Penal. e sua Interpretação Jurisprudencial,* 1995, p. 852.

cia dos colendos STF[34] e do STJ, "... o aumento decorrente do *concurso formal* tem como parâmetro o *número* de delitos perpetrados, dentro do intervalo legal de 1/6 a 1/2. Nesses termos, aplica-se a fração de aumento de 1/6 pela prática de 2 infrações; 1/5, para 3 infrações; 1/4 para 4 infrações; 1/3 para 5 infrações e 1/2 para 6 ou mais infrações".[35] Como se verifica, constituindo a metade da provisória o máximo de exasperação possível e não ultrapassável disso resultará que, em respeito ao princípio da legalidade, o número de crimes ou de vítimas excedente a seis será penalmente um indiferente na quantificação da majorante em questão.

Parece-nos, contudo, que, nesse caso, o excesso pode justificar a valoração negativa das circunstâncias ou consequências do crime, nos moldes da utilização residual das qualificadoras nas acusações por crimes multiqualificados.

Fizemos no início deste tópico referência ao concurso formal *impróprio* e voltamos a ele só agora apenas por razões metodológicas, já que essa modalidade de concurso é impertinente ao tema que estamos desenvolvendo neste momento porque diferentemente do concurso formal próprio, ele pressupõe uma *pluralidade* de desígnios (no exemplo do indivíduo que, com dolo direto, quer matar A e B, sabendo que ambos vão pernoitar no mesmo quadro e por isso arma uma bomba-relógio para explodir na madrugada no horário em que estiverem dormindo, ou do indivíduo que, com dolo eventual, atira em A, sabendo que pode ferir e também matar a pessoa de B, por estar próxima da vítima visada.

Nesses exemplos, a pena não será a exasperada e sim resultante da *soma (cúmulo material)* de todas as penas impostas, que será levada em conta para a determinação do regime inicial de execução (art. 69 do CP), consoante emana última parte do artigo 70, assim redigida: "... As penas aplicam-se, entretanto, cumulativamente, se a ação ou omissão é dolosa e os crimes concorrentes resultam de desígnios autônomos, consoante o disposto no artigo anterior".

10.4.2.3. O concurso de crimes: a majorante da continuidade delitiva e o critério do número de crimes

O crime continuado[36] repousa sobre a ficção jurídica de que na pluralidade de crimes da mesma espécie, cometidos em série, os que forem subsequentes constituem meros desdobramentos da primeira infração. Essa ficção remonta aos praxistas, aos glosadores (1100 a 1250) e pós-glosadores (1250 a 1450), dentre eles Jacobo de Belvisio, seu discípulo Bartolo de Sassoferrato e o seguidor deste, Baldo Ubaldis. O instituto seria mais bem sistematizado pelos práticos italianos dos séculos XVI e XVII.[37]

---

[34] "... 2. Segundo a jurisprudência da Suprema Corte, o *quantum* de exasperação da *pena*, no crime continuado simples (art. 71, *caput*, CP), deve ser proporcional ao número de infrações cometidas .(RHC n° 107.381/DF, Segunda Turma, Relatora a Ministra Cármen Lúcia, DJe de 14/6/11; HC n° 99.245/RJ, Segunda Turma, Relator o Ministro Gilmar Mendes, DJe de 21/9/11; AP n° 470/DF-EDj-décimos sétimos, Relator o Ministro Joaquim Barbosa, DJe de 10/10/13)..." – Informativo n. 844.

[35] IIC n. 412.848/SP, Quinta Turma, Rel. Min. Ribeiro Dantas, DJe de 25/10/2019" – excerto da ementa do HC 538045, 5ª Turma, Rel. Min. Leopoldo de Arruda Raposo, julgado em 19.11.2019.

[36] A doutrina e a jurisprudência refere-se indistintamente ao instituto como *crime continuado, continuidade delitiva* e *seriação criminosa.*

[37] BITENCOURT, Cezar R. *Manual de Direito Penal.* 5. ed. São Paulo: RT, 1999, p. 594, e Recurso Especial n° 54834-9/SP, STJ, Rel. Min. Luiz Vicente Cernicchiaro, DJU 15.05.95, p. 13.349.

Graças a essa genial criação, conseguia-se à época *driblar* as disposições legais que acarretavam a pena de morte pela reiteração de furtos, mesmo de pequeno valor, evitando-se excessos e conciliando-se a repressão com o ideal de proporcionalidade na retribuição.

O instituto do crime continuado estava previsto em nosso Código no § 2º do art. 51, ensejando imposição da pena de um só dos crimes, se idênticas, ou a mais grave, se diversas, aumentada em qualquer caso de 1/6 a 2/3, desde que cometidos com *mais de uma ação ou omissão* em semelhantes condições de tempo, lugar e maneira de execução.

Eram e continuam sendo requisitos indispensáveis à configuração da continuidade delitiva a *unidade de desígnios* na ação criminosa (requisito subjetivo)[38] e a *mesma espécie* dos crimes entrelaçados da série.

Anote-se que o texto do artigo 71 é silente quanto ao requisito subjetivo, mas, como lembra Guilherme de Souza Nucci,[39] a *unidade de desígnios* povoa os precedentes emanados do STF[40] e do STJ,[41] todos lastreados na denominada teoria subjetivo-objetiva. Embora certa dificuldade prática para fazer a exata distinção deve-se evitar a confusão entre unidade de desígnios e habitualidade criminosa, pois se acusado faz do crime um meio de vida,[42] a reprovação social (culpabilidade) precisa ser mais intensa.

Já quanto ao requisito objetivo da *mesma espécie* há intensa discussão na doutrina e na jurisprudência sobre o critério para sua aferição, pois, de um lado, sustenta-se que seriam os previstos *no mesmo tipo penal* e, de outro lado, defende-se que poderiam estar em tipos diversos, desde que protetivos do *mesmo bem jurídico,* como sucede, por exemplo, entre o furto e outro de roubo, este previsto no art. 157 do CP.[43]

A jurisprudência ainda é vacilante, exemplificando-se com os julgados que embora reconheçam como integrantes da mesma espécie afirmam que são distintos em

---

[38] "Firme a jurisprudência do STJ, no sentido de que a continuidade delitiva configura-se quando presente a unidade de desígnio, representada pelo envolvimento entrelaçado dos atos criminosos" – RESP. 59.820, Relator Ministro Anselmo Santiago, 09.09.96. No mesmo sentido: HC 35.861 – MS, Relator Félix Fischer, DJ de 3 de novembro de 2004

[39] Disponível em <http://www.guilhermenucci.com.br/dicas/unidade-de-designio-crime-continuado>.

[40] "Nos termos da jurisprudência desta Corte, abalizada por parcela da doutrina especializada, são requisitos necessários para caracterização da continuidade delitiva, à luz da teoria objetivo-subjetiva: (a) a pluralidade de condutas; (b) a pluralidade de crimes da mesma espécie; (c) que os crimes sejam praticados em continuação, tendo em vista as circunstâncias objetivas (mesmas condições de tempo, lugar, modo de execução e outras semelhantes); e, por fim, (d) a unidade de desígnios" – HC 110002, Rel. Min. Teori Zavascki, julgado em 9.12.2014.

[41] HC 245.156/ES, Rel. Ministro Néfi Cordeiro, 6ª T., julgado em 15/10/2015, DJe 05/11/2015

[42] STF: HC 70.891, Rel. Min. Sepúlveda Pertence e *Habeas Corpus* nº 71780-2/SP, STF, Rel. Min. Ilmar Galvão, j. 05.03.96, un., DJU 26.04.96, p. 13.113. STJ: "A habitualidade é incompatível com a continuidade. A primeira recrudesce, a segunda ameniza o tratamento penal. Em outras palavras, a culpabilidade (no sentido de reprovabilidade) é mais intensa na habitualidade do que na continuidade. Em sendo assim, jurídico-penalmente, são situações distintas. Não podem, outrossim, conduzir ao mesmo tratamento. O crime continuado favorece o delinquente. A habitualidade impõe reprovação maior, de que a pena é expressão, finalidade (CP, art. 59, *in fine*) estabelecida segundo seja necessária e suficiente para reprovação e prevenção do crime. Na continuidade, há sucessão circunstancial de crimes. Na habitualidade, sucessão planejada, indiciária do *modus vivendi* do agente. Seria contraditório, instituto que recomenda pena menor a ser aplicada à hipótese que reclama sanção mais severa. Conclusão coerente com interpretação sistemática das normas do Código Penal" (Recurso Especial nº 54834-9/SP, STJ, Rel. Min. Luiz Vicente Cernicchiaro, DJU 15.05.95, p. 13.349). Ainda: "(...) O benefício do crime continuado não alcança quem faz do crime a sua profissão. Precedentes (...)" (RHC nº 74066, j. 10.9.96, Rel. Min. Maurício Corrêa – Fonte Informa.). "A habitualidade na prática de delitos contra o patrimônio, perpetrados com violência à pessoa, é incompatível com a ficção jurídica do crime continuado. Decisão mantida".

[43] MIRABETE, Julio Fabbrini. *Direito Penal.* São Paulo: Atlas, 1985, p. 308.

natureza o roubo e o latrocínio,[44] a conjunção carnal e o ato libidinoso que não integre a *prealudia coiti*,[45] o estupro e o atentado violento ao pudor,[46] o furto e a apropriação indébita.[47]

No contexto do requisito objetivo, exige-se que o lapso temporal entre os delitos não supere a trinta dias,[48] embora julgados dilatando esse lapso para até seis meses,[49] o que, convenhamos, é rematado exagero, por destoar das razões de política criminal ínsitas no instituto.

Por último, nos termos do art. 71, devem ser semelhantes, para todos os fatos seriados, as condições de tempo, lugar, maneira de execução ou outras condições, estas não especificadas em lei.

Assim, vários furtos cometidos à noite mediante escalada; cheques sem fundo emitidos em dias diferentes (configurando o crime de estelionato); retenções semanais de dinheiro que deveria ser depositado no caixa do estabelecimento onde exerce atividades (apropriação indébita), etc.

Considerando-se que *pluralidade* de infrações precisa estar previamente tipificada, discutiu-se a possibilidade de lei penal *nova e mais gravosa* ser aplicada quando editada no curso da seriação criminosa. A discussão tem a ver com o problema da sucessão de leis no tempo e foi superada pelo STF por meio do Enunciado nº 711 da sua Súmula, com o seguinte texto: "A lei penal mais grave aplica-se ao crime continuado ou ao crime permanente, se a sua vigência é anterior à cessação da continuidade ou da permanência".

O enunciado sumular é exato, pois, se a continuidade se renova toda vez que o agente reitera na prática de outro delito idêntico ao inicial, a entrada em vigor de uma lei nova, ainda que contemplando penas mais graves, incidirá sobre as condutas que vierem a ser cometidas *no curso dessa série*, ou seja, *enquanto não cessada* a continuidade (ou a permanência, nos crimes permanentes).

Na lição de Ney Fayet Jr., "a doutrina, de um modo geral, sempre se orientou a partir da noção de aplicabilidade da lei nova em relação a toda a cadeia de delitos, ainda que esta nova disposição penal se mostre menos favorável", sem embargo da consistência da posição dos que defendem o contrário, pois se são "os crimes configuradores da cadeia delitiva continuada, simplesmente, mera perpetração reiterada daquela, independentemente do número e das datas do cometimento dos ilícitos" ter-se-ia que assegurar ultratividade de efeitos à lei penal mais benigna.[50]

---

[44] REsp. nº 70.905/SP, STJ, Rel. Min. Anselmo Santiago, j. 09.06.97, un., DJU 30.06.97, p. 31.087.

[45] REsp. nº 89624/SP, STJ, Rel. Min. Félix Fischer, j. 18.02.97, un., DJU 17.03.97, p. 7.530.

[46] REsp. nº 930018828-3/SP, STJ, Rel. Min. Edson Vidigal, j. 23.08.95, un., DJU 02.10.95, p. 32.392.
O estupro e atentado ao pudor atualmente acham-se unificados no mesmo dispositivo legal (art. 217) por força da reforma do CP operada pela Lei 12.015/2019.

[47] REsp. nº 38332-3/SC, STJ, Rel. Min. Pedro Acioli, DJU 28.11.94, p. 32.644). Precedente em contrário, admitindo a continuação: Apelação-Crime nº 295043293, 2ª Câm. Criminal do TARS, Rel. Paulo Moacir Aguiar Vieira, j. 21.12.95, un.

[48] STF HC 69.896-SP, HC 62.451, HC 69.205, HC 70174-4, Rel. Min. Carlos Velloso, *in* DJU de 6.8.93, p. 14904. Essa posição foi reiterada, recentemente, no julgamento dos HC nº 68896, relatado pelo Ministro Marco Aurélio (*in* DJU de 2.4.93, p. 5620) e 73.219-4-SP, relatado pelo Ministro Maurício Corrêa (*in* DJU de 26.04.96, p. 13.115). Ainda. HC 57190 / SP, 6ª Turma do STJ, Rel. Min. Og Fernandes, *in* DJe 25/10/2010; REsp 63381/DF, MIn. 6ª T., rel. Min. Vicente Leal, 03/10/1995 e no mesmo sentido: Embargos Infringentes n. 296038805, 2º Grupo do TARS, de que fomos Relator, public. na Revista JULGADOS, v. 103, p. 47.

[49] FRANCO, Alberto. *Código Penal Interpretado*. São Paulo: RT, 1995, p. 874.

[50] FAYET JR., Ney. *Do Crime Continuado*. Porto Alegre, Livraria do Advogado, 2001, p. 137.

Enfatize-se que o entendimento doutrinário e sumulado acima referido condiciona a aplicação da pena mais grave cominada na lei nova que vier a ser editada no curso da série só se a conduta nela tipificada também estiver prevista como crime na lei velha, sem o que qualquer esforço de fazer incidir o Enunciado n° 711 da Súmula esbarrará na proibição da aplicação retroativa da lei penal mais gravosa (art. 1° do CP).

Discutiu-se ainda na Suprema Corte a possibilidade ou não de combinação de leis (a vigente e outra posteriormente editada) para os fins de propiciar a aplicação de causa especial de diminuição de pena mais benignamente prevista na lei velha. A discussão visava esclarecer a possibilidade ou não de ser reconhecida a minorante do § 4° do art. 33 da Lei 11.343/2006 em relação a fatos praticados na vigência da Lei 6.368/76, tendo prevalecido o voto do Ministro Ricardo Lewandowski, relator da matéria: "Inicialmente, o relator frisou que o núcleo teleológico do princípio da retro-atividade da lei penal mais benigna consistiria na estrita prevalência da *lex mitior*, de observância obrigatória, para aplicação em casos pretéritos. Afirmou que se trataria de garantia fundamental, prevista no art. 5°, XL, da CF e que estaria albergada pelo Pacto de São José da Costa Rica (art. 9°). Frisou que a Constituição disporia apenas que a lei penal deveria retroagir para beneficiar o réu, mas não faria menção sobre a incidência do postulado para autorizar que algumas partes de diversas leis pudessem ser aplicadas separadamente para favorecer o acusado".[51]

Diz-se que o crime continuado é *genérico* porque o instituto aplica-se a todos e quaisquer delitos e que é *específico,* com punibilidade mais intensa, quando os crime da mesma espécie forem cometidos com o emprego de violência ou grave ameaça à pessoa.

Examinemos essas modalidades separadamente.

O crime continuado genérico está previsto no *caput* do artigo 71 do CP e enseja o aumento na terceira fase da quantidade de 1/6 a 2/3 da pena provisória de qualquer dos crimes da série ou, se idênticas, ou da mais grave, se diversas.

Em face desse relativo elastério e diante da necessidade de que o procedimen-to quantificador seja fundamentado, a doutrina[52] e a jurisprudência do STF,[53] do STJ[54] e dos Tribunais de apelação, estaduais e federais, recomendam que, nos moldes

---

[51] RE 600817/MS, Rel. Min. Ricardo Lewandowski, 7.11.2013. (RE-600817) – Informativo n. 727.

[52] MIRABETE, Julio Fabbrini, *Manual de Direito Penal*. São Paulo: Atlas, 1989, p. 309 e RT, v. 615, p. 253.

[53] No STF: "No crime continuado, a dosimetria da pena deve ocorrer para todos os crimes que o integram, mas não é caso de nulidade da sentença, por ausência de prejuízos ao paciente, o fato de ter o magistrado se limitado ao delito mais gra-ve, que, por força do art. 71 do CP, orienta a aplicação da pena final. (...) No crime continuado, independentemente de sua natureza simples ou qualificada, a escolha do percentual de aumento da pena varia de acordo com o número de infrações praticadas." (RHC 107.381, Rel. Min. Cármen Lúcia, julgamento em 31.5.2011, Primeira Turma, *DJE* de 14.6.2011.). Idem: HC. 99.897, 2ª Turma, Rel. Min. Eros Grau. No STJ: "... 3. É pacífica a jurisprudência deste Sodalício, em se tratando de aumento de pena referente à continuidade delitiva, aplicando-se a fração de aumento de 1/6 pela prática de 2 infrações; 1/5, para 3 infrações; 1/4, para 4 infrações; 1/3, para 5 infrações; 1/2, para 6 infrações; e 2/3, para 7 ou mais infrações. Na espécie, observando o universo de 2 (duas) infrações cometidas pelo réu, por lógica da operação do-simétrica, deve-se considerar o aumento de 1/6 (um sexto).... " (HC 265.385/SP, Rel. Ministra Maria Thereza de Assis Moura, 6ª T., julgado em 08/04/2014, DJe 24/04/2014). No mesmo sentido: STJ, HC 128297 / SP, 5ª T., Rel. Min. Felix Fischer, j. em 19/08/2009. No TRF4: "... A doutrina e a jurisprudência vêm recomendando que se adote como critério de mensuração da majorante referente à continuidade delitiva o número de infrações verificadas no curso da cadeia deliti-va... (TRF4, ACR 2005.70.00.019396-3, Sétima Turma, Relator Tadaaqui Hirose, D.E. 12.11.2008). No TJRS: "Crime continuado. O aumento da pena é tanto maior quanto maior o número de crimes que formam a série delituosa" (RJTJRS, v. 114, p. 159), dentre muitos outros julgados.

[54] "... É certo que o legislador penal deixou a cargo do Magistrado a escolha do patamar de aumento de *pena* quando praticado o crime continuado, podendo aplicar a fração entre 1/6 e 2/3. Desse modo, a jurisprudência desta Corte orienta no sentido da adoção da fração de aumento de 1/6 pela prática de 2 infrações; 1/5 para 3 infrações; 1/4 para

do concurso formal, a quantificação dentro das margens citadas seja realizada em conformidade com o critério do número de crimes.

É como se extrai do julgado paradigmático: "(...) 8. Para o aumento da pena pela continuidade delitiva dentro o intervalo de 1/6 a 2/3, previsto no art. 71 do CPB, deve-se adotar o critério da quantidade de infrações praticadas. Assim, aplica-se o aumento de 1/6 pela prática de 2 infrações; 1/5, para 3 infrações; 1/4, para 4 infrações; 1/3, para 5 infrações; 1/2, para 6 infrações; e 2/3, para 7 ou mais infrações...".[55]

Em relação à modalidade *específica* de crime continuado, havia em nosso CP vedação ao seu reconhecimento (Enunciado nº 605 da Súmula do STF)[56] mas, em 1984, a Lei 7.209 acrescentaria ao artigo 71 o parágrafo único alterando radicalmente o quadro, nos seguintes termos: "Nos crimes dolosos, contra vítimas diferentes, cometidos com violência ou grave ameaça à pessoa, poderá o juiz, considerando a culpabilidade, os antecedentes, a conduta social e a personalidade do agente, bem como os motivos e as circunstâncias, aumentar a pena de um só dos crimes, se idênticas, ou a mais grave, se diversas, *até o triplo*, observadas as regras do parágrafo único do art. 70 e do art. 75 deste Código".

Consoante decorre da expressão "*até o triplo*", o magistrado está autorizado a quantificar a majorante *aquém* desse teto e por isso torna-se relevante saber qual é o limite mínimo possível, haja vista o interesse das Partes em conhecer as razões utilizadas pelo julgador para exercerem o controle da decisão mediante recursos às instâncias superiores.

A doutrina ainda não dispensou a devida atenção para o problema e na jurisprudência há precedentes do Colendo STJ lastreando a quantificação da majorante em critério de razoabilidade,[57] mas é claro que critérios subjetivos são de per si insuficientes sob todos os pontos de vista e foi por causa disso que, nas edições anteriores deste livro, advogamos a tese de que para o crime continuado específico a fração máxima de 2/3 prevista para a hipótese do crime continuado genérico deverá ser considerada como *ponto de partida* (piso) para daí formar com os 9/3 (o teto, que correspondem ao triplo) o par fracionário delimitador do espaço previsto para a movimentação do juiz criminal.

Essa advocacia em prol da adoção dessa fração como *piso* visa a evitar o absurdo de exasperar-se as penas por crimes cometidos com emprego de violência ou grave ameaça com quantidades iguais ou inferiores ao máximo previsto para a quantificação da exasperação em crimes seriados desprovidos dessa gravidade.

Essa tese recebeu recente apoio da abalizada doutrina de Ângelo Roberto Ilha da Silva, em cuja obra "Curso de Direito Penal"[58] o ilustre Procurador da República e professor de Direito da UFRGS reproduziu parte de Acórdão do STJ que, para honra

---

4 infrações; 1/3 para 5 infrações; 1/2 para 6 infrações e 2/3 para 7 ou mais infrações..." (HC 476230, Rel. Min. Joel Paciornik, decisão de 18.112.2019.

[55] REsp 1071166/RJ, Rel. Ministro Napoleão Nunes Maia Filho, 5ª T., julgado em 29/09/2009, HC 107443/SP,Rel. Ministro Néfi Cordeiro, 6ª T., Julgado em 03/06/2014,DJE 20/06/2014. No mesmo sentido: REsp 981837/SP,Rel. Ministro Rogério Schietti Cruz, 6ª T., Julgado em 24/04/2014,DJE 05/05/2014; HC 265385/SP, Rel. Ministra Maria Thereza de Assis Moura, 6ª T, Julgado em 08/04/2014, DJE 24/04/2014; HC 238262/PE, Rel. Ministra Laurita Vaz, 5ª T., Julgado em 18/03/2014, DJE 28/03/2014

[56] "Não se admite continuidade delitiva nos crimes contra a vida".

[57] HC 303.739/SP, Rel. Min. Maria Thereza de Assis Moura, 6ª T., julgado em 16/02/2016, DJe 24/02/2016.

[58] SILVA, Ângelo Roberto Ilha da. *Curso de Direito Penal – Parte Geral* – Porto Alegre, Livraria do Advogado, 2020, p. 462-463.

nossa, transcreveu trecho deste livro, *in verbis*: "Entre os dois delitos de roubo, foi aplicada a continuidade delitiva específica prevista no art. 71, parágrafo único, do CP, pois os delitos foram cometidos no mesmo contexto, todavia contra duas vítimas diferentes, motivo pelo qual o Magistrado aumentou a pena do mais grave em 2/3. Escorreita a operação. Isso porque, em que pese a existência de posicionamento diverso, entende-se adequado adotar, como patamar mínimo da continuidade delitiva específica, a máxima fração estipulada no caput do art. 71, isto é, 2/3, com limite máximo do triplo, variando conforme os vetores do art. 59 do CP. É nesse sentido a doutrina de José Antonio Paganella Boschi...". [59]

Aceita a proposição – ao menos para estimular o debate – em favor do uso das margens, a de 2/3 (prevista no *caput*) e a de 9/3 (prevista no parágrafo único do artigo 71) incumbirá ao julgador fazer a mensuração da causa especial de aumento em conformidade com dois critérios combinados.

O primeiro é o do número de crimes, antes analisado, observada a seguinte progressão: para dois crimes: aumento de 2/3, para três crimes, 3/3, para quatro crimes, 4/3, para cinco crimes, 5/3, para seis crimes 6/3, para sete crimes 7/3, para oito crimes 8/3 e para 9 crimes, 9/3, fração esta que, segundo destacamos acima, corresponde ao triplo da pena provisória.

O segundo é o do grau da culpabilidade aferido na primeira fase, haja vista a alusão no parágrafo único do art. 71 às circunstâncias judiciais elencadas no artigo 59 do mesmo Código.[60] O comando normativo quebra a rigidez do critério aritmético e reforça a nossa convicção de que o grau da culpabilidade – como também propõe o professor Ney Fayet Jr. em seu conhecido livro *"Do Crime Continuado"*[61] – preside todas as atividades em todas as fases da individualização das penas.

10.4.2.4. Concurso formal e continuidade delitiva "versus" concurso material mais benéfico: a técnica da sentença

O concurso formal e o crime continuado visam a evitar que a elevada quantidade de pena decorrente da regra geral do cúmulo (art. 69 do CP) material funcione como óbice às finalidades de prevenção e de recuperação do condenado.

Contrariaria o sentido de proteção do instituto contra os excessos na punição se as penas exasperadas tanto no concurso formal quanto no crime continuado superassem as quantidades individualizadas e somadas em atenção à regra geral do concurso material (art. 69 do CP).

É esse o cuidado que o juiz deverá seguir, portanto, no momento em que estiver individualizando as penas de crimes regidos pelo concurso formal ou pela continuidade, segundo dimana, aliás, do parágrafo único do artigo 70 e do parágrafo único do artigo 71.

Um exemplo singelo esclarece melhor a questão. Suponha-se que alguém tenha cometido um homicídio qualificado e, por erro na execução, o projétil acabe lesionando também um transeunte (caso típico da *aberratio ictus* prevista no artigo 74 do CP).

---

[59] HC. 405.582/SC, 5ª T., Min. Reynaldo Soares da Fonseca, julgado em 29.08.2018.

[60] "... Para a exacerbação da pena, em razão do crime continuado previsto no parágrafo único, do art. 71, do CP, considera-se não apenas o número de infrações cometidas, mas também as mesmas circunstâncias do art. 59 do estatuto repressivo (Precedentes do STJ)" (HC 87676 / RJ, 5ª Turma do STJ, rel. Min. Félix Fischer, julgado em 4.3.2008 e (HC 128297 / SP, 5ª T., Rel. Min. Felix Fischer, julgado em 19.8.2009.

[61] FAYET JR., Ney. *Do Crime Continuado*. Porto Alegre: Livraria do Advogado, 2001, p. 124.

Se o juiz, ante a favorabilidade das circunstâncias judiciais, estabelecesse para o homicídio a pena mínima de 12 anos de reclusão e sobre ela fizesse incidir o mínimo de 1/6, como manda o art. 70 do CP, desconsiderada aqui a eventualidade de incidência de agravantes ou atenuantes, a pena definitiva totalizaria 14 anos de reclusão.

Contudo, se aplicasse para o homicídio a pena mínima de doze anos de reclusão e para a lesão corporal a pena mínima de 3 meses de detenção e as somasse como manda o art. 69 do CP, a pena definitiva totalizaria 12 anos e 3 meses, ou seja, quantitativamente mais benéfica em relação à pena definitiva individualizada em conformidade com a regra da exasperação.

E para que o juiz e os interessados possam saber qual é a pena *mais benéfica* no concurso de crimes – se a obtida em conformidade com a regra do *cúmulo material* ou se a obtida em conformidade com o princípio da *exasperação* – é indispensável percorrer os seguintes passos:

a) Individualizar *separadamente a pena* para cada um dos crimes imputados, em estrita observância do método trifásico e somá-las, como determina a regra do cúmulo.[62] É claro que, ao apreciar cada infração separadamente, o juiz não precisará repetir as considerações desenvolvidas sobre as circunstâncias judiciais. Ele poderá, na quantificação das penas-bases de cada crime integrante do concurso, reportar-se aos resultados da valoração realizada para fixar a pena-base do primeiro deles.

Ante a inexistência de risco de prejuízo, o Supremo Tribunal Federal corretamente flexibilizou essa recomendação de individualização em separado, no caso de pluralidade do "mesmo crime" com idênticas as penas, por não haver risco de prejuízo.[63]

b) Individualizar a pena conforme os critérios previstos para o concurso formal ou continuado, do seguinte modo:

1) Dimensionar a pena-base para *um dos crimes*, se iguais, ou a do crime mais grave, se diversas.

2) pronunciar-se sobre agravantes e atenuantes eventualmente pertinentes ao fato sob exame.

3) sobre a pena provisória encontrada, acrescentar a quantidade de pena determinada pelo concurso formal ou pela continuidade delitiva e, depois, retirar da nova base de cálculo a quantidade correspondente à eventual causa especial de diminuição de pena.

4) Comparar as penas finais – a obtida em conformidade com a regra do cúmulo e a obtida em conformidade com a regra da exasperação – e *declarar como definitiva a que for mais benigna.*

---

[62] "Sentença – nulidade é eivada de nulidade a sentença que, em reconhecendo o concurso material, quando da fixação da pena-base, deixa de fazê-lo com apoio no que está estabelecido no artigo 68 do código penal, isto é, fixando-a primeiramente em relação a cada um dos crimes, em separado. (Apelação Crime, nº 292075736, 3ª Câm. Crim. TARS, Relator então Juiz Vladimir Giacomuzzi, Julgada em 23.06.1992). No mesmo sentido: "No caso de concurso de crimes, a melhor técnica recomenda a individualização da pena para cada um dos delitos..." (Apelação-Crime nº 70027427160, 8ª Câm. Criminal, TJRS, Relator Des. Danúbio Edon Franco, Julgado em 17/12/2008). No mesmo sentido e do mesmo Relator: .Apelação-Crime nº 293155040, 4ª Câm. Criminal do TARS, julgado em dezembro de 1993. Ainda: Apelação--Crime nº 293114526, 1ª Câm. Criminal do TARS, Rel. Léo Afonso Finloft Pereira, 27.10.93 e mais recentemente: Apel.-Crim. n. 70031894280, 4ª Câm., TJRS, Relator Des. Constantino Lisbôa de Azevedo, julgada em 12/11/2009; Apel.-Crim. n. 70021770110, 2ª Câm. Crim. TJRS, Relatora Desa. Marlene Landvoigt, Julgada em 30/03/2010; Apelação-Crime, nº 70055272280, 8ª Câm. Criminal, Tribunal de Justiça do RS, Relatora: Fabianne Breton Baisch, Julgado em: 18.12.2013 e Ap. Crim. nº 70082038621, 8ª Câm.TJRS, Relatora Desa. Isabel de Borba Lucas, julgada em 31.07.2019

[63] *Habeas Corpus* nº 95.245, Relator o Ministro Joaquim Barbosa, p. 16.11.2010.

Embora mais trabalhoso, o procedimento sugerido é singelo, devendo o juiz explicar (fundamentar) todas as etapas, pois do contrário a sentença será parcialmente nula, muito embora haja certa benevolência dos tribunais, sob o argumento de que a retificação da pena, inclusive de ofício, em segundo grau, elimina o prejuízo.

A técnica aqui recomendada de individualizar em separado e somar as penas de cada crime para posterior comparação com a pena alcançada em conformidade com as regras dos artigos 70 e 71, além de resguardar a eventual preponderância do *concurso material mais benéfico* propicia também maior controle das partes sobre a prescrição retroativa da pretensão punitiva dentro dos correspondentes marcos legais interruptivos.[64]

Conforme dispõe o art. 119 do CP, a prescrição é calculada com base na pena concretizada para cada um dos crimes cometidos sob a modalidade do concurso material.[65] Contudo, a teor do Enunciado nº 497 da Súmula do STF, os aumentos de pena determinados pela continuidade delitiva[66] e, por entendimento pretoriano, também pelo concurso formal,[67] *não são considerados* como integrantes da pena-referência para efeito de cálculo. Por isso, os tribunais, quando constatam o prejuízo, podem, mesmo de ofício, reconhecer o concurso mais benéfico.[68]

10.4.2.5. Observações críticas sobre os critérios do "iter criminis" e do número de crimes ou de vítimas

Embora reconhecendo a grande utilidade prática dos critérios do *iter criminis* e do número de crimes ou vítimas, acima analisados, porque sendo objetivos fornecem condições para o controle judicial e propiciam segurança jurídica às Partes, entendemos que são suscetíveis de crítica, porque desconsideram a culpabilidade como categoria que, no direito penal moderno, atua a um só tempo como fundamento para a condenação e limite na quantificação da reprovação (arts. 29 e 59 do CP).

Definida como reprovação ao indivíduo imputável, com consciência da ilicitude e aptidão para conformar sua vida ao ordenamento jurídico, a culpabilidade é que fundamenta a reprovação proporcional pelo fato como tentativa de compatibilizar interesses extremos: o do *menor sofrimento ao acusado* e o da *maior satisfação possível* das expectativas dos não criminosos com a punição, como se lê em Ferrajoli.[69]

A mecânica utilização dos critérios em exame *massifica* a reação penal porque, estando descolados da culpabilidade, ensejam resultados *idênticos* para situações *di-*

---

[64] O lapso temporal anterior ao recebimento da denúncia não pode mais ser considerado para fins da prescrição retroativa da pretensão punitiva (Lei 12.234/2010).

[65] Reconhecimento do concurso material entre os tipos capitulados nos arts. 168 e 299 do Código Penal. Ocorrência da prescrição pela pena em concreto, aferida pelas penas unitárias e não pelo seu somatório. Decretação de ofício. Apelação do Ministério Público Federal desprovida. Apelação do réu prejudicada. (Apelação Criminal nº 00.05.00009-8/SE, 1ª Turma do TRF da 5ª Região, Rel. Juiz Castro Meira. j. 03.08.2000, publ. 22.09.2000, p. 1060).

[66] Quando se tratar de crime continuado, a prescrição regula-se pela pena imposta na sentença, não se computando o acréscimo decorrente da continuação.

[67] Sobre a aplicação da regra da Súmula ao concurso formal: FRANCO, Alberto. *Código Penal e sua Interpretação Jurisprudencial.* São Paulo: Revista dos Tribunais, 1995, p. 1278. DJU nº 160, de 21.08.95, p. 25376 e HC nº 3.369-8/SP – Min. Assis Toledo. No TJRS: Apelação-Crime nº 293155040, 4ª Câm. Criminal do TARS, Rel. Danúbio Edon Franco, 07.12.93 e Apelação-Crime, nº 70033278474, 3ª Câm. TJRS, Relator Des. Odone Sanguiné, Julgada em: 6.5.2010

[68] HC 370.952 – RS (2016/0240588-6), 6ª Turma do STJ, julgado em 6.12.2016.

[69] FERRAJOLI, Luigi. *Derecho y Razón, Teoría del Garantismo Penal.* Prólogo de Norberto Bobbio. Editorial Trotta, 1997.

ferentes. Por exemplo: o indivíduo que depois de insistentes humilhações e provocações[70] da vítima desfere tiros e a atinge em zona *não nobre* do corpo terá a pena reduzida na mesma quantidade que o critério do *iter criminis* propiciará ao indivíduo que, com premeditação, atirar para matar e ferir em zona igualmente nobre do corpo sem conseguir alcançar o resultado desejado por causa de eficiente socorro médico dispensado à vítima.

O idêntico resultado nesses dois exemplos ignora que a *provocação da vítima* exerce extraordinária influência na formação da vontade criminosa e não raro compromete o *dever jurídico* de comportamento em acordo com a normas legais. É por isso que, em relação ao indivíduo que age premeditadamente e que dispõe do tempo do mundo para retroceder na vontade criminosa, a retribuição, em que pese o mesmo critério utilizado nos dois casos para a mensuração da causa especial de redução da pena, deve ser menos rigorosa.

É possível estender a crítica ao outro critério objetivo do *número de crimes ou de vítimas.* Eis os exemplos: dois indivíduo que, na direção de seus veículos, no trânsito, lesionam culposamente, cinco pessoas, em colisões com terceiros, um deles com *culpa concorrente* e o outro com *culpa exclusiva* arcarão com penas iguais em razão, da uniforme incidência do critério do número de crimes, malgrado os diferentes graus da reprovação (culpabilidade) visíveis nas condutas de quem causa acidente com concorrente culpa de terceiro e de quem produz esse resultado com culpa exclusiva pela quebra do dever de cuidado.

Ainda...

O indivíduo que estiver há meses em estado famélico e que nessa contingência praticar furtos em série receberá a mesma reprovação penal que o indivíduo que praticar número equivalente de furtos por uma *opção de vida,* com *profissionalismo,* ou para satisfazer interesses ligados à organização criminosa a que pertencer.

Portanto o reconhecimento puro e simples dos critérios do *iter criminis,* do número de crimes ou de do número de vítimas, embora objetivos e práticos, gera o inconveniente do uniforme tratamento em situações *diferentes,* em contraste com o sentido da garantia da individualização judicial da pena.

Esse inconveniente pode ser arredado se o julgador conjugar o critério objetivo ao grau da culpabilidade aferido na primeira fase, que, segundo estamos tentando demonstrar neste livro, permeia o sistema e preside todas as atividades relacionadas à escolha e individualização das penas.

10.4.2.6. A mensuração das demais majorantes e minorantes em quantidades variáveis

Vimos antes os critérios aceitos para a mensuração das causas especiais de diminuição e de aumento de penas dos delitos tentados, em concurso formal e continuados.

Fora desses casos, a doutrina e a jurisprudência não oferecem diretivas uniformes e seguras sobre os procedimentos a utilizar, ficando-se com a impressão (falsa, diga-se

---

[70] Como sabemos, a instigação, a provocação ou a aceitação de desafio impedem a configuração da legítima defesa, pela presunção de que o agente não está na situação-limite de ter que matar para não morrer ("Não pode alegar a excludente da legítima defesa o agente que, aceitando o desafio, a provocação, parte para a contenda.") Apelação-Crime nº 32.067, 1ª Câm. Criminal do TJSC, Rel. Des. Solon d'Eça Neves, 08.11.94.

de passagem), de que o juiz estaria liberado para estabelecer as quantidades das minorantes e majorantes como bem entender.

Observe-se que no roubo consumado, cuja pena de reclusão deverá ser elevada na terceira fase entre 1/3 até 1/2, se imputada e provada qualquer uma das circunstâncias elencadas nos incisos I a IV do § 2º do artigo 157 do CP, o juiz terá que quantificar previamente a majorante dentro das margens de 1/3 e 1/2 para, só depois, agregar o resultado encontrado à pena provisória.

Mas, qual o critério a utilizar nesse processo?

O desinteresse da doutrina e da jurisprudência em aprofundar a discussão para defini-lo é bem visível. Há decisões que, à míngua de diretivas minimamente seguras, propõem as mais diferentes condutas judiciais. Assim, no tráfico internacional de drogas recomendou-se a utilização do uso do "grau de intensidade da transnacionalidade do delito" ou o "percurso traçado e seu destino da droga";[71] no roubo, propôs-se o "número de majorantes"[72] como critério "objetivo"[73] para a mensuração da pena dentro das margens, critério esse rejeitado em outro julgado, sob o fundamento de que a causa legal de aumento deve ser mensurada "caso a caso" e à luz das "peculiaridades" justificadoras de maior exacerbação;[74] ainda no roubo, sugeriu-se que o maior ou menor número de coautores ou participantes ou "sofisticação do armamento empregado"[75] seriam os fatores apropriados para a exasperação da pena dentro dos limites previstos no § 2º do art. 157 e no furto, o ínfimo valor da coisa furtada foi apontado como o critério apropriado para a quantificação da minorante, etc.

Em outros julgados, afirmou-se que a quantificação da causa especial de aumento ou diminuição insere-se "na órbita de convencimento do magistrado", ou seja, que ela integra o seu "poder discricionário de decidir a quantidade de aumento que julgar conveniente na hipótese concreta, desde que observados os limites estabelecidos pela norma penal",[76] elevando-se o grau da perplexidade, pois o poder *discricionário* é *limitado* e é graças a isso e ao dever de fundamentação previsto em lei e também na Carta Magna que se consegue distinguir o ato judicial discricionário do ato judicial retórico ou arbitrário.

Por serem todas insatisfatórias essas variadas recomendações pretorianas, que, embora práticas, desafinam da teoria geral da pena ao utilizarem descrições típicas para justificarem elevações das penas pelas mesmas razões de política criminal que determinaram a própria tipificação, contrariando o princípio do *ne bis in idem*, foi que advogamos, já na primeira edição deste livro, a tese de que a culpabilidade graduada

---

[71] TRF4, ACR 0002863-08.2009.404.7002, 7ªTurma, Relator Sebastião Ogê Muniz, D.E. 22/04/2010.

[72] Apelação-Crime nº 70037887114, 8ª Câmara Criminal, TJRS, Relatora Desa. Fabianne Breton Baisch, Julgado em 15/09/2010.

[73] Apelação-Crime nº 70026973727, 8ª Câmara Criminal, TJRS, Relator, Des. Dálvio Leite Dias Teixeira, Julgado em 23/06/2010.

[74] Apelação-Crime nº 70029046141, 6ª Câmara Criminal, TJRS, Relator, Des. Carlos Alberto Etcheverry, Julgado em 08/10/2009.

[75] Por exemplo: a existência de duas causas de aumento no delito de roubo não determina, por si só, a exasperação da pena em fração superior a um terço, prevista no § 2º do art. 157 do CP, o que só será cabível se, durante a execução do crime, ocorrer alguma circunstância especial que diga respeito às majorantes, como o número excessivo de pessoas ou exibição de armas de grande potencial ofensivo. Apelo parcialmente provido para reduzir as penas dos réus (Apelação--Crime nº 295037246, 2ª Câmara Criminal do TARS, Rel. Alfredo Foerster, 31.08.95).

[76] Apelação-Crime nº 70014822134, 8ª Câmara Criminal, TJRS, Relatora Desa. Fabianne Breton Baisch, Julgado em 09/08/2006 e Apelação-Crime nº 70002151249, Câmara Especial Criminal, TJRS, Relator Desa. Elba Aparecida Nicolli Bastos, Julgado em 22/08/2001, dentre dezenas de outros julgados do mesmo Tribunal.

é o critério predominante para a mensuração não só das causas especiais de aumento e de diminuição, como também das circunstâncias legais agravantes e atenuantes, como o leitor deve ter percebido quando da leitura dos capítulos anteriores.

De fato, é o grau da culpa (mínimo, médio ou máximo) identificado na primeira fase, que possibilita identificar a correspondente quantidade de pena nas fases subsequentes do método trifásico, bem considerada a dúplice função a culpabilidade, como fundamento para a punição e como limite na mensuração das penas, nos exatos termos do artigo 29 do CP.

Então, se a reprovação *inicial* (aferida no momento da individualização da pena-base) tiver sido estabelecida em *grau mínimo*, o *quantum* correspondente às exasperações, guardadas as razões inerentes ao injusto e resultantes da política criminal eleita deverá ser, por razões de coerência , o menor possível, ao passo que o abrandamento, ordenado pelas causas especiais de diminuição, terá que ser o maior possível, observados, é claro, os limites legais.

Outrossim, quando a reprovação inicial tiver sido estabelecida no grau *máximo*, a exasperação terá que se voltar para o limite superior (teto) da causa especial de aumento, e o abrandamento, pelo reverso, para o limite inferior (piso) previsto em lei para a causa especial de diminuição. Esse entendimento foi adotado pelo Tribunal de Alçada do RGS quando do julgamento de ação revisional envolvendo discussão sobre o critério a utilizar para a diminuição da pena pela semi-imputabilidade (art. 26, parágrafo único, do CPP).[77]

Por último, quando a reprovação inicial tiver sido estabelecida *num ponto intermediário* (grau médio) as quantidades de pena para causas especiais de aumento e de diminuição em eventual concurso descritas na denúncia[78] e confirmadas pela prova dos autos devem aproximar-se ou equiparar-se, sempre respeitando-se o cálculo *por cascata,* adiante examinado.

10.5. Concurso entre causas especiais de aumento ou diminuição (parágrafo único do art. 68)

Já anotamos e comentamos que o mesmo fato típico pode ensejar a incidência simultânea de causa(s) especial(ais) de aumento *e* de causa(s) especial(ais) de diminuição de pena. Como essas *circunstâncias legais* são obrigatórias e, portanto, não podem ficar à margem das considerações judiciais, a pena provisória nesse concurso deverá ser necessariamente *exasperada* e, observado o sistema de cálculo por *cascata, minorada* em último lugar, não obstante a ordem em sentido contrário prevista no artigo 68 do CP.

Deixamos claro, nessas explicações, que essa é a *praxis* na Justiça Criminal do País e que, independentemente da ordem adotada pelo juiz, o resultado final aritmeticamente será sempre o mesmo.

---

[77] Relatando julgamento em 30.06.2000, no 4° Grupo Criminal do TJRS, objeto dos autos da Revisão Criminal n° 70000281873, assim fizemos constar da ementa: "(...) Quantificação da minorante. O Critério reitor de mensuração das causas especiais de diminuição e aumento de pena é o da culpabilidade, que no direito penal laico e moderno atua como seu fundamento e limite, de modo a evitar que a pena final extrapole os limites quantitativos determinados pela culpabilidade graduada na primeira fase do método trifásico, quando são examinados e valorados seus elementos estruturantes: a imputabilidade, a potencial consciência da ilicitude e a inexigibilidade da outra conduta".

[78] O reconhecimento da minorante independe de descrição na inicial acustória.

das PENAS e seus CRITÉRIOS de APLICAÇÃO

Pode ocorrer, contudo, que na hipótese sob julgamento concorram mais de uma causa especial de aumento ou mais de uma causa especial de diminuição de pena, hipótese prevista no parágrafo único do art. 68 do CP, que contém regra específica para a solução dessa modalidade singular de concurso.

Esse parágrafo repete, literalmente, o texto do parágrafo único do art. 50 de nosso Código, vigente até a Reforma Penal realizada em 1984 pela Lei 9.710, como bem lembrou Pedro Vergara:[79] "No concurso de causas de aumento ou de diminuição previstas na parte especial, pode o juiz limitar-se a um só aumento ou a uma só diminuição, prevalecendo, todavia, a causa que mais aumente ou diminua".

Explicando melhor o parágrafo único do art. 68, *não* rege o concurso (ou presença simultânea no caso concreto) de causas especiais de aumento E de causas especiais de diminuição, mas, unicamente, o concurso de causas especiais de aumento OU o concurso de causas especiais de causas especiais de diminuição, caso em que, UMA só delas deve incidir, a que mais a que mais aumentar ou a que mais diminuir.

Não alcança, portanto, o concurso entre causas especiais previstas na PARTE GERAL e na PARTE ESPECIAL porque, nessa modalidade de concurso, como destacamos no início deste tópico, todas elas incidirão, sucessivamente e por cascata, sobre a pena provisória.

Com o intuito de tornar prática a exposição, suponha-se crime mediante promessa de recompensa de calúnia contra servidor público no exercício de suas funções (arts. 138, c.c. com o artigo 141, II, e parágrafo único, do Código Penal).

Nessa situação imaginária concorrem duas causas especiais de aumento, ambas previstas na Parte Especial do Código (a do crime contra funcionário público, acarretando majoração de 1/3 da pena (inc. II do art. 141) e a da promessa de recompensa, implicando majoração em quantidade equivalente ao dobro da pena provisória – parágrafo único do art. 141).

Acaso não existisse o comando do parágrafo único, o juiz, teria que, primeiramente, exasperar em 1/3 a pena provisória e, depois, duplicar o resultado alcançado e anunciar a pena definitiva.

Outro exemplo: suponha-se estrupo (art. 213), cuja pena, nos dizeres do artigo 226, é aumentada: "I – de quarta parte, se o crime é cometido com o concurso de 2 (duas) ou mais pessoas e II – de metade, se o agente é ascendente, padrasto ou madrasta, tio, irmão, cônjuge, companheiro, tutor, curador, preceptor ou empregador da vítima ou por qualquer outro título tem autoridade sobre ela conforme a redação dada a esse dispositivo pela Lei 11.606".

Acaso não existisse o comando do parágrafo único, o juiz, nos moldes do procedimento acima descrito, teria que, primeiramente, aumentar em um quarto a pena provisória por causa do concurso de agentes e, depois, acrescentar a metade do resultado alcançado se o agente for ascendente, padrasto, tio, cônjuge, etc., daí anunciando a pena final.

Mais um exemplo:

O artigo 219 do CP dispunha sobre o rapto violento ou mediante fraude e no artigo 221 estabelecia que se o rapto fosse para fins de casamento, a pena seria reduzida de *um terço,* e, caso o agente, sem ter praticado qualquer ato libidinoso, devolvesse a

---

[79] VERGARA, Pedro. *Das Penas Principais e sua Aplicação.* Rio de Janeiro: Livraria Boffoni, 1948, p. 452.

vítima ou a colocasse em lugar seguro, a punição deveria ser outra vez abrandada, por *metade*.

Não fosse a disposição constante do parágrafo único do art. 68, o cálculo da pena, portanto, teria que obedecer a esta ordem: redução de 1/3 da pena provisória, imposta pela finalidade do rapto (casamento) e, sobre o resultado aritmético, nova redução por metade, pela devolução da vítima ou a colocação em lugar seguro sem prática de ato libidinoso.

Escrevemos que o artigo 219 dispunha porque o Capítulo III do CP onde constava a tipificação do rapto como crime foi revogado pela Lei 11.106, de 2005, e com isso acabou desaparecendo, curiosamente, o único tipo penal da Parte Especial que continha causas especiais de diminuição de pena em concurso.

A revogação não elimina a utilidade da citação do dispositivo para ficar bem demonstrada a razão jurídica que preside o parágrafo único do artigo 68, com direcionamento agora às causas especiais de aumento em concurso.

Em suma: se o legislador não tivesse incluído no artigo 68 o parágrafo único em comento, *todas as majorantes e minorantes em concurso teriam que ser obrigatoriamente consideradas, para aumentar ou diminuir as penas,* e, assim, facilmente perceberíamos que eventuais circunstâncias periféricas ao fato em si (nos exemplos acima apontados, a condição da vítima, o motivo do crime, o concurso e a qualidade do agente, o rapto para casamento e a devolução da mulher à família, nos exemplos acima oferecidos) produziriam tão extraordinária repercussão nos cálculos que a pena definitiva acabaria ficando *ou muito elevada ou muito branda,* a ponto de comprometer o sentido do princípio da proporcionalidade.

O parágrafo único do artigo 68 é então uma fórmula ponderadora, voltada ao equilíbrio, em consonância com o princípio da proporcionalidade.

É certo que esse dispositivo, nos moldes do congênere parágrafo único do art. 50 revogado pela Lei 7.210, declara que o juiz *pode* limitar a um só o aumento ou a diminuição, desde que assegure a preponderância da causa que *mais aumente ou diminua.*

O grande penalista Pedro Vergara, em seus comentários à redação original de nosso CP, ensinava que o juiz aplicaria *se quisesse* e "... de acordo com o seu prudente arbítrio, o maior aumento ou a maior diminuição; mas, por isso mesmo – *se quiser,* também, não a procederá desse modo –, não admitirá a absorção; poderá, ao contrário, aplicar cumulativamente, os dois aumentos ou as duas diminuições. O texto é *claro*: pode o juiz *limitar-se* a um só aumento (...) Se o juiz pode limitar-se, *é o juiz que impõe a si mesmo o limite*; logo, pode, igualmente, no seu arbítrio, que está implícito nos dois verbos, não impor limite algum e, nesse caso, pode aplicar os vários aumentos ou as várias diminuições, somando-as".[80]

Essa respeitável lição, todavia, não é seguida pela doutrina e pela jurisprudência de hoje, por considerarem o verbo *poder* com o sentido de *dever* ao invés de mera faculdade judicial.[81]

---

[80] VERGARA, op. cit., p. 452.

[81] JESUS, Damásio Evangelista de. *Código Penal Anotado.* São Paulo: Saraiva, 1999, p. 173, citando jurisprudência do Tribunal de Alçada Criminal de São Paulo. Ainda: No concurso das majorantes dos incisos I e III do art. 18 da Lei 6.368/76, a internacionalidade do tráfico prevalece sobre a associação, aplicando-se a disciplina prevista no parágrafo único do art. 68 do Código Penal, para que incidam uma única vez, acrescida a pena-base em um terço (um terço). Apelações às quais se dá parcial provimento, reformando-se a sentença recorrida apenas quanto à dosimetria da pena (Apelação-Crime nº 9503035732-2/MS, 1ª Turma do TRF da 3ª Região, Rel. Juiz Theotonio Costa, DJU 05.09.95, p. 57.615).

das PENAS e seus CRITÉRIOS de APLICAÇÃO

Outrossim, ao ordenar ao juiz que aplique *uma só* das causas em concurso – aquela que mais aumente ou mais diminua – o citado parágrafo único está também impondo implicitamente a ele o dever de *desprezar* a causa especial que *menos aumente ou menos diminua.*

Em que pese essa interpretação literal, os tribunais vem entendendo que, nos moldes da solução conferida às qualificadoras remanescentes em crimes multiqualificados, a causa especial de aumento desprezada deve atuar, na segunda fase, como agravante genérica, se prevista como tal[82] ou na primeira fase, como circunstâncias do crime. se não prevista.[83] A mesma razão jurídica teria que ser invocada para propiciar o reconhecimento como atenuante se a causa especial de diminuição estiver prevista como tal.

Esse entendimento é questionável, *maxima venia*, porque, salvo melhor juízo, nega vigência ao comando do parágrafo único do art. 68, conforme entendeu corretamente a 5ª Câmara do Tribunal de Justiça do RS[84] e também acarreta indevido deslocamento da causa especial de aumento para outro lugar do Código e com função diversa, quando a lei determina que ela seja desprezada simplesmente.

Atente-se, por último, que o parágrafo único do art. 68 trata do concurso de causas especiais de aumento ou diminuição previstas na PARTE ESPECIAL.

Portanto, ao não direcionar seu comando normativo à PARTE GERAL, o Código, segundo Damásio Evangelista de Jesus[85] impõe incidência por cascata das causas especiais de aumento nela previstas, no exemplo de crime culposo na direção de veículo, com três lesões, seguido, nas mesmas circunstâncias de tempo e de lugar, de outro crime culposo no trânsito com lesões em duas outras vítimas... (crime culposo em concurso formal, sob a modalidade continuada).

Conforme esse ilustre penalista, nesse caso, "(...) o juiz não pode aplicar uma só, pois a norma do parágrafo único determina, *a contrario sensu*, que não podem ser dispensadas",[86] posição sufragada, também, por Alberto Franco, como se pode ver, *in verbis:* "(...) O parágrafo único do art. 68 possibilita que o juiz faça prevalecer a causa que mais aumente. Tal posicionamento ocorre também no caso de pluralidade de causas de diminuição da Parte Especial. Situação inteiramente diversa sucede, contudo, em relação ao concurso de causas de aumento ou diminuição da Parte Geral, uma vez que tais causas incidem obrigatoriamente, sendo vedado ao juiz prescindir de qualquer delas".[87]

Os tribunais têm se inclinado na mesma direção.[88]

---

[82] "Concorrendo duas ou mais qualificadoras no mesmo tipo penal, somente uma funciona como causa de aumento. As remanescentes, todavia, só podem ser consideradas como agravantes, quando enquadráveis nas hipóteses previstas nos arts. 61 e 62 do CP. Apelação Criminal nº 28.217, 1ª Câmara Criminal do TJSC, Timbó, Rel. Des. Wladimir d'Ivanenko. j. 18.05.1992. Publ. no DJESC nº 8.516, p. 07 – 10.06.9).

[83] STF, RT 726, p. 555, Rel. Min. Celso de Mello e Habeas Corpus nº 10042/SP, 5ª Turma do STJ, Rel. Min. Félix Fischer. j. 21.09.1999, Publ. DJU 18.10.1999, p. 246.

[84] Apelação-Crime nº 70003421138, 5ª Câmara Criminal, Relator Des. Aramis Nassif, Julgado em 19/12/2001.

[85] JESUS, Damásio Evangelista de. *Código Penal Anotado.* São Paulo: Saraiva, 1991, p. 179, com precedentes e destaque da controvérsia.

[86] Idem, p. 174.

[87] FRANCO, Alberto. *Código Penal e sua Interpretação Jurisprudencial.* São Paulo: RT, 1995, p. 1252.

[88] "O parágrafo único do art. 68 diz que o Juiz poderá limitar-se a uma só diminuição, quando houver mais de uma causa autorizadora prevista na parte 'especial' do CP – tendo sido reconhecida a existência de duas causas de diminuição previstas na parte 'geral' da lei, ambas deveriam ter sido aplicadas (...)" (Julgados, 85/84). No mesmo sentido, Apelação-Crime nº 293228466, 3ª Câmara Criminal do TARS, Rel. Fernando Mottola, de 22.02.94, a propósito de

Em que pese esse entendimento, somos da opinião, apoiados em doutrina e jurisprudência dissonantes,[89] de que o aspecto topológico, ou seja, ao *lugar onde,* no Código, foram inseridas as causas especiais de aumento ou de diminuição, não pode afetar o propósito ponderador da repressão ditado pelo parágrafo único do artigo 68 do CP.

Daí sentido o da nossa proposição: o de transformação do parágrafo único do artigo 68 em regra geral, independentemente da posição topológica das causas especiais de aumento ou diminuição no Código.

Dada a sua relevância, essa regra é de ser aplicada quando o concurso entre as causas especiais de aumento e diminuição estiver previsto na legislação penal extravagante.

Concluindo:

a) As causas especiais de aumento e diminuição de pena serão aplicadas uma após a outra e sempre sobre o resultado da última operação aritmética, se *uma delas estiver definida na Parte Geral, e a outra, na Parte Especial do Código* (ver item 10.3. deste Capítulo).

b) Se ambas estiverem previstas na *Parte Especial* do Código uma só deverá ser aplicada, prevalecendo a que mais aumente ou diminua. Exemplos: artigo 141, inciso II e seu parágrafo único e revogado art. 221 do CP.

c) Por idênticas razões jurídicas e de política criminal e respeitando o entendimento em sentido contrário, entendemos que a aplicação da regra supra deve ser estendida à hipótese de concurso entre causas especiais de aumento ou causas especiais de diminuição previstas na *Parte Geral.* Por exemplo: em crime em concurso formal continuado (arts. 70 e 71) haverá de incidir uma só causa especial – a que mais aumentar. Noutro exemplo: no crime tentado em relação ao qual o acusado demonstrou arrependimento posterior (arts. 14, II e 16 do CP) a causa especial que mais diminua.

Como dissemos antes: com a incidência de uma só das causas em concurso obter-se-á *quantum* equilibrado de pena em consonância com o ideal da necessidade e da suficiência.

10.6. Limites das penas: para a quantificação e para a execução

Há nítida distinção entre limite de imposição e limite de cumprimento de penas privativas de liberdade. O réu pode ser condenado, por exemplo, por diferentes crimes, a 80 anos de prisão. O tempo em que ficará preso não podia exceder a trinta (30) anos (como afirmamos nas edições anteriores), mas, com a edição em fins de 2019 da Lei 13.964, esse tempo foi elevado para quarenta (40) anos.

---

crimes de roubo praticados em dias sucessivos, contra vítimas diferentes, ensejando a aplicação do concurso formal e da continuação.

[89] "Não se aplicam simultaneamente os acréscimos pela continuidade delitiva e pelo concurso formal de delitos. Caso contrário, frustrar-se-ia a finalidade de ambos os institutos, que é a de mitigar a punição. Há, na espécie, conflito aparente de normas, que se resolve por aplicação do princípio da consunção, incidindo apenas o acréscimo mais abrangente, que é o devido pela continuidade delitiva" (RT 579, p. 347, Rel. Adalberto Spagnuolo. Ver mais: FRANCO, Alberto, op. cit., p. 912 e segs.). No mesmo sentido: "O concurso formal é regra jurídica penal em favor do agente, de modo que, se também reconhecida, no ilícito quadro apresentado, a continuação entre os crimes (isto é, o subsequente crime sendo considerado continuação do primeiro), as penas hão, nesse caso, de ser aumentadas uma vez, e essa única vez há de dizer respeito à figura do crime continuado. *Non bis in idem.*" (HC nº. 36.414/RJ, 6ª Turma do STJ, Rel. Min. NILSON NAVES, j. em 19/10/2004 e Apelação-Crime nº 70038402889, Sexta Câmara Criminal, Tribunal de Justiça do RS, Relator: Aymoré Roque Pottes de Mello, Julgado em 21/10/2010.

O novo diploma legislativo foi aprovado e sancionado com ampla publicidade pelos meios de comunicação com o visível propósito político de neutralizar as insatisfações do povo com a insegurança, a violência e a corrupção pública, pois, é óbvio, que as autoridades públicas não são ingênuas ao ponto de imaginarem que o encarceramento, agora em tese mais longo, é meio apropriado para a recuperação social dos condenados.

Mesmo medianamente informada, qualquer pessoa, sem nenhuma experiência nas lides judiciárias, sabe que as superlotadas penitenciárias brasileiras, onde vivem amontoados e em condições precárias cerca de 800.000 presos, foram convertidas por facções criminosas em típicas sucursais do inferno. As facções ou comandos de presos perigosos gerenciam a criminalidade *intra* e *extra muros* e, em troca da segurança que fornecem aos internos, exigem deles fidelidade e participação em crimes e projetos criminosos, mesmo depois de retornarem, quando conseguem, ao mundo livre, num interminável ciclo vicioso que destrói a dignidade e anula esperanças.

Se o sentido da limitação temporal sempre foi o de evitar que os confinamentos mascarassem a perpetuidade das penas, vedada pela nossa Lei Fundamental (art. 5º, inciso XLVII, letra "b", da CF), parece-nos que, com a elevação do tempo de reclusão ao patamar de 40 anos, esse mascaramento ficou agora mais explícito, considerando-se também o maior rigor para as progressões e o livramento condicional contemplado pela mesma Lei 13.964/2019.[90]

A isso agrega-se como dificuldade para o retorno ao mundo livre, em tempo "hábil de vida", daqueles condenados a penas elevadas.

O entendimento doutrinário capitaneado por Alberto Franco,[91] citando Damásio, Fragoso e Mirabete,[92] respaldado em julgado do STF[93] sempre foi no sentido de denunciar que a pena imposta ou unificada jamais poderia ser utilizada como base para o cálculo dos benefícios executórios porque acarretaria enormes distorções. Assim, "tanto o condenado a penas privativas de liberdade cuja soma fosse pouco superior a 30 anos, como o condenado a penas privativas de liberdade que totalizassem 200, 300, 400 ou mais anos" ficariam em pé de igualdade para o fim de obter o livramento condicional, transferência de regime, etc., sem necessidade de considerarmos que "se o limite máximo de cumprimento da pena foi legalmente predeterminado para que o condenado não

---

[90] "Art. 112. A pena privativa de liberdade será executada em forma progressiva com a transferência para regime menos rigoroso, a ser determinada pelo juiz, quando o preso tiver cumprido ao menos: I – 16% (dezesseis por cento) da pena, se o apenado for primário e o crime tiver sido cometido sem violência à pessoa ou grave ameaça; II – 20% (vinte por cento) da pena, se o apenado for reincidente em crime cometido sem violência à pessoa ou grave ameaça; III – 25% (vinte e cinco por cento) da pena, se o apenado for primário e o crime tiver sido cometido com violência à pessoa ou grave ameaça; IV – 30% (trinta por cento) da pena, se o apenado for reincidente em crime cometido com violência à pessoa ou grave ameaça; V – 40% (quarenta por cento) da pena, se o apenado for condenado pela prática de crime hediondo ou equiparado, se for primário; VI – 50% (cinquenta por cento) da pena, se o apenado for: a) condenado pela prática de crime hediondo ou equiparado, com resultado morte, se for primário, vedado o livramento condicional; b) condenado por exercer o comando, individual ou coletivo, de organização criminosa estruturada para a prática de crime hediondo ou equiparado; ou c) condenado pela prática do crime de constituição de milícia privada; VII – 60% (sessenta por cento) da pena, se o apenado for reincidente na prática de crime hediondo ou equiparado; VIII – 70% (setenta por cento) da pena, se o apenado for reincidente em crime hediondo ou equiparado com resultado morte, vedado o livramento condicional".

[91] FRANCO, Alberto *et al. Código Penal e sua Interpretação Jurisprudência*. 7. ed. São Paulo: RT, 2001, vol. I, p. 1374.

[92] MIRABETE, Julio Fabbrini. *Manual de Direito Penal*. São Paulo: Atlas, 1985, p. 312.

[93] No STJ: "O tempo de cumprimento das penas privativas de liberdade não pode ser superior a 30 anos. O tempo máximo deve ser considerado para todos os efeitos penais. Quando o Código registra o limite das penas, projeta particularidade do sistema para ensejar o retorno à liberdade. Não se pode, por isso, suprimir os institutos que visam a adaptar o condenado à vida social, como é exemplo o livramento condicional (...)" (RHC 3.808-0 SP, 6ª T., Rel. Min. Luiz Vicente Cernicchiaro).

permaneça preso por toda a vida e tenha, por isso, a esperança de recobrar a liberdade, funcionando tal esperança como um fator de relevância capital no seu processo ressocializador, atritaria com tais objetivos o cumprimento efetivo, pelo condenado, sem possibilidade de obtenção de qualquer benefício, de uma soma de penas que excede em muito esse limite".

Em que pese essa lúcida argumentação, o colendo STF firmaria sua jurisprudência no sentido oposto, ao afirmar textualmente que os benefícios executórios devem ser calculados sobre a imposta ou que resultar da soma ou unificação.[94]

Nada obstante a insistência do mundo jurídico em alterar esse quadro, a mesma Suprema Corte culminaria por editar o Enunciado nº 715 de sua Súmula para *reafirmar* o seu entendimento, nos seguintes termos: "A pena unificada para atender ao limite de trinta anos de cumprimento, determinado pelo art. 75 do Código Penal, não é considerada para a concessão de outros benefícios, como o livramento condicional ou regime mais favorável de execução".

Decisões posteriores, em que pese votos vencidos que reconhecem a incoerência do posicionamento, vem preservando a orientação sumulada,[95] que é mesma pacificamente adotada pelo Superior Tribunal de Justiça, como se extrai de recente decisão, *in verbis:* "... É assente na jurisprudência desta eg. Corte Superior o entendimento no sentido de que a *unificação* das *penas*, prevista no art. 75 do Código Penal, com observância do limite temporal de 30 (trinta) anos para o cumprimento da pena de privativa de liberdade, somente deve ser considerada para efeitos de cumprimento da reprimenda, de modo que não influi no cálculo do lapso para fins de concessão de benefícios, em que se considera o tempo total da condenação". Outro não é o posicionamento da doutrina pátria, consoante se extrai da obra de Nucci: "A *unificação*, [...] será realizada apenas e tão somente para efeito de cumprimento da pena; aliás, é esse o objeto fixado no *caput*: [...] Quanto aos benefícios (progressão, *livramento* condicional, remição etc.), serão todos calculados sobre o total de sua condenação".[96] Como observado no v. acórdão, a matéria se encontra sumulada no Enunciado nº 715/STF, *in verbis*: "A pena unificada para atender ao limite de trinta anos de cumprimento, determinado pelo art. 75 do Código Penal, não é considerada para a concessão de outros benefícios, como o *livramento* condicional ou regime mais favorável de execução".[97]

---

[94] A unificação é o instituto que propicia, na fase da execução, a soma das penas impostas por diversos crimes que servirá como base para o cálculo dos denominados benefícios executórios. "A *unificação* diz respeito aos artigos 70, 71 e 75. Unificar significa transformar várias coisas em uma só. Em matéria de execução penal, deve o juiz transformar vários títulos executivos (várias *penas*) em um só. Assim procederá quando constatar ter havido concurso formal (art. 70, CP), crime continuado (art. 71) ou superação do *limite* de *30 anos* (art. 75, CP)". (NUCCI, Guilherme de Souza. *Curso de execução penal*. Rio de Janeiro: Forense, 2018).

[95] A Primeira Turma conheceu da impetração e, no mérito, por maioria, denegou a ordem de *habeas corpus*. A defesa do impetrante, condenado a pena unificada de 79 anos e 6 meses de reclusão, em regime inicial fechado, alegou que, no cômputo para concessão de benefícios na execução, deve ser levado em conta o limite de 30 anos versado no artigo 75 do Código Penal (CP) (1). Articulou que considerar no cálculo do benefício da progressão de regime pena unificada maior que o teto estabelecido pelo CP violaria o princípio da individualização da pena e a vedação constitucional à aplicação de sanções perpétuas. O Colegiado, em consonância com o Enunciado 715 da Súmula do Supremo Tribunal Federal (STF)(2), entendeu inaplicável, no cômputo para a concessão de regime mais benéfico, em relação a penas unificadas, o limite imposto pelo art. 75 do CP, devendo ser considerada a reprimenda total. Vencidos o ministro Marco Aurélio (relator) e o ministro Luiz Fux, que concediam a ordem" – Informativo n. 896, de 2 6 de abril de 2018.

[96] NUCCI, G.S. *Código Penal Comentado*. 19. ed. São Paulo: Forense, 2019. p. 564

[97] HC 512309, Rel. Ministro Leopoldo de Arruda Raposo (Des. convocado), proferida em 29.10.2019. No mesmo sentido é o Acórdão de 2004: O limite de 30 (trinta) anos previsto na *unificação* de *penas*, de acordo com o art. 75 do Código Penal, é válido, somente, para o cumprimento das reprimendas corporais. Dessa forma, a base de cálculo que deverá ser usada para se chegar ao montante de pena a ser purgada, a fim de se obter os benefícios da execução penal (comutação,

Inegável a incoerência, *maxima venia*, pois a limitação temporal, um benefício concedido com uma mão pela lei em nome da proibição da perpetuidade das penas é retirada com a outra pelos Tribunais, considerando-se, ainda, o alargamento dos prazos para progressões e livramento condicional, este negado, em casos excepcionais, conforme dispõe o artigo 112, incisos e parágrafos, com a redação dada pela recente Lei 13.964, de 24 de dezembro de 2019.

---

progressão de regime, *livramento* condicional e outros), é o somatório total das *penas impostas*. Precedentes do STJ. Súmula 715 do STF (RHC 13436, 5ª T., rel. Min. Jorge Scartezzini, julgado em 16.3.2004

Pena de multa em dias-multa: método

A ideia de que no direito privado, como no direito criminal, a balança de Témis deve pesar a injustiça e não o dinheiro somente, está tão distanciada da concepção dos nossos juristas atuais, que quando procuro exprimi-la, devo esperar a objeção de que é nisso precisamente que consiste a diferença entre o direto criminal e o direito privado.
Ihering

Sumário: 11.1. Generalidades; 11.2. Cabimento da multa; 11.3. A individualização da multa: método; 11.3.1. A quantificação do número de dias: critério; 11.3.2. A quantificação do valor do dia-multa; 11.3.3. Dia-multa: cusa especial de aumento do valor; 11.4. A multa no concurso de crimes: regra; 11.5. A detração; 11.6. Vantagens e desvantagens da pena de multa.

11.1. Generalidades

A pena de multa é bastante antiga, aparecendo na Bíblia[1] e nas legislações da Grécia e da Roma antigas, para servir de reparação do dano *ex delicto*.[2]

De acordo com Luiz Régis Prado, na legislação romana, o humanismo presidia a aplicação dessa espécie de pena. "As multas excessivas eram nulas de pleno direito: *Mulcta immoderata et excessiva ipso nulla est (Farinacius, De delictis et poenis, quaest XVIII)*. O juiz podia reduzi-la ou até mesmo deixar de aplicá-la: *Judex mulctam vel minuere, vel etiam remittere valet, pertatis*. E, nesse caso, segundo Tiraquellus, ela não podia ser convertida em pena corporal: *Propter inopiam solvendi non fit mulatio ipsius mulcta in corpus*".[3]

A multa em *dias-multa* é uma construção brasileira,[4] pois apareceu pioneiramente no Livro V das Ordenações Filipinas, foi cominada no Código Criminal de 1830

---

[1] Êxodo, XXI e XXII.

[2] BITENCOURT, Cezar Roberto. Pena Pecuniária. *Revista da Ajuris*, v. 41, p. 95 e seg., e PRADO, Luiz Régis. *Multa Penal*. 2. ed., São Paulo: RT, 1993, p. 27.

[3] PRADO, Luiz Régis. Responsabilidade Penal da Pessoa Jurídica, O Modelo Francês. *Boletim do Instituto Brasileiro de Ciências Criminais, IBCCrim*, nº 46, p. 30.

[4] RAÚL ZAFFARONI, na Argentina, e FIGUEIREDO DIAS, em Portugal, reconhecem que o dia-multa é uma formulação brasileira (*apud* PRADO, Luiz Régis, op. cit., p. 72). No mesmo sentido: Ruth M. Chittó Gauer, artigo citado.

(art. 55),[5] na Lei 4.737/65, Código Eleitoral; Lei 6.091/74; Lei 6.368/78, sobre tóxicos; Lei 4.771/65, Código Florestal, Lei 6.538, Serviços Postais, e finalmente no Código Penal pela Reforma da Parte Geral realizada pela Lei 7.209/84.

A razão não assiste a Cuello Calon, Jeschek e Soler, dentre outros eminentes penalistas de que a origem seria escandinava por ter sido prevista no Projeto de Código Penal de Thyrén, datado de 1916[6]

É certo que o nosso Código Penal de 1830, diferentemente dos códigos suecos, finlandês e dinamarquês, dispunha que a multa seria calculada com base nos rendimentos do condenado, e não propriamente em dias-multa, como na atualidade.

Em que pese esse aspecto associado à inexistência de maior detalhamento sobre as iniciativas estrangeiras, foi dos brasileiros a original ideia de atrelar a punição aos ganhos do condenado, o que possibilita afirmar que, desde aquela época, mesmo sem uma clara visão das profundas e reais consequências daí advindas, os penalistas do Código de 1830, mesmo inspirando-se nas Ordenações, estavam preconizando, com os olhos voltados para o futuro, um sistema de justiça distributiva, porque enseja tratamento penal paritário em condições de igualdade sem olvidar as situações de dessemelhança das pessoas.

A multa tem base constitucional na letra "c" do inciso XLVI do artigo 5º da nossa Constituição.

Embora o pagamento em pecúnia seja traço comum, a multa em dias-multa não se confunde com a "prestação pecuniária", a "perda de valores", aludidas pelos incisos I e II do art. 43 do CP e também multa reparatória prevista na Lei 9.605/98 suscetível de ser imposta às pessoas jurídicas (art. 21) pelos crimes cometidos contra o meio ambiente.

É que as finalidades são distintas e nenhuma delas é individualizada na forma preconizada em lei para a individualização da multa em dias-multa. A sanção pecuniária prevista no inciso IV do art. 387 do Código de Trânsito é fixada na mesma conformidade prevista no § 1º do artigo 49 do CP (art. 296 do CTB), mas essa sanção, como as demais, tem por escopo a indenização do prejudicado, e não a punição pela prática do delito que caracteriza a sanção penal.

11.2. Cabimento da multa

A multa em dias-multa poderá ser aplicada:

a) *isoladamente,* isto é, como única pena, quando assim estiver cominada no tipo penal (p. ex.: art. 22 da Lei das Contravenções Penais) e também quando o preceito secundário da norma incriminadora autorizar ao juiz escolhê-la, dentre outras penas possíveis, como pena única (p. ex.: § 2º do art. 155 do CP);

b) *cumulativamente* com a reclusão, a detenção e a prisão simples, quando estiver prevista na companhia dessas espécies de penas privativas de liberdade (p. ex.: arts. 155, *caput*, e 150, do CP, e 18 da Lei das Contravenções Penais);

---

[5] "A pena de multa obrigará os réus ao pagamento de uma quantia pecuniária que será sempre regulada pelo que os condenados puderem haver em cada um dia pelos seus bens, empregos ou indústria, quando a lei especificadamente a não designar de outro modo".

[6] Pena Pecuniária. *Revista da Ajuris*, v. 41, p. 95 e seg. e PRADO, Luiz Régis. *Multa Penal*. 2. ed. São Paulo: RT, 1993, p. 99.

c) *em substituição* à reclusão ou à detenção, para ser aplicada como *pena única*, em caso de condenação à pena privativa de liberdade igual ou inferior a um ano (artigos 44, § 2º, 1º. parte, 46 e § 2º do art. 60 do CP).

d) *cumulada* com pena restritiva de direitos quando a pena de reclusão ou detenção fixada na sentença condenatória for superior a um ano (arts. 44, § 2º, 2º parte, e 46 do CP.

e) *em substituição* à pena privativa de liberdade mas *cumulada com a multa residual* eventualmente prevista no tipo penal.

Essa substituição não é admitida quando a multa for cominada cumulativamente com pena privativa de liberdade em tipo de lei especial,[7] *v.g.*, na Lei 9.503/97 (Código de Trânsito),[8] no Decreto 3.688/41 (Contravenções Penais)[9] e na Lei 10.826/03 (armas),[10] entorpecentes [11] (Lei 6.363/76, substituída pela Lei 11.343/06). A ausência de disciplina sobre substituições nas leis especiais é o fundamento rotineiramente invocado para a proibição dessa substituição.

É certo que não há disciplina sobre substituições de penas nas leis especiais, mas, é precisamente por isso que carece de sentido, *maxima venia*, proibir a incidência da regra geral *mais favorável* prevista no CP. Esse aspecto permite lembrar o conhecido brocardo de que é sempre permitido tudo o que não estiver expressamente proibido em lei.

A bem da verdade, por detrás da vedação, segundo pensamos, o que há é a preocupação de todos em geral e dos Tribunais em especial de que a flexibilização da punição identificada nas substituições estimule o consumo e o tráfico de entorpecentes STJ,[12] tanto assim que a proibição em exame foi feita com os olhos voltados para essa lei especial e seria posteriormente objeto de enunciado da Súmula do STJ.[13]

---

[7] STJ: Súmula n. 171: "Cominadas cumulativamente em lei especial, penas privativas de liberdade e pecuniária, é defeso a substituição da prisão por multa". "A cumulação de penas (privativa de liberdade e multa) imposto por lei especial, não permite a substituição da primeira por prestação pecuniária. Incidência da Súmula 171 do Superior Tribunal de Justiça e art. 12 do Código Penal. precedentes." (RHC 84.040, Rel. Min. Ellen Gracie, j. 13.4.2004, 2. Turma, *DJ* de 30.2004).

[8] Recurso-Crime 71002846756, T. Recursal Criminal, Turmas Recursais, Rel. Cristina Pereira Gonzales, j. 22.11.2010.

[9] Recurso-Crime 71002934149, T. Recursal Criminal, Turmas Recursais, Rel. Roberto Arriada Lorea, j. 31.01.2011.

[10] 1. Consoante o entendimento do Superior Tribunal de Justiça, a pena cominada no delito de porte ilegal de arma, descrito em lei especial (Lei nº 9.437/1997), é cumulativa, o que, a teor do enunciado da Súmula nº 171 desta Corte Superior, obsta a pretensão da Impetrante quanto à substituição da pena privativa de liberdade por pena de multa. Precedentes" (HC 26410 / SP, 5ª T., Rel. Min. Laurita Vaz, DJ 01/12/2003 p. 377). No mesmo sentido: Apelação-Crime nº 70035830702, 3ª Câmara Criminal, TJRS, Relator Des. Newton Brasil de Leão, Julgado em 05/08/2010.

[11] 1. Não se ressente de fundamentação o acórdão que, embora reformando em parte a sentença, confirma o acerto do *decisum* que se ajustou ao enunciado nº 171 da Súmula do Superior Tribunal de Justiça. 2. "Cominadas cumulativamente, em lei especial, penas privativa de liberdade e pecuniária, é defeso a substituição da prisão por multa." (Súmula do STJ, Enunciado nº 171)" – HC 23392 / SP, 6ª T., Rel. Min. Hamilton Carvalhido, DJ 13/12/2004, p. 459.

[12] "... Esta Corte tem decidido que não se converterá a pena privativa de liberdade pela de multa, quando ela for cumulativa, como no caso concreto, não se aplicando a regra do CP – Art. 60, § 2º à Lei de Tóxicos, por incompatibilidade e pelo princípio da especialidade. É que somente se converterá a pena de detenção em multa, quando ela for isolada, jamais se cumulativa. A Lei de Tóxicos (Lei n. 6.368/1976) prevê apenas penas de detenção e multa aos condenados por crime capitulado no seu Art. 16 (hipótese presente). Se de um lado a lei especial não proíbe expressamente a substituição da pena privativa de liberdade pela de multa, por outro, impôs sanções diferentes e cumulativas, impondo maior rigor à infração. Vale dizer, expressamente previu penas de detenção e multa. Razão, talvez, pela qual não tenha o legislador sentido necessidade de expressamente afastar a substituição de uma pela outra. Ainda, se sua intenção fosse a de possibilitar tal substituição, daria outra redação ao texto legal, utilizando-se da partícula ou no lugar de e. Assim, a Lei n. 6.368/1976, art. 16 impede a conversão, uma vez que comina pena privativa de liberdade cumulativamente com a de multa, inocorrendo a possibilidade de substituição de uma pela outra.'" (REsp 60569 SP, Rel. Min. Edson Vidigal, Quinta Turma, julgado em 30/08/1995, DJ 02/10/1995).

[13] Súmula 171 do STJ – Cominadas cumulativamente, em lei especial, penas privativa de liberdade e pecuniária, é defeso a substituição da prisão por multa. (Súmula 171, Terceira Seção, julgado em 23/10/1996, DJ 31/10/1996)

11.3. A individualização da multa: método

A pena de multa é individualizada *em duas fases* de método próprio, aqui denominado como *bifásico,*[14] por razões puramente didáticas.

Na primeira fase, o juiz fixa o número de dias, conforme indicar o resultado da valoração das circunstâncias judiciais do art. 59 do CP.

Na segunda fase, ele estabelece o valor de cada dia, em consonância com a situação econômica do réu, principalmente (art. 60 do CP).

Em ambas as fases, a atividade judicial é regida pelo critério de necessidade e suficiência da pena (art. 59 do CP) e, evidentemente, subordinada ao dever legal e constitucional de fundamentar.

11.3.1. *A quantificação do número de dias: critério*

A quantidade dos dias-multa é fixada, de acordo com o art. 49 do CP, dentro dos limites de 10 e de 360 dias. Nem menos, nem mais, isso porque, na fase judicial da individualização da pena, conforme já explicamos, as atividades do legislador e do juiz são exercidas sob regime de mútua colaboração. Se o primeiro estabelecer reprovação penal *fora das bases* estabelecidas pelo último, a sentença será nula por ofensa ao princípio da legalidade advinda da quebra desse regime de mútua colaboração ao princípio da separação dos Poderes.

As leis especiais podem obviamente dispor sobre o modo de calcular as penas diferentemente do CP e são exemplos do que se afirma a de nº 4.737/65 (Código Eleitoral) e a de nº 11.343/06 (Entorpecentes). As margens mínimas e máximas cominadas na primeira são mais benignas,[15] ao passo que, na segunda, essas margens são bem mais gravosas[16] que as cominadas no vigente Código Penal.

---

[14] Consoante reiterada jurisprudência da Corte Superior (STJ, REsp nº 897876/RS e REsp nº 671.195/RS), a pena de multa deve ser fixada segundo o método bifásico. Na primeira fase, fixa-se o número de dias-multa, entre o mínimo de 10 e o máximo de 360, considerando-se os vetores do art. 59 do CP. E em seguida determina-se o valor de cada dia--multa considerando-se a situação econômica do réu. Em sendo assim, o quantum da pena pecuniária deve sempre refletir uma proporcionalidade com a pena-base. Pena reduzida ao mínimo. Apelo parcialmente provido. (Apelação-Crime nº 70030359475, Oitava Câmara Criminal, TJRS, Relator: Dálvio Leite Dias Teixeira, Julgado em 18/11/2009).

[15] "Art. 286. A pena de multa consiste no pagamento ao Tesouro Nacional, de uma soma de dinheiro, que é fixada em dias-multa. Seu montante é, no mínimo, 1 (um) dia-multa e, no máximo, 300 (trezentos) dias-multa".

[16] Art. 33. Importar, exportar, remeter, preparar, produzir, fabricar, adquirir, vender, expor à venda, oferecer, ter em depósito, transportar, trazer consigo, guardar, prescrever, ministrar, entregar a consumo ou fornecer drogas, ainda que gratuitamente, sem autorização ou em desacordo com determinação legal ou regulamentar: Pena – reclusão de 5 (cinco) a 15 (quinze) anos e pagamento de 500 (quinhentos) a 1.500 (mil e quinhentos) dias-multa. § 1º Nas mesmas penas incorre quem: I – importa, exporta, remete, produz, fabrica, adquire, vende, expõe à venda, oferece, fornece, tem em depósito, transporta, traz consigo ou guarda, ainda que gratuitamente, sem autorização ou em desacordo com determinação legal ou regulamentar, matéria-prima, insumo ou produto químico destinado à preparação de drogas; II – semeia, cultiva ou faz a colheita, sem autorização ou em desacordo com determinação legal ou regulamentar, de plantas que se constituam em matéria-prima para a preparação de drogas; III – utiliza local ou bem de qualquer natureza de que tem a propriedade, posse, administração, guarda ou vigilância, ou consente que outrem dele se utilize, ainda que gratuitamente, sem autorização ou em desacordo com determinação legal ou regulamentar, para o tráfico ilícito de drogas. § 2º Induzir, instigar ou auxiliar alguém ao uso indevido de droga: Pena – detenção, de 1 (um) a 3 (três) anos, e multa de 100 (cem) a 300 (trezentos) dias-multa. § 3º Oferecer droga, eventualmente e sem objetivo de lucro, a pessoa de seu relacionamento, para juntos a consumirem: Pena – detenção, de 6 (seis) meses a 1 (um) ano, e pagamento de 700 (setecentos) a 1.500 (mil e quinhentos) dias-multa, sem prejuízo das penas previstas no art. 28. § 4º Nos delitos definidos no caput e no § 1º deste artigo, as penas poderão ser reduzidas de um sexto a dois terços, vedada a conversão em penas restritivas de direitos, desde que o agente seja primário, de bons antecedentes, não se dedique às atividades criminosas nem integre organização criminosa. Art. 34. Fabricar, adquirir, utilizar, transportar, oferecer, vender, distribuir, entregar a qualquer título, possuir, guardar ou fornecer, ainda que gratuitamente, maquinário, aparelho, instrumento ou qualquer objeto destinado

No Título V, Capítulo I, Secção III (Parte Geral), do Código Penal, não há qualquer dispositivo *explícito* orientando a quantificação do *número* de dias-multa, mas, como antecipamos no item acima, o critério da necessidade e de suficiência, previsto no artigo 59 do CP, rege a individualização de todas as penas e é o que vem sendo recomendado pela doutrina e chancelado pela jurisprudência pátria[17] para a mensuração da sanção pecuniária.

Dizendo o mesmo, com outras palavras: o grau do valioso extraído mediante o exame das circunstâncias judiciais do art. 59 do CP e utilizado para a quantificação da pena-base da pena privativa de liberdade também será utilizado pelo juiz referência para estabelecer *dentro das margens de 10 dias e 360 dias* a quantidade de dias-multa necessária à prevenção e à retribuição do crime.

Extraindo sentido prático dessa assertiva e nos reportando a todas as explicações fornecidas nos capítulos anteriores pertinentes ao método trifásico, sugerimos, então:

a) que a graduação da culpabilidade em grau mínimo propiciada pela valoração positiva das circunstâncias judiciais determine quantificação do número de dias na margem mínima ou próximo dela;

b) que a graduação máxima da reprovação determinada pela negativa valoração do conjunto dessas circunstâncias acarrete quantificação de dias na direção do *ou* no próprio limite superior indicado no artigo 49 do CP (360 dias). E, finalmente,

c) que a graduação da culpabilidade num plano intermediário entre os extremos referidos nas duas letras anteriores, resultante da valoração negativa só de algumas circunstâncias judiciais, enseje quantificação de dias, para bem refletir essa graduação, um pouco acima do mínimo legalmente cominado (10 dias).

Com esse procedimento, assentado no resultado da graduação da culpabilidade, o juiz resguardará a *simetria* que destacávamos anos atrás entre as penas privativas de

---

à fabricação, preparação, produção ou transformação de drogas, sem autorização ou em desacordo com determinação legal ou regulamentar: Pena – reclusão, de 3 (três) a 10 (dez) anos, e pagamento de 1.200 (mil e duzentos) a 2.000 (dois mil) dias-multa. Art. 35. Associarem-se duas ou mais pessoas para o fim de praticar, reiteradamente ou não, qualquer dos crimes previstos nos arts. 33, *caput* e § 1º e 34 desta Lei: Pena – reclusão, de 3 (três) a 10 (dez) anos, e pagamento de 700 (setecentos) a 1.200 (mil e duzentos) dias-multa. Parágrafo único. Nas mesmas penas do caput deste artigo incorre quem se associa para a prática reiterada do crime definido no art. 36 desta Lei. Art. 36. Financiar ou custear a prática de qualquer dos crimes previstos nos arts. 33, *caput* e § 1º e 34 desta Lei: Pena – reclusão, de 8 (oito) a 20 (vinte) anos, e pagamento de 1.500 (mil e quinhentos) a 4.000 (quatro mil) dias-multa. Art. 37. Colaborar, como informante, com grupo, organização ou associação destinados à prática de qualquer dos crimes previstos nos arts. 33, *caput* e § 1º e 34 desta Lei: Pena – reclusão, de 2 (dois) a 6 (seis) anos, e pagamento de 300 (trezentos) a 700 (setecentos) dias-multa. Art. 38. Prescrever ou ministrar, culposamente, drogas, sem que delas necessite o paciente, ou fazê-lo em doses excessivas ou em desacordo com determinação legal ou regulamentar: Pena – detenção, de 6 (seis) meses a 2 (dois) anos, e pagamento de 50 (cinquenta) a 200 (duzentos) dias-multa. Parágrafo único. O juiz comunicará a condenação ao Conselho Federal da categoria profissional a que pertença o agente. Art. 39. Conduzir embarcação ou aeronave após o consumo de drogas, expondo a dano potencial a incolumidade de outrem: Pena – detenção, de 6 (seis) meses a 3 (três) anos, além da apreensão do veículo, cassação da habilitação respectiva ou proibição de obtê-la, pelo mesmo prazo da pena privativa de liberdade aplicada, e pagamento de 200 (duzentos) a 400 (quatrocentos) dias-multa. Parágrafo único. As penas de prisão e multa, aplicadas cumulativamente com as demais, serão de 4 (quatro) a 6 (seis) anos".

[17] "(...) PENA DE MULTA. Na individualização do número de dias-multa o critério determinante é o do art. 59 do CP. ..." (Emb. Infr. 296038805, 2º Grupo do extinto TARS, de que fomos Relator). No mesmo sentido: Recurso Especial nº 46698/DF, STJ, Rel. Min. Edson Vidigal, j. 03.04.97, un., DJU 19.05.97, p. 20.652 e HC 49463 / RJ, STJ, 5ª T., Rel. Min. Gilson Dipp, DJ 10/04/2006 p. 256. Ainda: "fixada a pena-base no mínimo legal, sendo todas as circunstâncias judiciais favoráveis ao réu, a quantidade de dias-multa deve ser estabelecida no mínimo legal. Rejeitadas as preliminares Parcial provimento ao apelo defensivo (Apelação-Crime nº 70038663167, 1ª Câm. Crim. TJRS, Relator Des. Marco Antônio Ribeiro de Oliveira, Julgado em 17/11/2010, Apelação-Crime nº 0037499100, Oitava Câmara Criminal, Tribunal de Justiça do RS, Relatora: Fabianne Breton Baisch, Julgado em 12/01/2011, dentre muitos outros arestos.

---

das PENAS e seus CRITÉRIOS de APLICAÇÃO

liberdade e a pecuniária como integrantes do extinto Tribunal de Alçada gaúcho,[18] hoje amplamente adotada pela jurisprudência.[19]

É claro que essa desejada relação simétrica entre as penas privativas de liberdade e a multa em dia-multa jamais se expressará com precisão absoluta mas sempre como harmônica relação entre as grandezas das penas – a privativa de liberdade fixada e a de multa a fixar – pois, como dissemos no capítulo VIII, para onde remetemos o leitor, nessa atividade, o juiz movimenta-se dentro de um espaço de jogo (formado pelas margens das penas) e com relativa liberdade.

11.3.2. A quantificação do valor do dia-multa

O valor de cada dia-multa será estabelecido também dentro do espaço reservado pelas margens mínima (1/30) e máxima (cinco vezes o próprio salário mínimo regional) cominadas (§ 1° do artigo 49 do CP).

O critério para a quantificação do *dia-multa* dentro das respectivas margens não é o do art. 59 do CP, e sim, *principalmente,* o da *situação econômica do acusado*[20] (art. 60 do CP).

Esse critério é salutar, porque evita a injustiça que os valores preestabelecidos em lei para o dia-multa produzem nas condenações de pessoas com diferentes forças econômico-financeiras.

Desse modo, duas ou mais pessoas acusadas pelo mesmo fato poderão ser condenada ao mesmo número de dias, se idêntico grau de culpa, mas em valores unitários diferentes, eliminando-se o risco antes apontado da desigualdade de tratamento na lei.[21]

A expressão *situação econômica* não sugere indagação só sobre os rendimentos mensais auferidos pelo condenado, mas, também, sobre o seu patrimônio e o *nível de vida pessoal e familiar*.

Segue-se, então, a necessidade de promover-se no curso do processo investigações amplas sobre ganhos reais, patrimônio imobiliário, investimentos, carros, despesas ordinárias na manutenção da casa e na educação dos filhos, etc. É por isso, aliás, que o art. 187 do CPP, com a redação determinada pela Lei 10.792/03, manda que no interrogatório o juiz indague sobre os *meios de vida ou profissão* do acusado. Se o acusado não for alertado por seu defensor, poderá confundir dever funcional com abuso de autoridade do Juiz por querer informações sem relação com os fatos sob apuração.

---

[18] "(...) PENA DE MULTA. Na individualização do número de dias-multa o critério determinante é o do art. 59 do CP. O nível de reprovabilidade social estabelecido para a pena corporal deve refletir-se, por isso, simetricamente, nessa individualização" (Emb. Infr. 296038805, 2° Grupo do extinto TARS, de que fomos Relator).

[19] Ainda: ".. A pena de multa, de acordo com a orientação perfilhada pela 4ª Seção da Corte, deve guardar simetria com a quantificação da sanção privativa de liberdade final (EIACR n° 2002.71.13.003146-0/RS, Rel. Des. Federal Luiz Fernando Wowk Penteado, DJE 05.06.2007). TRF4, ACR 2001.70.04.001372-3, Oitava Turma, Relator p/ Acórdão Paulo Afonso Brum Vaz, D.E. 17/06/2009.
No TJRS: Apelação-Crime n° 70039834908, Primeira Câmara Criminal, TJRS, Relator Des. Marco Antônio Ribeiro de Oliveira, Julgado em 26/01/2011, Apelação-Crime n° 70034559195, Segunda Câmara Criminal, TJRS, Relatora Desa. Marlene Landvoigt, Julgado em 25/01/2011, Apelação-Crime n° 70036752046, TJRS, Relator Des. Odone Sanguiné, Julgado em 16/12/2010, Apelação-Crime n° 70032351033, 8ª Câmara Criminal, TJRS, Relator Des. Dálvio Leite Dias Teixeira, Julgado em 15/12/2010, dentre outras decisões.

[20] Equívoca, pois, *data venia,* a assertiva constante do aresto: "... Nos termos do artigo 60 do Código Penal, a quantidade de dias-multa deve guardar simetria com as circunstâncias judiciais do artigo 59 do mesmo diploma Legal..." (Apelação-Crime n° 70038663167, 1ª Câmara Criminal, TJRS, Relator Des. Marco Antônio Ribeiro de Oliveira, Julgado em 17/11/2010.

[21] MOREIRA, Sílvio Teixeira. Penas Pecuniárias. *Revista de Direito Penal*, v. 28, p. 87.

Além de não ser exclusivo, o critério da situação econômica do réu também não elimina o sentimento do juiz sobre a capacidade econômica do acusado, porque poderá ser construído comparativamente ou com base na compreensão pessoal que ele possa ter sobre o que seja a fortuna (ou a pobreza, ou a miserabilidade) das pessoas. Nossa posição sempre foi e continuará sendo no sentido da necessidade de ser objetivamente demonstrado o estado econômico-financeiro a partir das informações documentais previamente requisitadas no curso do processo perante a Receita Federal e outros órgãos públicos com cadastros ou registros sobre renda ou bens imobiliários.

É claro que, se nada for apurado – e não raro dos processos nem sempre emergem informações esclarecedoras ou convincentes sobre a situação econômica do acusado –, não será viável a presunção judicial de que o réu é indivíduo com condição de fortuna que justifique a individualização do valor do dia-multa acima do mínimo legalmente permitido.[22] Afinal, a presunção, em direito penal, é sempre a *favor* do acusado e *nunca* contra ele.

Considerando que a situação econômica é o *principal* critério, como dissemos linhas acima, há precedentes que recomendam utilização também do critério da *gravidade do crime*[23] na mensuração do valor de cada dia.

A recomendação é equívoca, *venia concessa,* porque *despreza deliberadamente* a lição doutrinária de que a gravidade do delito sempre integra a *tipicidade penal* e que levá-la em conta para intensificar a quantificação das penas implica ignorar o princípio que veda a *dupla valoração* da mesma circunstância.

Há no Brasil forte tendência em incrementar nas leis o valor das multas criminais, como reflexo do equívoco propósito de incrementar com elas as receitas públicas, ainda que sob o argumento de que se destinam ao aprimoramento do sistema penitenciário.

Fugindo da regra prevista no CP (art. 60), a lei de drogas (de nº 11.343/2006), por exemplo, comina para o tráfico a multa entre 500 a 1.500 dias (art. 33), para a posse de maquinário, aparelho ou petrecho destinado à fabricação, preparação, produção ou transformação de drogas, entre 1.200 a 200 dias multa (art. 34), para o custeio ou financiamento da prática dos crimes nela previstos, entre 1.500 a 4000 dias multa (art. 36), dentre outras figuras. O valor de cada dia permanece sendo individualizável entre 1/30 avos e 5 vezes o maior salário mínimo, conforme indicar as condições econômicas dos acusados (art. 43).

É dentro desse contexto que se inserem, também, as antecipações de vendas de bens apreendidos nos processos envolvendo acusação por formação de organizações criminosas, lavagem de dinheiro, etc., como se a instauração do processo para a ampla apuração dos fatos fosse uma preciosa inutilidade. Deferidas não raro na fase ainda incipiente do processo, essas antecipações de venda nem sempre são precedidas de completa investigação para apuração da ilicitude na origem e podem agredir a pessoa do acusado e seus familiares com o risco de desalojamento da própria casa onde residem.

---

[22] "Não comprovados os ganhos reais da querelada, inviável a elevação significativa, como pretende a requerente, no valor unitário do dia-multa. Para sua fixação, a situação econômica do condenado deve estar provada, não bastando meras presunções" (Apelação-Crime nº 296008048, 4ª Câmara Criminal do TARS, Rel. Luís Carlos Ávila de Carvalho Leite, j. 19.06.96).

[23] Apelação nº 218460-5, 2ª Câmara Criminal do TAMG, Rel. Juíza Márcia Milanez, Unânime, 03.09.96, DJ 21.11.96, Apelação-Crime nº 70008115776, Oitava Câmara Criminal, TJRS, Relator Des. Luís Carlos Ávila de Carvalho Leite, Julgado em 05/10/2005 e Apelação-Crime nº 70023576804, Oitava Câmara Criminal, TJRS, Relatora Desa. Fabianne Breton Baisch, Julgado em 11/03/2009, dentre outros julgados.

das PENAS e seus CRITÉRIOS de APLICAÇÃO

11.3.3. Dia-multa: causa especial de aumento do valor

Embora composto de duas fases, destinadas uma à quantificação do número de dias e a outra à especificação do valor de cada dia (artigo 49 e seu § 1º do CP), como vimos há pouco, o método que rege o cálculo da multa, segundo dispõe o § 1º do artigo 60 do CP, enseja a possibilidade de que o valor máximo de cada dia (cinco vezes o próprio salário mínimo) possa *elevado até o triplo,*[24] *se o juiz considerar que, em virtude da situação econômica do réu, é ineficaz, embora aplicado no máximo.*

Segue-se, então que, às duas fases citadas pode eventualmente agregar-se uma terceira, denotando movimentos bem semelhantes aos que o juiz realiza para individualizar a pena privativa de liberdade.

Não há falar-se, outrossim, em incidência de agravantes, atenuantes, majorantes ou minorantes[25] no processo de mensuração da multa em dias-multa, ainda que essas circunstâncias legais tenham influenciado na individualização da pena privativa de liberdade.

Essa orientação já foi questionada pela doutrina[26] e pela jurisprudência.[27]

Estamos alinhados com a dissonância, por entendermos que ela reflete o sentido da garantia da individualização da pena. Ignorar a possibilidade de atenuações ou agravamentos da multa implica ignorar o sentido da individualização das penas voltado ao respeito às diferenças existentes entre os diferentes e as situações em si mesmas diferentes.

Com efeito, como é possível aceitar mensuração de pena em dias-multa em quantidades *iguais* para um menor de 21 anos em relação a um homem maduro de 50 ou mais anos, ou decorrente de fato consumado *versus* fato típico meramente tentado, etc.?

Em suma? Fiéis ao que propõe a garantia da individualização da pena, exaustivamente citada neste livro como referencial teórico, parece-nos que esse entendimento que padroniza condutas e soluções e que ignora as diferenças precisaria ser revisto.

11.4. A multa no concurso de crimes: regra

É assente que, no concurso formal ou continuado de crimes, o princípio incidente na individualização das penas é o da *exasperação,* segundo o qual sobre a pena

---

[24] A Lei n. 11.343/2006 prevê que a majoração possa alcançar o *décuplo.*

[25] "A pena pecuniária segue o método bifásico de fixação, segundo o qual, a quantidade de dias-multa é determinada atentando-se à culpabilidade do agente aferida a partir das circunstâncias judiciais do art. 59 do Código Penal e o valor unitário, levando-se em consideração a situação econômica do acusado. Assim, o apenamento resultante desses parâmetros, não aceita variação para mais ou para menos em razão das causas modificadoras (agravantes, atenuantes, majorantes, minorantes) que só têm incidência na fixação da pena corpórea" (Apelação-Crime nº 70008677437, 3ª Câmara Criminal, Tribunal de Justiça do RS, Relator: Danúbio Edon Franco, Julgado em 16/09/2004). Ainda: "A fixação da pena de multa deve ser orientada exclusivamente pelas circunstâncias judiciais do art. 59 do Código Penal, sem se considerarem atenuantes e agravantes, nem causas de aumento e diminuição, com exceção da tentativa" (Apelação-Crime nº 950425931-6/PR, 1ª Turma do TRF da 4ª Região, Rel. Gilson Dipp, j. 03.09.96, un.).

[26] MIRABETE, Julio Fabbrini. *Manual de Direito Penal.* São Paulo: Atlas, 1985, p. 279 e 280.

[27] "Tendo em vista que a multa também é uma pena prevista e imposta aos condenados por delito de furto, cumulativamente com a privativa de liberdade, os dias-multa devem ser fixados em acordo com as circunstâncias judiciais dos arts. 59 e seguintes do CP e sofreram as variações estabelecidas pelas causas de aumento ou diminuição de pena previstas naquela legislação. No caso, reconheceu-se tentativa de subtração, devendo a multa ser reduzida na mesma proporção que foi aplicada a prisão (Voto vencido). Conheceram. Maioria. Negado provimento" (Apelação-Crime nº 297026031, 2ª Câmara Criminal do TARS, Rel. Sylvio Baptista Neto, j. 02.10.97).

imposta para um só dos crimes, se idênticas, ou a mais grave, se diversas, o juiz fará um aumento entre 1/6 a 1/2 (art. 70), 1/6 a 2/3 (art. 71) ou até o triplo (parágrafo único do art. 71).

No que diz com a multa em dias-multa, esse princípio cede espaço à regra geral do cúmulo, como pode-se tirar da rápida leitura ao artigo 72 do CP, prevendo que as penas de multa relativas a cada um dos fatos em concurso deverão ser impostas distinta e integralmente, sendo depois *somadas,* nos moldes do procedimento adotado para o *concurso material de crimes.*[28]

Com outras palavras: o legislador concede, com uma mão, o benefício de dar à pluralidade de crimes um tratamento mais brando (sob as modalidades do concurso formal ou continuado), mas, com a outra mão, anula esse mesmo benefício, ao mandar que as penas de multa de cada crime sejam somadas pelo juiz (art. 69 do CP).

Essa solução é contraditória e, pois, inaceitável. Ou os fatos em concurso ensejam o reconhecimento das regras do concurso de crimes e nesse caso *as penas correspondentes* devem ser exasperadas e não somadas ou, então, não ensejam, e, nesse caso, *todas as penas impostas deveriam ser cumuladas.*

11.5. A detração

O instituto da detração regula o desconto da pena privativa de liberdade do tempo em que o autor do fato esteve em medida de segurança ou internado em hospital de custódia e tratamento e do tempo em que esteve cautelarmente preso (por efeito de preventiva, decreto temporário, flagrante ou pronúncia).

O instituto da detração, em que pese julgados isolados assentados na analogia, não alcança a multa em dias-multa, até mesmo por ausência de parâmetros. Como seria realizado o cálculo? Um dia de prisão para cada dia-multa?

Não confundir aqui o instituto da detração para o fim do abatimento da pena com a detração do tempo de prisão provisória *para fins de progressão,* esta autorizada pelo § 2º do artigo 387 do CPP.

11.6. Vantagens e desvantagens da pena de multa

A multa – quando imposta isoladamente – aparece como alternativa à prisionalização e justifica-se plenamente nas condenações por fatos de baixa lesividade social.

Como já afirmava Beccaria, se "as penas que vão além da necessidade de manter o depósito da salvação pública são injustas por sua natureza",[29] a multa, nesses casos, adequa-se perfeitamente a essa máxima.

Individualizada em dias-multa, apresenta-se, pois, em vantagem em relação à cominação em valores fixos, porque, independentemente das correções exigidas pelas desvalorizações da moeda, propicia que o juiz reconheça as diferenças de fortuna de cada acusado. Como explicamos antes, se idênticos os graus de culpa todos os respon-

---

[28] Apelação-Crime nº 70006636575, Câmara Especial Criminal, TJRS, Relator Des. Ivan Leomar Bruxel, Julgado em 09/12/2003 e Apelação-Crime nº 70030337125, Oitava Câmara Criminal, TJRS, Relator Des. Dálvio Leite Dias Teixeira, Julgado em 23/06/2010, dentre outras decisões.

[29] BECCARIA, Cesare. *Dos Delitos e das Penas*. São Paulo: Hemus, 1974, p. 47.

das PENAS e seus CRITÉRIOS de APLICAÇÃO

sáveis por um mesmo fato serão apenados na mesma quantidade de dias mas a o valor do dia poderá variar conforme as condições econômico-financeiras ou de fortuna para cada um.

Com essa possibilidade de reconhecimento das diferenças, também no tocante à individualização da pena de multa, há reafirmação contínua do direito penal calcado no paradigma da igualdade perante a lei, no sentido de que ninguém pode dela se eximir, merecendo a reprovação nos limites da própria culpabilidade e, no caso da multa, destes mais a condição econômico-financeira demonstrada e provada.

Sem embargo disso, a multa e as demais penas pecuniárias ainda são alvos de muitas críticas.

Dentre elas, a mais importante, está a de que, podendo ser suportada por terceiro que decida pagá-la para beneficiar o condenado, é pena injusta (pois atinge inocente) e culmina por comprometer as finalidades pelas quais é imposta, seja no plano da retribuição, seja no plano da prevenção especial (pois não atinge o culpado).

No conhecido processo do *mensalão*, condenados conseguiram reunir junto a filiados ou simpatizantes do mesmo partido político, por meio de "vaquinhas eletrônicas", o valor das multas impostas nas sentenças condenatórias, dividindo com eles, portanto, o peso *da condenação*.

Conforme a lição de Ferrajoli[30] as penas pecuniárias são desiguais injustas duplamente "(...) em relação ao réu, que não paga e se subtrai, assim, da pena; em relação ao terceiro, parente ou amigo, que paga e acaba submetido a uma pena por fato alheio".

E arremata: diante de tão numerosos e diversos inconvenientes, a única reforma possível desta pena é sua abolição. Ou a pena pecuniária é considerada suficiente e, então, a punição poderia ser administrativa, com a despenalização do delito para o qual haja sido prevista, ou bem se considere insuficiente, e, então, deverá ser "substituída por outro tipo de pena, mais severa", o que evidencia coerência com os postulados do direito penal mínimo e garantista.

Essa crítica torna-se mais aguda e severa nas condenações impostas à pessoa jurídica por crimes cometidos em prejuízo do meio ambiente, tipificados na Lei 9.605/98, pois, ao fim e ao cabo, quem suportará os efeitos do pagamento da multa imposta ao administrador responsável pelo evento será a pessoa jurídica, em prejuízo de seus sócios.

---

[30] FERRAJOLI, Luigi. *Derecho y Razón, Teoría del Garantismo Penal*. Prólogo de Norberto Bobbio. Editorial Trotta, 1997, p. 417.

Penas restritivas de direito: espécies e requisitos para substituição

E já dizia Ferri, em 1870, ao invés de prevenir com a cadeia podia-se prevenir com o que ele chamava de substitutivos penais, hoje em dia chamam-se penas alternativas.
Lins e Silva

Sumário: 12.1. As penas restritivas de direito: generalidades; 12.2. Espécies de penas restritivas de direito; 12.2.1. Prestação pecuniária; 12.2.2. Perda de bens e valores; 12.2.3. Prestação de serviço à comunidade ou a entidades públicas; 12.2.4. Interdição temporária de direitos; 12.2.5. A limitação de fim de semana; 12.3. Natureza jurídica das penas restritivas de direito; 12.4. Requisitos para a substituição.

12.1. As penas restritivas de direito: generalidades

Com a função de substituir as penas privativas de liberdade, ante os reconhecidos malefícios do cárcere, a novidade das penas restritivas, que veio com a Reforma Penal de 1984, foi recebida com desconfiança na época, porque imaginava-se que elas arrefeceriam o rigor punitivo e poderiam reproduzir a violência, a criminalidade e a impunidade e porque daí "poucos iriam para a cadeia".

Em verdade, a apregoada novidade não era tão "nova" assim, seja porque nosso país já havia adotado, no passado, espécies de penas restritivas de direito, como, por exemplo, o banimento, seja porque no direito estrangeiro existiam e eram aplicadas em profusão.

A Rússia, desde 1926, já adotava a pena de trabalhos à comunidade, e a Inglaterra, desde 1948, impunha a pena de fim de semana para menores infratores. A Alemanha fez o mesmo em 1953; a Bélgica adotou o arresto de fim de semana para penas detentivas inferiores a um mês, em 1963, e, no ano de 1967, o Principado de Mônaco instituiu uma forma de execução fracionada de pena de liberdade, semelhante à limitação de fim de semana.

Com algumas variações, políticas prevenindo o encarceramento vinham sendo executadas na Austrália, desde 1972, em Luxemburgo, desde 1976, no Canadá, desde 1977, na Dinamarca e em Portugal, desde 1982, e na França, desde 1983, portanto bem antes de o Brasil infletir nessa direção.

Portanto, o anunciado "perigo", consoante se perceberia depois, não era tão real como parecia, sendo certo que o aumento da violência, da criminalidade e da impunidade, a partir dos anos 80, em nosso País, nada teve a ver com o novo modelo de penas e sim com a mudança do perfil da sociedade (industrialização, migração do campo para as cidades, desemprego nas metrópoles, falta de habitação) e a ausência ou precariedade das políticas públicas voltadas à solução dos crônicos problemas daí decorrentes (falta de educação, saúde, desemprego, marginalização e miséria).

O quadro, reitere-se, sem qualquer relação com o novo modelo penal, se agravaria de lá para cá pelo aumento da densidade demográfica nas grandes cidades, pela insuficiente oferta de empregos e problemas correlatos e pelas ações de narcotraficantes que, diariamente, reproduzem violência e crimes violentos em níveis assustadores, na disputa por territórios, por distribuidores e por consumidores, a cada dia em maior número.

A sensação de quem ouve os noticiários ou lê os jornais é a de que as penitenciárias *não recuperam socialmente os condenados* e de que as penas privativas de liberdade, mesmo sendo constantemente elevadas e acompanhadas de mais restrições para a progressão nos regimes, já não *intimidam* mais ninguém, isto é, enfraqueceram-se *como instrumentos de prevenção,* haja vista as notícias da prática de crimes violentos acompanhados de bloqueios de ruas e incêndios de veículos, planejados e executados sob as ordens de líderes de diferentes facções de reclusos nas penitenciárias brasileiras.

É essa constatação de esgotamento do projeto de prisão ressocializadora que vem, indiscutivelmente, produzindo, em todo mundo, o incremento da política de penas alternativas e precisamente por isso, na Inglaterra somente 10 ou 12% das pessoas que são condenadas recebem uma pena privativa de liberdade, e esse percentual não é diferente na Alemanha.[1]

Dentre as muitas vantagens, destaca-se a menor taxa de reincidência em relação às penas privativas de liberdade. Uma pesquisa realizada no Rio Grande do Sul demonstrou que, do total de 295 pessoas que prestaram serviços à comunidade, em Porto Alegre, no ano de 1993, apenas 12,54% voltaram a cometer crimes, bem menos que o índice nacional, que é de 48%.[2]

"Na vara de Pernambuco, por exemplo, que atende a 13 comarcas da Região Metropolitana do Recife e monitora 2.400 "beneficiários" (quase 17% da população carcerária do Estado, que é de 14.500 presos), a taxa de reincidência é quase nula: "Em nosso caso, a reincidência fica abaixo de 1%", garante o Juiz Flávio Fontes".[3]

"Embora não haja os índices de reincidência mais específicos supracitados, a VEP do Rio de Janeiro já realizou levantamento sobre a reincidência na aplicação das penas alternativas no Estado. Da mesma forma, há dados do Ministério da Justiça que informam os mesmos índices em nível nacional. Nesse sentido, segundo o último levantamento realizado pela Vara de Execuções Penais entre os que cumpriram penas alternativas naquela vara, sendo acompanhados pela equipe psico-social, o índice de reincidência foi de apenas 3,5%. Segundo o Ministério da Justiça, os dados nacionais indicam que cerca de 10 % dos que cumprem penas alternativas voltam a delinquir.

---

[1] MORAES FILHO, Antonio Evaristo. A Criação de Penas Alternativas é uma Boa Solução para a Superlotação dos Presídios. *Folha de São Paulo*, São Paulo, 28 out. 1995, p. 3.

[2] SHECAIRA, Sérgio Salomão. Implementação de Programas... *Revista do Ilanud*, n. 7, p. 9.

[3] Disponível em <https://www.conjur.com.br/2005-ago-21/penas_alternativas_sao_baratas_eficazes>.

Tais índices apresentam-se irrisórios quando comparados ao índice de reincidência entre os apenados a pena de prisão cuja porcentagem chega a atingir os 80%".[4]

Vê-se, assim, que, embora não sendo a solução para *todos* os problemas, as penas restritivas de direito propiciam, com menores custos financeiros para os Estados, em relação aos custos com a manutenção das penitenciárias, uma sensação de punição efetiva e ao mesmo tempo evitam o contato de indivíduos não perigosos com o cárcere e seus malefícios, contribuindo para desacelerar a extraordinária expansão da população carcerária que, atualmente (ano de 2019), totaliza, em números redondos, 800 mil brasileiros.

É altamente recomendável, portanto, que os autores de fatos típicos de baixa impactação social permaneçam em regime de liberdade, de modo a não sofrerem os efeitos danosos do confinamento nas penitenciárias superlotadas, promíscuas, desumanas e criminógenas.

É essa a filosofia que preside o sistema de penas restritivas, como se extrai do item 29 da Exposição de Motivos da Lei 7.209, *in verbis*: "uma política criminal orientada no sentido de proteger a sociedade terá de restringir a pena privativa de liberdade aos casos de reconhecida necessidade, como meio eficaz de impedir a ação criminógena do cárcere".

Essa filosofia foi reiterada pelo Conselho Nacional de Política Criminal e Penitenciária por meio da Resolução nº 5, de 19 de julho de 1999, cujo artigo 4º propõe a defesa das penas alternativas "(...) como forma de evitar a privação da liberdade, a qual deve ser imposta excepcionalmente, como última *ratio*" e o apoio à "descriminalização e à despenalização de certas condutas, por imperativo da evolução social, à luz da moderna concepção da intervenção mínima do direito penal" (artigo 5º), incompatível com "regramentos normativos que visem a alargar a tipificação penal e oferecer maior rigor no tratamento de certos crimes, especialmente quando venham a contrariar o regime progressivo de cumprimento de pena, cientificamente voltado para a reintegração social do condenado" (artigo 7º).

Enfim, as penas alternativas vieram para ficar, embora sua plena efetividade ainda dependa de maior aporte de recursos financeiros para a construção, a organização e o funcionamento de serviços de acompanhamento e de fiscalização dos condenados, durante a execução.A seleção das instituições para convênios com as varas de execuções penais é outra providência que se impõe para qualificar ainda mais a funcionalidade do sistema, devendo-se priorizar aquelas que, comprovadamente, propiciam, com o trabalho dos condenados, resultados efetivos, demonstráveis e quantificáveis, em benefício destes e do interesse social.

12.2. Espécies de penas restritivas de direito

As penas restritivas de direito introduzidas em nosso Código por meio da Lei 7.209 eram as de *prestação de serviços à comunidade,* de *interdição de direitos* e *delimitação de fim de semana* (art. 43, I a III, do CP).

Em 1998, esse rol foi ampliado pela Lei 9.714/98 ao dar nova redação dada ao art. 43 que alterou a ordem dos incisos e incluiu outros dois cominando as novas espécies

---

[4] SANT´ANNA, Paula Rodrigues. *Reincidência em Penas Alternativas.* Disponível em: <https://www.maxwell.vrac. puc-rio.br/11999/11999.PDF>.

de penas restritivas: a de *prestação pecuniária* (inciso I) e a de *perda de bens e valores* (inciso II).[5]

Passemos, portanto, ao exame dessas penas e das suas especificidades, na mesma sequência prevista nos incisos I a VI do artigo 43 do CP.

12.2.1. Prestação pecuniária

A proposta de substituição das penas de curta duração pelo pagamento coercitivo *em pecúnia* de uma *indenização* ao ofendido foi sustentada por Garofalo em congressos penitenciários (Roma, 1895, Bruxelas, 1889, e São Petesburgo, 1890) e, em 1974, foi recomendada pela Associação Internacional de Direito Penal (Budapeste, 1974), sob o fundamento de que a indenização é um meio adequado para restabelecer o equilíbrio jurídico e social perturbado pela infração, constituindo, ainda, moderna expressão da política criminal.[6]

Na dicção do inciso I do art. 43, c.c. o § 1º do artigo 45 do CP., com a redação dada pela Lei 9.714/98, a pena restritiva de prestação pecuniária "consiste no pagamento em dinheiro à vítima, a seus dependentes ou a entidade pública ou privada com destinação social, de importância não inferior a 1 (um) salário mínimo nem superior a 360 (trezentos e sessenta) salários mínimos", como antecipação da indenização pelo dano *ex delicto*.

A pena de prestação pecuniária poderá consistir, ainda, em "prestação de outra natureza" se houver aceitação do beneficiário (§ 2º do art. 45), como "entrega de coisa, execução de atividades",[7] solução que, a despeito da vaguidade do texto legal, em contraste com as exigências do princípio da legalidade, parece-nos acertada, pois o que inspira a prestação pecuniária é a recomposição econômica dos danos causados a ele.

Essa também é a finalidade da multa reparatória prevista no Código de Trânsito Brasileiro (art. 297), que compunha, aliás, o conjunto das propostas do anteprojeto convertido, posteriormente, na Lei 7.209/84, consoante explicação de René Ariel Dotti.[8]

Geradas pela mesma matriz, há, contudo, diferenças nítidas entre elas.

A primeira (prestação pecuniária) é espécie de pena restritiva de direitos por definição legal, admissível mesmo na ausência de prejuízo a alguém em particular. Quando verificado o prejuízo, o valor poderá ser rateado entre os beneficiários, "se coincidentes". São coincidentes os que descendem ou ascendem da vítima, o que já não acontece quando credores pelos danos são pessoas físicas e jurídicas, por exemplo. Não havendo coincidência, o valor da prestação pecuniária, ao que parece, ficará retido até a definição da responsabilidade civil.

---

[5] As penas restritivas de direito são também denominadas como penas *alternativas* e nada tem a ver, a despeito dessa expressão, o que se convencionou chamar de Direito Alternativo ou de uso alternativo do Direito, que surgiu entre Magistrados e Juristas gaúchos como expressão máxima do pensamento pluralista destinado a atender ou a favorecer as classes menos privilegiadas ou a maioria da sociedade civil. A expressão acabou sendo demonizada pela falta de percepção de que os alternativos advogavam a possibilidade dos princípios constitucionais dotados de força normativa superarem leis por eles consideradas injustas.

[6] DOTTI, René Ariel. *Penas Restritivas de Direito*. São Paulo: RT, 1999, p. 107.

[7] SCHEFER MARTINS, Jorge Henrique. *Penas Alternativas*. Curitiba: Juruá,1999, p. 133.

[8] A expressão é usada por Dotti, lembrando que "*reparatória* se afirma a multa porque, no espírito da Reforma, a vítima não pode permanecer como objeto estático sobre o qual se analisam as causas e condições para a classificação típica e a medição concreta da pena" (DOTTI, René Ariel. *Bases e Alternativas Para o Sistema de Penas*. São Paulo: RT, 1998, p. 96 e 97).

A segunda (multa reparatória) é imposta cumulativamente com a pena privativa de liberdade cominada ao crime de trânsito gerador de dano material ao ofendido, sendo devida a ele ou aos seus sucessores. Será calculada em dias-multa, cujo valor unitário não pode ser inferior a um trigésimo nem superior a cinco vezes o "maior" salário mínimo mensal (art. 297 do CTB e § 1º do art. 49 do CP), e tem como limite o "valor do prejuízo demonstrado no processo" (§ 1º do art. 297).

Qual deve ser o critério de mensuração dessas espécies de penas?

Em relação à prestação pecuniária, não há regra explícita, salvo a que proíbe ao juiz ultrapassar o montante do prejuízo. Essa regra ausculta a natureza indenizatória da sanção, defluindo, aliás, expressamente, do texto legal (art. 45, § 1º, do CP).

Nada obstante, lembra muito bem Maurício Antonio Ribeiro Lopes que, mesmo não prevendo a lei uma "equivalência entre o *quantum* da pena privativa de liberdade imposta e o *quantum* da prestação pecuniária", os princípios de "proporcionalidade e culpabilidade devem interferir dinamicamente na aplicação" dessa pena.[9]

Não é outro o pensamento de Luiz Flávio Gomes.[10]

Relativamente à multa reparatória, não há essa dificuldade: o artigo 297 do CTB manda aplicar o sistema de dias-multa previsto no § 1º do artigo 49 do CP, embora vedada, por falta de menção expressa, a incidência da causa de especial majoração do valor constante do § 1º do art. 60 do CP.

Como consequência, a culpabilidade determinará o número de dias, aferida conforme o indicado pelo artigo 59 do CP.[11] O critério para a fixação do valor de cada dia, em *quantum* não inferior a um trigésimo do maior salário mínimo mensal, nem superior a cinco vezes esse salário, observado o limite superior, que, no caso, é o valor do prejuízo "demonstrado no processo", haverá de ser, também, o da situação econômica do réu. O valor do prejuízo serve, no máximo, para indicação do limite máximo a que a multa reparatória pode chegar.

Destinatários da prestação pecuniária são a vítima, seus dependentes ou entidade pública ou privada, com destinação social. Impõe-se, desse modo, responder às perguntas: qual a ordem de preferência e como será feito o rateio do valor?

Ora, parece-nos que interessados diretos são primeiramente a vítima ou seus dependentes (situados ou não dentro da linha sucessória), haja vista o conteúdo indenizatório da pena; as instituições públicas ou privadas figuram como interessados residuais e o rateio entre os dependentes será em igualdade de condições, como ocorre nas partilhas de bens deixados pelo falecido.

12.2.2. Perda de bens e valores

Diferentemente da indenização em dinheiro à vítima ou a seus dependentes (prestação pecuniária, antes examinada), a perda de bens e valores em favor do Fundo Penitenciário Nacional (§ 2º do art. 45 do CP), embora classificada como pena, é fonte anômala de arrecadação e confisco típico, há muito proscrito do Direito penal moderno.[12]

---

[9] LOPES, Maurício Antonio Ribeiro *et alii*. *Penas Restritivas de Direitos*. São Paulo: RT, 1999, p. 362.

[10] GOMES, Luiz Flávio. *Penas e Medidas Alternativas à Prisão*. São Paulo: RT, 1999, p. 132.

[11] LEITE, Maurílio Moreira. Multa Reparatória. *Revista "Atuação Jurídica", da Associação Catarinense do MP*, ago/2000, p. 55.

[12] BITENCOURT, Cezar Roberto. *Tratado de Direito penal*, São Paulo: Saraiva, 2004, Vol. 1, 2004, p. 516.

Por isso, essa espécie de pena é de duvidosa constitucionalidade, em que pese o esforço doutrinário de fundamentá-la na letra "b" do inciso XLVI do artigo 5º da Constituição Federal, sob o argumento de que os bens e valores suscetíveis de perdimento são sempre lícitos e de distingui-la do confisco advindo da condenação, estes consistentes em instrumentos (letra A) ou produtos do crime ou qualquer bem ou valor que constitua proveito auferido pelo agente com a prática do fato criminoso (letra B do inciso II do art. 91 do CP).

Com a *maxima venia*, é justo a partir dessa distinção que se pode classificar como confisco o perdimento. Uma coisa é o Estado arrecadar instrumentos ou produtos relacionados com o crime e outra, bem distinta, é desapossar, *manu militari,* os bens licitamente adquiridos pelo condenado como punição por fato típico não relacionado.

A perda de bens, com esse conteúdo confiscatório aparecia em nosso direito positivo na Lei 1.521/51, que dispõe sobre os crimes contra a economia popular; na Lei 1.079/50, relativa aos crimes de responsabilidade; no Decreto nº 201/67, que trata dos crimes de responsabilidade de prefeitos e vereadores; no Decreto-Lei nº 7.661/45, que define os crimes falimentares; na Lei 6.368/76, que define os crimes de entorpecentes etc.

Na opinião de Luiz Flávio Gomes,[13] a imposição da pena de perda de bens ou valores guarda perfeita sintonia com a "sociedade de bem-estar", que valoriza o *homo economicus,* pois a citada pena produz redução ou perda de *status,* sendo, no seu entender, uma boa alternativa ao sancionamento de criminosos de colarinho branco.

Tal como procedeu relativamente à prestação pecuniária, a Lei 9.714 não explicitou critérios de mensuração da pena de perda de bens e valores.

Nada obstante, o critério da proporcionalidade ínsito no art. 59 do CP e que presidiu a quantificação da pena privativa substituída deve presidir também a quantificação do valor, sempre observado o teto, que é montante do prejuízo causado ou o proveito obtido pelo agente ou terceiro. Caso o valor do bem ultrapasse o teto parece claro que o excesso deve reverter ao condenado.

12.2.3. Prestação de serviço à comunidade ou a entidades públicas

A pena de prestação de serviços comunitários é restritiva de direitos só por definição legal, pois o condenado, além de ser privado do direito de livre movimentação, já que, nos horários estabelecidos, precisa comparecer à entidade de direito público ou de direito privado conveniadas, para executar as tarefas estabelecidas, passa a ter obrigações de fazer.

Com essa pena, pune-se sem afetar-se o vínculo empregatício ou as relações de trabalho do condenado, mantendo-o, ainda, junto da família e dos amigos.

Como salienta Bitencourt, ainda impede-se, por meio dela, que os efeitos indiretos da condenação recaiam sobre os dependentes do condenado, particularmente "as consequências econômicas e sociais que têm produzido grandes reflexos em pessoas que não devem sofrer tais efeitos",[14] maximizando-se o princípio da personalidade da pena.

---

[13] GOMES, Luiz Flávio. *Penas e Medidas Alternativas à Prisão.* São Paulo: RT, 1999, p. 137.

[14] BITENCOURT, Cezar Roberto. *Manual de Direito Penal, Parte Geral.* São Paulo: RT, 1997, p. 481.

Na redação primitiva do Código, a execução da pena de prestação de serviços (agora de *serviço,* a teor do inciso IV do art. 43 do CP) à comunidade consistia em prestação gratuita de trabalhos à comunidade em entidades assistenciais, hospitais, escolas, orfanatos e outros estabelecimentos congêneres, em programas comunitários ou estatais (art. 46 do CP), à razão de oito horas semanais, aos sábados, domingos e feriados ou em dias úteis, se não houvesse prejuízo à jornada normal de trabalho.

Embora não houvesse qualquer impedimento pelo texto anterior, a Lei 9.714/98, a prestação de *serviços* (no plural) poderá ser também a entidades públicas. Rigorosamente, aclarou-se o que já estava implícito: que os serviços comunitários poderiam ser prestados também para entidades públicas pelo contrassenso que seria imaginar o contrário.

As tarefas, nos termos do § 3º do artigo 46 do CP, só poderão ser atribuídas conforme as *aptidões* do condenado. Essa disposição legal, expressando a máxima preocupação com a personalização da pena e a individualização da execução, noutras palavras, com as diferenças que caracterizam os indivíduos, consoante estamos acentuando ao longo desta obra, enseja a contestação de eventuais decisões judiciais ou administrativas impondo execução de atividades para as quais os condenados não estão adequada ou suficientemente preparados, o que se deve, no mais das vezes, à inexistência de estabelecimentos ou instituições conveniadas capazes de receber pessoas com diferentes habilidades ou profissões.

Mais: a Lei 9.714/98 reduziu a carga horária de oito horas semanais para "uma hora por dia de condenação", fixada com as cautelas antes referidas e para não prejudicar a jornada normal de trabalho, e, desse modo, inovando, ela abrandou o rigor punitivo.Assim, quem fosse condenado, pelo regime anterior, a dez meses, teria que trabalhar 320 horas à comunidade (ou seja, oito horas em cada uma das quatro semanas, ao longo dos dez meses). Pela fórmula atual, o condenado trabalhará vinte horas a menos, ou seja, o total de trezentas horas, quantidade que corresponde ao número de horas de um mês multiplicado pelo número de meses da condenação.

Embora a pena de prestação de serviço à comunidade guarde relação com o tempo de duração da pena privativa de liberdade (artigo 55), não há qualquer impedimento a que o condenado a cumpra em prazo menor, nunca inferior "à metade" fixada para esta última (§ 4º do artigo 46).

Basta trabalhar mais horas por dia!

No exemplo dado por Carla Campos Amico, "considerando-se uma pena privativa de liberdade de dois anos (ou 730 dias), substituída pela prestação de serviços à comunidade ou à entidade pública, se o condenado realizar sua tarefa em dois dias por semana, à razão de cinco horas/dia, em cada semana serão abatidos dez dias de pena, que será cumprida ao final de 73 semanas (ou 511 dias); prazo inferior ao fixado para a pena privativa de liberdade, mas admissível por respeitar o limite imposto no art. 46, § 4º, do CP".[15]

A possibilidade de cumprimento da pena em menor tempo (§ 4º do artigo 46) – se o condenado dispensar mais horas-dia na execução das tarefas a que está obrigado – não permite concluir pelo rompimento da paridade quantitativa entre as penas, porque, como parece evidente, o condenado, nesse caso, simplesmente gastará "menor

---

[15] AMICO, Carla Campos. Lei 9.714/98 – Primeiras Considerações. *Boletim do IBCCrim*, n. 75, p. 2.

tempo" para cumprir o dever imposto na sentença, o qual não pode ser, entretanto, em hipótese alguma, "inferior à metade da pena privativa de liberdade".

Curiosamente, a nova lei vedou a possibilidade de substituição da pena privativa de liberdade inferior a seis meses por restritiva de direitos (vide art. 46 o CP), ao contrário do que autorizava o CP no anterior artigo 44. A mudança, nesse sentido, não foi salutar.

Interpretação sistemática da Lei 9.714 permite concluir, então, que, nesse caso, a substituição poderá ser por multa em dias-multa ou por restritiva de direitos, conforme previa, aliás, desde antes, o § 2º do artigo 60 e prevê, agora, o § 2º do artigo 44.

Negada a substituição, remanescerá a alternativa da suspensão condicional da pena mediante condições.

12.2.4. Interdição temporária de direitos

A interdição temporária ocasiona a proibição do exercício de cargo, função ou atividade pública, bem como de mandato eletivo; a proibição de exercício de profissão, atividade ou ofício que dependam de habilitação legal, de licença ou autorização do poder público; a suspensão de autorização ou de habilitação para dirigir veículo e, ainda, a proibição de frequentar determinados lugares.

Essas proibições – que implicam obrigação de não fazer – se incluem entre as mais autênticas, significativas e expressivas penas restritivas de direitos, pois, como diz Ribeiro Lopes, "se trata da única que se traduz numa limitação da capacidade jurídica do condenado, destituindo-o de um ou mais direitos".[16]

As penas restritivas dos incisos I e II do art. 47 do CP são aplicáveis quando o agente, na prática do crime, tiver violado algum dever inerente à profissão, mandato, atividade, ofício, cargo ou função (art. 56).

Certas profissões, atividades ou ofícios, estão regulamentados ou dependem de habilitação legal (p. ex.: médicos, advogados, engenheiros), de licença (p. ex.: despachantes de trânsito) ou de autorização do poder público (p. ex.: leiloeiros oficiais).

Outrossim, mandato eletivo é o conferido pelo povo por meio do voto, para representação por tempo certo nas Casas Legislativas. Luiz Flávio Gomes, citando Alexandre Moraes, afirma que a pena não pode ser imposta – como única exceção – a Deputados Federais e Senadores, que, nos termos do artigo 55, inciso VI, § 2º, da CF estão sujeitos só à *perda* do mandato. Não sendo possível a suspensão temporária do mandato decretada por outro poder, o juiz, conforme ensina o ilustre professor paulista, "após o trânsito em julgado" deverá encaminhar a sentença "à Casa respectiva",[17] para os fins das disposições legais mencionadas.

Cargo é o criado por lei para investidura mediante concurso público e função ou atividade é exercício que independe da existência do cargo (p. ex.: função de chefia no setor onde trabalham diversos titulares de cargos públicos). O conceito de cargo, função ou atividade é dado pelo artigo 327 do CP.

A pena prevista no inciso III do artigo 47 (suspensão de autorização ou de habilitação para dirigir veículos) tinha originariamente por endereço os crimes culposos de trânsito (art. 57), mas, com o advento do novo Código de Trânsito Brasileiro, ela pas-

---

[16] LOPES, Maurício Antonio Ribeiro *et alii. Penas Restritivas de Direitos.* São Paulo: RT, 1999, p. 381.

[17] GOMES, op. cit., p. 146-147.

sou ao *status* de pena autônoma suscetível de ser aplicada isolada ou cumulativamente com outras penalidades previstas no mesmo Código (art. 292 do CTB).

Como as denominadas infrações no trânsito tipificadas no Código respectivo pressupõem direção de veículo automotor (vide art. 302 e seguintes desse Código) segue-se que a pena tipificada no inciso III do artigo 47 terá por endereço crimes de transito fora das vias urbanas cometidos na direção de espécies diferentes de veículo (p. ex.: durante transporte ferroviário, motonáutico ou com veículo de tração humana ou animal).

O § 1º do artigo 293 do CTB estabelece que, depois de passar em julgado a sentença condenatória, o autor do fato será intimado a entregar à autoridade judiciária, em quarenta e oito horas, a carteira nacional de habilitação ou a permissão para dirigir. Se "violar a suspensão ou a proibição de se obter a permissão ou a habilitação para dirigir veículo automotor", responderá pelo crime definido no artigo 307 do mesmo Estatuto.

A pena em questão, pelas consequências que produz, no âmbito pessoal e familiar do motorista que faz do volante seu ganha-pão, deve ser aplicada só quando o fato for muito grave ou quando o condenado for recalcitrante no trânsito, como se vinham pronunciando, aliás, os tribunais do país.[18]

A última modalidade de interdição temporária de direitos está prevista no inciso IV do artigo 47 do CP e consiste na proibição de frequentar determinados lugares. Em Roma, essa pena era aplicada sob a denominação de *capitis diminutio*.

Essa espécie de interdição de direitos, a nosso ver, é de duvidosa constitucionalidade, porque tem forma de banimento (art. 5º, XLVII, letra "a", da CF).

A proibição de frequentar determinados lugares também figura no rol das condições da suspensão condicional da pena (art. 78, § 2º, letra "a", do CP) e da suspensão condicional do processo (art. 89, § 1º, II, da Lei 9.099/95), sendo pouco aplicada.

Parece-nos claro que os lugares cuja frequência passa a ser proibida devem ter alguma conexão com o fato que ensejou a condenação. Assim, por exemplo, se tiver sido o crime cometido em um bar da frequência habitual do condenado é mais do que justificável que se impeça ao condenado de retornar ao local durante o tempo da pena, para prevenir-se incidentes e resguardar-se a segurança dele e de terceiros.

12.2.5. A limitação de fim de semana

A pena de prisão de fim de semana foi adotada na Inglaterra para coibir práticas ilícitas cometidas por menores. Acarretando o confinamento do condenado em casa de albergado ou estabelecimento equivalente (art. 48), por cinco horas diárias, nos fins de semana, essa espécie de pena aproxima-se mais, em natureza jurídica, da reclusão, detenção e prisão simples do que, propriamente, das penas restritivas de direito.

Como dito, o estabelecimento apropriado para a execução é o albergue ou outro estabelecimento com características idênticas (art. 48 o CP), mas, infelizmente, os Estados brasileiros não fizeram a sua parte e, passados todos esses, anos desde a entrada em vigor da Lei 7.210/84, nada de extraordinário aconteceu para a modificação da fisionomia do sistema carcerário, restrito a ainda hoje aos estabelecimentos de

---

[18] Apelação-Crime n. 201814-2, 2ª Câmara Criminal do TAMG, Rel. Juiz Carlos Abud, Unânime, 27.08.96, DJ 09.11.96, 29.04.97, 21.10.96.

das PENAS e seus CRITÉRIOS de APLICAÇÃO

grande porte nos quais vivem confinados em ambientes degradantes quase oitocentos mil brasileiros.

Percebendo os malefícios que o confinamento nos fins de semana, nesses ambientes ou mesmo em prédio anexos a eles poderia acarretar a indivíduos primários, condenados por fatos de baixa gravidade, muitos sustentaram a possibilidade de que o cumprimento da pena restritiva em exame pudesse ocorrer na própria residência, ampliando-se, assim, a interpretação que vinha sendo dada aos termos do artigo 117 da LEP.

Depois de muito tergiversarem, os tribunais superiores e os tribunais dos Estados, em sua grande maioria,contudo, declararam em reiterados julgados que o citado artigo 117 da LEP contém hipóteses fechadas e, desse modo, não poderia ser aplicado extensivamente aos condenados à pena privativa pena restritiva de limitação de fim de semana.[19]

Essa era, aliás, a solução que apontávamos quando a Lei 7.210 entrou em vigor, sob o argumento de que seu artigo 92 prevê que "o mesmo conjunto arquitetônico poderá abrigar estabelecimentos de destinação diversa desde que devidamente isolados". Os tempos eram outros e a realidade do sistema prisional do país era completamente diferente da de hoje e ainda permitia os ajustamentos imaginados.

Com o agravamento do problema, a discussão foi reavivada e novamente levada aos tribunais do país, daí advindo julgados reiterando a proibição[20] e outros afastando-a,[21] para permitirem, na ausência de casa de albergado, que a pena de limitação de fim de semana seja cumprida na própria residência do condenado. A jurisprudência do STJ acabou se inclinando nessa última direção.[22]

---

[19] *"Habeas corpus*. Regime penal aberto. Progressão. Inexistência de Casa do Albergado. Prisão-albergue domiciliar. Impossibilidade de sua concessão fora das hipóteses estritas do art. 117 da Lei de Execução Penal. Ausência de constrangimento ilegal. Ordem denegada. O Pleno do STF decidiu que o benefício da prisão-albergue só poderá ser deferido ao sentenciado se houver, na localidade de execução da pena, Casa do albergado ou outro estabelecimento que se ajuste às exigências legais do regime penal aberto. A impossibilidade material de o Estado instituir Casa do Albergado não autoriza o Poder Judiciário a conceder a prisão-albergue domiciliar fora das hipóteses contempladas, em caráter estrito, no art. 117 da Lei de Execução Penal" (HC n. 68.118-2, Rel. Min. Celso de Mello, DJU, de 25.02.94). No mesmo sentido: consoante reiterados julgados do Supremo Tribunal Federal, é inviável a concessão de prisão-albergue domiciliar fora das hipóteses estritas do art. 117 da Lei de Execução Penal. Aliás, o Pleno do STF decidiu que o benefício da prisão--albergue só poderá ser deferido ao sentenciado se houver, na localidade de execução da pena, Casa do Albergado ou outro estabelecimento que se ajuste às exigências legais do regime penal aberto. A impossibilidade material de o Estado instituir Casa do Albergado não autoriza o Poder Judiciário a conceder a prisão albergue domiciliar fora das hipóteses contempladas, em caráter estrito, no art. 117 da LEP. Deram provimento. Unânime (Agravo n 695143081, 3ª Câmara Criminal do TJRS, Rel. Des. Moacir Danilo Rodrigues, 09.11.95).

[20] "... A *limitação* de final de *semana*, como dispõe o artigo 78, § 1º, do Código Penal, deve ser fixada nos termos do artigo 48 do CP (A *limitação* de *fim* de *semana* consiste na obrigação de permanecer, aos sábados e domingos, por 5 (cinco) horas diárias, em casa de albergado ou outro estabelecimento adequado), ou seja. não há permissão de *cumprimento* na *residência* do condenado. Até porque a punição seria inócua" (Apelação Criminal, nº 70082277567, 1ª Câmara Criminal, Tribunal de Justiça do RS, Relator: Sylvio Baptista Neto, Julgado em: 28.08.2019.

[21] "... Considerando a ausência de casa de albergado na Comarca, cabível que o apenado cumpra a *pena de limitação de fim de semana na residência* (art. 47, inc. IV, do Código Penal). Decisão mantida". (Agravo, nº 70044870376, Quinta Câmara Criminal, Tribunal de Justiça do RS, Relator: Genacéia da Silva Alberton, Julgado em: 25.04.2012. No mesmo sentido: Agravo, nº 70040715955, 7ª Câmara Criminal, Tribunal de Justiça do RS, Relator: Carlos Alberto Etcheverry, Julgado em: 24.03.2011.

[22] "... Constitui constrangimento ilegal submeter o paciente a situação mais rigorosa do que a estabelecida na condenação. Vale dizer, é inquestionável o constrangimento ilegal se o condenado cumpre pena em condições mais rigorosas que aquelas estabelecidas na sentença. II – Se o caótico sistema prisional estatal não possui meios para que o paciente cumpra a pena *restritiva* de direitos em estabelecimento apropriado, é de se autorizar, excepcionalmente, que a mesma seja cumprida em seu domicílio. III – O que é inadmissível, é impor ao paciente o cumprimento da limitação de *fim de semana* em presídio, estabelecimento inadequado para tanto. (Precedentes) – HC 146558 / RS, 5ª T., rel. Min. Félix Fischer, citando como precedentes: HC 60.919/DF, 5ª Turma, Rel. Min. Gilson Dipp, DJU de 30/10/2006,

Com efeito, inspirando-se no Enunciado nº 56 da Súmula Vinculante do STF, o Superior Tribunal de Justiça vem afirmando, no momento, que "... em caso de falta de vaga em estabelecimento prisional adequado ao cumprimento da pena, ou, ainda, de sua precariedade ou superlotação, deve-se conceder ao apenado, em caráter excepcional, o cumprimento da pena em *regime aberto*, ou, na falta de vaga em casa de albergado, em *regime* domiciliar, até o surgimento de vagas", de modo que seria mesmo um paradoxo não estender essa interpretação mais liberal envolvendo penas privativas de liberdade em favor dos condenados a penas restritivas de direito.[23]

Atente-se, outrossim, que a jurisprudência do STJ associa a concessão do regime domiciliar controle eletrônico dos condenados em regime aberto.[24] Como essa condição não vem sendo exigida no RS para esses condenados – e sim para aqueles que cumprem as penas no regime semi-aberto – parece-nos que, por equidade e maior coerência, assim deve sê-lo também na execução da pena restritiva de limitação de fim de semana no próprio domicilio.

12.3. Natureza jurídica das penas restritivas de direito

As penas restritivas de direito são genéricas, autônomas e substitutivas.

São *genéricas*, porque suscetíveis de aplicação independentemente da natureza do crime ou da espécie de pena privativa de liberdade, desde que, à exceção dos crimes culposos, o *quantum individualizado na sentença* não ultrapasse quatro anos.

São *autônomas*, porque não podem ser aplicadas cumulativamente com as penas privativas de liberdade.

Por último, são *substitutivas*, porque são executadas no lugar destas últimas, isolada ou cumulativamente com a multa em dias-multa.

Sendo substitutivas, significa dizer que nenhum juiz está autorizado, como regra, em nosso país, a impor qualquer espécie ou quantidade de pena restritiva de direitos *sem antes individualizar a pena privativa de liberdade (reclusão, detenção ou prisão simples), a ser substituída*.[25]

O procedimento de substituição não dispensa fundamentação, "... tendo em vista que o não cumprimento desta, mesmo que consubstanciada em prestação pecuniária, ao contrário do que ocorre com a pena de multa, poderá resultar na sua conversão em pena privativa de liberdade".[26]

(HC 37.902/MT, 5ª Turma, Rel. Min. Arnaldo Esteves Lima, DJU de 17/12/2004 e HC 19.674/MG, 5ª Turma, Rel. Min. Arnaldo Esteves Lima, DJU de 10/06/2002.Ver ainda: HC. 60.919, 5ª T., rel. Min. Gilson Dipp e REsp. 1523120, Rel. Min. Maria Thereza de Assis Moura.

[23] HC 500915, 5ª T. do STJ, Rel. Min. Reynaldo Soares da Fonseca, julgado em 25/5/2019.

[24] HC 451862, 6ª T., Rel. Min. Néfi Cordeiro, julgado em 9.10.2018

[25] Há exceções à regra! O artigo 78 do Código do Consumidor estabelece que "Além das penas privativas de liberdade e de multa, podem ser impostas, cumulativa ou alternadamente, observado o disposto nos arts. 44 a 47 do CP", a interdição temporária de direitos e a prestação de serviços à comunidade (incisos I e III). A lei dos Juizados Especiais (9.099/95) permite a aplicação de pena restritiva de direitos sem prévia individualização da privativa de liberdade quando houver acordo entre o autor do fato e o Ministério Público (transação penal). Nesse sentido é o artigo 76: "Havendo representação ou tratando-se de crime de ação penal pública incondicionada, não sendo caso de arquivamento, o Ministério Público poderá propor a aplicação imediata de pena restritiva de direitos ou multa, a ser especificada na proposta". Do mesmo modo, a Lei 9.605/98 permite, nos artigos 21 e 22, a aplicação isolada, cumulativa ou alternativamente de penas restritivas às pessoas físicas e jurídicas condenadas por atos lesivos ao meio ambiente.

[26] HC 83.092, Rel. Min. Ellen Gracie, julgamento em 24.6.03, 2ª Turma, *DJ* de 29.8.03.

das PENAS e seus CRITÉRIOS de APLICAÇÃO

Ademais, o condenado tem o direito subjetivo público de conhecer a posição do juiz sobre a substituição ou não da pena privativa de liberdade pela restritiva de direitos. Será nula a sentença, portanto, se o magistrado silenciar sobre o tema.[27]

A nulidade não será de toda a sentença, pois o vício da parte dispositiva não tem relação com os fundamentos pertinentes ao juízo de culpabilidade, que é o pressuposto para a imposição de qualquer pena. Em que pese essa orientação, somos do pensar que a sentença, embora estruturalmente compreenda o relatório, a fundamentação e o dispositivo, é um todo homogêneo, de modo que o vício sobre a parte compromete a harmonia e o afeta por inteiro.[28]

12.4. Requisitos para a substituição

Como dissemos antes, as penas restritivas de direito são *substitutivas,* isto é, são impostas *no lugar* das penas privativas de liberdade aplicadas preliminarmente.

São requisitos para a substituição:

a) que a pena privativa de liberdade aplicada não superior a quatro anos (portanto pode ser igual a 4 anos), conforme estatui o inciso I do art. 44 do CP.

Para obter a substituição por crime doloso tipificado na Lei Ambiental nº 9.605, de 12 de fevereiro de 1998 a pena aplicada, no entanto, deve ser *inferior* a quatro anos. Não haverá limite se o crime for culposo (art. 7º, inciso I).

b) que não tenha havido emprego de violência ou grave ameaça à pessoa quando da prática delituosa.

A vedação, como salientam Damásio de Jesus e Flávio Gomes, é, em princípio, atitude válida, porque privilegia a vida, a integridade física e psicológica e tantos outros bens jurídicos de excepcional relevância para o ser humano[29] e destaca o valor negativo da conduta.

Atente-se que a *violência* referida pela Lei 9.714 é aquela associada à "criminalidade das ruas", ou seja, é a violência física, embora como *fenômeno,* a violência seja algo muito mais amplo e, não raro, muito mais grave do que parece.

Em estudo sobre as espécies de violência, Ruth Gauer destacou que "falar em violência implica uma reflexão que vai muito além da questão da criminalidade",[30] haja vista as modalidades de comportamentos *violentos* que não causam nenhuma dor física às pessoas, exemplificando com a violência institucionalizada, como característica da burocracia de estado, a violência anômica; a violência da criminalidade organizada e sofisticada que permite diferenciar seus autores dos desviantes comuns que frequentam as Delegacias.

---

[27] "(...) Torna-se obrigatória a substituição de penas privativas de liberdade por uma das restritivas de direito, quando o juiz reconhece na sentença as circunstâncias favoráveis do art. 59, bem como as condições dos incisos II e III do art. 44 c/ c o seu parágrafo único, todos do CP, caracterizando direito subjetivo do réu. III – Recurso especial conhecido" (Recurso Especial n. 95028210-0 – SC, Rel. Min. Adhemar Maciel, STJ, j. 25.06.96, un., DJU 26.08.96, p. 29.730).

[28] A existência do vício nem sempre leva à declaração da nulidade. O critério determinante é o da incidência ou não de regra impeditiva, v. g., a do art. 563 do CPP, a do enunciado n. 160 da Súmula do STF, a do § 2º do art. 249 do CPC, as do artigo 565 do CPP, etc.

[29] JESUS, Damásio Evangelista de; GOMES, Luiz Flávio. *Lesão Corporal Dolosa Simples e Penas Alternativas.* Boletim do IBCCrim, n. 75, p. 10.

[30] GAUER, Ruth M. Chittó. *Violência: um Esboço Fenomenológico.*Ajuris, vol. 74, p. 54 e segs.

Daí a proposição de Streck de que não se pode restringir a proibição de substituição à criminalidade das ruas porque implicaria "isonomizar (*sic*) delitos que lesam bens tão díspares e banalizar o direito penal, reforçando (ainda mais) a tese de que ele cumpre uma missão secreta, qual seja a de apontar as suas baterias para as camadas excluídas da sociedade".[31]

Sem embargo das judiciosas considerações, a doutrina e os tribunais sem divergências acentuadas afirmam que a substituição da pena privativa por restritiva de direitos será, em princípio, possível, se preenchidos os requisitos legais e desde que ausente a violência ou a grave ameaça antes destacadas.

Há que salientar, entretanto, que alguns crimes cometidos com violência ou grave ameaça estão fora dessa proibição menos por causa de sua natureza e mais por causa da disciplina legal a que estavam submetidos antes da entrada em vigor da Lei 9.714.

Referimo-nos aos crimes de lesões corporais dolosas leves ou culposas, inclusive no trânsito (arts. 129 do CP e 304 do CTB), de constrangimento ilegal (art. 146) e de ameaça (art. 147).

Embora a ínsita carga de violência, não há por que recusar-se a substituição, uma vez que, antes das modificações legislativas operadas pela Lei 9.714, integravam a competência dos Juizados Especiais Criminais e admitiam transação, composição civil e suspensão condicional do processo.

c) que o acusado não seja reincidente em crime doloso (art. 44, inciso II).

A clara menção a "crime doloso" (ainda que a pena seja de multa) autoriza concluir que a reincidência em crime culposo não constituirá óbice para a substituição.

Atente-se, outrossim, para o aspecto de que o Código, no § 3º do mesmo artigo 44, autoriza a substituição da pena privativa por restritiva para o condenado reincidente (em crime doloso), desde que, "*em face da condenação anterior, a medida seja socialmente recomendável*".

Em razão da amplitude e vaguiedade da expressão "*socialmente recomendável*" é evidente que a subjetividade do juiz, e não a objetividade do processo, como seria o recomendável, será o critério determinante para a substituição ou não.

d) que a culpabilidade, os antecedentes, a conduta social e a personalidade do condenado, bem com os motivos e as circunstâncias indiquem que a substituição seja suficiente (inc. III do art. 44).

Esse outro requisito subjetivo reflete, em toda a sua extensão, a presença do princípio da proporcionalidade ínsito no artigo 59 do CP, que permeia o sistema do Código Penal e preside, no ponto específico, todas as atividades judiciais relacionadas à garantia da individualização da pena, exaustivamente examinadas nos capítulos anteriores, para onde remetemos o leitor, para evitarmos indesejável tautologia.

Conforme se depreende do art. 44 e inciso I do CP a substituição das penas privativas por restritivas independe da espécie de crime cometido pelo condenado. No caso de condenação à pena privativa de liberdade igual ou *inferior* a um ano a substituição será por uma restritiva de direitos ou por multa (arts. 46 e 60, § 2º, do CP). Contudo, se a pena for *superior* a um ano e não exceder, por óbvio aos quatro anos, a substitui-

---

[31] STRECK, Lenio Luiz. As Novas Penas Alternativas à Luz da Principiologia do Estado Democrático de Direito e do Controle de Constitucionalidade. In: *A Sociedade, a Violência e o Direito Penal*. Porto Alegre: Livraria do Advogado, 200, p. 128.

das PENAS e seus CRITÉRIOS de APLICAÇÃO

ção terá que ser por *duas penas restritivas de direito* ou por *uma delas cumulada com multa em dias-multa* (art. 44, § 2°, do CP).

Como não há no CP restrição expressa, havia bons argumentos demonstrando que as disposições da Lei 9.714/98 (que introduziu no Código a penas restritivas) aplicavam-se aos crimes tipificados na lei de drogas.

Luiz Flávio Gomes assim se expressa: "A determinação legal (Lei 8.072/90) de cumprimento da pena em regime fechado não constitui obstáculo para isso, na medida em que só se fala em regime na fase executiva da prisão (e as penas substitutivas antecedem essa fase)".[32] No mesmo sentido é a posição de Damásio e Guimarães Marrey.[33]

Já na direção oposta se posicionam Bitencourt, Régis Prado[34] e Lenio Streck, este último, ampliando ainda mais os casos, sob o argumento de que a Lei 9.714 não pode ser aplicada a todo crime cometido sem violência ou grave ameaça, inclusive o crime de tráfico de drogas, porque um tratamento igualitário de bens jurídicos díspares implicaria, primeiro, inadmissível isonomia de bens jurídicos díspares e, em segundo lugar, banalização do direito penal.[35]

De fato, a Lei 9.714 era *geral* e, desse modo, não reuniria força para alterar dispositivos de lei especial, como propõe conhecido princípio de hermenêutica.

Por outro lado, o legislador constitucional, no artigo 5°, inciso XLVIII, vedou à tortura, ao terrorismo, aos crimes hediondos e ao tráfico ilícito de entorpecentes e drogas afins, a concessão de fiança, graça e anistia, isto é, conferiu a essas infrações um tratamento bem mais grave que o conferido às demais infrações.

Aliás, o Centro de Estudos do Tribunal de Justiça do Estado do RS, em reunião realizada no dia 18 de dezembro de 1998, por maioria de votos, presentes dezoito desembargadores da seção criminal, entendeu que a Lei 9.714 seria, por isso, em princípio, inaplicável ao tráfico de drogas.

A lei posterior de n° 11.343/2006, criando o Sistema Nacional de Políticas Públicas sobre Drogas – Sisnad; prescrevendo medidas para prevenção do uso indevido, atenção e reinserção social de usuários e dependentes de drogas; estabelecendo normas para r pressão à produção não autorizada e ao tráfico ilícito de drogas e tipificando os crimes e cominando as penas, vedaria, expressamente, a fiança, *sursis*, graça, indulto, anistia, e a conversão das penas nelas previstas "em restritivas de direito" (art. 44).

Contudo, esse artigo 44 foi declarado inconstitucional pela Suprema Corte[36] e desse modo considerado também pelo STJ,[39] tendo a expressão "vedada a conversão

---

[32] GOMES, Luiz Flávio. *Penas e Medidas Alternativas à Prisão*. São Paulo: RT, 1999, p. 167.

[33] JESUS, Damásio Evangelista de. *Penas Alternativas*, p. 89-90, e MARREY, Luiz Antonio Guimarães, *Folha de São Paulo*, ed. de 25.11.98.

[34] BITENCOURT, Cezar Roberto e PRADO, Luiz Régis. *Código Penal Anotado*. 2. ed. São Paulo: RT, 1997 e, ainda, BITENCOURT, Cezar Roberto. *Novas Penas Alternativas*. São Paulo: Saraiva, 1999, p. 95.

[35] STRECK, Lenio Luiz. As Novas Penas Alternativas à Luz da Principiologia do Estado Democrático de Direito e do Controle de Constitucionalidade. In: *A Sociedade, a Violência e o Direito Penal*. Porto Alegre: Livraria do Advogado, 2000, p. 127.

[36] "... No plano dos tratados e convenções internacionais, aprovados e promulgados pelo Estado brasileiro, é conferido tratamento diferenciado ao tráfico ilícito de entorpecentes que se caracterize pelo seu menor potencial ofensivo. Tratamento diferenciado, esse, para possibilitar alternativas ao encarceramento. É o caso da Convenção Contra o Tráfico Ilícito de Entorpecentes e de Substâncias Psicotrópicas, incorporada ao direito interno pelo Decreto 154, de 26 de junho de 1991. Norma supralegal de hierarquia intermediária, portanto, que autoriza cada Estado soberano a adotar norma comum interna que viabilize a aplicação da pena substitutiva (a restritiva de direitos) no aludido crime de tráfico ilícito de entorpecentes. 5. Ordem parcialmente concedida tão-somente para remover o óbice da parte final do art. 44 da Lei

em penas restritivas de direitos" do § 4º do art. 44, sido suspensa do mundo jurídico--penal pela Resolução nº 5/2012 do Senado Federal (art. 52, X, *a*, CF).

Em 2006, foi editada a Lei 11.340 – rotulada como Lei Maria da Penha – criando mecanismos para coibir a violência doméstica e familiar contra a mulher e no artigo 17 essa Lei vedou expressamente a aplicação de penas de cesta básica ou outras de prestação pecuniária, bem como a substituição de pena que implique o pagamento isolado da multa.

O sentido desse texto seria ampliado pelo STJ, por meio do Enunciado nº 588 de sua Súmula, explicitando (estaria implícito?) que "A prática de crime ou contravenção penal contra a mulher com violência ou grave ameaça no ambiente doméstico impossibilita a substituição da pena privativa de liberdade por restritiva de direitos".

Portanto, se o acusado for condenado com base na Lei Maria da Penha terá que cumprir a pena privativa de liberdade em conformidade com o regime inicial de execução estabelecido na sentença.

Todavia, como não existem estabelecimentos prisionais ou vagas em quantidade suficiente para atender a demanda dos condenados nos regimes aberto e semi-aberto, os juízes de execução do Brasil, com respaldo na jurisprudência dos tribunais superiores, vem permitindo que eles cumpram as penas em suas casas, com monitoramento eletrônico, de modo a comprometer a eficácia do comando do Enunciado nº 588 da Súmula do STJ.

Aliás, coerente com essa política de severidade punitiva por crimes tipificados na Lei Maria da Penha, a recente Lei Anticrime, de 24 de dezembro de 2019, *excluiu* do âmbito do *acordo de não persecução* em favor de autor de "crimes praticados no âmbito de violência doméstica ou familiar, ou praticados contra a mulher por razões da condição de sexo feminino".

11.343/2006, assim como da expressão análoga 'vedada a conversão em penas restritivas de direitos', constante do § 4º do art. 33 do mesmo diploma legal. Declaração incidental de inconstitucionalidade, com efeito *ex nunc*, da proibição de substituição da pena privativa de liberdade pela pena restritiva de direitos; determinando-se ao Juízo da execução penal que faça a avaliação das condições objetivas e subjetivas da convolação em causa, na concreta situação do paciente" (HC 97256 / RS – rel. MIn. Ayres de Brito, Pleno, julgado em 01/09/2010).

[37] 1. Diante da reconhecida inconstitucionalidade do § 1º do artigo 2º da Lei n.º 8.072/90, é possível se impor, para o início do cumprimento da pena privativa de liberdade, regime diverso do fechado, ante condenação por crime de tráfico anterior à Lei nº 11.464/07, incidindo, pois, o disposto no artigo 33, § 3º, do Código Penal, como também à substituição da privativa de liberdade por restritivas de direitos. 2. Ordem concedida, de ofício, para fixar o regime aberto para o início do cumprimento da pena reclusiva e determinar ainda a substituição da privativa de liberdade por duas restritivas de direitos, a saber, prestação de serviços à comunidade e prestação pecuniária, já que presentes os requisitos para tanto (art. 44 e incisos do Código Penal), devendo o juízo das execuções criminais, nos termos do artigo 147 e seguintes da Lei nº 7.210/84, promover-lhes a aplicação" (HC 148254 / SP, 6ª T., relatora Ministra Maria Thereza de Assis Moura, DJe 29/11/2010).

das PENAS e seus CRITÉRIOS de APLICAÇÃO

O *sursis*

> *Os homens, lembro-me de tê-lo lido em não sei qual livro onde havia outras coisas interessantes, os homens são todos condenados à morte com* sursis *indefinidos.*
> Victor Hugo

Sumário: 13.1. Generalidades; 13.2. O *sursis*: direito subjetivo; 13.3. *Sursis*: espécies; 13.4. Requisitos para a concessão do *sursis;* 13.5. Períodos de prova; 13.6. Condições do *sursis;* 13.7. Revogação do *sursis*. Hipóteses.

13.1. Generalidades

Conhecido como "sistema belgo-francês", por causa de sua origem, uma vez que Berenger o apresentou, em 1884, no Parlamento Francês, o *sursis,* que nesse idioma dá-nos a ideia de suspensão, significa precisamente isso: a não execução da pena privativa de liberdade aplicada,[1] mediante certas condições e por um determinado tempo, doutrinariamente chamado como *período de prova.*

Há quem sustente que a origem do instituto seria norte-americana, porque, nos dizeres de Padovani, em 1846, o Estado de Massachusetts criou uma Escola Industrial de Reformas, para onde, nos dizeres de Cezar Bitencourt,[2] citando o mesmo Berenger, eram enviados os condenados menores e primários como alternativa ao encarceramento.

O instituto em tela, como dito acima, possibilita a suspensão da execução da pena aplicada, mesmo quando a condenação for por crime hediondo, consoante admitem o STF[3] e o STJ,[4] desde que o condenado preencha certos requisitos objetivos e subjetivos e aceite as condições estabelecidas pelo juiz, dentre as previstas em lei.

---

[1] Diferente do *sursis,* embora apoiado na ideia de evitar a prisionalização, é o sistema anglo-saxão conhecido como *probation,* que enseja suspender a prolatação da sentença condenatória, como anotam Zaffaroni&Pierangeli. O *probation*situa-se na fase *anterior à sentença,* ao passo que o *sursis* pressupõe exaurimento do processo de conhecimento e prolatação de sentença necessariamente *condenatória.* ZAFFARONI, Eugênio Raul; PIERANGELI, José Henrique. *Manual de Direito Penal Brasileiro.* Parte Geral. São Paulo: RT, 1999, p. 848.

[2] BITENCOURT, Cezar Roberto. *Manual de Direito Penal.* 5. ed. São Paulo: RT, 1999, p. 645.

[3] "Possível é a suspensão condicional da pena mesmo em se tratando de crime hediondo – precedente (...)." (HC 86.698, Rel. Min. Marco Aurélio, julgamento em 19.6.07, 1ª Turma, DJE de 31.8.07).

[4] O paciente teve sua saúde comprometida em virtude da condição de viciado em substância entorpecente (maconha) e teve sua *pena* por tráfico de drogas estabelecida em dois anos de reclusão. Prosseguindo o julgamento, a Turma, em virtude de empate, concedeu a ordem, entendendo que, não obstante tratar-se de *crime hediondo,* está autorizada a concessão de *suspensão condicional* da reprimenda, nos termos do art. 77 do CP, tendo em vista a inexistência de proibição legal para o benefício aos delitos desse gênero. Precedente citado: REsp 151.769-PR, DJ 29/6/1998. HC 10.529-SP, Rel. Min. Fernando Gonçalves, julgado em 14/11/2000. No mesmo sentido, dentre outros julgados:HC 311.656-RJ, Rel. Min. Felix Fischer, julgado em 25/8/2015, DJe 2/9/2015.

Evita-se com ele, no contexto de salutar política criminal, a contaminação com o cárcere de indivíduos sem periculosidade com condenações brandas,ensejando que resgatem suas dívidas para com a sociedade, decorrentes do crime cometido, sem a perda dos vínculos com seus familiares, dos empregos e do convívio com os amigos (art. 77 e § 2º do CP e art. 159, § 2º, da LEP).

Como a expressão *suspensão* (condicional) foi inserida no artigo 89 da Lei dos Juizados Especiais Criminais[5] convém alertar, mesmo brevemente, que essa expressão designa o *sursis processual* consistente na suspensão condicional do processo, mediante condições, não se confundindo, portanto, com o instituto da *suspensão condicional da execução da pena* sobre qual, com a denominação de *sursis,* estamos discorrendo neste capítulo e que está prevista no art. 77 do CP e no art. 160 da LEP.

Desse modo, o Enunciado nº 536 da Súmula do STJ[6] está direcionado aos crimes previstos na conhecida Lei Maria da Penha e não tem nenhuma pertinência com o tema em análise porque visa a vedar, em conformidade com o disposto no art. 41 da referida lei especial, a possibilidade da suspensão condicional do processo prevista no art. 89 da Lei dos Juizados Especiais, dentre outras restrições, como a substituição da pena privativa de liberdade por restritiva de direitos, por exemplo.

A competência para o exame da eventual concessão do *sursis* é do juiz da sentença, sendo dele a responsabilidade pela fixação das condições, suscetíveis de serem estabelecidas em consonância com as peculiaridades do fato e a situação do condenado (art. 79 do CP).

O artigo 66, inciso III, letra *d*, da Lei de Execuções Penais confere ao juiz das execuções competência para *decidir sobre suspensão condicional da pena.*

Essa regra é mais do que compreensível, haja vista os incidentes possíveis durante o período de prova, que podem ensejar a modificação das condições impostas ou mesmo a revogação obrigatória ou facultativa do benefício.

Não descartamos a possibilidade do juiz das execuções decidir sobre a concessão ou não do *sursis* especialmente nas hipóteses de soma ou unificação de penas que não extrapolem os limites legais.

13.2. O *sursis*: direito subjetivo

É uniforme, em nosso meio, o entendimento de que o *sursis* constitui direito subjetivo público do condenado.[7]

Esse direito não é, contudo, absoluto,[8] porque, afora não existirem direitos absolutos, a lei penal condiciona o deferimento do benefício à presença de requisitos subjetivos e objetivos.[9]

---

[5] Art. 89. Nos crimes em que a pena mínima cominada for igual ou inferior a um ano, abrangidas ou não por esta Lei, o Ministério Público, ao oferecer a denúncia, poderá propor a suspensão do processo, por dois a quatro anos, desde que o acusado não esteja sendo processado ou não tenha sido condenado por outro crime, presentes os demais requisitos que autorizariam a suspensão condicional da pena (art. 77 do Código Penal).

[6] Súmula 536 – A suspensão condicional do processo e a transação penal não se aplicam na hipótese de delitos sujeitos ao rito da Lei Maria da Penha. (Súmula 536, Terceira Seção, julgado em 10/06/2015, DJe 15/06/2015)

[7] TUCCI, Rogério Lauria. Suspensão Condicional da Pena. *Revista da Ajuris*, Porto Alegre, v. 23, p. 65 e segs. Nesse sentido: Apelação-Crime nº 296015373, 1ª Câmara Criminal do TARS, Rel. Marco Antônio Ribeiro de Oliveira, j. 25.06.97, dentre outros julgados.

[8] "Não há direito subjetivo do acusado ao benefício da suspensão condicional da pena (art. 77 do CP), sendo legítima a decisão que indefere este benefício com apoio no elevado número de punições disciplinares já aplicadas ao paciente."

Resulta, então, que o direito subjetivo titulado pelo condenado é ao *pronunciamento motivado do juiz* seja para deferir, seja para denegar o benefício em tela (arts. 157 da LEP, 697 do CPP e inc. IX do art. 93 da CF),[10] sendo sob essa perspectiva os pronunciamentos dos tribunais brasileiros.[11]

A falta desse pronunciamento, se o condenado, em tese, preencher as exigências legais, enseja interposição de *habeas corpus* com vista à liminar declaração de nulidade da sentença[12] e ao recolhimento de eventual mandado de prisão expedido pelo juízo.

13.3. *Sursis*: espécies

São espécies de *sursis:* o *simples* (art. 77, *caput),* o *especial* (art. 78, § 2º), o *etário* (art. 77, § 1º, 1ª parte) e o *humanitário* (art. 77, § 2º, 2ª parte).

O *sursis simples* tem por objeto suspensão da execução da pena de reclusão ou detenção não superior a dois anos por um período de prova de 2 a 4 anos (art. 77, *caput)* em cujo primeiro ano o condenado deverá prestar serviços à comunidade ou submeter--se à limitação de fim de semana (§ 1º do art. 78).

O *sursis especial* é mais benévolo. Se tiver havido a reparação do dano, salvo demonstração da impossibilidade de fazê-lo e as circunstâncias do art. 59 tenham sido valoradas favoravelmente, o juiz poderá substituir as condições acima citadas pela proibição de frequentar determinados lugares (desde que estes guardem alguma relação com o fato em si); de permanência na comarca e de ausência só com autorização prévia do juízo[13] e de comparecimento todos os meses ao foro, para informar e justificar as atividades realizadas (letras *a, b e c* do § 2º do art. 78).

O *sursis etário,* disciplinado na primeira parte do § 2º do art. 77 do CP, alcança pessoas com mais setenta anos de idade que tenham sido condenadas à pena privativa de liberdade não superior a quatro anos

O *sursis humanitário* está previsto na última parte do § 2º do artigo 77 e se endereça aos condenados à pena privativa de liberdade não superior a quatro anos, cujas razões de saúde, independentemente da idade, obviamente demonstradas e provadas, *justifiquem a suspensão condicional.*

Em ambos os casos, condições serão as estabelecidas pelo juiz em atenção à idade ou ao quadro de saúde apresentado pelo condenado (art. 79).

Bem ajustada às políticas públicas de proteção aos hipossuficientes, a lei reconhece que as pessoas idosas ou com saúde debilitada fazem jus a tratamento penal diferenciado. Essa mesma razão política e jurídica é a que sustenta a atenuante obrigatória do inciso I do artigo 65 do CP e as disposições normativas do Estatuto do Idoso.

(HC 85.790, Rel. Min. Carlos Britto, julgamento em 31.5.07, 1ª Turma, DJ de 12.5.06). No mesmo sentido do aresto: STF: HC 67.641, HC 68.111, HC 68.423, HC 69.800, RHC 64.193, RHC 65.127, RHC 63.985, HC 63.463, RHC 65.040, HC 60.087, RHC 59.296, HC 60.090 (...) Pedido conhecido, mas indeferida a ordem de *habeas corpus*" (HC nº 70871-4/RJ, STF, Rel. Min. Paulo Brossard, DJU 25.1194, p. 32.299).

[9] HC nº 72429-2/SP, STF, Rel. Min. Maurício Corrêa, DJU 02.06.95, p. 16.231.

[10] STF, RHC 62278/84, e Rev. Julgados do TARS, v. 52, p. 200.

[11] HC 85.790, Rel. Min. Carlos Britto, julgamento em 31.5.07, 1ª Turma, DJ de12.5.06.

[12] RHC 10259, 5ª T, Rel. Min. Gilson Dipp, julgado em 10.10.2000.

[13] A letra "b" do § 2º do artigo 78 do CP alude à "autorização do juiz", mas o entendimento dominante é no sentido de que basta a comunicação prévia, pois o condenado, com a condenação e execução da pena suspensa mediante condições, não perde o direito inerente ao seu *status civitatis* de movimentar-se livremente.

Em que pese as restrições impostas pela Lei Maria da Penha para a concessão da *suspensão condicional do processo* e da *substituição da pena por restritivas de direitos,* mesmo quando a condenação for à pena de multa (hipótese rejeitada no STF e admitida no STJ[14]), não há dissonância quanto à possibilidade de concessão da suspensão condicional da execução da pena, à míngua de norma proibitiva expressa nesse sentido.

13.4. Requisitos para a concessão do *sursis*

Os requisitos para a concessão do *sursis* são objetivos e subjetivos.

O primeiro requisito objetivo diz com a quantidade da pena privativa de liberdade imposta: até 2 anos, sem ser superior.

Para os condenados com mais de 70 anos ou para aqueles que apresentem razões de saúde justificadoras da medida, esse *quantum* eleva-se a quatro anos, atendendo-se razões de humanidade.

O segundo requisito objetivo ao deferimento do *sursis,* independentemente da espécie, consiste na prova de que o condenado *não é reincidente em crime doloso* (art. 77, I).

O que seja a reincidência, no-lo diz o artigo 63 do CP: consiste na prática de novo crime depois do trânsito em julgado da sentença que, no país ou no estrangeiro, tenha condenado o réu por crime anterior (art. 63 do CP).

A conclusão é extensiva à reincidência por fato contravencional.

Como consta do CP, não é qualquer reincidência que impede o deferimento do *sursis* mas só a reincidência "em crime doloso".

O legislador não seguiu a lógica do § 3º do art. 44 do CP para possibilitar, mesmo na reincidência pelo mesmo crime (antes conhecida como reincidência *específica),* a concessão do *sursis,* quando essa concessão pudesse ser por ele considerada como *socialmente recomendável.*

Se esse juízo subjetivo enseja a substituição da pena privativa de liberdade por restritiva de direitos em favor do condenado reincidente, parece-nos que, por paridade de motivos, poderia ser também externado para propiciar a concessão do *sursis.*

Anote-se que se o condenado por crime doloso praticar um crime sob a modalidade culposa ou for reincidente em crime culposo poderá, perfeitamente, beneficiar-se da suspensão condicional da execução (art. 77, I, do CP).

Ainda: a condenação anterior à pena de multa, independentemente da modalidade dolosa ou culposa, contudo, não impede a concessão do benefício,[15] tendo esse entendimento se transformado em enunciado na Suprema Corte (n. 499), inteiramente recepcionado pela Reforma Penal de 1984 (ver § 1º do art. 77).

O terceiro requisito de natureza subjetiva diz com a favorável valoração da culpabilidade, dos antecedentes, da conduta social e da personalidade do agente, bem como dos motivos e das circunstâncias do crime, ou seja, das mesmas circunstâncias judi-

---

[14] HC 180.353-MS, Rel. Min. Maria Thereza de Assis Moura, julgado em 16/11/2010.

[15] *Habeas Corpus.* Suspensão condicional da pena. Apelação em liberdade. I – Não se pode negar "sursis" ao argumento da reincidência se a condenação anterior foi meramente pecuniária. (...). RHC 66.900, rel. min. Francisco Rezek, 2ª T, j. 8.11.1988, DJ de 2.12.1988.

ciais elencadas no art. 59 do CP. utilizadas pelo juiz ferramentas, na primeira fase do método trifásico, para determinar o grau da culpabilidade do agente pelo fato e de cujo grau não se descolará ao longo das etapas seguintes pertinentes a esse método, sendo certo que a deliberação sobre a concessão ou não do *sursis* se insere em uma delas.

A revelia não pode ser invocada como óbice à concessão do *sursis*,[16] isso porque o comparecimento aos atos do processo –para acompanhar os depoimentos e também ser interrogado – é um *direito do réu*[17] que decorre da garantia da ampla defesa por isso ele não punível por ter optado *não exercer* o próprio direito.

De fato, a revelia é instituto de direito civil que gera a presunção de procedência da narrativa deduzida na inicial, mas essa presunção não se estende, nem poderia estender-se, ao processo penal, porque seria ofensiva aos mais elementares princípios que lastreiam o sistema acusatório, dentre eles, o de que incumbe sempre ao acusador o ônus de provar os fatos alegados porque a presunção é de inocência do acusado até que sentença condenatória transite em julgado.

Por conseguinte, quando não atender as intimações o acusado citado poderá, no máximo, ser qualificado como ausente para ser, daí, privado do direito de receber com antecedência novas intimações sobre atos do processo a serem praticados, privação que, evidentemente, não é extensiva ao seu defensor.

Em suma:

a) nas condenações à pena privativa de liberdade em quantidade que não excedam a quatro anos a prioridade é a substituição dessa pena por restritiva de direitos (art. 77, inciso III, do CP) e, só residualmente, a concessão do *sursis,* se a pena privativa de liberdade imposta não ultrapassar a dois anos.

b) remanesce, assim, um vácuo legislativo entre dois e quatro anos de pena imposta, pois poderá não ser o caso de substituição por restritiva de direitos e como não é cabível o *sursis* nessa hipótese não remanescerá outra alternativa ao condenado senão o cumprimento da pena imposta, em conformidade com o regime estabelecido na sentença.

Pensamos que o sistema penal nesse ponto mereceria correção para que o *sursis* pudesse ser concedido em todas as condenações cuja pena privativa de liberdade não fosse superior a quatro desde que a primeira opção da substituição dessa pena por restritiva de direitos não fosse cabível, por qualquer motivo.

Aliás, antes do advento da Lei 9.714, que alterou diversos dispositivos do Código Penal, esse problema não existia, porque em sua redação anterior, o artigo 44 previa a

---

[16] *Habeas Corpus* nº 72842-1/MG, 2ª Turma do STF, Rel. Min. Marco Aurélio, j. 18.12.1995, DJU 22.03.96, p. 8.207 e *Habeas Corpus* nº 69175/PE, 1ª Turma do STF, Rel. Min. Moreira Alves, j. 16.06.1992, DJU 28.08.92, dentre outros julgados.

[17] "... 1. O *comparecimento* do acusado é juízo é uma *faculdade*. Se devidamente intimado para *audiência* de interrogatório, o réu não comparece, sua ausência deve ser interpretada nos limites do exercício do direito ao silêncio. Tanto não pode ser interpretado em seu prejuízo, mas inequivocamente representa a perda da chance de apresentar sua versão dos fatos e criar uma dúvida fundada quanto à acusação..." (Apelação-Crime nº 70073465346, 3ª Câm. Crim., Relator Des. Sérgio Miguel Achutti Blattes, Julgado em 21/06/2017). No mesmo sentido: "... A todo acusado em processo penal é garantida a autodefesa, a qual se desdobra nos direitos de *audiência*, de presença e na capacidade postulatória autônoma. O direito de presença assegura ao réu acompanhar os atos de instrução processual, junto da defesa técnica, a fim de formular adequadamente sua defesa pessoal e munir seu patrono de elementos para explorar inconsistências e incorreções da prova produzida em juízo. Ainda, sendo direito do réu acompanhar a instrução da ação penal movida contra si, sua ausência na *audiência* de instrução só é justificada por opção pessoal ou nas restritas hipóteses legais, como quando sua presença gerar constrangimento à vítima e não for possível realizar a audiência por videoconferência..." (Apelação Crime nº 70076225291, 6ª Câm. Criminal, TJRS, Relatora Desa. Vanderlei Teresinha Tremeia Kubiak, Julgado em 30/08/2018).

---

das PENAS e seus CRITÉRIOS de APLICAÇÃO

substituição por restritiva de pena que não ultrapassasse a um ano e, por isso, ao condenado remanescia a chance de *sursis* sempre que o *quantum* não excedesse a dois anos.

c) Por fim: mesmo com pena aplicada superior a 2 anos e desde que não excedente a quatro, o CP, excepcionalmente, permite a concessão residual do *sursis*, com período de prova mais elevado entre 4 a 6 anos, se o condenado for maior de 70 anos de idade, ou razões de saúde justifiquem a suspensão (§ 2° do art. 77).

É claro que a hipótese também pressupõe o descarte da alternativa de substituição da reclusão ou detenção por qualquer uma das penas restritivas já examinadas.

Dos comentários acima, tira-se a conclusão, outrossim, de que o âmbito do *sursis* ficou bastante reduzido após a ampliação para 4 anos do máximo de pena suscetível de ser substituído por restritivas de direito.

Como os requisitos tanto para o *sursis* quanto para substituição das penas são praticamente os mesmos (arts. 44, I a III, e 77 e seguintes do CP) mais se acentua a sua função de soldado de reserva[18] reconhecida pela Suprema Corte,[19] sendo frequentemente direcionado nas condenações a penas inferiores a dois anos por crimes cometidos com o emprego de violência ou grave ameaça (art. 44, *caput, do CP*).

Por último: a proibição pela Lei Maria da Penha (art. 41) dos institutos previstos na Lei 9.099/90), dentre os quais figura a suspensão condicional do processo, não alcança instituto do *sursis,* à míngua de proibição expressa, havendo a possibilidade de inclusão, no elenco das condições, do dever de comparecimento obrigatório do agressor a programas de recuperação e reeducação (art. 152, parágrafo único, da Lei 7.210/84 – Lei de Execuções Penais).

13.5. Períodos de prova

Ao conceder o benefício, o juiz fixará um *período de prova,* entre 2 e 4 anos para o *sursis simples* e entre 4 a 6 anos para o *sursis humanitário* (arts. 78, *caput* e seu § 2°).

Ao ampliar para quatro anos o limite do *sursis,* a lei, de um lado, para atender razões humanitárias, favoreceu aos condenados com idade superior a 70 anos ou que apresentem graves problemas de saúde, mas, de outro lado, acabou prejudicando-os, porque elevou de 2 para 4 a margem mínima e de 4 para 6 a margem máxima do *período de prova* a ser estabelecido no espaço determinado por elas.

A fixação, no entanto, não é arbitrária, pois precisará refletir o nível da reprovação inicial, tanto que, na jurisprudência, se entende que a imposição de prazo acima do mínimo deve ser sempre fundamentada.[20]

---

[18] ZAFFARONI, Eugenio R.; PIERANGELI, José Henrique. *Manual de Direito Penal Brasileiro*. Parte Geral. São Paulo: RT, 1999, p. 850.

[19] "O *sursis* penal reveste-se de caráter subsidiário, em virtude do que dispõe o art. 77, inciso III, do Código Penal, já que tal benefício legal somente incidirá se e quando incabível a substituição da pena privativa de liberdade por sanção restritiva de direitos. Precedentes." (HC 99.803, Rel. Min. Ellen Gracie, julgamento em 22.6.2010, Segunda Turma, DJE de 6.8.2010).

[20] "A fixação do período de prova acima do mínimo legal, ao se conceder o benefício da suspensão condicional da execução da pena, exige motivação. *Habeas corpus* conhecido e deferido para anular a parte do acórdão que fixou o período de prova acima do mínimo legal sem fundamentação, para que o tribunal coator motive o prazo do *sursis*, caso exceda o mínimo legal" (Habeas Corpus n° 70964-8/RJ, Rel. Min. Paulo Brossard, DJU 06.05.94, p. 10.471). No mesmo sentido: "É firme a jurisprudência deste STF no sentido de que a fixação do período de suspensão condicional da pena acima do

Essa orientação é pacífica na Suprema Corte[21] e comprova que a tese central desenvolvida neste livro, qual seja, a que propugna a eleição da culpabilidade como critério-reitor na individualização da pena e de todos os seus consectários, é plenamente defensável.

13.6. Condições do *sursis*

O instituto do *sursis* livra do encarceramento, se o condenado aceitar cumprir as condições de caráter educativo,[22] fixadas na sentença, necessariamente "... *adequadas ao fato*" e à sua*"situação pessoal"*.

No primeiro ano do prazo, o condenado, salvo as exceções já examinadas, deverá prestar serviços à comunidade ou submeter-se à limitação de fim de semana (§ 1º do artigo 78). Em relação a essa condição carece de sentido em obrigar o condenado a executar tarefas que pouco ou nada tenham a ver com as finalidades das penas. Já lemos sentenças contendo condições aos condenados para que tocassem acordeão todos os sábados no presídio ou frequentassem a igreja aos domingos...

Já foi suscitado o argumento de que a prestação de serviços à comunidade e a limitação de fim de semana com recolhimento em albergue seriam penas restritivas de direito e não meras *condições* para a suspensão da execução da pena, mas esse argumento não foi acolhido pelos tribunais superiores.[23]

Caso tenha havido a reparação do dano, salvo impossibilidade do condenado de fazê-lo e se as condições do art. 59 lhe forem favoráveis, as condições acima referidas poderão se substituídas, cumulativamente, pela proibição de frequentar lugares, de ausentar-se da comarca sem autorização do juízo e de comparecimento mensal ao Foro para informar e justificar atividades, consoante estabelece o § 2º do art. 78, em suas letras "a" a "c".

A proibição de afastamento da comarca sem a *autorização* judicial foi muito questionada na jurisprudência, sob o argumento de que teria caráter punitivo. De fato, o condenado beneficiário do *sursis* não perde a liberdade de ir e vir, inerente ao seu *status civitatis* e, por isso, os tribunais passaram a declarar que a expressão *autorização,* (letra "b" do § 2º do artigo 78 do CP), deve ser lida com o sentido de prévia *comunicação* do juiz.[24]

---

mínimo legal pressupõe a indicação de fatos concretos, o que, no caso, não ocorreu." (HC 94.937, Rel. Min. Cármen Lúcia, julgamento em 7.10.2008, Primeira Turma, *DJE* de 24.4.2009).

[21] "É firme a jurisprudência deste Supremo Tribunal Federal no sentido de que a fixação do período de suspensão condicional da pena acima do mínimo legal pressupõe a indicação de fatos concretos, o que, no caso, não ocorreu." (HC 94.937, Rel. Min. Cármen Lúcia, julgamento em 7.10.08, 1ª Turma, DJE de 24.4.09). "Tendo-se aplicado a pena-base no mínimo legal previsto para o tipo, não se pode, na análise da suspensão condicional da pena, desprezar o enfoque, apontando-se circunstâncias judiciais negativas." (HC 92.322, Rel. p/ o ac. Min. Marco Aurélio, julgamento em 18.12.07, 1ª Turma, DJE de 13.6.08).

[22] Nesse sentido: Recurso Especial nº 950007231-9/SP, STJ, Rel. Luiz Vicente Cernicchiaro, DJU 20.11.95, p. 39.643.

[23] "É lícito ao juiz impor, como condição do *sursis*, prestação de serviços à comunidade ou limitação de fim de semana (art. 78, § 1º, do CP). Recurso especial conhecido e provido." (Recurso Especial nº 9527254-7/SP, STJ, Rel. Min. Assis Toledo, j. 06.12.95, DJU 12.02.96, p. 2.436).

[24] "A proibição de afastar-se o réu da comarca somente com autorização judicial tem caráter punitivo, não podendo subsistir. Substituição por exigência de prévia comunicação. Apelo parcialmente provido, apenas para alteração de uma das cláusulas da suspensão condicional da pena" (Apelação-Crime nº 296031321, 4ª Câmara Criminal do TARS, Rel. Carvalho Leite, j. 23.10.96). No mesmo sentido no Tribunal de Justiça catarinense: Apelação-Crime nº 157952-4, Rel. Juiz Herculano Rodrigues, Unânime, 09.11.93 e Apelação-Crime nº 194700-0, 2ª C.Crim. Rel. Juiz H. Rodrigues,

Além delas, o juiz, excepcionalmente, na sentença ou por delegação do Tribunal e juiz das execuções[25] (§ 2º do art. 159 da LEP) podem impor outras condições "desde que adequadas ao fato e à situação pessoal do condenado" (art. 78, § 2º, do CP),[26] especialmente quando o condenado for de idade avançada ou padecer de doença que justifique a fixação de condições especiais.

É claro que deve cuidar para não exigir do condenado, como adverte Mirabete, condições que já estão "reguladas por dispositivos legais próprios, como o de pagar as custas e a multa, a de indenizar o dano, a de não portar arma, de não trazer consigo material de jogo, ou vexatórias, como a de realizar o condenado uma reação sobre os perigos de dirigir de maneira imprudente, de apresentar duas vezes por ano relatório sobre as ocorrências presenciadas no pronto-socorro, ou de visitar hospitais".[27]

13.7. Revogação do *sursis*: hipóteses

A suspensão condicional da execução da pena é passível de revogação obrigatória ou facultativa.

Será obrigatoriamente revogada nos casos estabelecidos nos incisos I a III do artigo 81 do CP, ou seja, quando o beneficiário for condenado, em sentença irrecorrível, por crime doloso, quando frustrar, embora solvente, a execução da pena de multa ou não efetuar, sem motivo justificado, a reparação do dano ou quando descumprir a condição de prestar serviços à comunidade, no primeiro ano do período de prova.

Facultativamente, o *sursis* poderá ser cassado, se o condenado descumprir qualquer outra condição imposta ou for irrecorrivelmente condenado por crime culposo ou por contravenção à pena privativa de liberdade ou restritiva de direitos (art. 81, § 1º).[28]

Condição para a revogação do *sursis* é a instauração de procedimento judicial na Vara de Execuções, com observância das garantias inerentes ao devido processo legal, em que se destacam a ampla defesa, a fundamentação e o direito ao recurso de agravo (art. 5º, LIV e LV, da CF e art. 197 da LEP).

O Ministério Público, se não tiver ele próprio desencadeado o procedimento judicial de cassação(art. 194), deverá ser intimado para nele intervir como *custos legis*. A falta de intimação implicará nulidade absoluta do procedimento e da decisão nele proferida.

07.11.95, Apelação-Crime nº 205347-2, 1ª C. Crim., Rel. Juiz L. Sant'Anna, 12.12.95, e Apelação-Crime nº 207804-0, 2ª C.Crim., Rel. Juiz C. Abud, 26.03.96.

[25] A hipótese pressupõe interposição de apelação contra a sentença, seja absolutória ou condenatória. No primeiro caso o Tribunal poderá acolher o recurso para condenar o réu e transferir ao juiz das execuções a incumbência de estabelecer as condições e no último caso, se a apelação for da defesa, desclassificar o fato e deixar o exame das condições à fase da execução ou mesmo substituir uma por outra condição mais favorável ao condenado.

[26] "Deferido o *sursis*, deve o magistrado verificar se as condições a serem estabelecidas são compatíveis com a natureza do delito e a situação pessoal do condenado." (Apelação-Crime nº 128911-8, 2ª Câmara Criminal do TAMG, Rel. Juiz Herculano Rodrigues, Unânime, 10.03.92).

[27] MIRABETE, Julio Fabbrini. *Execução Penal*. São Paulo: Atlas, 1987, p. 388.

[28] "Constatado o descumprimento de condição imposta durante o período de prova do *sursis*, é perfeitamente cabível a revogação do benefício, ainda que a decisão venha a ser proferida após o término do período de prova. Precedentes." (HC 91.562, Rel. Min. Joaquim Barbosa, julgamento em 9.10.2007, Segunda Turma, *DJE* de 30.11.2007).

14

A sentença criminal

Poderíamos estar usando um uniforme e seu caso não melhoraria em nada. Nem mesmo posso confirmar se está sendo acusado de qualquer delito, ou melhor, nem mesmo sei quem é o senhor. É evidente que está preso, mais do que isto não sei.
Kafka

Sumário: 14.1. Generalidades; 14.2. Processo e procedimento: distinções; 14.3. A sentença: definição – os atos do juiz; 14.4. A sentença: classificação; 14.5. Sentença: requisitos formais; 14.6. Sentença: estrutura; 14.6.1. O relatório; 14.6.2. A fundamentação; 14.6.3. O dispositivo; 14.7. A sentença absolutória; 148. A sentença condenatória; 14.9. A Sentença absolutória ou condenatória: o princípio da identidade física; 14.10. A sentença criminal: intimação e recurso.

14.1. Generalidades

A sentença integra a última etapa do processo de conhecimento e é na sua parte dispositiva que as penas são individualizadas. Daí a pertinência destes comentários sobre o processo e o conhecimento, a classificação das sentenças, sua estrutura, requisitos formais e efeitos da condenação.

Nos últimos tópicos discorreremos sobre o princípio da identidade física, intimações, recursos, intimações, prazos e sua contagem.

14.2. Processo e procedimento: distinções

As palavras *processo* e *procedimento* são rotineiramente utilizadas para designar o mesmo fenômeno e na doutrina há quem afirme que processo e procedimento são a mesma coisa.

Embora ciente das diferenças teóricas, Fernando da Costa Tourinho Filho, por exemplo, advertiu, amparado em Carnelutti e Alcalá-Zamora, que não se deve inferir que seja o "... processo coisa distinta do procedimento. Este é o próprio processo, com os atos coordenados. Visto pelo lado de dentro, o processo é uma verdadeira relação jurídica, de natureza pública, progressiva, complexa, nela envolvendo-se direitos, deveres e garantias entre os sujeitos processuais. Essa relação, entretanto, vista externamente, é um encadeamento de atos conexos que vão se sucedendo, desde a dedução da pretensão até a decisão definitiva com trânsito em julgado".[1]

Nestor Távora e Rosmar Rodrigues Alencar analisaram a questão sob idêntica perspectiva, dizendo, embora com outras palavras, que o "processo se distingue do procedimento" porque este é "... a sucessão de atos realizados nos termos que preconiza a legislação" e que, em sendo assim, "o processo é o conjunto, isto é, a concatenação dos atos procedimentais".[2]

Em que pese a autoridade desses doutrinadores e a força de seus argumentos corroborada pela confusão visível no Livro II (vide art. 394) do CPP que alude aos *Processos em Espécie,* mas, ato contínuo, disciplina sucessivamente os *procedimentos comuns ordinário, sumário e sumaríssimo,* em termos teóricos e práticos as palavras *processo* e *procedimento* designam categorias e realidades jurídicas diferentes e inconfundíveis.

Assim, em linhas gerais, o processo pode ser definido como *atividade,* isto é, como um fazer coisas, destinada a resolver certa situação jurídica litigiosa ou não (essa é a concepção civilista) ou a apurar as responsabilidades pelas violações à lei penal com vistas à imposição de uma pena, naquilo que chegou-se a rotular como *vingança oficial* pelo crime.

Desse modo, o processo é um *"momento ou a passagem do ser em potência para o ser em ato",* na feliz expressão de Canuto Mendes Jr.,[3] porque enseja que se saia do plano ideal (a solução do litígio ou a apuração de responsabilidades criminais) para se entrar na realidade dos fatos da vida para a proclamação da verdade com a menor margem de erro possível.

Sob essa perspectiva finalística, o processo, com categoria ou instituto jurídico, é *uno,* sendo impróprio falar-se em processo *civil,* processo *penal,* processo *trabalhista,* etc., a não ser por razões didáticas.

São muitas as teorias sobre o processo,[4] mas, segundo Tourinho Filho,[5] é prevalente a teoria que afirma ser o processo uma relação jurídica[6] que se instaura e se desenvolve entre sujeitos situados em polos opostos.

O pai dessa teoria é Oskar Von Bulow e foi publicada em 1868, em Giessen, na Alemanha, por meio de livro dedicado a Ihering.[7] Foi graças a Bulow e às suas proposições que o processo, no dizer do professor Ovídio Baptista alcançou a sua dignidade

---

[1] TOURINHO FILHO, Fernando da Costa. *Processo Penal.* 4ª v. São Paulo: Saraiva, 2003, p. 20.

[2] TÁVORA, Nestor; ALENCAR, Rosmar Rodrigues. *Curso de Direito Processual Penal.* Salvador: Podium, 2009, p. 623.

[3] ALMEIDA, Joaquim Canuto Mendes de, *Processo Penal, Ação e Jurisdição,* São Paulo: RT, 1975, p. 7.

[4] Assim, as teorias provenientes do direito romano do processo como contrato ou quase-contrato; do processo como instituição (Guasp) e do processo como situação jurídica (Goldschmidt). Para esse autor, o processo não é uma relação e sim uma "situação jurídica", por gerar "expectativas, perspectivas, cargas e liberação de cargas pelas quais as partes atravessam rumo a uma sentença favorável (ou desfavorável conforme o aproveitamento das chances e liberação ou não de caras e assunção de riscos)" – (*Princípios Generales del Proceso,* Buenos Aires: Ejea, p. 34).

[5] TOURINHO FILHO, Fernando da Costa. *Manual do Processo Penal.* São Paulo: Saraiva, 2009, p. 673.

[6] Estamos falando sobre processo como relação jurídica entre sujeitos em posição antagônica no processo (autor e réu). É preciso registrar que o processo como atividade oficial, estatal, pública, voltada à satisfação de pretensões civis ou penais, pode existir, também, sem a presença de um réu, de que são exemplos os instaurados para a declaração de existência ou inexistência de direito ou obrigação e os de *habeas corpus* e de revisão criminal, destinados a afastar ilegalidades decorrentes de prisões ilegais ou erros judiciários.

[7] BÜLOW, Oskar Von, *La Teoria de las Excepciones Procesales y los Presupuestos Procesales,* trad. Miguel Angtel Rosas Lichtschein. Buenos Aires: EJEA, 1964.

científica, com "autonomia metodológica e objeto próprio".[8] Em nosso País, essa teoria foi recepcionada e aplicada ao crime na década de 50 por Hélio Tornaghi, em livro intitulado *A Relação Processual*.[9]

Já o procedimento constitui o *conjunto dos atos encadeados do processo.* Por estarem predefinidos numa sequência lógica prevista em lei formam uma *totalidade,* naquele sentido de partes que se vinculam e constituem uma unidade. Basta a hipotética eliminação de um deles para que a totalidade se transforme numa totalização, ou seja, numa *totalidade meramente potencial.* Outrossim, a realização de qualquer deles, sem respeito à forma prevista em lei gera o vício da invalidade e justifica a declaração da nulidade de todos aqueles atos dependentes ou decorrentes do ato viciado (art. 573, § 1º, do CPP).

Aceita-se sem restrições a ideia de que o processo é o melhor e mais civilizado meio encontrado para a implementação das atividades-fins do Estado. Em matéria penal essas atividades estão voltadas à eventual punição do autor do fato mas essa função instrumental do processo não é exclusiva porque o processo também atua como *escudo* que protege o acusado contra os excessos do Estado-acusador.

Essa dúplice função do *processo* foi destacada no fim do século XIX por Franz Von Liszt, em discurso mundialmente conhecido como Programa de Marburgo,[10] quando disse que o Código Penal era a Carta Magna do Criminoso. Não nos esqueçamos, e essa deve ter sido a sua inspiração, que a esse tempo ainda estavam vivíssimas as lembranças dos horrores do direito penal medieval e dos suplícios da inquisição, cujos processos por crimes de heresia eram instaurados não para a realização da Justiça e sim para, em grandes espetáculos nas praças públicas, causarem medo às pessoas e reproduzirem o poder da Igreja consorciada com o Estado.

Na mesma linha, Goldschmidt diria enfaticamente: "*La solución corriente es que el proceso penal representa una construcción técnica artificial, destinada a proteger a los indivíduos contra un abuso del poder estatal*".[11]

Essa concepção é aceita atualmente sem resistência.

Como disse Aury Lopes Jr. é importante compreender que processo como *instrumento* também está *a serviço da realização do projeto democrático,* sendo sob esse viés o sentido da máxima eficácia dos direitos e garantias fundamentais, em especial da liberdade individual,[12] como demonstrou com brilhantismo Ferrajoli em seu livro *Derecho y Razón, Teoría del Garantismo Penal,* mundialmente conhecido.

14.3. A sentença: definição – os atos do juiz

Há muitas definições de sentença.

Assim: porque associada à matéria de fundo, é definida como a decisão que "conclui o processo"[13] (civil ou penal e independentemente do grau de jurisdição); é o

---

[8] SILVA, Ovídio Baptista da, prefácio da obra *Pressupostos Processuais* escrita por Jorge Luís Dall´Agnol. Porto Alegre: Lejur, 1988, p. 7.

[9] TORNAGHI, Hélio. *A Relação Processual*. 2. ed. São Paulo: Saraiva, 1987.

[10] LISZT, Franz Von. *La Idea de Fin em el Derecho Penal*. México: Edeval, Univ. Autônoma do México, 1994.

[11] GOLDSCHMIDT, James. *Princípios Generale del Proceso Penal*. Buenos Aires: Jurídicas Europa-America, p. 6.

[12] LOPES JR., Aury. *Direito Processual e sua Conformidade Constitucional*, v. I, Rio de Janeiro: Lumen Juris, 2007, p. 26.

[13] CARNELUTTI, Francesco. *Como se Faz um Processo*. Belo Horizonte: Líder, 2001, p. 95.

nomen juris do ato do magistrado que, após o exame das alegações das partes, declara o direito ao caso concreto;[14] é a "afirmação da vontade da lei aplicada ao caso concreto";[15] ainda mais simples, é "todo o pronunciamento da jurisdição capaz de acarretar o fim do processo, com ou sem o exame do mérito"[16] ou, em direito penal, mais simplificadamente ainda, é o ato que "condena ou absolve o réu".[17]

A premissa comum às definições antes transcritas é a de que o ordenamento jurídico é completo e que essa completude foi alcançada graças à eficiência ou competência do legislador, nada mais devendo fazer o julgador senão identificar a lei pertinente ao caso e proclamar a sua vontade na situação em julgamento. Era essa a visão de mundo no século XVIII, época em que o pensador iluminista Montesquieu[18] qualificava os magistrados como bocas das leis e que dominou a era napoleônica.

Consta que no exílio, em Santa Helena, Bonaparte teria afirmado que a sua glória não provinha das vitórias em quarenta batalhas, mas de ter editado o Código Civil completo, perfeito que duraria para sempre ...[19]

Ora, essa suposição de autossuficiência das leis é tão frágil como o cristal. Diferentemente do que poderíamos imaginar, não existe em nenhum lugar do planeta, conforme destaca Novoa Monreal, aquele "(...) legislador atento a essas transformações, e ágil em sua elaboração preceptiva",[20] decidido a evitar os desequilíbrios, "elaborando novas normas que tivessem por finalidade pôr em dia as regras ultrapassadas, para manter sempre um direito viçoso e atualizado".[21]

Além disso, as demandas novas, associadas à velocidade vertiginosa dos câmbios sociais, em todo mundo, agudizam e fazem explodir o processo, sempre latente, de ruptura entre o direito positivo e a realidade viva. Certamente foi por isso que De Page, citado por Spota, escreveu que o direito *sempre chega tarde*![22] ou acaba atuando, conforme Monreal, como obstáculo às próprias mudanças da sociedade.

Com sua costumeira precisão, disse Antonio Magalhães Gomes Filho não ser "difícil constatar que o ideal de um ordenamento constituído de prescrições certas, inequívocas e capazes de fornecer soluções adequadas para cada situação – que na verdade sempre foi inatingível – torna-se ainda mais distante nas sociedades contemporâneas, cuja complexidade traz à tona novos atores, conflitos e valores, que demandam a incessante produção de normas, nem sempre coerentes entre si e com o conjunto normativo já existente".[23]

Não bastam as leis, portanto. É indispensável um juiz com inteligência e humanidade para não raro salvar a lei da esclerotização, coisa que nenhuma máquina

---

[14] NORONHA, Edgard Magalhães. *Curso de Direito Processual*. São Paulo: Saraiva, 1978, p. 210.

[15] SANTOS, Moacyr Amaral. *Primeiras Linhas de Direito Processual Civil*. São Paulo: Saraiva, 1985, p. 11, citado por Bruno Luiz Weiler Siqueira, no art. cit., p. 208.

[16] SIQUEIRA, Bruno Luiz Weiler. A Sentença e seus Requisitos Legais e Constitucionais. *Revista Cidadania e Justiça*, 2º sem./99, p. 207.

[17] FAYET, Ney. A *Sentença Criminal e suas Nulidades*. Rio de Janeiro: Aide, 1987, p. 243.

[18] MONTESQUIEU, Charles de Secondat. *O Espírito das Leis*. São Paulo: Martins Fontes, 2000, p. 175.

[19] GILISSEN, John. *Introdução Histórica ao Direito*. Lisboa: Fundação Calouste Gulbenkian, 1979, p. 456.

[20] MONREAL, Eduardo Novoa. *O Direito como Obstáculo à Transformação Social*. Porto Alegre: Fabris, 1998, p. 30.

[21] Idem, p. 31.

[22] SPOTA, Alberto G. O Juiz, o Advogado e a Formação do Direito Através da Jurisprudência. Porto Alegre: Fabris, 1987, p. 45.

[23] GOMES FILHO, Antonio Magalhães. *A Motivação das Decisões Judiciais. São* Paulo: RT, 2001, p. 132.

conseguirá fazer, por mais aperfeiçoado que seja o software desenvolvido para fazê-la funcionar.

Diante das fragilidades visíveis nessas definições e sensível à função do juiz como *construtor* da solução correta e justa, a doutrina, num esforço pretensamente superador, formularia uma nova definição: a sentença seria *sentimento,* palavra que provém de *sentire,* porque, por meio dela, o juiz externa o *seu sentimento sobre o caso* em julgamento.[24]

Esclareça-se que com essa afirmação não estamos advogando a legalidade e constitucionalidade dos denominados *julgamentos de consciência,* pois, como sabemos, o juiz moderno tem o dever de motivar, isto é, de indicar os motivos de fato e de direito em que se *fundar* a sua decisão (inciso IX do art. 93 e do inciso III do artigo 381 do CPP, reafirmada pelos incisos I a III do § 2º do artigo 315 do mesmo Código, com a redação dada pela Lei 13.964, de 24 de dezembro de 2019 (Lei Anticrime).

O que estamos pretendendo com a definição de sentença como *sentimento* é destacar o protagonismo do juiz na cena judiciária porque, como obra cultural, a sentença é produto da sua inteligência e vontade, como bem declarou Couture,[25] e não como produto da *vontade da lei,* como se sustentava no passado. Não é por outra razão que diferentes órgãos do Poder Judiciário tanto divergem na apreciação dos mesmos fatos e do mesmo Direito!

Diz-se, outrossim, que com a sentença o juiz proclama a verdade real e restabelece a paz violada.

Todavia, essa afirmação é puramente dogmática. A verdade real, como princípio, já foi abandonado há muito tempo e a sua invocação tinha por única finalidade propiciar a distinção dos dois sistemas processuais: o civil, no qual a delimitação do objeto era dada pelas partes e dele não podia o juiz fugir, e o penal, regido pelo interesse público e no qual ainda são assegurados ao juiz prerrogativas para requisitar provas visando apurar a verdade subjacente aos fatos noticiados pelas partes, em que pese a intensa resistência de processualistas que veem nessas prerrogativas reminiscências do combatido modelo inquisitivo de processo.

Em qualquer processo e mais ainda no processo criminal, a verdade que a sentença anunciará nunca será a *real* e sim a *possível,* mesmo porque o desejado "estado de certeza" depois dos avanços da física quantifica não é alcançável, bastando lembrar que a própria lei deixa espaço em aberto a eliminação dos erros judiciários por meio da conhecida ação revisional (arts. 621 e seguintes do CPP).

Nas palavras de Aramis Nassif, "... em se tratando de sentença condenatória definitiva, a 'verdade' declarada pelo magistrado poderá, a qualquer tempo, ser revisada, desde que o seja em favor do acusado (revisão criminal), o que não ocorre com a decisão absolutória (não há juízo revisional *pro societate*). Em caso de condenação, a 'verdade' que o magistrado reconheceu jamais é definitiva".[26]

---

[24] BRUM, Nilo Bairros de. *Requisitos Retóricos da Sentença Penal.* São Paulo: RT, 1980, p. 7. Embora a sentença expresse sentimento isso não significa que o juiz possa julgar a causa com base no seu exclusivo sentimento pessoal sobre o caso (naquilo que se convencionou denominar como julgamentos de consciência), pois ele não pode ignorar os fatos, as provas, as alegações das partes e o direito aplicável e ainda terá que fundamentar, isto é, desenvolver um discurso explicativo sobre os fundamentos (ou premissas) eleitos por ele para a construção do veredicto, sejam eles coincidentes ou não com os fundamentos desenvolvidos pelas partes.

[25] COUTURE, Eduardo J. *Introdução ao Estudo do Processo Civil.* São Paulo: Forense, 1998, p. 57.

[26] NASSIF, Aramis. *Sentença Penal – O Desvendar de Themis,* Lumen Juris: Rio de Janeiro, 2005, p. 126.

Então, a verdade real não passa de um "simbolismo provavelmente inatingível", estando próximo de "um idealismo utópico, de valor ideológico, mas não científico".[27]

Por último, não é seguro nem exato afirmar que, com a sentença, o juiz sempre restabelece a paz entre as Partes, embora isso ocasionalmente possa acontecer. Basta lembrar que o vencido sempre recorrerá e o vencedor nem sempre se conformará com a extensão ou a profundidade do direito que lhe foi assegurado e por isso também poderá recorrer à instância superior.

A sentença, então, pode vir a se transformar em fonte de novas desavenças, a bem demonstrar que nem sempre as conceituações teóricas refletem com precisão a realidade no mundo empírico.

Por último: a sentença integra o conjunto dos diferentes atos da competência do juiz: os atos *ordinatórios* (despachos administrativos ou de expediente), os atos *decisórios* (decisões interlocutórias e sentenças) e os atos *executórios* (ordens, determinações).

Os atos *ordinatórios* são todos aqueles relacionados ao normal andamento do processo. Como explica Frederico Marques, "nos despachos de expediente (ou despachos ordinatórios) limita-se o juiz a prover a respeito do andamento do processo. É o que se verifica quando manda citar (...) ao réu, ou quando determina ele que se dê vista a alguma das partes, ou ainda quando designa data para a inquirição de testemunha".[28]

Esses atos processuais não são recorríveis, mas, quando forem manifestamente ilegais, abusivos e acarretarem prejuízos às partes, poderão ser discutidos em *habeas corpus,* mandado de segurança ou correição parcial.

Os atos *decisórios* são todos aqueles que enfrentam e resolvem ou as questões incidentais, formais, ou o mérito da causa, de que são espécies as *decisões,* simples ou mistas, e as *sentenças.*

São *simples* as decisões que resolvem questões pontuais, processuais, formais, sem comprometerem a marcha regular do processo, de que são exemplos a que recebe a denúncia ou queixa, a que decreta a prisão preventiva, que indefere o pedido de assistência ao Ministério Público, que concede a liberdade mediante fiança, etc.[29]

São *mistas* as decisões que, sem tocarem o mérito da causa, encerram *etapa* do processo *ou o próprio processo,* de que são exemplos a pronúncia, a extinção da punibilidade[30] ou a anulação do feito por ilegitimidade da parte ativa, dentre outras.

14.4. A sentença: classificação

A *sentença* é o ato mais eminente do processo, porque, por meio dela, o juiz encerra a fase do conhecimento, define a causa e esgota a própria jurisdição.

---

[27] BARROS. Marco Antonio de. *A Busca da Verdade no Processo Penal,* 2. ed. São Paulo: RT, 2010, p. 44, citando pensamento de Paula Bajer Fernandes Martins da Costa.

[28] MARQUES, José Frederico. *Tratado de Direito Processual Penal.* 2º v. São Paulo: Saraiva, 1980, p. 510.

[29] MIRABETE, Julio Fabbrini. *Processo Penal.* São Paulo: Atlas, 1991, p. 422.

[30] A extinção da punibilidade, ao nosso sentir, atinge o mérito (pois implica negar ao autor a existência do direito de punir no caso concreto) e, por isso, deveria ensejar recurso de apelação e não o recurso em sentido estrito (art. 581, VIII do CPP).

É conhecida a classificação das sentenças em a) declaratórias; b) condenatórias; c) constitutivas; d) mandamentais (preventiva) e e) executivas.[31]

A primeira é aquela que simplesmente *declara* certa situação jurídica. Como diz Humberto Theodoro Jr., amparado em Chiovenda, "na sentença declaratória, o órgão judicial, verificando a vontade concreta da lei", apenas "certifica a existência do direito", e o faz "sem o fim de preparar a consecução de qualquer bem, a não ser a certeza jurídica".[32] Tem natureza declaratória a sentença penal que absolve o réu e assim preserva os seus direitos fundamentais.

A sentença *condenatória,* diferentemente, é a que impõe um dever ao sujeito passivo. Em outras palavras, "a sentença condenatória atribui ao vencedor um título executivo, possibilitando-lhe abrir o processo de execução".[33]

No crime, é condenatória a sentença que julga procedente a denúncia e impõe a pena.

Constitutiva, outrossim, é a sentença que, nas palavras de Couture, "cria um estado jurídico novo, não existente antes de seu pronunciamento. A sentença de divórcio, por exemplo, é uma sentença constitutiva em si mesma, porque opera a dissolução do matrimônio e cria um estado jurídico inexistente até o momento de ser emitida".[34] No âmbito do processo penal, sentença constitutiva seria aquela que reconhece a inimputabilidade do acusado (art. 26 do CP), mas não aplica a pena.

A sentença *mandamental, cautelar* é aquela que, ainda segundo Couture, se limita a "conjurar o *periculum in mora,* evitando que as sentenças judiciais, por seu retardamento excessivo, sejam exaradas quando as circunstâncias se tenham tornado irreparáveis".[35] Por exemplo: no processo penal é a decisão que segrega preventivamente a liberdade do acusado para evitar que, com a fuga, se frustre a aplicação da lei penal.

Executiva, por fim, é aquela que propicia a submissão do acusado à obrigação imposta. Em matéria penal, a execução da sentença pressupõe o trânsito em julgado e tem natureza jurisdicional. A competência para o processo é do juiz das execuções.

Conquanto a classificação confine as citadas espécies de sentenças aos seus respectivos espaços, a verdade é que elas não são *exclusivamente* e sim *predominantemente* declaratórias, condenatórias, constitutivas, preventivas ou executivas, como frisou Couture,[36] em famosa conferência pronunciada na Faculdade de Direito de Paris.

Se observarmos, por exemplo, que a declaração de inimputabilidade implica imposição de medida de segurança e ao mesmo tempo isenção do dever de cumprir a pena; que, na sentença condenatória, antes da individualização da pena, o juiz precisa declarar a culpa do réu; que, na decretação da prisão preventiva, o juiz ao mesmo tempo declara a necessidade de prender e também segrega a liberdade, veremos que, efetivamente, a sentença contempla simultâneas cargas declaratórias, constitutivas, cautelares e de execução, consoante havia destacado o insigne presidente do Colégio de Advogados do Uruguai.

---

[31] MIRANDA, Pontes de. *Tratado das Ações.* São Paulo: RT, 1972, p. 197 e segs.

[32] THEODORO JR., Humberto. *Curso de Direito Processual Civil.* São Paulo: Forense, 2001, p. 456.

[33] Idem, ibidem.

[34] COUTURE, Eduardo J. *Introdução ao Estudo do Processo Civil.* São Paulo: Forense, 1998, p. 51.

[35] Idem, ibidem.

[36] Idem, p. 53.

das PENAS e seus CRITÉRIOS de APLICAÇÃO

Idêntico é o pensamento de Vicente Greco Filho, quando, referindo-se ao processo civil, disse que à exceção da sentença meramente declaratória, "as demais sentenças, sempre além da função declaratória de relações jurídicas apresentam, cumulativamente, cargas constitutivas ou condenatórias. Para condenar, no plano lógico, primeiro se declara; para modificar relações jurídicas, logicamente antes se declara. Aliás, a função declarativa é essencial à jurisdição, sendo as demais a complementação dessa função básica essencial".[37]

A classificação civilista, acima reproduzida, é bastante mencionada na teoria geral do processo penal e pode ser utilizada como paradigma por sua simplicidade e importância didática.

Não vemos razões para dissentir dessa classificação, desde que bem presentes as observações registradas linhas acima.

14.5. Sentença: requisitos formais

Sendo uma peça formal e técnica, a sentença deve satisfazer requisitos integrativos essenciais.

O *primeiro* é que deve ser *escrita,* podendo ser manuscrita ou digitada (em verdade, impressa por qualquer modo), devendo as *folhas* conter a rubrica do juiz (art. 388 do CPP). A exigência da rubrica vem sendo abrandada pela jurisprudência, sob o argumento de que "milita em favor dos provimentos judiciais a presunção de autenticidade",[38] especialmente quando não houver objeção específica.

O papel recebe diretamente do juiz o conteúdo da sentença, de próprio punho ou de impressora, mas nada impede que ele o transmita por *ditado* a um terceiro para que este seja transcrito em papel para ser assinado e transformado em documento público e oficial.

Observe-se, aliás, que, nos termos do vigente § 2º da Lei 9.099/95 e do artigo 24 da Lei 4.898/65, as sentenças são prolatadas em audiência e consignadas no *termo* respectivo, que é lavrado pelo escrivão, mediante ordem do magistrado e supervisão das partes.

O texto da sentença pode também redundar de projeto elaborado por integrante da assessoria do juiz e transmitido à sua análise e à aprovação. É compreensível que a cada dia mais se organizem os serviços auxiliares para pesquisa jurídica e redação de projetos de sentenças ou acórdãos[39] por técnicos do Poder Judiciário. Essa é regra no dia a dia dos tribunais do país e felizmente começa a ser também seguida nas instâncias inferiores, ganhando-se em velocidade e efetividade na prestação jurisdicional.

Conquanto essa *práxis* possa parecer estranha aos recém-iniciados, por ensejar falsa crença de que a decisão pode emanar de pessoa não investida de jurisdição, nada há, portanto, de irregular, por ter base legal e refletir a necessidade do serviço público. É correto que o poder de julgar é insuscetível de delegação ou de transferência, mas isso não ocorre na situação em exame, porque todo projeto de sentença ou de acórdão

---

[37] GRECO FILHO, Vicente. *Direito Processual Civil Brasileiro.* 2º v. São Paulo: Saraiva, 2000, p. 243.

[38] STF, 2ª T., Rel. Min. Marco Aurélio, *in RTJ* 150, p. 557.

[39] Acórdão é o *nomem juris* da sentença proferida pelo órgão colegiado.

passa pelo crivo do magistrado e só depois das devidas chancelas é que se torna documento oficial.

O magistrado, conhecendo os detalhes do caso concreto e definindo as linhas a serem seguidas pelas assessorias, torna-se o único responsável pelo texto da sentença ou do voto, impondo-se, por isso, o dever de bem fiscalizar os projetos encomendados e não assinar nada sem conferir, mesmo contando com equipe de apoio qualificada e responsável.

O *segundo*: o idioma a ser utilizado na sentença ou acórdão deve ser o nacional.

Embora a omissão do CPP quanto a esse aspecto, o respeito ao idioma pátrio é uma condição óbvia de validade de todos os atos processuais, porque nós, brasileiros, falamos, escrevemos e compreendemos o português. Seria inimaginável que uma sentença destinada a transmitir mensagens pudesse ser escrita em inglês, grego, russo, ou seja, em idioma que os seus destinatários não conhecem e não são obrigados a ler ou falar. A preocupação com a aferição do significado dos textos documentais aparece, aliás, no artigo 236 do CPP, que impõe a tradução para o idioma nacional de documentos redigidos em outro idioma a cargo de tradutor público ou, na falta deste, de pessoa idônea nomeada pela autoridade.

É claro que no corpo da sentença é perfeitamente possível a inserção de citações em outros idiomas, muitas delas erigidas em princípios jurídicos amplamente conhecidos até mesmo por pessoas sem nenhuma formação jurídica, de que são exemplos os do *in dubio pro reo*, do *in dubio pro societate, do venire* contra *factum proprium, etc.*

O *terceiro*: a sentença deve conter a data e a assinatura do juiz (podendo ser eletrônica), conforme prevê o inciso VI do artigo 381 do CPP. Esses aspectos permitem contextualizar a sentença no tempo e atestar a sua autenticidade e legitimidade como ato de Estado.

A ausência da data na sentença é considerada mera *irregularidade* porque ela só se transformará em *documento público* na *data* em que for depositada em mãos do escrivão para publicação e registro em livro especial, consoante se extrai do artigo 389 do CPP.[40] O dia em que for publicada atuará como marco interruptivo da prescrição (inciso IV do art. 117 do CP). Do mesmo modo, se o acusado for absolvido em primeiro grau e, em face de apelação do acusador, for condenado em segundo grau, a data em que for publicado o acórdão condenatório será considerada como equivalente causa interruptiva da prescrição (inciso IV, 2ª parte, do art. 117 do CP). Do mesmo modo se a condenação for proferida por Tribunal em processos da sua competência originária.

Se a sentença não contiver a assinatura não será considerada como existente no mundo jurídico.[41] Terá natureza idêntica à de um trabalho burocrático. Não será declarada nula nem anulável. Nada impede que o Tribunal, ao constatar o defeito, devolva os autos à origem para que o juiz lance a sua assinatura no documento.

14.6. Sentença: estrutura

Aos requisitos formais agregam-se requisitos *estruturais* que conferem *unidade* e sentido de *totalidade* à sentença.

---

[40] TACRIM, SP, 1ª C., Ap. 932.387, j. 27.7.95, Rel. Juiz Pires Neto, in ALBERTO FRANCO *et alii. Código de Processo Penal e sua Interpretação Jurisprudencial*. São Paulo: RT, 1999, p. 2084.

[41] TJRS, in *Revista dos Tribunais*, vol. 412, p. 358.

São três as partes em que se estrutura a sentença.

A primeira é o *relatório,* no qual o magistrado identifica as partes e a demanda, menciona as intercorrências, havidas e resolvidas, e aponta as teses articuladas pela acusação e defesa (artigo 381, incisos I e II, do CPP).

A segunda corresponde à *fundamentação* (art. 381, inciso III). Nessa parte da sentença, o magistrado aponta os fundamentos sobre os quais apoiará a decisão e sobre eles desenvolverá um *discurso fundamentador.* Fundamentação e discurso fundamentador não são, portanto, a mesma coisa, embora intimamente conexos.

A terceira é o *dispositivo,* contendo a síntese do julgamento e registro do direito aplicável à espécie (artigo 381, incisos IV e V, do CPP).

Em razão da importância teórico-prática, examinaremos cada parte da sentença em separado.

14.6.1. O relatório

Relatar é explicar, descrever, informar.

No relatório, o juiz explica o processo, iniciando com a indicação das partes (art. 381, I) e a reprodução (integral ou sintetizada) dos fatos narrados na inicial acusatória.

Só depois é que o juiz se deterá na modalidade e regularidade da citação realizada; fará os comentários sobre a versão oferecida pelo acusado no interrogatório; aludirá aos termos da resposta à acusação, às exceções ou incidentes suscitados e ao modo como foram resolvidos; mencionará as providências determinadas de ofício; especificará as provas requeridas e produzidas; indicará o resultado de eventuais diligências requeridas pelas partes e, por último, sintetizará o pensamento articulado por estas nas alegações finais orais ou nos memoriais.[42]

O relatório também apontará, como preparação para o pronunciamento sobre as preliminares e o mérito da causa, os pontos suscitados pela acusação e defesa, inclusive a apresentada pelo réu no interrogatório.

Embora a omissão implique desrespeito a requisito integrativo essencial, a jurisprudência vem recusando a alegação de nulidade, quando as teses respectivas forem apreciadas na parte reservada à motivação da sentença.[43]

Em suma: ao elaborar um relatório exaustivo, embora não necessariamente longo, o juiz demonstrará a quem for ler a sentença que estudou detidamente os autos, que não desconhece suas particularidades e que, portanto, dele nada escapou quando elaborou as considerações sobre as premissas adotadas na sentença.

Por isso, não se admite, sob pena de nulidade, que o juiz, para atender a exigências legais, se reporte simplesmente ao relatório apresentado pelo órgão do Ministério Público[44] e/ou pelo defensor, em alegações finais orais ou nos memoriais. A cômoda frase "adoto como relatório o apresentado pelo MP ou pela defesa nas fls. tais" se

---

[42] Essa é a ordem dos acontecimentos no procedimento comum das reclusões. É claro que essa ordem variará segundo o procedimento (comum ou especial) inerente à hipótese específica.

[43] Apelação-Crime nº 297007676, 1ª Câmara Criminal do TARS, Rel. Marco Antônio Ribeiro de Oliveira, j. 30.04.1997. No mesmo sentido: Apelação-Crime nº 697112043, 1ª Câmara Criminal do TJRS, Rel. Des. Ranolfo Vieira, j. 10.09.1997, dentre outras decisões.

[44] TJSP, 4ª C., ap. julgada em 15.7.92, Rel. Cunha Bueno, RT 698, p. 336, *in* ALBERTO FRANCO *et alii. Código de Processo Penal e sua Interpretação Jurisprudencial,* cit., p. 2056.

expressa como transferência de responsabilidades e não gera presunção de conhecimento pessoal e seguro do processo. Felizmente essa não é a regra na magistratura.

O relatório não é exigível, segundo dispõe o artigo 81, § 3°, da Lei 9.099/95, nas sentenças por fatos de menor potencial ofensivo, da competência dos Juizados Especiais Criminais.

A exceção visa a atender às finalidades preconizadas pelo princípio da celeridade processual que preside a atuação dos Juizados Especiais Criminais.

14.6.2. A fundamentação

O inciso III do artigo 381 do CPP dispõe que, na sentença, o juiz indicará os motivos de fato e de direito em que se fundar a decisão e o inc. IX do artigo 93 da CF comina de nulidade o descumprimento desse dever.

Realçando esse requisito, a Lei Anticrime de n° 13.964, de 24 de dezembro de 2019, e com entrada em vigor prevista para 24 de janeiro de 2020, veio a dispor, no tocante à prisão preventiva, em parágrafos e incisos do novo art. 315 do CPP, que: "A decisão que decretar, substituir ou denegar a prisão preventiva será sempre motivada e fundamentada" e que "Na motivação da decretação da prisão preventiva ou de qualquer outra cautelar, o juiz deverá indicar concretamente a existência de fatos novos ou contemporâneos que justifiquem a aplicação da medida adotada".

Para não deixar dúvidas, essa Lei estabeleceu no § 2° desse artigo que: "Não se considera fundamentada qualquer decisão judicial, seja ela interlocutória, sentença ou acórdão, que: I – limitar-se à indicação, à reprodução ou à paráfrase de ato normativo, sem explicar sua relação com a causa ou a questão decidida; II – empregar conceitos jurídicos indeterminados, sem explicar o motivo concreto de sua incidência no caso; III – invocar motivos que se prestariam a justificar qualquer outra decisão; IV – não enfrentar todos os argumentos deduzidos no processo capazes de, em tese, infirmar a conclusão adotada pelo julgador; V – limitar-se a invocar precedente ou enunciado de súmula, sem identificar seus fundamentos determinantes nem demonstrar que o caso sob julgamento se ajusta àqueles fundamentos; VI – deixar de seguir enunciado de súmula, jurisprudência ou precedente invocado pela parte, sem demonstrar a existência de distinção no caso em julgamento ou a superação do entendimento.".

Atente-se que as expressões *motivação* e *fundamentação* são equivalentes em sentido, pois motivar é enunciar, é fornecer (desenvolvendo um discurso fundamentador) os *motivos,* os *fundamentos,* as *razões,* ou seja, os *alicerces,* as *linhas, as bases* que sustentarão a decisão.

Cronologicamente, a decisão *sempre* precede a fundamentação e esta *sempre* precede e se desenvolve em discurso fundamentador, muito embora entre o ato de decidir, de motivar ou fundamentar e de explicar os fundamentos exista uma íntima e intensa conexão.

Conforme dizia anos antes o ex-membro do MP gaúcho Nilo Bairros de Brum, o juiz, antes de escrever o texto da sentença, geralmente, *já decidiu* se condenará ou absolverá. Chegará a essa decisão (ou tendência de decidir) por vários "motivos, nem sempre lógicos ou derivados da lei. Muitas vezes, a tendência a condenar está fortemente influenciada pela extensão da folha de antecedentes do réu ou, ainda, pela repugnância que determinado delito (em si) provoca no espírito do juiz".[45] Noutras vezes, a absolvição representará a expressão viva das tendências ideológicas de considerar que o réu é sempre uma vítima da inoperância do Estado e da falta de atenção dos outros...

A propósito dessa ordem (decisão, fundamentação e discurso motivador), ensina Gomes Filho ser possível ver, de um lado, "a atividade mental que se desenvolve com o objetivo de *encontrar* a solução para o caso trazido a julgamento, na qual pesam não só as premissas de direito e de fato, mas também valores extrajurídicos (morais, políticos, ideológicos, etc.) do juiz, e, de outro lado, o produto dessa mesma atividade, apresentando sob a forma de uma *sentença,* em que se expõem ao público as razões da escolha realizada".[46]

Ao exigir que o juiz aponte os fundamentos da sua deliberação, a lei, diz Antonio Magalhães Gomes Filho, "não visa a outra coisa senão fazer com que as *razões* sejam consideradas na *decisão".*[47] Daí, no seu entender, apoiado em Benedetto Pelingra, a importância em ressaltar que "... a motivação não representa somente um requisito formal da decisão, ou um discurso formulado *a posteriori* para justificá-la, mas constitui, ao contrário, um elemento estruturante do próprio julgamento".[48]

Então, o juiz, primeiro, precisará identificar as provas para examiná-las em conjunto com as alegações das partes, socorrendo-se da lei, da doutrina, da jurisprudência, dos princípios gerais de direito, etc. para promover ou não a subsunção dos fatos ao Direito.

Realizada a opção (deliberação), ordenará mentalmente as *bases* de sustentação da decisão (*motivos, fundamentos*). Por último, detalhará (*discurso motivador*) essas bases, com clareza, para todos os interessados, conforme a técnica própria, evitando que eventuais obscuridades, contradições, ambiguidades ou omissões, ensejem embargos declaratórios.

Se tivéssemos que apontar mais amplamente a cronologia, diríamos que o *iter* decisório começa com a análise dos aspectos relacionados com a determinação típica do fato narrado na denúncia ou queixa, uma vez que, sem tipicidade, é incogitável qualquer juízo de reprovação social (arts. 395, II, e 397, III, do CPP), desenvolve-se com o exame da incidência ou não de causas extintivas da punibilidade (arts. 395, II, e 397, IV, do CPP), segue com a *valoração* das provas sobre a autoria e a materialidade do crime; completa-se, com o exame das *teses jurídicas* articuladas pelas partes (negativa de autoria, excludentes, desclassificação, etc.) e exaure-se com a declaração de *improcedência* ou de *procedência da ação* – arts. 396 e 397 do CPP – (nesse último caso, acompanhada da individualização das penas, do regime de execução – quando privativas de liberdade – e das determinações burocráticas relativas aos registros – inclusive estatísticos – e à publicação da sentença).

Embora o *iter* sugira simplicidade procedimental, a decisão a ser tomada não é uma tarefa fácil, pois o magistrado, além das controvérsias legais e jurídicas, deparará com outras questões também "altamente problemáticas (...)", pois os fatos, nas pala-

---

[45] BRUM, Nilo Bairros. *Requisitos Retóricos a Sentença penal.* São Paulo: RT, 1980, p. 72.

[46] Idem, p. 112.

[47] GOMES FILHO, Antonio Magalhães. *A Motivação das Decisões Penais.* São Paulo: RT, 2001, p. 114.

[48] Idem, ibidem.

vras de Nilo Bairros de Brum, "serão sempre reconstituídos de forma indireta, através de uma atividade probatória que longe está de ser imaculada e isenta".[49]

Não obstante as pessoas deponham em regra com a clara intenção de falar a verdade e de contribuir para com a boa distribuição da Justiça, os estudos de psicologia confirmam que elas nem sempre conseguem lembrar os fatos com suficiente clareza e precisão. Por isso, deixam brechas que oportunizam injustas acusações de parcialidade e de comprometimento com uma das partes.

Os aspectos que dizem com a maior ou menor "frieza" na visualização do acontecimento; à maior ou menor capacidade de retenção na memória do fenômeno presenciado ou de detalhes deste; ao decurso do tempo, que gera esquecimentos associados às imprecisões com datas, distâncias, cores, tipos de roupa; à maior ou menor capacidade de reproduzir na delegacia e no fórum o fato testemunhado ou de evocar detalhes, diante de desconhecidos, sob olhares aguçados e inquisidores do MP e também do defensor, etc., bem evidenciam o quanto a prova testemunhal se apresenta aos olhos do juiz carregada de imprecisões que precisam ser superadas com esforço e perspicácia. A verdade possível é desnudada, por isso, em mergulho profundo na prova e exame de tudo o também se esconde por detrás de cada página do processo. É sob essa perspectiva de conduta que se distinguem os juízes formalistas e os realistas.

Um juiz formalista considerará o que o processo revela à simples leitura e, de acordo com o clássico brocardo de que o que não está no mundo não está no processo, promoverá a subsunção do fato à lei e anunciará o seu veredicto. Como disse Angel Latorre,[50] essa perspectiva formalista é decorrência do racionalismo do século passado, da rígida aplicação do dogma da separação dos poderes, bem como do resíduo da desconfiança ante o poder discricionário de que os tribunais haviam gozado no antigo regime.

O juiz realista sabe que a aplicação do Direito e a realização da Justiça estão conectadas com o momento histórico da sociedade em que vive e por isso vai mais além, pois, ainda na lição de Latorre, "os Tribunais não podem nem devem subtrair-se ao espírito do seu tempo, às novas exigências sociais e econômicas, aos novos critérios de valoração, nem assim fazem na prática. Embora o jurista tenha sido acusado frequentemente de espírito rotineiro e conservador, o certo é que não lhe pode faltar essa sensibilidade para as necessidades de seu próprio tempo, e muito menos quando tem a missão essencial de aplicar o Direito. Um juiz não vive a sós com a lei. Pesa nele a sua educação jurídica e a sua formação humana em geral, a doutrina dos autores que criticam ou defendem os preceitos legais e a influência geral da sociedade em que vive",[51] ou seja, a influência dos valores.

Dois exemplos ajudam a compreender as perspectivas formalista e realista:

O primeiro exemplo: Um agricultor, de idade avançada, de vida limpa, trabalhador, ótimo chefe de família, benquisto na comunidade, certo dia, por ter bebido além do limite, agarrou-se a uma menina, com doze anos de idade, na via pública, e, ato contínuo, beijou-a lascivamente na boca. O fato – que chegou ao conhecimento do pai da menor – foi objeto de inquérito policial e de processo por atentado violento ao pudor,

---

[49] BRUM, op. cit., p. 53.

[50] LATORRE, op. cit., p. 102.

[51] Idem, p. 106.

das PENAS e seus CRITÉRIOS de APLICAÇÃO

crime definido como hediondo. O réu não negou a conduta e explicou-se, dizendo que havia bebido demais. As testemunhas foram ouvidas e confirmaram o ocorrido.

O segundo exemplo: Um avô, na ausência de familiares, constrangeu à prática do sexo sua neta, com dez anos de idade. O fato foi noticiado pela menina à sua genitora, que o comunicou à polícia, ensejando inquérito e processo. As provas resumiram-se no laudo pericial, atestando hímen complacente (sem resposta afirmativa ou negativa sobre prática sexual), nos depoimentos da garota, impregnados de algumas *contradições* e no interrogatório do acusado, negando peremptoriamente o fato e dizendo que estava sendo vítima de perseguição porque queriam despojá-lo dos próprios bens.

Em ambos os exemplos, o juiz que orientasse sua *práxis* formalisticamente estaria autorizado, em face das provas produzidas, a condenar o autor do beijo lascivo por atentado ao pudor e a absolver o avô da acusação de estupro de vulnerável (ambos os crimes tipificados hoje no art. 217-A com pena mínima de 8 anos de reclusão), amparado, neste último caso, na *remansosa* jurisprudência que, nos crimes sexuais, exige seja a palavra da vítima coerente com as demais provas do processo para poder reunir aptidão condenatória. Bastaria para o juiz formalista identificar os fatos como aqui descritos e aplicar a lei penal sem maiores perquirições, bem ao estilo do juiz da era napoleônica.

Em sentido oposto, o juiz que orientasse sua *práxis* realisticamente, não se conformaria com simples leitura do processo para a mecânica subsunção da lei à *fattispecie* e, no primeiro exemplo, procuraria conhecer a história de vida do acusado, as razões íntimas do seu proceder, os eventuais danos psicológicos sofridos pela vítima, bem ainda a *justiça* (isto é, a relação de proporcionalidade), de eventual condenação ao autor do beijo lascivo de quantidade mínima de pena *maior* que a pena mínima cominada no artigo 121 do CP para o homicídio! Provavelmente pensaria em desclassificar o fato para a contravenção da importunação ofensiva ao pudor prevista no art. 65 do Decreto 3.688/41[52] ou para a figura da importunação sexual atualmente prevista no artigo 215-A do CP, com a redação dada pela Lei 13.718/2018[53] e assim condenar com pena mais branda consentânea com o princípio da proporcionalidade.

Já, no segundo exemplo, o mesmo juiz certamente procuraria *descobrir os motivos de tão grave acusação,* saber se as *contradições* nos depoimentos da ofendida do atentado sexual eram provas de mentira ou se, pelo contrário, poderiam ser admitidas como *normais* em razão das inúmeras variáveis que interferem na produção da prova oral.

É firme na jurisprudência a orientação de que, nos crimes sexuais, em regra cometidos longe dos olhos de testemunhas, a palavra da vítima merece crédito, desde que uniforme e coerente, com a confirmação em juízo da prova policial.[54] Se dos autos emanarem suposições de existência de motivos ocultos ou inconfessáveis na acusação formulada tais suposições desqualificam a palavra da vítima e dos demais elementos

---

[52] Essa foi a solução dada a caso pelo TJRS em Acórdãos da relatoria da Desa. Vanderlei Teresinha Tremeia Kubiak relativos às Apelações n. 70075550764 e n. 70074880053, julgadas em março e maio de 2018.

[53] Nesse sentido decisão proferida pela 16ª Câmara do TJSP na Apel. 0005731-38.2017.8.26.0565 e pelo STJ no julgamento do AGr. Reg. RESP n. 1730.341, da relatoria da Min. Laurita Vaz.

[54] Apelação Criminal, nº 70082304486, 8ª Câm. Criminal, Tribunal de Justiça do RS, Relatora Desa. Naele Ochoa Piazzeta, Julgado em: 30.10.2019.

José Antonio Paganella Boschi

de prova e determinam a absolvição do acusado,[55] pois a presunção de inocência é uma conquista da civilização.[56]

Em suma, enquanto a atividade do juiz formalista é mecânica, atuando como mero intermediário entre o fato e a norma, a atividade do juiz realista é ampla, fluida, humana, levando-o a mergulhar nas páginas do processo para conhecer e ponderar todos os detalhes da tragédia.[57]

O juiz, na lição do festejado Couture,[58] não é um "lógico que fabrica silogismos", em que a lei é a premissa maior; o fato, a menor; e a sentença, a conclusão, pois tem a missão proposta por Carnelutti de "... transformar a lei ditada em geral para categorias de casos, em uma lei especial para o caso específico", incumbindo-lhe, nessa missão "estender uma ponte entre a lei e o fato, como o faz o intérprete de uma partitura musical ao converter em sons os símbolos com os quais o compositor expressou sua ideia".[59]

Lembrou muito bem Adalberto Narciso Hommerding que, no momento decisivo da prolatação da sentença, "... o juiz deve colocar em atividade o seu *órgão axiológico,* o seu *sentir especial,* que é um misto de *conhecer* e *sentir,* uma combinação de intelectualidade e emocionalidade, a fim de realizar os valores preponderantes... A instrumentalidade o coloca em sua verdadeira trilha: é um meio. Assim, deve-se repudiar o apego ao fetichismo das formas sacramentais evitando-se os males do exagerado processualismo, que, embora possa demonstrar intelectualidade e/ou logicidade, muitas vezes não propicia a solução mais justa".[60]

Esse complexo condicionamento psicológico nem sempre é fácil, pois, nas palavras de Nilo Bairros de Brum[61] "as aspirações éticas da comunidade jurídica não se apresentam de maneira uniforme e coerente, mas de forma contraditória e conflitante, mormente em épocas de transição social como a que vivemos. Se, de um lado, há os que consideram que a ordem jurídica só contém disposições justas, cuja aplicação pura e simples haverá de conduzir a sociedade ao estágio ideal; por outro lado existem aqueles que veem no modelo jurídico apenas dispositivos iníquos que servem somente para retardar o aprimoramento dessa sociedade e prolongar um *status quo* injusto e intolerável".[62]

É por tais razões que ainda "não se inventou ... uma máquina para produzir sentença" – como disse Couture – e provavelmente nunca se inventará, porque se fosse possível decidir os casos judiciais como se decidem as corridas de cavalo, mediante

---

[55] "... Os elementos de *prova* colhidos nos autos não permitem a formação de um juízo condenatório do réu. Embora a jurisprudência, em se tratando de *crimes sexuais*, defina que a palavra da vítima tem um valor probante significativo e especial, a mesma pode ser desqualificada quando o seu relato for confuso e inconsistente, bem como caso constem nos autos informações que gerem dúvidas no julgador. No caso concreto, as declarações da vítima nas fases policial e judicial são contraditórias, narrando dinâmicas dos fatos completamente diferentes em cada uma das vezes em que foi ouvida, afirmando que a versão apresentada perante a Autoridade Policial foi influenciada por sua genitora. Frente à carência de subsídios concretos e coerentes a atestar o efetivo envolvimento dos apelados nas condutas descritas na denúncia, impõe-se a manutenção da sentença absolutória, em atenção ao princípio do in dubio pro reo... " (Apelação Criminal, nº 70074692955, 8ª Câm. Criminal, TJRS, Relator Dr. Felipe Keunecke de Oliveira, Julgado em 30.10.2019.

[56] Apelação Criminal nº 70081843450, 5ª Câmara Criminal, TJRS, Rel. Ivan Leomar Bruxel, Julgado em: 18.12.2019.

[57] PORTANOVA, Rui. *Motivações Ideológicas da Sentença*. Porto Alegre: Livraria do Advogado, 1992, p. 74.

[58] COUTURE, Eduardo J. *Introdução ao Estudo do Processo Civil*. São Paulo: Forense,1998, p. 57.

[59] CARNELUTTI, Francesco. *Como se Faz um Processo*. Belo Horizonte: Líder, 2001, p. 15.

[60] HOMMERDING, Adalberto Narciso. *Valores, Processo e Sentença*. São Paulo: LTr, 2003, p. 128-129.

[61] BRUM, op. cit., p. 86/87.

[62] Idem, p. 85.

---

das PENAS e seus CRITÉRIOS de APLICAÇÃO

um "olho mecânico que registra fisicamente o triunfo ou a derrota, a concepção constitutiva do processo perderia seu sentido e a sentença seria uma mera declaração, como queria Montesquieu".[63]

Há anos, no Rio Grande do Sul, o juiz Moacir Danilo Rodrigues proferiu uma sentença que sintetiza todos esses aspectos, aqui parcialmente reproduzida em homenagem a esse cidadão e juiz que dignificou a magistratura brasileira.

Conquanto certo fato trazido ao seu conhecimento ensejasse a instauração do processo penal sob a perspectiva *formalista*, o saudoso magistrado gaúcho deu a esse fato uma paradigmática solução, atendendo à própria consciência e deixando à mostra sua profunda sensibilidade de cidadão e de juiz preocupado em fazer preponderar o princípio da igualdade de todos perante a lei e em resguardar a dignidade da pessoa humana.

Eis os trechos selecionados da sentença: "Marco Antonio D.A (...) foi indiciado pelo inquérito policial pela contravenção de vadiagem, prevista no artigo 59 da LCP. Requer o MP a expedição da portaria contravencional. O que é vadiagem? A resposta é dada pelo artigo supramencionado: 'entregar-se habitualmente à ociosidade, sendo válido para o trabalho (...)'. Trata-se de uma norma legal draconiana, injusta e parcial. Destina-se apenas ao pobre, ao miserável, ao farrapo humano, curtido vencido pela vida. O pau-de-arara do Nordeste, o boia-fria do Sul. O filho do pobre que pobre é, sujeito está à penalização. O filho do rico, que rico é, não precisa trabalhar, porque tem renda paterna para lhe assegurar os meios de subsistência. Depois se diz que a lei é igual para todos! Máxima sonora na boca de um orador, frase mística para apaixonados e sonhadores acadêmicos de direito (...) Marco Antonio mora na Ilha das Flores (?) no estuário do Guaíba. Carrega sacos. Trabalha 'em nome' de um irmão. Seu mal foi estar em um bar na Voluntários da Pátria, às 22 horas. Mas se haveria de querer que estivesse numa uísqueria ou choperia do centro, ou num restaurante de Petrópolis, ou ainda numa boate de Ipanema? Na escala de valores utilizada para valorar as pessoas, quem toma um trago de cana, num bolicho da Volunta, às 22 horas e não tem documento, nem um cartão de crédito, é vadio. Quem se encharca de uísque escocês numa boate da Zona Sul e ao sair, na madrugada, dirige (?) um belo carro, com a carteira recheada de 'cheques especiais' é um burguês. Este, se é pego ao cometer uma infração de trânsito, constatada a embriaguez, paga a fiança e se livra solto. Aquele, se não tem emprego, é preso por vadiagem. Não tem fiança (e mesmo que houvesse, não teria dinheiro para pagá-la) e fica preso (...) A lei é injusta. Claro que é. Mas a justiça não é cega? Sim, mas o juiz não é. Por isso: determino o arquivamento do processo deste inquérito".[64]

14.6.3. O dispositivo

O dispositivo (inciso V do artigo 381) sintetiza a decisão (absolutória ou condenatória).

Sendo a sentença absolutória, fundada em quaisquer dos incisos do artigo 386, o juiz, na parte dispositiva da sentença, reafirmará o *status libertatis* do acusado.

Sendo condenatória, a sentença indicará os artigos de lei "violados" pelo condenado e quantificará (individualizará).

---

[63] BRUM, op. cit., p. 59.

[64] RODRIGUES, Moacir Danilo. *Boletim do Instituto Brasileiros de Ciências Criminais, IBCCrim*, jan. 2002, p. 575.

É fundamental que haja na sentença condenatória absoluta conformidade entre a acusação e o veredicto (princípio da correlação ou congruência)[65] e esse controle é realizado pelo juiz no momento em que anunciar o juízo de reprovação e individualizar as penas.

Na parte dispositiva da sentença, diz o inciso V do art. 387 que o juiz aplicará provisoriamente as interdições de direitos e as medidas de segurança.

A possibilidade, contudo, esbarra no novo regramento legal da execução da pena (Lei 7.210/84) que condiciona a restrição aos direitos individuais ao trânsito em julgado da sentença condenatória.

No inciso VI, o artigo 387 determina o exame sobre a necessidade ou não de publicação da sentença na íntegra ou em resumo, em jornal. A hipótese, entretanto, desapareceu de nosso Código com a reforma realizada em 1984 pela Lei 7.209.

Não confundir o tema com o relativo à publicação da sentença, isto é, com a transformação do escrito particular em documento público, que se dá com o ato de entrega da peça ao escrivão do cartório, para registro em livro próprio (art. 389 do CPP).

É a data da publicação e não a data em que a sentença foi prolatada que atuará como causa interruptiva do curso do prazo prescricional (art. 117, IV, do CP).

14.7. A sentença absolutória

A sentença absolutória é aquela que indefere a pretensão punitiva deduzida pelo acusador público ou privado e preserva os direitos de cidadania do acusado.

Como decorrência da absolvição *propriamente dita*, o juiz ordenará a soltura do acusado que estiver cautelarmente preso e também a cessação das medidas cautelares provisoriamente aplicadas (incisos I e II do parágrafo único do art. 386 do CPP).

A sentença poderá ser *impropriamente* absolutória, entretanto, quando o juiz rejeitar tese defensiva de fundo (arts. 397 e 415, parágrafo único, do CPP) e a prova dos autos demonstrar que o réu é inimputável (art. 26, *caput,* do CP), porque, nessa situação, ele ficará sujeito à medida de segurança (arts. 96 e seguintes do CP), por tempo indeterminado. Ela perdurará enquanto não for averiguada, mediante perícia técnica, a cessação da periculosidade (art. 97, § 1º-A, do CP).

Diz Tourinho Filho que a doutrina considera que a sentença absolutória impositiva de medida de segurança tem natureza de sentença condenatória, porquanto a aplicação daquela medida implica *"uma restrizione d'indole personale o patrimoniale inflitta per sentenza del giudice"* (cfe. Siracusa, *apud* Frederico Marques, *Elementos,* cit., vol. 3, p. 36). Por isso mesmo, Colin Sanchez, definindo as sentenças condenatórias, conclui afirmando que, por meio delas, o juiz declara o autor *"culpable, imponiéndole por ello una pena o una medida de seguridad* (grifo nosso) (cf. Derecho Mexicano, p. 458. Entretanto, no nosso Código, ela se insere entre as absolutórias, mas a doutrina, sem perdoar ao legislador, prefere denominá-la de *sentença absolutória*

---

[65] IVAHY, Gustavo Henrique Righi. *Correlação entre Acusação e Sentença*. São Paulo: RT, 2000, p. 162. Conforme esse autor: "Em nosso processo penal há expressa possibilidade de mudança da qualificação jurídica do fato. O juiz na sentença pode dar ao fato imputado um enquadramento legal diverso do constante da imputação. Portanto, a imutabilidade do objeto do processo não precisa ser total. Pelo contrário, é possível que haja mudança de tal objeto, sem que com isso se viole a regra da correlação entre acusação e sentença", conforme também anotamos, aliás, no capítulo XII deste livro, relativo ao aditamento, para onde remetemos o leitor".

imprópria, para distingui-la da genuína absolutória, pela qual se desacolhe a pretensão punitiva deduzida na peça acusatória, sem que possa o juiz, sequer, aplicar medida de segurança".[66]

A sentença absolutória pode ser proferida em cognição plena com base nos fundamentos previstos nos incisos I a VII do artigo 386 do CPP.

São eles:

O primeiro, por ter ficado provada a *inexistência do fato.* É a situação em que da prova recolhida se extrai, com segurança inabalável, a inexistência material da infração. Assim, por exemplo: acusa-se o réu de ter ateado fogo criminosamente numa casa (art. 250 do CP), situada em determinada rua de certa cidade, mas a prova recolhida confirma que o imóvel continua de pé sem ter sido jamais alcançado pelas chamas.

O segundo, por *não haver prova* da existência do fato. Diferentemente da situação anterior, neste inciso a lei *não exclui* a hipótese de ter o fato ocorrido, apenas permite a absolvição por falta de prova da materialidade.

O terceiro, por *não constituir o fato,* devidamente provado nos autos, uma *infração penal.* É a situação da atipicidade da conduta imputada na denúncia ou na queixa, que autoriza ao mesmo tempo a rejeição da inicial (art. 395, II), a absolvição sumária (arts. 397, III, e 415, III, do CPP) e a prolatação de sentença absolutória (inciso III do art. 386). O retardamento da afirmação de atipicidade para a sentença pode derivar de controvérsia sobre a própria tipicidade, que não recomenda ao magistrado reconhecê--la na fase inicial da persecução.

O quarto, autorizando a absolvição amparada na existência de prova *de que o réu não concorreu para a infração penal.* Na figura do inciso IV, tem-se a prova tranquila da existência do fato e a prova também tranquila de que o réu não foi o responsável por ele. Aqui e nos outros casos em exame é rigorosamente indispensável que a prova forneça segurança completa para a afirmação em tela.

O quinto autoriza a absolvição, quando *não existir* prova de ter o réu concorrido para a infração penal. É diferente dizer que *não há prova* e dizer que a prova *é insuficiente para condenar.* Por isso a previsão normativa do inciso V não se confunde com a do inciso VI, adiante examinada.

O inciso sexto contempla a absolvição, mesmo em caso de dúvida, nas múltiplas e variadas situações. Examinemo-las, alterando a ordem, apenas por razões didáticas:

a) quando o agente tiver cometido o fato ao abrigo de causa excludente da ilicitude, ou seja, em legítima defesa, estado de necessidade, no cumprimento do dever legal no exercício regular do direito (art. 23, incisos I a III, do CP). A norma do inciso I do art. 386 tem por objeto as causas legais que *permitem* ao acusado, nas circunstâncias do fato, realizar a conduta típica, dela excluindo a ilicitude. No capítulo 7, para onde remetemos o leitor;

b) quando o agente tiver cometido o fato ao abrigo de causa eximente da culpabilidade, a saber: a inimputabilidade (art. 26 do CP), a embriaguez completa (§ 1º do artigo 28 do CP), o erro de proibição (art. 21 do CP), a coação irresistível e a obediência hierárquica (art. 21 do CP).

As causas eximentes atuam no nível dos elementos que estruturam a culpabilidade, a saber: a imputabilidade, a potencial consciência da ilicitude e o dever de agir em conformidade com a norma. Se o acusado for dado como inimputável ou se, ao tempo

---

[66] TOURINHO FILHO, Fernando da Costa. *Processo Penal.* Saraiva: São Paulo, 2003, vol. 4, p. 274.

da ação ou da omissão, era inteiramente incapaz de entender o caráter criminoso do fato por causa da embriaguez completa, proveniente de caso fortuito ou de força maior, não haverá o que o direito penal considera como a capacidade para a compreensão da ilicitude do fato.

A absolvição (inclusive a prevista no artigo 415, quando a inimputabilidade for a tese única de defesa) determinará a imposição de medida de segurança (art. 97) e foi por isso mesmo que salientamos parágrafos antes que a sentença é considerada *impropriamente* como absolutória.

Do mesmo modo não haverá reprovação da pena, se o agente realizar a conduta típica desprovido da consciência de que é ilícita. É a figura do erro de proibição (*v. g.* no exemplo já clássico na doutrina e na jurisprudência daquele que explora casa de prostituição munido de alvará expedido pelo poder público, recolhe regularmente os tributos incidentes e, embora conhecendo a proibição legal de explorar a prostituição, supõe, por pagar os tributos e ter em mãos a autorização do poder público, que a sua conduta não é ilícita).

Não há falar-se ainda em censura na conduta de quem age sob *coação moral* ou daquele que *cumpre a ordem* não manifestamente ilegal emanada de superior hierárquico. Em ambas as situações, responderão pelo fato tão só o *coator* (se a coação for irresistível)e o responsável pela ordem executada. A coação física é causa de exclusão da conduta e está fora, portanto, do âmbito das eximentes de culpabilidade.

O *sétimo* e último fundamento elencado no art. 386 é o da insuficiência probatória em torno do fato ou da autoria (*in dubio pro reo*).

A imensa maioria das sentenças absolutórias se apoia nesse fundamento, sobre o qual Carnelutti fez críticas candentes, ao dizer que, quando o juiz "... absolve por insuficiência de provas... não resolve nada. Tudo permanece como antes. A absolvição, por não haver praticado o ato ou porque o ato não constitui crime, cancela a acusação. Com a absolvição por insuficiência de provas, a acusação subsiste. O processo não termina nunca".[67]

A sentença absolutória faz cessar a pressão do direito penal sobre o acusado, mas, conforme tenha sido o fundamento adotado pelo magistrado para absolver, não impedirá novos contratempos ao sistema formal de justiça se a vítima decidir por intentar ação civil para buscar a reparação patrimonial dos danos causados pela infração.

Noutras palavras, em razão da interdependência ou independência atenuada do direito penal em relação ao direito privado, o acusado poderá *ou não* ficar livre do dever de pagar uma indenização para o ofendido conforme tenha sido o fundamento eleito pelo magistrado, para absolver, dentre os elencados nos incisos I a VII do artigo 386.

Assim, o acusado ficará livre de pagar danos (morais e patrimoniais) se for absolvido por *inexistência do fato* (inciso I). A sentença fará coisa julgada no cível *e impedirá* ação civil com essa finalidade. Não há sentido mesmo indenizar alguém se evidências autorizaram ao juiz criminal a afirmar que o fato aconteceu!

Também carece de sentido uma ação civil de indenização contra réu absolvido com base em prova que o isenta de participação no fato (inciso IV do artigo 386). Os danos sofridos pela vítima deverão ser suportados por quem tenha sido efetivamente o responsável por eles.

---

[67] CARNELUTTI, Francesco. *As Misérias do Processo*. São Paulo: Edicamp, 2001, p. 70.

Já diante da insuficiência das provas constantes dos autos acerca da alegada *existência do fato* (inciso II, combinado com o artigo 66 do CPP), da alegada *participação* do acusado (inciso V) ou da sua aptidão para a *condenação* (inciso VII), a sentença absolutória não impedirá que o lesado (seja ele o Estado ou o particular) possa demandar o acusado para o ressarcimento patrimonial aqui comentado.

Essa providência é igualmente possível, quando a absolvição for proferida com fundamento no inciso III do artigo 386 do CPP (atipicidade da conduta) porque a afirmação de atipicidade na conduta não elimina os danos que o fato provado tenha produzido no mundo empírico para a vítima do processo. Nesse sentido é também a regra prevista no inciso III do artigo 67 do CPP.

No que tange às causas excludentes da ilicitude, a absolvição nelas fundada implica na declaração de que a conduta realizada pelo denunciado era *permitida* (tipos permissivos), de modo ao conceder permissão para agir em condições extremas a ordem jurídica não pode ao mesmo tempo impor dever de indenizar.

O artigo 65 do CPP é enfático: "Faz coisa julgada no cível a sentença penal que reconhecer ter sido o ato praticado em estado de necessidade, em legítima defesa, em estrito cumprimento de dever legal ou no exercício regular de direito".

Contudo, quando a absolvição for fundada em qualquer excludente *putativa* de ilicitude (que é fundada no erro do agente quanto à situação de fato, no clássico exemplo de quem fere imaginando que a vítima vai sacar de uma arma quando, em verdade, ela põe a mão no bolso para pegar o lenço), ficará sujeito à ação civil de reparação porque, nesse caso, a agressão *é imaginária*. Essa orientação encontra respaldo na jurisprudência.[68]

Também pode vir a responder ação indenizatória o réu absolvido com fundamento em excludente *real* de ilicitude (por exemplo, na reação a uma agressão injusta efetiva e não provocada) que vier a causar danos físicos ou patrimoniais a um inocente. Nesse caso, poderá buscar, em ação regressiva, o ressarcimento perante o causador da agressão.

Por último, não arredam a ação civil de indenização as sentenças absolutórias fundadas nas eximentes de culpabilidade acima examinadas. É irrelevante que o acu-

---

[68] "Civil. Dano moral. Legítima defesa putativa. A legítima defesa putativa supõe negligência na apreciação dos fatos, e por isso não exclui a responsabilidade civil pelos danos que dela decorram. Recurso especial conhecido e provido" (REsp 513891 / RJ, rel. Min. Ari Pargendler, 3ª Turma, DJ 16/04/2007 p. 181). No mesmo sentido: REsp 47246 / RJ, rel. Min. Costa Leite, 3ª Turma do STJ, DJ 27/03/1995 p. 7157. Ainda: A legítima defesa putativa não exclui, em princípio, qualquer dos pressupostos da responsabilidade civil: não faz lícito o ato ilícito, não desfaz o dano, não desvirtua o nexo de causalidade, tampouco desconstitui o elemento subjetivo culposo. Quanto a este, aliás, presume-se a negligência do réu, porque disparou arma de fogo em visão distorcida da realidade. 2. Dever de indenizar as despesas com tratamento médico, englobando os exames, as consultas, os medicamentos e eventuais deslocamentos da vítima. 3. Não obstante a ausência de prova específica sobre a renda auferida pelo autor, pode-se concluir que percebia rendimentos, considerando os elementos constantes nos autos. Pensionamento devido em valor adequadamente fixado. 4. Danos morais *in re ipsa*. Valor fixado em consonância com as peculiaridades do caso concreto. 5. Danos estéticos indenizáveis, em rubrica diversa dos morais, na medida em que perceptíveis e individualizados. Arbitramento também adequado à extensão do prejuízo e em conformidade com os aspectos fáticos envolvidos na demanda. APELOS IMPROVIDOS. (Apelação Cível nº 70023043771, Décima Câmara Cível, Tribunal de Justiça do RS, Relator: Luiz Ary Vessini de Lima, Julgado em 26/06/2008). Também: "O art. 188, do código civil, afasta a ilicitude dos atos praticados em legítima defesa, não podendo o agente ser responsabilizado civilmente pelos danos provocados. No caso *sub judice*, todavia, não restou demonstrada a tentativa ou mesmo a ameaça de agressão do demandado pelo autor, este menor com 15 anos à época dos fatos. Por outro lado, manifesta a desproporção entre a mera ameaça alegadamente sofrida pelo réu e as lesões provocadas com golpes de facão. 3. A defesa putativa, que supõe a apreciação equivocada dos fatos, não exclui a ilicitude do ato e a responsabilidade civil pelos danos que dele decorram, obrigando o causador do dano a indenizar, nos termos do art. 186, do Código Civil... (Apelação Cível nº 70016214058, 6ª Câmara Cível, Tribunal de Justiça do RS, Relator: Odone Sanguiné, Julgado em 13/11/2007).

sado seja dado como inimputável, que o agente prove o desconhecimento quanto à ilicitude (penal) do fato, que aja sob coação ou em cumprimento de ordem de superior hierárquico. O ressarcimento dos danos poderá ser pleiteado pelo lesado em ação civil, a qual se sujeitará a todas as exigências previstas no sistema processual civil.

14.8. A sentença condenatória

A sentença condenatória reconhece a procedência do pedido deduzido na ação penal (pretensão punitiva) e impõe ao acusado as sanções previstas no tipo penal correspondente ao fato descrito.

Sob o ponto de vista estrutural, a sentença condenatória difere da absolutória na parte dispositiva porque contém os dispositivos legais violados, a indicação e as quantificações objetivas das penas.

Diz efetivamente o artigo 387 que, no dispositivo, o juiz deverá considerar as "circunstâncias agravantes e atenuantes definidas no Código Penal", as "outras circunstâncias apuradas" e "tudo o mais que deva ser levado em conta na aplicação da pena de acordo com o disposto nos arts. 59 e 60 do Código Penal" para aplicar a pena conforme "essas conclusões" (incisos I a III).

A redação anterior do artigo 387 e seus incisos haviam merecido a crítica de Aramis Nassif, que permanece atual, a despeito das modificações da Lei 11.719/08, porque as circunstâncias judiciais e legais a considerar e as etapas correspondentes do processo de individualização judicial das penas estavam bem detalhadas nos artigos 59, 61, 62, 66, 67 e 68, parágrafo único, 70 e 71 do CP, isto é, no Código onde devem efetivamente figurar.

Aliás, se a intenção do legislador era reproduzir no CPP as fases do método trifásico (art. 68 do CP), impunha-se que aludisse não só às circunstâncias judiciais do art. 59 e às circunstâncias legais agravantes e atenuantes, mas, ainda, às causas especiais de aumento e de diminuição de pena de consideração obrigatória na terceira fase, olimpicamente esquecidas pelo texto do novo artigo 387 ou camufladas na expressão "tudo o mais que deva ser levado em cona na aplicação da pena".

Ao não se referir a essas causas especiais, o legislador deixou a falsa impressão de que a individualização judicial da pena ocorre em apenas duas fases, em contraste com a realidade legal do art. 68 do CP.

Mais: para que houvesse plena conformidade com o CP, ainda assim inútil, pela evidente redundância que produziria, era de rigor a especificação em inciso próprio do dever do juiz de individualizar o regime de execução e de examinar a hipótese de eventual substituição das penas (art. 44) ou de suspensão da sua execução, mediante condições (*sursis,* art. 77 do CP).

A sentença condenatória gera um efeito principal e diversos efeitos secundários.

O efeito principal é o de legitimar a condenação e possibilitar a execução voluntária ou compulsória das penas impostas.

A esse efeito, agregam-se efeitos secundários (art. 91 do CP), que, rigorosamente, tem natureza de penas acessórias e cuja obrigatoriedade está associada à existência de fundamentos deduzidos em correspondente discurso fundamentador.

O primeiro a ser destacado é o de indenizar os danos causados pelo crime (inciso I do artigo 91 do CP) nos casos antes destacados.

das PENAS e seus CRITÉRIOS de APLICAÇÃO

Historicamente, a sede apropriada para a reparação patrimonial fundada na sentença sempre foi a ação civil.

Esse é o caminho que o ofendido ou quem o represente deve *ainda* continuar trilhando, não obstante a introdução ,em nosso Código pela Lei 11.719/08, de regras impondo ao juiz o dever de fixar, na sentença condenatória, um *valor mínimo* a título de indenização.

Os novos comandos normativos vieram ao encontro do objetivo de incrementar a proteção da vítima do crime, a grande esquecida, embora possam causar o risco de transformar o processo penal em *locus* para a discussão de temas privados, patrimoniais, em detrimento de suas clássicas finalidades institucionais. Aos juízes incumbirá redobrar o cuidado para evitar que o centro do processo desborde para o plano puramente patrimonial, em prejuízo do interesse público na punição.

São várias as condições para que o juiz possa, desde que por fatos cometidos na vigência da Lei 11.719/08,[69] impor ao acusado, na sentença condenatória, o dever de pagamento do valor mínimo pelos danos causados ao ofendido.

A primeira é que a sentença seja condenatória, como estamos vendo. Não é viável a fixação em sentença absolutória de valor mínimo para reparação patrimonial dos danos, mesmo quando fundada na falta de provas da autoria ou da materialidade do crime.

É bom insistir: o automático dever de indenizar decorre de sentença condenatória (art. 91, I, do CP). Se o réu for absolvido, a vítima poderá obter a indenização em ação própria, desde que a) prove a culpa do réu e b) não concorram os óbices ao pedido elencados no artigo 386 do CPP.

A segunda condição: a vítima precisará estar habilitada nos autos e requerer a condenação à reparação dos danos, mesmo porque poderá optar por discutir o problema, em toda a sua extensão e profundidade, na órbita própria do processo civil.

Embora titular da pretensão punitiva, o Ministério Público, a nosso ver, não detém legitimidade para postular o pagamento do valor mínimo de indenização à vítima, uma vez que o interesse é privado. A matéria não se inclui na esfera de suas atribuições constitucionais (art. 129) ou legais.

Dessas afirmações deriva a conclusão de que juiz não pode de ofício[70] condenar o réu a reparar os danos, embora precedente em contrário,[71] porque isso implica ofensa

---

[69] "Afastamento da indenização para a vítima. Medida prevista no art. 387, inc. IV, do CPP, introduzida pela Lei nº 11.719/08, que entrou em vigor em data posterior aos fatos delituosos objeto deste processo. Considerando que esta norma tem cunho eminentemente material, tratando do apenamento do indivíduo infrator, não é possível a sua aplicação retroativa em prejuízo do acusado. Provido o recurso do Ministério Público. Provido parcialmente o recurso da defesa". (Apelação-Crime nº 70028370567, 8ª C.C., TJRS, Rel. Dálvio Leite Dias Teixeira, j. 26/8/09). No mesmo sentido: "Norma com evidente natureza substancial, importando em verdadeira sanção a ser imediatamente executada pela vítima. Irretroatividade de lei prejudicial ao réu, porque ocorrido o crime em 9/5/08, quando a norma entrou em vigor em 22/8/08. Além disso, fosse possível a incidência imediata, estar-se-ia retirando do acusado a possibilidade de debater a questão, no curso do processo penal, violando frontalmente os princípios constitucionais do contraditório, da mais ampla defesa e do devido processo legal. Inviabilidade da aplicação do preceito aos processos em andamento" (Apelação-Crime nº 70030852826, 8ª C.C., TJRS, Rel. Fabianne Breton Baisch, j. 28/10/09). Ver também: Apelação--Crime nº 70027587195, 7ª C.C., TJRS, Rel. João Batista Marques Tovo, j. 9/4/09).

[70] "Isenção do pagamento das custas processuais. condenação do réu, de ofício, ao pagamento de indenização à vítima. Nulidade da sentença no ponto, por caracterizar disposição *extra petita*. Violação aos princípios da imputação, correlação, ampla defesa e contraditório no *due process criminal of law*. Desconstituição do preceito sentencial condenatório do réu ao pagamento da indenização fixada à vítima. ... Apelação-Crime nº 70032587834, 6ª C.C., TJRS, Rel. Aymoré Roque Pottes de Mello, j. 12/11/09).

[71] Apelação-Crime nº 70030604938, 8ª C.C., TJRS, Rel. Danúbio Edon Franco, j. 30/9/09.

ao modelo acusatório de processo e viola o princípio do devido processo legal e seus consectários, dentre eles, a ampla defesa e o contraditório.[72]

O Código de Processo Penal não fornece caminho seguro para a quantificação do *valor mínimo* de indenização.

Considerando-se que o condenado não ficará imune à via cível, nossa sugestão é no sentido de que os documentos acostados aos autos pelo ofendido que comprovem pagamentos efetuados[73] sirvam como parâmetros para a quantificação de um valor mínimo, que, por ser mínimo, não deve corresponder ao valor total dos danos, a ser apurado na ação civil.

A exigibilidade do valor indenizatório mínimo pressuporá também o esgotamento da via recursal e, se esse valor não for desembolsado pelo condenado, a quebra do dever não repercutirá no nível das penas impostas, transferindo-se a questão para a órbita civil.

O segundo efeito previsto no inciso II do art. 91 é o da "perda em favor da União, ressalvado o direito do lesado ou de terceiro de boa-fé, dos instrumentos do crime, desde que consistam em coisas cujo fabrico, alienação, uso, porte ou detenção constitua ilícito" (letra A), por exemplo, armas, petrechos para falsificações, etc. e/ou de qualquer bem que constitua proveito auferido pelo agente com a prática do fato criminoso (letra B), por exemplo, carros, aviões, propriedades imobiliárias adquiridas com o tráfico de entorpecentes.

A recente Lei Anticrime de nº 13.964/2019 acrescentou ao CP o artigo 91-A, para nele estabelecer, ainda, como efeito da sentença que "Na hipótese de condenação por infrações às quais a lei comine pena máxima superior a 6 (seis) anos de reclusão, poderá ser decretada a perda, como produto ou proveito do crime, dos bens correspondentes à diferença entre o valor do patrimônio do condenado e aquele que seja compatível com o seu rendimento lícito". É condição o prévio requerimento na denúncia e a "indicação da diferença apurada" (§ 3º) para que o valor possa ser declarado e a perda decretada na sentença (§ 4º).

Ao que se infere do texto será imperiosa a realização de exaustiva prova, inclusive pericial, para que o pedido do MP de perda da diferença patrimonial seja acolhido, havendo o risco de transformação do objeto do processo penal.

Em graves imprecisões técnicas, o § 2º do novo artigo 91 do CP, de um lado, confere ao "condenado", quando deveria referir-se ao acusado,[74] a possibilidade de promover a demonstração da compatibilidade e licitude de seus bens para evitar a declaração de perda, e, assim, culmina por inverter o ônus da prova por presumir como verdadeira a alegação de ilicitude e transferir para o acusado o dever de mostrar que, pelos rendimentos auferidos, podia construir o patrimônio questionado. A constitucionalidade desse dispositivo certamente será questionada.

---

[72] Não tendo sido debatida nos autos a possibilidade de ressarcimento à vítima, consequentemente sobre isso o réu não pode se defender, de modo que seria indevida uma decisão contrária aos interesses do mesmo nesse sentido. Negaram provimento ao apelo ministerial e deram parcial provimento ao apelo defensivo. (Apelação-Crime nº 70029073137, Terceira Câmara Criminal, Tribunal de Justiça do RS, Relator: Marcel Esquivel Hoppe, Julgado em 19/06/2009).

[73] Não há como estabelecer valor mínimo indenizatório, nos termos do art.387, IV do CPP, se não apurada a existência do prejuízo. Aplicável a atenuante da confissão espontânea. Readequada, de ofício, a substituição da pena, em face da vedação do art. 46, *caput*, do Código Penal. Apelação parcialmente provida. (Recurso-Crime nº 71002310910, Turma Recursal Criminal, Turmas Recursais, Relator: Laís Ethel Corrêa Pias, Julgado em 19/10/2009).

[74] A não ser que venha a se dar inaceitável interpretação restritiva ao texto para assegurar direito de defesa da compatibilidade e licitude só depois da prolatação da sentença condenatória.

das PENAS e seus CRITÉRIOS de APLICAÇÃO

Em relação aos "instrumentos utilizados para a prática de crimes por organizações criminosas e milícias", o § 5º do novo art. 91 veio a dispor que "deverão ser declarados perdidos em favor da União ou do Estado, dependendo da Justiça onde tramita a ação penal, ainda que não ponham em perigo a segurança das pessoas, a moral ou a ordem pública, nem ofereçam sério risco de ser utilizados para o cometimento de novos crimes."

Já o artigo 92 do CP, em três incisos, tipifica como efeitos da condenação a perda do cargo, da função pública ou do mandato eletivo (inciso I), quando aplicada pena privativa de liberdade por tempo igual ou superior a um ano, nos crimes praticados com abuso de poder ou violação de dever para com a administração pública (letra "a") e, nos demais casos, quando a pena privativa de liberdade por superior a quatro anos (inciso "b").

Constituem ainda efeitos da condenação a incapacitação para o exercício do pátrio poder, tutela ou curatela, nos crimes dolosos, sujeitos à pena de reclusão, cometidos contra filho, tutelado ou curatelado (inciso II) e a inabilitação para dirigir veículo, quando utilizado como meio para a prática de crime doloso (inciso III).

No que tange à perda do mandato eletivo, o Supremo Tribunal Federal, ao julgar o processo do "mensalão" concluiu que compete ao Poder Judiciário, e não ao Poder Legislativo o pronunciamento sobre a perda do mandato eletivo, por ser efeito da condenação,[75] sob o entendimento de que "não há sentença jurisdicional cuja legitimidade ou eficácia esteja condicionada à aprovação pelos órgãos do Poder Político".

---

[75] "Perda do mandato eletivo. (...) O STF recebeu do Poder Constituinte originário a competência para processar e julgar os parlamentares federais acusados da prática de infrações penais comuns. Como consequência, é ao STF que compete a aplicação das penas cominadas em lei, em caso de condenação. A perda do mandato eletivo é uma pena acessória da pena principal (privativa de liberdade ou restritiva de direitos), e deve ser decretada pelo órgão que exerce a função jurisdicional, como um dos efeitos da condenação, quando presentes os requisitos legais para tanto. Diferentemente da Carta outorgada de 1969, nos termos da qual as hipóteses de perda ou suspensão de direitos políticos deveriam ser disciplinadas por lei complementar (art. 149, § 3º), o que atribuía eficácia contida ao mencionado dispositivo constitucional, a atual Constituição estabeleceu os casos de perda ou suspensão dos direitos políticos em norma de eficácia plena (art. 15, III). Em consequência, o condenado criminalmente, por decisão transitada em julgado, tem seus direitos políticos suspensos pelo tempo que durarem os efeitos da condenação. A previsão contida no art. 92, I e II, do CP, é reflexo direto do disposto no art. 15, III, da CF. Assim, uma vez condenado criminalmente um réu detentor de mandato eletivo, caberá ao Poder Judiciário decidir, em definitivo, sobre a perda do mandato. Não cabe ao Poder Legislativo deliberar sobre aspectos de decisão condenatória criminal, emanada do Poder Judiciário, proferida em detrimento de membro do Congresso Nacional. A Constituição não submete a decisão do Poder Judiciário à Vide por ato de qualquer outro órgão ou Poder da República. Não há sentença jurisdicional cuja legitimidade ou eficácia esteja condicionada à aprovação pelos órgãos do Poder Político. A sentença condenatória não é a revelação do parecer de umas das projeções do poder estatal, mas a manifestação integral e completa da instância constitucionalmente competente para sancionar, em caráter definitivo, as ações típicas, antijurídicas e culpáveis. Entendimento que se extrai do art. 15, III, c/c o art. 55, IV, § 3º, ambos da CR. Afastada a incidência do § 2º do art. 55 da Lei Maior, quando a perda do mandato parlamentar for decretada pelo Poder Judiciário, como um dos efeitos da condenação criminal transitada em julgado. Ao Poder Legislativo cabe, apenas, dar fiel execução à decisão da Justiça e declarar a perda do mandato, na forma preconizada na decisão jurisdicional. Repugna à nossa Constituição o exercício do mandato parlamentar quando recaia, sobre o seu titular, a reprovação penal definitiva do Estado, suspendendo-lhe o exercício de direitos políticos e decretando-lhe a perda do mandato eletivo. A perda dos direitos políticos é 'consequência da existência da coisa julgada'. Consequentemente, não cabe ao Poder Legislativo 'outra conduta senão a declaração da extinção do mandato' (RE 225.019, rel. min. Nelson Jobim). Conclusão de ordem ética consolidada a partir de precedentes do STF e extraída da CF e das leis que regem o exercício do poder político-representativo, a conferir encadeamento lógico e substância material à decisão no sentido da decretação da perda do mandato eletivo. Conclusão que também se constrói a partir da lógica sistemática da Constituição, que enuncia a cidadania, a capacidade para o exercício de direitos políticos e o preenchimento pleno das condições de elegibilidade como pressupostos sucessivos para a participação completa na formação da vontade e na condução da vida política do Estado. No caso, os réus parlamentares foram condenados pela prática, entre outros, de crimes contra a administração pública. Conduta juridicamente incompatível com os deveres inerentes ao cargo. Circunstâncias que impõem a perda do mandato como medida adequada, necessária e proporcional. Decretada a suspensão dos direitos políticos de todos os réus, nos termos do art. 15, III, da CF." (AP 470, Rel. Min. Joaquim Barbosa, julgamento em 17.12.2012, Plenário, *DJE* de 22.4.2013.) No mesmo sentido: AP 396-QO, Rel.

Decorrem da sentença, como seus efeitos secundários, no exato sentido da expressão, a perda da primariedade e o pagamento das custas do processo.[76]

O estado de pobreza não é motivo para a dispensa do pagamento das custas na sentença condenatória. Se o condenado demonstrar a impossibilidade de arcar com o pagamento, salvo em prejuízo do sustento ou da família, o juiz das execuções poderá dispensá-lo do encargo.

A previsão de lançamento do nome do réu no Livro Rol dos Culpados que estava prevista no artigo 389 do CPP foi revogada pela Lei 12.403/2011 sob o argumento de que seria inconstitucional. Parece-nos que levou-se em conta mais a denominação do livro do que propriamente a natureza do registro. Em algum lugar é preciso que se anote, para fins históricos e certificação da primariedade ou reincidência, as condenações definitivas e, salvo melhor juízo, somos levados a imaginar que se o nome do livro fosse outro a preocupação com a inconstitucionalidade poderia não ter aparecido.

14.9. A sentença absolutória ou condenatória: o princípio da identidade física

Dentre as novidades introduzidas no CPP pela Lei 11.719/08 figura o princípio da *identidade física do juiz,* como outra manifestação da enorme influência da teoria do processo civil no sistema processual penal.

De acordo com previsto no artigo 132 do Código de Processo Civil, o juiz, titular ou substituto, que *concluir* a audiência julgará a lide, salvo se estiver convocado, licenciado, afastado por qualquer motivo, promovido ou aposentado, casos em que passará os autos ao seu sucessor.

A importância do princípio da identidade física é enorme, pois, ao ouvir as testemunhas e os peritos, entrevistar-se com o acusado e, assim, recolher as mais diversas impressões sobre a prova e também sobre o comportamento dos depoentes e das próprias partes no processo e ver o modo como elas se expressaram, com segurança, com vacilações, camuflando detalhes ou os oferecendo fora da contextualização espaço-temporal apropriada, etc., o juiz terá as condições de valorar com maior segurança a prova e decidir com margem maior de segurança e precisão.

Todos esses aspectos que se fazem sentir no processo civil são ainda mais intensamente visíveis no processo penal, porque centrado, prioritariamente, na análise dos fatos e das suas repercussões jurídico-penais, demonstrados e provados menos com documentos e mais com testemunhos.

Então, no dizer de Guilherme de Souza Nucci, "o magistrado que presidir a instrução (colheita das provas, em especial, em audiência) torna-se vinculado ao feito, devendo proferir a decisão. Há muito se reclamava que, justamente no processo penal,

---

Min. Cármen Lúcia, julgamento em 26.6.2013, Plenário, *DJE* de 4.10.2013. Em sentido contrário: AP 565, Rel. Min. Cármen Lúcia, julgamento em 8.8.2013, Plenário, *Informativo* 714. Vide: MS 32.326-MC, Rel. Min. Roberto Barroso, decisão monocrática, julgamento em 2.9.2013, *DJE* de 4.9.2013.

[76] As custas são efeitos da condenação e não cabe ao Juiz da sentença excluí-las, e, impossibilitado cabe ao juízo da execução o exame... (Apelação-Crime nº 70023490451, Terceira Câmara Criminal, Tribunal de Justiça do RS, Relator: Elba Aparecida Nicolli Bastos). No mesmo sentido: Apelação-Crime nº 70011838141, Segunda Câmara Criminal, Tribunal de Justiça do RS, Relator: Antônio Carlos Netto de Mangabeira, Julgado em 17/05/2007).

onde mais importante se dava a vinculação entre julgador e prova, houvesse a consagração legal da identidade física do juiz".[77]

Diferentemente do paradigma processual civil, que contempla ao juiz que *concluir a audiência* o dever de proferir a sentença, a Lei 11.719/08 estabeleceu, no § 1º do novo artigo 399 do CPP, que esse dever será do juiz que tiver *presidido a instrução*.

Levando-se em consideração o sentido das palavras empregadas, vê-se que diferem as situações. O juiz que concluir a audiência não necessariamente precisa ser aquele que recolheu a prova em sessões anteriores da audiência de instrução e julgamento. Segue-se, então, que, ao contemplar ao juiz que tiver *presidido* a instrução o dever de sentenciar, a Lei 11.719/08 permite a interpretação de que já ficará vinculado ao processo o juiz que tiver iniciado os atos da instrução, pois o § 1º do artigo 399 *não ressalvou* as convocações, as licenças, os afastamentos por qualquer motivo, as promoções e as aposentadorias dos juízes.

Em que pese essa interpretação literal, a jurisprudência está se inclinando em favor da aplicação ao crime da norma do artigo 132 do CPC, para poder concluir que, embora tenha presidido a instrução (em verdade, presidido a *audiência de instrução),* o juiz convocado, licenciado, afastado, promovido ou aposentado *não ficará vinculado ao processo* e, desse modo, a sentença poderá ser proferida pelo juiz que o suceder na vara ou na comarca.[78]

Lastreado nessa ampla interpretação, o Tribunal de Justiça do RS decidiu por isso mesmo que, se um juiz substituto realizar a audiência e recolher as alegações das partes, terá que julgar a causa por não ser possível considerar como "afastamento por qualquer motivo" o término da substituição, até porque, fosse assim, ao menos em relação ao juiz em substituição, a regra do art. 399, § 2º, do CPP, seria totalmente inócua, uma vez que, com o retorno do titular, sempre seria possível transferir a este o julgamento de todos os feitos instruídos pelo substituto, durante o período de suas férias.[79]

Admitindo-se, então, por força dessa interpretação, a extensão ao processo penal da razão jurídica constante do artigo 132 do CPC que reconhece ao juiz substituto a legitimidade, nas convocações, licenças, afastamentos por qualquer motivo, aposentadorias, promoções do titular, para proferir a sentença (mesmo não tendo participado da audiência de instrução), pensamos, entretanto, que para o resguardo do princípio da identidade física, o juiz substituto, nesse caso, precisaria assegurar ao réu a oportunidade para um novo interrogatório. O contato pessoal, como assinalamos antes, entre o juiz e o réu é fundamental na formação do convencimento e não raro atua como fator decisivo para o deslinde da causas bem específicas. Esse foi o espírito da Reforma e não respeitá-lo implica ignorar a própria Reforma.

Pensamos que a oportunidade para um novo interrogatório deverá ser assegurada mesmo naqueles processos com instrução encerrada antes da entrada em vigor da Lei 11.719/08, *data venia* do entendimento manifestado em precedentes do TJRS com base no princípio *tempus regit actum*.[80]

---

[77] NUCCI, Guilherme de Souza. *Código de Processo Penal Comentado.* 8. ed. São Paulo: RT, 2008, p. 720.

[78] Apelação-Crime nº 70030432892, 1ª Câm. Criminal, TJRS, Rel. Marco Antônio Ribeiro de Oliveira, j. 12/08/2009.

[79] Apelação-Crime nº 70028607943, 5ª Câm. Criminal, TJRS, Rel. Luís Gonzaga da Silva Moura, j. 01/04/2009.

[80] Não constitui cerceamento de defesa, a ensejar a nulidade do processo, a falta de renovação do interrogatório do réu, uma vez que, ao tempo da entrada em vigor da novel legislação processual (Lei n. 11.719/2008), a instrução já se encontra encerrada. Ausência de prejuízo ao acusado, ao qual foi oportunizada a defesa pessoal no curso do processo. Aplicação do princípio *tempus regit actum*. Preliminar rejeitada" (Apelação-Crime nº 70032029050,

Como enuncia a doutrina moderna, as normas processuais também atuam como mecanismos de proteção do acusado, tendo sido com base nessa concepção, aliás, que o legislador introduziu no CPP o princípio da identidade física do juiz.

Temos consciência de que a sugestão exposta gerará certos entraves burocráticos e contribuirá para congestionar um pouco mais as pautas judiciárias. Se quisermos ingressar no seleto grupo de países que protegem os direitos fundamentais e não veem o processo apenas como instrumento para a punição, podemos, perfeitamente, pagar esse preço, cobrando, ao mesmo tempo, das autoridades públicas, providências políticas para a melhoria das condições de trabalho e a expansão dos serviços judiciários com a criação de cargos e de varas em número capaz de atender às expectativas da sociedade brasileira.

14.10. A sentença criminal: intimação e recurso

As partes deverão ser intimadas da sentença (absolutória ou condenatória).

O Ministério Público,[81] o defensor público[82] e o defensor nomeado serão intimados pessoalmente, conforme preveem as respectivas Leis Orgânicas, salvo em relação ao último, cuja previsão consta do § 4º do art. 370 do CPP.

O réu será também intimado e *pessoalmente* se estiver preso (inc. I do art. 392 do CPP)[83] para assim poder revisar sua estratégia defensiva na apelação e substituir o seu advogado, se for o caso.

Nesse caso, o prazo recursal (ver o art. 798 e parágrafos do CPP, sobre a matéria) só fluirá para a defesa após a dupla intimação, isto é, a do acusado e a do seu defensor, independentemente da ordem em que ocorrer ou da data da juntada aos autos do mandado de intimação cumprido pelo Oficial de Justiça.[84]

Não sendo o acusado encontrado pelo Oficial de Justiça nos endereços fornecidos por ele ou seu defensor, para ser pessoalmente intimado, o ato poderá ocorrer por meio de edital (art. 392, inciso IV, do CPP), com o prazo de noventa dias, se tiver sido imposta pena privativa de liberdade por tempo igual ou superior a um ano, e de sessenta dias nos demais casos (§ 1º do artigo 392).

8ª Câm. Crim., TJRS, Relator Des. Danúbio Edon Franco, Julgado em 28/10/2009). No mesmo sentido: Rec. Sent. Estrito nº 70030497572, 1ª Câm. Crim., TJRS, Relator Des. Marco Antônio Ribeiro de Oliveira, Julgado em 12/08/2009.

[81] Art. 41, IV, da Lei 8.625/93.

[82] Arts. 5º, § 5º, da Lei 1.060/50 (acrescido pela Lei 7.871/89), e 128 da LC 80/94, com a redação dada pela LC 132/09).

[83] Se o acusado estiver em liberdade a intimação será unicamente de seu defensor. STJ, HC 40.247, julgado em 08/02/2018 e HC 417.633, 6ª T., julgado em 19.9.2013, ambos da relatoria da Min. Maria Thereza de Assis Moura. No mesmo sentido: HC. 53867, 5ª T., Relator Min. Gurgel de Faria, julgado em 24 de fevereiro de 2015 e HC 66.254/PR, Rel. Ministro Felix Fisher, 5ª T., julgado em 19/05/2016, DJe 10/06/2016. Em conformidade com essa o orientação: TJRS: Apelação Crime, nº 70080727696, 3ª Câmara Criminal, Relator Des. Diógenes Vicente Hassan Ribeiro, Julgado em: 17.04.2019 e Apelação-Crime, nº 70072491590, 4ª Câmara Criminal, Relator Des. Julio Cesar Finger, Julgado em: 16.05.2019, dentre outras decisões.

[84] Não se conhece de apelação interposta depois do quinquídio legal previsto no art. 593 do CPP, cujo prazo é contado a partir da data da última intimação efetivada, e não da data da juntada do mandado cumprido, consoante entendimento do STF por meio de sua Súmula 710" (Apelação-Crime nº 70015386089, Segunda Câmara Criminal, Tribunal de Justiça do RS, Relator: Laís Rogéria Alves Barbosa, Julgado em 14/06/2007). No mesmo sentido: Apelação-Crime nº 70011075470, 8ª Câmara Criminal, Tribunal de Justiça do RS, Relatora: Fabianne Breton Baisch, Julgado em 15/06/2005.

das PENAS e seus CRITÉRIOS de APLICAÇÃO

O prazo recursal para o MP será contado a partir da data em que os autos do processo forem disponibilizados no Cartório o Secretaria e não da data em que o seu representante neles lançar o ciente.[85]

O prazo para o procurador (*nomem juris* do defensor) e para o advogado constituído pelo querelante e pelo assistente começará a fluir a partir da data da intimação por nota de expediente veiculada pelo órgão incumbido da publicidade dos atos judiciais da comarca (art. 370, § 1º, do CPP).

O defensor público tem prazo dobrado para apelar contra a sentença criminal, mas não o defensor dativo.[86]

O recurso cabível da sentença absolutória ou condenatória é o de apelação (art. 593 do CPP), interposta em cinco dias, arrazoada e respondida em oito dias, com automática remessa dos autos ao tribunal, consoante se depreende dos artigos 600 e seguintes.

A apelação pode ser conhecida desacompanhada de razões e ainda ser interposta em primeiro grau com requerimento expresso para apresentação das razões diretamente no Tribunal (art. 600, §§ 1º e 4º). Processada a distribuição, o Relator determinará abertura de vista à defesa para essa finalidade.

O procedimento da apelação contra sentença absolutória ou condenatória por infração de menor potencial ofensivo está regulado na Lei 9.099/95 (art. 82), não se aplicando ao caso o disposto no art. 600.

O Assistente do MP arrazoará em três dias.

Prazo idêntico é assinalado ao órgão do MP para arrazoar o recurso na ação penal de iniciativa privada.

Para apelar, o assistente do MP terá quinze dias de prazo se não estiver habilitado nos autos (art. 598, parágrafo único) e, de acordo com o enunciado da Súmula 448 do STF, esse correrá imediatamente após o esgotamento do prazo assinalado para o MP.

Se estiver habilitado e portanto acompanhando o desenrolar do processo, o assistente disporá do mesmo prazo de 5 dias para apelar que é o prazo previsto para as Partes (art. 593 – 5 dias), o qual começará a fluir no dia imediato ao da intimação, conforme a regra geral sobre prazos (art. 798, § 5º, "a", do CPP).

O condenado não mais precisará se recolher à prisão *para apelar,* como dispunha o artigo 594 do CPP., felizmente revogado em 2008 pela Lei 11.719. A fuga também

---

[85] "... 1. O prazo de recurso para o Ministério Público começa a fluir da intimação pessoal, formalidade que se opera, a teor da Lei 8.625, de 12.2.93 – art. 41, IV – através da entrega dos autos com vista. 2.Remetidos os autos à Procuradoria de Justiça em 16 de fevereiro de 2000, apresenta-se como intempestivo recurso especial interposto após 22 de março de 2000, data em que o Representante do MP fez lançar o 'ciente'. Recurso especial não conhecido (REsp nº 284.118/SP, relator ministro Fernando Gonçalves, DJU de 16.4.2001, p. 121). Ainda: "... Intimação do Ministério Público se perfaz no momento em que, comprovadamente, o promotor recebe do escrivão, para ciência, a decisão de seu interesse – e não na data em que se dispõe a compulsar o processo, lançando o ciente sobre a sentença. (Recurso Extraordinário nº 105.178/RJ, Segunda Turma, relator ministro Francisco Rezek, DJU de 06.09.85).

[86] A jurisprudência majoritária deste Tribunal de Justiça é no sentido de que o dativo, apesar de ter a prerrogativa de intimação pessoal conferida pelo CPP, não possui prazo em dobro para recorrer, benefício processual que somente é aplicável ao Defensor Público". (Recurso em Sentido Estrito nº 70033267659, Primeira Câmara Criminal, Tribunal de Justiça do RS, Relator: Marcel Esquivel Hoppe, Julgado em 16/12/2009). "Não se aplica ao advogado dativo a norma inscrita no art. 5º, § 5º, da Lei 1.060/50, redação da Lei 7.871/89, dado que as prerrogativas processuais da intimação pessoal e do prazo em dobro somente concernem aos Defensores Públicos (LC 80/94, art. 44, I, art. 89, I, e art. 128, I). II. – Precedentes do STF: Pet 932-SP, Min. Celso de Mello; Ag 166.716-RS, Min. Moreira Alves; Ag 166.754-RS, Min. Sepúlveda Pertence; Ag 167.023-RS, Min. Celso de Mello; Ag 167.086-RS, Min. Marco Aurélio. III. – Agravo não provido.

não mais acarretará a *deserção* do recurso, como dispunha o artigo 595 do CPP, revogado em 2.011 pela Lei 12.403.

Sem embargo disso, o juiz, na sentença condenatória, pode, fundamentadamente, decretar a prisão preventiva do condenado, se presente e devidamente provado fato concreto que determine a sua necessidade, mas, de qualquer sorte, ainda que o réu não seja encontrado para ser intimado ou fuja da prisão o seu recurso será conhecido e julgado pela instância superior.

Entretanto, a prisão preventiva é sempre excepcional.

Consoante dispunha o artigo 315 do CPP, ela visava a garantia da ordem pública, da ordem econômica, da conveniência da instrução criminal e da aplicação da lei penal e agora com a nova redação a esse artigo e parágrafos, conferida pela Lei Anticrime de nº 13.964/2019, exige-se mais a demonstração de indícios suficientes de *perigo gerado pelo estado de liberdade* (*periculum libertatis*), *receio* e fatos *novos* ou *contemporâneos* que justifiquem a sua necessidade.

15

A execução das penas

*A liberdade enquanto libertação em face de um
obstáculo pressupõe o obstáculo.*
Norberto Bobbio

Sumário: 15.1. Generalidades; 15.2. A execução das penas
privativas de liberdade; 15.2.1. Os regimes de execução;
15.2.1.1. O regime inicial fechado; 15.2.1.2. O regime semi-
-aberto; 15.2.1.3. O regime aberto; 15.2.1.4. O Regime Disciplinar Diferenciado (RDD); 15.3. A progressão nos regimes;
15.4. A regressão nos regimes; 15.5. A execução das penas restritivas de direito; 15.6. A execução da multa em dias-multa;
15.7. As conversões das penas em prisão; 15.8. A prescrição.

15.1. Generalidades

Executável é a sentença condenatória.

A fase da execução é autônoma, embora conexa à fase do conhecimento.

Ela se instaura e se desdobra por impulso oficial e, a teor do art. 1º da Lei 7.210/84, "(...) tem por objetivo efetivar as disposições da sentença ou decisão criminal e propor-cionar condições para harmônica integração social do condenado e do internado".

Pressuposto para o início da execução é o trânsito em julgado da sentença, mo-mento em que o acusado perde o status de não culpado e a sentença transforma-se em título executivo com poder coativo.

Mas, nem sempre foi assim.

Na jurisprudência do STF era antiga a orientação de que o réu condenado à pena de privação de liberdade tinha que se recolher à prisão ao ser condenado, para ini-ciar o cumprimento da pena, se pretendesse apelar à segunda instância, salvo se fosse primário e de bons antecedentes (a teor do revogado art. 594 do CPP). Se estivesse cautelarmente preso e fugisse do estabelecimento prisional a apelação interposta era considerada deserta e não seria mais suscetível de conhecimento e julgamento (a teor do revogado art. 595 do CPP).

Essa orientação perdurou até o ano de 2009, porque, ao julgar nesse ano o HC nº 84.078, da relatoria do então Ministro Eros Grau, a egrégia Corte decidiu privilegiar a garantia constitucional da presunção de inocência, prevista desde 1988 na Lei Maior, em detrimento da execução antecipada, e, desse modo, condicionar a execução das penas em geral ao trânsito em julgado da sentença condenatória, isto é, ao esgotamento de todas as chances recursais previstas em nosso Direito.

das PENAS e seus CRITÉRIOS de APLICAÇÃO

Quase 8 anos depois, mais precisamente em fins de 2016, o mesmo STF, provavelmente sob a influência dos movimentos sociais que reclamavam maior severidade no combate à criminalidade, à violência e à corrupção (violência institucional), por escassa maioria de votos e sem ter havido mudanças constitucionais, restabeleceria a restritiva orientação ao julgar o HC n° 126.292, da relatoria do saudoso Ministro Teori Zavascki[1] para, a partir daí, aceitar a legalidade e a constitucionalidade da prisão em segunda instância.

Esse precedente não tinha efeito vinculante (em razão das características da nossa jurisprudência temperadas pelas novas regras dos arts. 926 a 928 do NCPC), mas, a despeito disso, passou a ser invocado com regularidade por Juízes e Tribunais como fundamento para a expedição de mandados de prisão na pendência de recursos aos Tribunais Superiores.

Em meio aos aplausos dos que defendiam essa solução, a comunidade jurídica, guiada por critérios estritamente técnicos e atenta às dissonâncias no interior do Tribunal não deixaria que a polêmica esfriasse e voltaria a reiterar as alegações de inconstitucionalidade da execução em ações declaratórias de constitucionalidade (ADCS. 43,44 e 54) para o fim de fazer preponderar o texto do artigo 283 do CPP, que assim reza: "Ninguém poderá ser preso senão em flagrante delito ou por ordem escrita e fundamentada da autoridade judiciária competente, em decorrência de sentença condenatória transitada em julgado ou, no curso da investigação ou do processo, em virtude de prisão temporária ou prisão preventiva".

Essas ações foram levadas a julgamento em novembro de 2019 com ampla divulgação pelos órgãos de comunicação e foi com o voto de desempate do Ministro Dias Toffoli que o STF decidiu reavivar entendimento externado por ocasião do julgamento do HC n° 84.078 da relatoria do Min. Eros Grau para, novamente, proibir a execução antecipada das penas.

Essa mudança de cenário decorreu da única interpretação possível às normas legais e constitucionais vigentes, porque sendo certo que ninguém tem o dever de cumprir penas a não ser depois de ser definitivamente declarado *culpado* e como só após o esgotamento da via recursal é que o *status* de não culpabilidade se desvanece, como seria possível, então, falar-se em legalidade e constitucionalidade de *prisão para o início do processo de execução* enquanto ainda estiver aberta a via recursal que potencializa a mudança do cenário?

Não tinha e não tem consistência, máxima vênia, o argumento de que os Tribunais Superiores não julgam fatos e sim só questões legais e constitucionais e que, portanto, tendo os fatos sido apreciados e valorados em segundo grau, no tocante a eles a sentença seria definitiva.

Não tinha e não tem consistência, reitere-se, porque, embora a premissa seja exata, a verdade é que como o recurso especial e o recurso extraordinário ensejam anula-

---

[1] Eis trecho da ementa: "... . 1. A execução provisória de acódão penal condenatório proferido em grau de apelação, ainda que sujeito a recurso especial ou extraordinário, não compromete o princípio constitucional da presunção de inocência afirmado pelo artigo 5°, inciso LVII da Constituição Federal. 2. *Habeas corpus* denegado.". A decisão se deu por maioria de sete votos a quatro. O Pleno seguiu o voto do Ministro Teori Zavascki, para quem, depois da confirmação de uma condenação por um tribunal de segunda instância, a pena já pode ser executada, já que a fase de análise de provas e de materialidade se esgota. Ao Superior Tribunal de Justiça e ao STF, anotou Teori, cabe apenas as discussões de direito. Por isso, disse o ministro, o princípio da presunção de inocência permite que o recurso seja imposto já durante o cumprimento da pena. Seguiram o voto de Teori os Ministros Luiz Edson Fachin, Luís Roberto Barroso, Luiz Fux, Dias Toffoli, Cármen Lúcia e Gilmar Mendes. Ficaram vencidos os ministros Rosa Weber, Marco Aurélio, Celso de Mello e Ricardo Lewandowski.

ção dos processos ou das sentenças por negativas de vigência às Leis ou à Constituição, essa amplitude dos pronunciamentos acaba produzindo renovações dos julgamentos pelas instâncias inferiores, com novas chances de deliberações favoráveis aos acusados-recorrentes.

É certo que o § 2º do artigo do art. 27 da Lei 8.038/90 dispõe que os recursos de índole extraordinária são recebidos no efeito devolutivo e que é assim que consta, embora com outras palavras, no inciso III do § 5º do artigo 1.029 do vigente NCPC. Não é menos certo, contudo, que aquela norma e esta têm por endereço os recursos extraordinário e especial cíveis, cujas sentenças são em tese executáveis antecipadamente, mediante prestação de caução que propiciará indenização do oponente caso o exequente perca a demanda.

Jamais as sentenças criminais, máxima vênia, questionáveis por recursos revestidos de *ínsito* efeito suspensivo cuja existência independe de declaração ou previsão em lei ordinária porque decorre da garantia tipificada no inciso LVII do art. 5º da CF.

A bem da verdade, o que se depreendeu dos votos dos eminentes Ministros do STF favoráveis à execução antecipada das penas foi o esforço de neutralizar as inquietações da sociedade com intensificação do rigor punitivo e ao mesmo tempo de isentar o Judiciário das acusações de impunidade pela demora no julgamento dos recursos[2] – algo sem sentido num País que tinha em 1990 aproximadamente 150 mil presos e hoje mantém nas penitenciárias em torno de 800 mil indivíduos, em números absolutos.

O julgamento, segundo pensamos, não encerrou a polêmica em primeiro lugar por causa das divergências internas na Corte e, em segundo lugar, porque o Congresso Nacional com o Projeto que se transformou na Lei 13.964/2019 conferiu ao artigo 283 do CPP nova redação consentânea com o novo entendimento,[3] mas fazendo-se de desentendido e de forma contraditória, introduziu ao art. 492 do CPP um novo parágrafo rezando que "A apelação interposta contra decisão condenatória do Tribunal do Júri a uma pena igual ou superior a 15 (quinze) anos de reclusão não terá efeito suspensivo".

Como essa última regra, não há dúvida de que princípio da igualdade ficou gravemente ferido e enquanto ela permanecer no Código de Processo Penal os condenados por crimes da competência do juízo singular aguardarão em liberdade os julgamentos de seus recursos, ao passo que os condenados pelo Tribunal do Júri terão que se recolher à prisão para cumprimento das penas impostas, como condição para poderem exercerem o direito de apelar nas hipóteses previstas no art. 593, inciso III, do CPP.

A repristinação do art. 594 do CPP, revogado por inconstitucionalidade manifesta, ficou evidente! Fica-se com a impressão que o Congresso confia muito nas decisões proferidas pelos Jurados mesmo sem nenhuma formação jurídica e que confia muito pouco nas decisões proferidas por juízes técnicos, conhecedores das leis e experientes nas lides judiciárias.

---

[2] Como reflexo dessa preocupação, observe-se que o Congresso, por meio da Lei Anticrime (13.064/2019), cujo projeto havia sido desenhado por Procuradores da República que atuaram na Lava Jato e pelo então Juiz e hoje Ministro da Justiça Sérgio Moro, com a contribuição e apoio de Ministros do STF, cuidaria de acrescentar um inciso (o III) ao artigo 116 do Código Penal, para dispor que não flui o prazo prescricional na pendência de embargos de declaração ou de recursos aos tribunais superiores, quando (forem considerados) inadmissíveis! A punibilidade permanecerá doravante intacta mesmo após a fluência de lapso temporal equivalente ao assinalado para ao próprio crime ... basta que os recursos de embargos declaratórios, extraordinário e especial fiquem à espera indefinida de julgamentos...

[3] Art. 283. Ninguém poderá ser preso senão em flagrante delito ou por ordem escrita e fundamentada da autoridade judiciária competente, em decorrência de prisão cautelar ou em virtude de condenação criminal transitada em julgado

---

das PENAS e seus CRITÉRIOS de APLICAÇÃO

A fase executória das penas era considerada como sendo de natureza exclusivamente administrativa até 1984, mas, a partir desse ano, tornou-se também jurisdicional, com o condenado deixando de ser um objeto e passando à condição de sujeito de direitos, dentre eles, o de se opor aos excessos ou desvios na execução (arts. 185 e 186 da LEP).

No âmbito administrativo as atividades inerentes à execução no RS incumbem às pessoas lotadas na SUSEPE (Superintendência dos Serviços Penitenciários) sob a fiscalização do Ministério Público e do Juiz das Execuções.

Essas atividades variam conforme a espécie de pena aplicada.

15.2. A execução das penas privativas de liberdade

O início da execução da pena privativa de liberdade se dará com o envio dos autos do processo à vara de execuções penais, onde será expedida a guia de recolhimento do condenado à Penitenciária, Colônia Penal ou Albergue, conforme o regime estabelecido (art. 105 da LEP). Esse documento legitima o confinamento, orienta o diretor do estabelecimento penal e limita o poder punitivo, pois qualquer excesso ou desvio pode ser denunciado pelo condenado em procedimento próprio, como destacado no tópico anterior.

Apresentando-se voluntariamente no Estabelecimento Penal, ou sendo preso, o condenado será avaliado por uma Comissão Técnica de Classificação[4] (art. 7° da LEP) e a partir daí a execução se desdobrará em conformidade com o regime específico individualizado na sentença[5] (arts. 33, § 3°, e 59 do CP) em consonância com o princípio da proporcionalidade.[6]

15.2.1. Os regimes de execução

O artigo 33 do Código Penal dispõe hierarquicamente sobre as espécies de regime inicial de execução das penas privativas de liberdade: o fechado, mais rigoroso, nas condenações superiores a 8 anos; o semi-aberto,[7] de rigor intermediário, nas condenações entre 4 e 8 anos; e o aberto, que é o mais brando, nas condenações até 4 anos de reclusão, detenção ou prisão simples.

A execução da pena de reclusão pode dar-se em quaisquer dos regimes.

Contudo, a execução das penas de *detenção* e de *prisão simples* só poderá ocorrer nos regimes semi-aberto e aberto, salvo caso de regressão, como preveem os artigos 33,

---

[4] É assim que consta no art. 5° da Lei 7.210/84.

[5] "...A individualidade da pena se estende também à determinação do regime inicial de cumprimento (...)" (DJU n 149, de 04.08.95, p. 22441 – HC n° 70.684-3/RJ, Rel. Min. Francisco Rezek).

[6] "... O § 3° do artigo 33 estabelece que a determinação do regime inicial de cumprimento da pena far-se-á com observância dos critérios previstos no artigo 59 do Código Penal. Hipótese em que as circunstâncias judiciais são desfavoráveis ao paciente, justificando a imposição de regime mais severo do que o previsto segundo a pena aplicada." (HC 95.039, Rel. Min. Eros Grau, julgamento em 12.5.09, 2ª Turma, *DJE* de 7.9.09). No mesmo sentido: HC 70.680, Rel. Min. Celso de Mello, julgamento em 31.5.94, 1ª Turma, *DJE* de 4.12.09. Ainda: "2. A determinação do regime inicial de cumprimento da pena não depende apenas das regras do *caput* e seu § 2° do art. 33 do C. Penal, mas, também, de suas próprias ressalvas, conjugadas com o *caput* do art. 59 e inciso III (R.H. n° 64.970). E deve ser feita, nos termos do § 3° do art. 33, com observância dos critérios previstos no art. 59 (HC 70.289). 3. A quebra do dever de rigidez do comportamento ético imposto de modo especial ao exercício de determinadas funções públicas é motivo idôneo para a maior severidade na individualização da pena (HC n° 69.822). 4. Severidade maior, não só na fixação da pena, mas, também, na do regime de seu cumprimento, já que tudo concerne a sua individualização. 5. HC indeferido" (HC n 71851-5/SP, STF, Rel. Min. Sydney Sanches, DJU 04.08.95, p. 22.445).

[7] Escrevemos *semi-aberto* porque é assim que ainda consta no CP – art. 33, § 1°, *b*) – e não "semiaberto" como seria a forma correta segundo a Reforma da língua portuguesa oficializada em 29 de setembro de 2008 por meio do Decreto n. 6.583.

do Código Penal, e 118, e incisos, da LEP e art. 6º do Dec. 3.688/41 (Lei das Contravenções Penais).

Logo, nenhum condenado a cumprir pena de detenção ou prisão simples, mesmo o reincidente,[8] começará no regime inicial fechado (como leitura apressada da letra "a" do § 2º do artigo 33 do CP pode sugerir), ainda que a quantidade supere a oito anos.

Alertamos para a pertinência da observação porque há Lei (de nº 1.521/51)[9] contemplando nos crimes contra a economia popular penas de *detenção* em quantidades que variam entre dois e dez anos (art. 3º, incisos I a X)!

15.2.1.1. O regime inicial fechado

O regime fechado é de imposição obrigatória sempre que a pena privativa de liberdade imposta for a *reclusão* e exceder a oito anos. O emprego do verbo no futuro do presente ("deverá") não deixa qualquer dúvida quanto a esse aspecto.

O estabelecimento penal próprio para a execução da pena em regime fechado é a *penitenciária* (art. 87 da LEP).[10]

O condenado será classificado quando da elaboração do programa individualizador da execução. Em que pese as determinações legais, a classificação tem se restringido à separação dos não reincidentes dos reincidentes ou a separação dos autores de determinados crimes violentos ou repulsivos (p. ex.: latrocínio, estupro) dos autores de crimes mais leves, muitas vezes por razões de segurança interna.

Quanto às características da clientela que cumpre pena em regime fechado, o professor e ilustre membro do Ministério Público da Bahia, Rômulo de Andrade Moreira, ao analisar o *"Projeto Sistema Prisional em Números"* elaborado pelo Conselho Nacional do MP e destinado a conferir visibilidade e maior transparência aos dados do sistema prisional brasileiro, a partir das visitas ordinárias realizadas pelos membros da Instituição em todo o País, mostrou que, "... por idade, os presos da maior fatia serão os jovens, de 18 a 24 anos: 30%. A seguir, vêm as faixas de 25 a 29 anos, com 25%; 30 a 34 anos, com 19%; e 35 a 45 anos, com os mesmos 19%. Somando-se os dois maiores percentuais: 55% dos detentos brasileiros têm de 18 a 29 anos".

Os resultados da Pesquisa, segundo o professor Rômulo, confirmam que "estão "guardados" no sistema profissional "... os excluídos de toda ordem, basicamente aqueles indivíduos banidos pelo injusto e selvagem sistema econômico".[11] A população carcerária que em 1990 era aproximadamente de 150 estava estimada em fins

---

[8] Nesse sentido: "O cumprimento da pena de detenção, em se tratando de réu reincidente, deve ser iniciado no regime semi-aberto, constituindo coação ilegal a determinação de que a sua efetivação seja no fechado (...)" (HC nº 297010688, 1ª Câm. Criminal do TARGS, Rel. Marco Antônio Ribeiro de Oliveira, j. 28.05.97, un.). Apelação-Crime nº 70040153389, 8ª Câm. Criminal, TJRS, Relatora Desa. Fabianne Breton Baisch, Julgado em 12/01/2011, Apelação-Crime nº 70037164274, 8ª Câm. Criminal, TJRS, Relatora Desa. Isabel de Borba Lucas, Julgado em 12/01/201, Apelação-Crime nº 70031053382, 1ª Câm. Criminal, TJRS, Relator Des. Marco Antônio Ribeiro de Oliveira, Julgado em 09/09/2009, Apelação-Crime nº 70009651928, 8ª Câm. Criminal, TJRS, Relator, Des. Luís Carlos Ávila de Carvalho Leite, Julgado em 19/04/2006, *Habeas Corpus* nº 297010688, 1ª Câm. Criminal do TARGS, Rel. Marco Antônio Ribeiro de Oliveira, j. 28.05.97, votação unânime.

[9] Alertamos que diversos dispositivos da Lei 1.521 foram alterados por Leis subsequentes, nomeadamente as de nºs 7.492/86 e 8.137/90, porque contém tipos penais equivalentes.

[10] A palavra origina-se do direito canônico e indica o lugar onde eram cumpridas as *penitências* para o pagamento das faltas cometidas.

[11] MOREIRA, Rômulo de Andrade. *A Realidade Carcerária do Brasil em Números*. Disponível em: <http://www.justificando.com/2018/07/02/realidade-carceraria-do-brasil-em-numeros/>. Acesso no dia 13 de setembro de 2019, às 10h10m.

de 2019 em cerca de 800 mil indivíduos, números que, salvo melhor juízo, impedem a afirmação de que há impunidade no Brasil, ao menos no que se refere à criminalidade convencional.

Essa extraordinária massa humana, em que pesem as determinações legais, vive aglomerada e competindo por espaços indicados pelos líderes das galerias que, não raro lideram também facções criminosas e cobram pela proteção que fornecem.

Com o conhecimento e a concordância das administrações penitenciárias, a circulação interna é praticamente livre nas galerias das grandes penitenciárias, havendo ampla facilidade de comunicação entre os condenados.

Pela lei, durante o dia os condenados do regime fechado ficarão sujeitos a trabalho obrigatório, conforme as suas aptidões. O trabalho, porém, nem sempre é assegurado e quando o é fica restrito ao funcionamento dos serviços básicos da penitenciária (serviços de cozinha, lavanderia, etc.). O trabalho interno, nessas condições, tem conteúdo e fins meramente utilitários. Longe de buscarem a reedificação espiritual pelo trabalho o que os condenados querem, executando essas atividades, é simplesmente obter o desconto da pena pela remição.

Externamente é possível o trabalho para os condenados desse regime em obras ou serviços públicos – desde que acompanhados por escolta – (artigo 34 e parágrafos), mas as chances são bastante raras de acontecer.

Como já dissemos em outra passagem e convém reiterar, todas essas dificuldades relacionadas à infraestrutura material e aos recursos humanos, associadas à inexistência de programas de tratamento nas penitenciárias, comprometem, seriamente a ideia de que o encarceramento propicia a reinserção social dos apenados que inundam as cadeias.

A LEP assegura aos presos do regime fechado o direito às denominadas *permissões para saídas* com escolta (art. 120 da LEP) nas hipóteses excepcionais de falecimento ou doença grave do cônjuge, companheira, ascendente, descendente ou irmão e de necessidade de tratamento médico.

A regra não foi modificada pela Lei Anticrime nº 13.964, de modo que as razões de humanidade que permeiam o instituto propiciam a conclusão de que os condenados por crimes hediondos ou equiparados *também* detém esse direito.

A atribuição para examinar o pedido e deferir ou não a permissão para a saída externa é do Diretor do estabelecimento por causa da urgência ínsita às hipóteses legalmente previstas, mas, por óbvio, essa atribuição não exclui a natural competência do Juiz da Execução para deliberar sobre o assunto, desde que demandado em procedimento judicial (art. 194), até mesmo para rever decisão da autoridade administrativa.

15.2.1.2. O regime semi-aberto[12]

O regime semi-aberto é, *em princípio*,[13] o cabível nas condenações em quantidades superiores a 4 e não excedentes a 8 anos de reclusão, detenção ou prisão simples (letra "b" do § 2º do art. 33 e Lei 1.521 de 1951).

---

[12] Como destacamos e justificamos antes, escrevemos *semi-aberto*, em que pese a Reforma Ortográfica de 2008, porque é assim que ainda consta no CP.

[13] Dissemos "em princípio" porque como o regime de execução é individualizado com base no princípio da proporcionalidade (art. 59 do CP) o juiz, fundamentadamente, pode fixar regime mais gravoso que indicado pelo critério da quantidade da pena imposta.

O estabelecimento prisional destinado ao cumprimento da pena em regime semi aberto denomina-se *Colônia Agrícola, Industrial ou Similar*, e as características básicas da execução nesse regime são: convívio diurno entre condenados; trabalho interno e externo, sem vigilância direta.

Em razão da inexistência de estabelecimentos específicos na quantidade necessária e dos déficits de vagas nos existentes, a jurisprudência do STF vem permitindo que a execução aconteça na própria casa do condenado (prisão domiciliar), com controle eletrônico.

Como consta em Acórdão da Relatoria do Min. Gilmar Mendes: "A falta de estabelecimento penal adequado não autoriza a manutenção do condenado em regime prisional mais gravoso; II – Os juízes da execução penal poderão avaliar os estabelecimentos destinados aos regimes semi-aberto e aberto, para qualificação como adequados a tais regimes. São aceitáveis estabelecimentos que não se qualifiquem como 'colônia agrícola, industrial' (regime semi-aberto) ou 'casa de albergado ou estabelecimento adequado' (regime aberto) (art. 33, § 1º, b e c); III – Havendo déficit de vagas, deverá determinar-se: (i) a saída antecipada de sentenciado no regime com falta de vagas; (ii) a liberdade eletronicamente monitorada ao sentenciado que sai antecipadamente ou é posto em prisão domiciliar por falta de vagas; (iii) o cumprimento de penas restritivas de direito e/ou estudo ao sentenciado que progride ao regime aberto. Até que sejam estruturadas as medidas alternativas propostas, poderá ser deferida a prisão domiciliar ao sentenciado".[14]

Foi também nessa direção que o STJ, em 2018, decidiu questão posta em recurso especial repetitivo para o tema número 993[15] e tem sido assim que o TJRS tem se orientado,[16] ao confirmar as decisões de juízes gaúchos da execução da pena autorizando para os condenados desse regime cumprimento das penas em casa, com monitoramento eletrônico e dever de recolhimento noturno, nos horários estabelecidos

Aliás, foi decisão proferida no RGS que ensejou no STF a edição do verbete da Súmula Vinculante para uniformizar o entendimento em todo o País, *in verbis*: "A falta de estabelecimento penal adequado não autoriza a manutenção do condenado em regime prisional mais gravoso, devendo-se observar, nessa hipótese, os parâmetros fixados no RE 641.320/RS".[17]

O eventual desrespeito aos horários de recolhimento noturno e os rompimentos de tornozeleiras, que ensejam a cassação do benefício, ocasionalmente noticiados pela imprensa, não prejudicam nem desqualificam essa política, em termos amplos.

O trabalho, no semi-aberto o trabalho externo, é sem escolta, tanto na rede pública quanto na rede privada, desde que cumprido certo tempo de pena.

Por longo tempo, entendeu-se que esse tempo deveria corresponder a 1/6 da pena imposta (art.37 da LEP), mas o STJ corretamente esclareceria que a regra tem por endereço os condenados do regime fechado. Para os condenados do semi-aberto o tra-

---

[14] Tese definida no RE 641.320, Rel. Min. Gilmar Mendes, P, j. 11.5.2016, DJE 159, de 1º.8.016, Tema 423.

[15] REsp 1710674, da Relatoria do Min. Reynaldo Soares da Fonseca. Ver também o Boletim Informativo n. 0632 do STJ.

[16] Agravo em Execução n. 70082569823, 1ª Câm. Crim., Relator Des. Honório Gonçalves da Silva Neto, Julgado em: 11.09.2019 e Agravo em Execução Penal nº 70081689929, mesma Câmara, Rel. Des. José Conrado Kurtz de Souza, com redação do Acórdão pela Desa. Viviane de Faria Miranda, Julgado em: 29.08.2019

[17] Enunciado da Súmula Vinculante n. 56.

balho externo pode ser concedido independentemente desse ou de outro lapso temporal preestabelecido.[18]

De fato, se com 1/6 de pena cumprida o condenado podia passar para o regime aberto (conforme a redação do artigo 112 da LEP, anterior à modificação introduzida pela Lei 13.964/2019) desde que estivesse trabalhando ou provasse que tinha emprego assegurado (art. 36, § 1º, do CP) ficava sem sentido imaginar que ao satisfazer o requisito temporal fosse requerer o trabalho externo quando 1/6 da pena cumprida possibilitava obter benefício mais amplo (a progressão) que já vinha acompanhado do direito (ou dever) ao trabalho externo.

A lei não contempla explicitamente aos condenados do regime semi-aberto o direito às denominadas *permissões de saídas* asseguradas aos condenados do regime fechado, independentemente da espécie de crime cometido e de estarem ou não em serviço externo. Parece-nos que a não extensão a eles de direito assegurado por razões de humanidade aos presos do regime fechado constituiria interpretação absurda vedada ao exegeta e denotaria incoerência grave do ordenamento jurídico, que deve ser sempre superada.

Diferentemente é o direito assegurado de família, frequência a cursos supletivos profissionalizantes, instrução de ensino médio ou superior ou participação em atividades que concorram para o retorno ao convívio social.[19]

A flexibilização na contenção é compatível só com o regime de semiliberdade e reflete a política da gradual reinserção social e profissional em face da iminente progressão para o regime aberto. Por isso mesmo não há vigilância direta nas saídas, mas a movimentação do condenado poderá ser controlada eletronicamente (arts. 122, § 1º, e 146-B, II, da LEP).

Mesmo estando no regime semi-aberto os condenados por crimes hediondos com resultado morte não terão direito às saídas temporárias (ver o § 2º do novo art. 122 da LEP introduzido pela Lei 13.964/2019).

Havia controvérsia com o STF autorizando[20] e o STJ negando[21] a possibilidade de *programação* das *saídas* na quantidade de vezes prevista em lei (sete) até que, em setembro de 2016, a 3ª Seção do STJ decidiu alinhar-se ao entendimento do STF mediante a aprovação de teses sobre execução da pena, dentre elas, a de *calendário* de saídas, como se depreende do trecho abaixo da Ementa do Acórdão do RESP 1.544.036, da relatoria do e Min. Rogério Schietti Cruz: "... 4. É de se permitir a flexibilização do benefício, nos limites legais, de modo a não impedir que seu gozo seja inviabilizado por dificuldades burocráticas e estruturais dos órgãos da execução penal. Assim, exercendo seu papel de intérprete último da lei federal e atento aos objetivos e princípios que orientam o processo de individualização da pena e de reinserção progressiva do condenado à sociedade, o Superior Tribunal de Justiça, por sua Terceira Seção, estabelece, dado o propósito do julgamento desta impugnação especial como recurso repetitivo, as seguintes teses: Primeira tese: É recomendável que cada autorização de

---

[18] REsp. nº 450.592, rel.Min. Vicente Leal, julgado em 22.10.2002. No mesmo sentido: HC 92.320/RS, Rel. Ministro Napoleão Nunes Maia Filho, Quinta Turma, julgado em 11/03/2008.

[19] Agravo de Execução Penal, nº 70082540121, 5ª Câmara TJRS, Relatora Desa. Patrícia Fraga Martins, Julgado em: 11.09.2019

[20] STF. 1ª Turma, HC 98067, Rel. Min. Marco Aurélio, julgado em 06/04/2010 e 2ª Turma. HC 128763, Rel. Min. Gilmar Mendes, julgado em 04/08/2015.

[21] STJ. 3ª Seção. REsp 1166251/RJ, Rel. Min. Laurita Vaz, julgado em 14/03/2012.

saída temporária do preso seja precedida de decisão judicial motivada. Entretanto, se a apreciação individual do pedido estiver, por deficiência exclusiva do aparato estatal, a interferir no direito subjetivo do apenado e no escopo ressocializador da pena, deve ser reconhecida, excepcionalmente, a possibilidade de fixação de calendário anual de saídas temporárias por ato judicial único, observadas as hipóteses de revogação automática do art. 125 da LEP. Segunda tese: O calendário prévio das saídas temporárias deverá ser fixado, obrigatoriamente, pelo Juízo das Execuções, não se lhe permitindo delegar à autoridade prisional a escolha das datas específicas nas quais o apenado irá usufruir os benefícios. Inteligência da Súmula nº 520 do STJ. Terceira tese: Respeitado o limite anual de 35 dias, estabelecido pelo art. 124 da LEP, é cabível a concessão de maior número de autorizações de curta duração. Quarta tese: As autorizações de saída temporária para visita à família e para participação em atividades que concorram para o retorno ao convívio social, se limitadas a cinco vezes durante o ano, deverão observar o prazo mínimo de 45 dias de intervalo entre uma e outra. Na hipótese de maior número de saídas temporárias de curta duração, já intercaladas durante os doze meses do ano e muitas vezes sem pernoite, não se exige o intervalo previsto no art. 124, § 3°, da LEP".

Esse novo entendimento desburocratiza o sistema, dá agilidade na solução dos pedidos formulados pelos condenados e vai ao encontro da própria razão de ser das saídas temporárias de reaproximá-los das pessoas em ambiente livre para o retorno seguro ao convívio em sociedade.

15.2.1.3. O regime aberto

O regime aberto inicial, o mais liberal de todos, é o que o juiz *aplicará,* também em princípios, nas condenações às penas de reclusão ou detenção em quantidades *não superiores* a quatro anos (letra "c" do § 2° do artigo 33).

Esse regime terá que ser fixado na sentença mesmo quando a pena privativa de liberdade for substituída pela restritiva de direitos, porque esta, em tese, poderá vir a ser convertida em prisão, se o beneficiário for no futuro condenado por outro crime ou descumprir as condições impostas quando da substituição (arts. 44, § 5°, do CP e art. 181 da LEP).

O condenado do regime aberto cumprirá sua pena em uma Casa do Albergado (art. 93 da LEP).

O problema é que não há Casas de Albergado (ou vagas) suficientes na imensa maioria das comarcas e por isso, durante muitos anos sustentamos a tese de que o art. 117 do LEP seria aplicável só aos casos elencados nos incisos I a IV, haja vista a regra do § 2° do art. 82 da LEP, prevendo que o mesmo conjunto arquitetônico poderia abrigar condenados de estabelecimentos penais de destinação diversa, desde que separados em alas distintas. Essa regra legal contornaria, portanto, o problema, conforme à época também entendeu o TJRS. [22]

---

[22] "... I. Salvo raras exceções, o benefício da prisão domiciliar só deve ser concedido aos apenados que preencherem os requisitos contidos no art. 117 da Lei de Execução Penal. II. O problema da superlotação carcerária, enfrentado pelo Estado, não se mostra apto a justificar a concessão da benesse em comento. III. Precedentes do STJ. IV. Ordem denegada" (HC 168637 / RS, 5ª T., Rel. Min. Gilson Dipp, julgada em 23/11/2010).
"... Apenado cumprindo pena no regime semi-aberto não tem direito a prisão domiciliar, o que só ocorre nos casos expressos no artigo 117 da LEP. A falta de infra-estrutura do albergue, não justifica a concessão. NEGARAM PROVIMENTO AO AGRAVO. UNÂNIME." (Agravo nº 70034900076, Terceira Câmara Criminal, TJRS, Relator

Contudo, a difícil realidade penitenciária do País falaria mais alto, pois não há mais espaços nas penitenciárias para acolher nem mesmo os condenados do regime fechado, e, por essa e outras razões, os Juízes de execução do RS, autorizados pelo art. 146-B, IV, da LEP e amparados na orientação emanada do STJ e estendeu aos condenados do regime aberto a permissão concedida aos condenados do regime semi-aberto para cumprimento das penas em suas casas.

Durante a execução, a Lei n° 12.258/2010 estabeleceria que durante a execução o condenado ficará sujeito a monitoramento eletrônico (art. 146-B, inciso IV), mas como o Estado ainda não dispõem de tornozeleiras em número suficiente para atender a demanda e tendo em vista o caráter facultativo da medida ínsito na expressão *poderá* constante do *caput* do artigo 146-A, os juízes de execução gaúchos, acertadamente, vem dispensando essa exigência, impondo só os recolhimentos noturnos, cujo descumprimento acarreta falta que autoriza regressão para qualquer um dos regimes mais gravosos (arts. 50,V, e art. 118, I, da LEP).

A lei não prevê para os condenados do regime aberto direito às *permissões de saída* e de *saídas temporárias* e por isso entendeu-se que a extensão do direito a eles ofenderia ao princípio da legalidade.[23]

Mas como eles têm o dever de permanecer em suas casas no período noturno, parece-nos razoável essa extensão, no primeiro caso pelas mesmas razões de humanidade que lastreiam direitos assegurados aos condenados de regime mais severo, e, no segundo, por serem as saídas compatíveis o regime de liberdade vigiada e orientadas ao pleno retorno em liberdade de condenados em fase final de execução de suas penas.

Essa compreensão já foi manifestada pelas Câmaras Criminais do Tribunal de Justiça.[24]

15.2.1.4. O Regime Disciplinar Diferenciado (RDD)

Em 2003, a Lei 10.792 veio a dar nova redação ao artigo 52 da Lei 7.210 para instituir o Regime Disciplinar Diferenciado, destinado a punir e coibir atos de subversão da ordem ou da disciplina internas.

Muito embora a denominação, o RDD *não é (outra) espécie de regime de execução de penas* como poderia parecer, mas, isto sim, *um instrumento de controle e de punição comum aos regimes existentes* e só está sendo examinado neste tópico por razões puramente didáticas.

O RDD é criação paulista e havia sido estruturado por meio da Resolução n° 26/2001 da Administração Penitenciária. O que a motivou foi o assassinato, no dia 15 de março de 2003, do juiz corregedor da Vara de Execuções Criminais de Presidente Prudente, Antônio José Machado Dias.

Des. Odone Sanguiné, Julgado em 05/08/2010). No mesmo sentido: Agravo em Execução n° 70033002098, 3ª Câmara Criminal, TJRS, Relatora Desa. Elba Aparecida Nicolli Bastos, julgado em 17/12/2009.

[23] Agravo de Execução Penal, n° 70081344897, 4ª Câm. TJRS, Rel. Newton Brasil de Leão, Julgado em: 18.07.2019 e Agravo, n° 70081332975, 7ª Câm. Crim., Relator Des. Carlos Alberto Etcheverry, julgado em: 13.06.2019.

[24] "Agravo em execução. ... *regime aberto*. Decisão que defere *saídas temporárias*. Possibilidade que é reconhecida pela jurisprudência majoritária desta corte, por isonomia e razoabilidade. decisão mantida. Recurso desprovido". (Agravo, n° 70082000449, 5ª Câm., Relator Des. João Batista Marques Tovo, julgado em: 17.07.2019). No mesmo sentido: Agravo, n° 70079615563, 6ª Câm. Crim. TJRS, Relatora Desa. Bernadete Coutinho Friedrich, julgado em: 27.06.2019; Agravo, n° 70081345209, 4ª Câm. Crim. Relator Des. Rogério Gesta Leal, julgado em: 13.06.2019.

Consoante o art. 52 da LEP, na redação conferida pela Lei antes citada, era possível a imposição do RDD nos seguintes casos:

a) prática (como autor ou participante, esclareça-se) de crime doloso constitutivo de falta grave capaz de ocasionar a subversão da ordem ou da disciplina internas do estabelecimento prisional (art. 52, *caput*);

b) alto risco (expressão ampla e vaga) para com a ordem e a segurança do estabelecimento penal ou da sociedade associado a condutas de condenados ou presos provisórios nacionais e estrangeiros (§ 1º) [25] e

c) fundadas suspeitas de envolvimento ou participação, a qualquer título, em organizações criminosas, quadrilha ou bando (§ 2º).

Com a nova redação dada em 2019 ao artigo 52, pela Lei 13.964/2019 – mais os acréscimos importantes que serão comentados a seguir – foi arredada a falsa interpretação que o texto original ensejava de que os estrangeiros estariam sujeitos ao RDD só na hipótese elencada no § 1º.

A mesma Lei também revogou o § 2º do art. 52 para, de forma mais abrangente, transplantar o que ele previa para o novo inciso II do § 1º em cuja sede cuidou também de incluir como motivo para a imposição do RDD a suspeição de envolvimento de condenados ou presos provisórios em *milícia privada*. A Lei 12.720, de setembro de 2012, tipificou esse crime no artigo 288-A do CP.

Esse novo crime não se confunde portanto com o de formação de quadrilha nem com o de organização criminosa previsto na Lei 12.850/2013 e se caracteriza como grupo de pessoas (no mínimo em número equivalente ou superior ao exigido pelo artigo 288) que pratica extorsões imbuído da "boa intenção" de garantir a segurança de pessoas, casas, estabelecimentos comerciais, etc. A Lei 13.964 não esclareceu se a suspeição é de envolvimento em milícia privada no interior ou fora do estabelecimento prisional mas, ao que parece, o objetivo foi evitar que grupos criminosos em atividade nas comunidades fossem gerenciados ou recebessem ordens provenientes do interior das cadeias.

A essa conclusão se chega lendo-se o § 3º do mesmo artigo 52, segundo o qual, o isolamento dos condenado ou presos provisórios, justificado pela existência de indícios de *milícia privada,* associação ou liderança em organização criminosa abrangendo 2 (dois) ou mais Estados da Federação, será em estabelecimento federal de alta segurança interna e externa, para evitar que, precisamente, eles contatem com membros de sua organização criminosa, associação criminosa ou milícia privada, ou membros de grupos rivais (§ 5º).

O prazo máximo de isolamento em RDD era 360 dias, sem prejuízo de repetição da sanção por nova falta grave da mesma espécie, até o limite de um sexto da pena aplicada (inciso I do art. 52).

Esse prazo foi ampliado para até dois anos pela Lei 13.964 (vide o novo art. 52, I da LEP) com a possibilidade de renovação da medida por períodos sucessivos de 1 ano se existirem indícios de que o condenado ou preso provisório *I* – continua apresentando alto risco para a ordem e a segurança do estabelecimento penal de origem ou da sociedade ou *II* – mantém vínculos com organização criminosa, associação criminosa ou milícia privada, considerados também o perfil criminal e a função desempenhada

---

[25] HC 44049 / SP, STJ, 6ª T., Rel. Min. Hamilton Carvalhido, DJ 19/12/2007 p. 1232.

por ele no grupo criminoso, a operação duradoura do grupo, a superveniência de novos processos criminais e os resultados do tratamento penitenciário.

A LEP assegurava ao preso em regime disciplinar diferenciado o direito de receber semanalmente visitas de duas pessoas (adultas) e de crianças em número indeterminado. A lei anticrime, contudo, restringiu esse direito. As visitas passaram a ser quinzenais, e o número de visitante é de quatro pessoas (art. 52, inciso III), de modo que as "crianças" entram agora nessa totalidade.

As "entrevistas" do preso com os visitantes poderão ser gravadas em sistema de áudio ou de áudio e vídeo e, com autorização judicial, fiscalizadas por agente penitenciário (§ 6º). Se não receber visitas de familiares após cumprir os primeiros 6 meses de RDD, o preso poderá, mediante agendamento prévio, ter contato telefônico gravado com uma pessoa da família, 2 (duas) vezes por mês e por 10 (dez) minutos (§ 7º).

Essa regra certamente eliminará a naturalidade e a espontaneidade das pessoas, que medirão as palavras, para evitarem o risco de mais represálias (lembre-se que o tempo de isolamento pode ser prorrogado), mesmo que preso possa ter alguma queixa fundada para relatar ou pedir ajuda.

Felizmente, a restrição não alcança as entrevistas dos clientes com os advogados (art. 41, IX, da LEP).[26] Estes, no entanto, não têm acesso aos sistemas e por isso não há garantias de que as informações recebidas ou que as orientações técnicas a eles transmitidas entrevistas fiquem protegidas pelo sigilo. De qualquer sorte, se a prerrogativa dos advogados de entrevista pessoal e reservada não for respeitada, a autoridade administrativa poderá ser responsabilizada pelo crime de abuso de autoridade previsto no art. 7º-B da Lei 8.906/94, com a redação dada pela recente Lei nº 13.869/2019.

O banho de sol fora da cela, por duas horas, é agora assegurado em grupos de quatro pessoas, desde que não pertençam ao mesmo grupo criminoso (inciso IV).

Continua sem proteção a garantia da inviolabilidade da correspondência do preso provisório ou condenado (inciso VI do art. 52). A questão é controversa, mas predominam as lições de Dworkin, Canotilho, Alexy, Juarez Freitas, Ingo Sarlet, Lenio Streck e muitos outros, abordada neste livro, no capítulo sobre princípios, segundo as quais todos são relativos e quando em conflito resolve-se este a partir da ponderação ou peso do princípio tendo-se em contas as peculiaridades do caso concreto. Nesse sentido foi a decisão do STF.[27]

A competência para a inclusão no RDD é do juiz das execuções (art. 60) em procedimento judicial[28] com participação do MP, na sua função *custos legis* e do procurador ou defensor público ou nomeado. Consoante o § 2º do art. 54, ambos terão o prazo de 15 dias para manifestações finais antes da prolatação da decisão, da qual poderão agravar (art. 197 da LEP.

A falta de intimação para a intervenção do MP e do defensor configura nulidade absoluta e deve ser declarada inclusive de ofício, em razão do prejuízo manifesto.

O RDD é muito criticado,[29] dentre outras razões, porque o isolamento por período que pode alcançar a 360 dias, sem prejuízo de reiteração da sanção, não se concilia

---

[26] REsp 1028847/SP, STJ, 2ª Turma, Rel. Min. Herman Benjamin, DJe 21.8.2009.

[27] STF, *Habeas Corpus* nº 70.814-5, Rel. Min. Celso de Mello, julgado em 1.3.1994.

[28] HC. nº 96.328, 2ª Turma do STF, Rel. Min. Cezar Peluso, julgado em 2.3.2010.

[29] Ver, p. ex., o Editorial do Boletim do IBCCrim, nº 134, janeiro/2004.

com o princípio de humanidade que rege a execução das penas em geral (art. 1°, III, da CF).

Contudo, ante as evidências de que atos violentos e criminosos são ocasionalmente ordenados do interior para fora das prisões, parece-nos que, em situações extremas, o monitoramento da correspondência é justificável, residindo a dificuldade na delimitação do caráter extremo. A constitucionalidade do RDD foi suscitada e afirmada,[30] certamente sob a influência dessa realidade,[31] em que pese o risco à saúde do indivíduo causado pelos longos períodos de isolamento e com isso o grave comprometimento das funções do Estado de assegurar a integridade física e a dignidade das pessoas em geral e de quem está sob sua responsabilidade direta, em particular.

15.3. A progressão nos regimes

Constituem a essência dos regimes a progressão e a regressão e é por isso que o sistema é denominado de *progressivo*.

A origem desse sistema é inglesa (século XIX) sendo a paternidade atribuída a um capitão da Marinha Real, Alexander Maconachie, no ano de 1840.

Precederam ao progressivo, os sistemas da Filadélfia, onde o condenado cumpria isolado dos outros a sua pena, sem trabalhar ou receber visitas, e o de Auburn, em que ficava sujeito a trabalho obrigatório durante o dia, sob absoluto silêncio, e a isolamento noturno.

A ideia que preside o sistema progressivo é a do resgate de quotas de liberdade (*mark system)* como compensação (e estímulo) pelo tempo de cumprimento da pena (requisito subjetivo) e pelo bom comportamento carcerário durante a execução (requisito subjetivo).

Esses "vales" constituíam a "característica fundamental do sistema e o tempo de cumprimento da pena (...) não era determinado exclusivamente pela sentença condenatória, mas dependia do aproveitamento do preso, demonstrado no trabalho, e da boa conduta. O tempo de cumprimento da pena era dividido em três períodos: o primeiro era chamado período de prova, com isolamento celular completo; o segundo período se iniciava com a permissão de trabalho em comum ao preso, em silêncio e com isolamento noturno; no terceiro período, o prisioneiro obtinha o *ticket of leave*, ou benefício do livramento condicional. O sistema inglês foi aperfeiçoado por Walter Crofton, na Irlanda, passando a ser conhecido também como sistema progressivo irlandês".[32]

Aparecendo no Brasil com Lei 6.416, de 24 de maio de 1977 (curiosamente durante a vigência do regime militar), o sistema progressivo alterou, radicalmente, a disciplina do Código Penal por assegurar ao condenado não perigoso do regime fechado

---

[30] STJ, HC 44049, 6ª T., Rel. Min. Hélio Quaglia Barbosa, julgado em 112/06/2006

[31] "... 1. Considerando-se que os princípios fundamentais consagrados na Carta Magna não são ilimitados (princípio da relatividade ou convivência das liberdades públicas), vislumbra-se que o legislador, ao instituir o Regime Disciplinar Diferenciado, atendeu ao princípio da proporcionalidade. 2. Legitima a atuação estatal, tendo em vista que a Lei n° 10.792/2003, que alterou a redação do art. 52 da LEP, busca dar efetividade à crescente necessidade de segurança nos estabelecimentos penais, bem como resguardar a ordem pública, que vem sendo ameaçada por criminosos que, mesmo encarcerados, continuam comandando ou integrando facções criminosas que atuam no interior do sistema prisional – liderando rebeliões que não raro culminam com fugas e mortes de reféns, agentes penitenciários e/ou outros detentos – e, também, no meio social. 3..." (HC 40300, RJ, 5ª T. do STJ, Rel. Min. Arnaldo Esteves Lima, DJ 22/08/2005 p. 312).

[32] JORGE, Wilian Wanderley. *Curso de Direito Penal*. Rio de Janeiro: Forense, 1986, p. 472.

a transferência para o regime imediatamente mais brando, (o semi-aberto), mediante o cumprimento de período não inferior a um terço da pena (art. 30, § 5º, do CP).

Os Estados, mediante lei local, e os Conselhos da Magistratura estaduais, mediante provimento, haviam sido autorizados a normatizar os procedimentais pertinentes. No Rio Grande do Sul, o Provimento 1/78 exigia cumprimento de no mínimo 1/6 da pena para a progressão do regime fechado ao regime semi-aberto, e de no mínimo 1/10 neste último, para a progressão ao regime aberto.

Com a Reforma Penal de 1984, a passagem de regime a regime passou a ser regra em nosso País e o período mínimo de cumprimento no regime (1/6 da pena imposta) foi erigido em requisito objetivo comum às progressões.

Contudo, em 1990 foi editada a Lei 8.072/90 que definiu os crimes hediondos e no § 1º do artigo 1º quebraria a regra ao vedar as progressões para os condenados por esses crimes.

A vedação foi amplamente aceita pelo STF e pelo STJ,[33] de modo que não havia ao condenado outra perspectiva senão a do livramento condicional e isto depois de cumprir, no mínimo, 2/3 da pena imposta (inc. V do art. 83 do CP).

Alegou-se que a regra proibitiva esbarrava na garantia da individualização da pena (inc. XLVI do art. 5º) e deixava a nu a incoerência do sistema legal porque a Lei nº 9.455/97 assegurava a progressão aos condenados pelo crime de tortura, que é equiparado aos hediondos.

A alegação foi repelida pelos Tribunais estaduais[34] e pelo STJ,[35] mas, em razão da insistência da comunidade jurídica, o STF acabaria por flexibilizar lentamente o rigor interpretativo para aceitar a progressão nos crimes hediondos se sentença condenatória declarasse que o regime era o *inicial*.[36]

---

[33] "Os condenados pela prática de crime hediondo deverão cumprir integralmente a pena em regime fechado, ante a expressa norma do art. 2º, § 1º, da Lei 8.072/90, reputado constitucional pelo Supremo Tribunal Federal, em sessão plenária (HC 69.657-1, Rel. Min. Francisco Rezek). Recurso especial conhecido e provido, recomendando-se ao Juiz da Execução examinar a possibilidade de concessão de livramento condicional aos acusados" (Recurso Especial nº 27932-3/TO, STJ, Rel. Min. Assis Toledo, DJU 19.12.94, p. 35.324).

[34] "A circunstância de ter a legislação ordinária sido mais benevolente quanto ao regime prisional no crime de tortura não pode causar nenhuma estupefação, diante da permissão que lhe foi dada pela Lei Magna. Esta impede apenas a fiança, a graça e a anistia, sem impor outros rigores. Outrossim, cumpre observar que, na comparação dos crimes hediondos ou equiparados, uns causam maiores danos sociais do que outros. Daí as variações nos parâmetros das penas. Os limites mínimos e máximos são diferenciados, segundo a natureza e a gravidade de cada crime. Se os parâmetros são diferenciados, nada impede que o mesmo ocorra com relação aos regimes prisionais. Correto se mostra, portanto, o comportamento do Poder Constituinte quando deixou de estabelecer o regime prisional para os diferentes crimes hediondos ou equiparados, concedendo maior liberdade de escolha nessa parte ao legislador comum (...)" (TJSP, Apelação-Crime 229.087-2/7, 2ª Câmara Criminal, Rel. Silva Pinto, j. 20.10.97, un., Boletim nº 64 do IBCCrim, p. 241).

[35] O Boletim nº 65 do IBCCrim noticia julgamento pelo STF, em 25.3.98, do HC 76.371, repudiando o novo entendimento e reafirmando que a pena para crime hediondo (o caso era de latrocínio), deve ser cumprida integralmente em regime fechado. No STJ assim decidiu-se: "Processual Penal. Execução Penal. Tráfico de drogas. Progressão de regime. Lei nº 8.072/90 e Lei nº 9.455/97. A Lei nº 9.455/97, que trata, especificamente, do crime de tortura, não se aplica, em sede do art. 2º, § 1º, da Lei nº 8.072/90, a outros crimes. *Writ* indeferido" (HC 6.810-0, DF, Rel. Min. Félix Fischer, 5ª T., v. maioria, j. 10.3.98, Boletim do STJ, nº 6, de 30 abril 98, p. 53).

[36] "... O Juiz criminal, ao fixar a pena na sentença condenatória, deve estabelecer o regime inicial de cumprimento da pena privativa de liberdade (art. 59, III, do CP e art. 110 da LEP), e o Juiz da execução deve determinar que a pena seja cumprida de forma progressiva (art. 112 da LEP); a par destas disposições, a Lei dos Crimes Hediondos (Lei nº 8.072/90) determina o cumprimento integral de tais penas no regime fechado. 2 – Por crime hediondo, o Juiz criminal estabeleceu o regime fechado para o INÍCIO DO CUMPRIMENTO DA PENA e permitiu a progressão de regime (art. 112 da LEP). ... (STF, Rel. Min. Maurício Corrêa, DJU de 30.6.95, p. 20.409). Ainda: "Pratica *reformatio in pejus* o tribunal que, ante recurso da defesa, agrava o regime inicial de cumprimento da pena. *Habeas corpus* concedido" (DJU nº 149 de 04/08/95, p. 22446 – HCnº 72.157-5/SP – Rel. Min. Francisco Rezek). No mesmo sentido: REsp. nº 93.289/DF, 6ª T., Rel. Min. Vicente Leal, j. 13.10.97, *in* DJU de 19.12.97, p. 67.546.

Mais de quinze anos depois da aprovação da Lei 8.072 a mesma Suprema Corte declararia, afinal, que o § 1º do artigo 2º da Lei 8.072/90 era inconstitucional por ofensa ao princípio da individualização da pena, tese que sustentamos em todas as edições anteriores deste livro.

Ao mudar a orientação que imperou por esse largo período, colendo STF, mesmo com considerável atraso, vivificou a lição de que a jurisprudência é o melhor meio que temos para "aperfeiçoar nossos códigos e leis, para que não padeçam do processo nefasto da cristalização legislativa, ou seja, ... (para que) o direito não se transforme no círculo rígido que oprime a sociedade e a impede de desenvolver-se em procura do bem comum", como muito bem nos ensina Alberto Spota.[37]

A progressividade é, portanto, a regra geral, subordinada à satisfação de requisitos objetivos e subjetivos.

O primeiro, objetivo, diz com o tempo mínimo de cumprimento da pena no regime inicia fixado na sentença condenatória.

Como dissemos antes, o artigo 112 da LEP dispunha que o tempo mínimo para todos os casos seria o correspondente a 1/6 da pena imposta, mas, em 2007, a Lei 11.464, de 2007, que incorporaria ao ordenamento jurídico o novo entendimento do STF em favor da progressão nos crimes hediondos e alteraria o § 2º do artigo 1º da Lei 8.072 para estabelecer, de modo mais gravoso, que nas condenações por esses crimes, o tempo mínimo seria de 2/5 para os primários e 3/5 para os reincidentes.

Essa era a sistemática legal até que, em dezembro de 2019, o Congresso aprovou e o Presidente da República sancionou a Lei 13.964, destinada a aperfeiçoar a legislação penal e processual penal, mas que ficou conhecida como lei anticrime, porque trouxe tipificações novas,[38] ampliou os poderes dos órgãos de Estado encarregados de investigar, dentre outras novidades, algumas boas e outras nem tanto, unificou as regras sobre progressões e apontou os requisitos objetivos e subjetivos a serem cumpridos para as progressões.

É como consta: "Art. 112: A pena privativa de liberdade será executada em forma progressiva com a transferência para regime menos rigoroso, a ser determinada pelo juiz, quando o preso tiver cumprido ao menos: I – de 16% (dezesseis por cento) da pena, se o apenado *for primário* e o crime tiver sido cometido *sem* violência à pessoa ou grave ameaça; II – de 20% (vinte por cento) da pena, se o apenado *for reincidente* em crime cometido *sem* violência à pessoa ou grave ameaça; III – de 25% (vinte e cinco por cento) da pena, se o apenado *for primário* e o crime tiver sido cometido *com* violência à pessoa ou grave ameaça; IV – e de 30% (trinta por cento) da pena, se o apenado for *reincidente* em crime cometido *com* violência à pessoa ou grave ameaça;".

Esses incisos, como visto, têm por objeto *crimes comuns,* e o que enseja a oscilação do tempo mínimo entre 16% e 30% das penas impostas são, precisamente, a

---

[37] SPOTA, Alberto G. *O Juiz, o Advogado e a Formação do Direito através da Jurisprudência.* Porto Alegre: Sergio Fabris, 1987, p. 31.

[38] No que tange aos crimes hediondos, a lei anticrime ainda acresceu ao artigo 1º da Lei 8.072/90 novos tipos, a saber: "IX – furto qualificado pelo emprego de explosivo ou de artefato análogo que cause perigo comum (art. 155, § 4º-A). Parágrafo único. Consideram-se também hediondos, tentados ou consumados: I – o crime de genocídio, previsto nos arts. 1º, 2º e 3º da Lei nº 2.889, de 1º de outubro de 1956; II – o crime de posse ou porte ilegal de arma de fogo de uso proibido, previsto no art. 16 da Lei nº 10.826, de 22 de dezembro de 2003; III – o crime de comércio ilegal de armas de fogo, previsto no art. 17 da Lei nº 10.826, de 22 de dezembro de 2003; IV – o crime de tráfico internacional de arma de fogo, acessório ou munição, previsto no art. 18 da Lei nº 10.826, de 22 de dezembro de 2003; V – o crime de organização criminosa, quando direcionado à prática de crime hediondo ou equiparado".

das PENAS e seus CRITÉRIOS de APLICAÇÃO

primariedade ou reincidência e o emprego ou não de violência ou grave ameaça à pessoa quando da prática dos crimes.

No tocante aos crimes hediondos, o mesmo artigo 112, nos incisos acrescentados pela lei anticrime, assim estabelece: "Art. 112: ... Inciso VI: de 50%, se o apenado for: a) condenado pela prática de crime hediondo ou equiparado, com resultado morte, se for primário, vedado o livramento condicional; b) condenado por exercer o comando, individual ou coletivo, de organização criminosa estruturada para a prática de crime hediondo ou equiparado e c) condenado pela prática do crime de constituição de milícia privada. Inciso VII: de 60%, se for reincidente na prática de crime hediondo ou equiparado. Inciso VIII: de 70% (setenta por cento) da pena, se o apenado for reincidente em crime hediondo ou equiparado com resultado morte, vedado o livramento condicional".

Do mesmo modo, a modalidade de crime hediondo e a vida pregressa do condenado foram os fatores utilizados para a estruturação da escala acima referida.

A propósito dessa nova lei, impõem-se alguns alertas.

O primeiro: no texto da lei anticrime consta como hediondo homicídio qualificado tipificado no inciso VIII do artigo 121, mas a qualificadora do "emprego de arma de fogo de uso restrito ou proibido" tipificada nesse inciso foi vetada pelo Presidente da República por meio da Mensagem nº 726, de 24 de dezembro de 2019, sob o argumento de que, sem qualquer ressalva, a tipificação violaria o princípio da proporcionalidade entre o tipo penal descrito e a pena cominada, além de gerar insegurança jurídica". O registro do veto aparece junto ao artigo 2º da Lei 13.964 (que discrimina as alterações aos diversos artigos do Código Penal) e logo após a menção ao inciso VIII.

Por mero descuido, deixou-se de inserir quando da promulgação dessa nova Lei registro idêntico ao inserido no art. 5º (é o que dá a nova redação ao artigo 121 do CP) para evitar que em rápida ou isolada leitura o intérprete seja induzido no erro de supor que o emprego de arma de fogo de uso qualificou e transformou o homicídio em hediondo.

O outro: nada obstante a nítida intenção do legislador de intensificar o rigor na tipificação e nas condições para a progressão nos regimes, uma interpretação sistemática da Lei 13.964 indica, salvo melhor juízo, presença de maior benignidade penal em dois pontos.

O primeiro é o que decorre da fixação do percentual de 16% para a progressão de regime para apenado *primário* por crime cometido *sem* violência à pessoa ou grave ameaça.

Esse percentual gera resultado temporal *menor* do que o decorrente da incidência da fração de 1/6, prevista no revogado artigo 112 da LEP.[39] Por exemplo: 1/6 da pena de 6 anos (2.160 dias) corresponde a 360 dias ou 12 meses. Contudo, o percentual de 16% desses mesmos 2.160 dias equivale a 345 dias!

O outro é o que decorre da constatação de lacuna na lei sobre percentagem para o cálculo do tempo mínimo de indivíduo *reincidente* quando a anterior condenação determinante da reincidência tiver sido por qualquer crime não hediondo (reincidência *genérica* ou *específica*[40]) e isso porque os incisos VII e VIII do mesmo artigo 112

---

[39] Calculando-se, por exemplo, em dias: 6 anos de pena correspondem a 2.160 dias. 1/6 desse total equivale a 360 dias e 16% dessa mesma base de cálculo totaliza 345,6 dias.

[40] Essas expressões indicavam precisamente esse fenômeno: a reiteração criminosa com a prática de crime *diverso* ou do *mesmo* crime em relação ao que havia determinado a condenação anterior. Era intensa a discussão na doutrina e na

dispõem sobre percentuais de 60 e 70% para condenados por crimes hediondos *reincidentes em crimes hediondos ou equiparados.*

Em face dessa anomia, indaga-se, então, qual será o percentual de tempo de pena que o condenado por crime hediondo ou equiparado terá que cumprir se for *reincidente em crime não hediondo ou equiparado?*

Dir-se-á, então, que, nesse caso, remanescerá a alternativa do lapso temporal mínimo de 3/5 de pena cumprida, como constava no § 2º do artigo 2º da Lei 8.072. Essa solução é inaceitável, entretanto, porque a disciplina sobre progressões para condenados por crimes hediondos foi integralmente modificada pela Lei 13.964. Ademais, como 3/5 equivalem a 60% da pena imposta, com a solução imaginada haveria tratamento equivalente para condenados com história pregressa diferentes: o reincidente por qualquer crime e o reincidente em crime hediondo ou equiparado.

Dir-se-ia então que fazendo-se interpretação sistemática das normas da própria Lei 13.964 seria caso então de exigir dos condenados por crimes hediondos com reincidência determinada por condenação pretérita por qualquer crime não hediondo os lapsos temporais mínimos de 20 ou 30% que os incisos II e IV do novo artigo 112 da LEP estabelecem para os condenados reincidentes em crimes cometidos sem ou com violência ou grave ameaça à pessoa.

Essa sugestão também é inviável porque levaria a nivelar o tratamento jurídico conferido a condenados por crimes de diferentes naturezas e gravidades: os não hediondos e os hediondos.

Parece-nos, então, que, a melhor solução, salvo engano nosso, deva ser a de considerar-se como correta para a hipótese em exame a exigência do lapso mínimo de 50% de cumprimento de pena que a Lei 13.964 estabeleceu para *condenados primários* por crimes hediondos ou equiparados. Essa interpretação, *dentro do novo microssistema* é mais favorável aos condenados e se ampara no princípio que autoriza interpretação favorável ao condenado.

O *dies a quo* do prazo mínimo exigido pelo artigo 112 será o do recolhimento do condenado à prisão. Esse tempo fluía a partir daí, ininterruptamente, mas, com o acréscimo do novo § 6º ao artigo 52 pela Lei 13.964, esse prazo se *interromperá* pelo cometimento de falta grave. Após a progressão, o saldo da pena, no entanto, constituirá a nova base para o cálculo nas demais progressões.

A progressão nos regimes nas condenações impostas por crimes cometidos contra a administração pública está condicionada a outro requisito objetivo instituído pela Lei 10.763/2003 e transplantado para o § 4º do art. 33 do CP: o da *reparação do dano* (admitido o parcelamento) ou *devolução do produto do ilícito praticado*, tudo com os acréscimos legais, salvo impossibilidade absoluta de fazê-lo.

O argumento de que o § 4º do art. 33 do CP seria inconstitucional por representar uma espécie de "prisão por dívida", em ofensa à Constituição, foi rechaçado pelo Supremo Tribunal Federal.

É como se extrai do julgado: "Nada obstante essa regra geral (a do art. 112 da LEP), a jurisprudência desta Corte tem demonstrado que a análise dos requisitos necessários para a progressão de regime não se restringe ao referido art. 112 da LEP, tendo em vista que elementos outros podem, e devem, ser considerados pelo julgador na

---

jurisprudência sobre o que seria o mesmo crime (se o previsto no mesmo tipo penal ou no elenco dos tipos protetivos do mesmo bem jurídico). Com as alterações produzidas pela Reforma de 1984, prevendo apenas a *reincidência*, a discussão cessou, mas, ao que parece, poderá recrudescer em razão das novas disposições legais.

delicada tarefa de individualização da resposta punitiva do Estado, especialmente na fase executória. Afinal, tal como previsto na Exposição de Motivos à Lei de Execução Penal", "a progressão deve ser uma conquista do condenado pelo seu mérito", "compreendido esse vocábulo como aptidão, capacidade e merecimento, demonstrados no curso da execução" (entre parêntesis não constante do original).

Nossa posição é de manifesta contrariedade à exigência porque erigida em requisito objetivo não previsto em lei para as progressões, em nítida invasão pelo Judiciário nos espaços reservados pela CF ao poder legislativo e, ainda, por se expressar como resultado de inaceitável interpretação restritiva em matéria penal contra todos os princípios conhecidos.

A Lei anticrime não alterou a fração de 1/8 da pena para a progressão de condenada gestante, mãe ou responsável por crianças ou pessoas com deficiência, desde que o crime não tenha sido cometido com violência ou grave ameaça a pessoa; ou contra filho ou dependente e que seja primária, tenha bom comportamento carcerário e não integre organização criminosa.

O *segundo* requisito para a progressão nos regimes é de natureza *subjetiva*, independentemente da espécie de crime, comum ou hediondo,

A anterior redação do artigo 112 da LEP estabelecia que a progressão dependia de Pareceres

favoráveis dos membros da Comissão Técnica de Classificação e do Centro de Observações Criminológicas, embora sem caráter vinculante,[41] visto que o juiz é e sempre será o perito dos peritos.

O citado artigo foi modificado pela Lei 10.792, de 1º de dezembro de 2003, que substituiu a exigência dos pareceres por um simples atestado de "bom comportamento carcerário" expedido pelo Diretor do estabelecimento prisional. Juízes e tribunais, não obstante, continuavam condicionando as progressões a laudos favoráveis expedidos por psicólogos ou psiquiatras, não se satisfazendo com o atestado de bom comportamento.

Para espancar a controvérsia instalada e proporcionar um ambiente de segurança jurídica, o Supremo Tribunal Federal, reafirmando sua jurisprudência,[42] aprovou em 16 de dezembro de 2009, o Enunciado nº 29 da Súmula Vinculante,[43] assegurando ao juiz,

---

[41] Agravo 696070002, 1ª Câmara Criminal, TJRS, Rel. Des. Luiz Gonzaga da Silva Moura.

[42] "A noção de bom comportamento, tal como prevista no art. 112 da LEP (na redação dada pela Lei 10.792/03), abrange a valoração de elementos que não podem se restringir ao mero atestado de boa conduta carcerária." (HC 101.050, Rel. Min. Ellen Gracie, julgamento em 24.11.09, 2ª Turma, *DJE* de 11.12.09) "O Supremo Tribunal Federal entende que o deferimento de benefícios prisionais está vinculado ao preenchimento, pelo condenado, de requisitos objetivo e subjetivo. Sendo certo que, na aferição do pressuposto subjetivo, pode o Juiz da Execução usar o exame criminológico como um dos elementos de formação de sua convicção. Noutro falar: a ideia-força que orienta os julgados esta Corte é a de que o exame criminológico pode subsidiar as decisões do Juiz das Execuções Criminais. Juiz, é bom que se diga, que não estará adstrito ao laudo técnico, podendo valorá-lo, a partir dos demais elementos que instruem os autos de execução criminal. Na concreta situação dos autos, o Juízo das Execuções Penais dispensou, indevidamente, a comprovação do requisito subjetivo. Requisito subjetivo exigido tanto pelo art. 112 da Lei de Execuções Penais quanto pelo art. 83 do Código Penal. Mais: a própria notícia de que o paciente empreendeu três fugas do estabelecimento prisional já impede considerar preenchido o requisito subjetivo necessário ao livramento condicional." (HC 94.208, Rel. Min. Carlos Britto, julgamento em 10.11.09, 1ª T., *DJE* de 18.12.09).

[43] O Tribunal, por maioria, vencido o Senhor Ministro Marco Aurélio, acolheu e aprovou a proposta de edição da Súmula Vinculante nº 26, nos seguintes termos: "Para efeito de progressão de regime no cumprimento de pena por crime hediondo, ou equiparado, o juízo da execução observará a inconstitucionalidade do art. 2º da Lei n. 8.072, de 25 de julho de 1990, sem prejuízo de avaliar se o condenado preenche, ou não, os requisitos objetivos e subjetivos do benefício, podendo determinar, para tal fim, de modo fundamentado, a realização de exame criminológico".

para poder formar o seu convencimento,[44] a prerrogativa de submeter o condenado a exame criminológico.[45]

Esse Enunciado, em típica usurpação dos poderes do Parlamento, revigorou o sentido da regra do art. 112, que previa pareceres de técnicos em psicologia e psiquiatria, embora sob outra denominação (a de exame criminológico).

Portanto, a requisição desse exame passou a ser reconhecida como faculdade do juiz.

Considerando-se que o quadro não foi alterado pela Lei Anticrime de n° 13.964/2019, mas, bem ao contrário, no novo § 1° do artigo 112, ela reiterou a exigência de boa conduta carcerária comprovada pelo diretor do estabelecimento penal, tudo indica que a orientação Sumulada em favor do exame pericial continuará sendo aplicada "em todos os casos".

A competência para decidir sobre a progressão é do Juízo das execuções (art. 66, III, *b*, c/c. o art. 110 da LEP) e seus efeitos retroagem à data em que o condenado implementou as condições objetivas e subjetivas e não a data em que ela foi proferida. A decisão deverá ser fundamentada e precedida de parecer do MP (§ 2° do artigo 112), sob pena de nulidade, pois careceria de sentido a previsão se desprovida de sanção.

Tema conexo, embora de diferente natureza jurídica, é o relacionado à possibilidade de computo *pelo juiz da sentença* do tempo de prisão provisória, de prisão administrativa ou de internação no Brasil ou no Estrangeiro, para fins de determinação do regime inicial de pena privativa de liberdade".[46]

Em razão de controvérsia, o STF, havia editado em 2003, o Enunciado n° 716 de sua Súmula[47] para permitir ao juiz da sentença o exame do denominou como sendo *progressão da pena*[48] na situação de indivíduos cautelarmente presos, e, em 2012, esse

---

[44] "A interpretação da nova redação dada pela Lei 10.792/2003 ao art. 112 da LEP deve ser sistemática, sob pena de cingir-se o juiz das execuções penais ao papel de mero homologador de atestados de boa conduta exarados pelas autoridades administrativas. Se na análise das provas processuais o juiz não está adstrito às conclusões de parecer ou laudo técnico para a formação de sua convicção, conforme estabelece o art. 182 do Código de Processo Penal, do mesmo modo, na fase da execução penal ele não está vinculado ao atestado de conduta carcerária. Não se afastou, portanto, a necessidade da verificação de comprovado comportamento satisfatório durante a execução da pena previsto no art. 83, III, do Código Penal, inocorrente no caso, em espécie, pelas reiteradas faltas graves cometidas pelo paciente com as fugas do estabelecimento prisional." (HC 95.884, Rel. Min. Ricardo Lewandowski, julgamento em 26.5.09, 1ª T., *DJE* de 12.6.09). No mesmo sentido: HC 98.663, Rel. Min. Cármen Lúcia, julgamento em 13.10.09, 1ª T., *DJE* de 6.11.09; HC 96.189, Rel. Min. Ellen Gracie, julgamento em 10.3.09, 2ª Turma, *DJE* de 3.4.09.

[45] HC n. 71703, Rel. Min. Celso de Mello, DJ de 15.12.2006, HC 102.666, Rel. Min. Cármen Lúcia, julgamento em 13.4.2010, Primeira Turma, *DJE* de 3.9.2010.) No mesmo sentido: HC 106.678, rel. p/ o ac. Min. Luiz Fux, julgamento em 28.2.2012, Primeira Turma, *DJE* de 17.4.2012; HC 106.477, Rel. Min. Dias Toffoli, julgamento em 1°.2.2011, Primeira Turma, *DJE* de 19.4.2011; HC 96.660, Rel. Min. Ricardo Lewandowski, julgamento em 23.6.2009, Primeira Turma, *DJE* de 21.8.2009. Em sentido contrário: HC 109.565, Rel. Min. Marco Aurélio, julgamento em 6.11.2012, Primeira Turma, *DJE* de 29.11.2012.

[46] Não há mais prisão administrativa no Brasil, pois, segundo disposto na CF (art. 5°, LXI), depende sempre de ordem escrita e fundamentada de autoridade judiciária competente, salvo nas transgressões militares ou crimes propriamente militares, definidos em lei.

[47] "Admite-se a progressão de regime de cumprimento da pena ou a aplicação imediata de regime menos severo nela determinada, antes do trânsito em julgado da sentença condenatória".

[48] HC. n. 71904-4-SP, Rel. Min. Francisco Rezek. "... 2. A Súmula 716 do STF prevê a possibilidade de se computar o tempo da custódia provisória para fins de progressão de regime, *in verbis*. (...). 3. Destarte, partindo-se da premissa de que, diante da execução de uma única condenação, o legislador não impôs qualquer requisito adicional além dos estabelecidos no artigo 112 da Lei de Execução Penal, impende considerar a data da prisão preventiva como marco inicial para obtenção de benefícios em sede de execução penal, desde que não se tenha notícia do cometimento de falta grave pelo reeducando, servindo a sentença condenatória como parâmetro acerca do quantum de pena que deverá ter sido cumprido e não como marco interruptivo para obtenção de benefícios relacionados à progressão de regime." (RHC 142.463, rel. min. Luiz Fux, 1ª T, j. 12.9.2017, DJE 225 de 3.10.2017).

das PENAS e seus CRITÉRIOS de APLICAÇÃO

entendimento foi acolhido pelo legislador brasileiro mediante acréscimo do parágrafo (o 2º) ao artigo 387 do Código de Processo Penal, com o seguinte texto: "o tempo de prisão provisória, de prisão administrativa ou de internação, no Brasil ou no estrangeiro, será computado".

Desse modo, ao invés da clássica declaração de que "incumbirá ao juiz das execuções decidir sobre a detração para fins de progressão", incumbirá à Câmara ou Turma o pronunciamento sobre o tema para, quando do julgamento de apelação, *reconhecer ou não* a detração e assim estabelecer ou não um regime inicial menos gravoso mediante o cômputo do tempo da prisão cautelar.

Um exemplo é esclarecedor: o indivíduo que for condenado a 8 anos e 2 meses terá que iniciar a execução em regime fechado mas, se tiver permanecido cautelarmente preso por 6 meses, esse tempo terá que ser considerado *pelo juiz da sentença* ou pelo Tribunal em razão de Apelação, para que, sob a denominação de *progressão da pena,* a execução comece no regime semi-aberto, compatíveis com condenações inferiores a 8 anos (ver art. 33, § 2º, *b*, do CP).

Embora inconfundíveis a progressão e a detração penal,[49] em termos práticos o cômputo pelo Juiz ou Tribunal o tempo de prisão provisória, para fins de determinação do regime inicial de execução, acaba produzindo efeitos idênticos com a vantagem de dispensar a instauração de procedimento próprio na vara de execuções para deliberação sobre assunto enseja solução imediata e segura. O tempo de prisão cautelar será considerado, afinal, como pena cumprida, para todos os efeitos legais.

Caso haja omissão do juiz da sentença ou do Tribunal caberá ao juiz das execuções fazer a *detração* para a finalidade aqui apontada.

Consoante dizia o Ministro Sepúlveda Pertence, a propósito do Enunciado nº 716 da Súmula: "A jurisprudência do STF já não reclama o trânsito em julgado da condenação nem para a concessão do indulto, nem para a progressão de regime de execução, nem para o livramento condicional (HC 76.524, DJ 29.08.83)".[50] Nesse sentido, é o Enunciado nº 717 da Súmula da mesma Suprema Corte estabelecendo que: "Não impede a progressão de regime de execução da pena, fixada em sentença não transitada em julgado, o fato de o réu se encontrar em prisão especial".

15.4. A regressão nos regimes

O sistema *progressivo* poderia ser muito bem denominado de *progressivo-regressivo*, porque, se de um lado assegura ao condenado, em razão do mérito e do decurso do tempo, a aquisição de quotas de liberdade, até alcançar a última etapa do sistema, que é o livramento condicional, de outro enseja o seu retorno para "qualquer"

---

[49] "... O instituto da prisão preventiva não se confunde com o da execução provisória da condenação penal, momentos processuais inconfundíveis. 2. A detração penal, prevista no art. 387, § 2º, do Código de Processo Penal, não versa sobre progressão de regime prisional, instituto próprio da execução penal, mas sim acerca da possibilidade de se estabelecer regime inicial menos severo, descontando-se da pena aplicada o tempo de prisão cautelar do acusado. 3. Agravo regimental provido, concedendo parcialmente o habeas corpus a fim de determinar que o Tribunal de Justiça de São Paulo proceda à fixação do regime inicial de cumprimento da pena, com observância às regras do art. 33 do CP e do art. 387, § 2º, do CPP" (AgRg no *Habeas Corpus* nº 479.279 – SP, Rel. Min. Néfi Cordeiro, julgado em 21 de maio de 2019).

[50] HC 87.801, 1ª T, j. 2.5.2006, DJ de 26.5.2006.

dos regimes de execução, ainda quando estiver cumprindo pena de detenção (art. 33, 2ª parte, do CP e artigo 118, incisos e parágrafos da LEP).

Então, se a passagem do regime mais severo ao regime mais liberal deve ser gradual, sem saltos, isto é, sem supressão de etapas,[51] por estar presente a ideia de que o retorno à liberdade deve ocorrer paulatinamente, consoante indicação de mérito e decurso mínimo de tempo, a transferência do condenado, por força da regressão, poderá ser para qualquer um dos regimes mais gravosos (art. 118 da LEP).

Os casos que autorizam a regressão são a prática de fato definido como crime doloso ou a prática de falta grave (inciso I) e a condenação por outro crime, anterior ao início da execução, cuja pena somada ao restante da pena em cumprimento torne incabível o regime (inciso II).

Obviamente que não se pode exigir que a decisão pelo crime doloso transite em julgado. Essa é, aliás, a orientação no STF.[52] Do mesmo modo é inexigível decisão definitiva em relação às faltas graves, listadas nos incisos 50 e 51 da LEP. A fuga, por exemplo, é falta grave e seria absurdo (art. 52) ter-se que aguardar a prisão do fugitivo para só depois decretar a conversão para regime mais grave.

A Lei 11.466/2007 ampliou o rol (inciso VIII) ao tipificar como falta grave a utilização ou fornecimento de aparelho telefônico, de rádio ou similar, que permita a comunicação com outros presos ou com o ambiente externo e o STF já decidiu, em mais de uma oportunidade que essa figura alcança a conduta de introduzir chips de telefone celular na penitenciária.[53]

A Lei Anticrime de nº 13.964/2019, acrescentou mais um inciso (o VIII) ao artigo 50 da LEP, para tipificar como falta grave (nova) a recusa procedimento destinado à identificação do perfil genético, que, segundo disposto no artigo 9º-A, incluído pela Lei 12.654/2012, consiste, para os condenados por crimes dolosos cometidos com violência de natureza grave contra pessoa, ou por qualquer dos crimes previstos no art. 1º da Lei nº 8.072, de 25 de julho de 1990, em obtenção de amostra de DNA – ácido desoxirribonucleico, por técnica adequada e indolor.

As faltas médias e leves podem ser definidas pelos Estados em lei própria e autorizam, no máximo, punições disciplinares.

A regressão ainda pode ser decretada pelo juiz da execução se o condenado, solvente, em regime aberto, deixar de pagar a multa imposta cumulativamente com a pena privativa de liberdade ou frustrar a sua execução (art. 36, § 2º, do CP, e art. 118, § 1º, da LEP). Ao nosso ver essa cominação é equívoca porque o não pagamento da multa enseja execução judicial para cobrança do que a lei considera sendo como dívida de valor.

---

[51] "(...) A evolução do regime prisional fechado há que ser, obrigatoriamente, para o regime semi-aberto, conforme gradação estabelecida no art. 33, § 1º, do Cód. Penal. A excepcionalidade à regra somente se permitirá quando ocorrerem as condições personalíssimas dos incisos do art. 117 da Lei 7.210, de julho de 1984 (Lei de Execução Penal), vedada a possibilidade de transposição de um regime para outro sem obediência da progressão normal estabelecida na norma específica" (RE 447 do MP, 5ª T. do STJ, Rel. Min. Flaquer Scartezzini, in DJU 25.9.89, p. 14.953).

[52] A orientação do STF dispensa a condenação pelo fato criminoso determinante da regressão (HC 97218/RS, rel. Min. Ellen Gracie, 12.5.2009. No mesmo sentido: HC 97611/RS, Rel. Min. Eros Grau, 26.5.2009. (HC-97611).

[53] HC 99.896, Rel. Min. Marco Aurélio, julgamento em 23.11.2010, Primeira Turma, *DJE* de 1º.2.2011.) No mesmo sentido: HC 112.601, Rel. Min. Dias Toffoli, julgamento em 4.9.2012, Primeira Turma, *DJE* de 20.9.2012; HC 97.135, Rel. Min. Ellen Gracie, julgamento em 12.4.2011, Segunda Turma, *DJE* de 24.5.2011; RHC 106.481, Rel. Min. Cármen Lúcia, julgamento em 8.2.2011, Primeira Turma, *DJE* de 3.3.2011; HC 105.973, Rel. Min. Ayres Britto, julgamento em 30.11.2010, Segunda Turma, *DJE* de 26.5.2011.

das PENAS e seus CRITÉRIOS de APLICAÇÃO

É claro que a regressão, por restringir direitos, deve ser, independentemente da causa, apreciada em procedimento jurisdicional[54] regido pelo devido processo legal (art. 194 da LEP), com todos os seus consectários. Merecem crítica, portanto, os dispositivos da LEP que autorizam o procedimento de ofício, que conferem ao juiz poderes para dispor sobre a prova, que não conferem efeito de coisa julgada às decisões, etc. (conforme se lê no artigo 195).[55]

Havendo a regressão, será a partir da data em que a decisão for executada que começará a correr outra vez o prazo para a nova progressão.[56] A jurisprudência mais recente do STF confirma essa afirmação.[57]

É claro que a declaração de inocência do condenado pelo crime ou falta grave terá que produzir a imediata revogação da decisão de regressão.

A punição pela falta grave, outrossim, gerará a perda do direito ao tempo da pena remido pelo trabalho (art. 127).

Há anos sustentamos que essa norma seria inconstitucional por ferir o direito adquirido. A decisão que reconhece o direito não é constitutiva, e sim, declaratória, de modo que fato ulterior não pode afetar o patrimônio jurídico do condenado.

O STF, no entanto, editou a Súmula Vinculante de n° 9, espancando toda e qualquer controvérsia quanto à imaginada inconstitucionalidade.[58]

15.5. A execução das penas restritivas de direito

Atente-se, preliminarmente, que no tocante às penas restritivas de direitos o STF entendia que o trânsito em julgado da sentença era desnecessário por causa da redação do artigo 147 da LEP,[59] que curiosamente, contém texto semelhante ao dos artigos 51

---

[54] GRINOVER, Ada Pellegrini. *Natureza Jurídica da Execução Penal. Execução Penal*. São Paulo: Max Limonad, 1987, p. 5 e ss.

[55] Ver, a propósito o livro de SALO DE CARVALHO. *Pena e Garantias. Uma Leitura do Garantismo de Luigi Ferrajoli no Brasil*. Rio de Janeiro: Lumem Juris, 2001.

[56] Agravo n° 70038341673, Terceira Câmara Criminal, TJRS, Rel. Des. Odone Sanguiné, Julgado em 16/12/2010 e Agravo n° 70039788039, Quarta Câmara Criminal, TJRS, Relator Des. Marcelo Bandeira Pereira, Julgado em 16/12/2010, dentre outras decisões.

[57] "Requisito objetivo para progressão de regime. Contagem de prazo. Cometimento de falta grave. Reinício. Jurisprudência do STF. O cometimento de falta grave pelo detento tem como consequência o reinício da contagem do lapso temporal para a concessão de progressão de regime prisional a partir da data da última falta grave ou de recaptura, em caso de fuga." (HC 95.085, Rel. Min. Ricardo Lewandowski, julgamento em 3.3.2009, Primeira Turma, *DJE* de 20.3.2009.) No mesmo sentido: HC 102.664, rel. min. Marco Aurélio, julgamento em 9.8.2011, Primeira Turma, *DJE* de 12.9.2011; HC 102.365, Rel. Min. Luiz Fux, julgamento em 14.6.2011, Primeira Turma, *DJE* de 1°.8.2011; HC 102.705, Rel. Min. Luiz Fux, julgamento em 31.5.2011, Primeira Turma, *DJE* de 17.6.2011; HC 103.456, Rel. Min. Marco Aurélio, julgamento em 26.4.2011, Primeira Turma, *DJE* de 16.5.2011; HC 103.941, Rel. Min. Dias Toffoli, julgamento em 31.8.2010, Primeira Turma, *DJE* de 23.11.2010; HC 102.652, Rel. Min. Gilmar Mendes, julgamento em 29.6.2010, Segunda Turma, *DJE* de 20.8.2010; HC 100.787, Rel. Min. Cármen Lúcia, julgamento em 2.2.2010, Primeira Turma, *DJE* de 19.3.2010; HC 96.472, Rel. Min. Ricardo Lewandowski, julgamento em 20.10.2009, Primeira Turma, *DJE* de 20.11.2009; HC 98.042, Rel. Min. Ayres Britto, julgamento em 28.4.2009, Primeira Turma, *DJE* de 29.5.2009; HC 93.554, Rel. Min. Celso de Mello, julgamento em 14.4.2009, Segunda Turma, *DJE* de 29.5.2009; HC 94.098, Rel. Min. Joaquim Barbosa, julgamento em 24.3.2009, Segunda Turma, *DJE* de 24.4.2009; HC 95.401, Rel. Min. Ellen Gracie, julgamento em 21.10.2008, Segunda Turma, *DJE* de 7.11.2008.

[58] "O disposto no artigo 127 da Lei 7.210/1984 (Lei de Execução Penal) foi recebido pela ordem constitucional vigente, e não se lhe aplica o limite temporal previsto no *caput* do artigo 58".

[59] HC 88.741/PR, Rel. Ministro Eros Grau, Segunda Turma, DJ de 04/08/2006; HC 88413, Rel. Min. CEZAR PELUSO, Primeira Turma, julgado em 23/05/2006, DJ 9.6.2006; HC 85289, Rel. Min. Sepúlveda Pertence, Primeira Turma, julgado em 22/02/2005, DJ 11.3.2005; HC 89.435/PR, Rel. Min. Celso De Mello, Segunda Turma, julgado em 20/03/2007,

do CP e 283 do CPP mas que, a despeito desse detalhe, não eram invocados para impedir a interpretação em sentido oposto para as penas privativas de liberdade.

Como decorrência do entendimento manifestado pelo mesmo STF por ocasião do julgamento HC nº 126.292 da relatoria do Min. Teori Zavascki reascendeu a polêmica entre as duas Turmas do STJ, a 6ª aceitando e a 5ª Turma vedando a execução antecipada da pena restritiva de direitos, esta com o mesmo argumento de que o art.147 da LEP atuaria como óbice e que esse dispositivo não havia sido dado como inconstitucional pelo STF.[60]

Visando a espancar a polêmica para propiciar segurança jurídica, a 3ª Seção, em 14/6/2017, ao julgar os EResp nº 1.619.087/SC, Relatora a Min. Maria Thereza de Assis Moura, decidiu reafirmar o entendimento seguido pela 5ª Turma[61] para, assim, uniformizar a jurisprudência da Corte,[62] de modo que, neste exato momento, não há mais divergências entre os diferentes órgãos dos Tribunais Superiores quanto à vedação da execução antecipada de qualquer espécie de pena, como decorre da garantia de *não culpabilidade*, prevista em nossa Lei Maior.

O início de execução variará conforme a espécie de pena.

A *prestação pecuniária,* por exemplo, por ter conteúdo indenizatório, implica em pagamento em dinheiro à vítima ou seus dependentes.

Esse dever transmite-e aos sucessores do condenado, nos limites do patrimônio a eles transferido *causa mortis.*[63] Esse entendimento doutrinário, do qual ousamos discordar, decorre da literalidade do inciso LXV do artigo 5º da CF: "nenhuma pena passará da pessoa do condenado podendo a obrigação de reparar o dano e a decretação do perdimento de bens ser, nos termos da lei, estendidas aos sucessores e contra eles executadas, até o limite do valor do patrimônio transferido".

Com efeito, uma coisa é o perdimento dos bens ou a obrigação de indenizar os danos causados pelo delito e outra, radicalmente distinta, é afirmar que esse dever é derivado de sanção pessoal intransferível a terceiros, como propõe o princípio da pessoalidade da pena ínsito no dispositivo *supra.*

Atente-se que é por não perder sua natureza de sanção penal que a execução da prestação pecuniária não paga será realizada na vara de execuções pelo Ministério Público (ver arts. 67 e 68 da LEP) e não da vítima ou de seus dependentes,[64] em con-

---

[60] HC 386.872 – RS, Rel. Min. Reynaldo Soares da Fonseca, julgado em 14 de março de 2.017.

[61] Em 2.017, "... A Terceira Seção desta Corte, ao julgar o EREsp nº 1.619.087/SC, Rel. Ministra Maria Thereza de Assis Moura, Rel. p/ acórdão Ministro JORGE MUSSI, fixou entendimento de não ser possível a execução provisória de penas restritivas de direitos, conforme disposto no art. 147 da Lei de Execução Penal. 2. Na sessão de julgamento do dia 24/10/2018, a Terceira Seção, por maioria, reafirmou a orientação acima mencionada, ao apreciar o HC n.º 435.092/SP (Rel. Ministro ROGERIO SCHIETTI CRUZ, Rel. p/ Acórdão Ministro Reynaldo Soares Da Fonseca). Com a ressalva do meu entendimento pessoal, essa é a conclusão majoritária do Colegiado, que deve prevalecer. 3. Agravo regimental desprovido." (AgRg no HC 495.196/SP, Rel. Ministra Laurita Vaz, Sexta Turma, DJe. 25/04/2019)

[62] "... 2. Ressalvada compreensão pessoal diversa, a Terceira Seção, no julgamento do EResp 1.619.087/SC, na sessão de 14/06/2017, adotou a orientação em relação à impossibilidade de execução provisória da pena restritiva de direitos, sendo indispensável, em tais casos, o trânsito em julgado da sentença penal condenatória, nos termos do art. 147 da Lei de Execução Penal. 3. Tal entendimento foi reafirmado pela Terceira Seção desta Corte com o julgamento no AgRg no HC 435.092/SP. 4. Agravos regimentais improvidos." (AgRg nos EREsp 1.699.768/SP, Rel. Ministro Néfi Cordeiro, 3ª Seção, julgado em 13/03/2019, DJe 20/03/2019).

[63] Essa é também a opinião de Luiz Flávio Gomes (*Penas e Medidas Alternativas à Prisão*. São Paulo: RT, 1999, p. 138) e de Murício Ribeiro Lopes (*Penas Restritivas de Direitos*. São Paulo: RT, 1999, p. 372).

[64] LEITE, Maurílio Moreira. Multa Reparatória. Revista "Atuação Jurídica", da Associação Catarinense do MP, ago/2000, p. 55.

formidade com o rito previsto na Lei Federal n° 6.830/80, que disciplina a execução da multa em dias-multa

Todos esses fundamentos são extensivos à pena de *perda de bens e valores* (e também da multa reparatória prevista no CTB) – no caso de inadimplemento consciente e voluntário de parte do condenado.

Se a perda for de *valores,* a execução, também na vara de execuções, seguirá o rito da Lei 6.830. Do mesmo modo se a perda for de *bens móveis ou imóveis*, mas o rito será o previsto no CPC.

Como a pena de *limitação de fim de semana* implica na restrição da liberdade do condenado, ao menos nos fins de semana, aspecto que põe em dúvida a configuração dessa pena como *restritiva de direitos,* a execução iniciará com o comparecimento do condenado ao Albergue.

Se este não existir ou não houver vaga, essa pena, por interpretação extensiva, poderá ser cumprida na própria residência, hipótese aceita nas execuções em regime semi-aberto e aberto. O condenado tem o direito de ser previamente intimado e informado sobre todos esses aspectos (art. 151 e parágrafo único da LEP).

O início da execução da *pena restritiva de serviços à comunidade* se dará na data do "primeiro comparecimento do condenado" (§ 2º do art. 149 da LEP) à entidade ou programa comunitário ou estatal, devidamente credenciado ou convencionado.

Na Vara de Execuções, os técnicos do Poder judiciário costumam realizar, por determinação e orientação dos juízes competentes (realidade em P. Alegre), uma entrevista com o condenado, para prepará-lo para a nova vida, indicar-lhe o estabelecimento instituição conveniada mais perto da sua residência onde os serviços serão realizados, ajustar tarefas, horários, licenças, etc.

Os ajustes sobre a jornada poderão ser revisados pelo juiz da execução, se assim o requerer o condenado, seja para aumento ou redução da carga de trabalho, pois é fundamental que a execução não prejudique as atividades profissionais que ele desempenha, de modo a poder assim assegurar as necessidades pessoais e da família (§ 3º do art. 46).

As entidades de direito público ou privado beneficiadas deverão remeter mensalmente ao juízo da execução relatórios das atividades desenvolvidas pelo condenado, bem como, a qualquer tempo, comunicação sobre ausência ou falta disciplinar (art. 150 da LEP), de modo a propiciar à Vara das Execuções efetivo controle sobre o cumprimento da pena.

O início da execução da pena de *interdição de direitos* ocorrerá no momento em que o condenado for intimado para não mais exercer a atividade proibida (dentre as enumeradas nos incisos I a V do art. 47 do CP e decorrentes de cargo, função ou atividade pública, bem como de mandato eletivo; profissão, atividade ou ofício que dependam de habilitação especial, de licença ou autorização do poder público; direção de veículo; frequência a determinados lugares e inscrição em concurso, avaliação ou exame públicos). Na forma do art. 154 da LEP, essa intimação poderá ocorrer por intermédio da autoridade administrativa nos casos dos incisos I, II e III do art. 47 do CP.

A execução da *limitação de fim de semana* tem início com o comparecimento do condenado ao local onde deverá permanecer aos fins de semana (parágrafo único do art. 151 da LEP). O descumprimento do dever legal acarreta, obviamente, os efeitos da conversão, antes examinado.

15.6. A execução da multa em dias-multa

Não há nenhuma possibilidade do condenado eximir-se ou ser eximido do pagamento das sanções pecuniárias.

A condição para a deflagração do processo executório é, também para a multa, o trânsito em julgado da sentença condenatória (art. 50 do CP).

Outra condição é que tenha a multa sido inscrita em Dívida Ativa, quando se transforma em *dívida de valor* (art. 51 do CP).

A execução voluntária da multa em *dias-multa* se dá com o recolhimento do valor aos cofres públicos no prazo de 10 dias contados da intimação (art. 50 do CP).

É admissível que o pagamento ocorra em parcelas, caso o condenado não possa fazê-lo em uma única oportunidade (arts. 168 e 169 da LEP).[65]

Não havendo pagamento voluntário ou parcelamento, o condenado ficará sujeito a uma ação judicial de cobrança da multa,[66] que seguirá o rito da Lei 6.830/1980.

Se não for localizado o condenado ou encontrados bens sobre os quais possa recair a execução, o artigo 40 da Lei 6.830 estabelece que o juiz suspenderá a execução pelo prazo de um ano e nesses casos não correrá a prescrição da dívida. Diferentemente do que ocorre com a suspensão, o prazo prescricional volta a fluir inteiramente a partir da data que ensejou a interrupção.

Decorrido o prazo de um ano sem alteração desse *status quo*, o juiz ordenará o arquivamento dos autos (§ 2º do art. 40).

Duas são as questões a serem esclarecidas: a primeira, relacionada à identificação do sujeito ativo investido de legitimidade para o processo de execução e a segunda relacionada à competência para a ação e o processo.

Sobre o sujeito ativo, dois eram os entendimentos.

O primeiro, que reconheciam serem os Procuradores dos Estados (e dos da Fazenda Nacional nas condenações em processos da competência da Justiça Federal) os órgãos legitimados para iniciar o processo, por tratar-se a multa em dias-multa de *dívida de valor*. Nesse sentido era o Enunciado nº 521 da Súmula do STJ: "A legitimidade para a execução fiscal de multa pendente de pagamento imposta em sentença condenatória é exclusiva da Procuradoria da Fazenda Pública".

O segundo, de que o sujeito ativo legitimado seria o Ministério Público dos Estados e da União, nas condenações proferidas pela Justiça dos Estados e Federal, respectivamente, porque, embora sendo dívida de valor, a multa não perde sua natureza de *sanção penal*.[67]

Diante dessa duplicidade de entendimentos, no dia 13 de dezembro de 2018, o Pleno do STF, apreciando conjuntamente a Ação Direta de Inconstitucionalidade (ADI) 3150, de relatoria do Ministro Marco Aurélio, e a 12ª Questão de Ordem apresentada na Ação Penal (AP) 470, de relatoria do Ministro Luís Roberto Barroso decidiria pelo

---

[65] O adimplemento da multa poderá ser objeto de parcelamento, a critério do Juízo da Execução, vedado o reconhecimento de sua isenção, porquanto importaria afronta ao princípio da legalidade. ..." (TRF4, ACR 2001.70.04.001372-3, 8ª Turma, Relator p/ Acórdão Paulo Afonso Brum Vaz, D.E. 17/06/2009).

[66] Sobre a prescrição remetemos o leitor ao capítulo XII, para evitarmos redundâncias.

[67] BITENCOURT, Cezar Roberto. Competência para Execução da Pena de Multa à Luz da Lei 9.268. *Revista Brasileira de Ciências Criminais, IBCCrim,* v. 59, p. 17.

reconhecimento de que a legitimidade é do MP e, residualmente a Fazenda Pública, no caso de inércia da Instituição.

Segundo o voto do Ministro Barroso, o fato de o MP cobrar a dívida, ou seja, executar a condenação, não significa que ele estaria substituindo a Fazenda Pública. O ministro destacou que a condenação criminal é um título executivo judicial, sendo incongruente sua inscrição em dívida ativa, que é um título executivo extrajudicial. Reafirmando seu voto na 12ª Questão de Ordem na AP 470, o ministro salientou que, caso o MP não proponha a execução da multa no prazo de 90 dias após o trânsito em julgado da sentença, o juízo da vara criminal comunicará ao órgão competente da Fazenda Pública para efetuar a cobrança na vara de execução fiscal. "Mas a prioridade é do Ministério Público, pois, antes de ser uma dívida, é uma sanção criminal", reiterou.[68]

Essa é a posição que defendemos desde as primeiras edições deste livro, salientando, outrossim, que a finalidade da revogação dos parágrafos do artigo 51 do CP pela Lei 9.268/98 não havia sido outra senão a de promover o ajustamento do sistema jurídico-penal do País às recomendações do Pacto de San José da Costa Rica, subscrito pelo Brasil. Em momento algum o legislador pensou em retirar do Ministério Público a atribuição originária de requerer a abertura do processo executório, mesmo porque os dispositivos da LEP (arts. 67 e seguintes) que dispõem sobre a matéria continuam em pleno vigor, tese que acabou consolidando-se na jurisprudência.

Em relação à competência, sustentou-se, no início, que seria a das Varas da Fazenda Pública, na forma indicada para a cobrança da dívida ativa[69] e foi assim que decidiram as Câmaras Criminais do Tribunal de Justiça do RS.[70]

Particularmente, sempre afirmamos que o ajuizamento da ação de execução da multa nas Varas da Fazenda comprometeria o exercício da função do MP de fiscalizar o cumprimento das penas em razão da bipartição da própria execução.[71]

Defrontando-se com o problema, a Corregedoria-Geral da Justiça do RGS, em 31 de outubro de 1997, editou o Provimento nº 36/97, alterando o artigo 2º do Provimento nº 12/69, para declarar que, não ocorrendo o espontâneo pagamento da multa esta poderia ser executada nas varas de Execuções Criminais mediante ação de cobrança promovida pelo Ministério Público (artigo 1º).

---

[68] Subscreveram esse entendimento os Ministros Alexandre de Moraes, Rosa Weber, Luiz Fux, Cármen Lúcia, Ricardo Lewandowski e Dias Toffoli (presidente). Ficaram vencidos os ministros Marco Aurélio e Edson Fachin, que votaram pela improcedência da ADI por entenderem ser competência da Fazenda Pública a cobrança da multa pecuniária, disponível em: <http://www.stf.jus.br/portal/cms/verNoticiaDetalhe.asp?idConteudo=398607>, Noticias do STF.

[69] BRAGA, Vera Regina de Almeida. Execução da Pena de Multa: Juízo Competente. *Revista Brasileira de Ciências Criminais, IBCCrim*, v. 59, p. 11.

[70] "... Em que pese sua natureza penal, após o trânsito em julgado da sentença que a cominou, passa a multa a ser tratada como dívida ativa da Fazenda Pública. E possuindo esta Juízo especializado, nele deverá ser promovida a sua cobrança, caso o condenado, devidamente notificado para o pagamento pelo Juízo da Execução, deixe de adimplir a obrigação no prazo legal. Inteligência dos artigos 50 e 51 do CP, observadas as alterações dadas pela Lei nº 9.268/96. Conflito negativo julgado procedente. Fixada a competência da 6ª Vara da Fazenda Pública da Comarca de Porto Alegre para o processamento da dívida." (Conflito de Jurisdição nº 70029643608, Oitava Câmara Criminal, Tribunal de Justiça do RS, Relator: Dálvio Leite Dias Teixeira, Julgado em 27/05/2009). Ainda: Apelação-Crime nº 70005243381, Segunda Câmara Criminal, TJRS, Relator, Des. Walter Jobim Neto, Julgado em 27/02/2003, Agravo nº 70009851965, Segunda Câmara Criminal, TJRS, Relator Des. Marco Aurélio de Oliveira Canosa, Julgado em 03/03/2005.

[71] Nesse sentido, Agravo em Execução nº 1.084.731/5, SP, Rel. Juiz Walter Swensson, j. 11.3.98, *in Revista Brasileira de Ciências Criminais, IBCCrim*, v. 67, p. 266, e Agravo em Execução nº 1.082.239/2, SP, 11ª Câm., Rel. Juiz Renato Nalini, j. 01.12.97, mesma publicação, v. 66, p. 258.

O citado provimento foi alterado pelo de nº 43/97, de 19 de dezembro de 1997, reafirmando, com o seguinte texto, a orientação traçada: "art. 2º Não ocorrendo o pagamento, observar-se-á para a execução da multa o rito procedimental previsto no artigo 51 do Código Penal, com a redação que lhe foi dada pela Lei 9.268/96. A execução será promovida pelo Ministério Público e terá como juízo competente o das Execuções Criminais".

Era nesse sentido que a jurisprudência vinha se inclinando[72] e agora com o resultado do julgamento da ADI 3.150 e da 12ª Questão de Ordem apresentada na Ação Penal (AP) 470 (Mensalão) não há mais qualquer dissonância quanto ao sujeito ativo legitimado para cobrar a multa em dias-multa e o foro competente, mesmo aquela aplicada no âmbito do Juizado Especial Criminal e que vinha sendo executada nesse mesmo Juizado.[73]

Reforçando esse entendimento, a Lei Anticrime de nº 13.964, de 24 de dezembro de 2019 deu nova redação ao artigo 51 do CP para deixar expresso que após o trânsito em julgado da sentença, "a multa será executada perante o juiz da execução penal", mantendo as demais disposições que a consideravam dívida de valor e mandavam aplicar as normas relativas à dívida ativa da Fazenda Pública, inclusive no que concerne às causas interruptivas e suspensivas da prescrição.

Não há mais dúvidas, pois, sobre os dois pontos.

No momento do pagamento o valor da multa será monetariamente atualizado (§ 2º do art. 49 do CP), desde a data do fato,[74] de modo a manter atual o valor da moeda.

---

[72] "A Lei nº 9.268/96, determinando que a pena de multa não será mais convertida em privativa de liberdade e autorizando sua conceituação como dívida de valor, não desnaturou seu caráter penal, nem deslocou para a sede tributária ou fiscal sua execução. É competente para sua execução a Vara de Execução Criminal e detém atribuição o órgão ministerial militante nesse juízo. Apenas a execução do título seguirá o rito da Lei de Execuções Fiscais. Competência do juízo suscitante. Improcedência do conflito de competência" (Conflito de Competência nº 297026635, 4ª Câmara Criminal do TARS, Rel. Aramis Nassif, j. 17.09.97). "A sanção pecuniária, cominada a crimes e contravenções, tem indiscutível caráter penal, como pena principal (do tipo) ou substitutiva. A consideração da multa como dívida de valor em nada alterou sua natureza jurídica. O não pagamento não desfigura o instituto, nem pode transformar a multa penal em dívida tributária ou de caráter extrapenal. Não se mostra razoável utilizar título executivo judicial para a constituição de título extrajudicial, sabidamente ensejador de um maior número de defesas em sede de embargos. Ao considerar a multa dívida de valor, a Lei nº 9.268/96, além de impossibilitar sua conversão em custódia carcerária, quis dizer que ela está sujeita à atualização monetária até o seu efetivo pagamento, não prevendo a inscrição da multa em dívida ativa. Competência da Vara de Execuções Criminais. Julgaram improcedente. Unânime" (Conflito de Competência nº 297027369, 2ª Câmara Criminal do TARS, Rel. Tupinambá Pinto de Azevedo, j. 09.10.97). No mesmo sentido: Agravo nº 240411-9, 2ª Câmara Criminal do TAMG, Rel. Juiz Hyparco Immesi. Unânime. 11.11.97; Agravo nº 235528-6, Rel. Juiz Audebert Delage, Unânime, 22.10.97, DJ 18.02.98; Agravo nº 243212-8, 1ª Câmara Criminal do TAMG, Rel. Juíza Jane Silva. Unânime. 26.11.97.

[73] Nesse sentido: "Tendo sido aplicada tão-só a pena de multa, na sentença, pelo JEC, é o mesmo competente para promover a sua execução" (Conflito nº 01397509454, Rel. Dr. Umberto Guaspari Sudbrack, RS).

[74] BALTAZAR JR., José Paulo. *Sentença Penal*. Verbo Jurídico. 2007, p. 206. Recurso Especial nº 9228649-6/SP, STJ, Rel. Orig. Min. Edson Vidigal e Rel. p/ Acórdão Min. Assis Toledo, j. 13.12.95, maioria, DJU 11.03.96, p. 6.643 e EDREsp. 43.645/SP, Rel. Min. Cid Flaquer Startezzini, DJ de 5.5.98. Ainda: "Para que mantenha a força retributiva da sanção penal, que poderia ser corroída pela inflação, é imperativo que a correção monetária da multa seja calculada a partir da data do fato" (Apelação-Crime nº 293229860, 3ª Câmara Criminal em Regime de Exceção do TARS, Rel. Saulo Brum Leal, 25.04.95). No mesmo sentido, Embargos Infringentes nº 294084678, Câmaras Criminais Reunidas do TARS, Rel. Nelson Souza Soares Rassier, 24.04.95; Embargos Infringentes nº 297024838, 2º Grupo Criminal do TARS, Rel. Constantino Lisbôa de Azevedo, j. 15.12.97; Apelação-Crime nº 70012717377, Oitava Câmara Criminal, Desa. Fabianne Breton Baisch, Julgado em 15/03/2006. No mesmo sentido: "Atualização monetária. Fiel ao termo básico estabelecido no § 1º do art. 49 do Código Penal, o tempo do fato também se impõe como marco da atualização monetária estabelecida no § 2º do referido artigo" (DJU n 43, p. 5415, RE-67.611/SP, STJ, Quinta Turma, Rel. Min. José Dantas).

15.7. As conversões das penas em prisão

Por *conversão* entende-se a possibilidade de transformação em *prisão* e pena *não privativa de liberdade.*

Ela é, portanto, uma espécie de "sanção" adicional prevista em lei para os condenados às penas de prestação de serviços à comunidade, de restrição de direitos e de limitação de fim de semana (art. 181, §§ 1º, 2º e 3º, da LEP).

As penas suscetíveis de conversão são as restritivas de direito e não mais a multa em dias-multa, como veremos a seguir.

A pena de *prestação de serviços à comunidade* será convertida em privativa de liberdade se o condenado a) não for encontrado por estar em lugar incerto e não sabido, ou desatender a intimação por edital; b) não comparecer, injustificadamente, à entidade ou programa em que deva prestar serviço; c) recusar-se, injustificadamente, a prestar o serviço que lhe foi imposto; d) praticar falta grave; e) sofrer condenação por outro crime à pena privativa de liberdade, cuja execução não tenha sido suspensa, consoante prevê o § 4º do art. 44 do CPP, c.c. o art. 181, § 1º, letras *a* a *e*, da LEP.

É importante salientar que do *quantum* da pena privativa de liberdade substituída será "deduzido" o tempo cumprido da pena restritiva de direito, respeitado o saldo mínimo de 30 dias de detenção ou reclusão a cumprir (§ 4º do art. 44 do CP).

Esse detalhe, no dizer de Luiz Flávio Gomes, repristina injustamente o *bill of attainder* do direito medieval. Imaginemos, diz ele, "a situação de um sujeito que deixou de cumprir a prestação de serviços à comunidade quando faltava uma só semana para extinguir tudo. Feita a conversão da restritiva em prisão, nesse caso, o saldo não seria de uma semana, senão de trinta dias. Isso significa, em primeiro lugar, prisão imposta pelo legislador, não pelo juiz",[75] conclui o eminente magistrado paulista.

Permanece em nosso direito, pois, o risco de ser o condenado obrigado a cumprir parte da pena já cumprida e... extinta pelo cumprimento!

De qualquer modo, ao permitir parcial detração, a Lei 9.714/98 produziu um avanço em relação ao sistema anterior.

A pena de *interdição de direitos* será convertida em prisão, consoante a regra geral instituída no § 4º do artigo 44 do CP e detalhada no § 3º do artigo 181 da LEP, quando o condenado exercer, injustificadamente, o direito interditado ou se ocorrer qualquer das hipóteses das letras "a" e "e", do § 1º, deste artigo (não for encontrado por estar em lugar incerto e não sabido, ou desatender a intimação por edital ou sofrer condenação por outro crime à pena privativa de liberdade, cuja execução não tenha sido suspensa.

A pena de *limitação de fim de semana,* segundo dispõe o § 2º do art. 181, será convertida em prisão quando o condenado não comparecer ao estabelecimento designado para o cumprimento da pena, recusar-se a exercer a atividade determinada pelo Juiz ou se ocorrer qualquer das hipóteses das letras "a", "d", e "e", do § 1º do mesmo artigo, acima destacadas.

Curiosamente, a Lei nada dispôs sobre o aproveitamento do tempo em que o condenado sofreu restrições aos seus direitos ou ficou confinando no Albergue nos fins de semana, como o fez em relação à pena de prestação de serviços à comunidade. Todavia, razões de equidade justificam o mesmo tratamento jurídico-penal.

---

[75] GOMES, op. cit., p. 129.

As penas de *prestação pecuniária*, de *perda de bens e valores* e da *multa reparatória* prevista no CTB) não podem ser convertidas em prisão porque tem conteúdo reparatório e em relação a ela são extensivos os óbices legais que impedem a conversão em prisão da multa em fixada em dias-multa.

Com efeito, os parágrafos do artigo 51 do CP dispunham que a multa em dias-multa poderia ser convertida em prisão no equivalente de 1 dia para cada dia-multa. Os comandos normativos, contudo, foram extirpado do Código em cumprimento ao item 7º do artigo 7º do Pacto de San José da Costa Rica, de 22 de novembro de 1969, incorporado ao ordenamento jurídico de nosso País.[76]

Não há falar-se, por conseguinte, em conversão em prisão da multa em dias-multa e das demais sanções dotadas de conteúdo indenizatório, acima referidas.

As conversões das penas restritivas suscetíveis de conversão (prestação de serviços à comunidade, interdição de direitos e limitação de fim de semana) pressupõem prévia instauração de procedimento judicial para tanto (art. 194 c.c. o art. 186, I a IV, da LEP),[77] assegurados a ampla defesa, o contraditório e a intervenção fiscalizadora do Ministério Público – salvo quando este for o autor do pedido.

Nesse procedimento, o condenado será ouvido e poderá produzir prova para *justificar* o descumprimento e evitar a conversão. A decisão será fundamentada e dela caberá recurso de Agravo (art. 197 da LEP).

Por último: é importante não confundir as conversões que ensejam a transformação em prisão das penas restritivas antes citadas com a impropriamente denominada *conversão na fase da execução* de pena privativa de liberdade não superior a dois anos em *pena restritiva de direitos,* após cumprimento de pelo menos 1/4 da pena imposta, se o condenado demonstrar mérito e estiver em regime aberto.

É dizer: enquanto as conversões a que se refere o artigo 181 e parágrafos – ora em exame – tem por objeto penas restritivas e acarretam *gravames* ao condenado por ter que cumprir o tempo restante na conformidade do regime que vier a ser estabelecido, a conversão prevista no artigo 180 *produz benefício ao condenado* porque diz com a hipótese de *transformação* em restritiva de direitos do *saldo* da pena privativa de liberdade em execução.

15.8. A prescrição

Com o trânsito em julgado da sentença abre-se a fase de execução das penas impostas desde que, por óbvio, não tenha advindo nenhuma causa extintiva da punibilidade previstas no artigo 107, incisos I a IX, do CP, dentre as quais figura a prescrição, aqui destacada pela relevância da com os pontos analisados neste livro.

É regra primária em direito que a punibilidade não é eterna e está *temporalmente delimitada.*

Por isso, no exercício do poder-dever de punir, o Estado precisa ajuizar a ação penal e, se a sentença for condenatória, tratar de executá-la para cobrar do indivíduo a *dívida social,* necessariamente dentro de prazos fixados em lei, sob pena de prescrição da *pretensão punitiva, com base na pena em abstrato* (art. 110 do CP) ou da *prescrição*

---

[76] Promulgado pelo Decreto 678, de 6 de novembro de 1992.

[77] GRINOVER, Ada *et alii. Execução Penal.* São Paulo: Max Limonad, 1987, p. 5.

das PENAS e seus CRITÉRIOS de APLICAÇÃO

da pretensão condenatória ou executória, com base na pena concretizada na sentença (art. 110, § 1º, do CP).

Essas duas modalidades de prescrição (da pretensão punitiva e da pretensão executória) são em si diferentes e incidentes em fases específicas: a primeira, na fase do conhecimento e a segunda, como a denominação propõe, na fase da execução.

Em que pesem as diferenças as consequências são idênticas: atingem em cheio o *jus puniendi* – nos mesmos moldes que as demais causas extintivas da punibilidade elencadas no artigo 107 do CP – sem gerarem, quando reconhecidas, nenhum efeito jurídico, nem mesmo para desqualificar os antecedentes do indivíduo processado ou condenado.

Daí a importância de explicações a seguir, mesmo breves.

A primeira delas (prescrição da pretensão punitiva calculada com base na pena em abstrato), como a denominação sugere, é aferida a partir da identificação do máximo da pena privativa de liberdade cominada no tipo penal e sua posterior localização em um dos incisos do artigo 109 do CP. Assim, por exemplo: a punibilidade do crime de roubo simples tipificado no art. 157 do CP extingue-se pela prescrição se a denúncia não for recebida (art. 117, I) dentro do prazo de 16 anos (inciso II do art. 109) porque esse é o lapso temporal que o máximo de 10 anos de reclusão previsto para esse crime nos indica.

A segunda (prescrição da pretensão executória calculada com base na pena concretizada na sentença), como se infere, leva em consideração *não o máximo cominado em abstrato junto ao tipo penal* e sim a *espécie* e a *quantidade de pena fixada na sentença condenatória* que, nos moldes do procedimento anteriormente descrito, deverá ser utilizada para a identificação do ponto de enquadramento em um dos incisos do artigo 109 do Código Penal. Assim, por exemplo, se, em razão do roubo cometido, o réu foi sancionado com a pena mínima de 4 anos de reclusão, o Estado terá, a partir do trânsito em julgado da sentença, o prazo de 12 anos previsto no inciso III do artigo 109, para iniciar o processo executório, porque será nesse prazo que a punibilidade se extinguirá – caso o Estado permaneça omisso – nas condenações a penas privativas de liberdade superiores a 4, e não excedentes a 8 anos.

Essa sistemática legal quanto à fase do conhecimento e também quanto à fase executória da sentença não sofre mudança alguma no que tange às penas restritivas de direito porque elas substituem as penas privativas de liberdade *na mesma quantidade com que foram individualizadas* (art. 109, parágrafo púnico, do CP). Assim, na fase do conhecimento o prazo prescricional será o indicado pelo máximo cominado em abstrato para a pena privativa de liberdade e na fase a execução a quantidade da pena substituta imposta a ser enquadrada em um dos incisos do art. 109 do CP é que indicará o novo lapso *temporal* a ser considerado na fase de execução dessas penas.

Já o mesmo pode não acontecer quando a *espécie* da pena for a multa em dias-multa porque será necessário preliminarmente verificar as peculiaridades da acusação e circunstâncias da imposição dessa pena na sentença.

Assim, quando a multa estiver prevista *cumulada* com pena privativa de liberdade no tipo incriminador, a extinção da punibilidade, tanto na fase do conhecimento quanto na fase da execução, ocorrera, nos exatos termos do artigo 114, I, "... no mesmo prazo estabelecido para prescrição da pena privativa de liberdade...". A multa em dias-multa alternativamente aplicada ou cumulativamente aplicada ou cominada, portanto, segue a sorte da pena principal.

Diferente será, contudo, se a multa em dias-multa for a *única cominada* ou a *única aplicada* na sentença, porque, nessas duas situações, o prazo prescricional da *pretensão punitiva e da pretensão executória* será, na dicção do inciso I do artigo 114 do CP, o de *dois anos*.

Esse entendimento é extensivo à sanção pecuniária prevista na Lei 9.605/98 que dispõe sobre os crimes contra o meio ambiente e autoriza imputação de autoria e imposição de penas às pessoas jurídicas.[78]

Discute-se se esse prazo prescricional *de dois anos* ainda estaria em vigor porque como os parágrafos do art. 51 do CP foram revogados pela Lei 9.268/96 e nesse artigo passou a constar que a multa em dias-multa será considerada *dívida de valor* e executada com base nas normas aplicáveis à execução da dívida ativa da fazenda pública, inclusive no que tange à prescrição, esse prazo seria gora o *cinco anos* que é o previsto no artigo 174 do Código Tributário Nacional para a cobrança da dívida ativa.

A discussão só foi aberta por causa da desconsideração da especificidade da norma do artigo 114, II, do CP, inteiramente preservada, em que pese as contínuas alterações legislativas, nomeadamente a dos parágrafos do artigo 51 do CP, que, já destacamos, foram realizadas para atender as determinações do Pacto de San José da Costa Rica, incorporado ao ordenamento jurídico brasileiro.

O Estado tem, efetivamente, prazo de cinco anos para cobrar a dívida tributária inscrita em dívida ativa. Mas esse não é o prazo que rege a cobrança da multa em dias-multa e sim o do inciso II do artigo 114 porque a sua natureza *não é* de *dívida tributária* e sim de *sanção penal*.

É importante o registro, por último, de que os prazos constantes dos incisos do artigo 109 serão reduzidos por metade se o acusado era ao tempo do crime, menor de 21 (vinte e um) anos, ou, na data da sentença, maior de 70 (setenta) anos (art. 115 do CP).

---

[78] Ap. 70016742751, Rel. Des. José Eugenio Tedesco, MS n. 70067367250 e Ap. 70054678164, ambas da relatoria do Des. Rogério Gesta Leal, Ap. 70050662527, Rel. Des. Aristides Pedroso de Albuquerque Neto, Ap. 70054678164, Rel. Des. Rogério Gesta Leal e Apelação Criminal n. 70072491590, 4ª Câm. Crim., Rel. Des. Julio Cesar Finger. É a posição do TJ São Paulo: Ap. n. 2016.0000771626, Rel. Des. Camargo Aranha Filho, julg. em 16.10/2016. É assim no STF. (AG.Reg. no REX n. 944.034, Rel. Min. Gilmar Mendes, julgado em setembro de 2016). Idem no STJ (EDEcl. No AGrReg no RESP 1230099/AM, Rel. Min. Laurita Vaz,julgado em agosto de 2013.

Bibliografia

AFTALIÓN, Enrique *et alii. Introducción al Derecho.* 7ª ed. Buenos Aires: La Ley, 1956, p. 122.

AGUIAR JR., Ruy Rosado de. *Aplicação da Pena.* Porto Alegre: Escola Superior da Magistratura do RS, 1994.

——. *Aplicação da Pena.* 5ª ed. Porto Alegre: Livraria do Advogado, 2013.

ALBERTON, Genacéia da Silva. O Artigo 594 do Código de Processo Penal no âmbito da ampla defesa. In: *Estudos de Direito Processual Penal.* Paulo Cláudio Tovo (org.). Porto Alegre: Livraria do Advogado, 1995.

ALEXY, Robert. *Teoria de Los Derechos Fundamentales.* Madrid: Centro de Estudios Constitucionales, 1997.

ALMADA, Célio de Melo. *Legítima Defesa.* São Paulo: Bushatski, 1958.

ALMEIDA, Joaquim Canuto Mendes de. *Processo Penal, Ação e Jurisdição.* São Paulo: Revista dos Tribunais, 1975.

ALPA, Guido *et alii. Tratato di Diritto Civile.* Torino: UTET, 1999.

ALTAVILLA, Enrico. *Psicologia Judiciária.* Trad. Fernando Miranda. 4ª ed. Coimbra: Armênio Editor, Sucessor, 1981.

ALTHUSSER, Louis. *Ideologia e Aparelhos Ideológicos do Estado.* 3ª ed. São Paulo: Martins Fontes, 1980.

AMARAL, Cláudio do Prado. Princípios Penais. Da Legalidade à Culpabilidade. São Paulo: IBCCrim, 2003.

AMICO, Carla Campos. Lei 9.714/98 – Primeiras Considerações. São Paulo: *Boletim do IBCCrim,* n. 75.

ARAGÃO, Antonio Moniz Sodré. *As Três Escolas Penaes.* Bahia: Ribeiro Gouveia, 1907.

ARAÚJO, Francisco Fernandes de. *Da Aplicação da Pena em Crime Continuado.* São Paulo: RT, v. 615.

ARAÚJO JR., João Marcelo de; LYRA, Roberto. *Criminologia.* 3ª ed. Rio de Janeiro: Forense, 1992.

ARISTÓTELES. *Ética a Nicômacos.* 3.ed., Brasília: UNB, 1999.

ASHTON, Peter Walter. *As Principais Teorias de Direito Penal, Seus Proponentes e Seu Desenvolvimento na Alemanha.* São Paulo: RT, v. 742.

ÁVILA, Humberto. *Teoria dos Princípios.* Da definição à Aplicação dos Princípios Jurídicos. São Paulo: Malheiros, 2003.

AZEVEDO, Tupinambá. Breves Considerações sobre a Tortura. *Revista da Ajuris,* Porto Alege, v. 71.

BACIGALUPO, Enrique. A Personalidade e a Culpabilidade na Medida da Pena. Rio de Janeiro, *Revista de Direito Penal,* v. 15/16, jul./dez. 1974.

BALTAZAR JR., José Paulo. *Sentença Penal.* 3ª ed. Porto Alegre: Verbo Jurídico, 2007.

BARATTA, Alessandro. Criminologia Crítica y Política Penal Alternativa. *RDP,* 1978.

BARRETO, Tobias. *Fundamentos do Direito de Punir.* São Paulo: RT, 727.

BARROS. Marco Antonio de. *A Busca da Verdade no Processo Penal,* 2ª ed. São Paulo: RT, 2010.

BECCARIA, Cesare. *Dos Delitos e das Penas.* São Paulo: Hemus, 1974.

BENTHAM, Jeremy. *Teoria das Penas Legais e Tratado dos Sofismas Políticos.* São Paulo: Edijur, 2002.

BERMAN, Marshal. *Tudo o que é Sólido Desmancha no Ar.* São Paulo: Companhia das Letras, 1987.

BITENCOURT, Cezar Roberto. *Falência da Pena de Prisão.* São Paulo: RT, 1993.

——. *Manual de Direito Penal,* Parte Geral. São Paulo: RT, 1997.

——. *Manual de Direito Penal,* Parte Geral. São Paulo: RT, 1999.

——. *Novas Penas Alternativas.* São Paulo: Saraiva, 1999.

——. *Reflexões sobre a Responsabilidade Penal da Pessoa Jurídica,* artigo gentilmente cedido ao autor.

——.*Tratado de Direito Penal,* v. I, 9ª ed. São Paulo: Saraiva, 2004.

——.*Competência para Execução da Pena de Multa à Luz da Lei 9.268.* Revista Brasileira de Ciências Criminais, IBCCrim, v. 59.

BIZZOTTO, Alexandre. *Valores e Princípios Constitucionais.* Goiânia: AB Editora, 2003.

BOBBIO, Norberto. *A Era dos Direitos.* Rio de Janeiro: Editora Campus, 1992.

——. *Locke e o Direito Natural.* Trad. de Sérgio Bath. Brasília: UNB, 1997.

——. *Igualdade e Liberdade.* Trad. de Carlos Nelson Coutinho. 2.ed. Rio de Janeiro: Ediouro, 1997.

——. *Teoria do Ordenamento Jurídico.* 9ª ed. Brasília: UNB.

——; BOVERO. *Sociedade e Estado na Filosofia Política Moderna.* São Paulo: Brasiliense, 1996.

——. *O Positivismo Jurídico*. São Paulo, Icone, 1999.

BONAVIDES, Paulo. *O Princípio Constitucional da Proporcionalidade e a Proteção dos Direitos Fundamentais*. Rev. da Faculdade de Direito da UFMG, vol. 34, 1994.

——. *Curso de Direito Constitucional*. São Paulo: Malheiros, 2000.

BOSCHI, José Antonio Paganella. *Ação Penal, Denúncia, Queixa e Aditamento*, 2ª ed. Rio de Janeiro: Aide, 1997.

BOSCHI, Marcus Vinicius. *Da Irretroatividade da Jurisprudência Penal Mais Benigna*. Porto Alegre: Verbo Jurídico, 2004.

——. *et alii*. Culpabilidade em Crise? A Responsabilidade Penal da Pessoa Jurídica, *Revista Ibero-Americana de Ciências Penais*, Porto Alegre: Evangraf, 2002, n. 4.

——. Teorias sobre a Finalidade da Pena: do retribucionismo à concepção de Günther Jakobs. In: *Revista Ibero-Americana de Ciências Penais*, nº 8, ano 2003.

BOVERO, Michelangelo; Bobbio. *Sociedade e Estado na Filosofia Política Moderna*. São Paulo: Brasiliense, 1996.

BRAGA, Vera Regina de Almeida. Execução da Pena de Multa: Juízo Competente. *Revista Brasileira de Ciências Criminais, IBCCrim*, v. 59.

BRUM, Nilo Bairros de. *Requisitos Retóricos da Sentença Penal*. São Paulo: RT, 1980.

BRUNO, Aníbal. *Direito Penal*. 2ª ed. Rio de Janeiro: Forense, 1959.

BÜLOW, Oskar Von, *La Teoria de las Excepciones Procesales y los Presupuestos Procesales*, trad. Miguel Angtel Rosas Lichtschein. Buenos Aires: EJEA, 1964.

CAFFARENA, Borja Mapelli. Sistema Progressivo y Tratamiento. In: *Lecciones de Derecho Penitenciario*. Madrid, 1989.

CALAMANDREI, Piero, *Eles os Juízes, vistos por nós, os Advogados*. 3ª ed. Lisboa: Livraria Clássica, 1960.

CALHAU, Lélio Braga. Bullying, Criminologia e a Contribuição de Albert Bandura. In: *Revista de Estudos Criminais*, n. 34, Notadez, 2009.

CALLEGARI, André. O Princípio da Intervenção Mínima no Direito Penal. *Boletim do IBCCrim*, v. 61.

——. O Princípio da Confiança no Direito Penal. *Revista da Ajuris*, Porto Alegre, v. 75.

CANOTILHO, José Joaquim Gomes. *Direito Constitucional*. 6ª ed. Coimbra: Almedina, 1995.

CAPEZ, Fernando. *Curso de Direito Penal,* Paarte Geral, vol. 1. São Paulo: Saraiva, 8ª ed., 2005.

CARNELUTTI, Francesco. *Como se Faz um Processo*. Belo Horizonte: Líder, 2001.

——. *As Misérias do Processo*. São Paulo: Edicamp, 2001.

CARVALHO, Amilton Bueno. *Direito Alternativo em Movimento*. Rio de Janeiro: Luam, 1987.

——. Lei Para Quem? Doutrina, *Instituto de Direito*, vol. 11.

——. CARVALHO, Salo. *Aplicação da Pena e Garantismo*. Rio de Janeiro: Lumem Juris, 2001.

CARVALHO, Luiz Gustavo Castanho de. *O Processo Penal em face da Constituição*. Rio de Janeiro: Forense, 1992.

NETO, Inácio Carvalho. *Aplicação da Pena,* Rio de Janeiro: Forense, 2ª ed., 2003, p. 90.

CARVALHO, Salo de. Da Desconstrução do Modelo Jurídico Inquisitorial. In: WILKMER (org.). *História do Pensamento Jurídico*. Belo Horizonte, 1996.

——. *Pena e Garantias. Uma Leitura do Garantismo de Luigi Ferrajoli no Brasil*. Rio de Janeiro: Lumem Juris, 2002.

——. *Aplicação da Pena e Garantismo*. Rio de Janeiro: Lumem Juris, 2001.

CASABONA, Carlos Maria Romeo. *Da Gene ao Direito*. São Paulo: IBCCrim, 1999, vol. 9.

CEREZOMIR, José. *Curso de Derecho Penal Español, Parte General*. 3ª ed. Madrid: Tecnos, 1990.

CERNICCHIARO, Luiz Vicente *et alii*. *Direito Penal na Constituição*. São Paulo: RT, 1990.

——; COSTA JR., Paulo José da. *Direito Penal na Constituição*. São Paulo: RT, 1990.

COELHO, Walter. *Teoria Geral do Crime*. Porto Alegre: Sergio Fabris, 1991.

COHEN, Cláudio. O Esquizofrênico frente às Implicações Legais. *Revista da Associação Brasileira de Psiquiatria*, n. 26, v. 7, 1985.

CONDE, Francisco Muñoz. *La Prisión como problema: Resocialización versus Desocialización*. Cataluña, Depart. de Justicia, Papers d'Estudis i Formación, abril de 1987, num Especial sobre La Questión Penitenciaria.

CONSTANTINO, Carlos Ernani. *Quatro Aspectos da Responsabilidade Penal da Pessoa Jurídica*. São Paulo: Boletim do IBCCrim, jan. 99.

CORREIA, Eduardo. *Direito Criminal*. Coimbra: Livraria Almedina, 1993.

COSTA JR., Paulo. *Curso de Direito Penal*. São Paulo: Saraiva, 1991.

COUTINHO, Jacinto Nelson de Miranda. *Discrição Judicial, na Dosimetria da Pena:fundamentação suficiente*. Revista do IAP, nº 21.

COUTURE, Eduardo J. *Introdução ao Estudo do Processo Civil*. São Paulo: Forense, 1998.

——. *Os Mandamentos do Advogado*. Porto Alegre: Sergio Fabris, 1979.

COSSIO, Carlos. *La Teoria Egológica del Derecho y el Concepto Jurídico de Libertad,* 2.ed. Buenos Aires: Abeledo Perrot, 1964.

CRISAFULLI, Vezio. Citado por Bonavides, *in Curso de Direito Constitucional*. São Paulo: Malheiros, 2000.

DALARI, Dalmo. *O Poder dos Juízes*. São Paulo: Saraiva, 1996.

DALBORA, José Luis Guzmán. *La "Individualización" de la pena: Conteúnido, Trayectoria Histórica y Crítica del Concepto"*. Cópia de artigo fornecida gentilmente pelo autor no dia 14 de maio de 2010, em Porto Alegre.

DELGADO NETO, Alberto. "Paper" ao Mestrado em Direito no Curso de Mestrado da UNISINOS, ministrado em convênio com a Escola Superior da Magistratura, da AJURIS, gentilmente cedido ao autor.

DESCARTES, René. *Discurso do Método*. São Paulo: Martins Fontes, 1989.

DIAS, Jorge de Figueiredo. *Direito Penal 2, Parte Geral. As Consequências Jurídicas do Crime. Capítulo II: A Determinação da Pena*. Coimbra, 1988. Lições ao 4º ano da Faculdade de Direito – Secção de Textos da Faculdade de Direito da Universidade de Coimbra.

——. *Liberdade Culpa Direito Penal*. Coimbra: Coimbra Editora, 1995.

——. *Questões Fundamentais do Direito Penal Revisitadas*. São Paulo: RT, 1999.

——; ANDRADE, Manuel da Costa, *Criminologia – O Homem Delinquente e a Sociedade Criminógena*. Coimbra: Coimbra Editores, 1997.

DIAS DA SILVA, Roberto B. (org.). In: Conversações Abolucionistas. v. 4, São Paulo, *IBCrim*, 1997.

DIAS NETO, Theodomiro. O Direito ao Silêncio: Tratamento nos Direitos Alemão e Norte-Americano. *Revista Brasileira de Ciências Criminais, IBCCrim*, v. 19.

DOTTI, René Ariel. Notas para a História das Penas no Sistema Criminal Brasileiro. *Separata da Revista Forense*, v. 292.

——. *Bases e Alternativas para o Sistema de Penas*. São Paulo: RT, 1988.

——. *Penas Restritivas de Direito*. São Paulo: RT, 1999.

DUARTE, José. *Aplicação da Pena – Pena-Base – Inteligência do art. 50*. São Paulo: Revista Justitia, ano 1942, v. 4.

——. *Tratado de Direito Penal*. Rio de Janeiro: Livraria Jacinto, v. 5.

DUMONT, Louis. *O Individualismo – Uma Perspectiva Antropológica da Ideologia Moderna*. Trad. Álvaro Cabral. Rio de Janeiro: Rocco, 1985.

DURKHEIM, Émile. As Regras do Método Sociológico. 6ª ed. Lisboa: Editorial Presença, 1995.

D´URSO, Flávia. *Princípio Constitucional da Proporcionalidade no Processo Penal*. São Paulo: Atlas, 2007.

DWORKIN, Ronald. *Levando os Direitos a Sério*. São Paulo: Martins Fontes, 2002.

EYMERICH, Nicolau. *Manual dos Inquisidores*. Rio de Janeiro: Rosa dos Ventos, 1993.

FARIAS, Edilson Pereira. *Colisão de Direitos, a Honra, a Intimidade, a Vida Privada e a Imagem versus a Liberdade de Expressão e Informação*. Porto Alegre: Sergio Fabris, 1996.

FÁVERO, Flamínio. *Medicina Legal*. São Paulo: Martins Editora, 1973.

FAYET, Ney. *A Sentença Criminal e suas Nulidades*. Rio de Janeiro: Aide, 1987.

FAYET JR., Ney. *Do Crime Continuado*. Porto Alegre: Livraria do Advogado, 2001.

FERRAJOLI, Luigi. *Derecho y Razón, Teoría del Garantismo Penal*. Prólogo de Norberto Bobbio. Editorial Trotta, 1997.

——. *La Pena in Una Società Democratica*. Questione Giustizia. Milano: Franco Angeli, n. 304, Anno XV.

FERRAZ, Nelson. Dosimetria da Pena. Comentários e Jurisprudência do TJ de SC. *Revista Forense*, v. 277.

FERREIRA, Aurélio B. de Hollanda. *Pequeno Dicionário Brasileiro da Língua Portuguesa*. 11ª ed. São Paulo, 1972.

FERREIRA, Gilberto. *Aplicação da Pena*. Rio de Janeiro: Forense, 1995.

FERRI, Enrico. *Princípios de Direito Criminal. O Criminoso e o Crime*. Trad. Luiz de Lemos D´Oliveira. 2ª ed. Campinas: Russel, 2009.

——. *Os Criminosos na Arte e na Literatura*. Porto Alegre: Ricardo Lenz, 2001.

FONSECA, Edson José da. A Natureza Jurídica dos Bens Ambientais como Fundamento da Responsabilidade Penal da Pessoa Jurídica. *Boletim do IBCCrim*.

FOULCAULT, Michel. *Vigiar e Punir*. Petrópolis: Vozes, 1975.

——. *Eu, Pierre Rivière, que Degolei minha Mãe, minha Irmã e meu Irmão*. 5ª ed. Rio de Janeiro: Graal, 1991.

FRAGOSO, Heleno Cláudio. *Lições de Direito Penal: A Nova Parte Geral*. 8ª ed. Rio de Janeiro: Forense, 1985.

FRANCO, Alberto. *Código Penal e sua Interpretação Jurisprudencial*. São Paulo: RT, 1995.

——. Breves Anotações Sobre a Lei 9.455/97. *Revista Brasileira de Ciências Criminais, IBCCRim*, v. 19.

——. *Código de Processo Penal e sua Interpretação Jurisprudencial*. São Paulo: Revista dos Tribunais, 1999.

FREITAS, Juarez. *A Interpretação Sistemática do Direito*. São Paulo: Malheiros, 1995.

FUNES, Mariano Ruiz. *A Crise nas Prisões*. São Paulo: Saraiva, 1953.

GALVÃO, Fernando. *A Culpabilidade como Fundamento da Responsabilidade Penal*. São Paulo: RT, v. 707, 1994.

——. *Aplicação da Pena*. Belo Horizonte: Del Rey, 1995.

——. *Direito Penal*, Parte Geral, São Paulo: Saraiva, 2013, 5ª edição.

GARCIA MAYNEZ, Eduardo. *Introducción al Estudio del Derecho*. México: Editorial Porrua, 1955.

GARÓFALO, Rafael. *Criminologia*. Turin, 1885 e *La Criminologia*, Paris, 1905.

GAUER, Ruth Maria Chittó. *A Modernidade Portuguesa e a Reforma Pombalina de 1772*. Porto Alegre: EDIPUCRS, 1996.

——. Influência da Universidade de Coimbra no Moderno Pensamento Jurídico Brasileiro. *Revista do Ministério Público do RS*, v. 40.

——. *Violência: um esboço fenomenológico*. Revista da Ajuris, Porto Alegre, v. 54.

das PENAS e seus CRITÉRIOS de APLICAÇÃO

GARCIA, Basileu. As Modificações Trazidas à Legislação Penal pela Lei 6.416, de 1977. *Revista dos Tribunais*, v. 259.

GERMAN, Charles. O Exame Científico da Personalidade dos Delinquentes antes do Julgamento. *Revista Justitia*, v. 68.

GILISSEN, John. *Introdução Histórica ao Direito*. Lisboa: Fundação Calouste Gulbenkian, 1979.

GIORGIS, José Carlos Teixeira. A delação premiada. ADV Advocacia Dinâmica: *Boletim Informativo Semanal*, n. 2.

GOLDSCHMIDT, James. *Princípios Generales Del Proceso Penal*. Buenos Aires: Ediciones Jurídicas Europa-America.

GOMES, Hélio. *Medicina Legal*. 12ª ed. Rio de Janeiro: Freitas Bastos.

GOMES, Luiz Flávio. *Alternativas ao Caótico Sistema Penitenciário*. Tribuna da Magistratura, Caderno de Doutrina, ag. 1997.

——. *Penas e Medidas Alternativas à Prisão*. São Paulo: RT, 1999.

——. *Responsabilidade Penal da Pessoa Jurídica e Medidas Provisórias e Direito Penal*. São Paulo: RT, 1999.

——. *Erro de Tipo e Erro de Proibição*. São Paulo: RT, 2001.

——; CERVÍNI, Raul. *O Crime Organizado*. São Paulo: RT, 1995.

GOMES FILHO, Antonio Magalhães. *A Motivação das Decisões Penais*. São Paulo: RT, 2001.

GONZAGA, João Bernardino. *A Inquisição em Seu Mundo*. 7ª ed. São Paulo: Saraiva, 1994.

GONZÁLES, Carlos Suáerz, *et alii*. *Um Novo Sistema do Direito Penal. Considerações sobre a Teoria de Günter Jakobs*. São Paulo: Manole, 2003.

GRAU, Eros Roberto. *O Direito Posto e o Direito Pressuposto*. 2ª ed. São Paulo: Malheiros, 1998.

GRECO FILHO, Vicente. *Direito Processual Civil Brasileiro*. São Paulo: Saraiva, 2000, 2. vols.

GRINOVER, Ada Pellegrini. *Natureza Jurídica da Execução Penal. Execução Penal*. São Paulo: Max Limonad, 1987.

—— *et alii. Execução Penal*. São Paulo: Max Limonad, 1987.

GUASTINI, Riccardo. *La Regola Del Caso*. Milão: Cedam, 1995.

——. *Led Fonti del Diritto e L'Interpretazione*. Trattato di Diritto Privato. Milão: Giuffrè, 1993.

HASSEMER, Winfried. *Introdução aos Fundamentos do Direito Penal,* Porto Alegre: Sergio Fabris, 2005.

——.*História das Ideias Penais da Alemanha do Pós-Guerra*. In: *Três Temas de Direito Penal. Estudos do MP*. Porto Alegre, AMPRGS, v. 7, 1993.

HERRENDORF, Daniel E. Introducción a La Fenomonología Egológica, In: CARLOS COSSIO, *Radiografía de La Teoria Egológica del Derecho*, Buenos Aires: Depalma, 1987.

HESSE, Konrad. *A Força Normativa da Constituição*. Porto Alegre: Sergio Fabris, 1991.

HOBBES, Thomas. *Diálogo entre um filósofo e um jurista.* Trad. Maria Cristina Guimarães Cupertino, São Paulo: Landy Editora, 2004.

HOLLANDA FERREIRA, Aurélio Buarque de. *Pequeno Dicionário Brasileiro da Língua Portuguesa*. 11ª ed. São Paulo, 1972.

HERKENHOFF, João Baptista. *Direito e Utopia*. Porto Alegre: Livraria do Advogado, 1999.

HOMMERDING, Adalberto Narciso. *Valores, Processo e Sentença*. São Paulo: LTr, 2003.

HULSMAN, Louk. *Penas Perdidas*. Rio de Janeiro: Luam, 1993.

——. Temas e Conceitos numa Abordagem Abolucionista da Justiça Criminal. In: Conversações Abolucionistas – uma crítica do sistema penal e da sociedade punitiva. *Instituto Brasileiro de Ciências Criminais*, v. 4.

HUNGRIA, Nelson. *Comentários ao Código penal,* 5ª ed., Rio de Janeiro: Forense, 1978.

JAKOBS, Günther. *Derecho Penal. Parte General*. 2ª ed. Trad. Cuello Contreras e Jose Luis Gonzalez de Murillo. Madrid: Marcial Pons, 1997.

——. *Ciência do Direito e Ciência do Direito Penal*. Trad. Maurício Antônio Ribeiro Lopes. São Paulo: Manole, 2003.

——. *Teoria da Pena e Suicídio e Homicídio a Pedido*. Trad. Maurício Antônio Ribeiro Lopes. São Paulo: Manole, 2003.

JESCHECK, Hans-Heinrich. *Tratado de Derecho Penal*, Parte General. Granada: Comares Editorial, 1993.

JESUS, Damásio Evangelista de. *Código Penal Anotado*. São Paulo: Saraiva, 1999.

——. *Novas Questões Criminais*. São Paulo: Saraiva, 1993.

——. O Juiz em face das Circunstâncias Atenuantes. *Revista Brasileira de Ciências Criminais,* IBCCrim, n. 73.

——. Lesão Corporal Dolosa Simples e Penas Alternativas. *Boletim do IBCCrim*, n. 75.

JORGE, Wilian Wanderley. *Curso de Direito Penal*. Rio de Janeiro: Forense, 1996.

JUNQUEIRA, Gustavo Octaviano Diniz. *Finalidades da Pena*. São Paulo: Manole, 2004.

KANTOROWICZ, Hermann. *La Definicion del Derecho*. Madrid: Revista de Occidente, 1964.

KAPLAN, Hardold I.; SADOCK, Benjamim J.; GREBB, Jack A. *Compêndio de Psiquiatria*. Porto Alegre: Artes Médicas, 1997.

KARAM, Maria Lúcia. Aplicação da Pena: Por Uma Nova Atuação da Justiça Criminal. *Revista Brasileira de Ciências Criminais, IBCCrim*, v. 6.

KELSEN, Hans. *O Que é a Justiça*. São Paulo: Martins Fontes, 1997.

——. *Teoria Pura do Direito*. São Paulo: Martins Fontes, 2000.

KOERNER, Andrei. Desordem Legislativa, Distribuição de Poder e Desigualdade Social, Reflexões a Propósito da Lei 9.677, de 2 de julho de 1998. *Boletim do IBCCrim.*

KRAMER, Heinrich; SPRENGER, James. *O Martelo das Feiticeiras,* Rio de Janeiro: Rosa dos Tempos, 2005.

KREBS. Pedro. *Teoria Jurídica do Delito*. São Paulo: Manole, 2004.

LAFER, Celso. *A Reconstrução dos Direitos Humanos – Um Diálogo com o Pensamento de Hannah Arendt.* São Paulo: Cia. das Letras, 1998.

LASSALE, Ferdinand. *A Essência da Constituição.* Rio de Janeiro: Lumen Juris, 2001.

LATORRE, Angel. *Introdução ao Direito.* Coimbra: Almedina, 1997.

LECEY, Eládio. A Tutela Penal do Consumidor e a Criminalização da Pessoa Jurídica. *Revista da Ajuris*, Porto Alegre, mar. 1998.

LESCH. Heiko H. *La Función de la Pena.* Universidad Externado de Colombia. Centro de Investigaciones de Derecho Penal y Filosofía del Derecho. 2000.

LEITE, Maurílio Moreira. Multa Reparatória, *Revista "Atuação Jurídica", da Associação Catarinense do M.P.*, ago/2000.

LIDZ, Theodore. *A Pessoa, seu Desenvolvimento durante o Ciclo Vital.* Porto Alegre: Artes Médicas, 1983.

LYNETT. Eduardo Montealegre. Introdução à Obra de Günter Jakobs. In: *Direito Penal e Funcionalismo.* André Luis Callegari e Nereu José Giacomolli (coords.). Porto Alegre: Livraria do Advogado, 2005.

LIZST, Franz Von. *La Idea del Fin en El Derecho Penal.* México: Edeval, 1994.

LOCKE, John. *Carta Acerca da Tolerância.* São Paulo: Abril, 1984.

LOMBROSO, César. *O Homem Delinquente.* Trad. Maristela Bleggi Tomasini e Oscar Antonio Corbo Garcia. Porto Alegre: Ricardo Lenz, 2001.

LOPES, Maurício Antônio Ribeiro *et alii. Penas Restritivas de Direito.* São Paulo: RT, 1999.

LOPES JR., Aury, *Direito Processual e sua Conformidade Constitucional,* v. I, Rio de Janeiro: Lumen Juris, 2007.

LOSANO, Mário G. *I Grandi Sistemi Giuridici.* Torino: Giulio Einaudi Editores, 1978.

LUISI, Luiz. *Tipo Penal, a Teoria Finalista e a Nova Legislação Penal.* Porto Alegre: Sergio Fabris, 1987.

——. *Os Princípios Constitucionais Penais.* Porto Alegre: Sergio Fabris, 1991.

LUNA, Everardo da Cunha. *Revista do MP*. Porto Alegre, v. 5/6, 1975.

LYRA, Roberto. *Comentários ao Código Penal.* Rio de Janeiro: Forense, 1942.

——; ARAÚJO JR., João Marcelo de. *Criminologia.* Rio de Janeiro: Forense, 1992.

MACIEL, Adhemar Ferreira. *De Antígona e de Direito Natural.* Brasília: Correio Braziliense, 2 jul. 1997.

MACHADO, Dyonélio. *Uma Definição Biológica do Crime.* Porto Alegre, Edipucrs, 2009.

MAFESSOLI, Michel. *O Tempo das Tribos, o Declínio do Individualismo nas Sociedades de Massa.* Rio de Janeiro: Forense Universitária, 1987.

MARQUES, José Frederico. *Tratado de Direito Processual Pena.* 2. vol. São Paulo: Saraiva, 1980.

MARTEAU, Juan Félix. *A Condição Estratégica das Normas.* São Paulo: IBCCrim, 1997.

MARTINS-COSTA, Judith. *A Boa-Fé no Direito Privado,* RT, 1999.

——. *Os Princípios Penais.* Artigo em xerox, fornecido gentilmente ao autor.

MASSON, Cleber. *Código Penal Comentado.* 4. ed. Rio de Janeiro: Forense; São Paulo: Método, 2016

MASSUD, Leonardo. *Da Pena e sua Fixação.* São Paulo: DPJ Editora, 2009.

MAXIMILIANO, Carlos. *Hermenêutica e Aplicação do Direito.* Rio de Janeiro: Forense, 1980.

MAYNEZ, Eduardo Garcia. *Introducción al Estudio del Derecho.* México: Editorial Porrua, 1955.

MEDEIROS, Flávio Meirelles. *Princípios de Direito Processual Penal.* Porto Alegre: Ciências Jurídicas, 1984.

——. *Primeiras Linhas de Processo Penal.* Porto Alegre: Ciências Jurídicas, 1958.

MEIRELLES, Hely Lopes. *Direito Administrativo Brasileiro.* 2ª ed. São Paulo: RT, 1966.

MEISTER, Magda Denise. *Inocência Violada*: Uma Face da Violência Intrafamiliar. Direito e Justiça, ano XXI, v. 20, 1999.

MELIÁ, Manuel Cancio *et allli. Um Novo Sistema do Direito Penal. Considerações sobre a Teoria de Günter Jakobs.* São Paulo: Manole, 2003.

MELLIM FILHO, Oscar. *Criminalização e Seleção no Sistema Judiciário Penal.* São Paulo: IBCCrim, 2010.

MELLO, Marco Aurélio. Optica Constitucional – A Igualdade e as Ações Afirmativas, *Revista da Academia Paulista de Magistrados*, ano 1, n. 1, dez. 2001, p. 8.

MENEGHINI, L. C. *Atuação Homicida como Defesa contra Ansiedades Psicóticas.* Trabalho apresentado como contribuição ao item Temas Livres no IV Congresso Psicanalítico Latino-Americano, Rio de Janeiro, jul. de 1962.

MIR PUIG, Santiago. *Derecho Penal, Parte General.* Barcelona: Teccfoto, 1998.

MIRABETE, Julio Fabbrini. *Execução Penal.* São Paulo: Atlas, 1987.

——. *Manual de Direito Penal.* São Paulo: Atlas, 1989.

——. *Processo Penal.* São Paulo: Atlas, 1991.

MIRANDA, Pontes de. *Tratado das Ações.* São Paulo: RT, 1972.

MITTERMAIER, Carl Joseph Anton. *Tratado da Prova em Matéria Criminal.* Campinas: Bookseller, 1993, tradução da 3ª ed. de 1848 feita por Herbert Wüntzel Heinrich.

MONREAL, Eduardo Novoa. *O Direito como Obstáculo à Transformação Social.* Porto Alegre: Fabris, 1998.

MONTALVO, José Antônio Choclan. Individualización Judicial de la Pena. *Revista Canária de Ciências Penales,* nº 3, jul. 1999.

MONTESQUIEU, Charles de Secondat. *O Espírito das Leis.* São Paulo: Martins Fontes, 2000.

MORAES, Alexandre. *Direitos Humanos Fundamentais. In* GOMES, Luiz Flávio. *Penas e Medidas Alternativas à Prisão.* São Paulo: ABDR, 1999.

MORAES FILHO, Antonio Evaristo. *A Criação de Penas Alternativas é Uma Boa Solução para a Superlotação dos Presídios.* São Paulo: Folha de São Paulo: 28 out. 1995.

MOREIRA, Rômulo de Andrade. *A Institucionalização da Delação no Direito Positivo Brasileiro.* São Paulo: IBCCrim, n. 49.

MOREIRA, Sílvio Teixeira. Penas Pecuniárias. *Revista de Direito Penal,* v. 28.

MOREIRA DE OLIVEIRA, Marco Aurélio. O Direito Penal e a Intervenção Mínima. *Revista da Ajuris,* Porto Alegre, v. 69.

MORSELLI, Élio. A Função da Pena à Luz da Moderna Criminologia. São Paulo, *Revista do IBCCrim*, v. 19, p. 39.

MUÑOZ CONDE, Francisco. *Teoria Geral do Delito.* Porto Alegre: Sergio Fabris, 1988.

MYRA Y LÓPEZ, Emílio. *Manual de Psicologia Jurídica.* São Paulo: Mestre Jou, 1967.

NABUCO FILHO, José. O Princípio Constitucional da Determinação Taxativa e os Delitos Ambientais. *Boletim do IBCCrim,* ano 9, número 104.

NASSIF, Aramis, *Sentença Penal – O Desvenddar de Themi.* Rio de Janeiro: Lumen Juris, 2005.

NETTO, Alamiro Velludo Salvador, Reflexões sobre a Teoria da Tipicidade Conglobante, *Revista Eletrônica Liberdades, órgão do IBCCrim,* nº 1 – maio-agosto de 2009.

NETTO, Alcides Munhoz. *A Ignorância da Antijuridicidade em Matéria Penal.* Rio de Janeiro: Forense, 1978.

NORONHA, Edgard Magalhães. *Direito Penal.* São Paulo: Saraiva, 1972.

NUCCI, Guilherme de Souza, *Individualização da Pena.* São Paulo: RT, 2004.

——. *Código de Processo Penal Comentado,* 8ª ed. São Paulo: RT, 2008.

OLIVEIRA, Eugênio Pacelli de, *Direito e Processo Penal na Justiça Federal, Doutrina e Jurisprudência* (Coordenador). Atlas, São Paulo, 2011.

PALOMBA, Guido. *Psiquiatria Forense.* São Paulo: Sugestões Literárias, 1992.

PASQUALINI, Alexandre. *Hermenêutica e Sistema Jurídico.* Porto Alegre: Livraria do Advogado, 1999.

PASSETTI, Édson e SILVA, Roberto Dias da. Conversações Abolucionistas – uma crítica do sistema penal e da socie-dade punitiva. São Paulo, *Instituto Brasileiro de Ciências Criminais – IBCCrim,* v. 4.

PEDROSA, Ronaldo Leite. Cesta Básica: Pena Legal? São Paulo: *Boletim do IBCCrim,* v. 59.

PEDROSO, Fernando de Almeida. *Direito Penal.* Ed. Univ. de Direito, 1993.

PEREIRA DE ANDRADE, Vera Regina. *Do Paradigma Etiológico ao Paradigma da Reação Social.* São Paulo: Revista do IBCCrim, v. 14.

PIERANGELLI, José Henrique. Das Penas: tempos primitivos e legislações antigas. *Fascículos de Ciências Penais,* v. 5, 1992.

——; ZAFFARONI, Eugênio Raúl. *Manual de Direito Penal Brasileiro, Parte Geral.* 2ª ed. São Paulo: RT, 1999.

PLATÃO. A República, *Diálogos – I, IB 118.* Mira-Sintra, Portugal: Publicações Europa América.

POMEAU, René. *Introdução ao Tratado sobre a Tolerância, em Voltaire.* São Paulo: Martins Fontes, 1993.

PORTANOVA, Rui. *Motivações Ideológicas da Sentença.* Porto Alegre: Livraria do Advogado, 1992.

PRADO, Geraldo. *Sistema Acusatório.* Rio de Janeiro: Lumen Juris, 1999.

PRADO, Luiz Régis. Responsabilidade Penal da Pessoa Jurídica, O modelo Francês. São Paulo, *Boletim do Instituto Brasileiro de Ciências Criminais, IBCCrim,* n. 46.

——. *Multa Penal.* 2ª ed. São Paulo: RT, 1993.

——. *Código Penal Anotado e Legislação Complementar.* São Paulo: RT, 1997.

PRIGOGINE, Ilya. *O Fim das Certezas.* São Paulo: UNESP, 1996.

PUIG, Santiago Mir. *Derecho Penal.* 5ª ed. Barcelona: Tecfoto, 1998.

RAMÍREZ, Juan Bustos. A Pena e suas Teorias. *Fascículos de Ciências Penais.* Ed. especial: Penas e Prisões, ano 5, v. 5, n. 3, 1992.

——. *Manual de Derecho Penal Español.* Barcelona: Editorial Ariel, 1984.

RAMOS. Enrique Peñaranda, *et alli. Um Novo Sistema do Direito Penal. Considerações sobre a Teoria de Günter Jakobs.* São Paulo: Manole, 2003.

REALE, Miguel, *Teoria Tridimensional do Direito.* São Paulo: Saraiva, 1968.

REALE JR., Miguel. Crime Organizado e Crime Econômico. *Revista Brasileira de Ciências Criminais,* IBCCrim, v. 13.

——. *et al. Penas e Medidas de Segurança no Novo Código.* Rio de Janeiro: Forense, 1985.

——. DOTTI, René Ariel; ANDREUCCI, Ricardo Antunes; PITOMBO. Sérgio de Moraes. *Penas e Medidas de Segurança no Novo Código*. Rio de Janeiro: Forense, 1985.

RODRIGUES, Anabela Miranda. *A Determinação da Medida da Pena Privativa de Liberdade*. Coimbra: Editora Coimbra, 1995.

RODRIGUES, Cristiano. *Teorias da Culpabilidade*. Rio de Janeiro: Lumen Juris, 2004.

RODRIGUES, Moacir Danilo. *Boletim do Instituto Brasileiros de Ciências Criminais, IBCCrim*, janeiro de 2002.

ROHNELT, Ladislau Fernando. *Conferência pronunciada no Curso de Aperfeiçoamento para Magistrados*, realizado nos dias 27 e 28 de julho de 1989 na Escola Superior da Magistratura do RS.

ROLIM, Luciano Sampaio Gomes, *Colisão de Direitos Fundamentais e Princípio da Proporcionalidade*. Disponível em: http://jus2.uol.com.br/doutrina/texto.asp?id=2855.

ROMERO, Juan José Caballero. El Mundo de Los Presos. In: *Psicologia Social y Sistema Penal*.

ROSA, Feu. *Penas Substitutivas, Revista in Verbis*, ano 3, nº 18.

ROSSETO, Enio Luiz. *Teoria e Aplicação da Pena*. Atlas, São Paulo: 2014.

ROXIN, Claus. *Problemas Fundamentais de Direito Penal*. Lisboa: Vega, 1986.

——. *A Culpabilidade como Critério Limitativo da Pena*. São Paulo: *Revista de Direito Penal*, v. 11/12, 1973.

——. *Política Criminal y Estructura del Delito*. Barcelona: Ppu, 1992.

——. *Derecho Penal*. 2ª ed. Madrid: Civitas, 1997.

——.*Culpabilidad y Prevencion en Derecho Penal*, trad. de Francisco Muñoz Conde, Instituto Editorial Reus, Madrid, 1981, p. 41.

SALEILLES, Raymond. *A Individualização da Pena*, trad. de Thais Miremis Sanfelippo da Silva Amadio, São Paulo: Rideel, 2006.

SANGUINÉ, Odone. *Irretroatividade e Retroatividade das Variações da Jurisprudência Penal*. Fascículos de Ciências Penais, ano 5, v. 5, n. 1, 1992.

SANTOS, Alexandre Carvalho, *Novo Manual da Loucura*, Superinteressante. São Paulo: Abril, ed. de Dez. de 2010.

SANTOS, Juarez Cirino dos. *Direito Penal: a Nova Parte Geral*. Rio de Janeiro: Forense, 1985.

——. *A Moderna Teoria do Fato Punível*. 2. ed. Rio de Janeiro: Revan, 2002.

SANTOS, Lycurgo de Castro. A culpabilidade dentro e fora do Direito Penal. In: *Conversações Abolicionistas*: uma crítica do sistema penal e da sociedade punitiva. São Paulo: IBCCRIM, 1997.

SARLET, Ingo Wolfgang. *A Eficácia dos Direitos Fundamentais*. Porto Alegre: Livraria do Advogado, 2001.

——. *Dignidade da Pessoa Humana e Direitos Fundamentais*. Porto Alegre: Livraria do Advogado, 2001.

SCHEFER MARTINS, Jorge Henrique. *Penas Alternativas*. Curitiba: Juruá, 1999.

SEELIG, Ernst. *Manual de Criminologia*. v.1, Coimbra: Arménio Amado. Editor Sucessor, 1957.

SHECAIRA, Sérgio Salomão. Cálculo de Pena e o Dever de Motivar. São Paulo: *IBCCrim*, v. 6.

——. Implementações de Programas. *Revista do Ilanud*, n. 7.

——; CORRÊA JR., Alceu. *Teoria da Pena. Finalidades. Direito Positivo, Jurisprudência e outros Estudos de Ciência Criminal*. São Paulo: RT, 2002.

SCHOLLER, Heinrich. O Princípio da Proporcionalidade no Direito Constitucional e Administrativo da Alemanha. Porto Alegre: *Revista da Ajuris*, vol. 75.

SILVA. Angelo Roberto Ilha da. *Da Inimputabilidade Penal*. Porto Alegre: Livraria do Advogado, 2011.

SILVA, Cesar Antonio. *Doutrina e prática dos Recursos Criminais*. 2ª ed. Rio de Janeiro: Aide, 1999.

SILVA, Evandro Lins e. *O Salão dos Passos Perdidos*. Rio de Janeiro: Nova Fronteira, 1997.

SILVA, Ovídio Baptista da. prefácio da obra *Pressupostos Processuais* escrita por Jorge Luís Dall´Agnol. Porto Alegre: Lejur, 1988.

SIQUEIRA, Bruno Luiz Weiler. A Sentença e seus Requisitos Legais e Constitucionais. *Revista Cidadania e Justiça*, 2º sem./99.

SLUZKI, Carlos E. *A Rede Social na Prática Sistêmica*. São Paulo: Casa do Psicólogo, 1997.

SOARES, Guido Fernando Silva. *Common Law*. São Paulo: RT, 1999.

SOARES, Marlene Terezinha Hertz. Barrela: uma análise Psicológica. *Revista da Escola do Serviço Penitenciário do RGS*, ano II, n. 6.

SÓFOCLES. *Antígona*. Tradução e apresentação de Donaldo Schüller. Porto Alegre: L&PM, 1999.

SOUZA, Alberto Rufinos Rodrigues de. *Bases Axiológicas da Reforma Penal Brasileira*. In Giacomuzzi, Vladimir (org.). O Direito Penal e o Novo Código Penal Brasileiro. Porto Alegre: Sergio Fabris, 1985.

SPOTA, Alberto G. *O Juiz, o Advogado e a Formação do Direito Através da Jurisprudência*. Porto Alegre: Sergio Fabris, 1987.

STRATENWERTH, Günther. *Qué Aporta la Teoría de los Fines de la Pena*? Trad. Marcelo Sancinetti. Colômbia: Universidad Externado de Colômbia, 1996.

STRECK, Lenio Luiz. *Tribunal do Júri – Símbolos e Rituais*. 3ª ed. Porto Alegre: Livraria do Advogado, 1998.

——. *Hermenêutica Jurídica e(m) Crise*. Porto Alegre: Livraria do Advogado, 2000.

das PENAS e seus CRITÉRIOS de APLICAÇÃO

——. As Novas Penas Alternativas à Luz da Principiologia do Estado Democrático de Direito e do Controle de Constitucionalidade. In: *A Sociedade, a Violência e o Direito Penal*. Porto Alegre: Livraria do Advogado, 2000.

——. *O Que É Isto – Decido Conforme Minha Consciência?* 4ª ed. Porto Alegre: Livraria do Advogado, 2014.

STUMM, Raquel Denize. *Princípio da Proporcionalidade no Direito Constitucional Brasileiro*. Porto Alegre: Livraria do Advogado, 1995.

SZNICK, Valdir. *Direito Penal na Nova Constituição*. São Paulo: Ícone, 1993.

TAVARES, Juarez. *Teoria do Injusto Penal*. Belo Horizonte: Del Rey, 2000.

TÁVORA, Nestor e ALENCAR, Rosmar Rodrigues. *Curso de Direito Processual Penal*. Salvador: Podium, 2009.

THEODORO JR., Humberto. *Curso de Direito Processual Civil*. São Paulo: Forense, 2001.

TOLEDO, Francisco de Assis. *Princípios Básicos de Direito Penal*. São Paulo: Saraiva, 1986.

TORNAGHI, Hélio, *A Relação Processual Penal*. São Paulo: Saraiva, 1987.

TOURINHO FILHO, Fernando da Costa, *Processo Penal*. 1º v. São Paulo: Saraiva, 2004.

——. *Manual do Processo Penal*. São Paulo: Saraiva, 2009.

TOVO, Paulo Cláudio (org.). Introdução à Principiologia do Processo Penal Brasileiro. In: *Estudos de Direito Processual Penal*. Porto Alegre: Livraria do Advogado, 1995.

TRINDADE, Jorge. *Delinquência Juvenil*: uma abordagem transdisciplinar. Porto Alegre: Livraria do Advogado, 1993.

TUBENSCHLAK, James. *Tribunal do Júri, Contradições e Soluções*. Rio de Janeiro: Forense, 1991.

TUCCI, Rogério Lauria. *Princípios e Regras Orientadoras do Novo Código de Processo Penal Brasileiro*. Rio de Janeiro: Forense, 1986.

——. Suspensão Condicional da Pena. Porto Alegre: *Revista da Ajuris*, v. 23.

VELO, Joe Tennyson. *O Juízo de Censura Penal*. Porto Alegre: Sergio Fabris, 1993.

——. Criminologia Analítica. São Paulo: *IBCCrim*, v. 7.

VERGARA, Pedro. *Das Penas Principais e sua Aplicação*. Rio de Janeiro: Livraria Boffoni, 1948.

VERRI, Pietro. *Observações sobre a Tortura*. Trad. de Dalmo de Abreu Dallari. São Paulo: Martins Fontes, 1992.

VITA, Luiz Washington. *Introdução à Filosofia*. 2ª ed. São Paulo: Melhoramentos, 1965.

WELZEL, Hans. *Derecho Penal Aleman*. Chile: Editorial Jurídica, 1997.

WESSELS, Johanes. *Direito Penal, Parte Geral*. Trad. de Juarez Tavares. Porto Alegre: Sergio Fabris, 1976.

WINNICOTT, Donald; WINNICOTT, Clare; SHEPARD, Ray; DAVIS, Madeleine (org.). *Privação e Delinquência*. Trad. de Álvaro Cabral. São Paulo: Martins Fontes, 1987.

WOODWARD, Bob; ARMSTRONG, Scott. *Por Detrás da Suprema Corte*. São Paulo: Saraiva, 1985.

ZACKESKI, Cristina e MAIA, Plínio, *Novos e Velhos Inimigos no Direito Penal da Globalização*. Disponível em <http//criminologiacritica.com.br>.

ZAFFARONI, Eugênio Raúl. *Desafios do Direito Penal na Era da Globalização, Cidadania e Justiça*. Rio de Janeiro, Magistrados Brasileiros, ano 2, n. 5, 2º sem. 1988.

——. *O Inimigo no Direito Penal*. Rio de Janeiro: Revan, 2007.

——. *Derecho Penal, Parte General*. Buenos Aires: Ediar, 2002.

——; PIERANGELLI, José Henrique. *Da Tentativa*. São Paulo: RT, 1988.

——;——. *Manual de Direito Penal Brasileiro, Parte Geral*. 2ª ed. São Paulo: RT, 1999.

ZOHAR. Danah. *Sociedade Quântica. A Promessa Revolucionária de uma Liberdade Verdadeira*. 3ª ed. Rio de Janeiro: BestSeller, 2008.